Jens Jacobsen, Lorena Meyer

# Praxisbuch Usability und UX

Was alle wissen sollten, die Websites und Apps entwickeln

Rheinwerk
Computing

# Liebe Leserin, lieber Leser,

vermutlich ist Ihnen der Begriff »Usability« schon häufig begegnet. Am ehesten lässt er sich wohl mit »Gebrauchstauglichkeit« übersetzen. Aber eigentlich sind dies nur zwei komplizierte Wörter für eine einfache Sache: Websites und Apps so zu gestalten, dass sie mit möglichst geringem Aufwand die Aufgabe erledigen, für die sie gedacht sind. User Experience (UX) geht noch einen Schritt weiter und schließt alle Erfahrungen der Nutzenden mit einem Produkt ein. So fließen auch Empfindungen einer Person im Umgang mit einer Website ein.

Usability und User Experience sind wichtig. Beide bestimmen, ob Ihre Website oder Ihre Smartphone-Anwendung erfolgreich sind. Genau hierbei unterstützen Sie Lorena Meyer und Jens Jacobsen mit ihrem Buch, das nun in der vierten Auflage erscheint. Profitieren Sie von ihrem Expertenwissen und der jahrelangen Erfahrung, die sie mit digitalen Produkten sammeln konnten. Neben vielem Hintergrundwissen zu Methoden und Nutzungsverhalten, erhalten Sie zudem Praxiswissen an die Hand, das Sie wirklich weiterbringt. Sortiert nach Anwendungsgebiet finden Sie in den Usability-Guidelines Antworten auf all Ihre Umsetzungsfragen.

Abschließend noch ein Wort in eigener Sache: Dieses Werk wurde mit großer Sorgfalt geschrieben, geprüft und produziert. Sollte dennoch einmal etwas nicht so funktionieren, wie Sie es erwarten, freue ich mich, wenn Sie sich mit mir in Verbindung setzen. Ihre Kritik und konstruktiven Anregungen sind jederzeit willkommen.

**Ihr Stephan Mattescheck**
Lektorat Rheinwerk Computing

stephan.mattescheck@rheinwerk-verlag.de
www.rheinwerk-verlag.de
Rheinwerk Verlag · Rheinwerkallee 4 · 53227 Bonn

# Auf einen Blick

Wir hoffen, dass Sie Freude an diesem Buch haben und sich Ihre Erwartungen erfüllen. Ihre Anregungen und Kommentare sind uns jederzeit willkommen. Bitte bewerten Sie doch das Buch auf unserer Website unter **www.rheinwerk-verlag.de/feedback**.

An diesem Buch haben viele mitgewirkt, insbesondere:

**Lektorat** Stephan Mattescheck, Anne Scheibe
**Korrektorat** Anna Krepper, Rommerskirchen
**Herstellung** Stefanie Häb
**Typografie und Layout** Vera Brauner
**Einbandgestaltung** Bastian Illerhaus
**Titelbild** Shutterstock: 1788945146 © Hilch; iStock: 1286305924 © IkonStudio
**Satz** III-satz, Kiel
**Druck und Bindung** mediaprint solutions, Paderborn

PEFC
PEFC/04-31-0810

Dieses Buch wurde gesetzt aus der TheAntiquaB (9,35/13,7 pt) in FrameMaker.

Gedruckt wurde es mit mineralölfreien Farben auf chlorfrei gebleichtem, PEFC®-zertifiziertem Offsetpapier (90 g/m²).

Hergestellt in Deutschland.



Bibliografische Information der Deutschen Nationalbibliothek:
Die Deutsche Nationalbibliothek verzeichnet diese Publikation in der Deutschen Nationalbibliografie; detaillierte bibliografische Daten sind im Internet über *http://dnb.dnb.de* abrufbar.

**ISBN 978-3-8362-9903-9**

4., aktualisierte Auflage 2024


Informationen zu unserem Verlag und Kontaktmöglichkeiten finden Sie auf unserer Verlagswebsite **www.rheinwerk-verlag.de**. Dort können Sie sich auch umfassend über unser aktuelles Programm informieren und unsere Bücher und E-Books bestellen.

# Inhalt

## 6 Das digitale Zeitalter und die Auswirkung auf interaktive Konzepte 89



## 7 Nutzende in die Produktentwicklung einbinden – der optimale Projektablauf 101



## 8 Agil ans Ziel – Usability-Engineering in agilen Prozessen 109

# TEIL III Usability-Guidelines – Anleitung für die Umsetzung

# Usability und UX – Ihr Weg zum Erfolg

*Wenn Sie dies lesen, haben Sie einen spannenden Weg vor sich. Sie werden erfahren, welche Werkzeuge wir für die nützlichsten halten, um großartige Anwendungen umzusetzen. Und Sie lesen alles darüber, wie man sie einsetzt und auch die kleinen Details perfekt hinbekommt.*

Von der Notwendigkeit, Anwendungen benutzerfreundlich zu gestalten, muss man heute niemanden mehr überzeugen. Alle Auftraggebenden wollen für ihr Produkt – ob Website oder App – optimale *Usability*. Und wer auf der Höhe der Zeit ist, der weiß auch, dass erfolgreiche Anwendungen noch mehr bieten müssen: ein rundum gelungenes Nutzungserlebnis, eine gute *User Experience*. Der amerikanische UX-Berater Fred Beecher sagt: »Früher war mein Job, dafür zu sorgen, dass die Dinge nicht nerven. Heute muss ich dafür sorgen, dass sie Spaß machen.«

Und genau darum geht es in diesem Buch. Wir wollen Ihnen zeigen, wie Sie beides erreichen: dass Ihre Anwendung die Nutzenden nicht nervt und ihnen gleichzeitig sogar Spaß macht. Das ist in der Theorie gar nicht so schwierig. Aber im Tagesgeschäft müssen die Sachen dann schneller fertig sein als geplant, haben Sie doch ganz wichtige andere Dinge zuerst zu erledigen oder keine Erfahrung in einem bestimmten Bereich und keine Zeit, sich einzuarbeiten.

Auf den folgenden gut 600 Seiten geben wir Ihnen Tipps aus unserer eigenen Arbeitserfahrung, erzählen Ihnen, worauf es jeweils ankommt bei den Methoden und Techniken und worauf Sie bei der Umsetzung achten sollten. Damit schließlich eine Anwendung entsteht, die die Nutzenden begeistert – und damit auch Sie und Ihre Vorgesetzten oder Auftraggebenden.

## Wer Sie sind

Wenn Sie *Websites konzipieren*, *Produktverantwortung für eine App* tragen oder sich um die *Inhalte und den Betrieb einer Website* kümmern müssen, dann liegen Sie mit diesem Buch richtig. Auch wenn Ihr Aufgabengebiet *Webdesign*, *HTML*, *App-Entwicklung* oder *Frontend-Programmierung* ist und Sie mehr wissen wollen darüber, wie eine Anwendung entsteht, die nicht nur pünktlich fertig wird und funktioniert, sondern die wirklich rund ist und die von ihren Nutzenden geliebt wird.

Vorkenntnisse brauchen Sie keine – nur etwas Interesse an modernen Technologien, an Menschen und ihren Verhaltensweisen und an hochwertiger Umsetzung. Haben Sie Grundkenntnisse in HTML oder in Gestaltung, umso besser – Voraussetzung zum Verständnis ist das aber nicht. Das ist das Schöne am Bereich der User Experience: Allein wer über sie nachdenkt, wird schon dadurch ein besseres Produkt entwickeln.

## Warum Sie das lesen sollten

*Beginnen Sie gerade* mit dem Thema Usability und User Experience, dann lernen Sie hier die Grundlagen und wichtige Methoden sowie Details zu allen wichtigen Elementen der Nutzeroberfläche.

*Als UX-Profi mit Erfahrung* finden Sie in diesem Buch jede Menge Anregungen, wie Sie Ihre Werkzeugsammlung erweitern, wie Sie noch mehr aus einzelnen Methoden herausholen und noch bessere Anwendungen konzipieren und umsetzen. Außerdem haben Sie hiermit eine übersichtliche Sammlung von *Best Practices* an der Hand. Bei Diskussionen im Team oder mit Auftraggebenden bzw. Stakeholdern können Sie darauf zurückgreifen und nachlesen, wie andere Profis die jeweilige Frage sehen und welche Empfehlungen, Normen oder Untersuchungen es dazu gibt. Das alles in einem einheitlichen Stil, in der notwendigen Tiefe, praxisnah und mit hohem Qualitätsanspruch.

Wir haben mit diesem Werk ein Buch geschrieben, das wir selbst auch *als Referenz* zur Hand nehmen können, wenn wir die Details für eine konkrete Problematik nachsehen wollen. Oder wenn wir bei einem Usability-Review schnell eine Empfehlung geben wollen, wie groß ein Button sein muss, damit er auch mit dem Finger gut getroffen wird. Oder wie genau die Formulierungen der Usability-Kriterien in einer bestimmten Norm lauten.

Wichtig ist uns zu vermitteln, dass User Experience einen umfassenden Ansatz verfolgt und viele Disziplinen für sie wichtig sind – z. B. Usability, Informationsarchitektur, Kognitionswissenschaft, Verkaufspsychologie, Marketing, Grafikdesign, Informatik und Texten.

Und wir wollen auch klarmachen, dass *User Experience Design* keine Dienstleistung ist, die man einfach dazubucht, so wie Usability nicht etwas ist, was man in seine Website »einbauen« kann.

## Wenn Sie sich zertifizieren wollen

Planen Sie, ein Zertifikat zu erwerben, z. B. *Certified Professional for Usability and User Experience (CPUX)*, dann kann das Buch Ihnen helfen, die Hintergründe besser zu verstehen und damit den Lernstoff zu vertiefen. Dieses Buch ist ein Praxiswerk und erspart Ihnen nicht das Lernen für die theoretische Prüfung. Aber es kann Ihnen zeigen, wie die Methoden in echten Projekten angewandt werden, welche Hintergründe die gelernten Regeln haben und was zu beachten ist, wenn man davon ausgehend Anwendungen entwickeln will.

Im ganzen Buch finden Sie immer wieder Hinweise auf *wissenschaftliche Belege und Quellen* der Informationen in der Form von Kurzlinks *uux.jetzt/0* .... Diese sind nützlich, wenn Sie ein Thema weiter vertiefen wollen – oder wenn es im Team Diskussionen gibt, warum wir die ein oder andere Empfehlung geben. Auch Vorlagen für Ihre eigenen Projekte haben wir so verknüpft.

## Wie Sie von Usability und UX überzeugen

Der amerikanische Usability-Experte Jared Spool sagt: »Ich konnte noch niemals eine Führungskraft davon überzeugen, in User Experience zu investieren.« Das klingt schockierend, hat Jared Spool doch schon 1988 die Firma *User Interface Engineering* gegründet – laut Wikipedia die größte der Branche weltweit. Außerdem ist Spool begnadeter Redner, er hat unzählige UX-Projekte geleitet und Firmen auf der ganzen Welt beraten. Und zu alledem tritt er in seiner Freizeit als Zauberer auf.

Wer, wenn nicht er, könnte von der Wichtigkeit der UX überzeugen? Spool meint: Das kann niemand. Er vergleicht das mit dem Rauchen: Jeder weiß, dass Rauchen schädlich ist. Das muss man einem Menschen, der raucht, nicht erklären. Er wird in den meisten Fällen sogar verärgert sein, wenn man es dennoch tut. Und genauso muss man einer Führungskraft nicht erklären, wie wichtig UX ist. Wenn diese so weit ist, wird sie es verstehen und wird bereit sein dafür. Sich als Profi einfach hinzustellen und zu sagen: »Ich weiß, was ihr braucht!«, funktioniert nicht.

Normalerweise hilft es nicht einmal, Zahlen zu präsentieren, dass sich die Investition in UX lohnt. Und doch hat Spool einen Tipp: Zuhören. Das ist der einzige Weg, wie man selbst etwas dazu beitragen kann, dass andere den Wert von UX erkennen. Spool sagt, er würde mit dem Management nicht über UX sprechen. Sondern darüber, was sie beschäftigt, was ihre Sorgen sind, welche Probleme sie sehen. Und dann würde er überlegen, wie UX helfen kann, diese Probleme zu lösen.

Eigentlich liegt dieser Ansatz für alle, die sich mit UX befassen, auf der Hand. Das ist unser täglich Brot: anderen zuhören, ihre Situation verstehen, ihre Bedürfnisse erkennen und Dinge/Dienste/Produkte erarbeiten, die ihre Probleme lösen – auch die, die sie selbst gar nicht richtig formulieren können. Wenn wir uns darauf konzentrieren, machen wir uns das Leben viel leichter. Es nimmt auch den Druck heraus, wenn wir wissen: Jeder Mensch muss nach seinem eigenen Tempo zur UX kommen. Und dabei können wir mit Wissen und Erfahrung und vor allem im echten Dialog unterstützen.

## Was Sie hier finden

Wir haben in dem Buch versucht, alles zusammenzutragen, was man in der Praxis wissen muss, um eine *Website* oder eine *App* zu erstellen, die leicht benutzbar ist, die geplanten Ziele erreicht und die die Nutzenden lieben. Dabei haben wir aus den vielen Inhalten, die hierfür relevant sind, die ausgewählt, die uns am wichtigsten erscheinen. Diese stellen wir so ausführlich dar, dass Sie genau wissen, wie Sie jeweils bei der Umsetzung vorgehen. Andere Methoden, die weniger häufig zum Einsatz kommen, haben wir nur kurz erwähnt. Hier geben wir Ihnen Tipps, wo Sie sich weiter informieren können. Usability-Tests beschreiben wir z. B. ausführlich, weil diese in der Praxis so wichtig sind. Blickverfolgung (Eyetracking) dagegen ist hoch spannend, wird aber selten genutzt, weil es so aufwendig ist. Das spiegelt sich dann auch im Umfang wider, den wir der Methode hier im Buch widmen.

Die Abbildung zeigt die wichtigsten Methoden in der Übersicht, angeordnet nach den Projektphasen, in denen sie üblicherweise zum Einsatz kommen.

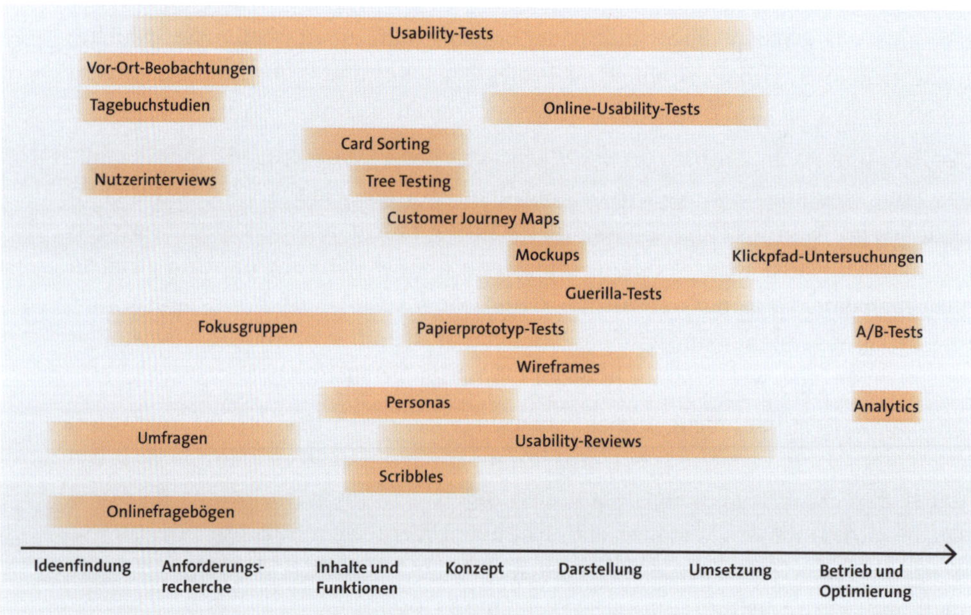


**Abbildung 1** Die wichtigsten Methoden

### Teil I: Was brauche ich, wenn ich anfange zu konzipieren, zu gestalten oder zu programmieren?

Zunächst sehen wir *im ersten Teil*, wo die Methoden herkommen. Es geht also um Psychologie und menschliche Gewohnheiten sowie um Regeln, Normen und Gesetze, die sich daraus für die User Experience ableiten. Und vor allem darum, wie Sie diese für Ihre tägliche Arbeit nutzen. Dann zeigen wir Ihnen, dass gute Usability weder viel Zeit noch viel Geld kosten muss, wenn man es richtig angeht. Ob man in klassischen Projekten arbeitet oder in agilen Teams: Menschzentrierte Entwicklung führt immer zu mehr Spaß an der Arbeit, schnellerer Umsetzung und besseren Ergebnissen. Wir geben Tipps dafür, wie Sie in Ihrem jeweiligen konkreten Projekt effizient menschzentriert arbeiten, weil nun einmal nicht jede Arbeitsumgebung ideal ist.

**Teil II: Nutzende kennenlernen und für sie konzipieren**

*Im zweiten Teil* des Buches stellen wir Ihnen vor, welche Methoden Sie in den jeweiligen Projektphasen einsetzen. Von der Planung und Vorbereitung (vor allem mit Hilfe von User Research) über die Konzeption (vom Scribble zum Mockup), die Umsetzung (mit Hilfe von Prototypen und vor allem dem Testen mit Nutzenden) bis hin zum Betrieb (inklusive A/B-Tests, Analytics und Metriken zur Erfolgskontrolle).

**Teil III: Usability-Guidelines – Anleitung für die Umsetzung**

*Der dritte Teil* des Buches widmet sich ganz der praktischen Umsetzung von einzelnen Elementen wie Buttons, Formularen, Bildbühnen, Audio, Video oder auch Suchfunktionen – mit genauen Angaben zu Größe, Platzierung, Farbe und weiteren Details, die zu beachten sind. Dabei sind, wo immer nötig, Angaben zu Websites auf Desktop/Laptop, auf Tablets und Smartphones ebenso aufgeführt wie für die Umsetzung in Apps. Dieser Bereich eignet sich, um sich grundsätzlich schlau zu machen zu allen Umsetzungsfragen – aber auch zum Nachschlagen im Projektalltag.

## Zur vierten Auflage

Das Nachschlagen war tatsächlich auch etwas, wozu wir selbst unser eigenes Buch nutzen wollten. Denn es gibt so viele verschiedene gute Informationsquellen im Web oder in Buchform, aber die richtige war oft nicht schnell zur Hand. Das heißt, wir haben unser Buch für die Praxis angelegt – und das hat offenbar gut funktioniert. 2017 haben wir die erste Auflage dieses Buches geschrieben. Die ist noch besser angekommen, als wir zu hoffen gewagt hatten. Schon kurz darauf gab es die zweite Auflage, dann die dritte und nun schon die vierte. Das freut uns außerordentlich, und wir danken an dieser Stelle allen Leserinnen und Lesern, Kolleginnen und Kollegen wie auch denen, die uns mit Projekten beauftragt haben – sie alle haben uns wertvolles Feedback gegeben.

Anhand des Feedbacks konnten wir jetzt die vierte Auflage noch weiter verbessern und Themen nachliefern, die sich in der letzten Zeit als wichtig herausgestellt haben. Dazu gehören das neue Kapitel zu *Barrierefreiheit (Accessibility)*, das grundlegend überarbeitete Kapitel *Das digitale Zeitalter und die Auswirkung auf UX* und die neu geordneten und aktualisierten Kapitel zu *Mockups und Prototyping*. Auch haben wir die Kapitel zu Usability-Tests und Online-Usability-Tests zusammengefasst, um der

Tatsache gerecht zu werden, dass inzwischen der überwiegende Teil von Usability-Tests online stattfindet.

Ebenso viel Mühe haben wir in die Überarbeitung der anderen Kapitel gesteckt. Wir sind jede einzelne Seite durchgegangen und haben geprüft, ob die Angaben und Tipps noch die bestmöglichen sind. Und natürlich haben wir alle Abbildungen von Websites und Apps durchgesehen und, wenn nötig, aktualisiert. Auch alle Links und Vorlagen haben wir nochmals geprüft.

## Wer wir sind – Jens Jacobsen

Ich arbeite seit 1998 als Konzepter und Berater für interaktive Projekte. Als Freiberufler unterstütze ich etablierte global operierende Unternehmen wie auch kleine Start-ups beim Erstellen von Websites, Apps und interaktiven Anwendungen. Es fasziniert mich, wie man mit wenigen einfachen Werkzeugen in jedem Projekt mehr über die Nutzenden, deren Wünsche und Bedürfnisse, den Markt und auch die Unternehmen selbst erfährt. Die vielen Diskussionen im Team und vor allem die Arbeit mit den Nutzenden bringen immer wieder hilfreiche neue Erkenntnisse zutage. Diese gebe ich regelmäßig weiter in Büchern, Seminaren und im Blog *benutzerfreun.de*. Diese Arbeit ist mir wichtig, weil sie für mich Gelegenheit ist, das eigene Tun zu analysieren, die etablierten Prozesse und Richtlinien zu hinterfragen und auf neue Ideen zu kommen.

## Wer wir sind – Lorena Meyer

Seit 2007 arbeite ich im digitalen Umfeld – einen Großteil dieser Jahre in der Tourismusbranche, einige davon aber auch für Kunden im Bereich Automotive, E-Commerce, Versicherungen und dem öffentlichen Bereich. In unterschiedlichen Positionen (von der Projektleitung auf Unternehmens- wie Dienstleisterseite über UX Consultant bis hin zur UX-Konzepterin) habe ich zahlreiche Websites, Apps und digitale Anwendungen konzipiert, mit Nutzenden getestet und deren Umsetzung in interdisziplinären Teams begleitet. Was mich dabei immer antreibt: die bestmögliche Lösung aus Sicht der Nutzenden zu finden. Mich freut es, dieses Erfahrungswissen nicht nur in diesem Buch, sondern auch in verschiedenen Studien- und Fortbildungsgängen weitergeben zu können.

Auch wenn wir zusammen mehr als 30 Jahre Erfahrung im Bereich Usability und UX haben – wir wissen noch lange nicht alles. Wir lernen vielmehr jeden Tag dazu. Durch Diskussionen im Team, durch Lesen von Blogbeiträgen und wissenschaftlichen Veröffentlichungen und durch den Besuch von Tagungen. Vor allem aber dadurch, dass wir viel Zeit mit Nutzenden verbringen. Sooft man auch schon im Usability-Labor war – man erfährt doch jedes Mal Neues, sieht etwas, was einen verblüfft, schockiert oder entzückt. Oder diskutiert mit Kolleginnen und Kollegen, mit Auftraggebenden und anderen so genannten *Stakeholdern*. Wenn auch Sie mit uns diskutieren wollen, schreiben Sie uns gern unter *hallo@uux.jetzt*!

## Wem wir danken

Vielen Dank an die vielen Menschen, die uns unterstützt haben bei diesem großen Vorhaben. Danke an Stephan Mattescheck, von dessen Idee für dieses Buch wir sofort begeistert waren und der uns mit seinem Team vom Rheinwerk Verlag geduldig und kompetent durch den langen Prozess begleitet hat, den ein gutes Buch eben braucht.

Ein herzliches Dankeschön an Thorsten Wilhelm von der eresult GmbH für die Unterstützung des Projekts und auch die Abbildungen, die er dafür zur Verfügung gestellt hat. Danke auch an die anderen UX-Profis, die mit uns stundenlang über die Vor- und Nachteile einzelner Anwendungen und die kleinsten Details aller Methoden diskutiert haben.

Und nicht zuletzt einen besonders großen Dank an unsere Familien, Partnerinnen und Partner, insbesondere an Cornelia (von Jens) sowie Alexander, Gundula, Karlheinz, Johanna und Peter (von Lorena), die uns während der vielen Abende und Wochenenden den Rücken freigehalten haben, die es brauchte, um das Buch von der ersten Idee über die Konzeption und die Umsetzung bis hin zum letzten Schliff zu einem glücklichen Ende zu bringen.

**Jens Jacobsen** und **Lorena Meyer**

München und Unterhaching

# TEIL I

# Was brauche ich, wenn ich anfange zu konzipieren, zu gestalten oder zu programmieren?

*Im ersten Teil des Buches erfahren Sie, woher die ganzen Erkenntnisse überhaupt kommen, die wir im Folgenden vorstellen. Grundlage sind immer Beobachtungen, wie Menschen mit interaktiven Anwendungen umgehen. Dazu wurden in den letzten Jahrzehnten Abertausende von wissenschaftlichen Studien gemacht – und wir selbst haben Tage über Tage damit verbracht, Menschen beim Nutzen von Websites und Apps zuzusehen. Auch in Normen und Gesetze sind solche Erkenntnisse eingeflossen. Wir stellen Ihnen die wichtigsten vor und erklären, was davon relevant für die Praxis ist.*

*Auch zeigen wir Ihnen, wie Sie die Grundlagen für Anwendungen legen, die begeistern. Klar ist, dass dazu die Nutzenden im Zentrum der Entwicklung stehen müssen – das ist »User-Centered Design«, die nutzerzentrierte Entwicklung.*

*Wir erklären Ihnen, wie der optimale Projektablauf aussieht und wie man auch bei weniger optimalen Projekten zu guten Ergebnissen kommt. Für das Zusammenspiel von UX und agiler Entwicklung gibt es keine Methodik, die für jedes Projekt und jedes Team passt. Daher geben wir Ihnen dafür ein paar Tipps, wie die Zusammenarbeit in der Praxis auch hier klappt.*

*Und schließlich geht es darum, dass wir immer offen bleiben müssen für neue Ansätze und Methoden, aber auch für neue technische Entwicklungen. Denn diese bestimmen, was unsere Zielgruppe gewohnt ist und dann auch von unseren Anwendungen erwartet.*

# Kapitel 1
# Von der Usability zur User Experience

*Usability und User Experience (UX) werden immer wieder vertauscht. Häufig wird UX gesagt, doch ist Usability gemeint. Wie sich Usability und UX unterscheiden und warum UX etwas deutlich Komplexeres ist, erläutern wir im folgenden Kapitel.*

Stellen Sie sich vor, Sie haben zum Geburtstag einen Gutschein für ein Produkt Ihrer Lieblingsmarke bekommen. Sie freuen sich sehr und gehen auf die Website, um sich etwas Schönes auszusuchen. Die Website ist sehr gut strukturiert, Sie werden schnell fündig und bestellen. Kurz darauf bekommen Sie eine Mail, dass sich der Versand verzögert, weil das Produkt nicht auf Lager ist – was Ihnen auf der Website allerdings nicht angezeigt wurde. Sie warten einige Tage auf das gewünschte Produkt, endlich kommt es an. Leider müssen Sie schon beim Auspacken feststellen, dass es Mängel hat. Sie möchten reklamieren, rufen die Hotline an und werden vom Servicemitarbeiter dazu in einen Laden in der Stadt geschickt ...

Ein solcher Fall passiert vielleicht nicht häufig. Er zeigt aber sehr gut, wie *Usability* und *User Experience* miteinander zusammenhängen. Während die Usability, also die Gebrauchs- oder auch Nutzungstauglichkeit der Website offensichtlich sehr gut ist, passt die User Experience, also das Nutzungserlebnis, des gesamten Einkaufs nicht – zumindest nicht mehr nach der Bestellung. Die empfundene Vorfreude und Erwartung vor Besuch der Website war groß, sie wurde während des Besuchs der Website auch noch erfüllt bzw. bedient. Aber ab Erhalt der Mail brach die Vorfreude auf das Produkt und der Spaß beim Einkaufserlebnis abrupt ab.

Von **Usability** bei einer Anwendung (Website oder App) spricht man, wenn die Anwendung so einfach wie nur möglich in der Benutzung ist. Sie soll intuitiv und benutzerfreundlich gestaltet sein. Die zentrale Frage ist, ob die Nutzenden ihre Absicht oder ihr Ziel erreichen konnten. In unserem Beispiel also, ob Sie das Produkt Ihrer Wahl schnell finden und dann zügig bestellen konnten.

**User Experience** dagegen ist weitgreifender. Die Nutzenden sollen bei der Nutzung einer Anwendung so zufrieden wie nur möglich sein, diese mit einem positiven Gefühl verlassen und idealerweise zurückkehren. Und nicht nur das: Sie sollen auch vor und nach der Nutzung der Anwendung emotional angesprochen werden, sie sollen begeistert sein. Die zentrale Frage hinsichtlich der User Experience ist demnach, ob die Nutzenden mit ihrem Gesamterlebnis zufrieden sind.

## 1.1 Usability als Erfolgsfaktor für gute digitale Produkte

Der Begriff *Usability* wird am treffendsten mit *Gebrauchstauglichkeit* oder mit *(Be-)Nutzerfreundlichkeit* übersetzt. Die Begriffe Benutzerfreundlichkeit oder Nutzerfreundlichkeit sind fachlich nicht ganz korrekt, aber üblich und in der Praxis in Ordnung. Laut der ISO-Norm 9241-11 bezeichnet sie »das Ausmaß, in dem ein Produkt, System oder Dienst durch bestimmte Benutzer in einem bestimmten Anwendungskontext genutzt werden kann, um bestimmte Ziele effektiv, effizient und zufriedenstellend zu erreichen.« Kurzum: Usability sorgt dafür, dass digitale Anwendungen einfach zu nutzen sind, und wird daran gemessen, wie direkt und schnell die Nutzenden ihr Ziel während der Nutzung der Website oder App erreichen können.

Gute Usability wird in der Regel gar nicht explizit wahrgenommen, schlechte hingegen schon. Eine Anwendung besitzt ein hohes Maß an Usability, wenn sie insbesondere die Anforderungen der Leitlinie zur Gestaltung von Benutzerschnittstellen entsprechend der DIN EN ISO 9241 erfüllt (siehe Kapitel 4, »ISO 9241 & Co. – Normen und Gesetze rund um Usability«). Demnach soll die Anwendung

- der Aufgabe angemessen,
- selbst beschreibend,
- steuerbar,
- erwartungskonform,
- fehlertolerant,
- lernförderlich und
- motivierend

sein.

## 1.2 User Experience als umfassendes Nutzungserlebnis

Die Bezeichnung *User Experience (UX)* lässt sich am besten als Nutzungserlebnis oder Nutzungserfahrung ins Deutsche übersetzen. Auch hier definiert die ISO-Norm 9241-210 genauer: UX umfasst demnach »alle Aspekte der Erfahrungen eines Nutzers bei der Interaktion mit einem Produkt, Dienst, einer Umgebung oder Einrichtung«. Alle Wahrnehmungen und Reaktionen einer Person, die bei der Benutzung oder der erwarteten Verwendung eines Produkts, Systems oder Services entstehen, spielen eine Rolle. Um eine optimale User Experience zu gestalten, müssen Sie also die Anwendung so gestalten und mit Funktionalitäten ausstatten, dass sie die Nutzenden emotional anspricht. Die Nutzenden sollen nicht nur schnell und reibungslos zum Ziel kommen, sondern – abhängig vom Anwendungsbereich – auch positive Gefühle wie Spaß oder Freude bei der Benutzung erleben.

User Experience umfasst den gesamten Prozess des Erlebens von Nutzenden – vor, während und nach der Nutzung der Anwendung (siehe Abbildung 1.1).

**Abbildung 1.1** Die User Experience beinhaltet alle Aspekte des Nutzungserlebnisses – vor, während und nach der Nutzung einer Anwendung oder eines Produkts. Die Usability beschränkt sich auf den Teil der eigentlichen Nutzung.

Vor der eigentlichen Nutzung beeinflussen Erwartungen und Aspekte wie das Markenimage. Ist es positiv, wirkt sich das positiv auf das Nutzungserlebnis aus. Aber auch die tatsächliche Nutzung der Anwendung ist relevant: Ist die Bedienung einfach? Kann das Ziel schnell erreicht werden? Gefällt das Design? Sind begeisternde, vielleicht sogar unerwartete hilfreiche Funktionen integriert? Und nach der Nutzung der Anwendung werden die Nutzenden in ihrem Erleben beeinflusst. Wenn sie sich mit dem Produkt identifizieren können, bauen sie eine emotionale Bindung zum Produkt oder zur Marke auf. In unserem Gutscheinbeispiel von oben wird das positive Nutzungserlebnis durch die E-Mail-Nachricht zur verzögerten Lieferung, die Wartezeit und letztlich die Mängel am Produkt und Service getrübt. Die Vorfreude und die hohen Erwartungen an das Nutzungserlebnis reichen nicht, um ein positives Gesamterlebnis zu erreichen.

## 1.3 Abgrenzung zwischen Usability und User Experience

*User Experience* ist der weitgreifendere Ansatz, *Usability* nur ein Teilbereich der User Experience. Usability betrachtet insbesondere die (grafische) Oberfläche einer Anwendung, das User Interface (UI), während die User Experience sämtliche Services, Abläufe und Zusammenhänge zwischen Unternehmen, Produkt, Kommunikation und Markenbildung berücksichtigt. Entsprechend müssen Sie bei der Entwicklung einer herausragenden User Experience deutlich mehr Verantwortliche ins Team holen. Nicht nur die Teammitglieder, die designen oder entwickeln, sondern auch diejenigen, die für das Produkt, das Marketing oder Branding verantwortlich zeichnen, genauso wie Mitarbeitende aus dem Servicebereich. Damit involvieren Sie die unterschiedlichen Disziplinen und können verschiedene Aspekte in die Konzeption und Entwicklung einfließen lassen so wie:

- *Utility* (dt. Nützlichkeit): Ist das Produkt/die Website nützlich?
- *Usability* (dt. Gebrauchstauglichkeit): Ist das Produkt/die Website einfach und intuitiv zu nutzen?
- *Desirability* (dt. Attraktivität): Sieht das Produkt/die Website gut aus? Fühlt es/sie sich gut an?
- *Brand Experience* (dt. Markenwahrnehmung): Ist der Gesamteindruck der Marke/des Produkts/der Website gut und stimmig?

Alle sind Faktoren der User Experience; die Nützlichkeit und die Gebrauchstauglichkeit bilden den Kern. Gemeinsam mit der Attraktivität und der Markenwahrnehmung formen sie das Gesamterlebnis. Dieser Ansatz wurde auf einer Konferenz der Nielsen Norman Group »User Experience 2008« entwickelt (siehe Abbildung 1.2).

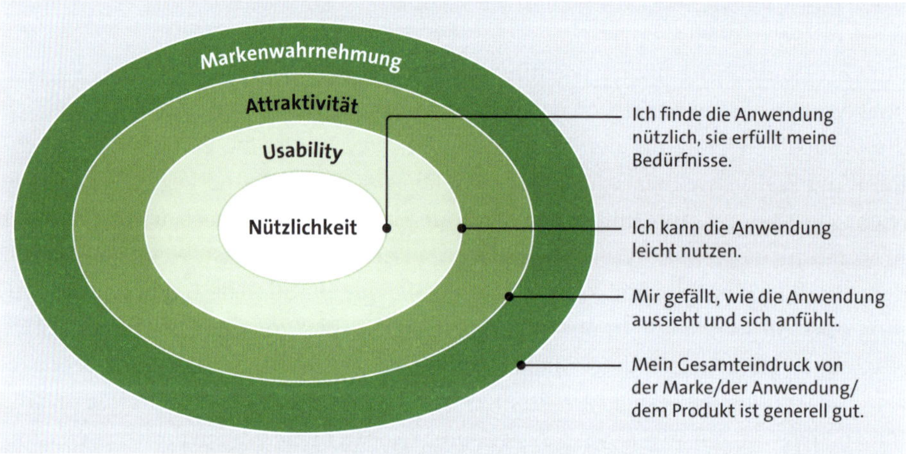


**Abbildung 1.2** Verständnis und Teilaspekte der User Experience (Nielsen Norman Group)

Der Aufwand, ein derartiges Team zusammenzustellen und die unterschiedlichen Aspekte zu betrachten, lohnt sich. Sie begeistern Ihre Nutzenden, anstatt ihnen lediglich zu ermöglichen, ihr Ziel zu erreichen.

# Kapitel 2
# Erkenntnisse aus Studien, Forschung und Projekten liefern Fakten

*Alle Entscheidungen in Konzeption und Design sollten als Grundlage das Verhalten der Menschen berücksichtigen. Dabei können Sie auf reiche Forschungsergebnisse aus den letzten Jahrzehnten zurückgreifen.*

Wie der Name sagt, stehen im Mittelpunkt der nutzerzentrierten Entwicklung die Nutzer. Das bedeutet, die Nutzenden haben immer Recht. Wenn wir eine Anwendung mit guter User Experience entwickeln wollen, dann stellen wir die Nutzenden und ihre Bedürfnisse und Verhaltensweisen an sich nicht in Frage. Wir stellen nur die Frage, was sie brauchen, was sie wollen und wie wir ihnen zeigen, dass wir ihnen etwas bieten können. Das heißt auch, alle Diskussionen darüber, was *uns* gefällt, sind überflüssig. Sie mögen keine Sites, die viele Farben verwenden und sehr viele Bilder? Wenn Sie eine Website für Kinder erstellen, dann sollten Sie sich dennoch damit anfreunden. Sie finden Apps mit dunklem Hintergrund und grüner Schrift scheußlich? Das kann für die Zielgruppe von Programmier-Nerds genau das Richtige sein. Allerdings gibt es nie nur eine Lösung, die funktioniert. Was wirklich funktioniert, erfahren Sie nur mit Sicherheit, wenn Sie Usability-Tests machen. Doch man kann nicht immer und alles testen – und es ist natürlich sinnvoll, mit einer Version zu starten, die man für gut hält.

**Mensch, Nutzende oder Kundschaft?**

Immer häufiger lesen Sie von *menschzentrierter Entwicklung*. Im Englischen ist der Begriff *Human-Centered Design* schon seit drei Jahrzehnten üblich. Die ISO-Norm 27500 von 2017 trägt »menschzentriert« im deutschen Titel. Mehr und mehr spricht man von *Menschen*, immer seltener von *Nutzern/Nutzerinnen* oder *Kunden/Kundinnen*. Grund ist, dass Systeme für jeden Menschen zugänglich und leicht benutzbar sein sollen. Unabhängig davon, ob er oder sie nun tatsächlich zur Kundschaft oder (vorgesehenen) Gruppe der Nutzenden gehört. Und mit dem Begriff »Mensch« gehen Sie gleichzeitig allen Diskussionen um die richtige Ansprache aller Geschlechter aus dem Weg.

Um neue Ideen zu entwickeln, muss man die ausgetretenen Pfade verlassen. Es braucht also Innovation und Intuition. Immer wieder hört man, neue Produkte müsse man einfach bauen und auf den Markt bringen. Die Nutzenden kennen diese noch nicht und wüssten daher gar nicht, ob sie sie brauchen. Da ist natürlich etwas dran. Dazu gibt es das schöne Zitat, das Henry Ford, dem Begründer des industriellen Automobilbaus zugeschrieben wird: »Wenn ich die Menschen gefragt hätte, was sie wollen, hätten sie gesagt: schnellere Pferde.«

Auch vom iPhone, dem ersten erfolgreichen Smartphone, heißt es, dass Steve Jobs es einfach gebaut hätte, weil er überzeugt war, dass die Menschen es haben wollen. Und doch ist es wenig sinnvoll, nur aus dem Bauch heraus zu entwickeln. Bei Produkten und Dienstleistungen, die es so in der Art vorher noch nicht gab, weiß die potenzielle Kundschaft zwar vorher nicht, ob sie sie brauchen. Aber dennoch gibt es eine Reihe menschlicher Eigenschaften, die immer vorhanden sind. Und die bestimmen, wie wir mit Anwendungen umgehen, ob wir sie verstehen und ob wir sie gern benutzen – das sind die Grundlagen von Usability und User Experience.

Zu Usability und User Experience gibt es viele wissenschaftliche Erkenntnisse aus verschiedensten Disziplinen (siehe Abbildung 2.1). Daraus abgeleitet sind so genannte Heuristiken, also praktische Vorgehensweisen, die nicht den Anspruch haben, wissenschaftlich korrekt zu sein, aber gut funktionieren.

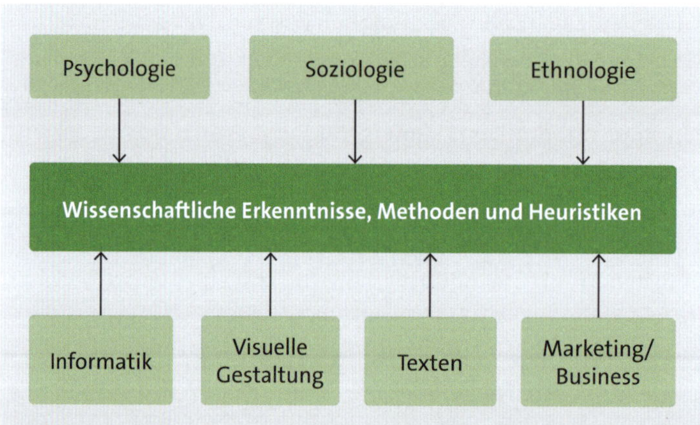


**Abbildung 2.1** Wichtige Disziplinen und Bereiche, aus denen die UX ihre Erkenntnisse bezieht

## 2.1 Können wir nicht einfach die Nutzenden fragen?

Die Forschung zur Motivation von Menschen aus Psychologie, Marketing und anderen Disziplinen zeigt uns: Nur weil die Nutzenden im Mittelpunkt stehen, heißt das nicht, dass wir sie einfach fragen können und dann machen, was sie sagen. Es gibt unzählige Beispiele dafür, dass das zum Desaster führt. Wir Menschen sind uns vieler Motive nicht bewusst. Nutzende sagen, sie wollen einfache Office-Software nur mit den nötigsten Funktionen. Und doch kaufen sie die Software, die möglichst viel verspricht – man weiß ja nie, vielleicht will man doch irgendwann mal einen Serienbrief schreiben oder endlich lernen, wie man Makros programmiert. Menschen sagen, sie wollen mehr Sport machen und sich gesund ernähren – und nehmen dann doch lieber den Lift in den ersten Stock und greifen zum Schokoriegel, nicht zum Salat. Aber es ist nicht Böswilligkeit oder Schwäche, warum wir Menschen nicht das tun, was wir sagen, dass wir tun würden. Oft wissen wir es vorher nicht genau, weil wir uns die Situation nicht richtig vorstellen können. Und besonders, wenn es darum geht, welche Produkte wir uns wünschen, was wir kaufen würden, wird es oft fantastisch – solche Selbsteinschätzungen liegen meist daneben.

Trotzdem haben Befragungen durchaus ihren Wert (siehe Kapitel 9, »Fokusgruppen und Befragungen – Erkenntnisse über das derzeitige Nutzungsverhalten«). Sie helfen vor allem, Bedürfnisse oder Probleme mit bestehenden Lösungen zu ermitteln. Und sie helfen, auf Ideen zu kommen. Sie interpretieren die gewonnenen Erkenntnisse und hinterfragen diese, generieren Lösungsansätze, erstellen Skizzen und vielleicht erste Prototypen und entwickeln schließlich im Team basierend auf Ihren Erfahrungen und Zielen ein Konzept. Und das testen Sie dann so früh wie möglich mithilfe von Personen aus Ihrer Zielgruppe (siehe Kapitel 16, »Mockups und Prototypen – konkretisieren, visualisieren, designen«).

## 2.2 Wer schnell zum Ziel will, hält sich an den Weg

Eigene Wege zu gehen, hat seinen Reiz. Und doch dauert es meist länger. Der Untergrund ist uneben, Sträucher versperren den Durchgang, und vor allem muss man immer wieder ein Stück zurück, weil man an einer Stelle nicht weiterkommt. Genauso ist es auch bei Anwendungen. Wollen Sie auf Nummer sicher gehen, dann halten Sie sich an das, was aus Studien und Praxisprojekten als bewährt hervorgegangen ist. Gehen Sie neue Wege, müssen Sie mehr Zeit und Experimentierfreude mitbringen. Suchen Sie aber den schnellen Erfolg, beachten Sie besser die Standards (siehe Kapitel 28, »Designsysteme, Styleguides, Component Libraries und Pattern Libraries«). Was Nutzende gewohnt sind, fällt ihnen leichter, und die Usability ist daher höher, wenn Sie es grundsätzlich machen wie alle anderen. Wollen Sie einen ganz neuen Ansatz ausprobieren, brauchen Sie einen langen Atem. Sie müssen die Nutzenden langsam heranführen an die neuen Bedienkonzepte, und vor allem müssen Sie sehr viele Usability-Tests durchführen, um sicherzustellen, dass Ihre Ideen auch funktionieren.

Die wichtigste Regel ist also:

> *Kennen Sie die Regeln und verletzen Sie diese nur, wenn Sie dafür einen wirklich guten Grund haben.*

Leider gibt es keinen festen Katalog mit Regeln für gute User Experience. Die Erfahrungen, Anforderungen und Gewohnheiten der Menschen ändern sich laufend, und auch die Geräte und Anwendungen probieren immer wieder Neues – und ändern damit wieder die Erfahrungen, Anforderungen und Gewohnheiten der Menschen. Das heißt, Sie müssen immer am Ball bleiben.

Was sich aber nicht ändert, sind Grundprinzipien menschlichen Verhaltens. Psychologie, Biologie und Medizin, Soziologie, Arbeitswissenschaft, Marketing und Managementtheorie sind Disziplinen, aus denen die Grundlagen kommen, auf denen wir gute User Experience aufbauen. Und seit über hundert Jahren machen sich Menschen Gedanken darüber, wie Menschen mit Maschinen umgehen. Als gewaltige Dampfmaschinen und riesige Webstühle in die Produktion einzogen, kam damit auch eine große Gefahr. Bei Fehlbedienung der Maschinen passierten schreckliche Unfälle. Bei Flugzeugen, Kraftwerken oder Chemieanlagen konnte ein einziger Bedienfehler viele Menschen das Leben kosten.

**Abbildung 2.2** Komplexe Benutzeroberflächen gab es auch schon 1949.

Es entstand die Disziplin *Ergonomie*, und es reifte die Erkenntnis, dass die Maschinen den Menschen angepasst werden müssen, nicht umgekehrt. Seit den 1960er Jahren, als Computer immer noch riesige Apparate waren, die im Keller von Universitäten standen, und langes Training erforderlich war, um sie bedienen zu können, beschäftigt sich die Wissenschaft intensiv mit *HCI* – Human-Computer Interaction. Die Computer haben sich seitdem stark verändert, die Menschen aber nicht. Und so sind die Grundprinzipien bis heute die gleichen.

Am bekanntesten in diesem Gebiet ist heute Jakob Nielsen, ein dänischer Informatiker, der in den USA unter anderem für IBM und Sun Microsystems gearbeitet hat. Er legte in den frühen 1990er Jahren die Grundlagen für die systematische Herangehensweise an die Usability des Webs. Von ihm stammen die *10 Heuristiken für das Interface Design*, die er 1994 erstmals postulierte. Er spricht von Heuristiken, weil es grobe Richtlinien sind, keine Regeln, die man einfach nur befolgen muss. Das bedeutet, man muss die Heuristiken jeweils für den Einzelfall interpretieren. Genau deshalb sind sie aber auch so zeitlos und noch heute gültig für praktisch alle technischen Systeme, mit denen Menschen umgehen – ob Website, App, Smart-TV, Sprachsteuerung oder Kraftwerkssteuerung.

---

**Die 10 Heuristiken für das Interface Design**

Die folgenden Punkte sollte nach Jakob Nielsen jedes technische System erfüllen:

1. **Sichtbarkeit des Systemstatus – was macht das Gerät?**
   Das System sollte jederzeit klarmachen, was es gerade macht. Jede Aktion sollte sofort eine Reaktion zeigen.
2. **Übereinstimmung von System und Realität der Nutzenden**
   Das System sollte die Sprache der Nutzenden sprechen und nur Begriffe und Konzepte nutzen, die sie verstehen.
3. **Kontrolle durch die Nutzenden**
   Die Nutzenden sollten das System jederzeit steuern können, und es sollte Experimentieren erlauben. Eine Rückgängig-Funktion ist dafür entscheidend.
4. **Konsistenz und Standards**
   Elemente der Nutzungsoberfläche und Benennungen sollten nur unterschiedlich sein, wenn sie Unterschiedliches bewirken. Standards der jeweiligen Plattformen (z. B. Betriebssystem) sollten eingehalten werden.
5. **Fehlervermeidung**
   Wichtiger als aussagekräftige Fehlermeldungen ist, dass das System Fehler bestenfalls erst gar nicht auftreten lässt. Es muss mögliche Fehlbedienungen vorhersehen und abfangen.
6. **Selbsterklärung vor Erinnerung**
   Die Nutzenden sollten nichts lernen und nichts im Gedächtnis behalten müssen. Alle aktuell notwendigen Informationen sollten sie direkt einsehen können.
7. **Flexibilität und Effizienz**
   Regelmäßig Nutzende brauchen Möglichkeiten, den Arbeitsablauf für sich anzupassen (Makros, Tastaturkürzel ...).
8. **Ästhetisches und minimalistisches Design**
   Das System sollte immer nur anzeigen, was für die aktuelle Aufgabe nötig ist.
9. **Hilfe beim Erkennen, Diagnostizieren und Beheben von Fehlern**
   Fehlermeldungen sollten klar formuliert sein und Hilfestellung geben, wie man das Problem löst.
10. **Hilfe und Dokumentation**
    Optimal ist ein System, das keine Hilfestellung braucht. In der Praxis klappt das selten, daher sollte die Dokumentation in der Sprache der Nutzenden geschrieben, praktisch leicht nutzbar und leicht zugänglich sein.

Ebenfalls häufig genutzt sind die Anforderungen für benutzerfreundliche Anwendungen nach der ISO-Norm 9241 – Ergonomie der Mensch-System-Interaktion:

- der Aufgabe angemessen
- selbst beschreibend
- steuerbar
- erwartungskonform
- fehlertolerant
- lernförderlich
- motivierend

Diese sind in Kapitel 4, »ISO 9241 & Co. – Normen und Gesetze rund um Usability«, erklärt. Die Anforderungen der ISO-Norm 9241 oder auch Nielsens zehn Heuristiken setzt man oft ein, um z. B. Usability-Reviews strukturiert anzugehen (siehe Kapitel 21, »Usability-Reviews – Expertenmeinung einholen, bevor Sie Nutzende rekrutieren«).

## 2.3 Wer setzt die Standards?

Die oben genannten Heuristiken leiten sich aus den wissenschaftlichen Erkenntnissen darüber ab, wie unser Gehirn arbeitet. Hinzu kommt ein wichtiger Punkt: Wir kommen mit dem gut zurecht, was uns bekannt ist. Das heißt, ein Stück weit sind es einfach auch gelernte Konventionen. Wenn wir die verletzen, sollten wir dafür einen guten Grund haben.

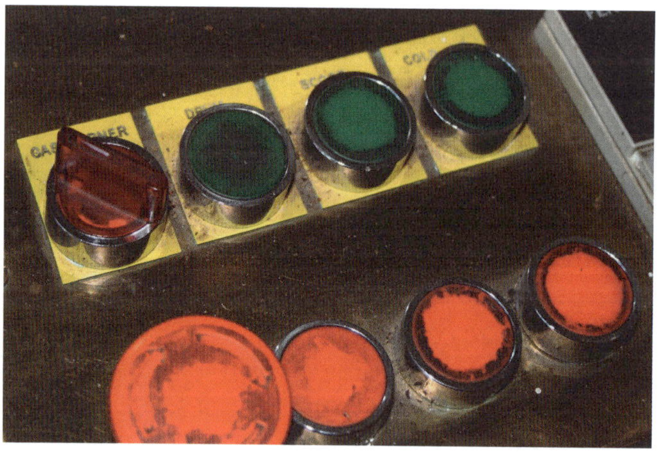

**Abbildung 2.3** Rot heißt Stopp oder rückwärts, Grün heißt Start oder vorwärts. Wer diese Konvention verletzt, riskiert Fehlbedienungen.

Wenn wir also Anwendungen gestalten, müssen wir die Konventionen kennen und berücksichtigen. Dazu gibt es zwei Mittel:

1. *Eigene Usability-Tests durchführen* – so sehe ich, was Menschen kennen und erwarten, womit sie zurechtkommen und was sie wirklich tun.
2. *Von anderen lernen* – in Studien, Blogartikeln, Büchern oder auf Konferenzen erfahre ich, auf welche Ergebnisse andere gekommen sind.

Sie sollten beide Wege gehen – nur so kann man auf der Höhe der Zeit bleiben und kommt außerdem noch zu anderen Dingen. Zu Mittel 1 finden Sie mehr in Kapitel 18, »Usability-Tests – die Klassiker unter den Nutzertests«. Zu Mittel 2 finden Sie im Hinweiskasten unsere subjektive Auswahl an zuverlässigen Quellen im Web, die wir persönlich schätzen.

**Empfehlenswerte Quellen, um auf dem Laufenden zu bleiben**

- Nielsen Norman Group – *www.nngroup.com/articles*

  Das Unternehmen von Jakob Nielsen veröffentlicht wöchentlich hochwertige Artikel zur Usability.
- Smashing Magazine – *www.smashingmagazine.com*

  Wertvolle Praxistipps, die in die Tiefe gehen. Teilweise auch mit Details zu Design und Programmierung.
- A List Apart – *alistapart.com*

  Blog von Profis für Profis rund um die Konzeption – gern auch mit grundsätzlichen neuen Ansätzen. Hier fand sich z. B. der Ansatz des responsiven Webdesigns zum ersten Mal überhaupt.
- Measuring U – *measuringu.com/blogs*

  Fundierte Artikel zu Usability, Nutzungsforschung und Analytics mit Schwerpunkt auf Statistik.

Aktuelle Tipps und Hinweise zu Büchern und Konferenzen auch im Blog des Autors Jens Jacobsen: *benutzerfreun.de*.

# Kapitel 3
# Menschliche Wahrnehmung – Gestaltgesetze & Co.

*Die Psychologie befasst sich mit dem Erleben und Verhalten des Menschen und ist somit ein Schlüssel zum Verständnis der Nutzenden. Erkenntnisse aus der Psychologie helfen uns, bessere Anwendungen zu erstellen.*

Grundlage jeder guten Gestaltung ist die menschliche Wahrnehmung. Es gibt einige Erkenntnisse aus der Psychologie, die es uns erleichtern, Informationen so aufzubereiten, dass man sie leicht versteht, und Elemente so anzuordnen, dass man sie leicht erfasst. Im Folgenden stellen wir einige ausgewählte vor, die uns die tägliche Arbeit erleichtern.

## 3.1 Kurzzeitgedächtnis nicht überfordern

Für den Umgang mit interaktiven Anwendungen ist das menschliche Kurzzeitgedächtnis ganz wichtig. Es speichert die Informationen, die wir brauchen, um das System zu bedienen. Gleich ob es eine komplexe App fürs Handeln an der Börse ist oder eine einfache Website, auf der man eine E-Mail-Adresse heraussuchen will. Wichtig ist, dass wir den Nutzenden so wenig wie möglich zumuten. Sie sollten sich von Teilschritt zu Teilschritt nichts merken müssen. Klickt man z. B. auf einen Link, sollte dort, wo man landet, unmissverständlich klar sein, dass man im richtigen Bereich ist. Meist geht das am einfachsten mit einer Überschrift, die den Text wörtlich wiederholt, der auf dem angeklickten Link stand.

### 3.1.1 Millersches Gesetz – 7 plus/minus 2

Der Psychologe George Miller veröffentlichte 1956 seinen Artikel über *Die magische Zahl sieben, plus/minus zwei*. Der Titel fasst plakativ seine Erkenntnis zusammen, dass unser Kurzzeitgedächtnis maximal *7 plus/minus 2* Elemente speichern kann (also minimal 5, maximal 9, je nach Veranlagung). Inzwischen sieht das die Forschung differenzierter, denn es kommt vor allem auf die Art der Informationen an und auf den Kontext. Aber als Faustregel eignet sich das Gesetz durchaus. Für Menüeinträge einer

App z. B. ist die 7-plus-minus-2-Regel ein guter Anhaltspunkt. Für die Anzahl verschiedener Preismodelle bei einem Onlinedienst sind 9 aber definitiv zu viel. Hier haben sich eher 3 Optionen bewährt, 5 ist normalerweise die Obergrenze.

### 3.1.2 Hicksches Gesetz (auch Hick-Hyman-Gesetz genannt)

Je mehr Möglichkeiten man Menschen anbietet, desto länger dauert es, bis sie sich entscheiden. Diesen Zusammenhang erkannte der Psychologe William Edmund Hick schon 1952. Denn auch wenn Menschen sagen, sie wollen gerne möglichst viele Optionen – machen Sie es ihnen leicht, und geben Sie immer nur so viele Möglichkeiten zur Auswahl wie wirklich sinnvoll. Eine genaue Anzahl lässt sich nicht festlegen, zu sehr hängt es von der Situation und von den unterschiedlichen Optionen ab.

## 3.2 Auswahl ist gut, aber zu viel ist schlecht

Das *Paradox of Choice* ist ein Phänomen, das der US-Psychologe Barry Schwartz in seinem gleichnamigen Buch beschreibt. Er argumentiert, dass zu viele Optionen uns überfordern. Haben wir 24 verschiedene Marmeladensorten vor uns, dann wissen wir nicht, für welche wir uns entscheiden sollen. Sind es dagegen nur sechs, fällt uns die Entscheidung leicht. Das Gleiche gilt für viele Entscheidungen, die wir auf Websites treffen müssen. Einerseits wollen wir eine möglichst große Auswahl (vor allem, wenn man uns fragt). Andererseits entscheiden wir uns eher für etwas, wenn die Auswahl kleiner ist – oder wenn uns klar ist, wie wir zur für uns besten Wahl kommen.

## 3.3 Menschliche Wahrnehmung – Gestaltgesetze

Die Gestaltgesetze beschreiben, wie unser Hirn aus der überwältigenden Vielzahl von Reizen, die über unsere Sinne hineinströmen, einzelne Objekte erkennt und sich einen Reim auf unsere Umgebung macht. Für uns Menschen scheint das ganz einfach, es ist aber hochkomplex – Computer tun sich bis heute schwer damit. In der Psychologie ist die Gestalttheorie heute nicht besonders wichtig, zum visuellen Gestalten ist sie aber ausgesprochen hilfreich.

### 3.3.1 Nähe

Dinge, die nah nebeneinanderstehen, empfinden wir als zusammengehörig. Das sollten wir beachten, wenn wir verschiedene Elemente auf einer Seite anordnen, z. B. Produktabbildungen, Textkästen oder Teaser.

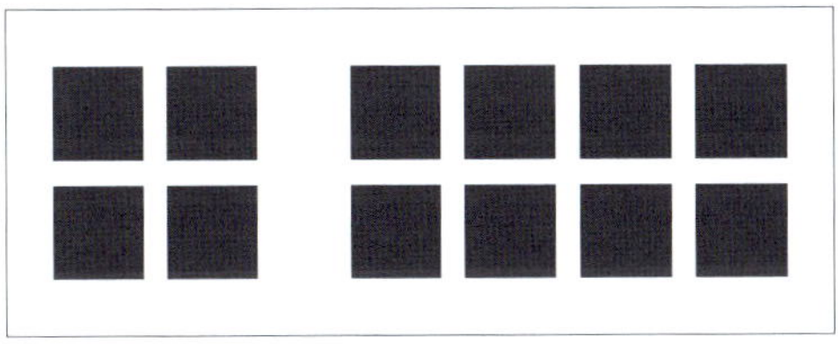

**Abbildung 3.1** Wir sehen zwei Gruppen von Quadraten. Man könnte aber auch sechs Spalten sehen.

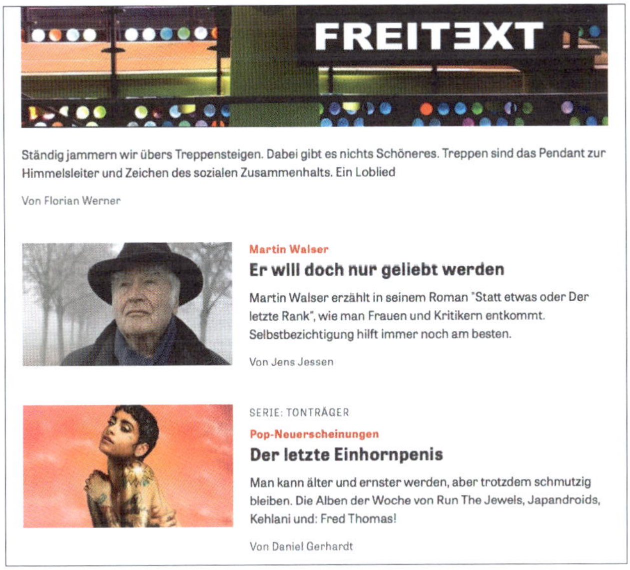


**Abbildung 3.2** Oft geht es um ein paar Pixel: Die Autorennamen stehen hier auf zeit.de gerade noch nah genug am dazugehörigen Text, dass wir den Bild-Text-Block als jeweils eine Einheit wahrnehmen.

### 3.3.2 Ähnlichkeit

Über das Gesetz der Nähe siegt das der Ähnlichkeit. Elementen mit der gleichen Form und/oder Farbe schreiben wir auch weitere ähnliche Eigenschaften zu – wir erwarten von ihnen in einer App z. B. die gleiche Funktion.

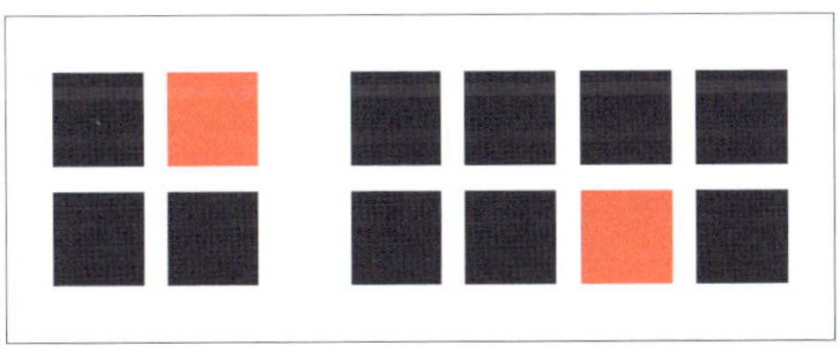

**Abbildung 3.3** Ähnlichkeit geht vor Nähe. Die roten Kästen unterscheiden sich vermutlich auch in ihrer Funktion von den anderen.

### 3.3.3 Geschlossenheit

Unser Hirn sieht Formen, wo eigentlich keine sind. Dank dieser Mustererkennung können wir unsere Umgebung in Sekundenbruchteilen einschätzen – und Webseiten beurteilen.

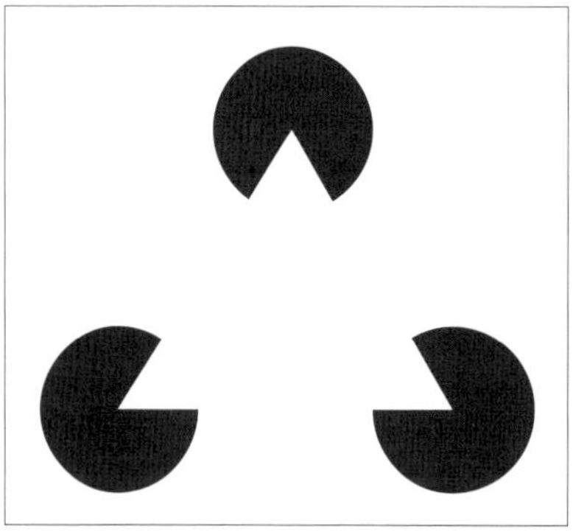

**Abbildung 3.4** Das weiße Dreieck, das wir hier sehen, ist eigentlich gar nicht da.

### 3.3.4 Figur und Grund

Es gibt unzählige Bilder, die umzuspringen scheinen, wenn wir sie ansehen. Wir können entweder die Vase sehen oder die zwei Gesichter, entweder das junge Mädchen oder die alte Frau. Das ist nicht nur faszinierend, sondern auch ein Gestaltgesetz, das man beachten muss. Das Problem dabei: Manchmal fällt es einem selbst gar nicht auf, dass ein Bild auch anders wahrgenommen werden kann. Hat man es aber einmal gesehen, kann man gar nicht mehr anders, als zwischen den beiden Bildern hin und her zu schalten.

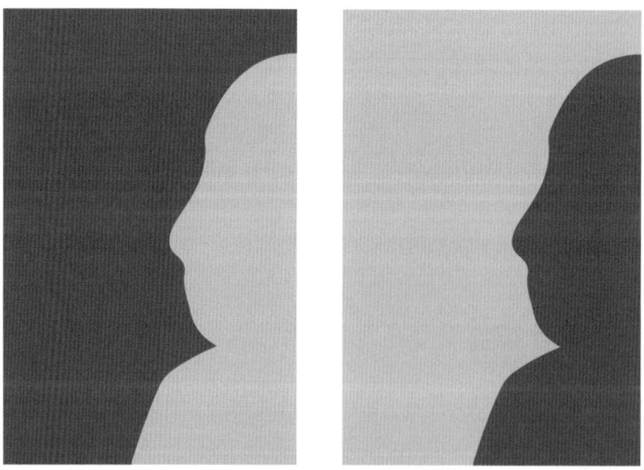

**Abbildung 3.5** Halbes Porträt einer Dame mit vollem Haar von vorn oder Silhouette eines Glatzkopfs mit Knubbelnase von der Seite?

### 3.3.5 Symmetrie

Unser Hirn versucht, unsere Umgebung möglichst ordentlich einzuteilen. Daher sieht es wo immer möglich Symmetrie. Dieses Gesetz siegt praktisch immer über das der Nähe.

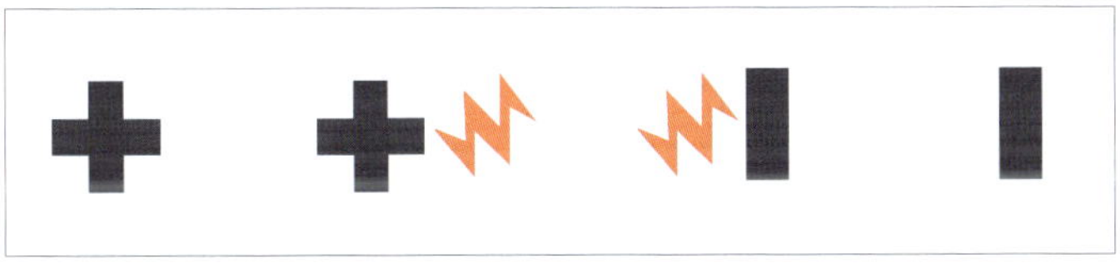

**Abbildung 3.6** Wir sehen drei Paare von Symbolen, nicht zwei Paare, die von je einem Symbol links und rechts umschlossen sind.

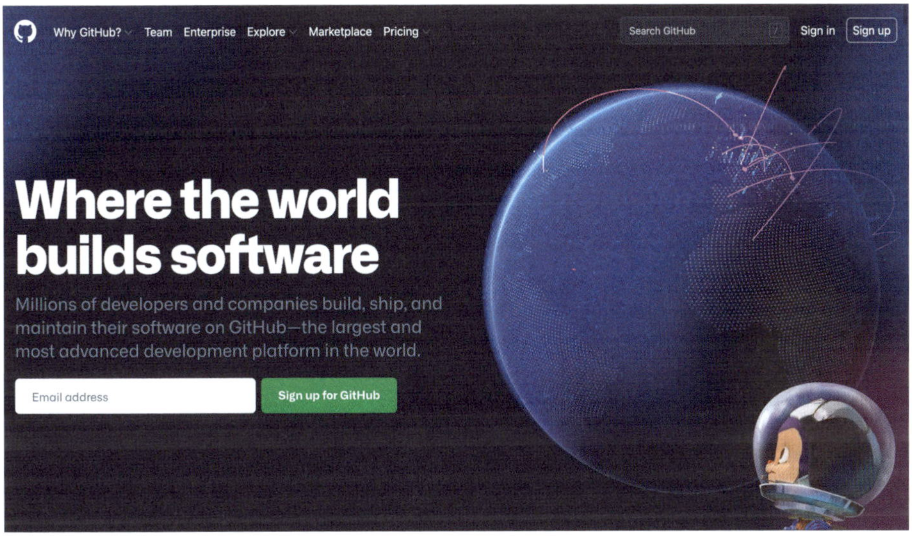


**Abbildung 3.7** Das Prinzip Nähe sehen wir hier auf github.com bei dem grünen Button und dem weißen Textfeld. Diese sind durch die Position klar als zusammengehörig erkennbar. Das Prinzip Ähnlichkeit sehen wir bei dem E-Mail-Feld und dem Suchfeld oben rechts. Der weiße Text »Where the world …« entsteht in unserem Hirn aus den Bereichen, in denen das Hintergrundbild fehlt – eigentlich ist da gar kein weißer Text, sondern nur Aussparungen der Farbe des Hintergrunds.

### 3.3.6 Gemeinsame Region

Fast immer befolgen wir das Gesetz der gemeinsamen Region intuitiv beim Gestalten. Dinge, die zusammengehören, setzen wir in einen Kasten (mit Umrandung oder Hintergrundfarbe, die sich vom Rest der Seite unterscheidet). Das bekannte Kacheldesign folgt diesem Prinzip – alle Informationsblöcke, bestehend meist aus Bild und Texten, kommen in Kästen, und diese werden wie Kacheln auf der Seite verteilt.

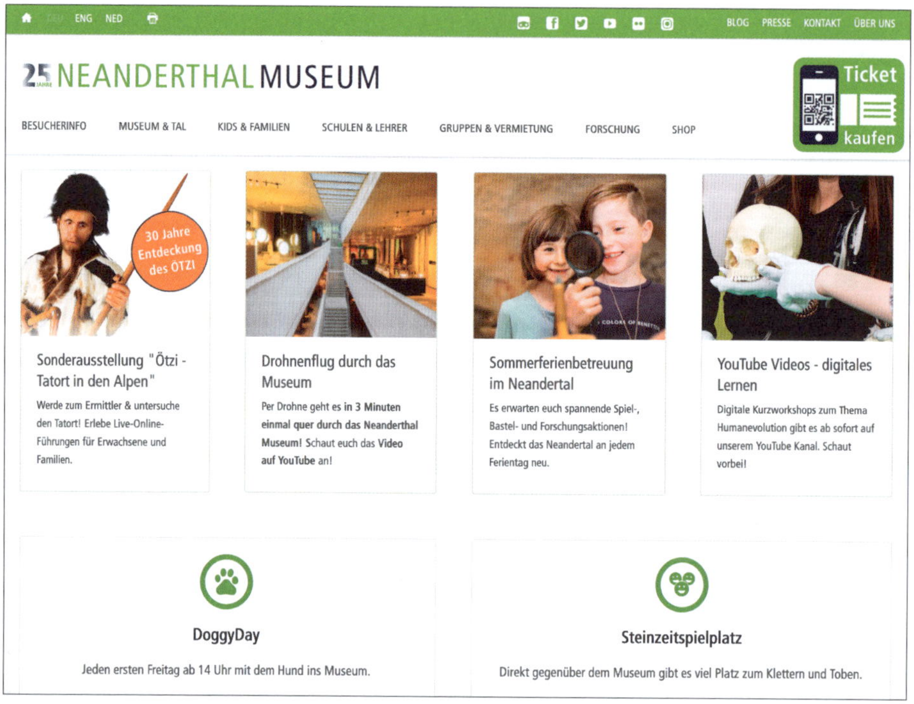


**Abbildung 3.8** Die einfachste Möglichkeit, Elemente zu gruppieren: Kästen wie hier auf neanderthal.de. So entstehen jeweils gemeinsame Regionen.

### 3.3.7 Weitere Gestaltgesetze

Es gibt noch ein paar weitere Gestaltgesetze, die aber nicht ganz so wichtig sind. Zu nennen ist vielleicht noch das des gemeinsamen Schicksals. Elemente, die z. B. gleichzeitig auf einem Screen bewegt werden, empfinden wir als zusammengehörig.

## 3.4 Menschliche Wahrnehmung – weitere Erkenntnisse aus der Forschung

Über Wahrnehmungspsychologie gibt es viele dicke Bücher. Im Folgenden nur noch einige weitere Erkenntnisse, die für die User Experience wichtig sind.

### 3.4.1 Bannerblindheit

Werbebanner auf Websites sind groß und bunt, nicht selten blinken sie sogar. Und doch stellen wir bei Usability-Tests immer wieder fest: Die meisten Testpersonen nehmen sie gar nicht wahr. Offenbar lernen wir schnell, dass alles, was oben oder rechts auf dem Screen sitzt (bzw. unten bei Apps), Werbung ist – und die interessiert uns meist nicht, daher sehen wir nicht einmal hin.

Selbst wenn Sie gar keine Werbung auf der Seite haben, müssen Sie das berücksichtigen. Denn die Bannerblindheit schlägt auch zu, wenn Nutzende Elemente wegen ihrer Form, ihrer Farbe oder ihrer Position für Werbung halten. Sie über-sehen diese dann im Wortsinn – sie richten ihren Blick nur Sekundenbruchteile darauf und finden so mitunter sogar Elemente nicht, die sie verzweifelt suchen. Eine goldene Regel, wie Sie das vermeiden, gibt es nicht – zumal die Werbetreibenden natürlich versuchen, dieses Phänomen zu umgehen, und das Aussehen ihrer Banner anpassen (siehe Abbildung 3.9).

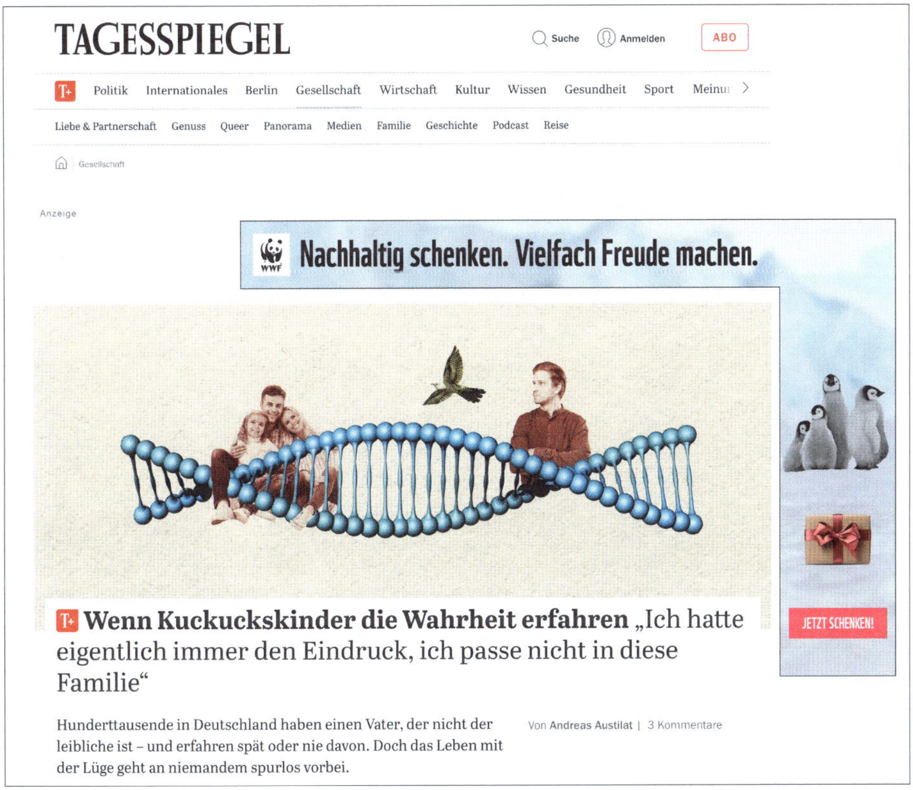


**Abbildung 3.9** Auf tagesspiegel.de sind die oberen Werbeelemente in den Inhaltsbereich integriert, um mehr Blicke auf sich zu ziehen.

### 3.4.2 Fitts' Gesetz

Schon 1954 beschrieb der Psychologe Paul Fitts, dass man umso länger braucht, einen Zielpunkt mit dem Finger (oder dem Mauszeiger) zu treffen, je weiter weg er ist und je kleiner er ist. Das scheint offensichtlich, darf man aber nicht vergessen, wenn man die Größe der Bedienelemente festlegt (vor allem Buttons und Links). Auch bei Menüs wird es umso schwieriger, etwas auszuwählen, je länger diese sind – die Maus muss eine große Strecke zurücklegen.

### 3.4.3 Gutenberg-Diagramm und Z-Muster

Das *Gutenberg-Diagramm* wird wie das eng verwandte *Z-Muster* (und das davon abgeleitete Zickzackmuster) angeführt, um den Blickpfad von Menschen beim Betrachten von Webseiten und Druckerzeugnissen zu zeigen. Alle Menschen, die von links nach rechts lesen (also alle, die Seiten auf Englisch, Spanisch oder auch Chinesisch lesen, bei denen die Texte von links nach rechts laufen), beginnen oben links. Hier ist also der Punkt der größten Aufmerksamkeit. Von dort aus gleitet der Blick nach unten – in Form eines Z bzw. mehr diagonal beim Gutenberg-Diagramm (siehe Abbildung 3.10). Für die Praxis heißt das im Wesentlichen, dass links oben und rechts unten im sichtbaren Bereich die meiste Aufmerksamkeit liegt und hier wichtige Elemente wie das Logo und eine Handlungsaufforderung platziert werden sollten. Sind wichtige Elemente oben rechts oder unten links, sollten sie durch Größe, Farbe oder anderes auffälliger gestaltet sein, damit sie auch sicher wahrgenommen werden.

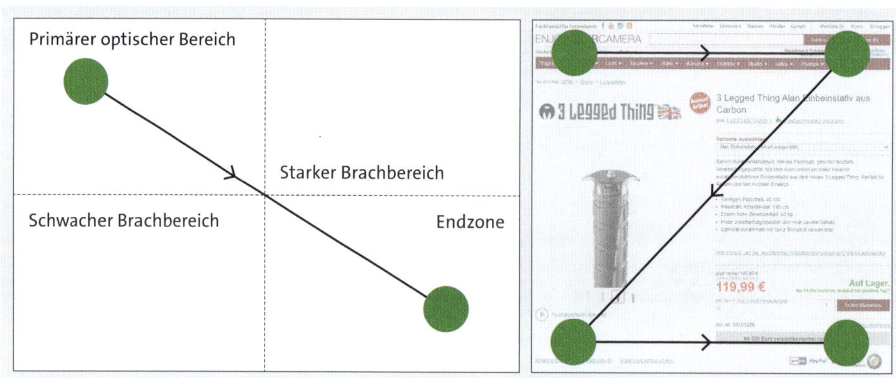


**Abbildung 3.10** Gutenberg-Diagramm (links) und Z-Muster (rechts, hier vor enjoyyourcamera.com). Der »Brachbereich« heißt so, weil hier der Inhalt brachliegt, wenn er nicht visuell hervorgehoben wird.

Wissenschaftliche Untersuchungen zu Gutenberg-Diagramm und Z-Muster gibt es wenige, sie sind mehr eine Faustregel für die Gestaltung.

### 3.4.4 F-Muster

Den Begriff *F-Muster* hat Jakob Nielsen geprägt. Er hat in Blickverfolgungsstudien herausgefunden, dass unser Auge bei vielen Seiten in Form des Buchstabens F über die Seiten wandert (siehe Abbildung 3.11). Wir lesen die Überschrift, die ersten Worte des ersten Absatzes, sehen die Zwischenüberschrift an und lesen dann nach unten hin noch ein paar einzelne Wörter. Dieses Muster beobachtet man vor allem bei Seiten mit viel Text.

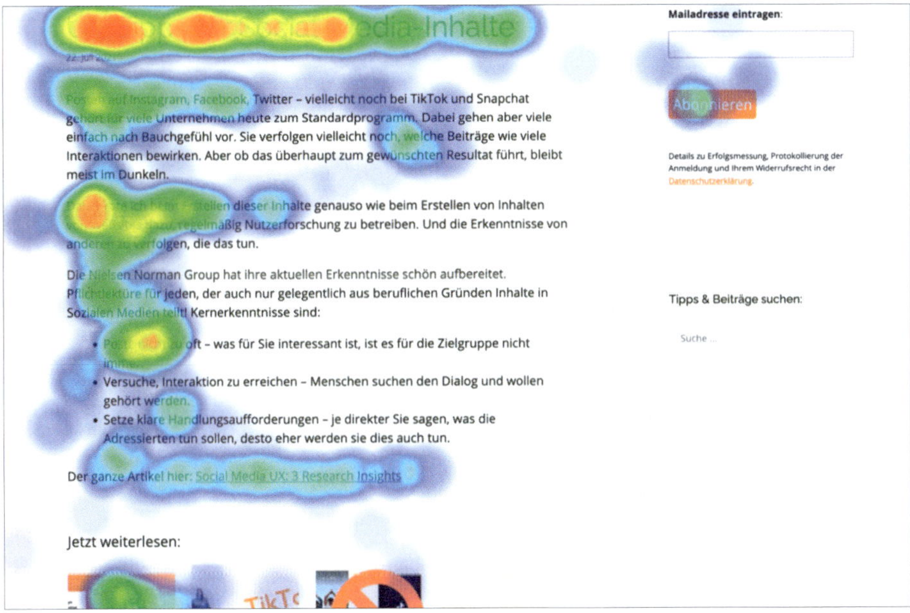


**Abbildung 3.11** Beispielhafte Heatmap der Blickverfolgung einer Seite. Rot sind die Bereiche, auf denen der Blick am längsten ruhte, weiße Bereiche wurden überhaupt nicht angesehen.

Generell eignen sich die Muster wie das Gutenberg-Diagramm oder das F-Muster am besten, um zu verstehen bzw. zu visualisieren, wie Menschen Webseiten bzw. Screens von Apps wahrnehmen. Sie eignen sich aber kaum, um anhand dieser Muster Elemente auf dem Bildschirm zu platzieren. Die Ansätze widersprechen sich auch teilweise: Unten links ist nach dem Gutenberg-Diagramm kein Ort, auf den die Nutzenden blicken – dem F-Muster nach dagegen sieht niemand nach unten rechts. Klar ist, dass oben links immer das Wichtigste steht und dass die Dinge hier die meiste Aufmerksamkeit bekommen. Handlungsaufforderungen stehen unten gut – hier beenden Nutzende oft ihr Überfliegen der Seiten. Ob Sie dann rechts oder links wählen, hängt vom Inhalt der Seite ab: Steht hier viel Text, dann ist links besser, sind es mehr Bilder und kleine Textelemente, ist rechts vielleicht besser. Und Zwischenüberschriften sowie kurze Absätze erleichtern das Erfassen von Texten auf der Seite immer (siehe auch Kapitel 34, »Nutzerfreundlich schreiben«).

### 3.4.5 Wir sind darauf geprägt, Gesichter zu erkennen

Mit das Erste, worauf wir Menschen als Säuglinge reagieren, sind menschliche Gesichter. Unser Gehirn ist darauf geprägt, Gesichter schnell und ab einem gewissen Alter auch zuverlässig zu erkennen. Wir können gar nicht anders – Gesichter ziehen unwillkürlich unsere Aufmerksamkeit auf sich. Und wir interpretieren sofort die

Stimmung des Gesichts, sogar wenn es gar nicht zu einer Person gehört – das ist auch die Grundlage von Smileys :-). Mehr zum Einsatz von Fotos mit Menschen finden Sie in Kapitel 35, »Bilder für Nutzende auswählen«.

**Abbildung 3.12** Wir sehen auch Gesichter, wo keine sind.

### 3.4.6 Wir entscheiden nicht rational

Wir alle gehen meistens davon aus, dass wir rationale Entscheidungen fällen. Davon geht auch die Ökonomie üblicherweise aus. Aber aus der Psychologie wissen wir, dass die meisten unserer Entscheidungen zumindest einen irrationalen Anteil haben. Wir entscheiden viel mehr aus dem Bauch, als uns selbst bewusst ist. Forschende wie der Nobelpreisträger Daniel Kahneman sprechen vom *System 1* und *System 2* unseres Gehirns. System 1 ist entwicklungsgeschichtlich älter und trifft schnelle, meist unbewusste Entscheidungen. Es hilft uns in Gefahrensituationen, bringt aber auch scheinbar irrationale Entscheidungen, Vorurteile und andere Probleme mit sich. System 2 ist dagegen, verkürzt gesagt, unser logisches Denken.

Wichtig für die Umsetzung einer guten UX ist, dass wir nicht davon ausgehen dürfen, dass Nutzende rational an unsere Anwendungen herangehen. Vielmehr versuchen sie, so schnell und effizient wie möglich zum Ziel zu kommen. Die Aufenthaltsdauer auf den meisten Seiten ist nur wenige Sekunden. Das bedeutet zum Beispiel auch, dass wir fast immer auf den ersten Link klicken, der ungefähr so klingt, als würde er uns zur Lösung führen. Im Englischen spricht man vom *Satisficing* – ein Kunstwort aus *satisfying* (befriedigend), *suffice* (ausreichend) und dem Anklang von *sacrifice* (opfern). Auf Deutsch gibt es nur die weniger schönen Wörter Satisfizierung oder Anspruchserfüllung. Wir geben uns also mit dem Erstbesten zufrieden. Sehen wir auf der Suche nach einer Mail-Adresse ein Menü, das so beginnt: »Home, Produkte, Dienstleistungen, Ansprechpersonen ...«, dann klicken die meisten von uns auf »Ansprechpersonen«. Dass es danach weitergeht mit »... Anfahrt, Kontakt«, das erfahren wir zunächst nicht, weil wir schon geklickt haben. Daher ist ein solches

Menü ungünstig – wenn Sie dabeibleiben, sollten Sie zumindest die Kontaktseite im Inhaltsbereich der Seite »Ansprechpersonen« verlinken.

## 3.5 Sozialpsychologie

Die Sozialpsychologie ist eine Querschnittsdisziplin zwischen Psychologie und Soziologie. Einige Erkenntnisse aus diesem Bereich helfen, das menschliche Verhalten besser zu verstehen und somit eine bessere User Experience zu schaffen. Viele der Beispiele hat der Psychologie- und Marketingprofessor Robert Cialdini populär gemacht.

Wir vertrauen *Autoritäten* – zwar nicht blind und nicht alle gleichermaßen, aber dennoch glauben mehr Menschen einer Aussage, wenn sie z. B. einem Wissenschaftler zugeschrieben wird. Deshalb können Sie etwa mit Expertenzitaten auf der Website Vertrauen in Ihre Produkte aufbauen. Auch prominente Nutzende funktionieren gut. Und nicht unterschätzen sollte man Durchschnittsnutzende als Vertrauensleute. Bilden Sie z. B. zufriedene Kundinnen oder Kunden ab, siehe Abbildung 3.13 – man spricht hier von *Social Proof*, auf Deutsch *soziale Bewährtheit*.

**Abbildung 3.13** Referenzen von echten Menschen sind mit Foto und vollem Namen am überzeugendsten, hier auf jugend-gruendet.de.

Von *Reziprozität* (Gegenseitigkeit) spricht man, wenn wir jemandem etwas Gutes tun, der oder die uns etwas Gutes getan hat. Das funktioniert auch unbewusst und mit sehr kleinen Dingen. Daher verschenken viele Sites etwas (siehe Abbildung 3.15), was für die Besuchenden zumindest nützlich ist – diese fühlen sich dann zwar nicht zu etwas verpflichtet, aber sie haben positive Emotionen gegenüber der Site.

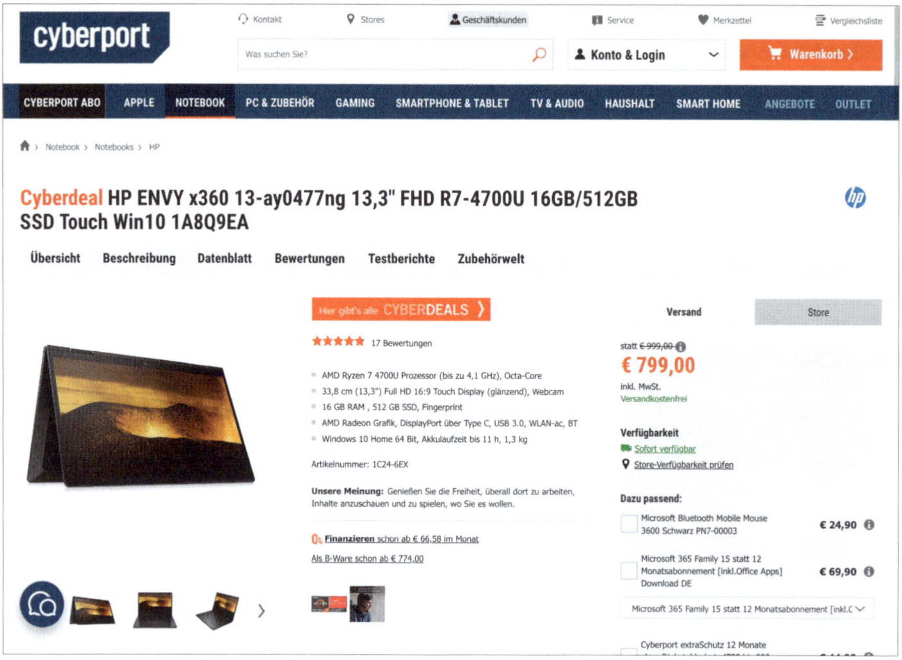


**Abbildung 3.14** Bewertungen sind für viele Nutzende ein wichtiges Entscheidungskriterium, hier bei cyberport.de. Auch wenn nicht auf allen Sites klar ist, wie die Bewertungen zustande kommen.

**Abbildung 3.15** onpage.org nutzt hier zum einen unser Vertrauen in Experten und zugleich die Reziprozität – wir bekommen etwas geschenkt und fühlen uns so automatisch mehr verbunden.

Von *Konsistenz* spricht man beim Verhalten, wenn wir uns an das gebunden fühlen, was wir zuvor gesagt haben. Wir versuchen, ein möglichst konsistentes Bild von uns abzugeben – vor anderen wie auch vor uns selbst. Deshalb können wir uns an Vorsätze am besten halten, wenn wir diese aufgeschrieben haben oder besser noch vor anderen verkündet haben. Aber auch beim Anklicken von Buttons funktioniert das. Fast alle Menschen haben zumindest eine gewisse Hemmung, etwas zu tun oder zu sagen, was gesellschaftlich nicht anerkannt ist. Und so klicken wir auch ungern auf Buttons, auf denen etwas steht, was wir nicht gut finden. Man spricht auch davon, dass wir *kognitive Dissonanz* vermeiden wollen.

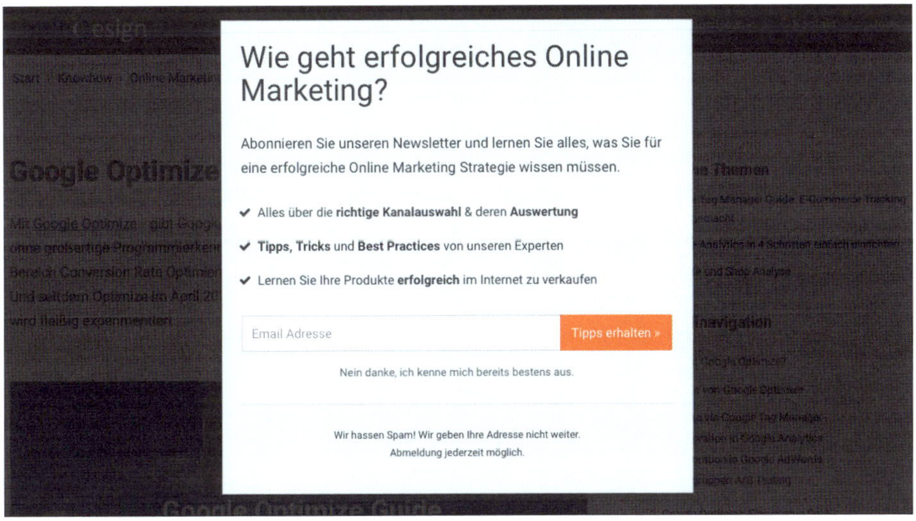


**Abbildung 3.16** Kognitive Dissonanz versuchen wir zu vermeiden – daher klicken wir ungern auf solche Buttons, die Aussagen machen, die wir nicht unterstützen (»Nein danke, ich kenne mich bereits bestens aus.« – hier auf trafficdesign.de).

Was viele Menschen haben wollen, aber nur wenige bekommen, muss gut sein. Klingt wenig überzeugend, und doch lassen wir uns unbewusst davon leiten. Wenn etwas knapp ist, wollen wir es eher haben (auf Englisch spricht man von *Scarcity*, Knappheit). Auch wird damit ein Gefühl der Dringlichkeit erzeugt – ich will ja nicht am Ende leer ausgehen (siehe Abbildung 3.17).

Der *Halo-Effekt* beschreibt das Phänomen, dass bestimmte Eigenschaften andere überstrahlen. (Das kommt vom griechischen *halos*, Lichthof, auf Englisch heißt *halo* Heiligenschein.) Lernen wir eine Person kennen, die gut angezogen, höflich und charmant ist, beurteilen wir auch die Eigenschaften von ihr positiv, die wir noch gar nicht kennen. Wir halten sie zum Beispiel für intelligent und glauben, dass sie einen guten Job hat. Das funktioniert aber auch bei negativen Eigenschaften.

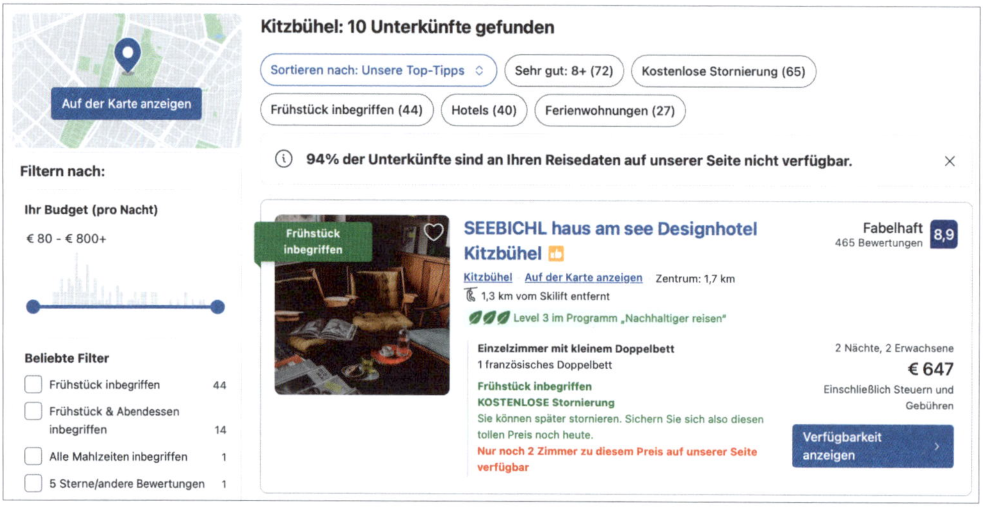


**Abbildung 3.17** booking.com arbeitet stark mit dem Prinzip Knappheit. Oben wird die Knappheit des Orts betont, bei den Treffern die nur noch wenigen verfügbaren Zimmer.

Und solche Effekte treten auch auf Websites auf. Kurz gesagt: Wir lassen uns vom ersten Eindruck täuschen. Gefällt uns eine Site nicht oder klappt etwas bei den ersten paar Klicks nicht, färbt das auf unser Gesamturteil ab. Wir bewerten die Site schlechter, als sie eigentlich ist – auch wenn die weiteren Erfahrungen mit ihr gut sind. Es ist wie im Leben: Der erste Eindruck ist ganz entscheidend.

Kapitel 4

# ISO 9241 & Co. – Normen und Gesetze rund um Usability

*Etliche Normen unterstützen Sie dabei, gute Anwendungen umzusetzen. Diese bieten zusätzlich eine gute Argumentationsgrundlage, um von Usability und menschzentrierter Entwicklung zu überzeugen.*

Normen finden die meisten langweilig. Und in der Tat ist die Lektüre der ISO-Normen, die für interaktive Anwendungen relevant sind, alles andere als spannend. Doch es lohnt sich trotzdem, grob über sie Bescheid zu wissen. Zum einen, weil die Normen eine Rechtfertigung für die eigene Arbeit liefern können. Zum anderen, weil man mit ihrer Hilfe sicherstellen kann, dass man nichts vergisst.

Es gibt mehrere Normen, die sich mit Usability befassen. Auf Deutsch spricht man korrekterweise von »Gebrauchstauglichkeit«. Die verbreitete Übersetzung von »Usability« als »Benutzerfreundlichkeit« ist nicht ganz richtig, doch die Unterscheidung ist unserer Meinung nach akademisch und für die Praxis nicht relevant. In den Normen findet sich aber meist der Begriff »Gebrauchstauglichkeit«.

Normen sind generell recht allgemein formuliert, damit sie über längere Zeit sinnvoll und weniger von technischen Neuerungen abhängig sind. Sie geben immer nur Anhaltspunkte dafür, was wichtig ist. Für praktische Tipps brauchen Sie ein Buch wie dieses.

Der Vorteil von Normen ist, dass sich Profis aus unterschiedlichsten Bereichen in ausführlichen Abstimmungen auf diese geeinigt haben. Sie geben im Gegensatz zu internen Handbüchern oder Vorgaben bzw. zu Büchern oder Veröffentlichungen zum Thema nicht nur die Meinung einzelner Personen wieder, sondern die eines Sachverständigengremiums.

**Kleines Glossar wichtiger Begriffe aus den Normen**

- **Ergonomie**
  Die Lehre der Gesetzmäßigkeit menschlicher Arbeit. Die Ergonomie untersucht, wie der Mensch arbeitet. Sie will die Arbeitsbedingungen und -abläufe so optimieren, dass der Mensch möglichst wenig ermüdet, seine Sicherheit nicht gefährdet wird und das Arbeitsergebnis bzw. Produkt bestmöglich ist.

- **Software-Ergonomie**
  Anpassung eines interaktiven Systems an die psychischen und physischen Eigenheiten des Menschen. Die Software-Ergonomie will die Anwendung so gestalten, dass der Mensch damit gut und sicher arbeiten kann und sein Ergebnis optimal ist.
- **Usability**
  Ausmaß, in dem ein System genutzt werden kann, um ein bestimmtes Ziel effektiv, effizient und zufriedenstellend zu erreichen.
- **Gebrauchstauglichkeit**
  Formal die korrekte deutsche Übersetzung des englischen Begriffs »Usability«.
- **Benutzerfreundlichkeit**
  Die von Nutzenden eines Systems empfundene Qualität des Systems beim Umgang mit demselben. Im allgemeinen Sprachgebrauch bedeutet »benutzerfreundlich« ein System mit hoher Benutzerfreundlichkeit. Auch wird »Benutzerfreundlichkeit« von den meisten synonym mit Usability verwendet.
- **User Experience (UX, Nutzungserlebnis)**
  Die Gesamtheit aller Erfahrungen der Nutzenden mit einem System. Es geht hierbei also nicht nur um die Usability, sondern z. B. auch um die Erlebnisse und Gefühle der Nutzenden vor und nach der eigentlichen Interaktion.
- **Nutzerzentrierte Entwicklung**
  Konzeption und Umsetzung eines Systems, bei dem die zukünftigen Nutzenden von Anfang an mit einbezogen werden – durch Interviews, Beobachtungen, Usability-Tests und weitere Methoden. Die Aufgaben, Ziele und Eigenschaften der Nutzenden stehen im Mittelpunkt der Entwicklung. Heute spricht man meist von menschzentrierter Entwicklung.
- **Usability-Engineering**
  Sicherstellung der Usability bei der Entwicklung. Der Begriff wird heute weniger häufig verwendet, meist spricht man eher von nutzerzentrierter Entwicklung (*User-Centered Design*).

## 4.1 ISO 9241 – Ergonomie der Mensch-System-Interaktion

Die mit Abstand wichtigste Norm für Websites ist die DIN EN ISO 9241. Sie besteht aus mehreren Teilen, die unter anderem Anforderungen an Tastaturen, Monitore und Displays, die Arbeitsplatzgestaltung und die Arbeitsumgebung enthalten. Das erklärte Ziel der Norm ist, gesundheitliche Schäden der Nutzenden beim Arbeiten am Bildschirm zu vermeiden und es ihnen zu erleichtern, die gewünschten Aufgaben zu erledigen.

Teile 11 bis 16 sowie 110, 129 und 143 beschäftigen sich mit den für Software- und Website-Entwicklung bedeutendsten Punkten. Teil 151 enthält die »Leitlinien zur Gestaltung von Benutzungsschnittstellen für das World Wide Web«. Die Norm beschreibt in Teil 110 eine benutzerfreundliche Anwendung mit folgenden sieben Eigenschaften (»Interaktionsprinzipien«):

#### Der Aufgabe angemessen (Aufgabenangemessenheit)

Die Anwendung soll das leisten, was die Nutzenden von ihr erwarten. Dabei soll sie diese unterstützen und schnell zum Ziel führen. Die eingesetzte Technik soll für den Nutzungsfall angemessen sein. Beispielsweise verlangt ein Formular von Nutzenden keine Pflichtangaben, die für das erfolgreiche Abschließen des jeweiligen Vorgangs nicht zwingend notwendig sind.

#### Selbst beschreibend (Selbstbeschreibungsfähigkeit)

Die Anwendung soll den Nutzenden deutlich machen, wie sie ihr Ziel erreichen und was sie im jeweiligen Schritt tun sollen. Klare Navigation und verständliche Anweisungen an jeder Stelle sind dazu Voraussetzung.

#### Steuerbar (Steuerbarkeit)

Die Nutzenden sollen die Anwendung steuern, nicht umgekehrt. Das heißt etwa, dass Animationen abgebrochen und erneut gestartet werden können, es immer einen Weg zurück gibt oder dass bei Ton die Lautstärke reguliert werden kann. Außerdem sollen die Nutzenden die Möglichkeit haben, die Anwendung an ihr Vorwissen bzw. ihre Vorlieben anzupassen.

#### Erwartungskonform (Erwartungskonformität)

Die Anwendung soll ihre Nutzenden nicht überraschen. Konsistenz innerhalb der Anwendung ist daher Pflicht, aber auch die Berücksichtigung weit verbreiteter Konventionen. So sollten beispielsweise Links aussagekräftig formuliert sein, so dass die Nutzenden vor dem Klick sicher sein können, wohin dieser ihn führt. Zudem sollten die Links unterstrichen dargestellt werden, so wie es als Standard etabliert ist.

#### Fehlertolerant (Robustheit gegen Benutzungsfehler)

Das System soll mit falschen Benutzereingaben umgehen können und bei Fehlern klare Rückmeldung geben. Der Korrekturaufwand für die Nutzenden soll minimal sein. Näheres dazu auch in Kapitel 42, »Fehlermeldungen hilfreich umsetzen«.

#### Lernförderlich (Erlernbarkeit)

Die Anwendung soll die Nutzenden dabei unterstützen, den Umgang mit ihr schrittweise zu erlernen. Bei Programmen kann das beispielsweise durch die Anzeige von Tastaturkürzeln direkt bei den Menüpunkten (z. B. `Strg` + `P` für Drucken) erfolgen.

**Motivierend (Benutzerbindung)**

Die Anwendung soll die Nutzenden motivieren, sich mit ihr zu befassen. Die Informationen und Funktionen sollen einladend sein, sie zu nutzen, und damit die Menschen an sie binden. Im Englischen heißt das *User Engagement*. Dieser Punkt ist erst seit 2020 in der Norm und er trägt dem Rechnung, dass die angenehme Nutzung zur positiven Wahrnehmung der Anwendung wie auch zu besseren Ergebnissen beiträgt.

## 4.2 ISO 9241-210 – Prozess zur Gestaltung gebrauchstauglicher interaktiver Systeme

Teil 210 der ISO 9241 beschreibt den »Prozess zur Gestaltung gebrauchstauglicher interaktiver Systeme«. Den schematischen Ablauf zeigt Abbildung 4.1. In der Norm ist übrigens meist vom »Menschen« die Rede, seltener vom früher üblichen »Nutzer«. Statt dem bekannten und immer noch üblichen »nutzerzentrierten Design« heißt es hier »menschzentrierte Gestaltung«.

Kernpunkte von Teil 210 sind:

*Die Gestaltung gründet darauf, dass man seine Nutzenden, deren Aufgaben und ihre Umgebung kennt.*

Bevor Sie mit der Konzeption einer Anwendung loslegen, sollten Sie also recherchieren: Wer sind Ihre Nutzenden überhaupt? Welche Aufgaben wollen diese erledigen, was sind ihre Interessen bezüglich Ihrer Anwendung? In welcher Umgebung führen sie diese durch – also welche Geräte verwenden sie, an welchem Ort sind sie, wie ist ihre Anbindung ans Internet, und was geht um sie herum vor?

*Nutzende werden in Gestaltung und Entwicklung einbezogen.*

Auch während das Konzept entsteht und umgesetzt wird, sollten Sie immer wieder Personen aus der Zielgruppe einbeziehen. Möglichkeiten sind etwa Fokusgruppen, Card Sorting, Tests mit Papierprototypen, Usability-Tests mit Mockups und Klickdummys oder 5-Sekunden-Tests.

*Die Gestaltung wird getrieben und gesteuert durch Nutzungstests.*

Usability-Tests während der Konzeptionsphase dienen nicht dazu, Ihre Ideen abzusegnen. Vielmehr sollten die Tests immer ergebnisoffen sein – das heißt, Sie sollten bereit sein, alles nochmal grundsätzlich zu überarbeiten, wenn in Tests herauskommt, dass es so nicht funktioniert.

*Die Gestaltung ist iterativ.*

Mit einem einzelnen Usability-Test ist es nicht getan. Sie sollten immer wieder während der gesamten Konzeption und Umsetzung Tests vorsehen, deren Erkenntnis dazu dient, das Konzept zu verbessern. Die Verbesserungen werden dann wieder getestet – so lange, bis das Ergebnis gut ist.

*Die Gestaltung umfasst die gesamte User Experience.*

Die Norm betont, dass es entscheidend ist, dass nicht nur die Usability sichergestellt ist. Die Anwendung muss also nicht nur gut funktionieren, sie soll die Nutzenden auch befriedigt zurücklassen und insgesamt eine runde Erfahrung sein.

*Im Team sind mehrere Fähigkeiten/Fachgebiete und Perspektiven vertreten.*

Arbeiten im Projekt nur Personen mit dem Hintergrund Grafikdesign oder Konzeption zusammen, ist die Gefahr groß, dass eine Anwendung herauskommt, die nicht ausgewogen ist. Um das zu vermeiden, sollten Sie mehrere verschiedene Fachleute im Team haben. Ideal ist auch Diversität bezüglich Herkunft, Geschlecht und Alter.

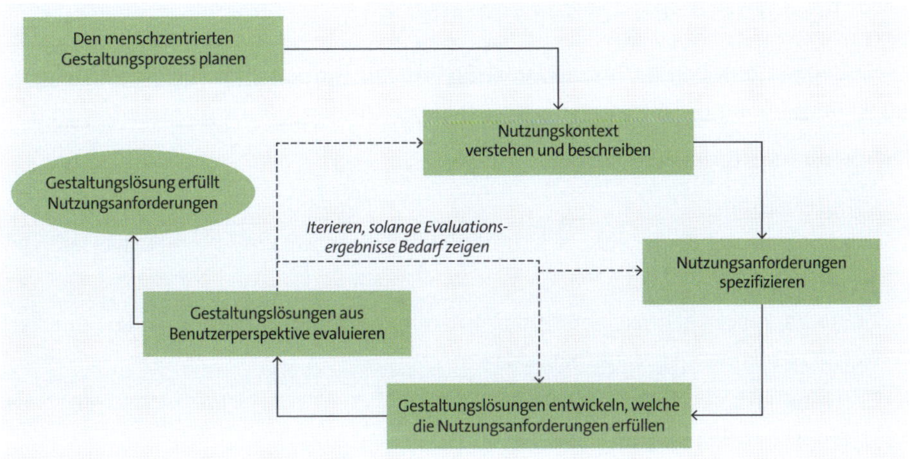


**Abbildung 4.1** Der menschzentrierte Designprozess nach ISO 9241-210 (eigene Darstellung)

## 4.3 ISO 14915 – Software-Ergonomie für Multimedia-Benutzungsschnittstellen

Diese Norm geht besonders ein auf die Eigenheiten von Multimedia – also etwa die Besonderheiten beim Umgang mit Animationen, Film und Ton. Es finden sich Gestaltungsgrundsätze, Rahmenbedingungen und Empfehlungen zur Kombination von Medien, zur Steuerung/Navigation und zur Gestaltung.

Eine Anwendung soll folgende Eigenschaften haben:

*Eignung für das Kommunikationsziel*

Das heißt, die eingesetzten Medien sind in der Lage, das zu vermitteln, was die Anwendung vermitteln möchte.

*Eignung für Wahrnehmung und Verständnis*

Die Inhalte sind so aufbereitet, dass die Nutzenden sie sehen und richtig verstehen können.

*Eignung für die Exploration*

Alles ist so aufbereitet, dass sich die Nutzenden nach Belieben durch die Inhalte bewegen können und je nach Interesse erkunden können. Sie finden, was sie suchen.

*Eignung für die Benutzungsmotivation*

Die Anwendung soll die Nutzenden ansprechen und sie dazu bringen, sich mit ihr auseinanderzusetzen.

## 4.4 ISO 25000 – Software-Engineering – Qualitätskriterien und Bewertung von Softwareprodukten

Diese Norm legt Kriterien für die Messung von Softwarequalität fest. Softwarequalität ist definiert als die Eignung, die Aufgaben zu erfüllen, für die sie erstellt wurde.

Die Qualitätskriterien sind:

- **Funktionalität**
  Die Anwendung muss technisch die Aufgaben angemessen und richtig erledigen.
- **Zuverlässigkeit**
  Es sollen keine technischen Fehler auftreten, Benutzungsfehler sollen toleriert werden und leicht korrigierbar sein.
- **Verwendbarkeit**
  Das System soll leicht verständlich und erlernbar sein.
- **Effizienz**
  Die Aufgaben sollen angemessen schnell und mit möglichst wenig Verbrauch von Rechenzeit und Speicherplatz durchgeführt werden.
- **Pflegbarkeit**
  Die Anwendung muss gut dokumentiert sein, im Ablauf leicht nachvollziehbar sein und sich problemlos ändern lassen.
- **Portierbarkeit**
  Es soll möglich sein, das System an andere Gegebenheiten anzupassen und es gegebenenfalls auch zu ersetzen.

## 4.5 ISO 9000 und 9001

Diese bekannten Normen für Qualitätsmanagement sind für Software und insbesondere Websites weniger relevant. Sie beschreiben allgemein Vorgehensweisen für

Organisationen, die durch eine Strukturierung ihrer Arbeitsprozesse die Qualität ihrer Produkte oder Dienstleistungen sicherstellen wollen.

## 4.6 Praxisrelevanz der Normen

Die oben erwähnten Normen und Richtlinien sind eine Orientierungshilfe für die Konzeption benutzerfreundlicher Websites und anderer Anwendungen. Sie geben sinnvolle Anregungen und sind eine lohnende, wenn auch ziemlich trockene Lektüre. (Diese können Sie bei *beuth.de* kaufen.)

Die Normen sind keine Checklisten, die Sie abarbeiten können. Und sie enthalten vor allem in klar strukturierter Form die Dinge, die Fachleute aus Konzeption, Design oder UX-Beratung meist nach etwas Erfahrung wissen. Die Normen versuchen, eine Struktur für die Erstellung und Beurteilung benutzerfreundlicher Anwendungen zu schaffen. Somit können sie Ihnen helfen, Ihre eigenen Kriterienkataloge zu erstellen, außerdem eine breit akzeptierte Grundlage für die Beurteilung von Usability zu schaffen und Zweifelnde von der Bedeutung von Usability zu überzeugen.

## 4.7 Gibt es ein Usability-Gesetz?

Inzwischen sind interaktive Systeme ein so elementarer Bestandteil unseres Alltags, dass wir ohne sie nicht am gesellschaftlichen Leben teilnehmen können oder unsere wirtschaftlichen Belange wahrnehmen können. Aus dem Grund gibt es in den meisten Ländern gesetzliche Vorgaben dazu, wie zugänglich Websites, Apps und generell alle digitalen Dienste sein müssen.

Details dazu finden Sie in Kapitel 5, »Accessibility – Umsetzung der Barrierefreiheit und gesetzliche Vorgaben«.

## 4.8 DSGVO – Datenschutz und UX

Im Jahr 2016 wurde die bis dahin gültige EU Datenschutzrichtlinie von Grund auf erneuert und durch die *Europäische Datenschutz-Grundverordnung* (kurz: *DSGVO* oder *DS-GVO*) ersetzt. Eines der zentralen Ziele dieser Modernisierung der Verordnung war, den Betroffenen mehr Transparenz und Kontrolle zu geben, wie mit ihren Daten umgegangen wird. 2021 wurde sie durch das Telekommunikations-Telemedien-Datenschutzgesetz (TTDSG) ergänzt. Dies fasst Gesetze zusammen, die bisher im Telekommunikationsgesetz (TKG) und Telemediengesetz (TMG) enthalten waren. Die DSGVO gilt aber weiterhin. Ihr liegen die folgenden Prinzipien zugrunde:

- **Rechtmäßigkeit und Transparenz**
  Nutzende müssen darüber informiert werden, dass ihre Daten erhoben werden. Es muss ebenso erklärt werden, warum dies gemacht wird und an wen sie sich im Falle von Rückfragen oder Beschwerden wenden können, um weitere Auskünfte zu erhalten.
- **Zweckbindung**
  Wer personenbezogene Daten erhebt, darf dies nicht aus reinem Selbstzweck tun. Vielmehr muss die Datenerhebung einen bestimmten Grund haben, beispielsweise um die Nutzungserfahrung oder den Service zu verbessern oder weil die Daten etwa für die Durchführung eines Gewinnspiels benötigt werden.
- **Minimierung der Daten**
  Es dürfen nur so viele Daten erhoben werden, wie für den jeweiligen Zweck notwendig sind. Im Falle der Gewinnspielteilnahme wären dies also nur eine Kontaktadresse (E-Mail- oder Postadresse), um über den möglichen Gewinn zu informieren. Bei einer Newsletter-Anmeldung darf – zusätzlich zur E-Mail-Adresse – für den Zweck der persönlichen Ansprache im Newsletter auch der Vorname erfragt werden. Dies allerdings nicht als Pflichtfeld und nicht in Kombination mit dem Nachnamen.
- **Genauigkeit**
  Falsche Angaben müssen gelöscht werden.
- **Begrenzte Speicherdauer**
  Daten von Nutzenden dürfen nur so lange gespeichert werden, wie sie für den jeweiligen Zweck gebraucht werden.
- **Integrität und Vertraulichkeit**
  Wer die Daten erhebt und verarbeitet, muss dafür Sorge tragen, dass die personenbezogenen Daten zu jeder Zeit abgesichert sind gegen Manipulation, unberechtigten Zugriff und Verlust. Kann dies nicht gewährleistet werden, ist die Erhebung und Verarbeitung nicht erlaubt.
- **Verantwortlichkeit**
  Es müssen ein Datenschutzverantwortlicher bestimmt und konkrete Datenschutzrichtlinien definiert sowie umgesetzt werden. Werden personenbezogene Daten an Dritte zum Zweck der weiteren Verarbeitung weitergegeben, müssen entsprechende schriftliche Verträge geschlossen werden, die sicherstellen, dass die Datenschutzrichtlinien von allen befolgt werden.

  Für die tägliche Arbeit in der nutzerzentrierten Entwicklung von Anwendungen hat die DSGVO konkrete Auswirkungen: Bei der Nutzungsforschung müssen Datenschutzerklärungen von Testpersonen eingeholt werden, sobald hier personenbezogene Daten erhoben werden. Das ist beispielsweise bei Fokusgruppen, Vor-Ort-Beobachtungen oder Usability-Tests der Fall, insbesondere wenn Videoaufzeichnungen gemacht werden. Hinweise zur datenschutzkonformen Erhebung von Daten sowie eine Vorlage für eine Einverständniserklärung der Testpersonen finden

Sie in Kapitel 18, »Usability-Tests – die Klassiker unter den Nutzertests«. Zudem sind Sie bei Entwicklung und Betrieb einer Website oder App ebenfalls mit dem Datenschutz konfrontiert. Etwa, sobald Sie Nutzungsdaten zu Analysezwecken aufzeichnen oder Cookies setzen. Um den oben genannten Richtlinien der DSGVO (unter anderem Transparenz, Steuerbarkeit durch die Nutzenden) gerecht zu werden, müssen Sie Besuchenden der Site die Möglichkeit bieten, ihre Zustimmung zum Tracking und zum Setzen von Cookies differenziert zu geben. Das kann unter Umständen komplex sein und hat mit Sicherheit Einfluss auf die User Experience der Seite. Was Sie dabei beachten sollten und wie gute Lösungen aussehen, zeigen wir Ihnen in Kapitel 49, »Modals, Pop-ups und Overlays – Dialoge nutzenstiftend einsetzen«.

# Kapitel 5
# Accessibility – Umsetzung der Barrierefreiheit und gesetzliche Vorgaben

*Barrierefrei sind Anwendungen, die von allen Menschen benutzt werden können, ganz gleich, ob sie körperliche oder geistige Einschränkungen haben oder nicht. Inzwischen gibt es eine gesetzliche Pflicht dazu in fast allen Ländern.*

Man kann Barrierefreiheit (engl. *Accessibility*) als Teil der Usability begreifen – verschiedene Zielgruppen sind bei Beschäftigung mit Usability immer im Fokus, und es geht darum, Anwendungen für unsere Zielgruppen möglichst effektiv, effizient und befriedigend zugänglich zu machen. Zu den Zielgruppen gehören immer auch Menschen mit Behinderungen. Denn jeder von uns ist nicht immer gleich fit. Einschränkungen gibt es viele, temporäre wie dauerhafte, siehe Abbildung 5.1.

**Abbildung 5.1** Es gibt sehr viele Arten von Einschränkungen, die uns das Nutzen von Anwendungen erschweren – dauerhaft oder auch nur zeitweise.

Wer in irgendeiner Form behindert ist, hat dennoch das Recht, am gesellschaftlichen Leben teilzuhaben und ein selbstbestimmtes Leben zu führen. Das ist nicht nur moralische Verpflichtung, sondern auch Menschenrecht. Die UN-Konvention *Convention on the Rights of Persons with Disabilities (CRPD)* ist ratifiziert von 186 Ländern der Welt – die deutschsprachigen Länder gehören alle dazu. In der Konvention sind ausdrücklich auch Informations- und Kommunikationssysteme eingeschlossen. Zudem gibt es viele europäische und nationale Gesetze, die uns verpflichten, auch Websites und Apps barrierefrei umzusetzen.

**Gesetzliche Vorgaben zu Barrierefreiheit für Unternehmenswebsites und Apps**

**Weltweit – UN-Behindertenrechtskonvention (Convention on the Rights of Persons with Disabilities)**

Text (auf Englisch und Deutsch): *uux.jetzt/092*

Links zu den gesetzlichen Regelungen auf der ganzen Welt: *uux.jetzt/093*

**Europa – European Accessibility Act (EAA)**

Text: *uux.jetzt/094*

**Deutschland – Barrierefreiheitsstärkungsgesetz (BFSG)**

Ausführliche Informationen der *Bundesfachstelle Barrierefreiheit* (mit Link zum Text): *uux.jetzt/095*

**Österreich – Barrierefreiheitsgesetz (BaFG)**

Text: *uux.jetzt/096*

**Schweiz – Accessibility Standard**

In der Schweiz gibt es derzeit nur eine Verpflichtung zur Barrierefreiheit für Anwendungen, die von öffentlichen Stellen betrieben werden. Die Verpflichtung findet sich im *eCH-0059 Accessibility Standard*, siehe: *uux.jetzt/097*.

## 5.1 Was genau ist barrierefrei?

Barrierefrei sind Produkte oder Dienstleistungen,

> *wenn sie für Menschen mit Behinderungen in der allgemein üblichen Weise, ohne besondere Erschwernis und grundsätzlich ohne fremde Hilfe auffindbar, zugänglich und nutzbar sind.*

Das ist die Definition nach dem deutschen Behindertengleichstellungsgesetz. Es geht also nicht nur z. B. um das Produkt selbst, sondern auch um den *Zugang* zu diesem. Dieses Gesetz gilt schon seit 2002 und verpflichtet Sites von öffentlichen Stellen zur Barrierefreiheit.

## 5.2 Warum wir uns mit Barrierefreiheit befassen sollten

16 Prozent der Weltbevölkerung haben nach Statistik der WHO eine Form von Behinderung. In Deutschland sind es nach Statistischem Bundesamt amtlich anerkannt 13 Prozent, 9 Prozent zählen als schwerbehindert. Das sind also allein in Deutschland 8 Millionen schwerbehinderte Menschen – die insbesondere leichter am allgemeinen Leben teilhaben können, wenn sie technische Hilfen dabei unterstützen. Aber es ist auch wirtschaftlich ein Gebot, diese relevante Gruppe nicht zu ignorieren. Hinzu kommt, dass viele Dinge, die für die Barrierefreiheit bei Anwendungen nötig sind, weitere Vorteile haben:

- leichtere Wartbarkeit der Seiten (von HTML/CSS, aber auch der Inhalte)
- leichtere Anpassung für verschiedene Bildschirmgrößen (responsives Design)
- bessere Darstellung auf unterschiedlichen Geräten
- Verbesserung der Auffindbarkeit in Suchmaschinen (Suchmaschinenoptimierung)
- bessere User Experience für alle
- größere Rechtssicherheit/geringere Gefahr von rechtlichen Auseinandersetzungen
- Verbesserung des Image/der Markenwahrnehmung/Möglichkeit für PR

## 5.3 Warum wir uns mit Barrierefreiheit befassen müssen

Es gibt etliche gesetzliche Anforderungen, die uns *verpflichten*, unsere Websites und Apps barrierefrei zu gestalten. In Deutschland und Österreich gelten diese ab Mitte 2025 für praktische alle. Anders als bis dahin müssen also nicht nur die Sites von Behörden und öffentlichen Unternehmen barrierefrei sein. Das *Barrierefreiheitsstärkungsgesetz (BFSG)* setzt für Deutschland die EU-Richtlinie zur Barrierefreiheit um (*European Accessibility Act*, kurz EAA). Für Österreich ist es das *Barrierefreiheitsgesetz (BaFG)*. Ziel von beiden ist die diskriminierungsfreie Teilhabe von Menschen mit Behinderungen oder Einschränkungen und von älteren Menschen. Das deutsche Ministerium für Arbeit und Soziales schreibt:

> *Durch einheitliche EU-Anforderungen soll das Barrierefreiheitsgesetz auch kleinen und mittleren Unternehmen helfen, die Möglichkeiten des europäischen Binnenmarktes auszuschöpfen.*

Die Chancen werden also betont. Und genau so sollten wir das in der Tat sehen. Denn wie erwähnt bringen die Ansätze, Sites und Dienste barrierefrei zu machen, mittelfristig allen etwas.

In der Schweiz gibt es derzeit für Unternehmen keine Verpflichtung zur Barrierefreiheit auf Websites, wohl aber für alle Stellen der öffentlichen Hand. Dies regelt der *eCH-0059 Accessibility Standard*.

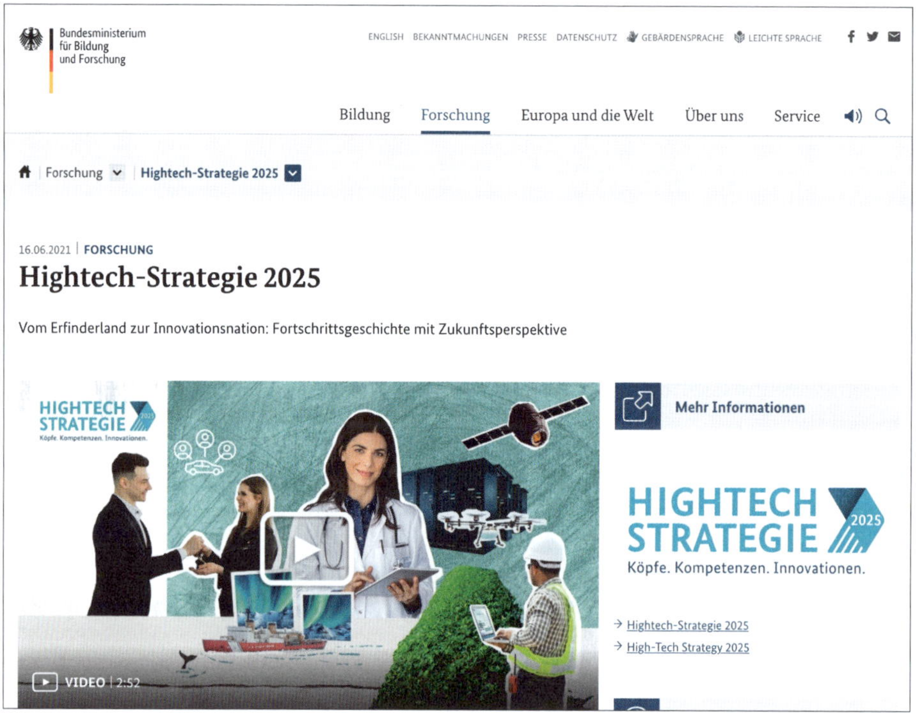


**Abbildung 5.2** Für Sites der Regierung und der öffentlichen Verwaltung gibt es in Deutschland schon seit 2005 die Pflicht zu Barrierefreiheit. Diese wird z. B. umgesetzt durch nachvollziehbare Struktur, verständliche Texte – und durch Angebote in Gebärdensprache und Leichter Sprache (verlinkt oben rechts; hier bmbf.de).

## 5.4 Pflichten aus dem Barrierefreiheitsstärkungsgesetz/Barrierefreiheitsgesetz

Ursprünglich sollte auch das deutsche Gesetz »Barrierefreiheitsgesetz« heißen. Nun heißt es aber »Barrierefreiheitsstärkungsgesetz«. Hintergrund ist, dass es absolute Barrierefreiheit kaum gibt. Es kann immer Einschränkungen geben, die es einer Person unmöglich machen, ein Produkt zu nutzen. Ziel des Gesetzes ist es, Produkte und Dienstleistungen so vielen Menschen wie möglich so leicht wie möglich zugänglich zu machen. Man spricht daher oft auch von *barrierearm* und nicht von barrierefrei.

Das BFSG wie auch das österreichische BaFG schreiben vor, dass nur solche Produkte und Dienstleistungen auf den Markt kommen dürfen, die den Anforderungen an die

Barrierefreiheit entsprechen. Das betrifft praktisch alle elektronischen Geräte, mit denen wir im Alltag umgehen. Zum Beispiel Smartphones, Telefone, Fernseher, Computer, Tablets, Geld- und Fahrkartenautomaten oder Selbstbedienungsterminals. Das umfasst deren Hard- und Software. Es muss also z. B. nicht nur der Laptop barrierefrei sein, sondern auch sein Betriebssystem. Genauso umfassen die Vorgaben Mediendienste, Onlineshops, Banken, Onlinezugangsdienste, elektronische Tickets und Ticketdienste sowie Sprach- und Telefondienste – gleich ob dies Websites sind oder Apps. Auch Personenbeförderungsdienste fallen darunter. Datenträger und Dokumente wie z. B. PDF müssen dabei ebenso barrierefrei sein.

### 5.4.1 Für wen gelten die Vorgaben?

Bisher gab es Vorgaben zur Barrierefreiheit nur für staatliche Akteure – in Deutschland nach der *Barrierefreie Informationstechnik-Verordnung, BITV*, in Österreich nach dem *Web-Zugänglichkeits-Gesetz, WZG*. Beide verweisen auf die EU-Norm EN 301 549. Diese Norm enthält neben den WCAG-Kriterien (dazu gleich mehr) weitere verpflichtende Anforderungen. Diese sind EU-weit von allen Sites zu erfüllen, die von öffentlichen Stellen (Behörden etc.) betrieben werden.

Mit dem BFSG werden jetzt in Deutschland auch private Anbieter in die Pflicht genommen. Das ist nur konsequent, denn die meisten Dinge, die wir täglich nutzen, werden von Unternehmen und nicht vom Staat bereitgestellt. Kleinstunternehmen sind ausgenommen, sofern sie Dienstleistungen anbieten. Für sie gibt es Beratungsangebote, um die Anforderungen an die Barrierefreiheit ebenfalls so weit wie möglich umsetzen zu können (bei der *Bundesfachstelle für Barrierefreiheit*, siehe *uux.jetzt/099*). Als Kleinstunternehmen gelten Firmen mit weniger als zehn Beschäftigten und höchstens zwei Millionen Euro Jahresumsatz. Das gilt aber nicht, wenn Sie digitale Dienstleistungen anbieten oder finanzielle Transaktionen. Andere Ausnahmen können nur gemacht werden, wenn die Umsetzung eine »unverhältnismäßige Belastung« wäre. Die Vorgaben greifen zum 28. Juni 2025. Es gibt aber Übergangsbestimmungen für Dienstleistungen bis 2030 und für Selbstbedienungsterminals bis 2040.

Die Bundesländer sollen die Einhaltung der Vorgaben überwachen. Verwaltungsverfahren, Rechtsbehelfe und Schlichtungsverfahren sind bei Verstößen vorgesehen. Diese können auch von Verbänden oder Einzelpersonen angestoßen werden.

Die Situation in Österreich ist fast die gleiche, auch hier greifen die Anforderungen ab Ende Juni 2025. Für österreichische Onlineshops gibt es sogar schon seit 2016 weitreichende Anforderungen an die Barrierefreiheit, die nun auf andere Angebote ausgeweitet wurden. Die Umsetzung der EU-Vorgabe ist hier das *Barrierefreiheitsgesetz (BaFG)*. Die Überwachung wird das Sozialministeriumservice durchführen. Verwaltungsstrafen von bis zu 80.000 Euro sind möglich, auch ein Produktrückruf bzw. eine Einstellung der Dienstleistung als letzte Maßnahme sind theoretisch denkbar.

In den USA gelten schon seit Jahren Vorgaben, wie sie jetzt auch in der EU eingeführt wurden. Dort wurden in den letzten Jahren etliche Unternehmen verklagt, weil sie gegen die Gesetze zu Barrierefreiheit verstoßen, etwa der Pizzalieferdienst *Domino's*, weil Website und App für blinde Nutzende nicht zu bedienen waren. Ähnlich erging es der Supermarktkette *Target* bereits im Jahr 2008, die in einem Vergleich 6 Millionen Dollar an die Klagenden zahlte. In den letzten Jahren wurden jährlich über 2.000 Klagen gegen Unternehmen in den USA wegen Verstößen gegen Accessibility-Vorgaben eingereicht, die Hälfte davon betraf digitale Produkte und Dienstleistungen.

Bei den meisten Klagen wurde beanstandet, dass die Texte nicht mit Hilfstechnologien zugänglich waren. Vor allem ging es um fehlende Bildbeschreibungen (»Alt-Texte«) und Text, der aufgrund mangelhafter technischer Auszeichnung nicht von Hilfsprogrammen für Behinderte gelesen werden konnte (z. B. Screenreader, welche die Texte vorlesen). Solche Probleme sind technisch sehr leicht zu lösen, und wenn man das von Anfang an berücksichtigt, macht das nicht mehr Arbeit, sondern weniger.

**Abbildung 5.3** Die Bilder haben zwar Alt(ernativ)-Texte, jedoch sind es die gleichen für alle Fotos. So ist für blinde Menschen nicht erkennbar, was der Unterschied zwischen ihnen ist.

### 5.4.2 Was genau muss ich nun tun?

Für die genauen technischen Anforderungen an Barrierefreiheit verweisen die meisten europäischen Vorgaben auf die *Norm EN 301 549*. Dieser liegen wiederum die Web Content Accessibility Guidelines (WCAG, siehe *uux.jetzt/100*) zugrunde. Diese sind eine Empfehlung der Web Accessibility Initiative (WAI) des World Wide Web Consortiums (W3C).

Neben den technischen Hausaufgaben, die Sie erledigen müssen, sollten Sie Ihre Sites und Anwendungen vor allem testen – selbst wenn Sie Lösungen verwenden, die behaupten, alles für Sie zu tun. Am besten lassen Sie auch Personen testen, die selbst Behinderungen haben. Und schließlich muss Ihnen klar sein, dass es nicht mit einer einmaligen Anstrengung getan ist. Denn die Inhalte und vielleicht auch die Funktionen bei Ihnen ändern sich – und selbst wenn nicht: die verwendeten Browser, Geräte und Betriebssysteme tun es auf jeden Fall.

### 5.4.3 Vorgaben für öffentliche Stellen

Wie erwähnt mussten alle öffentlich zugänglichen Webauftritte des Bundes in Deutschland schon seit 2005 barrierefrei sein (nach dem Behindertengleichstellungsgesetz BGG, siehe *uux.jetzt/002*). Seit 2012 müssen sie die verschärften Anforderungen der BITV 2.0 erfüllen (siehe *uux.jetzt/003*). Die Anforderungen und Bedingungen sind in der Anlage 1 der BITV 2.0 zusammengefasst. Diese stammen ebenfalls aus den internationalen Empfehlungen, den Web Content Accessibility Guidelines (WCAG). Teil der Anforderungen sind z. B. Informationen in Gebärdensprache und in *Leichter Sprache* (siehe Abschnitt 5.10.2, »Schreiben in Leichter Sprache«, weiter hinten in diesem Kapitel). Die BITV gilt für alle Internetauftritte von Bundesbehörden. Die Bundesländer haben eigene Verordnungen dazu erlassen, die aber im Wesentlichen das Gleiche fordern.

**WCAG 3.0**

Die neue Version der WCAG ist schon seit Jahren in Arbeit, 2021 wurde der erste Entwurf für Version 3.0 vorgestellt. Vermutlich wird es aber frühestens 2026 so weit sein, dass die fertige Version verabschiedet ist. Die Abstimmung bei solchen Prozessen ist sehr zeitintensiv, und zwischendurch sollen die interessierten Gruppen genug Zeit haben, die Entwürfe zu kommentieren.

Bis dahin wird die Version 2.2 die aktuelle sein, die seit Ende 2023 offiziell in Kraft ist. Die Version 2.2 ist rückwärtskompatibel, das heißt, wenn eine Anwendung die WCAG 2.2 erfüllt, erfüllt sie auch WCAG 2.0 und 2.1. Die hinzugekommenen Kriterien in Version 2.2 sind nur eine Handvoll, und generell empfiehlt es sich immer, mit der aktuellen Version zu arbeiten. Die jeweils aktuell gültige Version finden Sie hier: *uux.jetzt/101*.

Version 3 wird eine ganz neue, vereinfachte Struktur haben. Das heißt aber auch, dass sie nicht mehr kompatibel ist mit den vorigen Versionen. Sie müssen Ihre Arbeitsweise also anpassen, sobald die neue Version einmal in Kraft ist. Der Vorteil wird sein, dass diese Version leichter verständlich sein wird und viele Kriterien leichter prüfbar sein sollen.

## 5.5 Inklusives Design und Universelles Design

Inklusives Design ist eine *Methode*, um Barrierefreiheit zu erreichen. Ihr Anspruch geht aber noch weiter und berücksichtigt die ganze Vielfalt menschlicher Diversität, welche die Nutzung von Dingen oder Dienstleistungen einschränken können. Also etwa die Fähigkeiten einer Person, ihre Sprache, kultureller Hintergrund, Bildung, finanzielle Möglichkeiten, Geschlecht oder Alter.

Inklusives Design heißt nicht, dass wir eine Anwendung gestalten, die so alle nutzen. Wir gestalten vielmehr eine Anwendung, die es jedem erlaubt, entsprechend seiner oder ihrer Voraussetzungen angemessene Teilhabe zu erreichen. Das wird erreicht, indem wir Menschen mit möglichst diversen Hintergründen mitberücksichtigen und idealerweise auch in unseren menschzentrierten Entwicklungsprozess einbeziehen.

Es gibt weitere Ansätze wie Inklusives Design, die ähnlich sind, aber jeweils andere Schwerpunkte haben, wie *universal design* (was danach strebt, jeweils *eine* Lösung anbieten zu können, die ohne Anpassungen für alle Menschen funktioniert) oder auch *Design für alle*. Sehr gute Hintergrundinformationen gibt es kostenlos auf Englisch bei Microsoft: *uux.jetzt/098*.

## 5.6 Tipps zur Umsetzung

Wie bei der Usability gilt bei der Accessibility: Wenn Sie versuchen, die am Ende der Umsetzungsphase einzubauen, werden Sie große Probleme haben. Daher ist ein Test der Barrierefreiheit ganz zum Schluss so sinnvoll, wie ein Usability-Tests nach dem Live-Gang: Es bringt schon etwas, fördert aber viele Probleme zutage, die man viel einfacher vermieden hätte, wenn man von Anfang an gut geplant hätte.

Scheinbar eine schnelle Lösung des Problems sind die so genannten *Accessibility Overlays*. Also kleine Banner oder Elemente, die am Rand der Seiten angezeigt werden, mit denen die Nutzenden Kontrast, Schriftgröße und einige anderen Parameter verändern können (siehe z. B. Abbildung 5.4). Der Haken daran: Je nach Code der Seiten kann die Lösung ganz gut funktionieren, überhaupt nichts bringen oder sogar schaden. Und aus Gründen des Datenschutzes sind die meisten zudem problematisch. Grundlegende Probleme wie mangelhafte Auszeichnung der Seitenelemente im Code oder fehlende Bildbeschreibungen können diese Lösungen auch nicht korrigieren. Mehr Infos: *uux.jetzt/115*.

Der Weg zur Barrierefreiheit ist leider nicht ganz so leicht, wie man es sich wünschen würde: Etwa eine Checkliste herunterladen, alles abhaken, was man schon erfüllt hat, und die Liste mit offenen Punkten weitergeben an diejenigen, die für die Technik der Site verantwortlich sind. Teil des Problems ist, dass die Anforderungen recht komplex sind. Außerdem gibt es keine solche Checkliste für Barrierefreiheit, die wir als einzige Quelle empfehlen könnten. An dem Original der Web Content Accessibility Guidelines (*uux.jetzt/101*) führt kaum ein Weg vorbei. Grundsätzlich müssen Sie wissen, dass diese nach so genannten Konformitätsniveaus geordnet ist. Niveau A ist sozusagen das Anfängerniveau, AA fortgeschritten und AAA ambitioniert (im Englischen spricht man von *triple A*). Für die europäischen Vorgaben müssen Sie das Konformitätsniveau AA der WACG erreichen. Das bedeutet, Sie müssen die Anforderungen der untersten Kategorie A und die der mittleren Kategorie AA erfüllen. Die Kriterien der höchsten Kategorie (AAA) sollten Sie aber dennoch ansehen, teilweise ist es kaum zusätzliche Arbeit, diese auch abzudecken. Und es ist möglich, dass diese Kriterien in der Zukunft ebenfalls einmal verpflichtend werden.

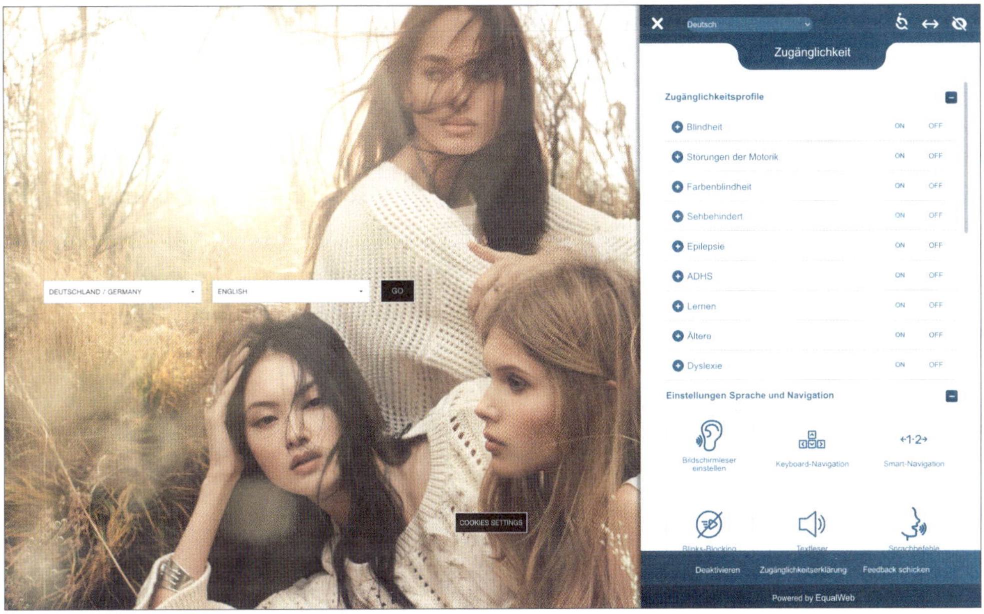


**Abbildung 5.4** zara.com nutzt ein Accessibility Overlay, hier aufgeklappt. Auf der deutschen Site kommt dieses nicht zum Einsatz.

Ob Sie nun ein neues Projekt angehen oder eine bestehende Anwendung barrierefrei machen wollen: Startpunkt ist immer, sich mit den Anforderungen der WACG vertraut zu machen. Nachdem die Originaldokumente aber komplex, lang und nicht besonders zugänglich sind, empfehlen wir, für einen ersten schnellen Check eine einfachere Liste zu nutzen. Uns gefällt diese amerikanische Checkliste recht gut: *uux.jetzt/106*.

Diese ist zwar auf die US-Vorgaben ausgerichtet, umfasst aber die wichtigsten Grundregeln, die auch in der EU gelten. Auch die Aufteilung nach »kritisch«, »weniger kritisch« und »untergeordnet« für die Bedeutung der jeweiligen Anforderung ist in der Praxis hilfreich. Etwas ausführlicher, dafür auf Deutsch ist diese Liste: *uux.jetzt/107*.

Wenn Sie es ernst meinen, dann sollten Sie im nächsten Schritt auch die original WCAG durcharbeiten. Für diese gibt es keine offizielle deutsche Übersetzung (an dessen Entwurf gab es Kritik, und die ist nachvollziehbar – »site« z. B. wird mit »Seite« übersetzt, was falsch ist und zu Verwirrung führt, siehe Kapitel 25, »Struktur der Anwendung – Informations- und Navigationsarchitektur«). Hier dennoch die inoffizielle deutschsprachige Version: *uux.jetzt/102*.

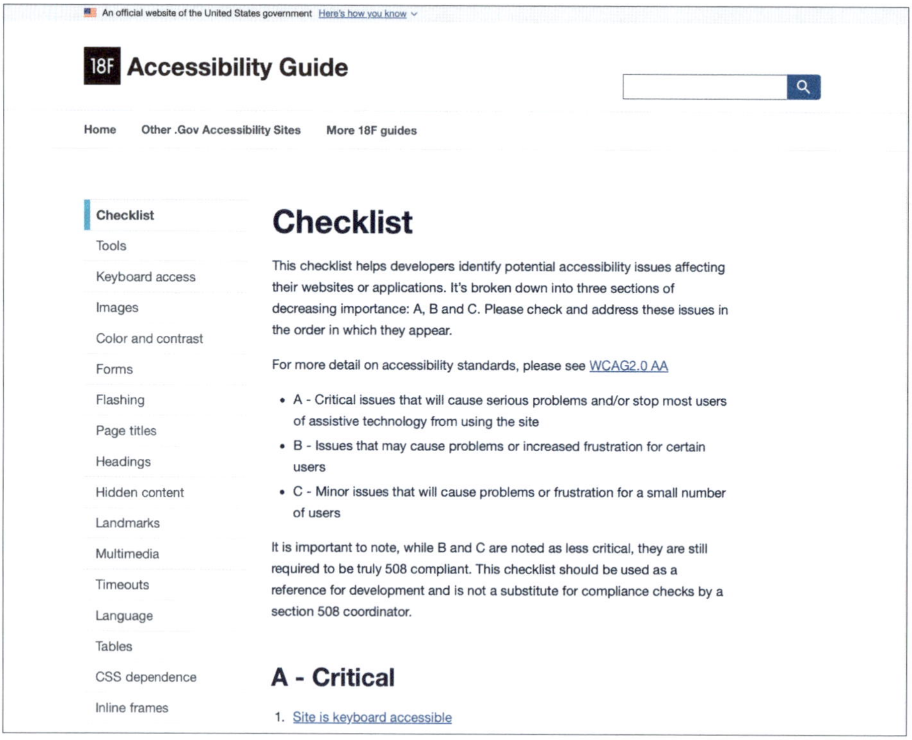


**Abbildung 5.5** Die empfehlenswerte Liste zur Barrierefreiheit der US-Regierung

In der deutschsprachigen wie in der englischen Onlineversion sind die Kriterien nicht filterbar nach Konformitätsniveau (A bis AAA). Das bedeutet, man kann sich nicht einfach nur die Kriterien anzeigen lassen, die man erfüllen muss, um AA zu erreichen. Auf Englisch gibt es diese Möglichkeit aber hier: *uux.jetzt/103*.

Wenn Sie die Kriterien der WCAG erfüllen und ganz sichergehen wollen, dann sehen Sie sich zusätzlich die EU-Norm EN 301 549 an (*uux.jetzt/104*). Eine deutsche Übersetzung gibt es nach kostenloser Registrierung bei der Überwachungsstelle des Bundes für Barrierefreiheit in der Informationstechnik: *uux.jetzt/105*.

## 5.7 Grundregeln für barrierefreie Anwendungen

Bei der Umsetzung gibt es ein paar technische Hausaufgaben, die Sie in jedem Fall machen sollten. Diese sind die Grundlage für die Barrierefreiheit. Sie helfen aber gleichzeitig auch allen Nutzenden, die Inhalte leichter zu erfassen. Sie unterstützen die Auffindbarkeit in den Suchmaschinen, und sie helfen, den Code der Seiten leichter wartbar zu machen.

### 5.7.1 HTML so nutzen, wie es gedacht ist

Um den Inhalt einer Webseite zu strukturieren und für Screenreader zugänglich zu machen, brauchen diese Überschriften, die als solche ausgezeichnet sind (H1, H2 usw.). Jede einzelne Seite sollte eine H1-Überschrift haben, die den Hauptinhalt beschreibt – weitere H1-Auszeichnungen sollte sie nicht haben. Für die nächste Überschriftenebene nutzen Sie H2 für die einzelnen Abschnitte der Seite. Bei Bedarf können noch weitere Unterebenen bis zu H6 hinzukommen, meist sind mehr als drei Gliederungsebenen aber nicht sinnvoll, da sie schwer zu überblicken sind. Diese hierarchische Struktur hilft nicht nur visuell beim Erfassen der Inhalte, sondern sie macht es auch einfacher, den Inhalt der Seite mit einem Screenreader zu navigieren und zu erfassen.

Buttons sollten Sie unbedingt als solche mit dem `button`-Element auszeichnen. Das ermöglicht es Screenreadern und anderen Hilfstechnologien, diese Elemente korrekt zu identifizieren und zu interpretieren. Generische `div`- oder `span`-Elemente für interaktive Seitenelemente sollten Sie unbedingt vermeiden.

Nur dann, wenn Sie mit den Standard-HTML-Elementen nicht weiterkommen, sollten Sie auf *ARIA (Accessible Rich Internet Applications)* zurückgreifen. Damit lässt sich der Inhalt von Webseiten für Hilfstechnologien wie Screenreader zugänglicher machen. Entwickelt wurde dies vor allem, um die Bedienbarkeit und Zugänglichkeit von Webanwendungen zu verbessern. Mit ARIA-Auszeichnungen können Sie Rollen, Zustände und Eigenschaften von Webinhalten definieren, die nicht durch Standard-HTML-Elemente ausgedrückt werden können.

Das `aria-role`-Attribut beispielsweise erlaubt, die Rolle eines Elements auf einer Webseite zu definieren. Mögliche Rollen sind etwa `navigation`, `search` oder `main`. Wie gesagt sollte reines HTML aber wo immer möglich, Vorrang haben. Und es muss auch nicht jeder Bereich und jedes Element mit ARIA ausgezeichnet werden – entscheidend ist immer, was den Nutzenden die Interaktion tatsächlich erleichtert.

### 5.7.2 Leserlichkeit von Text

Menschen mit visueller Einschränkung können Text oft gar nicht lesen, wenn Sie die Grundregeln für leserlichen Text nicht beachten. Aber alle Menschen brauchen länger, solche Texte zu lesen – auch wenn es ihnen meist gar nicht auffällt. Daher sollten Sie in jedem Fall die Regeln beachten, die Sie ausführlich in Kapitel 32, »Schriftarten und Textformatierung«, finden.

Kernpunkte sind ausreichend große Schriftgrößen und hoher Kontrast zwischen Text und Hintergrund sowie ein passender Zeilenabstand und Zeilen, die nicht zu breit sind.

### 5.7.3 Formularlabels und Tastaturfokus

Die Zugänglichkeit von Formularen ist insbesondere für Menschen mit eingeschränkter Motorik von entscheidender Bedeutung – aber von guten Formularen profitieren alle. Jedes Eingabefeld eines Formulars sollte ein `label`-Element haben, das den Zweck des Felds beschreibt.

Der Tastaturfokus ist ein weiterer wichtiger Aspekt. Mit der Tab-Taste sollte man durch alle Formularelemente navigieren können, und das aktuell ausgewählte Feld (Fokus) sollte deutlich sichtbar sein, zum Beispiel durch einen kontrastreichen Rahmen oder eine farbliche Hinterlegung. Dies ist besonders wichtig für solche Menschen, die keine Maus verwenden können (oder wollen). Mehr zu nutzerfreundlichen Formularen siehe Kapitel 40, »Formulare zielführend realisieren«.

### 5.7.4 Bilder beschreiben

Jedes Bild sollte mit beschreibendem `alt`-Text versehen sein, um den Inhalt und die Funktion des Bildes für Benutzende von Screenreadern verständlich zu machen. Dieser Text sollte so formuliert sein, dass das Bild auch verständlich ist bzw. die darin übermittelte Aussage klar wird, auch ohne es zu sehen. Dabei ist es wichtig, dass die Information nicht redundant ist, weil sie bereits im umgebenden Text vorhanden ist. Rein illustrative Bilder sollten keinen `alt`-Text haben – denn es ist sehr mühsam, den Seiteninhalt zu erfassen, wenn man dem Screenreader zuhören muss, wie er ein dekoratives Bild nach dem anderen erklärt.

Untertitel und Bildbeschriftungen auf der Seite geben zusätzlichen Kontext oder Erläuterungen. Sie können nützlich sein, um weitere Informationen zu vermitteln, die nicht im `alt`-Text enthalten sind, oder um den Kontext des Bildes innerhalb des Gesamtinhalts der Seite zu klären.

### 5.7.5 Audio und Video

Audio und Video muss so eingebunden werden, dass Screenreader erkennen, dass es Audio bzw. Video ist. Sie sollten für Audiodateien Transkriptionen und für Videodateien Untertitel (und evtl. zusätzlich Transkriptionen) anbieten, um den Inhalt für Menschen mit Hörbehinderungen zugänglich zu machen. Audiodeskriptionen für Videos für Menschen mit Sehbehinderungen beschreiben die visuellen Elemente des Videos. Medien sollten nie automatisch abspielen (ausgenommen rein dekorative Hintergrundvideos, die für das Verständnis nicht nötig sind). Stellen Sie sicher, dass alle Steuerelemente für die Wiedergabe (z. B. Play, Pause, Lautstärke) mit der Tastatur bedienbar sind und von Screenreadern erkannt werden. Interessanterweise nutzen auch viele Menschen ohne Einschränkungen Untertitel – weil sie z. B. in einer lauten Umgebung sind, sie Ihr Umfeld nicht stören wollen oder weil sie die Sprache nicht perfekt beherrschen.

## 5.8 Werkzeuge zum Prüfen der Barrierefreiheit

Welche Liste auch immer Sie durchgehen – bei vielen Dingen wissen Sie vermutlich selbst sofort, ob bzw. wie diese bei Ihnen umgesetzt sind. Bei anderen müssen Sie dagegen im Code nachsehen. Dazu gibt es einige nützliche Werkzeuge, die wir Ihnen im Folgenden kurz vorstellen.

### 5.8.1 Jeder Browser

Jeder moderne Browser erlaubt es, Webseiten ohne Formatierung darzustellen (also ohne CSS). Bei Firefox geht das z. B. im Menü unter ANSICHT • WEBSEITEN-STIL • KEIN STIL. Damit sehen Sie, wie einzelne Seiten tatsächlich strukturiert sind. Das hilft, Strukturfehlern auf die Schliche zu kommen.

**Abbildung 5.6** Eine Webseite von Wikipedia ohne CSS im Browser

Auch lohnt es sich auszuprobieren, die Seiten mit maximaler Vergrößerung darzustellen (mehrfach `cmd` und `+` bzw. `Strg` und `+` drücken).

### 5.8.2 Google Lighthouse

Der Browser *Chrome* von Google bringt ein Performance-Werkzeug mit, das auch die Barrierefreiheit untersucht. Dieses finden Sie im Menü ANZEIGEN • ENTWICKLER • ENTWICKLERTOOLS. Auf der horizontalen Leiste aktivieren Sie dann LIGHTHOUSE. Damit bekommen Sie einen Prüfbericht für die aktuell aufgerufene Seite. Das ist ein erster Ansatz, allerdings ist die Prüfung nicht vollständig – sie umfasst nur 44 Kriterien, in Deutschland müssen Sie mehr als doppelt so viele erfüllen. Auch sind die Ergebnisse nicht besonders gut aufbereitet.

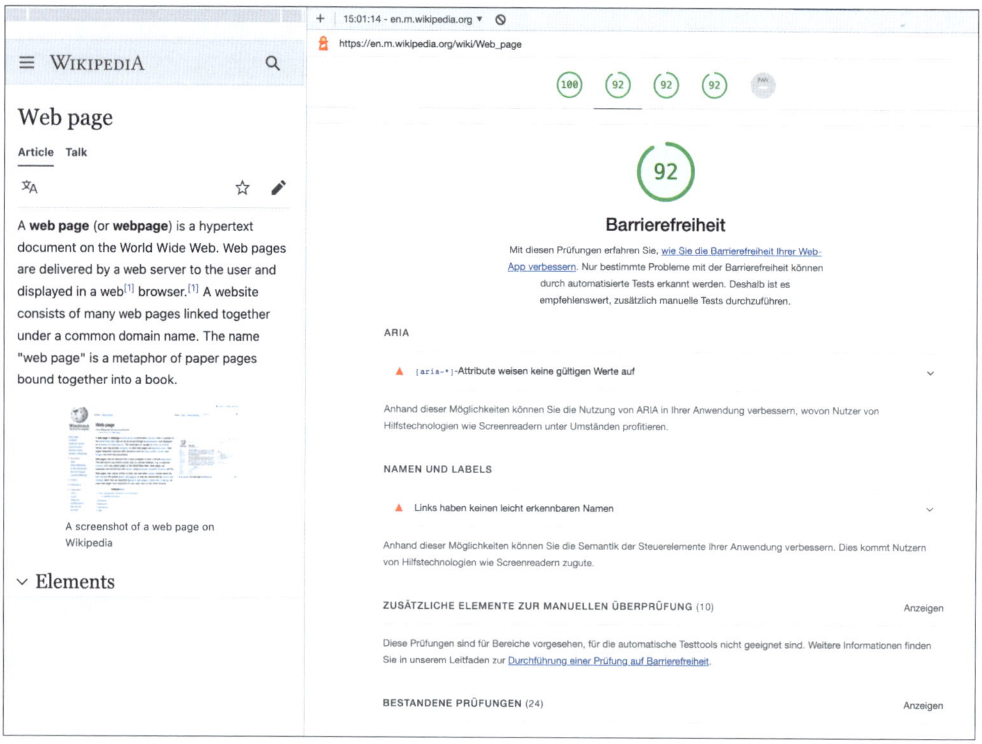


**Abbildung 5.7** Der Bericht zur Barrierefreiheit in Lighthouse

### 5.8.3 VoiceOver auf dem Mac

*VoiceOver* ist ein standardmäßig installiertes Zusatzprogramm, das alle Texte und Steuerelemente vorliest (oder als Blindenschrift ausgibt). Wenn Sie es aktivieren und den Bildschirm ausschalten, bekommen Sie einen Eindruck, wie sich ein Computer steuern lässt, wenn man nichts sieht. Aktivieren können Sie das Programm in SYSTEMEINSTELLUNGEN unter BEDIENUNGSHILFEN • VOICEOVER.

### 5.8.4 Colorblindly

Das kostenlose Chrome-Plug-in *Colorblindly* (*uux.jetzt/108*) visualisiert, wie Seiten aussehen, wenn man verschiedene Arten von Farbenblindheit hat.

### 5.8.5 Wave

Bei *Webaim* (*uux.jetzt/109*) kann man mithilfe von *WAVE* einzelne Seiten auf Barrierefreiheit prüfen lassen. Dort gibt es auch ein kostenloses Plug-in für Firefox und Chrome, mit dem z. B. auch geschlossene Bereiche getestet werden können. Die Ergebnisse werden direkt auf den Seiten platziert, die Erklärungen sind hilfreich und es gibt Links zu den zugrunde liegenden Kriterien der WCAG. Sehr empfehlenswert!

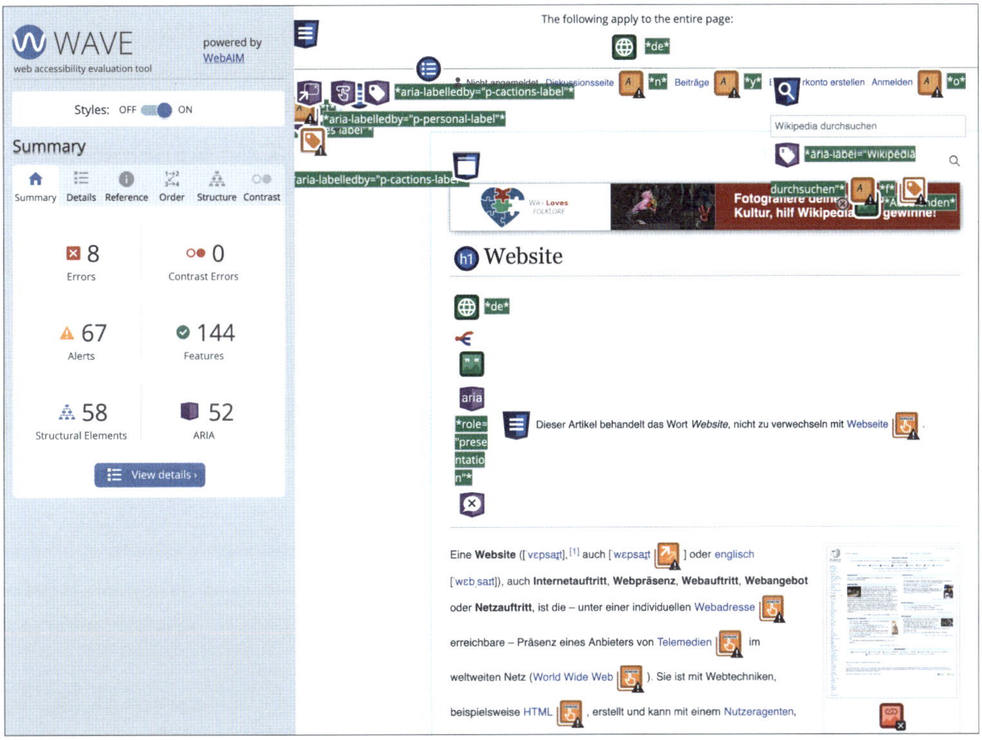


**Abbildung 5.8** Die Ergebnisse der Prüfung mit Wave

### 5.8.6 AccessScan, Axe und Total Validator

Ein kostenpflichtiger Dienst ist *AccessScan* (*uux.jetzt/110*), doch auf der Site gibt es für einzelne Seiten/URLs kostenlos einen Kurzreport, der bereits sehr hilfreich ist. Die Konkurrenz *Axe* (*uux.jetzt/111*) hat eine kostenlose Chrome-Erweiterung. Oft empfohlen wird auch der Dienst *Total Validator* (*uux.jetzt/112*), der je nach Umfang zwischen 10 und 40 Pfund pro Jahr kostet.

### 5.8.7 BIK BITV-Test

Der *BIK BITV-Test* (*uux.jetzt/113*) ist anders als die oben genannten Werkzeuge keine Software, sondern eine Begutachtung durch Experten. Er ist im deutschsprachigen Raum recht verbreitet, und es sind bekannte Vereine wie die Pfennigparade beteiligt. Dahinter steht jedoch ein Wirtschaftsunternehmen. Es gibt vereinzelt Kritik an diesem Test, wobei es schwer ist zu beurteilen, wie fundiert und berechtigt diese ist (siehe z. B. *uux.jetzt/114*).

## 5.9 Was muss ich testen?

Für welches Werkzeug Sie sich auch entscheiden – immer stellt sich die Frage, welche Teile Ihrer Website oder App Sie nun testen müssen. Die einfache Antwort: alle. Denn Hintergrund der gesetzlichen Anforderungen zur Barrierefreiheit ist ja, Menschen mit Behinderungen uneingeschränkt Zugang zu verschaffen. Nachdem es aber ganz schön viel Arbeit sein kann, bestimmte Bereiche oder Seiten barrierefrei zu machen, ist dies vielleicht ein guter Moment, eine Bestandsaufnahme zu machen und alles zu löschen, was nicht unbedingt gebraucht wird. Beginnen Sie aber in jedem Fall am besten mit den wichtigsten Bereichen. Unsere Empfehlung für Websites in dieser Reihenfolge:

1. Startseite
2. Kaufprozess bzw. Anmeldung
3. Detailseiten
4. Redaktionelle Inhalte
5. Kontakt
6. Datenschutzinformationen
7. Video, Audio
8. PDFs

Dann kommen alle weiteren Seiten – aber das nur als Faustregel, beginnen Sie mit den wichtigsten und am häufigsten besuchten Seiten. Wenn Sie damit fertig sind, denken Sie daran: Selbst wenn Sie keinerlei Änderungen an Ihrer Site vornehmen sollten, müssen Sie den Check auf Barrierefreiheit regelmäßig wiederholen. Denn die Anforderungen können sich ändern, aber auch die technischen Gegebenheiten etwa die Webbrowser und auch die Hilfsmittel wie Screenreader.

Das heißt, Sie legen am besten Verantwortliche bei Ihrer Site fest und einen Rhythmus, in dem die Überprüfung wiederholt wird. Bei größeren Sites und Unternehmen bietet es sich an, das vierteljährlich zu tun – auf keinen Fall sollten Sie das aber seltener als alle eineinhalb Jahre tun.

## 5.10 Leichte Sprache und Einfache Sprache

Bei Barrierefreiheit denken die meisten, die Apps oder Websites gestalten, nur an blinde Menschen. Doch gibt es eine Reihe von anderen Einschränkungen, die Sie berücksichtigen sollten bzw. müssen.

**Abbildung 5.9** Auf der Site www.leichte-sprache.org finden sich umfangreiche Informationen über diese Variante des Deutschen.

6,2 Millionen Deutsch sprechende Erwachsene können nur eingeschränkt lesen und schreiben (laut LEO-Studie 2018, siehe *uux.jetzt/006*). Das heißt: Gut 12 Prozent der möglichen Nutzenden schließen Sie aus, wenn Ihre Texte zu kompliziert sind. Und den anderen Menschen machen Sie das Leben damit unnötig schwer. Generell können Sie nur gewinnen, wenn Sie darauf achten, dass die Texte auf Ihrer Site leicht verständlich sind. Das ist eine Maßnahme zur Optimierung Ihrer Anwendung, die schnell, kostengünstig und immer lohnend ist. Worauf Sie bei Ihren Texten generell achten sollten, siehe Kapitel 34, »Nutzerfreundlich schreiben«.

Um aber Menschen mit schwerwiegenden Leseschwierigkeiten den Zugang zu Ihren Inhalten zu ermöglichen, braucht es mehr als guten Text. Denn guter Fachtext ist mitunter zu kompliziert. Will man hier etwas ändern, steht man vor ähnlichen Fragen wie bei anderen Bereichen der Barrierefreiheit.

Gerade im mobilen Kontext sind leicht verständliche Texte mit kurzen Sätzen für alle Nutzenden wichtig. Hier sind die Bildschirme kleiner, die Aufmerksamkeitsspanne ist kürzer und die Umgebung lenkt stärker ab. Wer seine Texte großzügig und in ausreichender Schriftgröße gestaltet, hat schon den ersten Schritt gemacht. Eine gute Gliederung durch Zwischenüberschriften, Listen etc. hilft auch. Doch wer auch Menschen mit ausgeprägter Leseschwäche helfen will, der muss mehr tun.

### 5.10.1 Schreiben in Einfacher Sprache

*Einfache Sprache* ist ein feststehender Begriff. Er beschreibt eine Variante des Deutschen, die speziell für Menschen mit geringen Lesefähigkeiten gedacht ist. Also für funktionale Analphabeten, für Menschen mit geringer Bildung oder auch für Nichtmuttersprachler.

Kernpunkte bei Einfacher Sprache sind:

- Kurze Sätze (maximal ca. 15 Wörter) schreiben.
- Einfache Sätze (maximal ein Nebensatz/Komma) verwenden.
- Möglichst wenige Fremdwörter nutzen.
- Wenn Fremdwörter gebraucht werden, sie beim ersten Auftreten erklären.

### 5.10.2 Schreiben in Leichter Sprache

*Leichte Sprache* ist eine spezielle Ausdrucksweise, die noch leichter verständlich sein soll als *Einfache Sprache*. Solche Texte in Leichter Sprache sollen auch Menschen mit geistiger Behinderung verstehen können.

Neben den Regeln für Einfache Sprache gibt es für Leichte Sprache unter anderem folgende zusätzliche Vorgaben:

- Sehr kurze Sätze (ca. acht Wörter maximal) schreiben.
- Nur eine Aussage pro Satz machen.
- Nur im Aktiv formulieren.
- Sätze immer nach dem Schema Subjekt – Prädikat – Objekt aufbauen (»Die Frau trinkt den Tee.«).
- Genitiv ersetzen durch Satzkonstruktion mit »vom« (»Der Hund vom Polizisten« statt »Der Hund des Polizisten«).
- Keine abstrakten Begriffe verwenden.

Hinzu kommen Regeln zu Schreibweise und Typografie:

- Zusammengesetzte Wörter mit Bindestrich gliedern (»Polizei-Hund«, »Fenster-Putzer«).
- Jeden Satz in eine eigene Zeile bzw. am Ende jedes Satzes einen Zeilenumbruch setzen.
- Keine kursive Schrift, keine Kapitälchen/durchgehenden Großbuchstaben nutzen.

**Abbildung 5.10** Beispiel eines Textes in Leichter Sprache auf der Site des Bundesforschungsministeriums

Durch diese Vorgaben machen Texte in Leichter Sprache auf Menschen mit normalen Lesefähigkeiten einen eigenartigen Eindruck. Texte in Einfacher Sprache dagegen fallen in vielen Fällen neben Alltagstexten wenig auf. Wer Texte in Leichter Sprache schreiben möchte, findet beim Netzwerk Leichte Sprache (*www.leichte-sprache.org*) alle notwendigen Informationen. Ganz wichtig: Vorgeschrieben ist für Leichte Sprache auch eine Überprüfung der Texte – das heißt, Sie müssen sozusagen einen Usability-Test bzw. -Review mit Ihren Texten machen.

## 5.11 Weitere gesetzliche Regelungen

Zu den bereits in diesem Kapitel genannten Vorschriften gibt es weitere, die implizit Vorgaben machen, dass benutzerfreundliche Produkte zu erstellen bzw. zu verwenden sind. Diese Vorschriften kommen vor allem aus dem Bereich des Arbeitsschutzes. Allerdings sind die Vorgaben generell sehr allgemein gehalten. Konkreter werden Informationsschriften auch staatlicher Organisationen wie der Deutschen Gesetzlichen Unfallversicherung (DGUV) oder auch die im vorigen Kapitel aufgeführten Normen. Diese sind aber nicht rechtlich verbindlich.

Der Bereich Arbeitsschutz ist ein weites Feld mit vielen Gesetzen und Verordnungen. Für die Usability sind vor allem die folgenden drei interessant.

### 5.11.1 Arbeitsstättenverordnung (ArbStättV)

In die Arbeitsstättenverordnung ist seit 2016 die Bildschirmarbeitsverordnung (BildscharbV) integriert. Genauer gesagt im *Anhang, Abschnitt 6, Maßnahmen zur Gestaltung von Bildschirmarbeitsplätzen*.

Darin finden sich unter anderem allgemeine Anforderungen an die ergonomische Gestaltung von Arbeitsplätzen (z. B. Tastatur und Software). Konkretisierungen liefert die Normenreihe ISO 9241 (siehe oben). Diese gilt nach EU-Rechtsprechung auch als Standard zur Bewertung der Forderung nach Benutzerfreundlichkeit aus Gesetzen und Verordnungen (siehe *uux.jetzt/001*).

### 5.11.2 Betriebssicherheitsverordnung (BetrSichV)

Im Hinblick auf die Nutzerfreundlichkeit und Barrierefreiheit von allen Arbeitsmitteln ist generell die Betriebssicherheitsverordnung (BetrSichV) zu berücksichtigen.

Die BetrSichV soll die Sicherheit und den Schutz der Gesundheit der Beschäftigten garantieren. Jeder Arbeitgeber hat dafür zu sorgen, dass die so genannten Arbeitsmittel auch gebrauchstauglich sind. Dabei hat er nach § 3 Absatz 2 BetrSichV Folgendes zu berücksichtigen:

- die ergonomische, alters- und alternsgerechte Gestaltung
- die ergonomischen Zusammenhänge zwischen Arbeitsplatz, Arbeitsmittel, Arbeitsverfahren, Arbeitsorganisation, Arbeitsablauf, Arbeitszeit und Arbeitsaufgabe
- die physischen und psychischen Belastungen der Beschäftigten, die bei der Verwendung von Arbeitsmitteln auftreten

Nach § 6 Absatz 1 BetrSichV muss der Arbeitgeber dafür sorgen, dass die Arbeitsmittel sicher verwendet und dabei die Grundsätze der Ergonomie beachtet werden. Umfangreiche Erläuterungen dazu enthält die Technische Regel für Betriebssicherheit (TRBS) 1151 – Gefährdungen an der Schnittstelle Mensch-Arbeitsmittel. Nach § 11 Absatz 1 BetrSichV muss der Arbeitgeber auch Maßnahmen ergreifen, die unzulässige oder instabile Betriebszustände von Arbeitsmitteln verhindern. Das bedeutet, dass z. B. Softwarefehlbedienungen vermieden werden müssen.

### 5.11.3 Maschinenrichtlinie (MRL)

Für Maschinen, die in Europa in den Verkehr gebracht werden, ist die EG-Maschinenrichtlinie 2006/42/EG (MRL) zu beachten.

Die 9. Verordnung zum Produktsicherheitsgesetz Maschinenverordnung (9. ProdSV) setzt die europäische MRL in deutsches Recht um. Darin stehen z. B. Anforderungen hinsichtlich Ergonomie (Teil I Nr. 1.1.6) und spezifischere Anforderungen an »Informationen und Warnhinweise an der Maschine« sowie an »Informationseinrichtungen« (Teil I Nr. 1.7). Demnach müssen Informationen und Warnhinweise »leicht verständlich« sein. Die Nutzenden dürfen nicht mit Informationen überlastet werden. Interaktive Mittel müssen leicht zu verstehen und zu benutzen sein.

Wie die Anforderungen der MRL umzusetzen sind, konkretisiert der unverbindliche europäische Leitfaden für die Anwendung der Maschinenrichtlinie 2006/42/EG.

### 5.11.4 Sonderfall Medizin

Einen Bereich gibt es, in dem nicht nur das Ergebnis der barrierefreien Anwendung gesetzlich vorgeschrieben ist, sondern auch der Weg dorthin: Beim Bau von Medizingeräten ist menschzentrierte Entwicklung (siehe Abschnitt 4.2, »ISO 9241-210 – Prozess zur Gestaltung gebrauchstauglicher interaktiver Systeme«) Pflicht.

Nach den Normen DIN EN 60601-1-6 und DIN EN 62366 sind Hersteller von Medizingeräten und Diagnostika verpflichtet, einem formalen Usability-Engineering-Prozess zu folgen und diesen zu dokumentieren.

# Kapitel 6
# Das digitale Zeitalter und die Auswirkung auf interaktive Konzepte

*Neue Technologien bringen neue Herausforderungen für die Usability mit sich. Glücklicherweise können wir auf etablierte Methoden zurückgreifen, um praktisch jedes Gerät und jede Anwendung zu optimieren.*

Das World Wide Web ist etwa 30 Jahre alt, Smartphones werden erst seit rund 15 Jahren von einer größeren Personengruppe verwendet. Und doch sind die Änderungen überwältigend, die diese beiden Technologien mit sich gebracht haben. Zusammen haben sie Geschäftsmodelle obsolet gemacht, neue eröffnet und vor allem den Alltag von uns allen entscheidend verändert.

Und es stehen weitere große Veränderungen an. So wie das Internet (mit z. B. E-Mail) weit älter ist als das World Wide Web und es Smartphones länger gibt als das iPhone, so können wir auch heute schon Technologien sehen, die langsam Einzug in unseren Alltag halten und das Potenzial für große Umwälzungen haben.

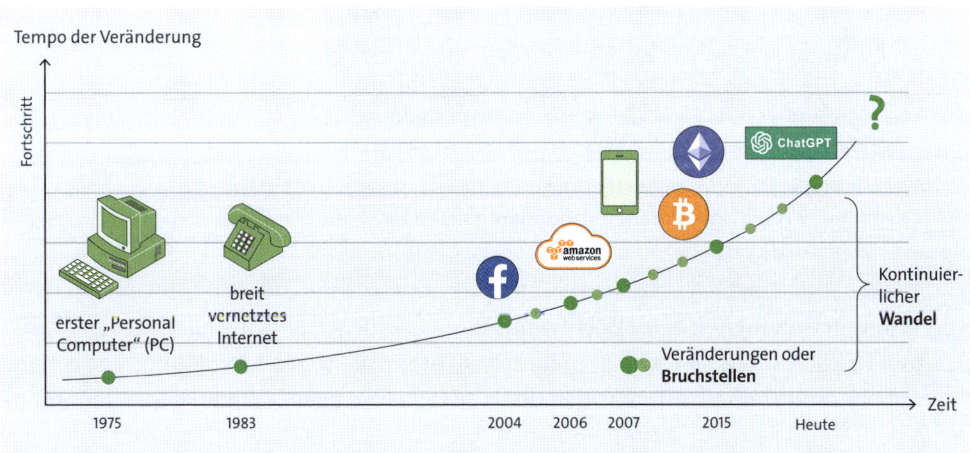


**Abbildung 6.1** Die Geschwindigkeit des technologischen Wandels nimmt zu, und damit wächst auch die Anforderung, sich an neue Interaktionsmuster anzupassen. Vielfältige Werkzeuge helfen dabei. (Quelle: https://digitalleadership.com/blog/technology-strategy/).

Allen voran sei die *Künstliche Intelligenz* (engl. *Artificial Intelligence*, kurz KI bzw. AI) erwähnt und im Speziellen auch der Teilbereich des *Maschinellen Lernens* (engl. Machine Learning, kurz ML), an denen schon seit Langem geforscht und die seit zahlreichen Jahren weiterentwickelt werden. Seit dem freien Zugang zum KI-Chatbot *ChatGPT* hat diese Technologie eine enorme Aufmerksamkeit auch bei all denjenigen gewonnen, die sich bisher nicht oder nur punktuell mit Maschinellem Lernen und Künstlicher Intelligenz auseinandergesetzt haben. KI nimmt deutlich Einfluss auf zahlreiche Geschäftsmodelle, Produkte und Prozesse – und letztlich auch auf die Art und Weise, wie wir mit digitalen Anwendungen interagieren. Mehr dazu finden Sie in Abschnitt 6.1, »Künstliche Intelligenz und ihr Einfluss auf UX«.

Aber auch Technologien und Entwicklungen wie Smartwear, Geräte mit Sprachsteuerung, selbstfahrende Autos, vernetzte Maschinen oder erweiterte sowie virtuelle Realität (engl. *Augmented Reality*, *Virtual Reality*) entwickeln sich weiter – in all diesen Bereichen tut sich immer noch sehr viel. Die spannende Frage für uns ist dabei vor allem: Was bedeuteten diese neuen Technologien für Usability und User Experience?

**Abbildung 6.2** Die Anzeige auf Smartwatches ist winzig – die Bedienung mit dem Finger birgt viele Herausforderungen hinsichtlich der Usability.

Es bedeutet einerseits, dass wir uns ständig anpassen müssen. Wir müssen neue Nutzungsgewohnheiten berücksichtigen, neue Ansprüche der Nutzenden kennenlernen und sich neu etablierende Standards beachten. Die weite Verbreitung von Smartphones mit kleinen Bildschirmen und die Anpassung der Bedienung auf Fingertipps statt Mausklicks vor gut einem Jahrzehnt zum Beispiel haben die Gestaltung von Websites und Anwendungen stark verändert – auch bei Programmen, die klassisch auf dem Desktop-PC mit Tastatur und Maus bedient werden.

Auch deshalb wird der Bedarf an Menschen, die sich mit Usability und UX befassen, weiter zunehmen. Glücklicherweise ist es dabei so, dass die meisten der UX-Methoden, die wir heute kennen, auch in Zukunft wichtig und aktuell bleiben.

## 6.1 Künstliche Intelligenz und ihr Einfluss auf UX

Bei all den zahlreichen Neuerungen, Innovationen und technologischen Weiterentwicklungen hat die der *Künstlichen Intelligenz* sicherlich die weitreichendsten Auswirkungen. Sie beeinflusst, wie Nutzende agieren und wie sich unser Umgang mit Geräten (»*Mensch-Maschine-Interaktion*«) generell entwickeln wird. Sie wird aber auch verändern, wie wir zukünftig arbeiten werden. Wie genau das aussehen wird, lässt sich angesichts der rasanten Geschwindigkeit der Entwicklungen kaum seriös vorhersagen. Klar ist aber: Wir müssen uns damit auseinandersetzen und Erfahrungen sammeln in der Anwendung von KI in den verschiedensten Kontexten. Und dabei sind zwei Perspektiven darauf sinnvoll, weil sie sich gegenseitig auch befruchten können:

- die Sicht als Nutzende von KI-gestützten Anwendungen
- die Sicht als Profis für UX auf Interaktionsmechanismen

Im Kontext der Gestaltung von Bedienoberflächen und des Nutzungserlebnisses (also der Arbeit in UX Design, UX und weiterer Aufgabenbereiche) gibt es zahlreiche Felder, bei denen Künstliche Intelligenz unterstützen oder gar einzelne Aufgaben selbst erledigen kann. Dazu zählen das Erstellen von Texten und Bildern, Schreiben von Programmcode oder gar das Entwickeln von kompletten Websites. Über die Qualität der Ergebnisse kann man sich streiten, aber die Fortschritte sind enorm. Auch bei der Aufbereitung und Auswertung von Erkenntnissen aus der Nutzungsforschung, also *UX Research*, etablieren sich zunehmend Anwendungen, die diese Aufgaben erleichtern oder zum Teil selbst übernehmen.

Kurzum: KI verändert Prozesse und Arbeitsweisen und hilft uns dabei, noch effizienter zu werden. Manche Aufgabenfelder fallen möglicherweise weg, was uns Zeit für andere Tätigkeiten verschafft; oder es entstehen neue Arbeitsfelder. In zahlreichen Kapiteln in Teil II und Teil III dieses Buches greifen wir dieses Thema auf und geben Tipps und Hinweise, wie Sie sich bereits jetzt mit entsprechenden KI-Anwendungen auseinandersetzen, experimentieren und Erfahrung sammeln können.

Bei aller Faszination, Neugierde und Fortschritt, die KI als neue Technologie mit sich bringt, sollten die Produkte und Ergebnisse, die von entsprechenden KI-Anwendungen geliefert werden, immer noch mit Vorsicht genossen werden. So sehr wir Sie dazu ermutigen möchten, diverse KI-basierten Anwendungen auszuprobieren und eigene Erfahrungen zu sammeln, so eindringlich empfehlen wir, mit den Ergebnissen bedacht umzugehen. Bei den zahlreichen KI-Anwendungen auf dem Markt ist zu beobachten, dass sie noch weiterentwickelt werden müssen, um ohne Einschränkungen genutzt werden zu können. Nicht wenige Nutzende, darunter auch führende Profis wie die der Nielsen Norman Group, berichten unter anderem von lückenhafter bis ausbaufähiger Qualität der Systeme. Betrachtet man beispielsweise den Einsatz von

KI im Bereich der User Research und im Speziellen bei der Auswertung von Usability-Tests wird bemängelt, dass lediglich Transkripte und textliche Angaben analysiert werden können, nicht aber visueller Input wie beispielsweise Videos oder Bilder. Letztere enthalten aber wichtige Informationen wie beispielsweise die Mimik der Testpersonen oder die Interaktionen mit dem getesteten Produkt in einem Usability-Test. Auch fehlt bei manchen Anwendungen noch die Möglichkeit, über die eigentlichen Testergebnisse oder Transkripte hinaus weitere relevante Kontextinformationen (z. B. Ziele der Studie, Hintergrundinformationen zum Untersuchungsgegenstand oder den Zielgruppen, relevante Informationen zu den Teilnehmenden) mitzugeben oder gar konkrete Fragestellungen zu übermitteln. Damit reduziert sich die Auswertung auf eine reine Zusammenfassung von Interviews, in denen teils auch oberflächliche Aussagen auftauchen können, die wiederum keinerlei Mehrwert für die weitere Arbeit bieten. Allen KI-Systemen gemein ist auch die Tatsache, dass sie Informationen erfinden können, wenngleich sie diese höchst überzeugend in Texte einbauen. Dieses Phänomen wird auch »*Halluzinieren*« genannt und muss natürlich bei der Nutzung im Hinterkopf bleiben.

Mit Sicherheit werden sich die Anwendungen sowie die KI als Technologie noch weiterentwickeln – und das rasend schnell. Insofern dürfen wir davon ausgehen, dass sich sehr hilfreiche und produktivitätssteigernde Systeme etablieren werden. Bis die Anwendungen ausgereift sind, bauen Sie KI-gestützte Werkzeuge in Ihre Prozesse ein, vergleichen deren Ergebnisse mit Ihren eigenen Ausarbeitungen und sammeln Sie so Erfahrung mit der Art und Form der Artefakte und machen Sie sich ein eigenes Bild zur Qualität.

**Sammlung von KI-Anwendungen**

Neue KI-gestützte Anwendungen und Werkzeuge entstehen täglich. Einige verschwinden auch wieder und können sich nicht am Markt etablieren.

Einen ersten Überblick verschaffen die folgenden Sammlungen mit Anwendungen, die Künstliche Intelligenz der eigenen Aussage nach in ihren Produkten einsetzen:

- *www.huggingface.co*: Eine Open-Source-Plattform, auf der Wissenswertes, Werkzeuge und Modelle sowie auch eine Bibliothek von KI-Anwendungen bereitgestellt wird.
- *www.theresanaiforthat.com*: Nette Funktionalitäten wie eine Zeitachse zur chronologischen Darstellung, Filterungen nach meistgemerkten oder neuesten Einträgen sowie der Volltextsuche und weiteren Filter- und Sortiermöglichkeiten machen Lust auf das Stöbern durch diese Sammlung.
- *www.aitoolsclub.com*: Nach Anwendungsfeldern unterteilt bietet auch diese Website eine Liste zahlreicher KI-Anwendungen auf dem Markt. Einige der gelisteten Anwendungen sind von der Redaktion getestet und geprüft, was entsprechend gekennzeichnet ist.

Wie sich Interaktionsmechanismen durch Künstliche Intelligenz entwickeln und wie sich dadurch Benutzeroberflächen möglicherweise verändern, können wir nicht abschließend sagen. Interessant ist, dass durch textbasierte Anwendungen wie ChatGPT die Nutzenden gelernte Muster ablegen. So verändern sich die Eingaben, die wir als Nutzende wählen. Anders als stichwortartige Suchphrasen, wie wir sie bei Google gewohnt sind, formulieren wir bei ChatGPT & Co. nun konkret, was wir uns als Ergebnis erwarten – und das häufig in teils ausführlicher Textform. Diese Art von Eingaben wird im Kontext von chatbasierten KI-Anwendungen *Prompt* (dt. Eingabe) genannt. Dieses Interaktionsmuster, bei dem die Nutzenden ihre Ziele ausformulieren, um es von Künstlicher Intelligenz umsetzen zu lassen, nennt der Usability-Experte Jakob Nielsen *intent-based outcome specification*. Ins Deutsche übersetzt also so viel wie *absichtsbasierte Ergebnisspezifikation*. Er bezeichnet es als erstes neues User-Interface-Paradigma seit 60 Jahren (vergleiche *uux.jetzt/116*).

Dadurch, dass es eine ganz neue Art der Mensch-Maschine-Interaktion ist, ist die Usability dieser Anwendungen aktuell noch nicht ausgereift. Wenn das, was die KI mit meiner Eingabe macht, nicht passt, fangen wir als Nutzende von vorne an oder müssen unsere Eingabe zumindest verfeinern. Wir Nutzenden müssen uns an das System anpassen und müssen lernen, wie wir am besten zum gewünschten Ergebnis kommen. Wie also muss ich idealerweise meine Eingabe formulieren? Daraus entsteht aktuell das Feld des so genannten *Prompt Engineering* – dem Wissen also, wie ein *Prompt* oder eine Folge von Prompts idealerweise formuliert sind. Aktuell stecken Anwendungen wie ChatGPT noch am Anfang, wenn es darum geht, Nutzenden Hilfestellungen und Feedback zu geben, wie sie am effektivsten ans Ziel kommen. Heißt auch, wir UX-Profis können uns bereits heute mit der Optimierung von Eingabe und Ausgabe in verschiedenen Kontexten beschäftigen. Davon gibt es etliche, seien es beispielsweise Formulare, Volltextsuchen oder auch Sprachbedienung. Und daraus dann Ableitungen treffen für den Umgang mit KI-Anwendungen. In Teil III dieses Buches finden Sie in den entsprechenden Kapiteln Hinweise und Tipps dazu.

## 6.2 Context First – den Nutzungskontext berücksichtigen

Die Art der Eingabemöglichkeiten ist das eine, der jeweilige Kontext, in dem ich das tue, das andere. Denken wir allein an die unterschiedlichen Endgeräte. Smartphones und Tablets werden längst nicht nur unterwegs zum Surfen genutzt, sondern auch zuhause auf dem Sofa – als Alternative zu Desktop-PC oder Notebook. Aber ob Sie nun unterwegs sind, es möglicherweise eilig haben, in jedem Fall aber häufig unterbrochen oder abgelenkt werden oder ob Sie gemütlich zuhause auf dem Sofa sitzen und mit Muße recherchieren und Artikel lesen oder etwas streamen: Der Nutzungskontext macht einen enormen Unterschied.

Doch mobile Geräte werden nicht nur alternativ zu stationären Geräten genutzt. Die steigende mobile Internetnutzung bedeutet nicht zwingend, dass stationäre Geräte komplett verdrängt und nicht mehr verwendet werden. Letztere haben weiterhin ihre Existenzberechtigung, beispielsweise als Arbeitsplatz. Allerdings werden die Nutzungssituationen zunehmen, in denen ein mobiles Endgerät für den Einstieg einer Aktion oder als »verlängerter Arm« genutzt wird. Sei es, dass die Smartwatch anzeigt, wenn eine Nachricht oder E-Mail eingegangen ist, dass das Tablet als zweiter Bildschirm im Homeoffice eingesetzt wird oder dass auf dem Smartphone der gewünschte Film ausgewählt und dann auf dem Smart TV abgespielt wird. Auch übernimmt das Smartphone mehr und mehr Aufgaben – etwa die Steuerung von Smart-Home- und Internet-of-Things-Anwendungen oder die Bezahlung im Geschäft. Manche sagen voraus, dass das Smartphone als Hardwarekomponente verschwinden wird. Dessen Funktionen würden unsichtbar in unseren Alltag integriert, und wir würden alles über Sprache oder Gesten steuern. Bis dahin ist es aber noch ein weiter Weg.

Unabhängig davon, welchen Einstieg Nutzende wählen: In der Regel ist dies der Beginn einer längeren *Customer Journey* mit zahlreichen Berührungspunkten (*Touchpoints*) über mehrere Endgeräte hinweg. Man spricht auch von *Cross-Device-Nutzung*, also der Nutzung bestimmter Inhalte und Dienste auf verschiedenen Endgeräten. Ein überzeugendes Konzept hierfür berücksichtigt, wie Nutzende möglichst ohne Bruch von einem zum anderen Endgerät wechseln und dann auf die schon gesammelten Informationen zurückgreifen können. Diese Wege der Nutzenden zu analysieren und dann Ableitungen daraus für das Konzept zu treffen, nennt man auch *Customer Journey Mapping*. Die Methode stellen wir Ihnen im zweiten Teil des Buches in Kapitel 12, »Customer Journey Maps und andere Mapping-Methoden – Interaktionen der Nutzenden strukturiert erfassen«, vor.

## 6.3 Die Welten verschmelzen – von PWA, WebXR und anderen Neuerungen

Nicht nur Wechsel zwischen Endgeräten sind relevant, auch schnelle und häufige Wechsel zwischen verschiedenen digitalen Anwendungen auf ein und demselben Gerät werden zunehmend relevant. Gerade auf mobilen Endgeräten wechseln Nutzende laufend zwischen Websites, E-Mails, Apps hin und her. Ein Beispiel: Sie erhalten einen Newsletter mit einem Aktionsangebot. Sie klicken auf diesen Link und springen in den Browser. Der wiederum erkennt, dass eine entsprechende App installiert ist, und bietet Ihnen automatisch an, dass Sie die gewünschte Seite oder Aktion auch in der App öffnen oder durchführen können.

Oder aber Ihnen wird angeboten, eine Website, die sich im mobilen Browser geöffnet hat, auf Ihrem Endgerät ähnlich wie eine echte Anwendung zu installieren – dann ist das in der Regel eine so genannte *Progressive Web App* (kurz *PWA*). Progressive Web Apps nutzen Webtechnologien und machen sich gleichzeitig Funktionalitäten zunutze, die bisher nur im App-Umfeld geläufig waren. Dazu gehören Funktionalitäten wie (Push-)Notifications, also Benachrichtigungen, die im Fenster oder auch auf dem Sperrbildschirm angezeigt werden. Oder eben auch die Möglichkeit, die Website zum Startbildschirm hinzuzufügen und über das entsprechende App-Icon auf dem Smartphone wieder aufzurufen – dann in einem eigenen Fenster, nicht im Browser. Auch dass Inhalte und Funktionen offline genutzt werden können, kann ein Merkmal einer Progressive Web App sein. Es gibt noch weitere Formen, bei denen die Web- und App-Welt näher zusammenwachsen. Neben *Progressive Web Apps* gibt es auch so genannte *Responsive Web Apps* oder *Hybride Apps*. Sie unterscheiden sich aus Sicht der Nutzenden vor allem darin, wie sie zugänglich sind – ob sie über den Browser aufgerufen oder in einem App-Store heruntergeladen werden. Aus Sicht der Entwicklung werden sie mit unterschiedlichen Technologien realisiert. Für Akteure im UX-Umfeld ist relevant, dass sich hier Interaktionsmechanismen aus dem Webumfeld mit denen der Apps vermischen und nun Funktionsumfänge breiter gedacht werden können.

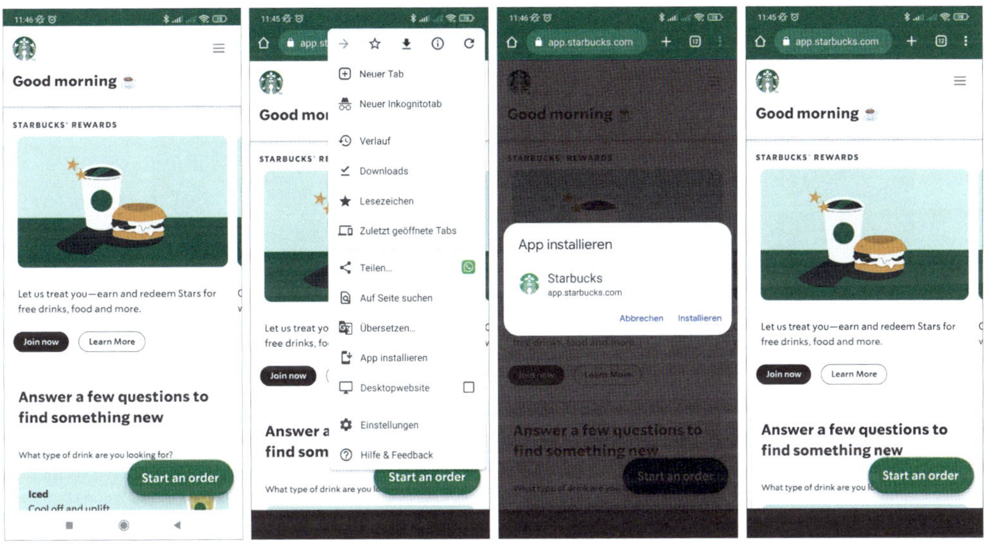


**Abbildung 6.3** Progressive Web Apps (kurz. PWA) ermöglichen den einfachen Zugang über den Browser und lassen sich – wie hier bei Starbucks – direkt auf das Smartphone herunterladen.

Wie neue Technologien dazu führen, dass sich neue Optionen für Nutzende wie Umsetzende eröffnen, sieht man auch in Sachen realer und virtueller Welt. Konkret gemeint ist *Augmented Reality* (wörtlich übersetzt so viel wie *erweiterte Realität*, kurz *AR*). Während es in der Vergangenheit stets native Apps als Umfeld brauchte, um AR-Anwendungen umzusetzen, ermöglichen mittlerweile webbasierte Ansätze, also solche, die im Browser lauffähig sind, eine möglicherweise niederschwellige Option. Diese nennt man dann *WebAR*- oder *WebXR*-Technologien. Auch hier ist zu sehen, wie die Weiterentwicklung von Technologien dazu führt, dass wir Brüche für die Nutzenden reduzieren und deren Interaktion noch benutzerfreundlicher gestalten können.

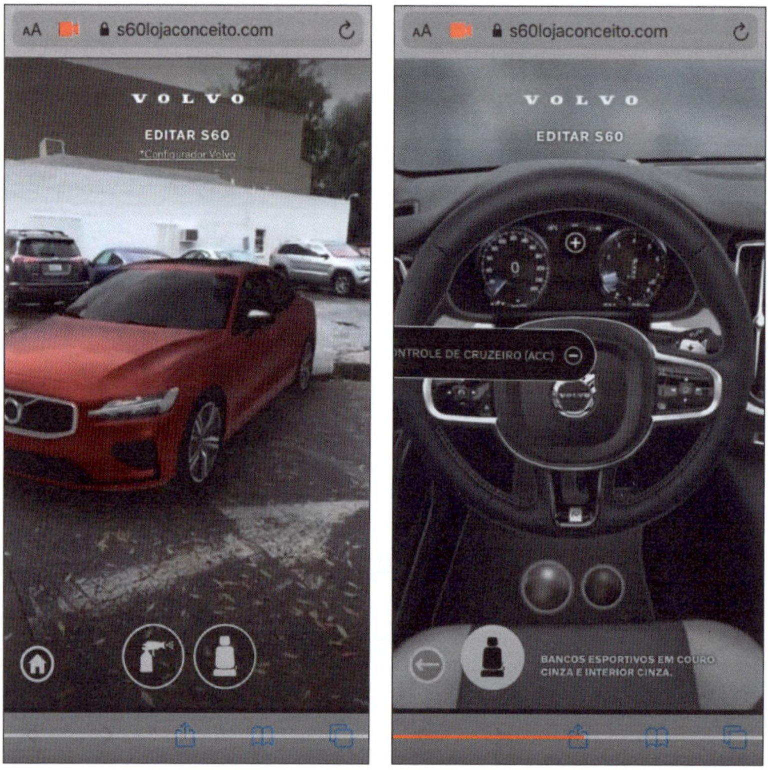


**Abbildung 6.4** Webbasierte AR-Technologien ermöglichen es, Anwendungen mit erweiterter Technologie direkt über den Browser abzurufen. Automobilhersteller wie hier Volvo nutzen das beispielsweise, um neue Modelle zu bewerben und für eine Probefahrt zu begeistern.

## 6.4 Touch, Gesten und Sprache – zeitgemäße Interaktionsmechanismen

Was trotz all dieser Neuerungen erstmal bleibt, sind die Bedienmechanismen einer mobilen Nutzungsoberfläche. Diese sollten Sie bei der Konzeption weiterhin berücksichtigen. Anders als bei stationären Endgeräten, die mithilfe von Tastatur und Maus bedient werden, funktioniert die Bedienung auf mobilen Endgeräten per Berührung (*Touch*), Gesten und zunehmend auch per Sprache. Auch bei Notebooks werden mittlerweile Touchdisplays eingebaut, längst üblich sind sie bei Displays von Alltagsgegenständen oder im Automobilbereich. Die Touchbedienung ist allgegenwärtig.

Elemente der Benutzeroberfläche müssen daher ausreichend groß gestaltet und mit genügend Abstand zueinander positioniert werden, damit Nutzende nicht versehentlich den falschen Button erwischen. Außerdem funktionieren altbewährte Mechanismen wie Mouseover oder auch Scrollen per Mausrad dort nicht. Dafür haben sich mittlerweile etliche Gesten zur Steuerung etabliert. Neben dem einzelnen Tipp auf den Bildschirm gibt es Gesten wie das Ziehen nach unten (Aktualisieren der Inhalte), das Bedienen mit dem Zangengriff, also Berühren der Oberfläche mit zwei Fingern und Zusammen- oder Auseinanderbewegen der Finger (zum Zoomen von Inhalten), oder auch das seitliche Streichen (Löschen oder Bearbeiten von einzelnen Inhaltselementen) – siehe Abbildung 6.5.

**Abbildung 6.5** Gesten zur Steuerung von mobilen Anwendungen haben sich längst etabliert.

Es ist eine Kunst, diese Gesten in das Interaktionskonzept zu integrieren, so dass die Nutzenden sie auch verstehen und anwenden. Praktisch immer sind diese Gesten unsichtbar auf der Benutzeroberfläche, Nutzende müssen sie erst lernen. Eine große Herausforderung, wenn man die Gebrauchstauglichkeit der Anwendung gewährleisten möchte, und gleichzeitig ein schmaler Grat zu einem innovativen Interaktionskonzept.

Die Aspekte der mobilen Nutzung müssen Sie bei der Konzeption Ihrer Anwendung bedenken, wenn sie nicht nur nutzerfreundlich und nützlich sein soll, sondern Ihre Nutzenden auch zufriedenstellen soll. In diesem Buch haben wir daher diesen mobilen Anwendungsfall konsequent mitgedacht und zeigen – gerade in Teil III mit den Usability-Guidelines – wichtige Aspekte für die mobile Nutzung immer mit auf.

Die Bedienung per Sprache bedingt noch weit andere konzeptionelle Überlegungen. Gelungene Sprachbedienkonzepte basieren darauf, dass den Nutzenden klar ist, wonach sie gefragt werden, wonach sie suchen können oder was sie ausführen lassen können. Außerdem müssen Sie bei der Konzeption herausfinden, wie Ihre Nutzenden kommunizieren und wie sie sich ausdrücken, um systemseitig die richtige Interaktion vorzusehen. Dies ist ein breites Feld und erfordert eine deutlich andere Herangehensweise bei der Konzeption als für grafische Oberflächen.

## 6.5 Alles ist testbar – von Smartwear bis zum Internet of Things

Das Beispiel Sprachanwendung ist nur eines von vielen möglichen. Auch z. B. Smartwear, also intelligente Kleidung, können Sie testen, bevor Sie einen funktionierenden Prototyp in den Händen halten. Ein Lauf-T-Shirt etwa, das integrierte Messgeräte für Puls und Hautwiderstand hat, muss noch nicht funktionieren, um mit ihm in einen Usability-Test zu gehen. Erstellen Sie einen Prototyp der dazugehörigen Smartwatch- oder Smartphone-App zur Anzeige der Messwerte, und simulieren Sie die Ausgaben des smarten T-Shirts darauf. Dabei lernen Sie schnell sehr viel darüber, wie Menschen mit solch einer noch nicht entwickelten Anwendung umgehen, welche Anforderungen und Wünsche sie daran haben.

**Abbildung 6.6** Bestehende Geräte, Klebeband, Kordel und Fantasie ermöglichen Nutzertests für neue Produktkategorien. So finden Sie möglicherweise vor der Serienproduktion heraus, dass Nutzende den Vorteil eines smarten Kühlschranks nicht erkennen.

Auch Anwendungen mit vernetzten Geräten (*Internet of Things*) können Sie testen, ohne diese zu konstruieren. Überlegen Sie sich, wie die Nutzenden mit diesen Geräten umgehen, über welche Schnittstellen sie mit ihnen interagieren. Und dann erstellen Sie Prototypen für genau diese Schnittstellen.

## 6.6 Herausforderungen bei der Konzeption für neue Geräte

Die Methoden, die wir einsetzen, bleiben die gleichen – auch wenn wir ganz andere Konzepte umsetzen. Je weniger verbreitet eine neue Technologie oder eine neue Klasse von Geräten ist, desto wichtiger ist es, so früh wie möglich mit User Research zu starten.

Denn gerade bei innovativen Ansätzen ist die Gefahr groß, dass man sich als Entwicklungsteam von seiner eigenen Begeisterung davontragen lässt. Als sich Amazons Sprachassistent Alexa/Echo z. B. für die Nutzung durch andere Unternehmen öffnete, entstanden ungezählte Erweiterungen, die erstmal sinnvoll wirkten – aber völlig unbenutzbar waren. Und sie gingen vielfach auch völlig an den Interessen der Nutzenden vorbei. Grund war, dass Unternehmen das Feld der Sprachsteuerung als Spielwiese für ihre Produktteams nutzten, die neue Ansätze ausprobieren wollten. Und einige Unternehmen wollten sich außerdem als modern und fortschrittlich darstellen. Doch das funktionierte oft überhaupt nicht – die sehr negativen Besprechungen vieler Erweiterungen für Alexa (»Skills«) zeigten das nur zu deutlich.

Was war schiefgelaufen? Und was können wir in Zukunft besser machen? Hauptproblem der Konzepte vieler dieser Sprachsteuerungsanwendungen war, dass sie zu sehr von dem ausgingen, was sie kannten: Websites und Apps. Für Musikfans liegt der Nutzen einer Funktion auf der Hand, mit der sie sich auf Zuruf die aktuellen Konzerte in ihrer Stadt ansagen lassen können. »Alexa, welche Heavy-Metal-Konzerte gibt es dieses Wochenende?« oder »Alexa, welche Konzerte werden diesen Monat in der Philharmonie gegeben?« Klingt gut und sinnvoll. Mit solch einer Idee sind viele gestartet – und baden gegangen.

Denn beim Nutzen eines solchen Dienstes per Sprache wird schnell klar: Für die Ausgabe von langen Listen ist das Medium Sprachausgabe nicht geeignet. Wir Menschen können eine Liste mit Konzerten in gedruckter Form sehr schnell überfliegen. Liest sie uns dagegen jemand vor, dauert das viel zu lang. Ein weiteres Problem war technischer Natur: Eigennamen wie etwa die von Komponisten, Interpreten oder Bands verstehen die meisten Sprachsteuerungssysteme viel zu schlecht. Eine Suche nach diesen ist also nicht möglich. Der praktische Nutzen einer solchen Sprachsteuerungsanwendung für Konzerttermine ist wegen dieser Einschränkungen sehr gering. Das hätte man mit einem einfachen Prototyp schon sehr früh herausgefunden – und so rechtzeitig umsteuern und eine Anwendung mit einem anderen Fokus entwickeln können.

**Tipps zum Testen neuer Technologien**

Arbeiten Sie mit Technologien, die noch nicht weit verbreitet sind, achten Sie auf Folgendes:

- Recherchieren Sie die Erwartungen der Nutzenden besonders gründlich, und hinterfragen Sie, ob Nutzende die neue Technologie wirklich anwenden wollen bzw. bereit sind, dafür Geld auszugeben.

- Gehen Sie nicht davon aus, dass die Nutzenden wissen, was die Technologie überhaupt ist.
- Recherchieren Sie gründlich, welche verwandten Technologien Nutzende schon kennen, welche Erwartungen sie an diese stellen und welche Probleme diese hinsichtlich Usability, Akzeptanz und Verbreitung haben.
- Rechnen Sie nicht damit, dass Nutzende bereit sind, die neuen Bedienkonzepte zu lernen, nur weil Sie oder weitere Teammitglieder begeistert von dem Produkt und seinen Möglichkeiten sind.
- Nur weil Ihre Nutzenden *sagen*, sie finden eine neue Technologie spannend und würden sie gern nutzen, heißt das nicht, dass sie das in der Praxis dann auch wirklich tun – und dafür Geld ausgeben.
- Achten Sie bei der Rekrutierung der Testpersonen darauf, nicht nur technikaffine Menschen einzuladen, die sich für Neues begeistern.
- Planen Sie noch mehr Zeit als üblich ein für Usability-Tests. Und vor allem: Rechnen Sie damit, manchmal auch ganz fundamentale Ansätze überarbeiten zu müssen, wenn diese sich in Nutzertests als ungeeignet herausstellen.

## 6.7 Remote-Arbeiten – nicht nur die Anwendungen selbst, sondern auch die Art der Arbeit ändern sich

Mit all den neuen Technologien und praktisch überall verfügbarem Internet ändern sich nicht nur die Formen der Anwendungen, für die wir konzipieren. Es ändert sich auch die Art und Weise, wie wir (zusammen-)arbeiten. Mit gestiegener Mobilität und an unterschiedlichen Standorten verteilten Teams ist ortsunabhängiges Arbeiten – *Remote Work* – längst Alltag für uns geworden. Die Corona-Pandemie hat diese Entwicklung nur noch beschleunigt: ob Homeoffice, Coworking oder gar *Workation* (also Arbeiten an einem Urlaubsort), ob im In- oder Ausland – die Orte, an denen gearbeitet wird, sind vielfältig. Damit einher geht, dass wir mit diversen Anwendungen und Diensten zusammenarbeiten müssen, um Arbeiten im Team zu ermöglichen oder auch um Nutzungsforschung durchführen zu können. Vor diesem Hintergrund geben wir Ihnen Hinweise und Tipps an die Hand, um mögliche Stolperfallen beim Remote-Arbeiten umgehen zu können. Im Laufe des Buches finden Sie an den jeweils relevanten Stellen entsprechende Informationen, insbesondere in den Kapiteln in Teil II, »Nutzende kennenlernen und für sie konzipieren«.

# Kapitel 7
# Nutzende in die Produktentwicklung einbinden – der optimale Projektablauf

*Nutzende in Ihre Produktentwicklung einzubinden, lohnt sich: Es spart Ihnen langfristig Zeit, Geld und viel Mehrarbeit. Doch zuerst müssen Sie investieren.*

Über den Erfolg jeder Anwendung entscheiden letztlich diejenigen, die sie benutzen – oder das eben nicht tun. Wenn Sie Nutzende in den Entwicklungsprozess einbinden, gewährleisten Sie, dass ihnen das, was Sie entwickeln, gefällt und es von ihnen angenommen wird. Ist das nämlich nicht der Fall, können Sie von vorne beginnen. Und wieder Zeit investieren und Geld in die Hand nehmen. Planen Sie darum frühzeitig, wie Sie Nutzende von Anfang an einbinden können.

## 7.1 Menschzentrierte Entwicklung

Es gibt idealtypische Projekte, bei denen die Nutzenden in den Mittelpunkt der Entwicklung gestellt werden. Die *menschzentrierte Entwicklung* – häufig wird auch der englische Begriff *User-Centered Design* oder kurz *UCD* genutzt – sieht vor, dass die zukünftigen Nutzenden von Anfang an in die Konzeption und die Umsetzung einer Anwendung einbezogen werden. Die Ziele, Aufgaben und Eigenschaften der Nutzenden liegen der gesamten Entwicklung zugrunde. Dieser Prozess ist in der ISO-Norm 9241-210 »Prozess zur Gestaltung gebrauchstauglicher interaktiver Systeme« definiert. Weitere Informationen hierzu in Kapitel 4, »ISO 9241 & Co. – Normen und Gesetze rund um Usability«. Diese ISO-Norm definiert die wesentlichen Aspekte, die bei der menschzentrierten Gestaltung berücksichtigt werden sollten. Die Nutzenden spielen, wie zuvor beschrieben, eine zentrale Rolle: Ihre Aufgaben und ihre Umgebung beeinflussen die Gestaltung der Anwendung. Aber sie werden auch in den Gestaltungsprozess einbezogen, indem man sie in Nutzertests zu verschiedenen Stadien der Entwicklung befragt und ihr Feedback im weiteren Prozess berücksichtigt. Dies wird in der Regel so lange gemacht, bis die Anwendung von den Nutzenden positiv und zufriedenstellend bewertet wird. Es ist also ein iteratives Vorgehen.

Ein verwandter Begriff für dieses Vorgehen ist das *Usability-Engineering*. Am besten versteht man diesen Begriff, wenn man Engineering nicht mit *Ingenieurstätigkeit* übersetzt, sondern mit *Bautechnik* oder *technischer Planung*. Das Usability-Engineering ist also die Planung und technische Organisation der Usability eines Produkts. Ob *menschzentrierte Entwicklung*, *User-Centered Design* oder *Usability-Engineering* – alle diese Vorgehensmodelle bedienen sich der Methoden, die Sie in diesem Buch finden. Es ist die Anwendung aller oder einiger dieser Methoden in Ihrem konkreten Projekt.

## 7.2 Ein optimaler Projektablauf

Nicht jedes Projekt verläuft idealtypisch und bindet in allen Phasen die Nutzenden ein. Vielmehr sind Projekte sehr unterschiedlich ausgerichtet und abhängig von den spezifischen Anforderungen an die geplante Anwendung:

- Ein Onlineshop beispielsweise wird verstärkt auf eine umsatzsteigernde Benutzeroberfläche Wert legen und die Optimierung der Konversionsraten im Fokus haben. Aus diesem Grund testet man solch eine Anwendung in ihren verschiedenen Entwicklungsstadien (vom frühen Prototyp bis hin zum interaktiven High-Fidelity-Prototyp) ausführlich mit Nutzenden. Insbesondere A/B- und multivariate Tests (siehe Kapitel 22, »A/B-Tests – Varianten gegeneinander antreten lassen«) zum Vergleichen zweier oder mehrerer Varianten einer Lösung versprechen Erfolg im Detail in späteren Projektphasen.
- Die Entwicklung einer Website zur Darstellung einer Marke wird sich stark mit visuellen Aspekten und Dialogmöglichkeiten mit den Nutzenden beschäftigen. Scribbles, Wireframes und Mockups (siehe gleichnamige Kapitel in Teil II, »Nutzende kennenlernen und für sie konzipieren«) durchlaufen bei derartigen Projekten viele Iterationen und werden sukzessive zum Endergebnis ausgearbeitet.
- Websites mit sehr umfangreichen Inhalten werden viel Augenmerk auf die Informationsarchitektur der Seite legen. Die Methode des Card Sortings (siehe Kapitel 13, »Card Sorting – Entwicklung der Informationsarchitektur«) mit Nutzenden stellt sicher, dass die Struktur und die verwendeten Begriffe auch verstanden werden.
- Bei der Entwicklung von Unternehmenssoftware bedarf es einer sehr genauen Anforderungsanalyse, beispielsweise mithilfe von kontextuellen Interviews oder Vor-Ort-Beobachtungen (siehe Kapitel 10, »Vor-Ort-Beobachtungen und Tagebuchstudien – Nutzende im Alltag beobachten«), um die Anwendung genauestens auf die Bedürfnisse, Arbeitsabläufe und weiteren Anforderungen der Nutzenden auszurichten.

Allein diese Beispiele zeigen schon, wie individuell der menschzentrierte Entwicklungsprozess ausgelegt werden kann und muss. Das heißt nicht, dass Sie in Ihren Projekten bestimmte Phasen auslassen sollen. Sie werden sie nur möglicherweise schneller durchlaufen und die Nutzenden verstärkt in den Phasen einbinden, auf die Sie den aktuellen Schwerpunkt legen. Den einen optimalen Projektablauf gibt es nicht.

Mit diesem Buch möchten wir Sie daher ermutigen, die relevanten Methoden der menschzentrierten Entwicklung für *Ihr* Projekt auszuwählen und diese anzuwenden. Binden Sie die Nutzenden dabei so früh wie möglich in Ihr Projekt ein, um unnötige und aufwendige Entwicklungsarbeit am Ende nicht verwerfen zu müssen. Aber planen Sie auch Iterationen ein.

Wir haben es noch nie erlebt, dass durch Einbinden der Nutzenden keine Erkenntnisse gewonnen wurden, die in die weitere Entwicklung einflossen und zu einem besseren Ergebnis führten. Und auch wenn es sich manchmal so anfühlt, als würden Sie nochmal einen oder mehrere Schritte zurücktreten: Das Einbinden der Nutzenden bringt Sie am Ende viel schneller an Ihr Ziel – eine optimale, menschzentrierte Anwendung.

Im zweiten Teil dieses Buches stellen wir Ihnen einige Methoden der menschzentrierten Entwicklung vor, die wir als besonders wertvoll erachten und die sich erfahrungsgemäß in der Praxis bewährt haben. Die Methoden aus Tabelle 7.1 haben wir für Sie ausgewählt, um in jeder der vier Phasen des menschzentrierten Entwicklungsprozesses die Nutzenden sinnvoll einbinden zu können.

| Phase | Schritte/Aktionen | Ausgewählte Methoden |
|---|---|---|
| Nutzungskontext verstehen und beschreiben (Analyse) | Die Nutzenden aller Nutzergruppen mit deren Aufgaben, Zielen, Arbeitsmitteln sowie deren physischer und sozialer Umgebung beschreiben | Fokusgruppen, Umfragen oder Befragungen<br>Vor-Ort-Beobachtungen und Tagebuchstudien<br>Personas<br>Mapping-Methoden |
| Nutzungsanforderungen spezifizieren (Konzeption) | Die zugrunde liegenden Informationsarchitektur entwickeln<br>Die Systemunterstützung aus Nutzersicht definieren | Mapping-Methoden Card Sorting<br>Scribbles<br>Wireframes |

**Tabelle 7.1** Übersicht über mögliche Schritte und anzuwendende Methoden im Zuge des menschzentrierten Entwicklungsprozesses

| Phase | Schritte/Aktionen | Ausgewählte Methoden |
|---|---|---|
| Gestaltungslösungen entwickeln, die die Nutzungsanforderungen erfüllen (Design, Umsetzung) | Interaktionsspezifikation erstellen<br>Navigationspfade festlegen<br>Prototyp erstellen | Mockups und Prototypen<br>Design Sprints und ausgewählte Ideation-Methoden |
| Gestaltungslösung aus Nutzerperspektive evaluieren (Testing) | Die erarbeitete Gestaltungslösung anhand der Anforderungen testen | Usability-Tests<br>Guerilla-Usability-Tests<br>Usability-Reviews<br>A/B-Tests |

**Tabelle 7.1** Übersicht über mögliche Schritte und anzuwendende Methoden im Zuge des menschzentrierten Entwicklungsprozesses (Forts.)

## 7.3 Aller Anfang ist schwer – UX-Reifegrad im Unternehmen steigern

Die Nutzenden systematisch und produktübergreifend in die Entwicklungsprozesse einzubinden, ist nichts, was Sie in kurzer Zeit schaffen. Es dauert, bis ein Unternehmen die Idee der menschzentrierten Entwicklung verinnerlicht hat. Denn es ist nicht damit getan, von Zeit zu Zeit Nutzertests durchzuführen – das ist zwar sinnvoll und empfehlenswert, aber es gehört mehr zu einer *UX-driven company*, also einem Unternehmen, das die Nutzenden konsequent in den Mittelpunkt seiner Prozesse und seines Geschäftsmodells stellt. Auf dem Weg dorthin müssen unter anderem:

1. Mitarbeitende geschult werden, um ihnen den Ansatz und Nutzen der menschzentrierten Gestaltung zu vermitteln,
2. Prozesse angepasst werden, die bisher ohne Einbeziehen der späteren Nutzenden ausgelegt waren,
3. das Management eingebunden und Ressourcen bei Budget und Personal bereitgestellt werden,
4. bestehende Metriken und Ziele von Projekten angepasst oder erweitert werden.

In der Regel durchlaufen Unternehmen eine stufenweise Entwicklung in Richtung Menschzentrierung. Dabei lassen sich Muster erkennen, die in so genannten *UX-Reifegradmodellen* (*UX Maturity Models*) beschrieben sind. Es gibt unterschiedliche Modelle, die sich in ihrer Grundidee gleichen. Sehr bekannt ist das achtstufige »Corporate UX Maturity«-Modell der Nielsen Norman Group aus dem Jahr 2006. Ein daraus abgeleitetes und auf sechs Stufen vereinfachtes Modell stammt von Charlie Kreitzberg, Senior-UX-Berater an der Universität Princeton.

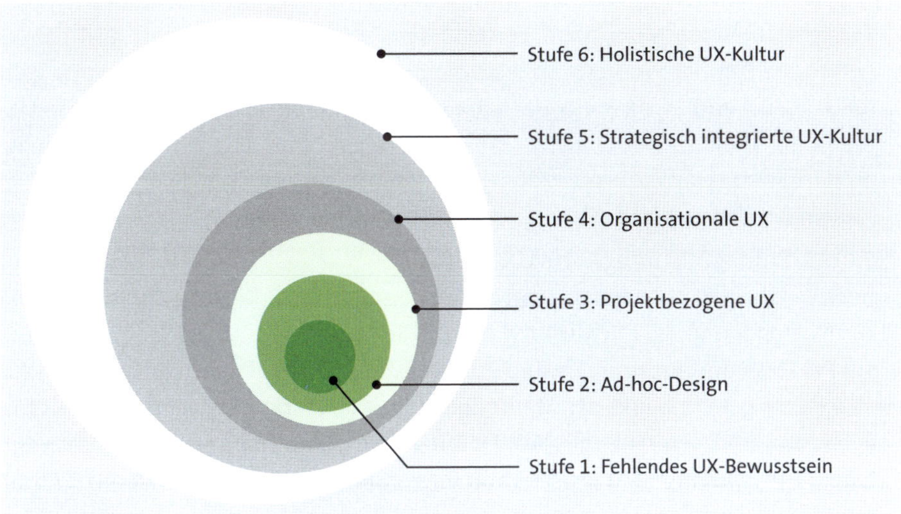


**Abbildung 7.1** Das Reifegradmodell ist additiv, das bedeutet, die einzelnen Stufen bauen aufeinander auf. Es ist nicht möglich, eine oder mehrere Stufen zu überspringen: Die Entwicklung braucht Zeit. Im Zuge ihrer Reifung profitieren Unternehmen von den in niedrigeren Reifegraden gesammelten Erfahrungen und Fähigkeiten.

Er definiert die einzelnen Phasen so:

- **Stufe 1: Fehlendes UX-Bewusstsein**
  User Experience spielt keinerlei Rolle im Unternehmen. Im Gegenteil: Man denkt, Nutzertests kosten wertvolle Zeit, die man nicht hat, und die Produktfunktionalität steht im Vordergrund. Wenn User Experience überhaupt thematisiert wird, wird es meist mit visuellem Design verwechselt. Das Risiko, dass Projekte nach langer Entwicklungszeit scheitern, ist hoch.
- **Stufe 2: Ad-hoc UX**
  Das Unternehmen entwickelt ein Bewusstsein und Interesse für UX. Allerdings fehlt es noch an Wissen, passenden Prozessen und Rollen für die Umsetzung. Erste Ansätze, UX in die bestehenden Prozesse zu integrieren, sind nur bedingt erfolgreich.
- **Stufe 3: Projektbezogene UX**
  Erste menschzentrierte Projekte verlaufen erfolgreich. Das Management erkennt den Wert von UX und plant bei neuen Projekten, Nutzende miteinzubeziehen und ihnen UX-Budgets sowie UX-Profis zuzuweisen. UX wird zunehmend als strategischer Vorteil betrachtet.

- **Stufe 4: Organisationale UX**
  UX wird projekt- und abteilungs-/bereichsübergreifend betrachtet und gesteuert. Von der Durchführung von Einzelprojekten, wie es in Stufe 3 noch der Fall ist, geht das Unternehmen dazu über, gezielt User Research zu betreiben und daraus Potenziale für alle Produkte und Anwendungen abzuleiten. Dieser Schritt geht meist damit einher, dass ein UX-Management und oft auch ganze Inhouse-UX-Abteilungen eingesetzt werden. Damit entstehen neue Möglichkeiten und eine größere Schlagkraft als bisher. Prozesse werden angepasst und Personen gezielt in diesem Bereich geschult.
- **Stufe 5: Strategisch integrierte UX-Kultur**
  In dieser Stufe ist UX bereits integraler Bestandteil von Projekten. Die Einbindung der Nutzenden in die Entwicklung ist eine Selbstverständlichkeit geworden, und die Prozesse und Ressourcen sind auf UX ausgerichtet. UX wird auf alle Projektphasen ausgeweitet und der Methodenbaukasten stark ausgeweitet. UX wird in der Vision und den strategischen Planungen des Unternehmens berücksichtigt. Einige Unternehmen strukturieren in dieser Stufe von einer zentralen UX-Abteilung zur dezentralen Organisation um.
- **Stufe 6: Holistische UX-Kultur**
  In Stufe 6 ist der wesentliche Veränderungsprozess abgeschlossen, und es erfolgen nur kleinere Optimierungen und Anpassungen bei Prozessen und Ressourcen. Es steht die Erfolgsmessung im Vordergrund. UX ist integraler Bestandteil der Unternehmensstrategie, des Denkens der Mitarbeitenden aller Ebenen, und menschzentriertes Design ist der Treiber jeglicher Entwicklungsprozesse.

Wollen Sie die Rolle der UX in Ihrem Unternehmen stärken, ist ein wichtiger Schritt, zunächst den Status quo zu bestimmen – also den Reifegrad in Sachen UX und UCD im Unternehmen. Diese Einstufung hilft Ihnen, konkrete weitere Maßnahmen festzulegen und damit Ressourcen gezielt einzusetzen.

Ausgehend vom Status quo können Sie die Frage beantworten, welche Rahmenbedingungen (unter anderem Organisationsstrukturen, Kompetenzen, Teams, Rollen, Prozesse) geschaffen werden müssen, um den Reifegrad Ihres Unternehmens zu steigern. Denken Sie in den folgenden fünf Stoßrichtungen, um Ihr Unternehmen in Sachen User Experience gut aufzustellen:

- **Ressourcen**: Welche finanziellen Mittel stehen für die Einführung und Umsetzung von operativen und strategischen UX-Maßnahmen zur Verfügung? Wie viel Zeit ist vorgesehen, die für UX-Management und Operatives investiert werden kann?

- **Methoden und Prozesse**: Wie stark wird bei der Projekt- oder Produktentwicklung bereits methodisch vorgegangen? Wie viel werden Nutzende in den relevanten Prozessen involviert? Ist dies bereits systematisch verankert oder findet es eher punktuell statt?
- **Kultur und Strategie**: Wie stark ist das Bewusstsein und auch das Wissen der Mitarbeitenden bezüglich User Experience ausgeprägt? Wie ist es um die Kommunikation rund um UX bestellt? Welche Unterstützung finden UX-Maßnahmen durch das Management? Ist UX bereits in den Zielen des Unternehmens verankert, und gibt es eine UX-Vision und -Strategie?
- **Metriken**: Wurden bereits Kennzahlen zur Messung der UX-Qualität von Produkten und in Projekten definiert und werden diese (regelmäßig) erhoben? Gibt es spezifische UX-Ziele, die gemessen und regelmäßig bewertet werden?
- **Produkt**: Werden Richtlinien, Gestaltgesetze und ISO-Normen eingehalten und erfüllen die Produkte einen Mindeststandard hinsichtlich Benutzerfreundlichkeit und Intuitivität? Werden die Anforderungen an Barrierefreiheit berücksichtigt? Ist das Design entlang der gesamten Customer Journey konsistent?

Aus dem *Reifegradmodell* wird klar, dass im Zuge des Reifungsprozesses des Unternehmens nicht nur methodisches und fachliches Know-how notwendig ist. Sondern es ist auch organisatorisches und kommunikatives Geschick für das Gelingen relevant – mit zunehmender Komplexität. Konzentrieren Sie sich daher stets darauf, die nächste Reifegradstufe zu erreichen. Die Organisation braucht Zeit, um in einen professionellen menschzentrierten Entwicklungszyklus hineinzuwachsen.

Im Jahr 2023 veröffentlichte die Telekom MMS eine Studie zum UX-Reifegrad von Unternehmen im DACH-Raum (*uux.jetzt/117*). Die befragten Unternehmen evaluierten ihren UX-Reifegrad anhand eines Fragebogens selbst und stuften sich dabei im Mittel in der dritten Stufe (also der Stufe der »Projektbezogenen UX«) ein. Im Studienband, der kostenlos heruntergeladen werden kann, finden sich wertvolle Hinweise darauf, welche Maßnahmen dabei unterstützen, in die nächste Reifegradstufe zu kommen.

Um den UX-Reifegrad des eigenen Unternehmens detailliert zu bestimmen, ist es darüber hinaus empfehlenswert, Profis heranzuziehen und diesen systematisch erheben und auswerten zu lassen. Für eine erste Selbsteinschätzung finden sich im Internet aber einzelne Selbsttests, die bereits Hinweise für eine Einstufung geben.

# Kapitel 8
# Agil ans Ziel – Usability-Engineering in agilen Prozessen

*Agile Entwicklung führt bei großen Softwareprojekten nachweislich zu größerem Erfolg – und zu mehr Zufriedenheit im Team. Als UX-Profi muss man dabei allerdings einiges beachten, damit die Belange der Nutzenden nicht zurückbleiben.*

Wer heute etwas auf sich hält, sagt von sich, er arbeitet agil. Agil klingt modern und erfolgreich – und das ist es auch in vielen Fällen. Aber was heißt das für Konzeption, Usability und User Experience?

## 8.1 Warum agile Entwicklung?

In den 1970er Jahren konnten selbst Betriebssysteme von einer einzelnen Person in wenigen Wochen programmiert werden. Mit zunehmender Komplexität der Programme über die Jahre hinweg arbeiteten mehr und mehr Menschen bei der Entwicklung zusammen – und das über eine immer längere Zeit.

Es etablierte sich ein Vorgehen, bei dem man zunächst so klar wie möglich definiert, wie das fertige Produkt aussehen soll. Die Idee dahinter: Je besser man plant, desto besser ist das Ergebnis. Ein Schritt wird nach dem anderen ausgeführt, und erst, wenn einer abgeschlossen ist, beginnt der nächste. Dieses Vorgehen nennt sich *Wasserfall-Modell* (siehe Abbildung 8.1).

Das hat auch für einige Projekte gut funktioniert. Doch irgendwann kam der Punkt, an dem mehr und mehr Menschen, die selbst entwickeln oder Softwareteams leiten, unzufrieden waren. Immer wieder scheiterten große Softwareprojekte. Dutzende von Personen haben jahrelang an unterschiedlichen Teilen des Codes gearbeitet und einige Wochen vor dem Abgabetermin alles zusammengesetzt. Nicht selten war es dann so, dass erst dann grundlegende Missverständnisse aufgefallen sind, Fehler in der Produktdefinition klar wurden oder Inkompatibilitäten auftraten, weil nicht alle mit den gleichen Standards gearbeitet hatten.

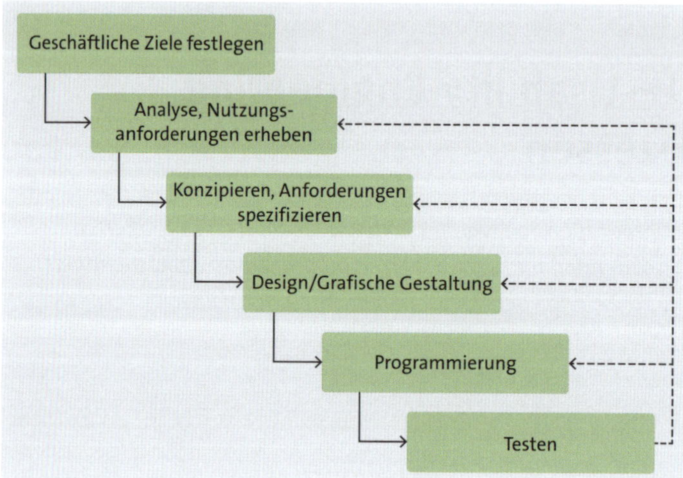


**Abbildung 8.1** Schema des Wasserfall-Modells der Softwareentwicklung

Die Folge: Man musste länger als geplant an dem Projekt weiterarbeiten, auf Funktionen verzichten oder Fehler in Kauf nehmen – nicht selten sogar alles davon. Einige Projekte wurden niemals abgeschlossen, sondern nach Monaten abgebrochen, als klar wurde, dass es weniger Arbeit wäre, nochmal von vorn zu beginnen. Das Hauptproblem war nicht der Wasserfall, sondern die grundlegende Annahme, man könne am Anfang genau erfassen, welchen Anforderung das Produkt genügen sollte.

## 8.2 Wie geht agile Entwicklung?

So entstand in den 1990er Jahren ein Konzept, das auf ein *agiles* (lateinisch für flink, beweglich) Vorgehen setzt. Dabei versucht man, so wenig wie möglich vorher festzulegen, möglichst schnell lauffähigen Code zu produzieren und *iterativ* (also in wiederkehrenden Zyklen) zu arbeiten – siehe Abbildung 8.2. *Scrum* und *Extreme Programming* gehören zu den bekanntesten agilen Vorgehensmodellen.

In der agilen Entwicklung sind *Sprints* üblich. Das sind Phasen von meist zwei Wochen, an deren Ende ein lauffähiges Stück Software steht.

Ähnlich wie bei einer Arbeit in einer modernen Fabrik arbeitet jede Person in der Entwicklung bzw. jedes Team eigenständig an einem Stück des Ganzen. Am Ende des Sprints setzen sie es zusammen und testen, ob das funktioniert. So ein Vorgehen fördert die Teamarbeit, Fehler werden früh entdeckt. Und: Die Motivation ist höher, weil man immer wieder direkt sieht, wie etwas funktioniert. Die Projektverantwortlichen haben so auch viel früher die Möglichkeit zu Korrekturen, wenn das Ergebnis nicht ihren Erwartungen entspricht.

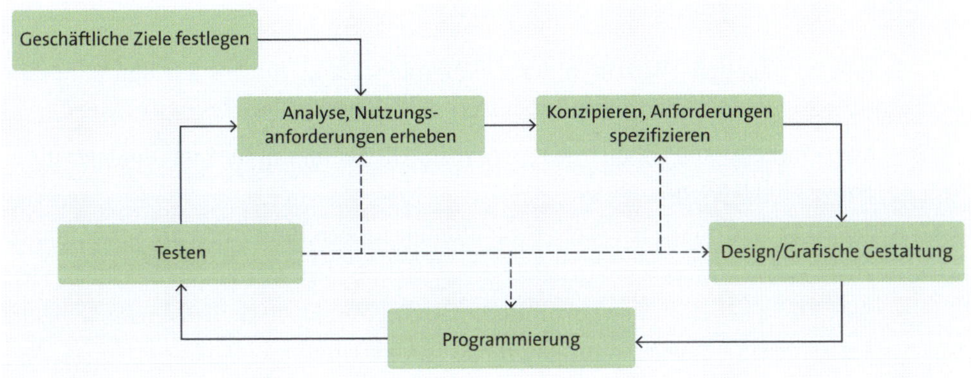


**Abbildung 8.2** Ablauf der agilen Entwicklung. Der Zyklus wird so lange wiederholt, bis Zeit oder Budget verbraucht sind.

Bei der Softwareentwicklung in mittelgroßen Firmen ist agile Entwicklung inzwischen weit verbreitet. Apps und Webservices werden häufig so umgesetzt. In großen Unternehmen tun sich die Verantwortlichen damit teilweise noch immer etwas schwer – agiles Arbeiten heißt auch weniger Kontrolle von oben. Und bei der Website-Entwicklung kommt agile Entwicklung nur gelegentlich bei sehr großen Sites mit komplexen Funktionen vor. Manche Projekte sind in so kurzer Zeit umgesetzt, wie sie in großen IT-Projekten nur ein einziger Sprint einnimmt.

## 8.3 Agil oder Lean?

*Lean* wird häufig in einem Atemzug mit *agil* genannt. Es wird ebenso vielfach als Modewort gebraucht und meint meist, dass man möglichst effizient und schnell arbeitet. Lean UX ist deshalb für die agile Entwicklung relevant, weil hier keine Zeit bleibt für zeitraubende Methoden. Alles soll hier besonders schnell gehen. Daher verzichtet man auf schöne Ergebnisbände und aufwendige Dokumentation. Die Erkenntnisse werden idealerweise sowieso im Team gewonnen und müssen daher nur in Stichpunkten festgehalten werden – vielleicht reichen ja sogar Fotos der Notizen auf Flipchart oder Whiteboard.

Eine wichtige Idee in dem Zusammenhang ist das *Minimum Viable Product (MVP)* – das unaufwendigste brauchbare Produkt. Ziel ist es, bei der Produktentwicklung so schnell wie möglich ein Produkt zu haben, das sich sinnvoll einsetzen lässt. Damit kann man dann testen und z. B. auch schnell die UX verbessern. Man bekommt so früh wie möglich Feedback und erkennt schnell, wenn man umsteuern muss.

## 8.4 Agiles Arbeiten in der Praxis

Es gibt verschiedene Varianten der agilen Entwicklung, für uns aus den Bereichen Konzeption und UX-Design sind aber stets die folgenden Punkte entscheidend:

- Man erarbeitet die UX nicht allein bzw. im UX-Team, sondern mit dem *gesamten* Entwicklungsteam.
- Ziel ist es, so früh wie möglich eine lauffähige Anwendung/nutzbare Seiten zu produzieren.
- Nach der Definition der Kernfunktionen startet gleich die Umsetzung, weitere Konzepte entstehen erst im späteren Projektverlauf.
- Es sind regelmäßig Tests vorgesehen (z. B. am Ende jedes Sprints). Dabei geht es zunächst nur um die Technik, aber Usability-Tests lassen sich hier gut integrieren. Vor jedem Sprint wird am besten festgelegt, was am Ende mit Nutzenden getestet werden soll. Es werden also die Testfälle definiert – zusammen mit den Anforderungen für den nächsten Sprint.

Die Herausforderung ist, die User Experience immer im Blick zu haben. Sie besteht aus vielen Details, die an verschiedenen Stellen relevant sind. Das kann bei der iterativen, kleinteiligen Arbeitsweise in agilen Teams manchmal problematisch sein.

Der wichtigste Tipp ist: Nehmen Sie sich am Anfang trotz der Vorgabe, dass möglichst wenig festgeschrieben werden soll, ausreichend Zeit für das Festlegen der Nutzergruppen, die Recherche der Bedürfnisse der Zielgruppen und die Entwicklung von Lösungsansätzen. Manche nennen diese Phase den *Sprint Null*.

Und während der weiteren Entwicklung ist es am besten, wenn UX und Design der Entwicklung immer einen Sprint voraus sind. Das heißt, Sie planen im aktuellen Sprint die Teile, welche das Programmierteam erst im nächsten Sprint umsetzt. Und Sie testen mit Nutzenden das, was die Entwicklung im vorigen Sprint umgesetzt hat.

**Beispiel für den Einsatz von UX-Methoden in agilen Projekten**

Folgende Methoden funktionieren nach unserer Erfahrung gut im agilen Kontext:

- Interviews und Vor-Ort-Beobachtungen mit Nutzenden (im Sprint Null)
- Personas (mit dem gesamten Team erstellt)
- Card Sortings
- Papierprototyp-Tests (von Funktionen/Seiten, die im nächsten Sprint entwickelt werden sollen)
- Usability-Tests (von bereits umgesetzten Teilen)

Es hat sich bewährt, ein kleines Panel aufzubauen, also eine Liste von Personen, die man kurzfristig für Tests rekrutieren kann. Die Testtage kann man bereits weit im Voraus festlegen, etwa alle zwei Wochen am Ende jedes Sprints oder alle vier Wochen. So kann man schon langfristig Termine mit den Testpersonen ausmachen. Verzichten Sie auf aufwendige Dokumentation, gehen Sie am besten Ihre Aufzeichnungen von den Tests mit dem Entwicklungsteam durch, und erarbeiten Sie gemeinsam direkt Lösungen.

Versuchen Sie so flexibel (agil) wie möglich zu sein, und erarbeiten Sie für jedes Projekt und jedes Team ein Vorgehen, das in genau dem Fall funktioniert. Natürlich sollte man die Grundregeln des agilen Arbeitens kennen und nicht einfach nur behaupten, dass man agil arbeitet. Dennoch bringt es gerade bei kleineren Projekten nichts, sich an Regeln zu klammern, die für sehr große, komplexe Programmierungen gedacht sind. Es ist durchaus in Ordnung, nach dem Wasserfall-Prinzip vorzugehen, wenn sich das bewährt hat. Kleine Webprojekte sind damit gut beherrschbar.

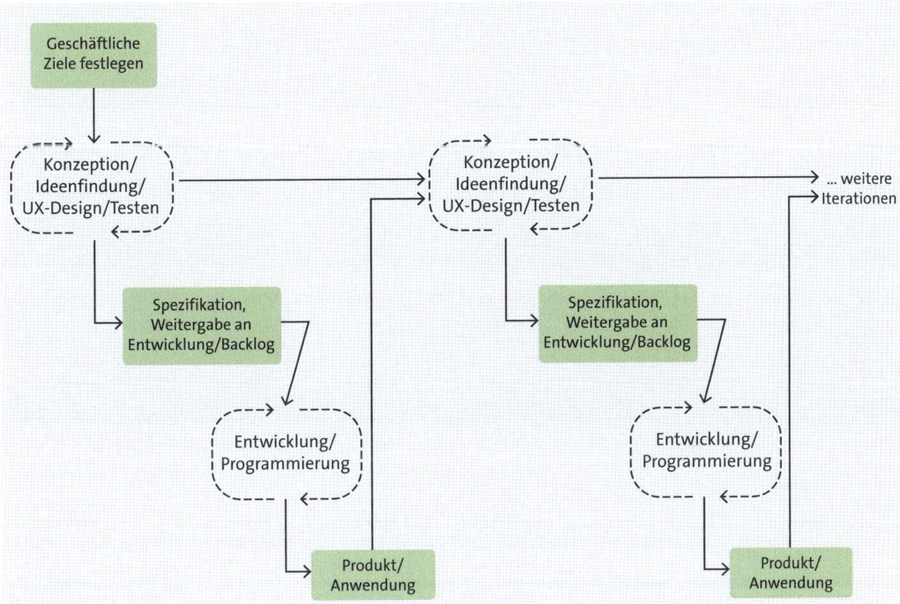


**Abbildung 8.3** Bei Dual Track Agile laufen Konzeption und Entwicklung parallel – und befruchten sich gegenseitig.

Wenn Sie erstmals in einem agilen Projekt arbeiten, lesen Sie sich am besten etwas ein. Empfehlenswert ist das Buch »Get Agile! Scrum for UX, Design & Development« von Pieter Jongerius und Kollegen. Es bietet auf 144 Seiten eine gute Einführung in Scrum und zeigt, wie man sich als UX-Profi sinnvoll in solche Projekte einbringen kann.

Die Konzeption (UX und Design) läuft also parallel zur Entwicklung. Daher spricht man von *Dual Track Agile*. Ganz wichtig: Dabei sind die beiden Bereiche nicht strikt voneinander getrennt. Es ist entscheidend, dass zumindest eine Person aus der Entwicklung in die Konzeption einbezogen wird. Und zum anderen müssen die Ergebnisse der Entwicklung immer wieder getestet werden. Die Ergebnisse aus diesen Usability-Tests fließen dann in die weitere Konzeption ein. Mehr zum Thema Dual Track Agile bei einem der Mitbegründer der Methode, Jeff Patton, unter *uux.jetzt/011* sowie bei Jakob Nielsen, dem bekannten UX-Experten, unter *uux.jetzt/012*.

## 8.5 Was ist Usability-Engineering?

Der Begriff *Usability-Engineering* beschreibt das Vorgehen der menschzentrierten Entwicklung und wird in der Norm ISO 9241-210 (siehe gleichnamiger Abschnitt in Kapitel 4) konkretisiert. Agile Entwicklung ist in dieser Norm zwar erwähnt, aber wie das Usability-Engineering im agilen Kontext genau funktioniert, darüber schweigt sie sich aus. Die Norm will unabhängig sein von der Methodik der Entwicklung. Klar ist aber, dass die Zuständigen für UX an den Scrum-Aktivitäten regelmäßig teilnehmen sollten – z. B. am so genannten *Daily* (tägliche 15-Minuten-Besprechung, in der jeder im Team ganz kurz erklärt, woran er an diesem Tag arbeitet) oder an *Sprint Planning* und *Sprint Retro*. Nur wenn UX-Verantwortliche nicht fester Teil des Projektteams sind, kann man darauf verzichten. Das führt aber dazu, dass die anderen Teammitglieder sich Zeit dafür nehmen müssen, die UX-Verantwortlichen jeweils auf den aktuellen Stand zu bringen und ihnen die Anforderungen zu erklären. In solch einer Konstellation ist es schwierig, UX als zentrales Thema in der Produktentwicklung zu etablieren. Was aber langfristig immer das Ziel sein sollte, siehe auch Abschnitt 7.3, »Aller Anfang ist schwer – UX-Reifegrad im Unternehmen steigern«. In jedem Fall sollte es dann aber eine Person im Scrum-Team geben, die das Thema UX betreut. Diese kann sich dann jeweils bei Bedarf beim UX-Team Unterstützung holen.

Einige weitere gute Hinweise für die optimale Rolle der UX-Verantwortlichen im Scrum-Team finden sich bei der Nielsen Norman Group: *uux.jetzt/013*.

## 8.6 DevOps – DesignOps – ResearchOps

An Schlagworten und Modewörtern ist kein Mangel in der Branche. Eines der neueren ist *ResearchOps*. Um zu verstehen, warum es wichtig ist und was es bedeutet, müssen wir uns die zwei Vorgänger ansehen: *DesignOps* und *DevOps*.

**DevOps** steht für *Dev*elopment and IT *Operations*. Es geht um die Verbindung von Entwicklung (Development, also Programmierung) und IT-Betrieb (Operations). DevOps ist als Folge der agilen Entwicklung entstanden. Denn um das hohe Tempo der agilen Entwicklung überhaupt ausnutzen zu können, musste sich auch der IT-Betrieb ändern. Für den IT-Betrieb waren Änderungen und neue Versionen nicht immer etwas Gutes: Denn jede Änderung an einem System bedeutet Gefahr. Gefahr, dass die Änderung selbst Fehler enthält. Oder dass sie im Zusammenspiel mit anderen

Systemen Fehler produziert. Oder auch die Gefahr, dass die Nutzenden die Änderung nicht verstehen oder sie nicht gut finden. Daher gab es einen Interessenskonflikt: Der IT-Betrieb wollte möglichst wenig Änderungen, das Development-Team wollte die neuen Versionen möglichst schnell in den laufenden Betrieb bringen. Auch, um Rückmeldung von den Nutzenden zu bekommen und weiter zu lernen – eine der Grundideen der agilen Entwicklung.

DevOps wurde definiert als Philosophie, als Arbeitsweise – nicht als Methodik oder Software. Sie versucht, Entwicklung und Betrieb einer Anwendung zusammenzubringen und sicherzustellen, dass das Entwicklungsteam alles hat, um schnell und effizient möglichst gute Anwendungen zu erstellen. Und da »gute Anwendungen« nutzerzentriert sind und eine gute User Experience haben, wird klar, dass wir UX-Profis hiervon auch profitieren.

Bald stellte sich heraus, dass nicht nur die Entwicklungsteams von solch einem strukturierten Vorgehen profitieren. Auch alle, die in dem breiten Bereich »Design« arbeiten, sahen die Vorteile und übertrugen die Prinzipien auf ihre Arbeit. Das englische »Design« ist hier wieder nicht nur das Visuelle, sondern die ganze Konzeption, die Planung, die kreativen Lösungen zusammen mit der Gestaltung. Auch der Bereich UX fällt darunter.

**DesignOps** (für Design Operations) bezeichnet alles, was nötig ist, um den reibungslosen Ablauf der Designaktivitäten in der Organisation sicherzustellen. Ziel ist, alle Voraussetzungen dafür zu schaffen, dass Design seine volle Wirkung entfalten kann. Dazu gehören:

- Personal finden, anstellen und in die neue Position einführen (»Onboarding«)
- Personal entwickeln, fortbilden und motivieren
- effiziente Arbeitsabläufe aufsetzen und aufrechterhalten (siehe dazu Kapitel 28, »Designsysteme, Styleguides, Component Libraries und Pattern Libraries«)
- Programme, Systeme, Geräte und andere Infrastruktur beschaffen und pflegen
- Ergebnisse und Methoden in der Organisation bekannt machen
- Qualität sichern, Resultate verbessern und Umsetzung fördern
- Budget verwalten und sichern

Salopp gesagt, ist DesignOps dafür da, dem Designteam den Rücken frei zu halten und es vor, während und nach seiner Arbeit zu unterstützen. Das ist besonders wichtig, weil der Bereich »Design« in vielen Unternehmen sehr schnell wächst. Das heißt, der organisatorische Aufwand wächst auch, und die Kommunikationswege werden mehr und meist komplizierter.

**ResearchOps** schließlich ist Teil von DesignOps. Diese jüngste Teildisziplin beschreibt die Organisation der Research-Tätigkeiten, also der Nutzungsforschung – Usability-Tests, Interviews, Fokusgruppen, Befragungen usw. Die Herausforderung dieser ganzen »Ops«, also des Betriebs, des Arbeitsprozesses, sind nicht neu. Neu ist nur der Begriff. Auch wenn man die Schlagworte nicht mag – jedes Unternehmen kann davon profitieren, seine Abläufe gut zu strukturieren und zu professionalisieren. In der praktischen Arbeit sind wir um alles froh, was uns an Organisatorischem abgenommen wird. Über alles, was uns hilft, unsere eigentliche Arbeit tun zu können. Für UX-Teams ist der erste Schritt meist, die Rekrutierung auszulagern. Das heißt, jemand anders kümmert sich darum, Freiwillige für Interviews, Tests unter anderem zu beschaffen. Und erledigt alles darum herum wie z. B. Verträge, Vertraulichkeitserklärungen, Datenschutzvereinbarungen, Kompensation.

Dabei ist wichtig: ResearchOps ist (genau wie DesignOps) vor allem eine Haltung, eine Organisationsweise. Sie hilft uns, die Dinge zu unterscheiden, die unsere eigentliche Aufgabe sind, und die, bei denen wir uns Unterstützung holen können. Diese Unterstützung kann jemand aus dem Team sein, es kann aber auch ein externer Dienstleister sein. Eine eigene Stelle, die sich nur um ResearchOps kümmert, gibt es nur in großen Teams. Als grobe Faustregel: Ab acht User Researchern ist eine ganze Stelle zur Unterstützung sinnvoll. Bei kleineren Teams oder Personen, die nur gelegentlich Nutzungsforschung betreiben, kann sich ein Teammitglied darum kümmern – wichtig ist nur, die Verantwortlichkeiten zu klären.

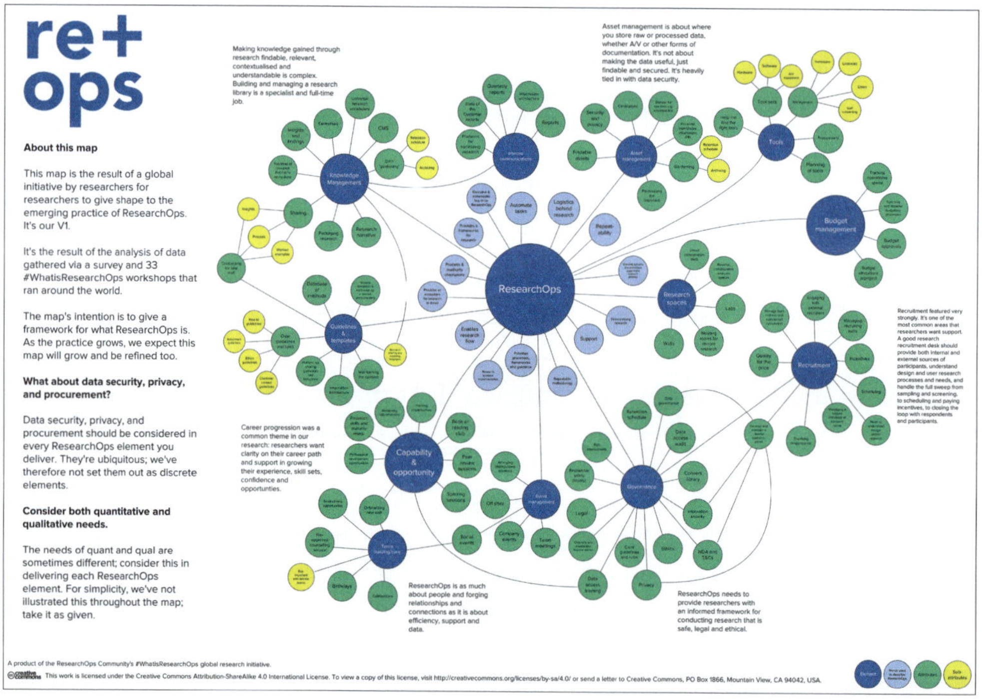


**Abbildung 8.4** Das so genannte Framework, also ein Strukturmodell für ResearchOps. Hier finden Sie alle Bereiche, die dafür wichtig sind. (Quelle: @TeamReOps, siehe uux.jetzt/014)

Wer sich um ResearchOps kümmert, muss ein tiefes Verständnis der Methoden, Voraussetzungen und Arbeitsabläufe haben. Daher übernimmt diese Rolle meist eine Person, die zuvor fachlich im UX-Bereich gearbeitet hat. Projektverantwortliche aus anderen Bereichen müssen sich zunächst gründlich einarbeiten, um gute Unterstützung bieten zu können. Eine der ganz wichtigen Aufgaben ist, auch für den Austausch des UX-Teams im (agilen) Entwicklungsteam zu sorgen.

# TEIL II

# Nutzende kennenlernen und für sie konzipieren

*In Teil II geht es darum, wie wir bei der Entwicklung versuchen, unsere Nutzenden so gut wie möglich kennenzulernen. Wir stellen Ihnen die Methoden des User Research vor – wie Fokusgruppen, Interviews und Umfragen, Vor-Ort-Beobachtungen und Tagebuchstudien. Sie sehen, wie Sie daraus Personas erstellen, die während des ganzen Projekts und darüber hinaus hilfreich sind.*

*Schließlich zeigen wir Ihnen, wie Sie von einfachen Skizzen (Scribbles) über Wireframes und Mockups bis hin zu Prototypen immer konkreter werden. Dabei sehen Sie, wie man mit wenig Aufwand schon früh Dinge entwickelt, die man zeigen und diskutieren, ja sogar schon mit Personen aus der Zielgruppe testen kann. Nicht in jedem Projekt braucht es alle diese Schritte – Sie können auswählen, welche im jeweiligen Fall am besten passen.*

*Zum Thema Tests lesen Sie, wie Sie Usability-Tests professionell vorbereiten, durchführen und auswerten – oder sie beauftragen. Sind Zeit und Budget begrenzt, können Guerilla-Tests das Mittel der Wahl sein. Auch zeigen wir Ihnen, wie Usability- bzw. Expert-Reviews ablaufen und welchen Nutzen diese in welchen Projektschritten haben.*

*Schließlich sehen Sie, wie Sie A/B-Tests richtig anwenden und Analytics nutzen, um die Usability Ihrer Anwendung zu verbessern und diese mit Metriken zu dokumentieren.*

# Kapitel 9
# Fokusgruppen und Befragungen – Erkenntnisse über das derzeitige Nutzungsverhalten

*Um erste Erkenntnisse über Ihre Nutzenden und deren Anforderungen an Ihre Anwendung zu sammeln, bieten sich verschiedene User-Research-Methoden an. Zu den am häufigsten eingesetzten gehören Fokusgruppen und Befragungen.*

Bevor Sie definieren, was Ihre geplante Anwendung leisten soll, sollten Sie sich die Nutzungsanforderungen Ihrer Zielgruppe näher ansehen. Nur so können Sie etwas entwickeln, was tatsächlich jemand haben will. Aus den Bedürfnissen und Wünschen Ihrer Nutzenden können Sie dann später *Personas* generieren und die ersten konzeptionellen Überlegungen ableiten (siehe Kapitel 11, »Personas – aus Erkenntnissen prototypische Nutzende entwickeln«). Die Recherche über die Zielgruppe (*User Research*) ist ein sehr wertvoller erster Schritt, auf dessen Ergebnisse Sie im späteren Projektverlauf immer wieder zurückgreifen. Um die Nutzungsanforderungen zu erheben, gibt es verschiedene Methoden zur Datensammlung. Neben *Vor-Ort-Beobachtungen* und *Tagebuchstudien*, die im nächsten Kapitel kurz erläutert werden, stellen wir Ihnen in diesem Kapitel die folgenden weit verbreiteten und häufig angewandten *User-Research*-Methoden vor: *Fokusgruppen* und *Befragungen*.

## 9.1 Was sind Fokusgruppen? Was sind Befragungen?

In *Fokusgruppen* arbeitet man mit einer kleinen Gruppe potenzieller Nutzender im Gespräch heraus, welche allgemeinen Einstellungen und Erwartungen Nutzende an eine Anwendung haben. Oft entstehen dabei auch gleich erste konzeptionelle Ideen und Ansätze. Bei *Befragungen* sind Sie zwar auf die Fragestellungen begrenzt, die Sie in Ihren Fragebogen mit aufgenommen haben, können aber sehr große Stichproben sammeln.

### 9.1.1 Fokusgruppen

Eine *Fokusgruppe* ist eine Gruppendiskussion, bei der fünf bis maximal zehn Personen aus Ihrer Zielgruppe unter Anleitung der moderierenden Person ein definiertes

Thema ausführlich besprechen. Die Person, die moderiert, orientiert sich dabei an einem vorbereiteten Leitfaden. Für repräsentativere Ergebnisse sollten Sie zwei oder mehrere *Fokusgruppen* zu einem Thema durchführen. Mithilfe von Fokusgruppen können Sie bestehende Anwendungen oder Produkte verbessern oder Ideen für neue Anwendungen evaluieren, konkretisieren und auch weiterentwickeln. Sie können als Grundlage auch ein erstelltes Konzept oder eine Idee nutzen, für die gezielte Optimierungsvorschläge oder auch neue Lösungsansätze erarbeitet werden sollen. Durch die Gruppendiskussion können Sie Zusammenhänge zwischen den Aussagen und Handlungen der Teilnehmenden sowie auch emotionale Hintergründe und versteckte Annahmen aufdecken.

*Fokusgruppen* sind in der Regel sehr kreativ, da der Austausch mit anderen Teilnehmenden anregend wirkt und die Entwicklung von Ideen fördert. Gleichzeitig besteht aber auch die Gefahr, dass sich einzelne Personen der Gruppenmeinung anschließen und ihre eigene Meinung nicht äußern. Hier kann eine Vorbereitung im Vorfeld zur Fokusgruppe hilfreich sein. Diese zwingt die teilnehmenden Personen, ihre Meinungen und Überzeugungen zu einem Thema im Voraus zu durchdenken und zu dokumentieren.

### 9.1.2 Befragungen

Bei einer *Befragung* werden auf Basis eines Fragebogens die individuelle Meinung, Einstellung und Gewohnheiten von Einzelpersonen erfragt. Je nach Ausrichtung des Fragebogens erhalten Sie neben Daten über die Personen selbst auch Informationen über ihre Anforderungen und Einschätzungen zu Ihrer aktuellen oder einer neu konzipierten Anwendung. Eine derartige Befragung kann sowohl mündlich (also persönlich oder telefonisch) als auch schriftlich (meist online) erfolgen. Bei der schriftlichen Erhebungsart spricht man häufig von *Umfragen*. Um eine große Stichprobe zu erhalten, eignet sich die Durchführung einer *Onsite-Befragung* oder *Onlineumfrage*. Hierbei werden potenzielle Nutzende per E-Mail zur Umfrage eingeladen (Onlineumfrage). Oder aber Sie binden eine entsprechende Aufforderung als Overlay oder Pop-up auf Ihrer laufenden Website ein und bitten Ihre aktuellen Nutzenden, an der Umfrage teilzunehmen (Onsite-Befragung).

Weiterhin unterscheiden sich Befragungen durch die Erhebungsfrequenz. Bei einer einmaligen Befragung (man spricht von einer *Querschnittstudie*) erhalten Sie eine Momentaufnahme von aktuellen Gegebenheiten. Führen Sie eine Befragung zum gleichen Thema mehrmals durch (man nennt dies eine *Längsschnittstudie*), können Sie entweder Veränderungen messen, wenn Sie dieselben teilnehmenden Personen wählen, oder aber Trends analysieren, wenn Sie unterschiedliche Personen befragen.

Befragungen können standardisiert, teilweise oder komplett unstandardisiert erfolgen. Unstandardisierte Befragungen haben keine Struktur, sind frei in der Fragenformulierung und sind sehr flexibel – Beispiel ist ein Experteninterview zu einem bestimmten Thema. Bei einer standardisierten Befragung hingegen ist die Struktur sehr starr, der Wortlaut der Fragen ist vorgegeben. Standardisierte Befragungen verlaufen immer einheitlich – ein Beispiel ist die klassische Onlineumfrage zur Kundenzufriedenheit.

## 9.2 Wie führt man Fokusgruppen durch?

Wie Sie Fokusgruppen vorbereiten und Fragebögen für Befragungen aufsetzen, ist entscheidend für den Nutzen Ihrer *User Research*. Die erhobenen Daten bilden die Basis für Ihr späteres Konzept und damit den Erfolg Ihrer Anwendung.

### 9.2.1 Rolle und Aufgaben der moderierenden Person

Für die erfolgreiche Durchführung einer Fokusgruppe spielt die moderierende Person eine zentrale Rolle. Ihre Hauptaufgabe besteht darin, eine offene und vertrauensvolle Atmosphäre zu schaffen und Struktur und Rahmen vorzugeben. Durch aktive Moderation soll sie alle Teilnehmenden der Fokusgruppe zu einem aktiven Beitrag bewegen. Auch muss sie motivieren und aktivieren oder in schwierigen Situationen zwischen den Gruppenmitgliedern vermitteln. Kurzum: Die moderierende Person muss gute Fähigkeiten in der Führung von Gesprächen haben. Das ermöglicht ihr, an interessanten Punkten die Diskussion weiter zu vertiefen, immer wieder auf das eigentliche Thema zurückzuführen, wenn die Diskussion abzuschweifen droht, oder auch auf die Stimmung innerhalb der Gruppe einzugehen. Nicht zuletzt ist die moderierende Person auch dafür zuständig, passende Moderationsmaterialien einzusetzen. Auf Flipcharts oder an Pinnwänden können beispielsweise Zwischenergebnisse dokumentiert, mithilfe von Zeichnungen oder Grafiken komplexe Sachverhalte verständlich dargestellt und Endergebnisse in einem Protokoll aufbereitet werden.

### 9.2.2 Vorbereitung einer Fokusgruppe

Neben der Auswahl der moderierenden Person ist die Entwicklung des Moderationskonzepts zentral beim Vorbereiten der Fokusgruppe. Ist das Thema für die Diskussion definiert, formulieren Sie die Schlüsselfragen – meist drei bis fünf Fragen – und wählen eine jeweils dazu passende Moderationstechnik. Nutzen Sie unterschiedliche Techniken, die die Gruppe aktivieren und motivieren und für Abwechslung bei der Diskussion sorgen. Erstellen Sie dann einen Ablaufplan inklusive der jeweils vorgesehenen Zeiten, und testen Sie dies idealerweise im Vorfeld in einem so genannten Pretest. Eine Fokusgruppe sollte 90 bis 120 Minuten dauern. Planen Sie dabei Zeit für das Ankommen und Verabschieden der teilnehmenden Personen sowie einen Puffer ein.

In einem Pretest können Sie nicht nur prüfen, ob der zeitliche Rahmen stimmt. Sie merken auch, ob wichtige Materialien fehlen oder Sie eine Moderationstechnik anpassen sollten.

**Moderationsmethoden in Fokusgruppen**

Die britische Organisation Seeds for Change (*www.seedsforchange.org.uk*) hat einen übersichtlichen Leitfaden in deutscher Sprache mit verschiedenen Moderationsmethoden zusammengestellt: *uux.jetzt/015*.

Neben zentralen Moderationsmethoden enthält dieser Leitfaden Methoden für unterschiedliche Phasen bei einem Workshop und bei Fokusgruppen:

- einsteigen und abschließen
- Vertrauen bilden
- teilnehmen und diskutieren
- sich Themen nähern und Konflikte lösen
- priorisieren und planen
- aufwachen, aufwärmen und runterkommen
- evaluieren

Planen Sie ausreichend Zeit fürs Rekrutieren der teilnehmenden Personen ein. Je nach Thema und Fragestellungen müssen Sie Personen mit ganz konkreten Erfahrungen, Fachwissen oder besonderen Eigenschaften finden. Denken Sie auch an ein angemessenes Incentive für die teilnehmenden Personen. Empfehlenswert sind etwa fünf bis zehn Teilnehmende pro Fokusgruppe. Diese Gruppengröße ist klein genug, dass sich alle beteiligen, und groß genug, um unterschiedliche Perspektiven und Meinungen zum Thema zu bekommen.

Finden Sie für Ihre Fokusgruppe einen komfortablen Raum, und schaffen Sie dort eine angenehme, lockere Atmosphäre für die Diskussion. Smalltalk vor Beginn der eigentlichen Veranstaltung hilft dabei, auch Getränke und kleine Snacks lockern die Stimmung auf.

Sie sollten Fokusgruppen möglichst auf Video aufzeichnen und unbedingt von einer weiteren Person protokollieren lassen. Das erleichtert Ihnen später die Auswertung. Richten Sie bei Bedarf auch die Übertragung in einen Beobachtungsraum ein. Denken Sie in diesem Fall daran, vorab das Einverständnis der teilnehmenden Personen abzufragen. Lassen Sie sie zu diesem Zweck eine schriftliche Erklärung unterzeichnen, in der auch der Verwendungszweck der Aufzeichnung sowie Kontaktdaten für Datenschutzfragen enthalten sind. Bei sensiblen oder heiklen Themen kann es ratsam sein, nur Audio aufzuzeichnen, weil die teilnehmenden Personen sich durch Videokameras möglicherweise unwohl und gehemmt fühlen könnten.

### 9.2.3 Durchführung einer Fokusgruppe

Der Ablauf einer Fokusgruppe hat typischerweise fünf Teile:

1. **Eröffnung**: Stellen Sie sich, die protokollierende Person sowie den Ablauf der Fokusgruppe vor. Erklären Sie allen Anwesenden die Regeln. Bitten Sie dann die teilnehmenden Personen, sich ebenfalls vorzustellen. Für ein erstes Kennenlernen und eine lockere Atmosphäre ist es hilfreich, auch etwas Persönliches zu erzählen. Sie können sie also bitten, ihren Namen und Wohnort zu nennen und beispielsweise von ihren Plänen für ihre nächste Reise oder ihrer liebsten Freizeitbeschäftigung zu erzählen.
2. **Einleitung**: Führen Sie anschließend kurz in das Thema und die Zielsetzung der Fokusgruppe ein. Ein möglicher Einstieg kann sein, dass sich die teilnehmenden Personen über ihre Erfahrungen mit einer bestehenden Website oder App austauschen. Am Ende der Einleitung sollten alle gedanklich beim Thema sein.
3. **Überleitung**: In der Überleitung grenzen Sie das Thema dann ein und leiten zu den Schlüsselfragen hin. An dieser Stelle sollten alle teilnehmenden Personen die jeweils anderen Sichtweisen ausgetauscht und verstanden haben.
4. **Schlüsselphase**: Mit der Schlüsselphase startet die eigentliche Diskussion, mit der Sie spätestens zur Halbzeit der Fokusgruppe starten sollten. Für jede der vorab definierten Schlüsselfragen planen Sie etwa 10 bis 15 Minuten ein. Als moderierende Person haben Sie die essenzielle Aufgabe, die Fokusgruppe zu führen und gegebenenfalls auf das Thema zurückzuführen. Dabei halten Sie sich mit Ihrer eigenen Meinung zurück und versuchen, die teilnehmenden Personen nicht zu beeinflussen. Auch sind Sie dafür zuständig, die Teilnehmenden zu motivieren, ihre Gedanken frei zu äußern und sich aktiv in die Diskussion mit einzubringen. Fragen Sie bei interessanten Äußerungen nach, und fassen Sie Teilergebnisse (auch für das Protokoll) zusammen.
5. **Zusammenfassung**: Abschließend werden die zentralen Erkenntnisse gebündelt und offene Fragen beantwortet. Jede teilnehmende Person hat dann die Möglichkeit zu einem persönlichen Fazit.

Verläuft die Diskussion sehr oberflächlich und sind die Aussagen der Teilnehmenden sehr abstrakt, können Sie folgende Methoden einsetzen, um zu konkreten, greifbaren Aussagen zu kommen:

- **Stimuli**: Sie zeigen den Teilnehmenden Konzeptideen und Entwürfe einer neuen Anwendung – zur Ideenanregung oder als Denkanstoß.
- **Aktiv-Phasen**: In einer solchen Phase geben Sie allen – manchmal in Teilgruppen – die Möglichkeit, mithilfe von bereitgestellten Materialien oder zeichnerisch Ansätze für eine neue Anwendung oder erste Skizzen/Scribbles zu entwerfen.

- **Projektionen**: Sie fordern die teilnehmenden Personen auf, sich in die Lage des Website-Betreibers zu versetzen. Geeignet hierfür sind Fragestellungen wie beispielsweise: »Was würden Sie ändern, wenn Sie für diese Anwendung verantwortlich wären?«

**Onlinefokusgruppen**

Sie können eine Fokusgruppe auch online durchführen. Sie kommen mit den Teilnehmenden in einem beliebigen Videokonferenzraum (Zoom, Microsoft Teams, GoToMeeting oder ähnlichen) zusammen und stellen ein virtuelles Whiteboard (z. B. Mural, Miro) bereit, auf das alle Beteiligten Zugriff bekommen. Diese Fokusgruppe kann dann in einem Livestream von interessierten Projektbeteiligten auch mitverfolgt werden.

Es gibt auf dem Markt auch spezialisierte Tools zur Durchführung von Onlinefokusgruppen, die neben dem Tool optional auch die Moderation und die Rekrutierung von Fokusgruppen anbieten. Hierzu gehören beispielsweise *www.discuss.io* oder *www.focusgroups.io*.

**Abbildung 9.1** Beispiel einer online durchgeführten Fokusgruppe mithilfe einer Videokonferenz inklusive Chatfunktion

Ein großer Vorteil von Onlinefokusgruppen ist es, dass Sie die teilnehmenden Personen ortsunabhängig rekrutieren und so auch sehr spezielle Zielgruppen erreichen können. Die bereits digital erfassten Notizen und Ideensammlungen erleichtern die Dokumentation und spätere Auswertung. Auch ist in zahlreichen Videokonferenz-Tools eine Funktion zur Aufzeichnung der Konferenz inklusive des geteilten Bildschirms bereits inkludiert.

Wichtig bei der Planung und Vorbereitung der Fokusgruppe ist es, dass die Technik mit jedem vorab überprüft wird. Planen Sie hier auch eine Überrekrutierung bzw. Standby-Teilnehmende ein, die im Fall von technischen Problemen kurzfristig einspringen können.

### 9.2.4 Auswertung der Fokusgruppen

Bei der Analyse des Datenmaterials der Fokusgruppe und einem darauf aufbauenden Bericht orientieren Sie sich stark an der Zielsetzung, den Fragestellungen und den gewählten Moderationstechniken. Diese bestimmen letztlich, wie Sie die Ergebnisse aufbereiten und darstellen. In den meisten Fällen ist es eine Mischung aus qualitativen Anteilen (z. B. interpretative Analysen, inhaltliche Zusammenfassung von Aussagen und Meinungen), quantitativen Anteilen (z. B. Häufigkeiten von konkreten Statements, Votings) sowie reiner Dokumentation (z. B. Fotoprotokoll von Scribbles, Zeichnungen zu Ideen der teilnehmenden Personen).

Tauschen Sie sich mit der protokollierenden Person direkt nach der Fokusgruppe aus, und gleichen Sie Ihre Aufzeichnungen und Beobachtungen ab. Wichtig ist, dass Sie ein gemeinsames Verständnis davon entwickeln, wie die teilnehmenden Personen letztlich auf die Schlüsselfragen geantwortet haben. Erstellen Sie eine Zusammenfassung (häufig *Feldnotizen* genannt), die alle zentralen Themen aus der Diskussion und auch beobachtete Verhaltensweisen (Stimmung, Körpersprache, Charakteristika der Teilnehmenden) beinhaltet. Zusammen mit den Video- oder Audioaufzeichnungen bildet dies die Grundlage für die weitere Analyse.

Konzentrieren Sie sich auf die Schlüsselfragen, und bündeln Sie alle zentralen Aussagen dazu. Unter Berücksichtigung des jeweiligen Kontextes können Sie auch häufig verwendete Wörter zählen und so bestimmte Themen gewichten. Je nach Fragestellung kann es auch interessant sein, gezielt nach Brüchen in der Diskussion zu suchen, um daraus möglicherweise Ideen und neue Ansätze herauszufiltern.

**Mehrwert durch KI-basierte Werkzeuge**

In Zeiten von Machine Learning (ML) und Künstlicher Intelligenz (KI) entwickeln sich stetig neue Anwendungen, die uns als Nutzungsforscher dabei unterstützen, aufwendige Tätigkeiten in der Erhebung, Bereinigung und vor allem der Analyse der Daten zu erledigen. Dadurch können wir im besten Fall Zeit sparen und diese nutzen, um die Ergebnisse zu interpretieren und Handlungsoptionen abzuleiten.

Gerade die Analyse und Auswertung der Antworten bei offenen Fragen in Befragungen oder auch in Diskussionen im Rahmen von Fokusgruppen ist aufwendig und zeitintensiv. Eine KI kann eingesetzt werden, um Ergebnisse zusammenzufassen oder auch die Anzahl von Nennungen zu errechnen (beispielsweise die Häufigkeit, mit der eine Produkteigenschaft erwähnt wurde). Zudem kann eine KI auch Muster erkennen – beispielsweise Zusammenhänge zwischen Begriffen oder Themen, die von den Befragten als interessant erwähnt wurden. Darüber hinaus gibt es weitere Einsatzmöglichkeiten von KI im Rahmen der Nutzungsforschung:

- **Ideen für Forschungsfragen**: KI kann Fragen für Umfragen oder andere Fragebögen formulieren oder erste Ideen und eine Grundlage dafür liefern, die Sie selbst verfeinern.

- **Zusammenfassen von Studien- und Testergebnissen**: Zahlreiche Anwendungen bieten mittlerweile (meist auf Basis von ChatGPT) den Service, Ihre umfassenden Daten – seien es Interviews oder Befragungsergebnisse, insbesondere offene Fragen – zusammenzufassen und aufzubereiten.
- **Stimmungsanalyse** (engl. *Sentiment Analysis*): Die manchmal auch nur indirekt ausgedrückte Wertung innerhalb eines Textes – ob positiv, neutral oder negativ – wird mithilfe von KI analysiert.

Der Markt an KI-Anwendungen entwickelt sich rasant, weshalb wir darauf verzichten, konkrete Anwendungen zu nennen. Diese sind möglicherweise zum Zeitpunkt des Lesens dieses Buches nicht mehr die gängigen. Wir ermutigen Sie daher, für die oben genannten Anwendungsfälle jeweils aktuelle Anwendungen zu recherchieren und diese zu testen.

## 9.3 Wie setzt man Befragungen auf?

Eine Befragung steht und fällt mit einem professionell aufgesetzten Fragebogen und einer sinnvoll gewählten Stichprobe.

### 9.3.1 Vorgehen bei quantitativen Befragungen

Bevor Sie den Fragebogen anlegen, sollten Sie das zu untersuchende Problem bzw. die zentrale Fragestellung genau definieren. Idealerweise sammeln Sie zunächst alle Aspekte und möglichen Einflussfaktoren zu Ihrer Thematik und formulieren Hypothesen. Dann erst überlegen Sie sich, wie Sie die einzelnen Merkmale aus Ihrer Hypothese prüfen können. Überspringen Sie diesen Schritt und gehen die umgekehrte Richtung, laufen Sie Gefahr, dass Sie nur das fragen, was leicht abzufragen ist, nicht aber das, was möglicherweise für die Beantwortung Ihrer Fragestellung viel wichtiger ist. Auf dieser Basis können Sie dann die Testfragen wählen und ausformulieren. Mehr dazu in Abschnitt 9.3.2, »Erstellung eines Fragebogens«.

Danach bestimmen Sie Ihre Zielgruppe. Definieren Sie ganz genau, welche Kriterien die Befragten erfüllen müssen. Ist die *Grundgesamtheit*, also die Anzahl der Personen, die in Ihre Zielgruppe fällt, nicht zu groß und können Sie diese leicht befragen, können Sie eine so genannte *Vollbefragung* durchführen. Dies ist aber in den wenigsten Fällen möglich, so dass Sie eine *Stichprobe* nehmen müssen. Für eine repräsentative Studie muss die Stichprobe in ihrer Zusammensetzung und in der Struktur der relevanten Merkmale der Grundgesamtheit möglichst ähnlich sein. Das setzt voraus, dass Sie alle wichtigen Merkmale von den Befragten kennen, diese also erfasst sind. Zur Auswahl der Personen für die Stichprobe wäre ein Zufallsverfahren ideal, bei dem jede Person aus der Grundgesamtheit die gleiche Chance hat, in die Stichprobe zu kommen. Eine solche Chancengleichheit werden Sie aber in der Praxis nicht realisieren können. Daher wird in der Regel mit einer Kombination aus Zufallsverfahren und Quotensteuerung gearbeitet. Eine Quote legt fest, mit welchen Anteilen Personen mit bestimmten Merkmalen in der Stichprobe vertreten sein sollen. Sie können auch die Größe der Stichprobe berechnen. Dies bietet sich an, wenn Sie konkrete Vorstellungen davon haben, wie genau die Ergebnisse sein müssen. Für die Berechnung gibt es verschiedene Formeln und Übersichten. Bei einer Studie, die sich auf die deutsche Bevölkerung und eine Kombination der Merkmale Alter, Bundesland, Bildung und Berufstätigkeit bezieht, brauchen Sie mindestens 500, besser bis zu 1.000 Personen. Bei einer B2B-Studie über verschiedene Branchen, Größenklassen und Regionen ist eine Stichprobe von mindestens 120, besser 200 Befragten empfehlenswert.

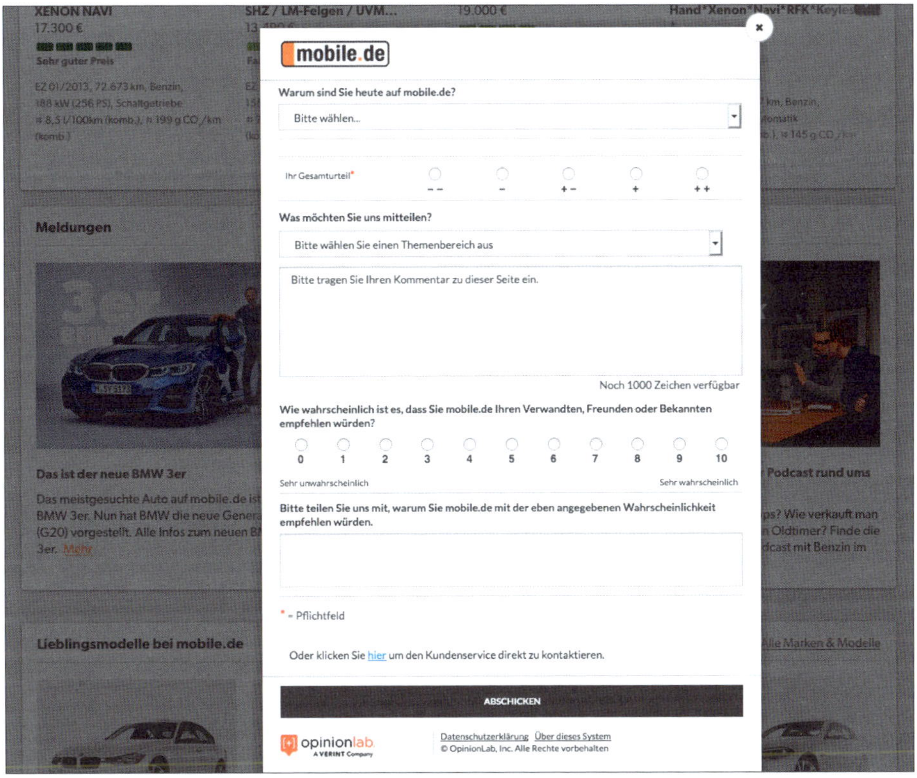


**Abbildung 9.2** Ein typischer Fragebogen zur Erhebung der Gründe für den Website-Besuch und der Kundenzufriedenheit, hier auf mobile.de

Machen Sie sich schon bei der Entwicklung des Fragebogens Gedanken zur Auswertung. Für die Beantwortung Ihrer Fragen kann es wichtig sein, Gruppenunterschiede zu finden. Haben Sie also die Hypothese aufgestellt, dass sich bestimmte Gruppen in Verhaltensweisen, Meinungen oder Einstellungen erheblich unterscheiden, können Sie das bei der Auswertung überprüfen. Relevante Gruppen können nach demografischen Merkmalen (z. B. Alter, Geschlecht, Wohnort) oder nach sonstigen, für die Fragestellung relevanten Merkmalen (z. B. Bestandskunden vs. potenzielle Neukunden, Onlineshopper vs. Offlineshopper) gebildet werden. Bedenken Sie das schon, wenn Sie die Stichprobe festlegen.

Vor der Einladung der Stichprobe zur Befragung sollten Sie in einem Vorversuch den Fragebogen durchspielen, um mögliche Stolperstellen/Abbrüche aufzuspüren und die Länge des Fragebogens zu testen. Bedenken Sie bei der Einladung der Stichprobe auch, dass nicht alle eingeladenen Personen an Ihrer Befragung teilnehmen werden. Rücklaufquoten (engl. *Response Rate*) um die 10 Prozent sind gängig.

### 9.3.2 Erstellung eines Fragebogens

In einem Fragebogen können Sie *offene* oder *geschlossene Fragen* stellen. Auf offene Fragen kann frei geantwortet werden, also mit einem frei formulierten Text. Damit können Sie neue Erkenntnisse gewinnen und Zusammenhänge entdecken, an die Sie zuvor nicht gedacht hatten. Allerdings ist der Aufwand der Erhebung und Auswertung höher als bei geschlossenen Fragen. Auch ist die Qualität der Antworten stark abhängig von den an der Befragung teilnehmenden Personen. Bei geschlossenen Fragen geben Sie die Antwortoptionen vor. Damit können Sie die Antworten vergleichen, und die Ergebnisse bzw. Aussagen lassen sich validieren. Allerdings besteht auch die Gefahr, dass sich manche Teilnehmenden in den vorgegebenen Antworten nicht wiederfinden. Damit können Sie eine derartige Befragung auch verzerren. Überlegen Sie genau, was Sie von den Befragten erfahren möchten und welche Frageform sich dafür jeweils eignet. Weitere Fragetypen finden Sie im Kasten.

#### Fragetypen und Skalenarten in Fragebögen

In Fragebögen können Sie auf unterschiedliche **Fragetypen** zurückgreifen – abhängig davon, was Sie in Erfahrung bringen möchten.

- **Einfachauswahl/Radiobuttons**: Aus mehreren Antwortoptionen kann nur eine ausgewählt werden.
- **Mehrfachauswahl/Checkboxen**: Aus mehreren Antwortoptionen können mehrere, also alle zutreffenden, ausgewählt werden.
- **Texteingabe**: Bietet die Möglichkeit, einen frei gewählten Text zu einer meist offenen Frage einzugeben. Auch ergänzend als Begründung für eine vorangegangene Antwort.
- **Begründungen**: Erläuterungen, warum eine Antwort gewählt wurde, können als Freitext eingegeben oder aus mehreren Optionen ausgewählt werden.
- **Rankingfragen**: Die Antwortoptionen sollen in eine Reihenfolge gebracht werden, um eine Präferenz abzubilden.

- **Ratingfragen**: Es kann zwischen den zwei Extremen einer Skala gewählt werden, also beispielsweise einen Wert zwischen »schlecht/gut« oder »voll zustimmen/überhaupt nicht zustimmen«.
- **Semantisches Differenzial (Polaritätenprofil)**: Eine Ratingskala, bei der die Pole aus verbalen Gegensatzpaaren (z. B. modern/traditionell, sympathisch/unsympathisch) bestehen.

Beim Einsatz von Ratingfragen können Sie unterschiedliche **Skalenarten** verwenden:

- **Verbalskalen**: Die Bewertung einer Aussage oder eines Sachverhalts erfolgt über Begrifflichkeiten in meist fünf oder sieben Stufen.
  - Zufriedenheit (voll und ganz unzufrieden – weitgehend unzufrieden – teils, teils – weitgehend zufrieden – voll und ganz zufrieden)
  - Zustimmung (stimme überhaupt nicht zu – stimme eher nicht zu – stimme teilweise zu – stimme eher zu – stimme voll und ganz zu)
  - Wichtigkeit (überhaupt nicht wichtig – eher nicht so wichtig – durchschnittlich – eher wichtig – sehr wichtig)
  - Zutreffen (trifft überhaupt nicht zu – trifft nicht zu – trifft eher zu – trifft voll und ganz zu)
  - Bewertung (schlecht – eher schlecht – durchschnittlich – eher gut – sehr gut)
- **Numerische Skalen**: Die Bewertung einer Aussage oder eines Sachverhalts erfolgt über feste Zahlenwerte (1 bis 5, 0 bis 10 etc., –5 bis +5, Schulnotenskala).
- **Visualisierte Skalen**: Die Bewertung einer Aussage oder eines Sachverhalts erfolgt über grafisch dargestellte Skalen (z. B. mit Flächen = Flächenskalen, Smileys = Smiley-Skala, Farben = Intensitätsskala).

Bei der Ausgestaltung des Fragebogens sollten Sie die folgenden Fragen im Hinterkopf haben und die Fragen dahingehend überprüfen:

1. Wird durch die Frage und die dazugehörigen Antwortkategorien klar, worum es genau geht?
2. Sind alle Fragen so kurz und prägnant wie möglich formuliert?
3. Sind alle Fragen neutral formuliert? Sind die Fragen nicht suggestiv formuliert, damit Sie bei der Beantwortung keine Präferenz vorgeben oder in eine Richtung lenken?
4. Sind alle Begriffe einfach und eindeutig, so dass die befragte Zielgruppe sie versteht? Werden Zweideutigkeiten vermieden?
5. Sind unklare Begriffe erläutert?
6. Werden Verneinungen vermieden?
7. Können alle teilnehmenden Personen auf die Fragen antworten?

8. Sind die Antwortkategorien ausreichend für die Befragten, so dass jeder sich in einer Antwortoption wiederfindet?
9. Sind die Antwortkategorien eindeutig und trennscharf gewählt?
10. Passen die Antwortkategorien zur Art der Frage?

Bedenken Sie auch die Anrede der angesprochenen Gruppe. Bei Jugendlichen ist es möglicherweise besser, diese mit Du anzusprechen; im geschäftlichen Umfeld sollten Sie siezen. Und vor allem sollten Sie bei der einmal gewählten Anrede bleiben.

### 9.3.3 Feldkontrolle, Datenbereinigung und Auswertung

Während der Feldzeit, also solange die Umfrage aktiv ist, sollten Sie regelmäßig einen Blick in die Daten werfen und die Rückläufe und deren Datenqualität überprüfen. Sind die Rückläufe zu gering, können Sie bei Onsite-Befragungen durch Erhöhen der Einblendungen gegensteuern (z. B. wird bei jedem fünften statt jedem zehntem Website-Besuch die Aufforderung zum Mitmachen angezeigt). Bei Panelumfragen können Sie eine Erinnerung verschicken oder eine weitere Welle starten.

Ist die gewünschte Stichprobe komplett und die Befragung abgeschlossen, kontrollieren Sie die eingegangenen Daten, und bereinigen Sie diese bei Bedarf. In jedem Fall streichen Sie so genannte »Durchklicker« – sprich Personen, die die Umfrage einfach durchgeklickt und wahllos Antworten ausgewählt haben, ohne darüber nachzudenken. Das erkennen Sie vor allem daran, dass diese bei der benötigten Zeit für die Befragung deutlich unter dem Durchschnitt lagen. Außerdem neigen »Durchklicker« dazu, oft die gleiche Skalenoption auszuwählen. Prüfen Sie schließlich die Plausibilität aller Daten. Hier geht es darum, Antworten zu identifizieren, die sich widersprechen. Nehmen wir als Beispiel eine Befragung zu einem Onlineshop: Hat jemand angegeben, er sei dort Kunde, darf er später auf die Frage, wie oft er bei diesem Onlineshop schon bestellt habe, nicht mit »nie« antworten. Auch Freitextfelder sollten Sie überprüfen. Sind dort Antworten dabei, die keinen Sinn ergeben, oder hat jemand nur wahllos auf der Tastatur getippt, löschen Sie diese Antwort.

Verschaffen Sie sich dann einen Überblick über die Befragungsergebnisse. Sehen Sie sich zunächst für einen ersten Eindruck die zentralen Fragestellungen an, die Ihnen Antworten auf Ihre Kernfragen geben. Im Anschluss filtern Sie die Ergebnisse, um weitergehende Erkenntnisse (z. B. aus Gruppenunterschieden) zu gewinnen. Dazu setzen Sie verschiedene Fragen miteinander in Verbindung, oder Sie werten bestimmte Gruppenunterschiede aus. Ein Beispiel: Sie haben kürzlich Ihre neu gestaltete Website online gestellt und möchten nun über eine Onsite-Befragung herausfinden, wie diese ankommt. Sie haben diese Befragung schon einmal vor der Überarbeitung durchgeführt und möchten nun die Entwicklung betrachten. Bei der ersten Analyse erhalten Sie ganz positive Bewertungen über die gesamte Stichprobe. Nun möchten Sie noch wissen, ob das für alle teilnehmenden Personen gleichermaßen gilt oder ob es hier Unterschiede gibt. Daher setzen Sie die Frage nach dem Gefallen der neuen Website in Verbindung mit dem Kriterium Bestandskunde beziehungsweise Neukunde. Nun sehen Sie, dass die Neugestaltung bei Neukunden deutlich besser ankommt als bei Bestandskunden. Sie filtern noch weiter nach Alter und können daraus schließen, dass die neue Website besonders von den etwas älteren Bestandskunden schlechter bewertet wurde.

Haben Sie diese detaillierte Analyse abgeschlossen, sehen Sie sich die Freitextantworten an. Die Auswertung der offenen Fragen kann sehr zeitintensiv sein. Mit den zuvor gewonnenen Erkenntnissen sind Sie nun aber in der Lage, viel gezielter nach konkreten Aussagen und in unserem Beispiel nach Gründen für die Bewertung zu suchen. In jedem Fall erhalten Sie ein besseres Bild davon, warum einige Ergebnisse positiv oder eher negativ ausgefallen sind. Zudem erhalten Sie durch die Kommentare einige Anregungen und Ansätze für Ihr Vorhaben. In unserem Beispiel etwa, was Sie konkret tun können, um Ihre neue Website für Bestandskunden weiter zu verbessern. Je nach Frage kann es sich anbieten, die Häufigkeit von bestimmten Begriffen in den Antworten auszuzählen. Dies gibt Ihnen einen Anhaltspunkt, welche Themen Sie näher ansehen sollten und wo möglicherweise Handlungsbedarf besteht. Als Darstellung bietet sich hier eine so genannte Tag-Cloud, also eine Wortwolke an. Darin werden die am häufigsten verwendeten Wörter am größten dargestellt, seltener genannte entsprechend kleiner. Eine Wortwolke eignet sich auch gut für Präsentationen, da sie eine Abwechslung zwischen Grafiken und reinen textlichen Aufzählungen bietet und den Zuhörenden einen schnellen Überblick über relevante Themen gibt.

Weitere Hinweise und Beispiele zur Darstellung der ausgewerteten Daten finden Sie in Kapitel 45, »Diagramme auswählen und gestalten«.

Kapitel 10

# Vor-Ort-Beobachtungen und Tagebuchstudien – Nutzende im Alltag beobachten

*Nicht nur Informationen über Nutzende selbst, sondern auch über ihr Umfeld, ihre Tätigkeiten und weitere Einflussfaktoren im Alltag sind wertvoller Input für Ihre Anwendungsentwicklung. Vor-Ort-Beobachtungen oder Tagebuchstudien liefern Ihnen solche Informationen.*

Die Gebrauchstauglichkeit und das Nutzungserlebnis bestimmter Produkte oder Anwendungen kann man nur dann beurteilen, wenn man weiß, wie Menschen sie im Alltag wirklich nutzen, beispielsweise bei Smart-Home-Produkten wie einem smarten Thermostat inklusive der App zur Heizungssteuerung. Fokusgruppen, Tests oder Interviews im Usability-Labor liefern Ihnen zwar wertvolle Erkenntnisse. Informationen zum *Nutzungskontext*, unter anderem zur Umgebung, in der ein Produkt genutzt wird, zu alltäglichen Gewohnheiten der Nutzenden oder weiteren Einflussfaktoren finden Sie dabei aber kaum heraus. Insbesondere solche nicht, die den Nutzenden nicht bewusst sind.

## 10.1 Nutzungskontextanalyse – wozu?

In diesen Fällen bietet es sich an, über *Vor-Ort-Beobachtungen* oder *Tagebuchstudien* die Nutzungssituation im Alltag kennenzulernen. Beides sind empirische Methoden der *Nutzungskontextanalyse*: Nutzende werden in ihrer gewohnten Umgebung zuhause, am Arbeitsplatz oder unterwegs bei ihren alltäglichen Gewohnheiten beobachtet (Vor-Ort-Beobachtung), oder sie sollen diese dokumentieren (Tagebuchstudie). Tagebuchstudien sind ebenfalls wertvoll als evaluierende Methode (siehe Abschnitt 10.2.2, »Tagebuchstudien«).

Der *Nutzungskontext* ist in ISO 9241-11 definiert und umfasst »die Benutzer, Arbeitsaufgaben, Ausrüstung (Hardware, Software und Materialien) sowie physische und soziale Umgebung, in der das Produkt genutzt wird«. Es geht also darum, die Nutzenden und ihre täglichen Aufgaben, Routinen, Bedürfnisse, Wünsche und Ziele, ebenso aber auch Schwierigkeiten und Hürden kennenzulernen und zu verstehen. Sie alle haben Einfluss auf das *mentale Modell* der Nutzenden, also ihre Denkmuster und

Vorstellungen von der Umwelt und damit ihre Erwartungen und das daraus resultierende Verhalten. Analysieren Sie den Nutzungskontext, dann lernen Sie die Nutzenden kennen, und zwar:

- wie sie sich verhalten und warum sie sich so verhalten,
- wie sie Anwendungen verstehen bzw. verstehen lernen,
- wie ihre Bedürfnisse und Wünsche aussehen,
- wie ihre Erwartungen an ein Produkt oder eine Anwendung sind und
- welche Probleme oder Schwierigkeiten sie mit einem Produkt oder einer Anwendung haben.

Dieses Wissen ermöglicht es Ihnen, Anforderungen an Ihre Anwendung abzuleiten. Und Sie können damit vor allem sicherstellen, dass die Nutzenden diese auch langfristig im Alltag gern und problemlos verwenden.

## 10.2 Was sind Vor-Ort-Beobachtungen und Tagebuchstudien?

Beide Methoden für die *Nutzungskontextanalyse*, die wir Ihnen vorstellen, haben ihre Stärken: Vor-Ort-Beobachtungen decken vor allem auch unbewusste Verhaltensmuster und Bedürfnisse der Nutzenden auf. Bei Tagebuchstudien sind die Nutzenden unbeeinflusst von anderen Testpersonen, wie es beispielsweise bei Fokusgruppen, Kundenblogs oder Beobachtungen der Fall sein kann. Sie können jeweils ihre ganz persönlichen Erfahrungen und auch Schwierigkeiten bei der Nutzung im Tagebuch dokumentieren.

### 10.2.1 Vor-Ort-Beobachtungen

Bei einer Vor-Ort-Beobachtung begleiten Sie eine Person während einer typischen Nutzungssituation in ihrer natürlichen Umgebung – beispielsweise zuhause oder am Arbeitsplatz. Sie halten sich im Hintergrund, um die beobachtete Person so wenig wie möglich in ihren alltäglichen Abläufen zu beeinflussen oder auf die Situation einzuwirken. Sie protokollieren alle Aspekte der Nutzung einer Anwendung oder eines Produkts sowie auch Zusatzinformationen zum Umfeld und sonstigen einwirkenden Faktoren. Dies ist später die Grundlage für die Analyse. Sofern möglich, filmen Sie das Geschehen zusätzlich mit einer Videokamera. Auch der Ton wird mitgeschnitten, um später bei der Auswertung unterstützendes Material zu haben.

Eine derartige Vor-Ort-Beobachtung ist in der Regel zwar aufwendig, bietet dafür aber einen ganzheitlichen Eindruck des natürlichen Umfelds der Person und einen tiefen Einblick in deren tatsächliches Nutzungsverhalten. Der Aufwand ist stark abhängig von Faktoren wie der Beobachtungsdauer und dem Umfang der Auswertung. Diese Methode rentiert sich gerade dann, wenn auch unbewusste Arbeitsabläufe oder Nutzungsmuster in Erfahrung gebracht werden sollen. Anforderungen und Bedürfnisse der beobachteten Person werden nachvollziehbar, so dass Sie ein gutes Verständnis für sie bekommen.

#### Sonderform Contextual Inquiry

Eine Sonderform der Vor-Ort-Beobachtung ist die so genannte *Contextual Inquiry*, also eine Mischung aus Beobachtung und Interview. Man spricht auch von *teilnehmender Beobachtung*, *Apprenticing* oder vom *Meister-Lehrling-Prinzip*. Die Beobachtenden können während der Nutzungssituation direkt Verständnis- oder Nachfragen stellen oder sich die Tätigkeiten von den Nutzenden detailliert erklären lassen – so wie ein Lehrling den Meister fragen kann. Das Gespräch wird durch die Erzählung der Nutzenden geleitet. Diejenigen, die beobachten oder auch interviewen, bauen darauf auf und stellen immer wieder Fragen. Ziel ist es, die Gründe für das Verhalten der Nutzenden, ihre Erlebnisse, Erfahrungen und Einstellungen zu erforschen. So bekommen Sie einen noch tieferen Einblick, als es bei der Vor-Ort-Beobachtung möglich ist.

**Checkliste zur Vor-Ort-Beobachtung**

Eine Liste mit Fragestellungen, auf die Sie bei der Beobachtung vor Ort im Hinblick auf das Umfeld, die Personen und deren Arbeitsabläufe achten sollten, finden Sie unter *uux.jetzt/016*.

### 10.2.2 Tagebuchstudien

Mit einer *Tagebuchstudie* gewinnen Sie umfangreiche Daten über Ihre Nutzenden und deren Umgang mit Ihrem Produkt/Ihrer Anwendung, wenn Sie diese Methode zur Evaluierung heranziehen. Oder Sie erfahren etwas über das Verhalten der Nutzenden in Situationen, für die Sie ein Produkt/eine Anwendung planen, wenn Sie noch keine Anwendung haben. Bei einer solchen Studie dokumentieren die Testpersonen ihr Verhalten über einen längeren Zeitraum in einem *Nutzungstagebuch*. Diese Langzeit-Datensammlung ist interessant, da sie die Nutzung in unterschiedlichen Situationen und Kontexten erfasst und vielfältige Nutzungsszenarien aufdecken kann. Von der ersten Bedienung bzw. Einrichtung bis hin zum alltäglichen Gebrauch eines Produkts oder einer Anwendung entsteht ein klares Bild von dem ganzheitlichen Nutzungserlebnis. Entwicklungen und Veränderungen im Nutzungsverhalten werden so erkennbar. Das kann beispielsweise die Installation und langfristige Nutzung eines smarten Thermostats sein. Die Nutzenden berichten über ihre Erlebnisse bei der Inbetriebnahme, bei der täglichen Interaktion mit dem Thermostat über die dazugehörige App und über die damit zusammenhängenden positiven wie negativen Erfahrungen.

### Auswahl der geeigneten Technik und Methode

Die Tagebucheinträge können die Nutzenden auf unterschiedliche Weise festhalten und übermitteln – klassisch auf Papier, digital per App/Smartphone oder Tablet, per Diktiergerät und Kamera oder über Onlinefragebögen bzw. eine webbasierte Tagebuchanwendung. Welche Erhebungsform Sie wählen, hängt von dem Untersuchungsgegenstand, dem vermuteten Nutzungskontext und auch der Zielgruppe ab. Wichtig ist, dass das Feedback ohne Verzögerung direkt im eigentlichen Nutzungskontext erfolgt, ohne dass Erinnerungseffekte die Wahrnehmung verzerren.

**Tools zur Durchführung von Tagebuchstudien**

Für die Durchführung, Dokumentation und Auswertung von ethnografischen Studien wie z. B. der Vor-Ort-Beobachtung oder von Tagebuchstudien haben einige Anbieter spezielle Anwendungen entwickelt. Dazu gehören beispielsweise:

- Kernwert: *www.kernwert.com*
- dscout: *www.dscout.com*
- Indeemo: *www.indeemo.com*

Der Einsatz solcher Anwendungen bietet sich insbesondere bei größeren Stichproben oder längerer Dauer an, da sie die Studienleitung mit wertvollen Funktionalitäten zur Steuerung und automatisierten Auswertungsmöglichkeiten unterstützen. Nachteil ist, dass die Studienteilnehmenden sich erst mit der Software vertraut machen müssen.

Eine moderne Alternative für die Durchführung einer Tagebuchstudie, die auch einen schnellen Einstieg ermöglicht, ist eine Kurznachrichten-App wie beispielsweise WhatsApp. Zahlreiche potenzielle Studienteilnehmende nutzen die App täglich, sind mit ihr vertraut und haben keine Berührungsängste oder Verständnisfragen zur Nutzung. Zudem bieten derartige Chatanwendungen hilfreiche Funktionen wie Kommentare oder Video- und Audioaufnahmen, die alle für das Führen eines Tagebuchs sinnvoll sein können.

Ein Nachteil einer Tagebuchstudie ist die heterogene Datenqualität, mit der Sie häufig konfrontiert sind. Der Detailgrad und die Aussagekraft der Einträge hängen stark von den Nutzenden ab und können die Auswertung erschweren. Dies führt oft zu einem hohen Betreuungsaufwand. Insofern sollten Sie bei der Rekrutierung der Teilnehmenden darauf achten, wie mitteilungsfreudig diese sind, und dies am Telefon verifizieren. Empfehlenswert ist es, bereits beim Einladen der Teilnehmenden die Bereitschaft für ein abschließendes Gespräch nach der eigentlichen Tagebuchstudie abzuklären. In kurzen Telefoninterviews können Sie so direkt auf Fragen eingehen, die bei der Auswertung und Sichtung der Einträge aufgekommen sind. Generell ist die Betreuung der Studienteilnehmenden während der Feldphase entscheidend für den Erfolg der Studie. Bieten Sie den Teilnehmenden verschiedene Kanäle an, über die sie bei Fragen Kontakt aufnehmen können.

Kapitel 11

# Personas – aus Erkenntnissen prototypische Nutzende entwickeln

*Sie haben umfangreiche Daten über Ihre Nutzenden gesammelt und möchten dieses Wissen für Ihr Team greifbar machen? Personas sind eine bewährte Methode, um abstrakten Zielgruppen Leben einzuhauchen. Es sind fiktive Nutzerprofile, die allerdings auf realen Daten basieren.*

Jede digitale Anwendung – ob Website oder App – sollte für die späteren Nutzenden konzipiert und entwickelt werden. Gestalten Sie diese allerdings auf Basis von Vermutungen, nach den vermeintlichen Anforderungen des Projektteams oder gar zum Selbstzweck, wird Ihre Anwendung aller Voraussicht nach nicht erfolgreich sein. Aus diesem Grund sollten Sie die Nutzenden und ihre Bedürfnisse während des gesamten Entwicklungszeitraums genauestens im Blick haben.

Eine gute Methode hierfür ist es, Nutzende und ihr Verhalten in Form einer *Persona* zu definieren und festzuhalten. Diese *Personas* begleiten dann jede Ihrer Design- und Funktionsentscheidungen während eines Projekts – und darüber hinaus. Basis dafür sind gesammelte Daten aus Umfragen, Beobachtung, Interviews oder auch Nutzungstagebüchern (siehe Kapitel 9, »Fokusgruppen und Befragungen – Erkenntnisse über das derzeitige Nutzungsverhalten«, und Kapitel 10, »Vor-Ort-Beobachtungen und Tagebuchstudien – Nutzende im Alltag beobachten«).

## 11.1 Was sind Personas?

Personas sind prototypische Anwenderprofile, die Nutzergruppen und ihre unterschiedlichen Ziele, Eigenschaften, Verhaltensweisen und Motive in Bezug auf eine Anwendung genau beschreiben.

Eine Persona steht stellvertretend für eine Nutzergruppe, die für Ihre Anwendung relevant ist und diese später verwenden soll. Sie werden selten nur eine einzige homogene Nutzergruppe mit einer Anwendung ansprechen, so dass Sie für Ihr Produkt sicherlich mehrere Personas entwickeln werden.

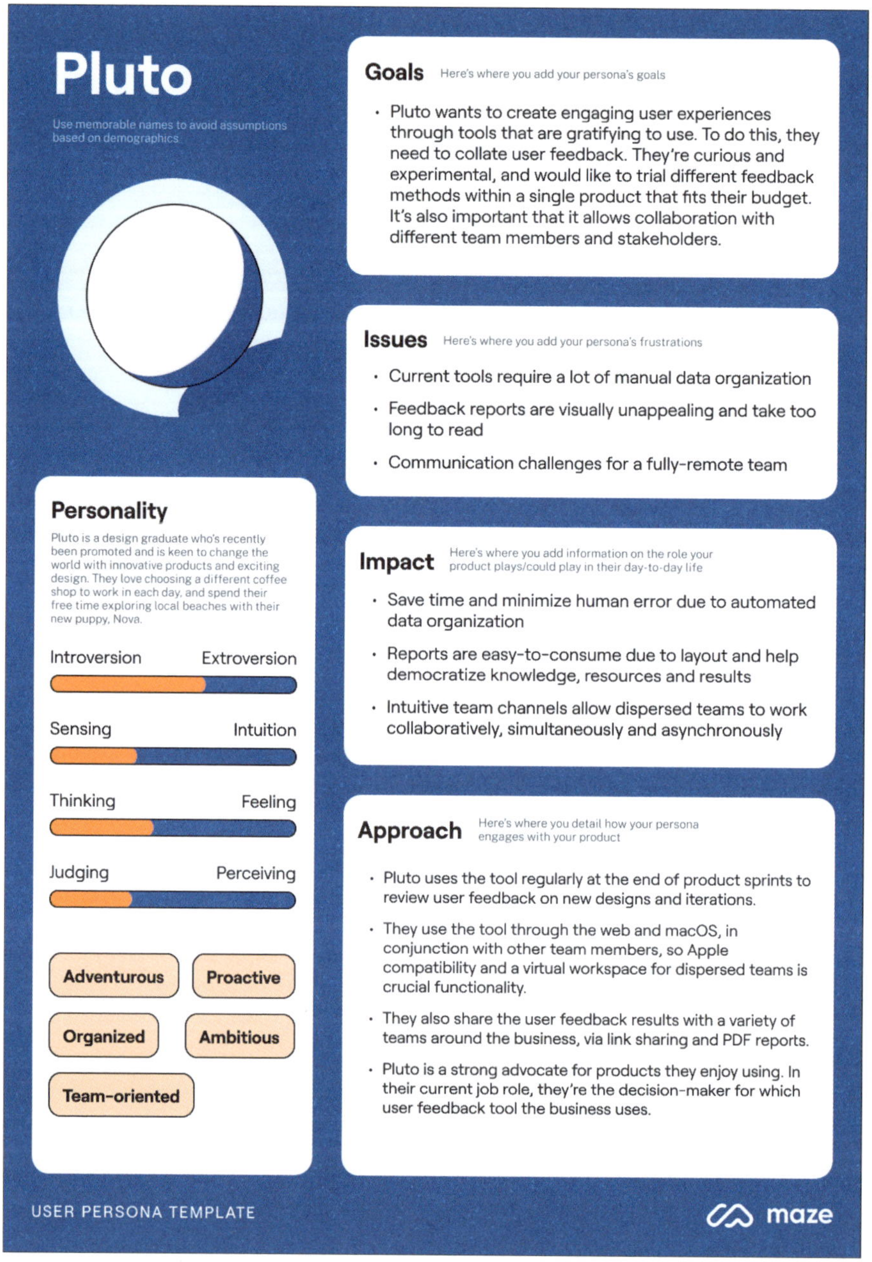


**Abbildung 11.1** Beispiel für eine Persona-Darstellung – hier als Template in Figma, bereitgestellt von Maze

Personas dienen dazu, im Laufe des Projekts die Ziele Ihrer Nutzenden stets vor Augen zu haben und diese entsprechend in die Entwicklung der Anwendung einfließen zu lassen. Sie unterstützen dabei, Bedürfnisse und Anforderungen der Nutzenden zu verstehen und die Anwendung nicht für »alle«, sondern speziell für Ihre Nutzenden zu entwickeln.

Die Stärke von Personas zeigt sich aber nicht nur in der Grundlage für den Entwicklungsprozess. Vielmehr helfen sie auch bei der Kommunikation mit allen Projektbeteiligten, im interdisziplinären Team und bei der Konsensbildung. Durch ein gemeinsames einheitliches Verständnis der Nutzenden kann auch der Nutzwert von möglichen Funktionen, Services und Inhalten objektiv bewertet werden.

Alle Beteiligten tun sich leichter, wenn sie konkrete Menschen im Kopf haben, für die sie die Website oder Anwendung erstellen.

## 11.2 Wie sehen Personas aus?

Eine Persona soll also im gesamten Projektteam ein klares Bild Ihrer typischen Nutzenden erzeugen. Je mehr Details und klare Informationen zur Person Sie einbringen, desto einheitlicher wird die Vorstellung von der Persona bei allen Beteiligten. Damit können diese während des Entwicklungsprozesses umso zielführender mit der Persona arbeiten.

Eine greifbare Persona-Beschreibung sollte stets Informationen zu folgenden Punkten beinhalten:

- Persönlichkeitsbeschreibungen und Merkmale der Nutzenden
- Verhaltensmuster, Zielsetzung/Intention und Aufgaben bei der Nutzung der Anwendung
- grundlegende Einstellungen
- Vorerfahrung und Kenntnisse hinsichtlich der betreffenden Thematik
- Angaben zur Umgebung mit Einfluss auf das Verhalten

Sehr gängig ist es zudem, demographische Daten wie Alter, Herkunft oder sozialen Hintergrund zu ergänzen. Derartige Daten und Fakten können aber möglicherweise Vorurteile befördern. Sie können dazu führen, dass den Personas falsche Eigenschaften durch das Team zugeschrieben und Annahmen über Emotionen und Gedanken getroffen werden. Der Fokus liegt dann nicht mehr auf den eigentlichen Verhaltensweisen. Diskutieren Sie daher im Team, ob Sie vor diesem Hintergrund auf demographische Daten verzichten wollen.

Ebenso sollten Sie gut prüfen, ob Sie ein Foto ergänzen. Auch dadurch können Vorurteile entstehen, die Sie gerade durch die Nutzung von Personas vermeiden und abbauen möchten. Ein Foto erfüllt die wichtige Aufgabe, Empathie zu stärken und die Persona leichter merkbar zu machen. Als Alternative könnten Sie eine Zeichnung oder besser noch ein farbiges Symbol oder Icon verwenden, um die Personas leichter unterscheidbar und erinnerbar zu machen.

Gut erarbeitete Personas liefern die Hintergründe, **warum** Nutzende bestimmte Verhaltensweisen haben oder bestimmte Entscheidungen treffen. Gerade diese Information ermöglicht es Ihnen, sinnvolle und fundierte Entscheidungen im Gestaltungsprozess zu treffen.

Zunehmend bewährt es sich, die Persona nicht nur durch Fakten und Aufzählungen zu beschreiben, sondern durch Geschichten und Einblicke in Denkweisen und Hintergründe anzureichern. Es hilft dabei, die Empathie für eine Persona zu fördern und ein tieferes Verständnis für die Motivationen und Bedürfnisse der Nutzenden zu entwickeln.

Was genau Sie alles in Ihren Personas beschreiben, kann je nach Produkt, Anwendungsbereich und Branche variieren – je nachdem, welche Informationen über die Person und ihre Verhaltensweisen für die jeweilige Anwendung von Interesse sind.

Entwickeln Sie zum Beispiel eine E-Commerce-Anwendung, dürften Informationen wie das monatlich zur Verfügung stehende Budget bzw. Ausgaben oder auch das Einkaufsverhalten (Häufigkeit, Art der Artikel etc.) für Sie wichtig sein. Für Produkte im Bereich der Mobilität sind hingegen Daten zur privaten und geschäftlichen Fahrpraxis sowie Interesse an bestimmten Funktionalitäten und Angaben rund um das eigene Fahrzeug von hohem Interesse und für die weitere Produktentwicklung relevant.

**Visualisierung von Personas**

Bei der visuellen Aufbereitung Ihrer Personas können Sie auf verschiedene Tools und Templates zurückgreifen, die Sie zum Teil kostenfrei oder für einen geringen Betrag online finden. Eine Auswahl stellen wir Ihnen hier vor:

- **Online-Tool**: UXPressia bietet eine Onlineplattform, auf der Sie individuelle Personas gestalten und Ihre eigenen Templates anlegen können. Dieses Tool können Sie nicht nur für Personas, sondern auch für Customer Journey Maps nutzen: *uux.jetzt/018*.
- **Vorlagen in Figma**: Der Tool-Anbieter Maze hat in Figma ein User Persona Template öffentlich bereitgestellt, dass Sie mit Ihren eigenen Daten anreichern und leicht adaptieren können (siehe *uux.jetzt/019*). Ähnliche Templates gibt es auch für andere gängige Prototyping-Tools, die in den Bibliotheken der Anbieter zu finden sind.
- **Make my Persona** (hubspot): In sieben Schritten werden Sie mithilfe konkreter Fragestellungen durch mögliche Eckpunkte einer Persona geführt. Ergebnis ist eine einfach aufgebaute Sedcard: *uux.jetzt/021*.

## 11.3 Wie erstellt man Personas?

Es gibt erfolgreiche Personas, die nachhaltig im Unternehmen zum Einsatz kommen, und es gibt solche, die in der Schublade verschwinden. Nachfolgend einige Hinweise, auf die Sie bei der Erarbeitung und der Anwendung Ihrer Personas achten können, um damit langfristig Erfolg zu haben.

### 11.3.1 Konsolidieren der User-Research-Daten

Um eine Persona zu erstellen, sammeln Sie zunächst so viele Informationen wie nur möglich über Ihre Nutzerschaft, also diejenigen Nutzenden, die Sie mit Ihrer Anwendung erreichen möchten. Als Grundlage können Sie entweder neue Daten erheben, z. B. per Onsite-Befragung, in Fokusgruppen (siehe Kapitel 9, »Fokusgruppen und Befragungen – Erkenntnisse über das derzeitige Nutzungsverhalten«), bei Beobachtungen vor Ort, Tagebuchstudien, oder Sie führen Tiefeninterviews mit ausgewählten Nutzenden (siehe Kapitel 10, »Vor-Ort-Beobachtungen und Tagebuchstudien – Nutzende im Alltag beobachten«).

Sollten Sie ein geringes zeitliches wie finanzielles Budget haben, nutzen Sie vorhandene Daten. Greifen Sie hier auf Auswertungen aus Ihrem Analytics-Datenpool zurück, auf Erfahrungen des Kundenservices/-supports und der Marktforschung, oder werten Sie abgeschlossene, Ihnen zugängliche Studien aus. Alle nutzungsbezogenen Informationen können hilfreich sein. Je mehr Quellen Sie haben, umso valider am Ende Ihre Personas.

Unabhängig davon, welchen Weg Sie wählen, achten Sie darauf, dass die Personas auf empirisch erhobenen Daten basieren. Damit stellen Sie sicher, dass nicht die Bedürfnisse von Fantasiefiguren, sondern solche echter Nutzender herangezogen werden.

Je nach Methode werden die Daten unterschiedlich ausgewertet und aufbereitet. Bei Fokusgruppen, Tiefeninterviews und Beobachtungen verdichten Sie die erfassten Daten zu qualitativen Aussagen über diesen Nutzenden. Quantitativ vorliegende Daten, etwa aus einer Onsite-Befragung, können Sie in statistischen Verfahren auswerten. Aus den strukturiert vorliegenden Daten werden in der Regel mittels Clusteranalyseverfahren mehrere Segmente identifiziert, die möglichst verschiedenartig sind. Ebenso ist es denkbar und häufig sinnvoll, qualitative und quantitative Methoden bei der Persona-Entwicklung zu kombinieren. Über diesen Weg können Sie Erfahrungswerte sowie qualitative Aussagen durch quantitative Auswertungen stichfester machen und letztlich validieren.

### 11.3.2 Vorgehen bei der qualitativen Auswertung

Nachdem Sie alle relevanten Daten zusammengestellt haben, planen Sie einen Personas-Workshop mit allen Projektbeteiligten im Team. Bereiten Sie Ihren verfügbaren Datenpool so auf, dass Sie einen Überblick und die zentralen Aussagen erhalten.

Diese stellen Sie als Auftakt im Workshop allen Teilnehmenden vor. Zudem sollten Sie allen Teilnehmenden eine Einführung zu Struktur, Vorgehen und Anwendungsmöglichkeiten der Personas geben. Dies ist enorm wichtig, damit alle Beteiligten eine einheitliche Vorstellung vom Workshop-Inhalt und dessen Zielsetzung bekommen. Abhängig von der Teilnehmerzahl empfiehlt es sich, Gruppen von etwa drei bis vier Personen zu bilden, die jeweils eine so genannte *Proto-Persona*, also einen Entwurf einer Persona, entwickeln. So ist die Arbeit effizient, und es gelingt, im Rahmen des Workshops gleich mehrere oder idealerweise alle benötigten *Proto-Personas* zu entwickeln. Den Gruppen stellen Sie Ihren komprimierten Datenpool zur Recherche zur Verfügung. Bevor Sie in die Gruppenphase einsteigen, einigen Sie sich im Plenum auf die Kriterien bzw. Merkmale für Ihre Personas. Sprich, welche Informationen sollten alle Personas haben, welche Eckpunkte interessieren Sie bei Ihren Nutzenden und welche sind relevant für die Anwendungsentwicklung?

Ebenso stimmen Sie im Plenum ab, welche Gruppe welche Proto-Persona definieren soll. Es ist hilfreich, vorab die Kriterien für die Personas festzuhalten, worin sich diese Personas voneinander unterscheiden. Das können beispielsweise das Alter und die Vorerfahrung mit der Thematik sein oder Kriterien wie Bestands- versus Neukunde oder auch wichtige Eigenschaften der Personas. Bei allen Workshop-Teilnehmenden muss Konsens und ein klar abgrenzbares Bild der zu entwickelnden Personas existieren. In den Gruppen werden dann die zuvor vorgestellten Daten verdichtet, und die Vorlage für ihre jeweilige Persona wird befüllt. Die moderierende Person oder auch erfahrene Personen, die mit der Methode vertraut sind, können die Arbeitsgruppen unterstützen und mit in die Arbeitssession gehen.

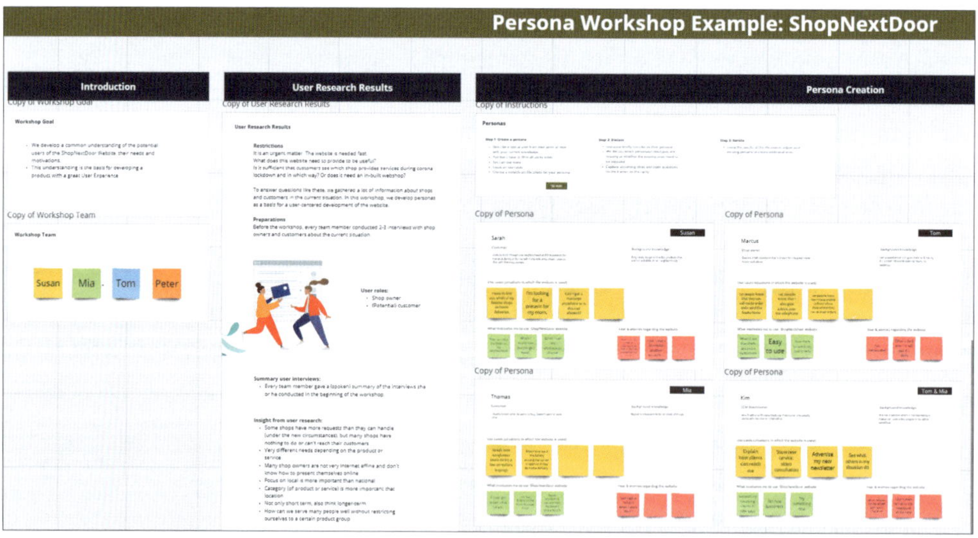


**Abbildung 11.2** Bei Softwareanbietern für Online Workshops wie Miro oder Mural finden Sie mittlerweile auch Vorlagen für Persona-Workshops, die andere Nutzende dort bereitgestellt haben.

Die erarbeiteten Proto-Personas stellen die Kleingruppen anschließend im Plenum vor. An dieser Stelle ist es wichtig, dass das Feedback der anderen Gruppen einfließt und die Persona angepasst oder ergänzt wird. Bedenken Sie, dass die erarbeiteten Proto-Personas die Grundlage für die weitere Verfeinerung und Ausarbeitung sind. Alle Workshop-Teilnehmenden sollten vollkommen hinter den Ergebnissen stehen können, damit später auch die notwendige Akzeptanz der Personas erreicht wird. Fordern Sie das Feedback der anderen Teilnehmenden daher zwingend ein.

Im Nachgang zum Workshop sollten Sie die erarbeiteten Ergebnisse validieren, z. B. durch quantitative Verfahren (siehe nächster Punkt), durch Abgleich mit Analytics-Zahlen (siehe Kapitel 23, »Analytics – aus dem aktuellen Nutzungsverhalten lernen«) oder durch Tiefeninterviews mit ausgewählten Personen, die auf Basis der entwickelten Proto-Personas rekrutiert werden. Nehmen Sie sich diese Zeit. Dadurch werden die von Ihnen entwickelten Personas weniger angreifbar. Sie haben Fakten und Zahlen zur Hand, die Sie anderen Projektbeteiligten und möglicherweise skeptischen Teammitgliedern, die selbst nicht am Workshop teilgenommen haben, an die Hand geben und damit die Akzeptanz der Personas bei allen Projektbeteiligten erhöhen können.

**Fordere die Künstliche Intelligenz (KI) heraus!**

Seit dem Siegeszug von ChatGPT und dem immer häufigeren Einsatz von KI entstehen zunehmend Anwendungen für spezifische Anwendungsfälle, die auf dieser neuen Technologie basieren. Das ist auch der Fall beim Erstellen von Personas, oder auch Teilschritten dazu. Da sich der Markt aktuell noch sehr schnelllebig zeigt, möchten wir von der Nennung konkreter Tools absehen und Sie ermutigen, sich durch Onlinerecherche selbst ein Bild zum derzeitigen Stand zu machen.

In den meisten Fällen sind die Dienste so aufgebaut, dass einzelne Fakten (z. B. demographische Daten, Interessen, Pain Points) sowie Eckdaten zu Ihrem Produkt oder Service abgefragt und darauf aufbauend Personas erstellt werden. Auch finden sich Anbieter, die sich auf die datenbasierte Erstellung von Personas unter Anwendung von KI spezialisiert haben. Diese fordern zu diesem Zweck entweder Zugriff auf Analytics-Konten oder vergleichbare Daten, um damit im Hintergrund Cluster zu bilden und daraus Personas zusammenzustellen. Selten sind dabei konkrete Angaben zu finden, wie genau die KI arbeitet und die Daten verwertet – Sie müssen sich darauf verlassen, dass die Ergebnisse sinnvoll sind.

Am flexibelsten sind Sie, wenn Sie im Zuge der Persona-Erstellung KI-Tools in den einzelnen Schritten einbinden, beispielsweise als Inspiration für Proto-Personas vor einem Workshop mit Projektbeteiligten und Stakeholdern. Ziehen Sie in diesem Fall in Erwägung, in verschiedenen Gruppen zu arbeiten und die KI gewissermaßen herauszufordern. Eine Gruppe erstellt auf Basis bestehender Daten Proto-Personas, die andere Gruppe lässt eine KI diese Arbeit tun. Vergleichen Sie die Ergebnisse. Gibt es Überschneidungen? Welche Aspekte möchten Sie aufgreifen? Ein derartiges Vorgehen, bei dem Sie eigene (Teil-)Ergebnisse mit denen einer KI-generierten Anwendung nebeneinander legen und abgleichen, kann empfehlenswert sein – um neue Ideen zu bekommen, um Erfahrung im Umgang mit einer KI zu gewinnen und um die eigenen Ergebnisse und möglichen Vorurteile gegebenenfalls zu hinterfragen. Nicht zuletzt hat diese Herangehensweise auch den Vorteil, dass Sie die Möglichkeiten einer KI allen teilnehmenden Projektbeteiligten und Stakeholdern transparent machen und so möglichen Vorbehalten zuvorkommen. Gerade bei der Erstellung von Personas ist die gemeinsame Arbeit im Team immer noch enorm wichtig, da die erstellten Personas umso leichter akzeptiert werden, je mehr relevante Personen im Erstellungsprozess involviert waren.

### 11.3.3 Vorgehen bei der quantitativen Auswertung

Ergänzend oder alternativ zur qualitativen Erarbeitung von Personas können Sie diese auch über ein quantitatives Verfahren entwickeln. Diese Vorgehensweise empfiehlt sich insbesondere dann, wenn Sie einen sehr umfangreichen Datenpool vorliegen haben, z. B. aus einer eigens durchgeführten Onsite-Befragung.

In diesem Fall können Sie mithilfe einer so genannten *Clusteranalyse* die Daten segmentieren und so die relevanten Nutzergruppen identifizieren. Im Vorfeld wählen Sie so genannte *aktive Variablen* als Basis für die Clusterbildung. Aktive Variablen können beispielsweise die Altersgruppe oder thematisch relevante Aspekte wie die Kaufhäufigkeit bei E-Commerce-Anwendungen sein. Idealerweise haben Sie dann bereits bei der Fragebogenerstellung für die Onsite-Befragung Hypothesen aufgestellt, das heißt, es werden vorab zur Datenerhebung spezifische Annahmen für wahrscheinliches Nutzungsverhalten und entsprechende Unterscheidungsmerkmale getroffen. Die folgenden drei Fragestellungen können dabei hilfreich sein:

- Welche Personengruppen werden eine Anwendung voraussichtlich nutzen?
- Wonach unterscheiden sich deren Bedürfnisse und Verhaltensweisen?
- Welche situativen und personenbezogenen Merkmale der Nutzenden beeinflussen die Bedürfnisse und das Nutzungsverhalten und sollten daher untersucht werden?

Mithilfe dieser Aktivvariablen können Sie dann weiterarbeiten und dieses statistische Verfahren in mehreren Stufen durchführen. Dabei wird die optimale Clusteranzahl bestimmt, die Nutzenden werden den identifizierten Clustern zugeordnet und die gebildeten Cluster statistisch überprüft. Im Zuge des Clusteranalyseverfahrens entstehen üblicherweise zwischen drei und sechs Cluster unterschiedlicher Größe.

Für die weitere Ausarbeitung wählen Sie nicht zwingend nur die größten Cluster aus, sondern diejenigen, die für das Ziel der zu entwickelnden Anwendung relevant sind.

Es kann sein, dass ein kleines Segment besonders wichtig für Ihren Unternehmenserfolg ist, da z. B. ein bedeutender Teil des Umsatzes durch diese Nutzende generiert wird. Berücksichtigen Sie derartige Überlegungen bei Ihrer Auswahl. Bei der Auswahl der Cluster ist es in jedem Fall wichtig, dass sie gut voneinander abgegrenzt werden können, damit klare Personas entstehen.

Sie können dieses Verfahren auch im Vorfeld zu einem Workshop durchführen. Diskutieren Sie die auf diesem Weg entstandenen Cluster bzw. Eckpunkte für die Personas mit den Workshop-Teilnehmenden, und lassen Sie sie die Personas mit Namen, Fotos und qualitativen Aussagen anreichern.

### 11.3.4 Tipps zur Anwendung: Arbeiten mit Personas

Essenziell für die nachhaltige Etablierung der entwickelten Personas ist deren Kommunikation im Projektteam und bei allen direkt und indirekt Beteiligten im Unternehmen. Erst wenn die Personas auch außerhalb des Kernteams akzeptiert (bestenfalls auch von echten Anwendenden validiert) sind, greift ihr Mehrwert.

Bereiten Sie daher die Persona-Beschreibungen so auf, dass sie in Ihre interne Kommunikationsstrategie passen. Neben einer internen Präsentation mit den oben beschriebenen Sedcards schaffen Sie eine hohe Sichtbarkeit im Unternehmen – auch über das Projektteam hinaus – durch Plakate der Personas, ergänzt durch Booklets oder Flyer, die allen Mitarbeitenden bereitgestellt werden.

Für die Arbeit im Projektteam empfiehlt sich zudem eine tabellarische Gegenüberstellung der Personas mit ihren individuellen Unterschieden, Nutzungsverhalten, Anforderungen und Bedürfnissen. Diese können Sie zusammen mit den Sedcards in Ihren Projekträumen aufhängen oder zu wichtigen Terminen mitnehmen.

Personas helfen dem Projektteam, sich in die Lage der potenziellen Nutzenden hineinzuversetzen und diese Perspektive während des gesamten Design- und Entwicklungsprozesses zu bewahren. Daher sollten Sie unbedingt alle an der Anwendungsentwicklung Beteiligten in die Entwicklung, idealerweise auch in den Workshop, einbinden:

- Projektleitung
- Produktverantwortliche/Product Owner
- Entwickler (Front- und Backend)
- Designer/Grafiker
- Marketingprofis, Verantwortliche für Unternehmenskommunikation
- gegebenenfalls Teamleitung oder sonstige Führungspersonen

Versuchen Sie, auch Vertreter aus dem Management für die Entwicklungsphase zu gewinnen – mindestens für die Vorstellung der Workshop-Ergebnisse zum Abschluss eines Workshop-Tages. Oft erhalten Sie hier wertvolle Impulse oder Aspekte, an die das Projektteam auf operativer Ebene nicht gedacht hat. Haben Sie bereits in einer frühen Phase die Unterstützung der Führungsebene, erleichtert Ihnen das die spätere Etablierung der Personas im Unternehmen.

Denken Sie daran, dass Personas weiterentwickelt und kontinuierlich überprüft und validiert werden sollten. Es sind lebende Beschreibungen, die Sie je nach Erkenntnissen aus der Nutzungsforschung ergänzen oder bei Bedarf auch aktualisieren sollten, wenn sich Bedürfnisse und Verhaltensweisen Ihrer Nutzenden verändern.

## 11.4 Wann setze ich Personas ein?

Möchten Sie Personas für die Anwendungsentwicklung einsetzen, bedeutet dies auch, dass Sie sich frühzeitig in der Planungs- bzw. Analysephase damit auseinandersetzen. Ihr hoher Nutzen entsteht insbesondere durch einen konsequenten Einsatz entlang des gesamten Prozesses – von der Analyse über Konzeption und Design sowie Entwicklung bis hin zur Evaluation einer Anwendung.

Im Zuge der Konzeption einer Website oder Anwendung können Personas die Basis für konkrete *Nutzungsszenarien* sein, auf deren Basis Sie Einstiegsseiten und den weiteren *Userflow*, also den weiteren Pfad von Nutzenden durch die Website, durchdenken und ausgestalten. Stellen Sie sich konkret Fragen wie:

- Wie könnte ein konkretes Szenario dieser Persona aussehen, in der sie die geplante Anwendung unterstützen könnte? In welchem Kontext (z. B. unterwegs am Smartphone, am Arbeitsplatz am Notebook oder PC) ist das realistisch?
- Wonach würde diese Persona googeln? Was würde sie dann tun, auf welcher Unterseite würde sie dann einsteigen?
- Wie wäre die Erwartungshaltung der Persona, wenn sie auf der Website einsteigt? Welche Inhalte, welche Funktionalitäten benötigt sie hier? Was wären Pain Points, die die Persona zum Absprung von der Seite bewegen?

Sammeln Sie Antworten auf diese Fragen, und priorisieren Sie dann die Inhalte und Funktionalitäten aus Sicht dieser Persona. Starten Sie mit den wichtigsten Elementen, und visualisieren Sie die Einstiegsseite dieser Persona in dem jeweiligen Nutzungsszenario. Indem Sie sich in die Persona und das Szenario hineinversetzen, werden Sie näher an den relevanten Nutzenden gestalten. Weitere Ansätze dazu, wie Sie Personas konkret einsetzen können und wo diese hilfreich sind, finden Sie im folgenden Kasten »Verwandte Methoden«.

### Verwandte Methoden

Personas bilden auch für weitere Methoden in der Analyse- und Konzeptionsphase eine wertvolle Grundlage. So können sie für die Erstellung von Nutzungsszenarien, User Storys oder auch Customer Journey Maps hilfreich sein.

- **Nutzungsszenarien/Use Cases**
  Auch für das Erstellen von so genannten *Use Cases* sind Personas hilfreich. Use Cases sind mögliche *Anwendungsfälle* oder *Nutzungsszenarien*. Sie beschreiben, was die Nutzenden konkret mit der Anwendung machen sollen. Ein einzelner Anwendungsfall definiert im Detail, wie die Nutzenden mit der Anwendung interagieren oder welche Problemstellung sie damit lösen können und wie die Anwendung wiederum darauf reagiert. Alle definierten Use Cases zusammen definieren also die funktionalen Anforderungen an die Anwendung.
- **User Storys**
  *User Storys* sind kurze Geschichten, die sowohl die Interaktion zwischen Nutzenden und Anwendung als auch den Kontext, also die Umgebung und Rahmenbedingungen, beschreiben. Letztere können Auslöser für eine Handlung der Nutzenden sein oder Einfluss auf seine Interaktionen mit der Anwendung haben.

  Sowohl Nutzungsszenarien als auch User Storys lassen sich individuell für die jeweilige Persona entwickeln. Damit können Sie unterschiedliches Nutzungsverhalten der verschiedenen Personas bzw. deren Anforderungen an die Anwendung identifizieren.
- **Core- & Path-Analyse**
  Die *Core- & Path-Analyse* ist ein Werkzeug, um die wichtigsten Seiten zu identifizieren und zu konzipieren. Die Ergebnisse dieser Herangehensweise helfen beim Erstellen von Scribbles und Wireframes, denn sie liefern Antworten dazu, welches die (Einstiegs-)Seiten der Website sind und welche die relevantesten Elemente und Inhalte. Damit hilft diese Herangehensweise, Schwerpunkte bei der Anwendung richtig zu setzen. Eine genaue Anleitung inklusive Vorlage für Arbeitsblätter zur Durchführung dieser Analyse erhalten Sie unter *uux.jetzt/023*.
- **Customer Journey Map**
  Eine *Customer Journey Map* fasst das Kundenerlebnis vom ersten Kontakt zum Produkt oder einer Dienstleistung über den gesamten Produktnutzungsprozess bis hin zu einer dauerhaften Produktnutzung zusammen. Ziel dieses Vorgehens ist es, die wesentlichen Touchpoints der Nutzenden, also die Kontaktpunkte oder Momente, in denen die Nutzenden tatsächlich Kontakt zum Unternehmen oder Produkt haben, zu identifizieren und für jeden dieser Touchpoints weitere Aspekte zu beleuchten. Hierzu gehören beispielsweise die zum jeweiligen Zeitpunkt relevanten Daten und benötigten Informationen sowie unbewusste Bedürfnisse und Erwartungen oder auch Enttäuschungen während der Produktnutzung.

Auf Basis von Personas lassen sich leicht individuelle Customer Journey Maps erstellen, die die individuellen Anforderungen dieser Personas berücksichtigen und damit verschiedene Perspektiven für die Anwendungsentwicklung aufzeigen.

Auch für das Testing einer Anwendung haben Personas ihre Berechtigung. Testen Sie Ihren Prototyp unbedingt mit Testpersonen, die entsprechend Ihren Personas rekrutiert wurden. Der vermeintlich zusätzliche Zeit- und Budgetaufwand, der notwendig ist, um echte bzw. realistische Personas zu entwickeln, die auf selbst erhobenen Daten basieren, rechnet sich letztlich durch diesen langfristigen Einsatz und den Erfolg einer zielgruppengerechten und getesteten Anwendung.

Kapitel 12

# Customer Journey Maps und andere Mapping-Methoden – Interaktionen der Nutzenden strukturiert erfassen

*Customer Journey Maps, Empathy Maps, Experience Maps und Service Blueprints stellen unterschiedliche Blickwinkel auf Nutzende, ihre Bedürfnisse und ihr Verhalten dar. Sie alle unterstützen bei der Konzeption digitaler Anwendungen und bringen eine gemeinsame Basis in interdisziplinäre Teams.*

Im Zuge von Research-Projekten bzw. in frühen Projektphasen sammeln Sie in der Regel zahlreiche Daten über Ihre Nutzenden, deren Verhalten, Erwartungen und Bedürfnisse in Bezug auf Ihre Anwendung. Und das aus den verschiedensten Quellen: Usability-Tests, Fokusgruppen, Analytics-Daten, Tiefeninterviews – um nur ein paar Möglichkeiten zu nennen. Zugleich arbeiten Sie meist mit mehreren Beteiligten in einem Projektteam zusammen, denen diese Daten zwar zugänglich sind, die aber nicht immer die Zeit und Möglichkeit haben, alle diese Daten in der Tiefe zu durchdringen. Oder aber sie kennen die gesammelten Erkenntnisse, interpretieren sie jedoch unterschiedlich.

Daher ist es hilfreich, die wesentlichen Erkenntnisse übersichtlich, leicht verständlich und schnell erfassbar aufzubereiten. Außerdem hilft es, ein einheitliches Verständnis im Team über Projektziele, Nutzeranforderungen und den damit zusammenhängenden Prozess zu schaffen. Beides kann man mithilfe von UX-Mapping erreichen. Generell dient dies zur Visualisierung von Erkenntnissen aus der Nutzungsforschung (*UX Research*) und als Arbeitsgrundlage für die Konzeption.

## 12.1 Welche Mapping-Methoden gibt es?

UX-Mapping-Methoden sind vielfältig, wobei jede einzelne Map – also Karte – unterschiedliche Ziele verfolgt. Zu den gängigsten gehören:

- Customer Journey Map
- Empathy Map
- Experience Map
- Service Blueprint

Mit Ausnahme der Empathy Map, die Nutzendeins Zentrum stellt, bilden diese Ansätze einen Prozess ab (beispielsweise einen Kauf- oder Entscheidungsvorgang oder aber auch das Erledigen einer Aufgabe), und sie beleuchten jeden Prozessschritt hinsichtlich Handlungen, Gedanken und weiterer Aspekte. Darüber steht jeweils die Frage: »Wie genau nutzt unsere Zielgruppe die Anwendung?«

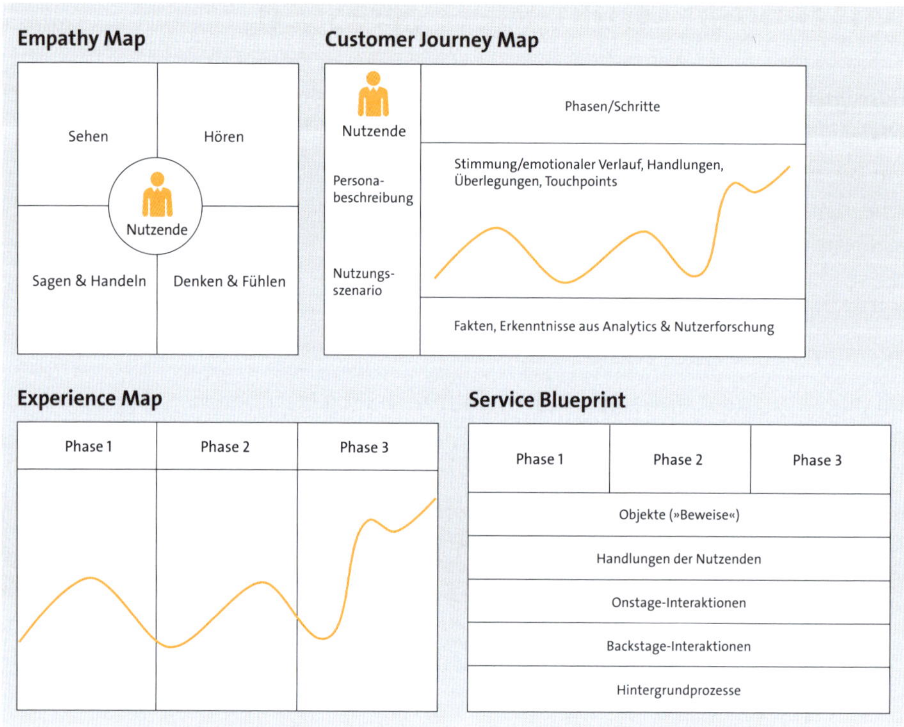


**Abbildung 12.1** Ein Überblick über die gängigsten UX-Mapping-Methoden mit einer stilisierten Darstellung der Maps (nach Nielsen Norman Group)

### 12.1.1 Customer Journey Map

Eine *Customer Journey Map* fasst das Kundenerlebnis zusammen – vom ersten Kontakt mit dem Produkt über den gesamten Nutzungsprozess bis hin zur dauerhaften Produktnutzung. Ziel dabei ist es, die wesentlichen Kontaktpunkte (*Touchpoints*) der Nutzenden mit der Anwendung zu identifizieren und für jeden Touchpoint weitere Aspekte zu beleuchten. Weitere Aspekte können variieren, ganz davon abhängig, was genau Sie untersuchen möchten.

In der Regel besteht eine Customer Journey Map aus drei großen Blöcken:

- **Block 1**: Eine Persona und ein konkretes Nutzungsszenario geben der Customer Journey Map ihren Rahmen und werden hier beschrieben.

- **Block 2**: Darauf aufbauend werden in diesem Teil die einzelnen Schritte der Nutzungserfahrung näher beleuchtet. Pro Schritt oder Aktion der Nutzenden werden deren Handlungen und Gedanken, aber auch Emotionen und Erwartungen festgehalten. Durch Zitate oder Videos aus der vorangegangenen Nutzungsforschung können diese greifbarer gestaltet werden. Dieser Block ist das »Herzstück« der Customer Journey Map.
- **Block 3**: In diesem Abschnitt der Customer Journey Map werden die relevanten Erkenntnisse und Probleme festgehalten, die in Block 2 gefunden wurden. Dies können beispielsweise Enttäuschungen bei der Produktnutzung sein. Sie zeigen oft auch Potenziale auf, welche nutzenstiftenden Services und hilfreichen Funktionen Sie entwickeln könnten.

Während Sie die Customer Journey Map erarbeiten, können Sie Bedürfnisse oder Erwartungen entdecken, die Nutzenden selbst nicht bewusst sind und daher nicht direkt geäußert werden. Sie können also nicht nur Probleme identifizieren und das Nutzungserlebnis Ihrer Anwendung verbessern. Vielmehr haben Sie die Möglichkeit, auf Basis der Customer Journey Map Chancen zu erkennen und neue Produktideen zu generieren.

Wesentlicher Erfolgsfaktor für eine gelungene Customer Journey Map ist das Aufstellen einer Hypothese oder zentralen Fragestellung, die Sie mithilfe der Map beantworten wollen. Diese kann sehr spezifisch sein oder global die gesamte Produktnutzung betreffen: *Wem müssen wir was, wann und wie anbieten?* (mehr dazu in Abschnitt 12.4, »Wie erstellt man eine Customer Journey Map?«).

### 12.1.2 Empathy Map

Wie der Name schon vermuten lässt, besteht der Zweck der *Empathy Map* darin, Empathie für die Nutzenden zu erzeugen. Die Empathy Map soll Einblicke in die Gedankenwelt und Wahrnehmung dieser Personen bieten.

Die Empathy Map ist in vier Quadranten aufgeteilt und bezieht sich immer auf eine konkrete Persona oder einen Nutzertyp.

- **Sehen**: Was sieht die Person an einem typischen Tag oder in einer (für Ihre Anwendung relevanten) spezifischen Situation? Dies kann eine Beschreibung der physischen Umgebung sein, wie beispielsweise des Arbeitsplatzes, oder aber von Personen in ihrem Umfeld. Auch Informationen, Programme und Hilfsmittel, die die Person wahrnimmt und nutzt, können hier aufgeführt sein – von Websites, Apps über Werbung bis hin zu sonstigen Informationsquellen.
- **Hören**: Was hört die Person? Hier kann die Umgebung mit allen akustischen Eindrücken beschrieben werden, wie Straßenlärm oder Gemurmel der Mitarbeitenden im Hintergrund. Aber auch gezielte Informationen wie Ausschnitte aus Gesprächen oder typische Statements aus dem Umfeld können in diesen Bereich der Map einfließen.

- **Sagen und Handeln**: Was tut und sagt die Person? In diesem Feld werden typische Verhaltensweisen oder häufige Aussagen der Person festgehalten. Oder auch, wie sie ein bestimmtes Produkt kommentiert oder sich in einer Situation verhält. Dieser Teil der Empathy Map schildert die Außenwirkung der Person und kann zusätzlich beschreiben, wie die Person von anderen wahrgenommen wird (z. B. »selbstbewusste Macherin«).
- **Denken und Fühlen**: Dieser Teil erlaubt einen Einblick ins Innenleben der Person und hebt sich damit von klassischen Personas ab. Beim Erstellen dieses Felds muss man besonders darauf achten, die Sicht der Person beizubehalten und nicht die eigene Gedankenwelt aufzuschreiben.

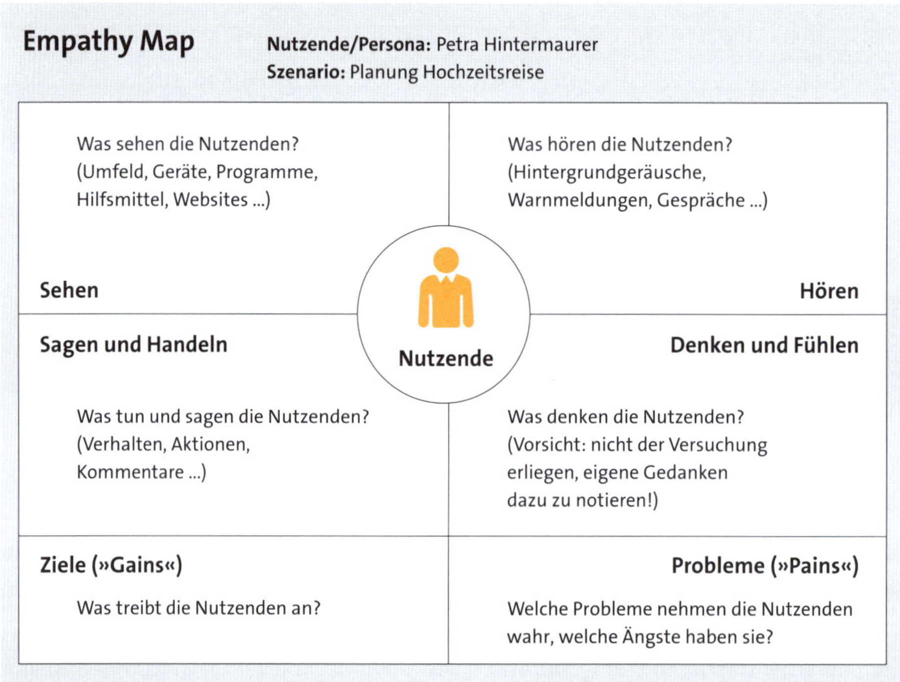


**Abbildung 12.2** Ein schematisches Beispiel, wie eine Empathy Map aussehen kann

Häufig wird die Empathy Map um zwei zusätzliche Felder ergänzt, die sich auf Ängste und Hürden (»Pains«) sowie Wünsche und Motive (»Gains«) der betrachteten Persona beziehen:

- Welche Ziele hat die Person, was motiviert sie (Gains)?
- Welche Probleme und Hindernisse sieht die Person (Pains)?

Die beschriebenen Aspekte werden in der Empathy Map einfach stichpunktartig aufgenommen, nicht chronologisch oder in einer Prozessabfolge. Damit unterscheidet sie sich von den anderen Maps, die immer den Prozess betrachten.

Die Empathy Map entsteht in Teamarbeit im Workshop. Dabei versetzen sich die Teammitglieder in die jeweilige Person hinein und halten aus deren Sicht Gefühle und Gedanken mit Blick auf die Anwendung fest. Schon dadurch erreichen sie ein gemeinsames Verständnis von den Nutzenden. Bedingt durch dieses Vorgehen erhebt die Empathy Map allerdings keinen Anspruch auf Objektivität – anders als eine Persona, bei der Objektivität als hohes Gut gilt.

**Vorlage Empathy Map**

Eine Vorlage für eine Empathy Map finden Sie unter *uux.jetzt/024*.

### 12.1.3 Experience Map

Die *Experience Map* ist von den hier vorgestellten Mapping-Methoden die allgemeinste. Ihre Struktur ähnelt der Customer Journey Map, allerdings ist sie nicht auf eine bestimmte Nutzergruppe/Persona und nicht auf ein bestimmtes Produkt ausgelegt. Die Experience Map ist allgemein gehalten und liefert Erkenntnisse zu Prozessschritten, Bedürfnissen und Verhalten von Nutzenden in Bezug auf ein generelles menschliches Verhalten. Damit hilft die Map einem Projektteam, einen bestimmten Prozess zu verstehen und darauf aufbauend ein neues Produkt zu entwickeln.

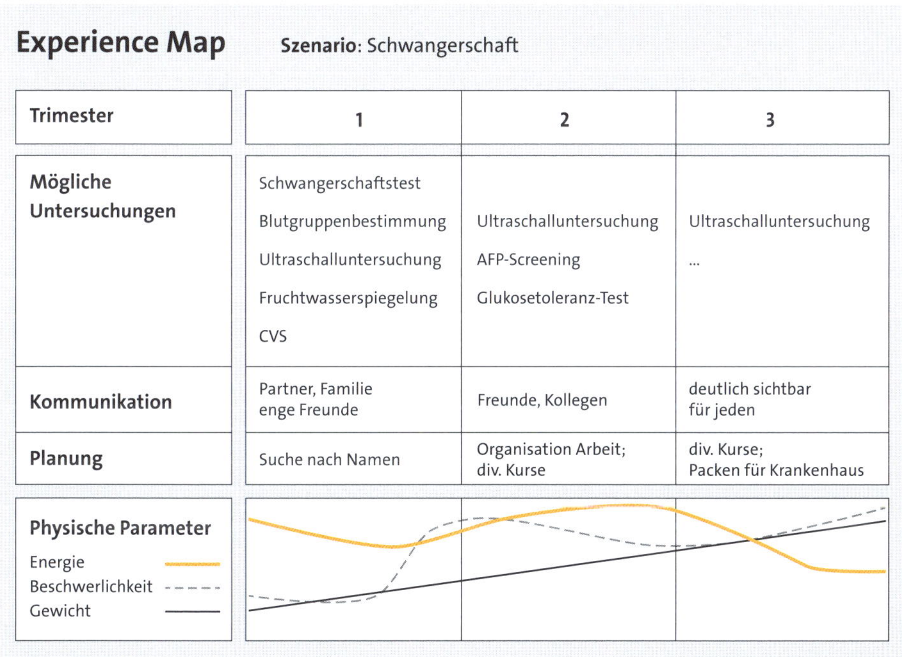


**Abbildung 12.3** Eine exemplarische Experience Map (nach Nielsen Norman Group)

Ein Beispiel: Sie überlegen, ein Produkt oder einen Service im Mobilitätsbereich zu entwickeln. Eine Experience Map kann Ihnen helfen zu verstehen, wie eine Person von A nach B kommt, was sie dabei genau macht, wie sie darüber denkt und welche Einstellung sie dazu hat. Damit können Sie die Stellen identifizieren, an denen es möglicherweise noch Potenzial für ein Produkt oder einen Service gibt und wo Sie in der Produktentwicklung ansetzen können. Im Vergleich dazu würden Sie eine Customer Journey Map erst dann erstellen, wenn Sie eine konkrete Produktidee haben und bereits User Research durchgeführt haben.

### 12.1.4 Service Blueprint

Ein *Service Blueprint* visualisiert aus Sicht der Organisation, wie unterschiedliche Services zusammenspielen müssen, um den Nutzenden einen Service bereitzustellen und ein gutes Nutzungserlebnis zu bieten. Mit Services sind in diesem Fall sowohl Personen, interne Systeme als auch Prozesse gemeint. Während Customer Journey Maps ganz aus der Nutzersicht aufgebaut sind, zeigt der Service Blueprint auch die Aktivitäten und Prozesse, die sich für die Nutzenden im nicht sichtbaren Bereich abspielen.

Service Blueprints eignen sich daher (als Ergänzung zur Customer Journey Map) insbesondere dann, wenn die Nutzenden für ein Vorhaben viele verschiedene Anwendungen, Informationsquellen und sonstige Kontaktpunkte brauchen und/oder wenn es für die Umsetzung eines Produkts notwendig ist, mehrere unterschiedliche Abteilungen im Haus zusammenzubringen.

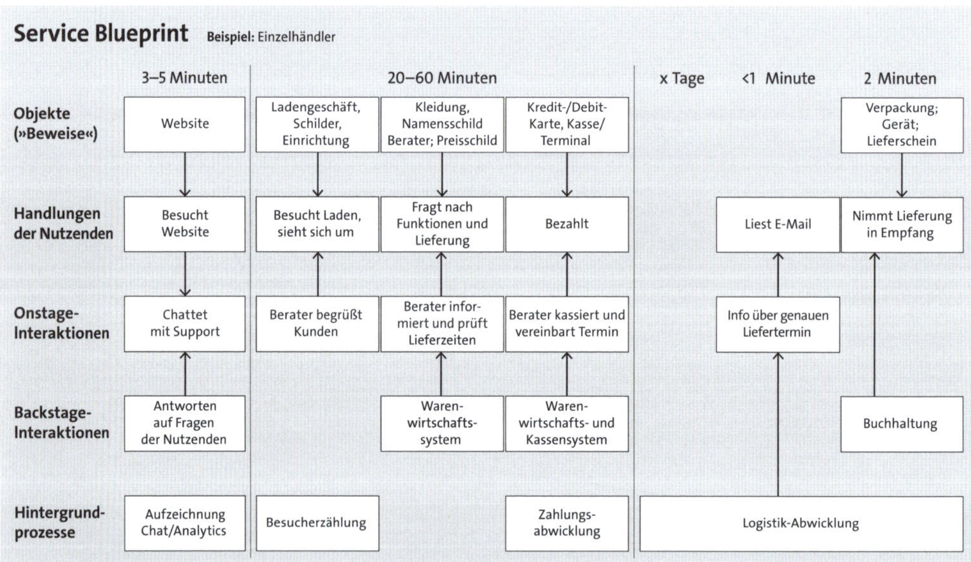


**Abbildung 12.4** Ein exemplarischer Service Blueprint am Beispiel eines Geräteeinkaufs im Laden nach vorherigem Besuch der Website (nach Nielsen Norman Group)

Denken Sie beispielsweise an einen Onlineshop: Eine Person sucht und bucht ein Produkt auf der Website. Dabei befindet sie sich die ganze Zeit auf der Website und loggt sich möglicherweise zu einem späteren Zeitpunkt nochmal in ihren Account ein, um den Bestell- oder Versandstatus einzusehen. Ihr wesentlicher Kontaktpunkt (der so genannte Touchpoint) bleibt jedoch die Website. Im Hintergrund aber passieren vielerlei Dinge: Es müssen mindestens die Bereiche Einkauf, Lager, Digitalabteilung, Marketing, Unternehmenskommunikation, Kundenservice und Versand mit den entsprechenden Systemen zusammenarbeiten, um dieses Einkaufserlebnis zu ermöglichen.

## 12.2 Wann setze ich welche Map ein?

Wann Sie welche Mapping-Methode am besten einsetzen, hängt stark davon ab,

- was Sie erreichen möchten,
- um welches Produkt oder welche Anwendung es sich handelt,
- welche Voraussetzungen und welche Erkenntnisse Sie bereits mitbringen und
- wie viel Zeit (und auch Geld) Sie investieren können und wollen.

Es werden nie alle Maps benötigt.

Die am besten geeignete Map sollte auf jeden Fall Hand in Hand mit Ihren bisherigen UX-Aktivitäten gehen:

- Die **Customer Journey Map** kann sehr gut als Ergänzung und/oder Weiterführung von Personas eingesetzt werden. Sie überträgt die personenbezogenen Informationen der Persona auf einen Prozess und zeigt ein größeres Gesamtbild.
- Sollten Sie auf Personas verzichtet haben, kann die **Empathy Map** oder auch die **Experience Map** aushelfen. Die Empathy Map bezieht sich stark auf die Nutzenden selbst, die Experience Map auf einen Prozess.
- **Service Blueprints** eignen sich vor allem bei der Entwicklung von Software oder komplexeren Anwendungen, bei denen sehr viel Serviceleistung und/oder Systeme innerhalb des Unternehmens notwendig sind und viele Abteilungen involviert sind.

Letztlich sollten Sie sich die Frage stellen: Was will ich mit der Map erreichen? Wofür will ich sie einsetzen? Und auch: Welche Voraussetzungen sind bereits erfüllt, um eine Map zielführend entwickeln zu können?

Da die Customer Journey Map mitunter die gängigste der Mapping-Methoden ist, gehen wir nachfolgend noch näher auf sie ein.

## 12.3 Wie sieht eine Customer Journey Map genau aus?

Die meisten Customer Journey Maps sind unterteilt in einzelne Bereiche (vergleiche die Hinweise zum Aufbau im Abschnitt 12.1.1, »Customer Journey Map«) oder Phasen eines Prozesses oder Vorhabens, die die Nutzenden durchlaufen. Diese können bei einem Produkt zum Beispiel sein:

- Erstinformation und Erstkontakt mit dem Produkt
- Recherche und Entscheidungsfindung
- Entscheidung
- Kauf
- erste Nutzung
- weitere Nutzung
- Ende der Nutzungsphase
- Entsorgung und eventuell Neuerwerb

Bewährt hat es sich auch, die so genannten Kontaktpunkte (*Touchpoints*) zu kennzeichnen, also die Momente, in denen die Nutzenden tatsächlich Kontakt zum Unternehmen haben. Oft werden besonders entscheidende Punkte dabei gesondert hervorgehoben (*Moments of Truth*).

Pro Phase bzw. Prozessschritt betrachten Sie dann zuvor definierte Dimensionen und Kriterien. Welche das sind, hängt stark von der Fragestellung und den gesuchten Lösungsansätzen ab. Die Dimensionen sollten Sie auf jeden Fall im Projektteam gemeinsam definieren. Vor allem die folgenden drei Elemente gehören auf die Customer Journey Map:

- Bedürfnisse/Erwartungen der Nutzenden
- ihre Interaktion (vor allem mit der Anwendung)
- ihre Emotionen

Fragen Sie sich also bei jedem einzelnen Schritt, den die Nutzenden unternehmen: Was erwarten die Nutzenden, was wollen sie? Was machen sie? Was fühlen sie dabei?

Dann geht es darum, vorliegende oder erhobene Daten über die Nutzenden (wer?) und deren Nutzungsszenarien (was?) zusammenzuführen, entlang des Prozesses (wann?) zu beleuchten und anschließend wesentliche Ableitungen daraus zu treffen. Also Inhalte, Services oder Funktionalitäten zu identifizieren, die zum jeweiligen Zeitpunkt entlang der Produktnutzung Mehrwerte bieten (wie?).

Weitere gängige Dimensionen sind:

- Ziele
- Abbruchgründe oder so genannte *Pain Points* (Kontaktpunkte, die die Nutzenden enttäuschen und möglicherweise zum Abbruch bewegen)

- Ängste
- genutzte Geräte
- emotionale Kurve
- Potenziale hinsichtlich Funktionen, Services usw.

### Vorlage Customer Journey Map

Die Nielsen Norman Group hat insbesondere für verteilte Teams, die ausschließlich digital zusammenarbeiten, eine Vorlage für eine Customer Journey Map entwickelt. Diese Excel-Vorlage mit wertvollen Hinweisen zur Verwendung finden Sie unter *uux.jetzt/120*.

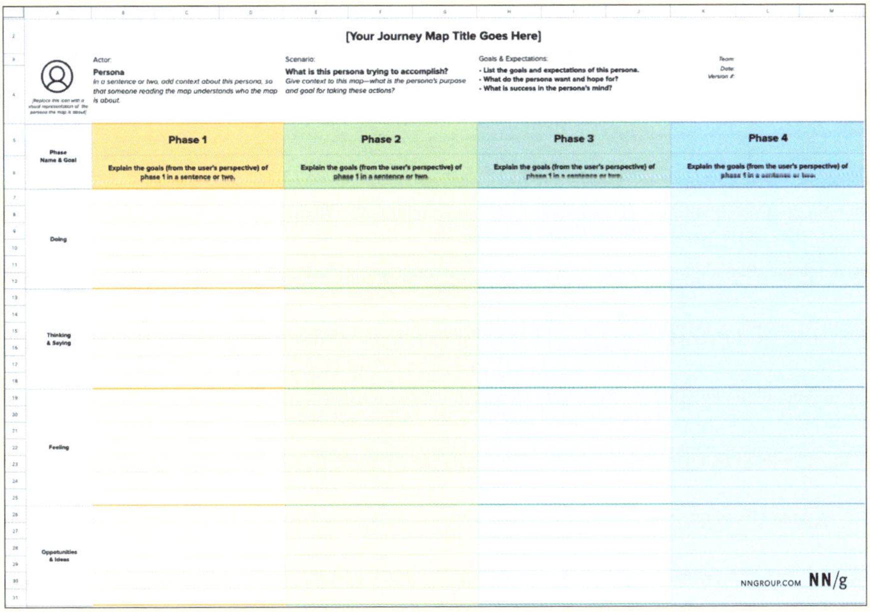


**Abbildung 12.5** Die Vorlage der Nielsen Norman Group können Sie als Basis für einen Customer-Journey-Workshop nutzen und im Nachgang dann weiter für Ihre Bedürfnisse aufbereiten.

Für die Gestaltung gibt es keine festen Regeln und kein etabliertes Format. Grundsätzlich gilt, dass das kooperative Erstellen der Customer Journey Map entscheidend ist für die Akzeptanz und die spätere Nutzung durch das Team. Generell haben Sie mehr Gestaltungsspielraum, wenn Sie nicht mit PowerPoint arbeiten, sondern mit einem Grafikprogramm. Mittlerweile gibt es auch einige Tools auf dem Markt, die Sie bei der Erstellung und grafischen Aufbereitung Ihrer Customer Journey Maps unterstützen. Einzelne Anwendungen wie Theydo (*uux.jetzt/118*) oder Smaply (*uux.jetzt/119*) bieten auch an, die Customer Journey Map digital zu verwalten, zu teilen und gemeinsam zu bearbeiten. Eine Customer Journey Map digital vorzuhalten, ist empfehlenswert: Sie sollte sich weiterentwickeln und regelmäßig überprüft und aktualisiert werden, um Veränderungen im Nutzungsverhalten und den Bedürfnissen der Nutzenden gerecht zu werden.

Ausschlaggebend ist letztlich aber nicht die visuelle Aufbereitung der Customer Journey Map. Vielmehr ist die eigentliche Durchführung des Workshops bzw. der gemeinsamen Erstellung der Customer Journey Map im Team entscheidend. Die Diskussionen und das Annähern der Ansichten der einzelnen Teammitglieder, die aus allen Disziplinen ihren Beitrag leisten, sind der wahre Wert einer Customer Journey Map. Binden Sie daher alle relevanten Teammitglieder in die Erstellung mit ein – aus Projektleitung, Konzeption, Design und auch Entwicklung. Die unterschiedlichen Sichtweisen bereichern die Customer Journey Maps wesentlich.

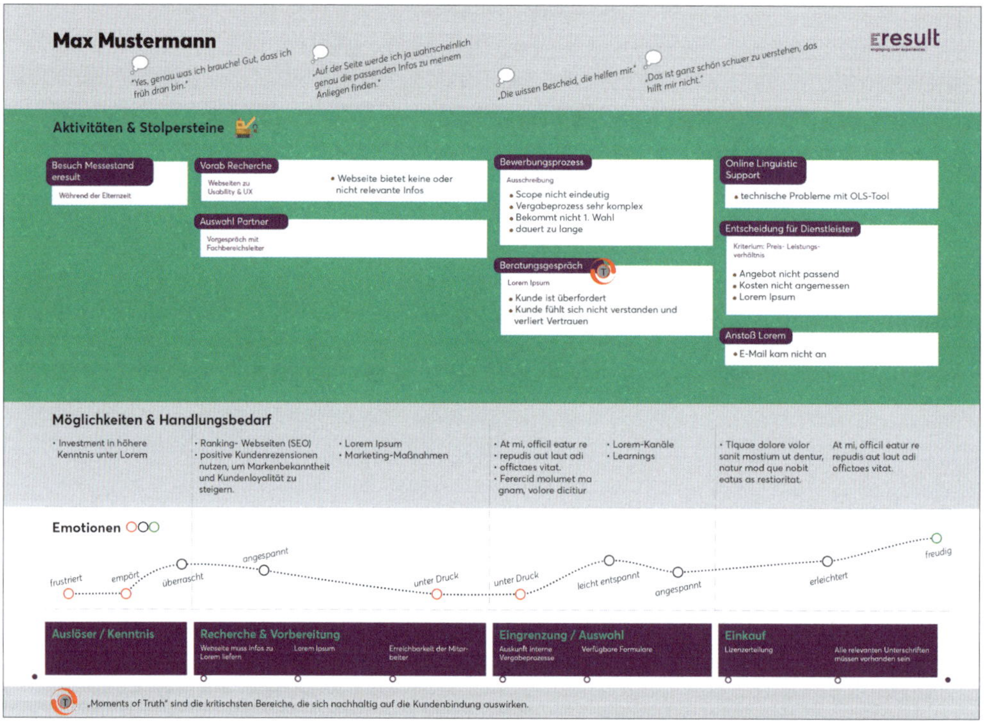


**Abbildung 12.6** Beispielhafte Darstellung einer Customer Journey Map (Quelle: eresult GmbH)

## 12.4 Wie erstellt man eine Customer Journey Map?

Um Customer Journey Maps zu erstellen, benötigen Sie ausreichend Zeit, ein motiviertes Team und relevante Daten als Basis. Nicht zuletzt ist auch die Herangehensweise ausschlaggebend, wie gut die Customer Journey Maps später im Unternehmen angenommen und wie relevant sie für die Arbeit werden. Sicherlich gibt es nicht nur den einen Weg, um Maps zu erstellen. Viel hängt auch davon ab, auf wie viele Daten und Forschungsergebnisse Sie bereits zugreifen können. Folgende Schritte haben sich allerdings bewährt und sollen Ihnen einen Fahrplan an die Hand geben:

- **Bilden Sie ein Team und legen Sie die Ziele und den Rahmen der Map fest**: Aktivieren Sie Personen aus verschiedenen Abteilungen des Unternehmens, die unterschiedliche Blickwinkel und Wissen mit einbringen können. Stecken Sie vor Beginn der Mapping-Aktivitäten den Rahmen ihres Vorhabens ab: Wessen Erfahrung wollen wir abbilden? Welche Nutzungserfahrung oder welchen Prozess betrachten wir? Entwickeln Sie zu diesen Fragen ein gemeinsames Verständnis im interdisziplinären Team und definieren sie die Zielgruppensegmente sowie ein Szenario, das relevant für den Geschäftserfolg ist. Legen Sie den Customer Journey Maps am besten Personas zugrunde (vergleiche Kapitel 11, »Personas – aus Erkenntnissen prototypische Nutzende entwickeln«) – eine pro Customer Journey Map. Haben Sie mehrere Personas (oder Nutzergruppen) definiert, erstellen Sie jeweils eine eigene Customer Journey Map
- **Recherchieren Sie nach bestehenden Daten und Wissen**: Sammeln Sie Fragestellungen und Aspekte, die für Ihre Mapping-Aktivitäten interessant sein könnten. Bitten Sie alle Projektbeteiligten darum, in Ihren Abteilungen und Teams nach vorhandenen Daten und Erkenntnisse zusammenzutragen. Je valider und umfangreicher die Daten, desto lückenloser und wertvoller wird Ihre Customer Journey Map Ihnen Antworten auf Ihre Fragen geben. Denken Sie daher auch an die Auswertung von Web-Analytics-Daten, bisherigen Usability-Tests, Umfragen und weiterem Feedback, das Sie z. B. aus den Social-Media-Kanälen gewonnen haben. Führen Sie zusätzlich Interviews mit zentralen Stakeholdern, und sammeln Sie so umfassende Erkenntnisse in einer ausgiebigen Analysephase, die Sie dem weiteren Prozess zugrunde legen.
- **Formulieren Sie eine Hypothese**: Führen Sie die internen Forschungsergebnisse und Erkenntnisse zusammen, und leiten Sie daraus eine Hypothese ab. Planen Sie darauf aufbauend einen Workshop, und erarbeiten Sie dort gemeinsam mit allen Beteiligten eine vorläufige Customer Journey Map. Sie können im Workshop relevante Stakeholder einbeziehen und diese idealerweise für die Mapping-Methode begeistern. Damit haben Sie die breite Unterstützung gesichert.
- **Validierung der vorläufigen Map**: Belassen Sie es nach dem Workshop nicht bei der bis dahin erstellten, vermeintlich fertigen Customer Journey Map. Es ist enorm wichtig, dass Sie das, was Sie gemeinsam auf Basis Ihrer Hypothesen erarbeitet haben, auch validieren und unterfüttern. Tun Sie dies nicht, laufen Sie Gefahr, dass falsche Annahmen in der Map dazu führen, in der Folge falsche Entscheidungen zu treffen. Zur Validierung stehen Ihnen viele UX-Methoden zur Verfügung wie beispielsweise Tiefeninterviews, Kundenbefragungen (vergleiche Kapitel 9, »Fokus-

gruppen und Befragungen – Erkenntnisse über das derzeitige Nutzungsverhalten«) oder auch Nutzungstagebücher (vergleiche

Kapitel 10, »Vor-Ort-Beobachtungen und Tagebuchstudien – Nutzende im Alltag beobachten«).

- **Visualisieren und teilen Sie die Erkenntnisse**: Um alle Stakeholder und Projektbeteiligten involviert zu halten, sollten Sie die Erkenntnisse aus der qualitativen Nutzungsforschung teilen und in die vorläufigen Customer Journey Maps einarbeiten. Bewährt hat sich hierfür, dies im Rahmen eines weiteren Workshops gemeinsam im Team zu machen. Wie Sie die fertigen Customer Journey Maps anschließend visuell aufbereiten, hängt stark von Ihrem Umfeld ab. Arbeiten Sie in einem kleineren Team, reicht möglicherweise eine einfache Dokumentation aus den Workshops. In größeren Unternehmen empfiehlt sich in der Regel, die Customer Journey Maps visuell aufzubereiten (vergleiche Hinweise in Abschnitt 12.3, »Wie sieht eine Customer Journey Map genau aus?«) und formal vorzustellen.

## 12.5 Wie arbeite ich mit einer Customer Journey Map?

Eine Customer Journey Map umfasst sehr viele Informationen, Daten und wichtige Erkenntnisse aus der Forschung. Das kann schnell erschlagend wirken. Sie sollten wissen, worauf Sie achten und schauen sollten, wenn Sie damit in verschiedenen Projekten und Teams weiterarbeiten möchten. Auch im Customer-Journey-Mapping-Workshop ist das hilfreich zu wissen, wenn es darum geht, Potenziale und Verbesserungsmöglichkeiten für das Nutzungserlebnis zu identifizieren.

Bei der Analyse der *Customer Journey Map* sollten Sie die folgenden Elemente und Aspekte betrachten, um entsprechende Ableitungen daraus treffen zu können:

- Identifizieren Sie die Punkte oder Momente entlang der Nutzung, in denen die Erwartungen der Persona nicht erfüllt wurden. Überlegen Sie, was Sie verändern müssen, um den Erwartungen besser gerecht werden zu können.
- Schauen Sie nach Berührungspunkten (*Touchpoints*) oder Interaktionen, die für ein gutes Erlebnis überflüssig sind oder die sich umständlich oder unnötig anfühlen. Versuchen Sie, die Nutzung flüssiger und leichtgewichtiger zu gestalten.
- Achten Sie auf (emotionale) Tiefpunkte oder Reibungspunkte (*Pain Points*), die die Persona frustrieren oder verärgern könnten. Sofern Sie Möglichkeiten sehen, Frust zu lindern oder den Nutzenden Optionen an die Hand zu geben, um schneller oder besser ans Ziel zu kommen, tun Sie dies.
- Halten Sie Ausschau nach möglichen Reibungsverlusten, die durch das Wechseln von Endgeräten entstehen. Derartige Stellen bergen das Risiko, dass Nutzende abbrechen, sich für Wettbewerber entscheiden oder ihr Produkt nicht mehr nut-

zen. Überlegen Sie, welche Erleichterungen Sie den Nutzenden bieten können, um ohne Verluste zwischen Endgeräten zu wechseln.

- Berücksichtigen Sie Zeitspannen und Aufwand, den eine Persona für das Erledigen eines Teilschritts in der *Customer Journey* benötigt. Dauern Aktionen zu lange oder verlangen sie übermäßigen Aufwand, steigt das Risiko, diese Nutzenden zu verlieren. Entwickeln Sie Ideen, wie Sie die Customer Journey an diesen Punkten verkürzen oder erleichtern können.
- Identifizieren Sie die entscheidenden Punkte entlang der Customer Journey, die das Gesamterlebnis maßgeblich beeinflussen oder gar entscheiden (*Moments of Truth*). Sind diese Punkte positiv behaftet, haben Sie keinen Handlungsbedarf. Rufen Sie allerdings negative Emotionen hervor, sollten Sie handeln.
- Heben Sie auch Höhepunkte oder Momente entlang der Customer Journey hervor, an denen die Erwartungen der Persona erfüllt oder übertroffen wurden. Überlegen Sie, ob Sie derartige Momente an andere Stellen der Customer Journey übertragen können.

Haben Sie die Customer Journey Map selbst erstellt, heben Sie die oben genannten Punkte in der Map visuell hervor. So haben es andere Teams, die mit ihren Customer Journey Maps arbeiten, leichter bei der Analyse.

# Kapitel 13
# Card Sorting – Entwicklung der Informationsarchitektur

*Bevor Sie sich mit der Gestaltung einer Website oder App beschäftigen, sollten Sie sich überlegen, wie Sie die Informationen Ihrer Anwendung strukturieren und Nutzenden präsentieren.*

Um zu entscheiden, wie Sie die vorhandenen bzw. geplanten Informationen auf Ihrer Website strukturieren, sollten Sie nicht auf interne Ansätze und Meinungen oder Ihre eigenen Konzepte setzen. Beziehen Sie Nutzende frühzeitig ein, und lassen Sie sie das Konzept der Informationsarchitektur mitgestalten oder zumindest evaluieren. Hierfür gibt Ihnen das Card-Sorting-Verfahren einen bewährten, vielfach angewandten Ansatz an die Hand.

Mithilfe dieser Methode finden Sie mit Ihren Nutzenden unter anderem heraus, ob Sie die Inhalte nach Prozessschritten oder nach Thema gruppieren, welche Kategorien Sie einsetzen und wie Sie diese benennen sollten. Auf diese Weise können Sie beispielsweise Produkte in einem Onlineshop klassifizieren, Menüstrukturen in Apps oder auf Websites nutzergerecht aufbereiten oder auch komplexe, über einige Zeit gewachsene Informationsarchitekturen konsolidieren.

## 13.1 Wie sieht eine Informationsarchitektur aus? Wie komme ich zu einer Informationsarchitektur?

Inhalte für Ihre Website oder App zusammenzutragen oder zu planen und diese dann zu strukturieren, ist ein wesentlicher Schritt im Zuge der Konzeption Ihrer Website oder App (vergleiche Kapitel 25, »Struktur der Anwendung – Informations- und Navigationsarchitektur«). Die Entwicklung der zugrunde liegenden Informationsarchitektur ist ein Prozess und umfasst mehrere Schritte und Aktivitäten, die sich je nach Ausgangslage auch unterscheiden können. Entwickeln Sie eine neue Anwendung, starten Sie zunächst mit der Ideenfindung und Recherche für die neuen Inhalte. Besteht bereits eine Website oder App, sieht der Entwicklungsprozess in der Regel folgende Schritte vor:

- **Bestandsaufnahme der bestehenden Inhalte** (*Content Inventory*): Tragen Sie alle Inhalte der bestehenden Website zusammen (beispielsweise mithilfe eines so genannten Crawlers oder einem Export aus dem Content Management System), und bringen Sie diese in eine strukturierte Form. Relevante Informationen sind neben dem Titel oder Namen der Inhaltselemente insbesondere die URL, der Seitentitel und weitere Meta-Elemente sowie das Erstellungs- und letztes Änderungsdatum. Sofern eine solche Kategorisierung bereits existiert, sollten Sie auch Kategorien, Schlüsselwörter (Tags) und den Typ des Inhaltselements (z. B. Blogpost, Produktbeschreibung, Hilfeseite, Pressemitteilung) ergänzen. Diese Art der Inventarisierung des Inhalts dient dazu, einen quantitativen Überblick über die Inhalte zu bekommen – in der Tiefe wie in der Breite. Auch können Sie bereits an dieser Stelle diejenigen Inhaltselemente finden, denen suchmaschinenrelevante Informationen wie Metadaten, Seitentitel fehlen, und diese ergänzen.
- **Bewertung der Inhalte nach definierten Kriterien** (*Content Audit*): Verschneiden Sie die so entstandene Auflistung durch Analytics-Daten (unter anderem Einstiegsseiten und Schlagworte, Ausstiegs- und Absprungseiten, Scrolltiefe sowie weitere Interaktionsmetriken). Bewerten Sie im nächsten Schritt jedes einzelne Inhaltselement anhand von Kriterien wie beispielsweise Nützlichkeit, Genauigkeit, Tonalität und der Effektivität. Die Kriterien können variieren und richten sich danach, was Sie mit den Inhalten erreichen möchten. Auch sollte der Content Audit Ihnen beantworten,
  - welche Inhalte gut funktionieren und in Zukunft häufiger genutzt werden sollten,
  - welche Inhalte überarbeitet werden müssen,
  - welche Inhalte gelöscht werden können, weil sie beispielsweise schlecht funktionieren oder nicht mehr zu Ihrer Strategie passen, und
  - welche Inhalte für Suchmaschinen sowie Nutzende besser auffindbar sein müssen.
- **Gruppieren der Inhalte**: Auf dieser Basis können Sie dazu übergehen, die Inhalte, mit denen Sie nach dem Audit weiterarbeiten möchten, zu gruppieren und für Ihre Website zu strukturieren. Dazu sollten Sie wissen, wie Nutzende Ihrer Website darüber denken und diese zueinander in Beziehung setzen würden.

Setzen Sie an dieser Stelle im Prozess sinnvollerweise das Card Sorting als Methode ein, um zu verstehen und herauszufinden, wie das mentale Modell der Nutzenden aussieht und wo diese nach Inhalten suchen würden.

## 13.2 Was ist Card Sorting?

Bei einem *Card Sorting* lassen Sie Ihre Nutzenden die Inhalte Ihrer Website gruppieren, in eine für sie logische Reihenfolge bringen und die jeweiligen Oberkategorien benennen. Dies erfolgt anhand von Karten, auf die die Inhalte geschrieben werden – entweder offline mit physischen Karten auf einem Tisch oder online mit einem entsprechenden Tool, bei dem virtuelle Karten genutzt werden. Offline betreut das Card Sorting eine moderierende Person, online läuft es häufig unmoderiert ab. Je nach Ansatz kann dies allerdings auch mithilfe einer Videokonferenz moderiert durchgeführt werden.

Führen Sie das Card Sorting moderiert durch, bekommen Sie ein fundiertes Verständnis für Nutzende und ihr mentales Modell der Inhalte Ihrer Anwendung. Sie verfolgen also den qualitativen Ansatz, der in der frühen Phase der User Research geeignet ist, um eine Grundlage für die Gestaltung der Informationsarchitektur zu legen (siehe Abschnitt 13.2.1, »Offenes Card Sorting (generativer Ansatz)«). Sie können ein Card Sorting auch als quantitative und evaluierende Methode einsetzen, wenn Sie bereits eine Informationsarchitektur angelegt haben (siehe auch Kapitel 25, »Struktur der Anwendung – Informations- und Navigationsarchitektur«) und diese mit Ihren Nutzenden validieren möchten. In diesem Fall setzen Sie den Fokus auf eine hohe Anzahl an Meinungen, die Sie bei einem unmoderierten Onlineverfahren leichter sammeln können (siehe Abschnitt 13.2.2, »Geschlossenes Card Sorting (evaluierender Ansatz)«, und Abschnitt 13.2.3, »Reverse Card Sorting oder Tree Testing (evaluierender Ansatz)«).

Es gibt verschiedene Ansätze, ein Card Sorting durchzuführen.

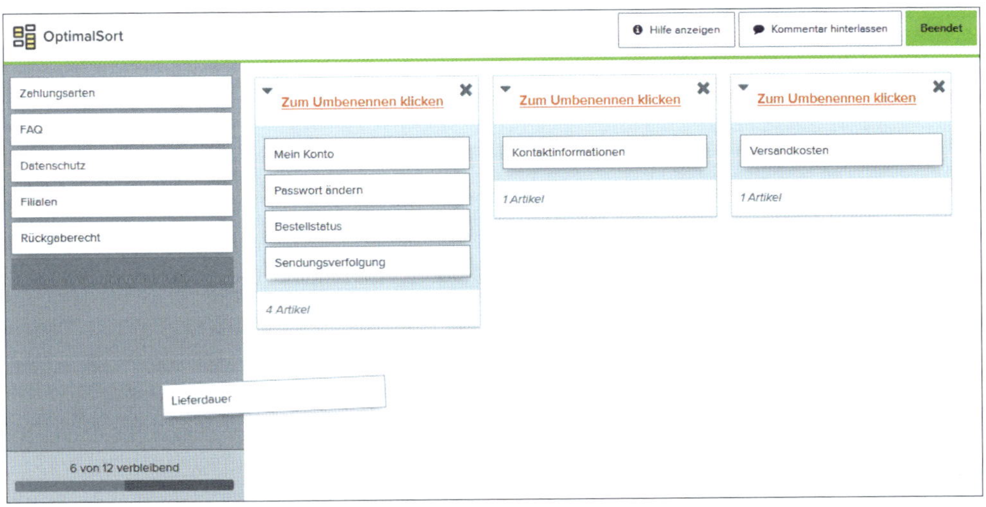


**Abbildung 13.1** Die Software OptimalSort lässt Teilnehmende per Drag-and-Drop die Unterkategorien (im Bild links) in verschiedenen Kategorien gruppieren.

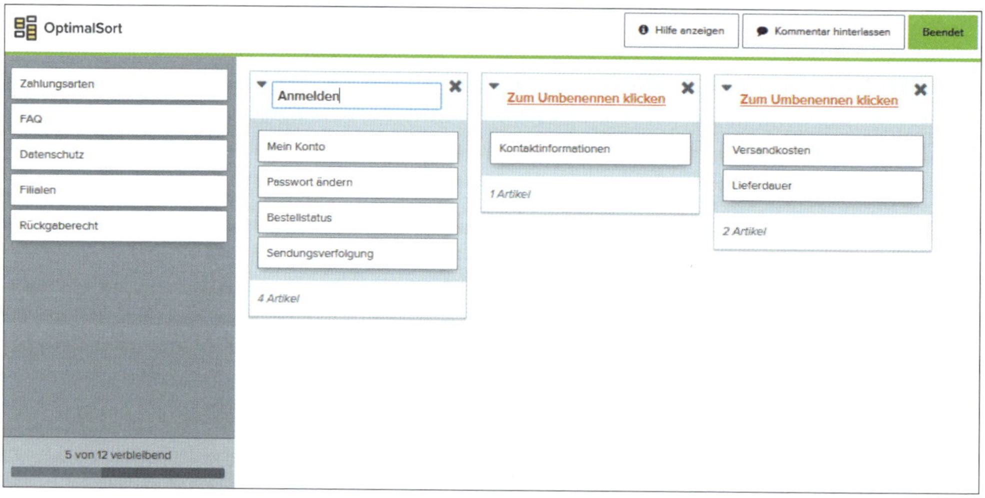


**Abbildung 13.2** Im nächsten Schritt können Teilnehmende bei OptimalSort auch die Hauptkategorien benennen.

### 13.2.1 Offenes Card Sorting (generativer Ansatz)

Bei dem so genannten *offenen Card Sorting* fordern Sie Nutzende auf, Inhalte und Themen Ihrer Anwendung in Gruppen zu organisieren und diesen Gruppen passende Kategorienamen zu geben. Nutzende dürfen dabei auch Begriffe der einzelnen Inhalte umbenennen oder Vorschläge machen, falls diese ihnen plausibler erscheinen. Nutzen Sie diesen offenen, generativen Ansatz, um zu verstehen, wie Ihre Nutzenden nach Themen suchen, welche Vorstellung sie von Ihren Inhalten und deren Relation zueinander haben und welche Benennungen sie für Haupt- und Unterkategorien vergeben würden.

**Abbildung 13.3** Ein Card Sorting kann auch als Gruppen-Workshop durchgeführt werden. In Kleingruppen werden verschiedene Strukturen erarbeitet, die anschließend im Plenum vorgestellt und diskutiert werden. (Quelle: eresult GmbH)

Diese Methode wird in der Regel offline, das heißt in einem Raum mit physischen Karten auf einem Tisch und geleitet von einer moderierenden Person, durchgeführt. Die interviewende oder moderierende Person kann die Entscheidungen der befragten Person hinsichtlich der Gruppierung, der Reihenfolge und Benennung von Themen hinterfragen und so detaillierte Informationen über ihr Denkmodell herausfinden.

Dieses Verfahren ist zeitaufwendig – sowohl bei der Durchführung als auch bei der Auswertung –, da Sie die gesammelten Informationen erfassen, strukturieren und manuell auswerten müssen. Sie erreichen zwar nur eine bestimmte Stichprobengröße (erfahrungsgemäß maximal 15 bis 20 Nutzende), können hieraus aber sehr wertvolle Rückschlüsse für Ihre spätere Informationsarchitektur ziehen.

### 13.2.2 Geschlossenes Card Sorting (evaluierender Ansatz)

Beim *geschlossenen Card Sorting* hingegen geben Sie die Oberkategorien fest vor und lassen Nutzende die Unterkategorien zuordnen. Sie benötigen also eine bestehende oder vordefinierte Struktur und können herausfinden, wie Nutzende den Inhalt in diese Themen sortieren. Möglicherweise wird dabei ersichtlich, dass Nutzende bestimmte Unterkategorien nicht eindeutig zuweisen können.

Dieser Ansatz eignet sich beispielsweise, wenn Sie neue Inhalte in Ihre Website oder App nehmen und die optimale Positionierung herausfinden möchten. Sie können mit diesem Ansatz auch Varianten mit verschiedenen Hauptkategorien gegeneinander testen.

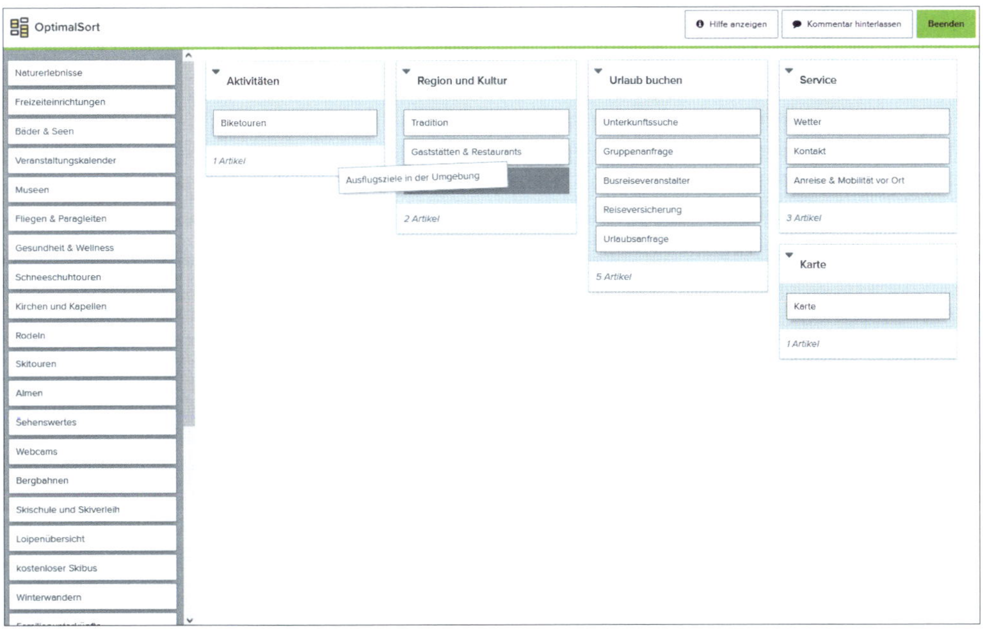


**Abbildung 13.4** Bei einem geschlossenen Card Sorting werden die Hauptkategorien den teilnehmenden Personen vorgegeben. Sie sortieren die Unterkategorien in die für sie passenden Hauptkategorien.

### 13.2.3 Reverse Card Sorting oder Tree Testing (evaluierender Ansatz)

Das *Reverse Card Sorting* wird auch *Tree Testing* genannt, da mit dieser Methode eine hierarchische Baumstruktur evaluiert werden kann. Den an der Studie teilnehmenden Personen werden Aufgaben gestellt, die sie anhand einer bereits definierten Struktur in Form einer rein hierarchisch gelisteten Informationsarchitektur lösen sollen.

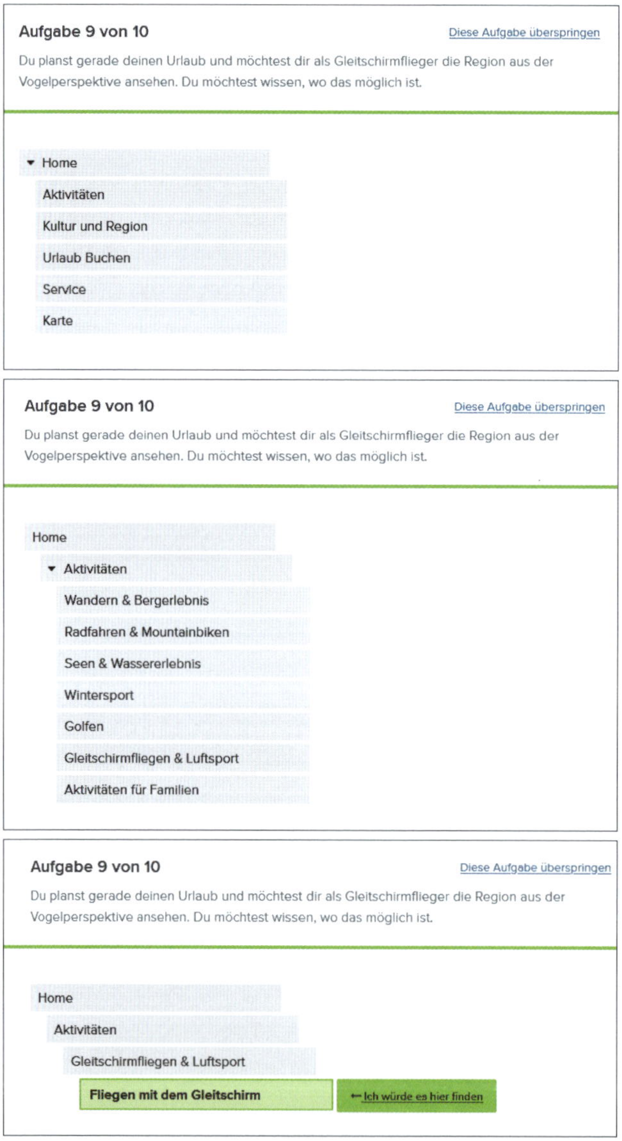


**Abbildung 13.5** Eine an der Studie teilnehmende Person klickt innerhalb der Informationsarchitektur auf die jeweilige Unterkategorie, in der sie die gesuchte Information aus der Aufgabe vermutet.

Die Aufgaben beziehen sich immer auf das Auffinden einer bestimmten Information innerhalb dieser Struktur. Den teilnehmenden Personen werden Informationen, Kategorien oder Produktgruppen genannt, nach denen sie innerhalb einer vorgegebenen Navigationsstruktur suchen sollen. Dabei werden die Klickpfade aufgezeichnet sowie die Zeit bis zum korrekten Auffinden einer Unterkategorie, in der die teilnehmenden Personen die gefragten Inhalte vermuten.

So können Sie validieren, ob Ihre Informationsarchitektur dem mentalen Modell und Suchverhalten Ihrer Nutzenden entspricht und diese die gewünschten Informationen auf Ihrer Website oder in Ihrer App finden. Mithilfe der Klickpfade und der gemessenen Zeit können Sie auch mehrere Navigationsstrukturen miteinander vergleichen und dies mit Kennzahlen belegen.

Während die Methode ursprünglich moderiert und unter Verwendung von Kärtchen durchgeführt wurde, haben sich mittlerweile sehr gute Softwarelösungen etabliert. Das *Reverse Card Sorting* oder *Tree Testing* wird daher in der Regel onlinebasiert durchgeführt und funktioniert aufgrund der klaren Aufgabenstellung gut unmoderiert.

## 13.3 Wie läuft ein Card Sorting ab?

Da Sie ein *evaluierendes Card Sorting* in der Regel sehr gut mithilfe von Online-Tools realisieren können und diese sehr gute Anleitungen bieten, konzentrieren wir uns im Folgenden auf die generative Methodik, also das *offene Card Sorting*.

Mit einem offenen Card Sorting legen Sie die Grundlage für Ihre Informationsarchitektur. Da die Ergebnisse auch den Meinungen und Überzeugungen von Projektbeteiligten (Stakeholdern) entgegenlaufen können, ist es umso wichtiger, dass Sie die Ergebnisse bei Bedarf verteidigen können. Sie sollten daher das Card Sorting umso genauer vorbereiten und sauber durchführen.

### 13.3.1 Stichprobengröße, Anzahl der Karten und Dauer der Session

Anders als bei einem Usability-Test sind für ein *offenes Card Sorting* mindestens 15 Testpersonen zu empfehlen. Manche Experten halten ein valides Ergebnis wegen der höheren Streuung der Ergebnisse, mit der zu rechnen ist, erst mit 20 bis 30 Testpersonen für machbar. Sie sollten daher auf jeden Fall mehr Teilnehmende rekrutieren als bei einem Usability-Test.

Beschränken Sie sich auf maximal 60 Karten mit Inhalts- oder Navigationspunkten. Mehr Karten sind kaum handhabbar, und eine Sitzung würde zu lange dauern. Da viele Informationsarchitekturen digitaler Anwendungen mehr als 60 Punkte umfassen, gehen Sie einen der folgenden Wege:

- Schließen Sie Teilbereiche Ihrer Anwendung oder ausgewählte Inhalte vom Card Sorting aus, wenn darüber Einigkeit besteht oder die Strukturierung eindeutig ist.
- Konsolidieren Sie einige Inhalte, bzw. fassen Sie recht ähnliche Inhalte auf einer Karte zusammen. Dies können Sie vor allem dann machen, wenn diese voraussichtlich gleich einsortiert werden.
- Teilen Sie die Inhalte sinnvoll auf, oder setzen Sie auf bereits geplante Einteilungen. Auch können Sie mehrere Card Sortings durchführen. Wählen Sie dieses Vorgehen nur, wenn Sie keine Abhängigkeit zwischen den dann getrennt betrachteten Inhalten erwarten.
- Betrachten Sie Ihre Analytics-Daten, und wählen Sie die beliebtesten und meistangesehenen Themen und Inhalte.

Planen Sie idealerweise 60 Minuten pro Einheit/Interview, bei umfangreicheren Inhalten maximal 75 Minuten. Bei längeren Intervieweinheiten fällt die Konzentration der teilnehmenden Personen ab, und es kommen kaum weitere Erkenntnisse zustande.

### 13.3.2 Planung, Durchführung und Auswertung eines offenen Card Sortings

Planen Sie ein Card Sorting sorgfältig und bereiten Sie es bestmöglich vor. Nachfolgend geben wir Ihnen einige Aspekte an die Hand, die Sie berücksichtigen sollten. Bedenken Sie zudem die nachfolgenden Hinweise zur Durchführung und auch Auswertung des Card Sortings.

1. **Vorbereitung der Karteikarten**

   Zentrales Medium in einem Card Sorting sind die Karteikarten, auf denen Sie die Informationen Ihrer Anwendung notieren. Beachten Sie bei der Vorbereitung der Karten folgende Punkte:

   - Beschränken Sie sich auf maximal 60 Karten (siehe Abschnitt 13.3.1, »Stichprobengröße, Anzahl der Karten und Dauer der Session«). Mit mehr Karten ist eine Durchführung nicht mehr realistisch. Auch die Auswertung ist nicht mehr sinnvoll machbar. Wählen Sie also die beliebtesten Inhalte oder verdichten Sie Inhalte zu logischen Blöcken.
   - Bedrucken Sie die Karteikarten, und nutzen Sie dazu eine zuvor aufgestellte Liste (beispielsweise eine Tabelle in Excel). Diese ist dann auch die Basis für die spätere Auswertung.
   - Nummerieren Sie die Karten auf der Rückseite oder klein in einer Ecke. Dies hilft Ihnen bei der Dokumentation und bei möglichen statistischen Auswertungen.
   - Halten Sie Blankokarten bereit, auf denen die Testpersonen Themen oder Vorschläge für alternative Benennungen ergänzen können.

- Halten Sie zudem andersfarbige Karten für die Kategorienamen bereit, die Nutzende ihren Themengruppierungen geben sollen.

Führen Sie das Card Sorting online durch, nutzen Sie dazu eine entsprechende Software (z. B. Optimalworkshop). Diese bietet in der Regel die Möglichkeit, eine vorbereitete Liste mit Inhaltselementen zu importieren, und generiert die Kärtchen. Auch die weiteren Schritte wie die Durchnummerierung können Sie sich in diesem Fall meist sparen, da dies automatisiert über die Software erfolgt.

2. **Rekrutierung von Testpersonen**

   Kümmern Sie sich früh im Projektablauf um die Rekrutierung der Testpersonen. Am besten beziehen Sie Ihren Kunden/die Stakeholder mit ein und diskutieren im Kickoff, über welche Wege die Testpersonen erreicht werden können. Ist das Testobjekt keine Endkunden-Website oder -anwendung, kann es schwierig sein, entsprechende Kontakte zu echten Nutzenden zu generieren. Ihr Kunde kann hier ein entscheidender Partner für die Kontaktanbahnung zu seinen Geschäftspartnern und Kunden sein.

   Planen Sie eine Incentivierung (Belohnung) für die Testpersonen, um eine hohe Teilnahmequote zu erreichen und die Motivation für eine gute Mitarbeit zu fördern.

3. **Vorbereitung der Card-Sorting-Einheit**

   Wählen Sie einen Raum mit Platz für einen großen Tisch oder eine sonstige große Fläche, auf der die Karten angeordnet und sortiert werden können. Es sollte noch Platz für einen weiteren Usability-Profis vorhanden sein, der Protokoll führt. Nehmen Sie zusätzlich die Einheiten auf Video auf. Das hilft bei der Auswertung. Ausschnitte aus den Videos mit Originaltönen der Testpersonen sind für eine interne Präsentation sehr wertvoll, um kritische Stakeholder zu überzeugen. In diesem Fall planen Sie Platz für die Videoausrüstung, ausreichend Licht sowie die Stromversorgung ein.

   Bei der Onlinedurchführung setzen Sie eine Videokonferenz mit der Testperson an. Schicken Sie den Link zum Card-Sorting-Tool zu, und lassen Sie sie ihren Bildschirm teilen. So können Sie das Card Sorting verfolgen und (nach Zustimmung durch die Testperson) aufzeichnen.

4. **Durchführung des Card Sortings**

   Planen Sie zu Beginn des Card Sortings eine Einführung für die teilnehmenden Personen, bei der Sie auf folgende Punkte eingehen:

   - Zeigen Sie der Testperson die Karteikarten, und erklären Sie ihr, dass Sie sich von ihr Unterstützung bei der optimalen Auswahl, Gruppierung der Informationseinheiten und der Kategorisierung, also der Benennung der Hauptkategorien, für die Anwendung wünschen.

- Bitten Sie die Testperson, laut zu denken, also das auszusprechen, was ihr bei ihrer Aufgabe durch den Kopf geht. Auf diesem Weg finden Sie mehr über ihre Gedanken, ihre Absichten und gegebenenfalls auch frustrierende Momente heraus.
- Geben Sie einen zeitlichen Rahmen vor, so dass sich die Testperson beim Sortieren darauf einstellen kann.

Nach dieser Einführung lassen Sie die Testperson möglichst ungestört arbeiten. Erinnern Sie, sofern notwendig, an das laute Denken, und helfen Sie, wenn die Testperson darum bittet. Haken Sie nach, wenn die Testperson nicht weiterkommt oder lange zögert, um die Gründe zu verstehen. Testpersonen dürfen Karten hinzufügen, wenn ihnen Themen fehlen, und Karten beiseitelegen, wenn sie diese nicht in der Anwendung wünschen oder sie in keiner Gruppierung sehen. Bei einer Onlinedurchführung können die Testpersonen hierfür meist die Kommentarfunktion nutzen. Oder aber Sie lassen die Testperson eine neue Hauptkategorie anlegen und etwa mit »nicht zuzuordnen« benennen.

Abschließend sollen die Testpersonen den gruppierten Inhaltsbereichen Namen geben; nutzen Sie dafür andersfarbige Karteikarten, auf die Sie die Begriffe schreiben. Bei einem Online-Tool kann die Testperson die Gruppe auswählen und dann direkt benennen. Falls nun noch Zeit bleibt, können und sollten Sie an kritischen oder auffälligen Stellen nachfragen, um so die Denkweise der Testperson bestmöglich zu verstehen.

Denken Sie nach der Auszahlung des Incentives, dem Bedanken und Verabschieden der Testperson daran, die Ergebnisse zu dokumentieren und danach die Karteikarten für die nächste Testperson gut zu durchmischen. Damit vermeiden Sie mögliche Reihenfolgeneffekte. Online können Sie eine neue Sitzung öffnen; die Kärtchen sind dann neu sortiert, falls Sie diese Funktion nicht explizit ausstellen.

5. **Analyse der Ergebnisse**

   Erstellen Sie auf Basis der Fotodokumentation pro Einheit eine eigene Sitemap, und passen Sie Ihre Basisdatei mit den gelisteten Themen an.

   Werten Sie dann zunächst die qualitativen Aussagen der Testpersonen aus. Sammeln Sie also ähnliche Kommentare, und verdichten Sie diese zu den zentralen Aspekten. Im nächsten Schritt sollten Sie eine quantitative Analyse durchführen und die häufigsten Gruppierungen und Zuordnungen identifizieren. Nutzen Sie hierfür eine Tabellenkalkulation (z. B. Excel) oder eine Analysesoftware (z. B. SPSS). Bereiten Sie die qualitativen Aussagen und quantitativen Ergebnisse in einem Ergebnisband auf.

   Online-Tools für das Card Sorting bieten bereits eine automatisierte Auswertung an und zeigen dann die häufigsten Gruppierungen sowie die Benennungen in verschiedenen Ansichten an.

**Abbildung 13.6** Aus automatisierten Auswertungen durch das Tool OptimalSort – hier das Dendrogramm, die Ähnlichkeitsmatrix und die 3D-Clusteransicht – kann die Nähe und Entfernung zwischen Inhaltselementen, wie sie die Testpersonen sehen, abgeleitet werden. (Quelle: OptimalSort)

## 13.4 Was erhalten Sie als Ergebnis aus einem Card-Sorting-Workshop?

Die Ergebnisse aus den Card-Sorting-Workshops bilden die Basis für die Ausgestaltung der Informationsarchitektur. Sie geben konkrete Anhaltspunkte zur Strukturierung der Inhalte in der Anwendung. Aus den Sitemaps/Inhaltsstrukturen der einzelnen Sitzungen leiten Sie dann eine vereinheitlichte Sitemap ab – in der Regel mit zwei Ebenen: den Haupt- und den zugeordneten Unterkategorien. Mehr dazu auch in Kapitel 25, »Struktur der Anwendung – Informations- und Navigationsarchitektur«.

Gerade bei komplexeren Informationsarchitekturen gibt es meist Punkte, bei denen die Ergebnisse nicht eindeutig sind oder unterschiedlich interpretiert werden können. Das sind beispielsweise Benennungen oder auch Nuancen in der Gruppierung von Informationseinheiten. Markieren Sie diese Stellen in der Sitemap, und diskutieren Sie diese Punkte nochmal mit den Stakeholdern für eine finale Entscheidung. Sind die Unterschiede sehr groß (beispielsweise gibt es zwei überzeugende Sitemaps mit unterschiedlicher Anzahl an Hauptkategorien), können Sie auch zwei Varianten der *Informationsarchitektur* gestalten und diese dann in einem *Tree Testing* (siehe Abschnitt 13.2.3, »Reverse Card Sorting oder Tree Testing (evaluierender Ansatz)«) nochmal gegeneinander antreten lassen.

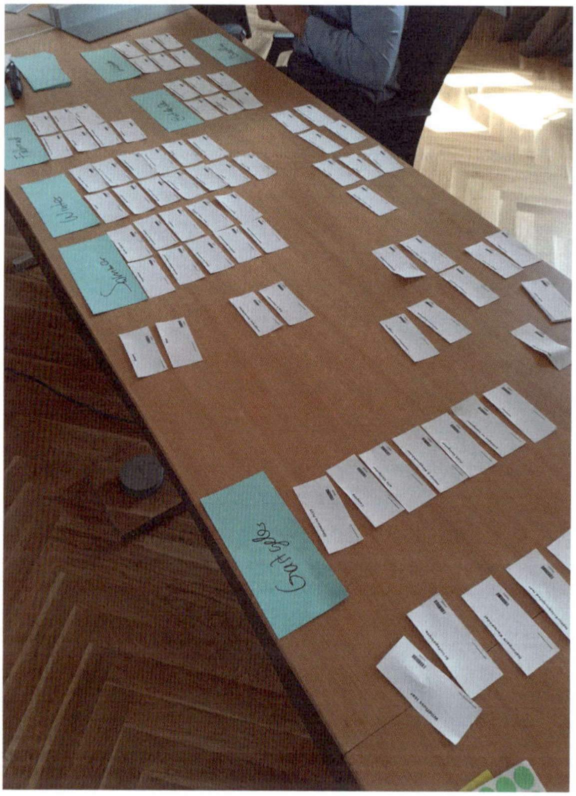

**Abbildung 13.7** Ergebnis aus einem Card-Sorting-Workshop – die weißen Karten wurden gruppiert und auf blauen Karten Hauptkategorien benannt. Das Ergebnis dient als Grundlage für eine Sitemap.

## 13.5 Wer sollte ein Card Sorting durchführen?

Führen Sie ein Card Sorting durch, sollten Sie vorab und so früh wie möglich in der Planung die relevanten Stakeholder im Unternehmen mit einbeziehen. Damit erhalten Sie Einblicke in die Überzeugungen der jeweiligen Personen. Das können Verantwortliche aus den folgenden Bereichen sein, je nach Struktur und Organisation des Unternehmens:

- Marketing, Kommunikation
- Brand Management
- SEO (Suchmaschinenoptimierung)
- Redaktion, Content-Abteilung
- Entwicklung/IT

Je früher Sie diese Personen in das Projekt bzw. in die Entwicklung der Informationsarchitektur einbeziehen, desto weniger Hürden haben Sie später. Wenn möglich versuchen Sie, in Einzelinterviews oder Gesprächen in kleinen Gruppen von zwei bis drei Personen herauszufinden, wie die unterschiedlichen Perspektiven und Herausforderungen für die Verantwortlichen sind. Idealerweise verdichten Sie die Erkenntnisse zu zentralen Dos and Don'ts im Hinblick auf die Informationsarchitektur.

Binden Sie diese Stakeholder auch später, nach der Auswertung und den ersten Ansätzen für die Informationsarchitektur durch Feedbackrunden ein.

## 13.6 Wann setze ich Card Sorting ein?

Es gibt verschiedene Situationen, in denen Sie Card Sorting einsetzen können. Möglicherweise überarbeiten Sie eine bestehende Anwendung und möchten die derzeitige Informationsarchitektur überprüfen und weiterentwickeln. Oder aber Sie entwickeln eine neue Website oder App und müssen erst Inhalte erstellen. Abhängig davon, wählen Sie unterschiedliche Card-Sorting-Methoden und deren Reihenfolge.

Erstellen Sie eine neue Website oder App, starten Sie mit einem *generativen Card Sorting*, also einem offenen oder geschlossenen Card Sorting. Es kann sein, dass Sie kein eindeutiges Ergebnis für genau eine passende Informationsarchitektur erhalten. In diesem Fall können Sie zwei oder mehrere Informationsarchitekturen entwerfen und diese gegeneinander testen. Hierfür eignet sich dann das *Reverse Card Sorting* oder *Tree Testing*.

Starten Sie auf einer bestehenden Anwendung, bietet es sich an, mit einem Tree Testing zu starten, um mögliche Probleme und Stolperstellen zu identifizieren. Haben Sie ein Content Audit vorliegen, können Sie die Erkenntnisse auch durch die Ergebnisse des Tree Tests abgleichen und damit weiterarbeiten. Werden in dem Tree Test zahlreiche Schwachstellen in der Informationsarchitektur aufgedeckt, sollten Sie in Erwägung ziehen, nochmal in ein generatives Card Sorting zu gehen und den Prozess neu aufzurollen.

Ziel eines generativen Card Sortings ist es, losgelöst von grafischen Details, von allen Einflüssen wie dem Navigationsdesign, Direkteinstiegen auf tieferen Ebenen und Suchfunktionen zu bleiben. Entsprechend sollten Sie das Card Sorting noch vor der Gestaltung von Layout/Screendesign und Navigationssystemen durchführen. Setzen Sie das Card Sorting später an, ist der Aufwand bei möglichen Anpassungen deutlich höher.

Auch das *evaluierende Card Sorting* sollten Sie unbedingt vor der Designphase ansetzen. Allerdings benötigen Sie für die Durchführung bereits eine entwickelte Informationsarchitektur. Entsprechend später im Gesamtprozess wird es daher integriert. In jedem Fall sollten Sie auch hier die Auswertung und Einarbeitung der Änderungen abwarten, bevor Sie im Entwicklungsprozess weitergehen.

Kapitel 14

# Scribbles – erste Ideen auf dem Weg zum Design

*Scribbles sind einfache Skizzen, die helfen, Ideen zu entwickeln und Klarheit über den Aufbau und die Funktionen einzelner Seiten zu bekommen.*

Ob Sie eine Website erstellen, eine App oder eine andere digitale Anwendung – am Ende steht immer etwas, was Ihre Nutzenden hauptsächlich über die Augen wahrnehmen. Auch deshalb beginnen sehr viele Produktideen mit Zeichnungen. Und zwar am besten auf Papier. Unterschätzen Sie das Medium nicht – es ist schnell und billig, ermuntert dazu, viele Ideen auszuprobieren, und vor allem ist es inklusiv: Jeder Mensch weiß, wie man einen Stift hält, und kann die Skizzen ergänzen. Und: Ideenskizzen auf Papier kann man einfach an die Wand hängen.

Es spielt keine Rolle, ob Sie denken, dass Sie zeichnen können, oder ob Sie in der Schule gut in Kunst waren. Sie können mit einem Stift schnell ein paar Linien aufs Papier bringen, und das genügt, um erste Ideen zu erkunden. Vor allem, wenn es um etwas geht, was auf einem Bildschirm zu sehen ist, ist das einfach. Denn dann brauchen Sie nur zwei Dimensionen – alles ist flach.

## 14.1 Was sind Scribbles?

»Scribble« ist englisch für *Gekritzel*. Im Deutschen spricht man manchmal von (Seiten-)Skizze – wobei das feiner ausgeführt klingt, als es ein Scribble ist. Vor einer Skizze haben viele Ehrfurcht, ein Gekritzel bekommt jeder Mensch zustande. Gelegentlich hört man auch bei uns den im Englischen üblicheren Begriff *Sketch* (Zeichnung). Bei einem Scribble geht es darum, mit wenigen Linien zu visualisieren, was im eigenen Kopf steckt. Und darum, Ideen zu entwickeln. Solange wir über unsere Ideen nur sprechen, merken wir nicht, dass wir bestimmte Fragen noch nicht bedacht haben. Oder dass im Team nicht alle das Gleiche vor Augen haben.

Mithilfe von Scribbles können Sie schnell viele Varianten entwickeln, um die Anforderungen der Nutzenden in eine Anwendung umzusetzen. Sie kommen auf innovative Lösungsansätze und können grob abschätzen, ob diese funktionieren. So produzieren Sie am Anfang viele Ideen, ohne lang entwickeln oder gestalten zu müssen, und haben am Ende ein Produkt, das eine gute User Experience bietet.

Ein Scribble schafft etwas Konkretes. Da muss das Foto an einer bestimmten Position platziert werden. Die Reihenfolge der Inhaltselemente muss festgelegt werden. Die relative Größe der Textbereiche zueinander muss stimmen.

Gegenüber ausgefeilten Darstellungen des zukünftigen Produkts haben Scribbles vor allem zwei Vorteile:

1. Sie entstehen sehr schnell, so kann man viele unterschiedliche Ideen entwickeln. Und es sehen alle, dass ein Scribble noch kaum grafische Vorgaben macht. Niemand wird die Farbe Ihrer Linien in Frage stellen oder sagen, dass ihm eine von Ihnen nur angedeutete Abbildung nicht gefällt.
2. Alle erkennen die Vorläufigkeit eines Scribbles und haben wenig Hemmungen, Änderungen vorzuschlagen und eigene neue Ideen einzubringen.

## 14.2 Wie sehen Scribbles aus?

Für die Gestaltung gibt es keine Vorgaben. Sie können sich richtig austoben.

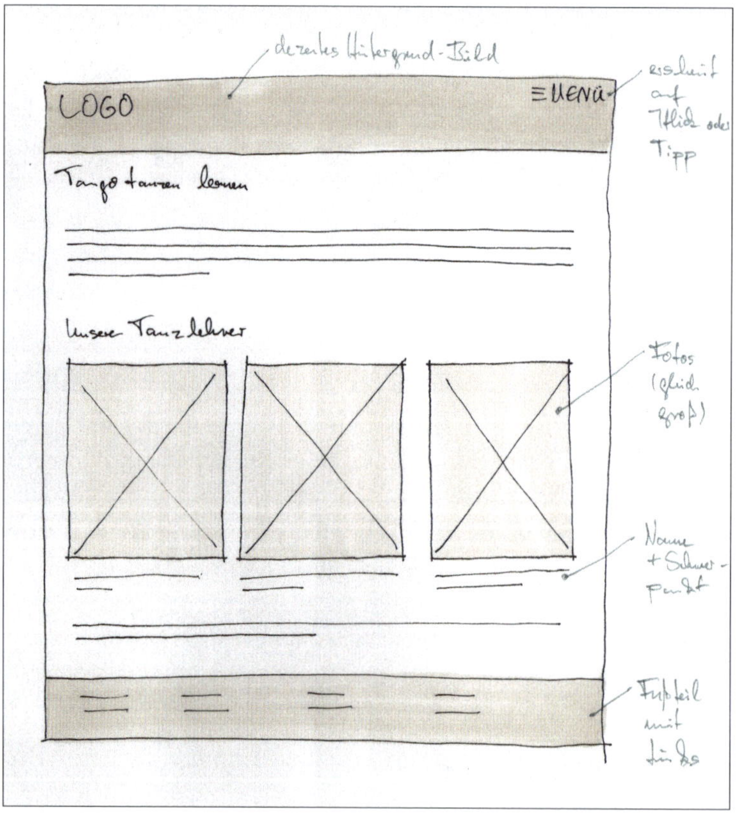


**Abbildung 14.1** Scribble einer HTML-Seite mit Erklärungen

Üblicherweise zeichnet man als Platzhalter für Bilder Kästchen und setzt ein Kreuz hinein (siehe Abbildung 14.1). So bekommen diese Kästchen mehr visuelles Gewicht als ganz ohne Inhalt. Auch wer noch so gut zeichnen kann – fast nie bildet man ab, was auf dem Bild zu sehen sein soll. Das schreibt man eher als Anmerkung neben das Scribble. Das lenkt weniger ab, und es geht vor allem schneller.

Ausnahme sind Seiten, bei denen ein Bild oder Icon das zentrale Element ist. In solch einem Fall skizziert man dieses ganz grob.

Texte schreibt man nur für die Überschriften der ersten und vielleicht der zweiten Ebene. Eine Differenzierung kann man z. B. machen, indem man die Überschriften der ersten Ebene in Druckschrift, die der zweiten in Schreibschrift hält. Alle weiteren Texte symbolisiert man mit einfachen Linien (siehe Abbildung 14.2). Tipp: Parallele Striche sehen besser aus als durchgezogene Schlangenlinien, auch wenn es ein bisschen länger dauert, diese zu ziehen.

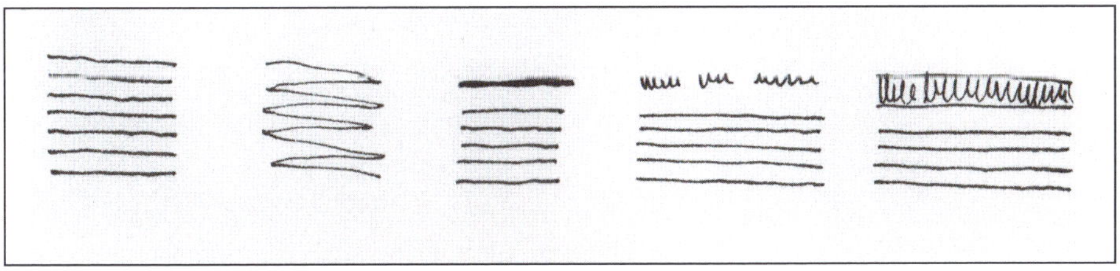

**Abbildung 14.2** Textplatzhalter – Linien für Fließtext/Textblöcke, dickere Linien oder Wellen für Überschriften

Farbe setzt man beim Scribbeln nur gelegentlich ein. Mit Farbe zu arbeiten, dauert ein bisschen länger, erweckt aber einen etwas professionelleren Eindruck. Einzelne Elemente kann man mit einem leichten Schatten deutlicher von anderen abgrenzen und diesen eine klarere Gewichtung geben.

Insbesondere wenn die Scribbles an Entscheidende weitergegeben werden, die nicht bei deren Entstehung dabei waren, arbeiten wir gern mit farblich etwas aufgewerteten Scribbles, um trotz der vermeintlich einfachen Zeichnungen eine gewisse Ernsthaftigkeit zu demonstrieren.

Das widerspricht eigentlich der Idee von Scribbles – das sollen schnelle Skizzen sein, die mit wenig Aufwand entstehen. Und Farben setzt man oft nicht ein, damit nichts ablenkt von Struktur und Funktion der einzelnen Elemente. Und doch hat es sich in unserer Arbeit bewährt, davon manchmal abzuweichen. Wir haben sogar schon Reinzeichnungen gemacht – also Scribbles nochmal neu gezeichnet, nachdem die erste Fassung fertig war. Das geht dann schon stark in Richtung Wireframes (siehe Kapitel 15, »Wireframes – sich an das optimale Produkt annähern«), also genaueren, ordentlichen Zeichnungen der geplanten Seiten. Normalerweise entstehen diese am Computer, doch man kann sie auch per Hand zeichnen.

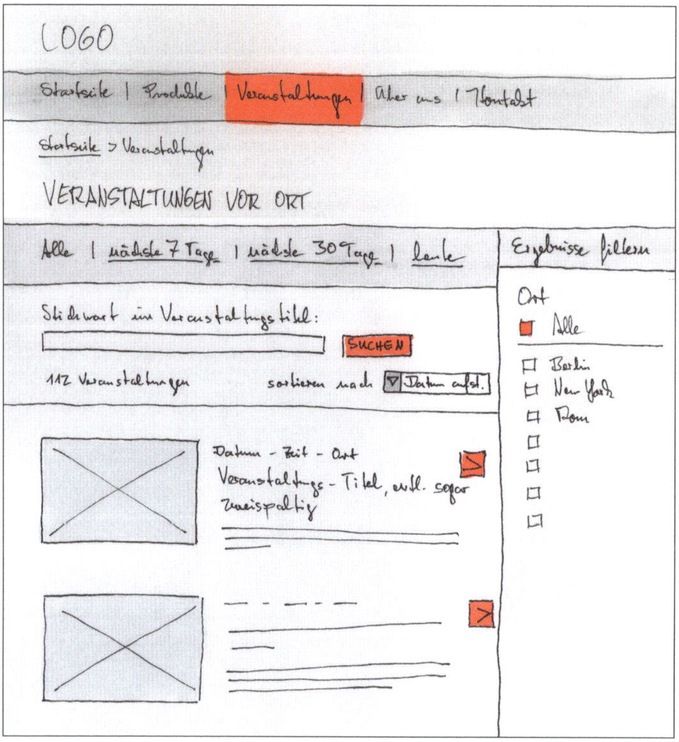


**Abbildung 14.3** Manche Scribbles werden detailliert ausgeführt auf feinem Markerpapier.

## 14.3 Wie macht man Scribbles?

Bevor Sie loslegen mit dem Scribbeln, sammeln Sie alle bisher vorhandenen Informationen zu Ihrer Anwendung, z. B.:

- Personas
- Nutzungsszenarien/Use Cases
- Anforderungen/Requirements
- Informationsarchitektur/Sitemap/Ablaufdiagramm
- Moodboards

Legen Sie fest, was das Ziel Ihrer Scribble-Sitzung sein soll: Wollen Sie neue Ideen generieren, wie ein Problem der Nutzenden gelöst werden kann? Wollen Sie Varianten für die Gestaltung einzelner Seiten finden? Oder möchten Sie den idealtypischen Umgang der Nutzenden mit Ihrem Produkt abbilden? Der nächste Schritt ist das Scribbeln selbst – dazu gleich noch etwas mehr.

Sind Sie fertig, sehen Sie sich das Ergebnis an. Prüfen Sie, ob die Scribbles mit den Vorgaben vereinbar sind. Ob es noch Dinge gibt, die Sie berücksichtigen sollten.

Haben Sie einen wesentlichen Schritt beim Umgang der Nutzenden mit der Anwendung vergessen? Widerspricht ein Scribble bestimmten Anforderungen? Oder würde eine der Personas die entworfene Lösung nicht verstehen?

Achten Sie auf die Konsistenz: Nutzen verschiedene zusammengehörige Scribbles verschiedene Metaphern für dasselbe? Funktioniert die gleiche Aufgabe bei bestimmten Entwürfen unterschiedlich? Das ist nicht wichtig, wenn Sie noch Ideen für verschiedene Ansätze sammeln. Es wird aber wichtig, wenn Sie schon so weit in der Entwicklung fortgeschritten sind, dass Sie mit den Scribbles den nächsten Schritt zur Umsetzung gehen wollen.

Lassen Sie die Scribbles am besten einen Tag oder zumindest ein paar Stunden liegen. Sehen Sie sie dann nochmals an. Oft wird Ihnen etwas auffallen, was Sie direkt nach dem Skizzieren übersehen haben. Oder Ihnen fällt etwas Neues ein. Holen Sie sich schließlich Rückmeldung von anderen. Vielleicht von der Kollegin im Büro gegenüber, sicher aber von den anderen Projektbeteiligten.

Überarbeiten Sie die Scribbles mit den neu gewonnenen Informationen. Damit beginnt die nächste Runde, und es geht von vorne los.

## 14.4 Tipps zum Zeichnen

Wie groß sollte ein Scribble sein? Darauf findet jeder nach etwas Erfahrung seine eigene Antwort. Aber als Orientierung: Zum Erzeugen von Ideen zeichnen Sie klein. 2 cm breit und 3 cm hoch ist eine gute Größe für HTML-Seiten in dieser ersten Phase.

Das kommt Ihnen vielleicht sehr klein vor – und das ist es auch (siehe Abbildung 14.4). Der Vorteil hier ist, dass Sie sehr schnell sind. Sie können sich ganz auf unterschiedliche Ansätze konzentrieren und werden nicht durch Details abgelenkt; denn für die ist kein Platz.

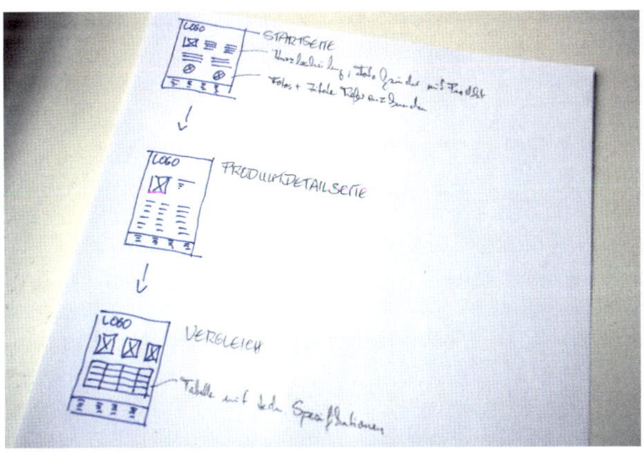


**Abbildung 14.4** Solche kleinen Scribbles (»Thumbnails«) zeichnet man so klein, damit man erstens schnell ist und sich zweitens noch keine Gedanken über Details machen muss.

Wenn es darum geht, Ideen weiter auszuarbeiten oder zu überlegen, welche Elemente an welcher Stelle auf den einzelnen Seiten zu sehen sein sollen, dann machen Sie deutlich größere Scribbles. Als Faustformel gilt: Ungefähr so groß wie der Bildschirm bzw. das Fenster, auf bzw. in dem Ihre Anwendung zu sehen sein wird. Bei einer Smartphone-App sind wir dann also etwa bei 5 mal 9 cm, bei einer Website z. B. bei 20 mal 15 cm. Zeichnen Sie als Erstes ein begrenzendes Rechteck, das den Bildschirmplatz definiert. Oder Sie nutzen eine Vorlage, die Sie ausgedruckt haben.

**Vorlagen für Scribbles**

Einige Vorlagen, in denen Sie Scribbles erstellen können, haben wir hier für Sie zusammengestellt: *uux.jetzt/026*.

Dann beginnen Sie mit großen Elementen, wie dem Logo, der Navigationsleiste und großen Abbildungen. Wichtige Elemente kommen generell zuerst, Details als Letztes.

Zeichnen Sie nur so viel, dass man versteht, worum es bei diesem einen Scribble geht. Zeichnen Sie nur so detailliert wie unbedingt nötig. Die meisten Elemente skizzieren Sie einfach als Boxen, Schatten oder gar nicht. Stecken Sie lieber mehr Zeit in mehrere unterschiedliche Entwürfe (siehe Abbildung 14.5), als einen in der frühen Phase zu genau und zu hübsch zu zeichnen. Es kommt aktuell nicht auf Ästhetik an, es kommt auf Ideen und Kommunikation an.

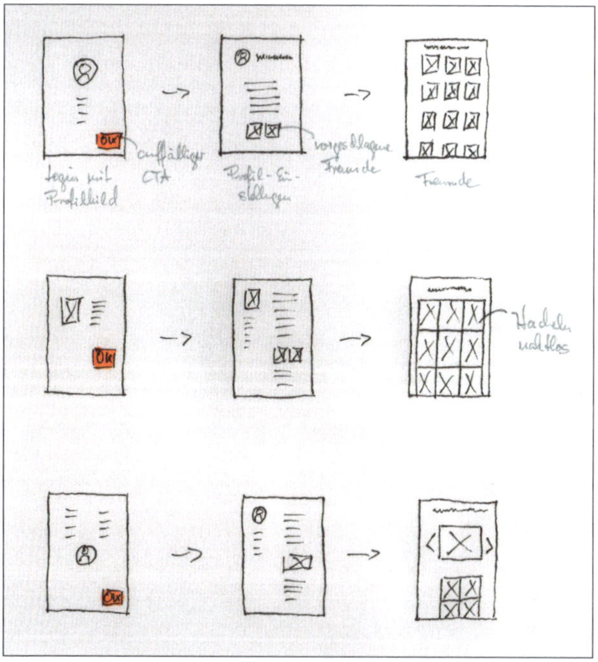

**Abbildung 14.5** Schnell viele Varianten erstellen für dasselbe Problem – einer der Hauptvorteile von Scribbles

Wenn Sie farbige Marker verwenden, ist es sinnvoll, jeweils mit den hellen Farben zu beginnen. So fällt kaum auf, wenn Sie sich verzeichnet haben und eine Linie etwas krumm ist. Oder wenn Sie das Element doch an einer anderen Position haben wollen. Erst nach und nach arbeiten Sie sich zu den dunkleren Farben vor und schließen mit den leuchtenden Hervorhebungsfarben ab.

Um einzelne Elemente hervorzuheben, reichen ein oder zwei Akzentfarben. Das kann Rot oder Grün sein. Persönlich finden wir aber andere Farben besser, die keine so klare Assoziation mit richtig/falsch haben, also z. B. Orange, kräftiges Braun oder leuchtendes Blau (siehe Abbildung 14.5). Schatten oder hervorstechende Farben können auch klickbare Elemente signalisieren.

## 14.5 Scribbeln mit dem Tablet

Wer unbedingt meint, kann auch auf dem Tablet scribbeln. Wir empfehlen es wegen der beschriebenen Vorteile von Papier nicht: hauptsächlich wegen des schnellen Arbeitens, der Möglichkeit, Blätter weiterzugeben und anzupinnen, mehrere nebeneinanderzulegen etc.

Tablets haben natürlich den Vorteil, dass das Ergebnis gleich digital vorliegt und dass manche Apps helfen, etwas hübschere Linien zu machen, indem sie den Strich begradigen. Außerdem können Sie Teile, die auf allen Seiten identisch sind, ganz leicht kopieren und wiederverwenden. Auch verschiedene Varianten lassen sich hier sehr schnell erstellen, weil man einfach mit Kopien weiterarbeiten kann.

Wer digital arbeiten will, dem sei unbedingt ein Stift empfohlen – nur mit dem Finger scribbelt es sich ausgesprochen mühsam auf dem Touchscreen.

## 14.6 Kommentare, Dokumentation und Überarbeitung

Wesentlicher Bestandteil jedes Scribbles sind die Beschriftung bzw. die Kommentare (siehe Abbildung 14.6). Erklären Sie, was mit den einzelnen Elementen gemeint ist. Was soll auf den Bildern zu sehen sein? Welche Videos sehen Sie vor? Was steht in den Texten? Welche Elemente sind klickbar? Was passiert, wenn Nutzende sie auswählen?

Ein Scribble ist im Idealfall selbsterklärend. Rechnen Sie immer damit, dass Personen Ihre Scribbles ansehen, die mit dem Projekt nur am Rande vertraut sind. Auch sich selbst tun Sie einen Gefallen, wenn Sie nach drei Wochen Urlaub noch rekonstruieren können, was Sie mit Ihren Elementen jeweils gemeint haben.

Zur Dokumentation scannen oder fotografieren wir alle Scribbles und legen sie zusammen mit den anderen Projektdokumenten ab.

Auf jedes einzelne Scribble gehören in jedem Fall (handgeschrieben):

- Projektname
- eindeutiger Titel oder Nummer des Scribbles bzw. Versionsnummer
- Datum
- Autorin bzw. Autor

Nur so können Sie selbst oder andere sich später auf das Scribble beziehen.

Eigentlich sollten Scribbles so einfach sein, dass es weniger Arbeit macht, sie neu zu zeichnen, als sie zu korrigieren. Manchmal ist es aber leider nicht so. Dann erleichtern Sie sich das Leben, wenn Sie nur die Teile neu zeichnen, die sich ändern. Dieses Stück schneiden Sie dann aus und kleben es auf das alte Scribble. Das geht natürlich genauso digital – Sie fügen das neue Teil in der Bildbearbeitung in das eingescannte Scribble ein.

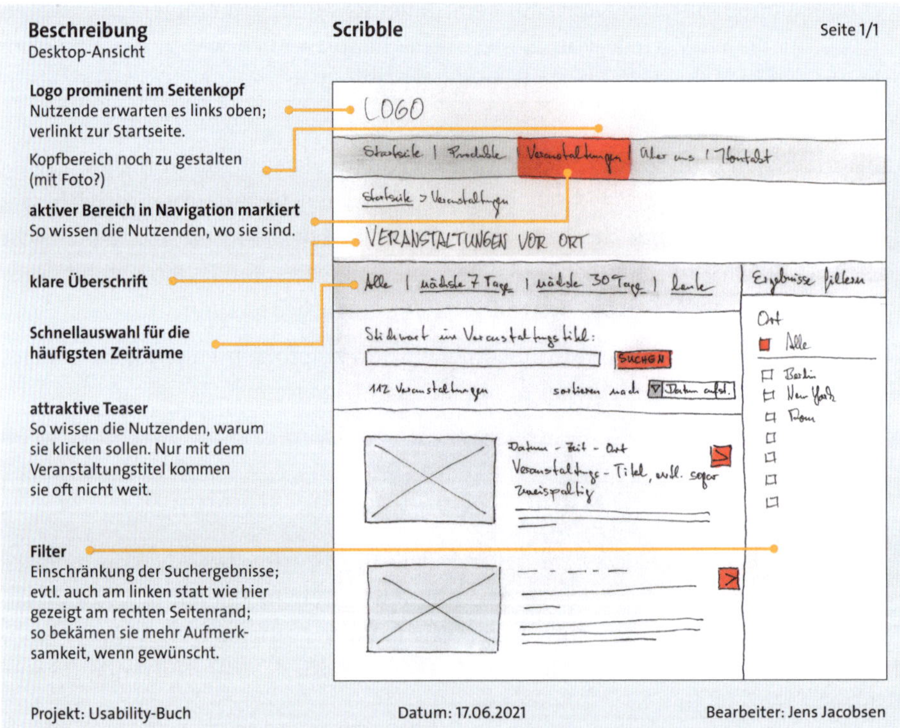


**Abbildung 14.6** Eingescanntes und am Computer beschriftetes Scribble

Generell ist es eine gute Idee, Scribbles einzuscannen und auszudrucken oder zu kopieren. So können Sie z. B. auf allen Seiten vorhandene Elemente einmal zeichnen und dann zehnmal kopieren. Sie scribbeln dann nur noch das, was wirklich anders ist.

## 14.7 Scribbeln im Team

Scribbeln geht hervorragend im Team. Wie ein Brainstorming wird eine Scribble-Sitzung besser, wenn daran mehrere Personen teilnehmen. Natürlich sollten es nicht zu viele sein, sonst kann es schwierig werden. Wir haben gute Erfahrungen mit 4 bis 14 Personen gemacht.

Bei noch mehr Teilnehmenden würden wir bevorzugt mehrere Arbeitsgruppen machen, die jeweils einen Teil der Aufgaben bearbeiten oder die parallel Ideen entwickeln und sie später gemeinsam diskutieren.

Generell gibt es zwei Möglichkeiten zum gemeinsamen Scribbeln:

1. Alle arbeiten auf einem eigenen Blatt.
2. Eine Person zeichnet, die anderen helfen.

Bei Variante 1 kann man sehr schnell sehr viele unterschiedliche Ideen generieren. Alle arbeiten zunächst für sich, dann werden die Ideen in der Gruppe diskutiert. Das eignet sich vor allem in frühen Projektphasen.

Ist schon klarer, wie die Lösung aussehen soll, und geht es z. B. um die Gestaltung von einzelnen Seiten, dann bietet sich der zweite Weg an. Eine Person zeichnet Scribbles auf dem Flipchart oder auf einem Whiteboard, die anderen kommentieren, kritisieren und assistieren. Dabei muss der Stift nicht immer nur in der Hand von einer Person bleiben, sondern kann jeweils weitergegeben werden an die Person, die gerade eine Idee/einen Vorschlag hat.

Wenn wir solche Sitzungen moderieren, lassen wir gern die Teilnehmenden scribbeln. Das macht diesen mehr Spaß und regt die Diskussion am besten an.

## 14.8 Wer sollte scribbeln?

Wer immer auch den Stift in der Hand hat – an einer gemeinsamen Scribble-Sitzung sollten viele Projektbeteiligte/Stakeholder teilnehmen, vor allem Personen mit folgenden Funktionen bzw. aus folgenden Bereichen:

- Projektleitung
- Projektverantwortliche/Product Owner
- Entwicklung/Programmierung
- Design/Grafik
- User-Experience-Verantwortliche

Scribbelt eine Person allein, sind es normalerweise diejenigen, die für UX oder UI verantwortlich sind oder auch für das Design.

## 14.9 Wann setze ich Scribbles ein?

Scribbles sind für die frühen Projektphasen geeignet – sobald klar ist, was die Anwendung können soll, wer sie nutzen soll und warum sie gebaut werden soll. Im Projektverlauf kann man weiterhin Details oder Unterseiten scribbeln, um sich selbst über die detaillierte Anordnung klar zu werden oder sich darüber mit anderen zu einigen.

Wie bei jeder anderen Technik gilt: Je öfter Sie sie anwenden, desto besser werden Sie. Das Schöne beim Scribbeln ist: Hier sieht man die Verbesserung auf einen Blick. Wenn Sie Ihre Scribbles von heute ein Jahr später ansehen, werden Sie überrascht sein, wie viel besser Sie geworden sind. Aber auch wenn Sie heute noch nicht zufrieden sind, trösten Sie sich: Es geht beim Scribbeln nicht um Ästhetik, sondern ums Finden und Kommunizieren von Ideen. Deshalb ist jedes Scribble besser als gar kein Scribble.

Hier noch ein paar Tipps, wie Sie aus Scribbles schnell klickbare Prototypen (»Klickdummys«) erstellen: Mit der Smartphone-App *Marvel* z. B. fotografiert man seine handgezeichneten Scribbles und kann dann in der App Hotspots, also klick-/tippbare Zonen, definieren. Sehr schnell haben Sie so eine Testversion zusammengestellt, in der Sie die gesamte Interaktion der geplanten Website oder App abbilden. Natürlich nur, sofern diese nicht allzu kompliziert wird und z. B. keine Texteingaben verarbeitet werden sollen.

Marvel gibt es für Android und iOS. Die Basisversion mit unbegrenzt vielen Projekten ist kostenlos, ohne Passwortschutz – doch kann eigentlich nur darauf zugreifen, wer die URL kennt.

**Verwandte Methoden**

- **Storyboards**
  Ein Storyboard ist eine skizzierte Geschichte. Sie wird im Film eingesetzt, um den Ablauf einer Szene zu visualisieren, bevor sie gedreht wird.
  
  Mit Storyboards in der Produktentwicklung und im Bereich UX können Sie Abläufe, Interaktionsmuster oder Nutzungsszenarien darstellen. Dazu sollten Sie im Zeichnen einigermaßen geübt sein, damit andere erkennen, was zu sehen sein soll.
- **Wireframes**
  Mehr zu diesen fortentwickelten Scribbles in Kapitel 15, »Wireframes – sich an das optimale Produkt annähern«.
- **Prototypen**
  Prototypen sind Vorabversionen der Anwendung, die schon grundlegende Funktionalität mitbringen. Um diese geht es in Kapitel 16, »Mockups und Prototypen – konkretisieren, visualisieren, designen«.

# Kapitel 15
# Wireframes – sich an das optimale Produkt annähern

*Wireframes sind ein ganz wichtiges Werkzeug, um Ideen zu visualisieren, zu diskutieren, zu kommunizieren und zu testen.*

Wireframes heißen die Seitenskizzen, auf denen Sie die wichtigsten Inhalte festhalten, die in einem bestimmten Moment auf dem Bildschirm zu sehen sein sollen. Sie sind schnell erstellt und helfen vor allem, Ideen zu konkretisieren und im Team zu diskutieren. Allein das hilft, eine Anwendung zu entwickeln, die eine bessere User Experience hat. Und Usability-Tests können Sie mit Wireframes auch durchführen.

## 15.1 Was heißt Wireframe?

*Wireframe* bedeutet auf Deutsch Drahtgittermodell. Solche Modelle nutzt man im Industriedesign in 3D-Programmen, um schnell dreidimensionale Objekte zu erstellen, die die äußere Form eines geplanten Objekts nachbilden. Ähnlich können wir in zwei Dimensionen die Konturen der Objekte abbilden, die wir auf einer Bildschirmoberfläche erstellen wollen.

Die Grenze zwischen Wireframe und *Scribble* (siehe voriges Kapitel) ist fließend. Ein Scribble ist normalerweise handgezeichnet und dient dazu, erste Ideen zu entwickeln und zu diskutieren. Ein Wireframe ist mit Software erstellt und deutlich detaillierter als ein Scribble. Mit einem Wireframe nähert man sich dem fertigen Produkt noch weiter an. Man legt z. B. fest, wie viele Elemente genau auf einer Seite sein sollen, in welcher Reihenfolge sie angeordnet werden und wie groß sie etwa sein sollen (siehe Abbildung 15.1).

Wireframes legt man normalerweise in Originalgröße an – sie sind also so groß wie das, was später am Bildschirm zu sehen sein soll. Selbst wenn Sie diese später kleiner abbilden wollen, sollten Sie am Anfang immer in der vollen Auflösung arbeiten und die Bilder dann besser am Schluss verkleinern. Erstens haben Sie so die Möglichkeit, doch noch die größeren Versionen zu verwenden. Zweitens sehen Sie aber vor allem so, ob Elemente zu klein oder zu groß wirken – was sich nur beurteilen lässt, wenn alles in der richtigen Größe angelegt ist.

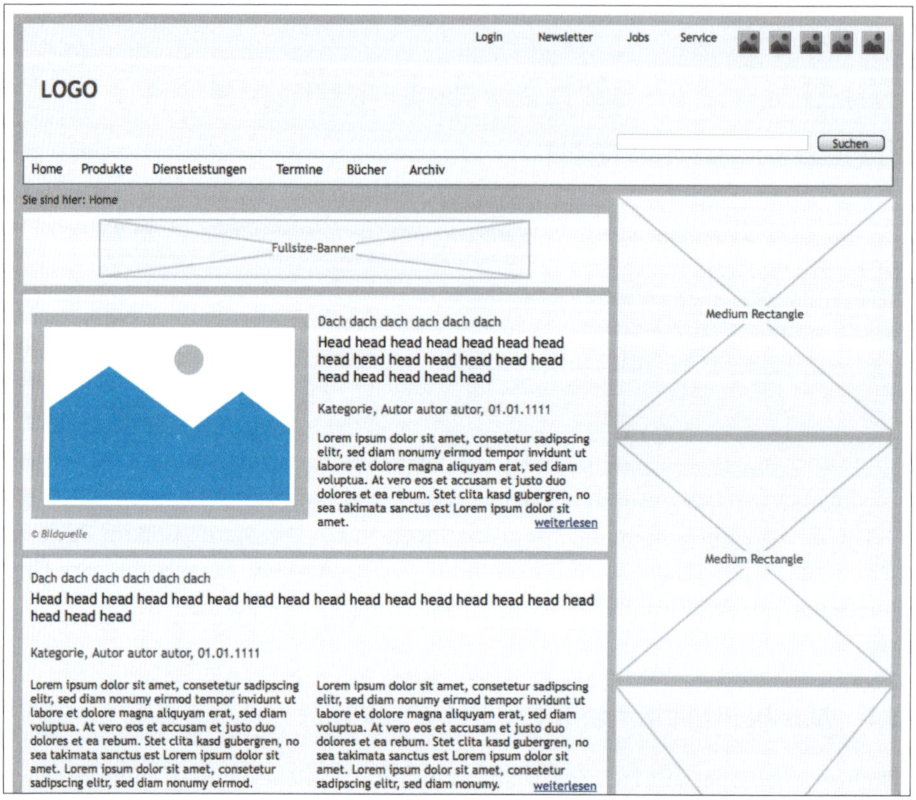


**Abbildung 15.1** Ein Wireframe für die Startseite eines Verlags

## 15.2 Wozu Wireframes?

Bei manchen Projekten arbeiten wir nur mit Scribbles und geben diese direkt in die Umsetzung. Zum Beispiel dann, wenn später das Team aus Grafik oder UX-Design z. B. mit Photoshop oder Sketch die grafische Gestaltung der Seiten noch weiter ausdetailliert. Sind diese Entwürfe sehr nah am fertigen Produkt, sehen sie also fast aus wie fertige Seiten, dann spricht man von *Mockups*. Das kommt vom Wort *mock*, was so viel wie »täuschen« oder »nachmachen« heißt. Diese Entwürfe sehen wie echte Seiten aus, die programmiert wurden – sie sind aber letztlich nur Bilder.

Der große Vorteil von Wireframes ist aber, dass Sie mit ihnen Inhalte und Funktionen diskutieren können, ohne über Gestaltung sprechen zu müssen. Zeigen wir Auftraggebenden oder Stakeholdern ein Mockup, dann werden sie immer auch über die ästhetischen Aspekte sprechen. Über die Farben, die Fotos oder Illustrationen und über die Schriftarten und Schriftgrößen. Das ist eine wichtige Diskussion, doch zuvor müssen wir eigentlich die Inhalte und Funktionen festgelegt haben. Das geht einfacher, wenn wir das von der Diskussion um die Ästhetik trennen. Und genau dabei helfen uns Wireframes. Außerdem sind Wireframes ein gutes Mittel, um die eigenen

Ideen zu konkretisieren und auf neue Ideen zu kommen. Sobald man etwas vor sich sieht, fällt einem oft noch ein neuer Ansatz ein. Das gilt, wenn man allein arbeitet, und noch mehr, wenn man gemeinsam darüber diskutiert. Schließlich können wir mit Wireframes auch Usability-Tests durchführen, um bereits in einer frühen Phase das Feedback der Nutzenden einzuholen. So können wir schon Probleme finden und lösen, bevor Grafik und Programmierung Arbeit in die Anwendung investiert haben. Und auch zur Dokumentation der Anforderungen an Grafik und Programmierung sind Wireframes aus unserer Sicht in größeren Projekten unverzichtbar. Nur mit Textdokumenten oder Gesprächen kommt man meist nicht weit. Beide lassen zu viel unbestimmt, und am Ende muss man sich in mehreren Überarbeitungsrunden dem annähern, was man eigentlich wollte.

## 15.3 Programme für Wireframes

Wireframes kann man mit sehr vielen verschiedenen Programmen umsetzen. Es bietet sich an, das Programm zu nutzen, mit dem man sich wohlfühlt und mit dem man schnell arbeiten kann. Doch spezielle Wireframing-Programme bieten Vorteile, die vor allem in der Konsistenz liegen (Wireframes einer Anwendung sehen einheitlich aus) und in der Arbeitserleichterung (man kommt schneller zum Ziel und kann Elemente leicht wiederverwenden). Mit praktisch allen kann man nicht nur Wireframes, sondern auch Prototypen erstellen. Also interaktive, klickbare Versionen, die in späteren Entwicklungsschritten noch konkreter und realistischer zeigen, wie die fertige Anwendung aussehen wird. Mehr dazu finden Sie in Kapitel 16, »Mockups und Prototypen – konkretisieren, visualisieren, designen«.

### 15.3.1 Figma, Axure und Balsamiq

*Figma*, *Axure* und *Balsamiq* sind wohl die verbreitetsten Programme für Wireframes. Die Ergebnisse sind recht unterschiedlich – recht einfache Wireframes kann man mit Balsamiq erstellen und einfache bis hochkomplexe, die aussehen wie fertige Websites, mit Axure.

Mit Balsamiq sind Sie bei Wireframes und Prototypen auf einen Stil festgelegt – Schriftart und Linienstil lassen sich nicht ändern. Damit erstellte Wireframes erkennt man daher auf einen Blick (siehe Abbildung 15.2). Bei Figma und Axure können Sie das Aussehen aller Elemente frei bestimmen (siehe Abbildung 15.3). So hat man hier die Wahl, ob man sehr grobe Wireframes erstellen will oder Seiten, die aussehen wie das Endprodukt (Mockups). Axure erlaubt auch komplexe Programmierung mit bedingten Verzweigungen, Variablen und vielem mehr. So lassen sich voll interaktive Prototypen anlegen, die zur Demonstration oder für Nutzertests sehr praktisch sind. Figma liegt von den Fähigkeiten her zwischen Axure und Balsamiq: Gerade visuell gibt es hier kaum Einschränkungen, bei der Programmierung allerdings gehen nur einfache Funktionen, die aber in den letzten Jahren etwas erweitert wurden.

**Abbildung 15.2** Wireframes mit Balsamiq erkennt man auf den ersten Blick – sie haben immer den gleichen Linienstil und die gleiche Schriftart.

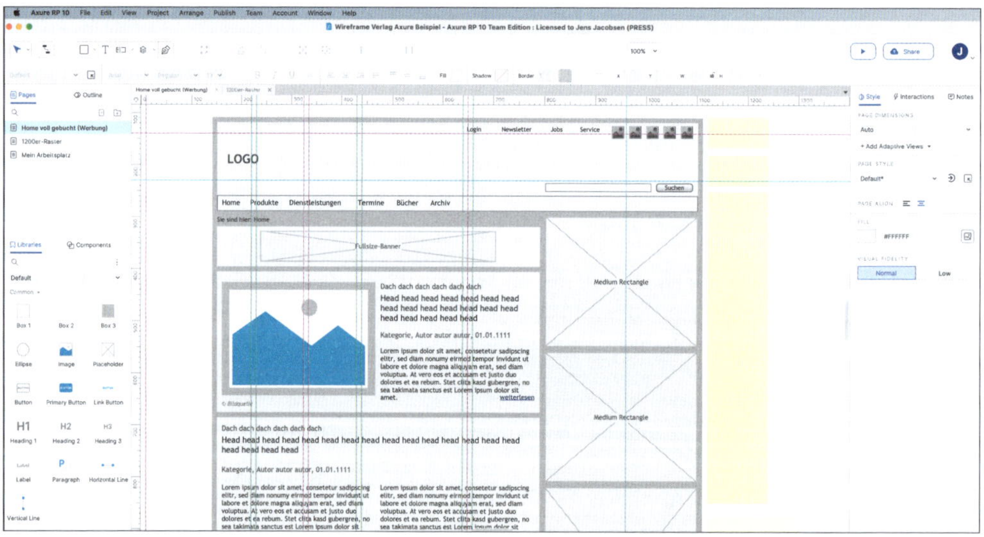

**Abbildung 15.3** Axure bietet neben umfangreichen Formatierungsmöglichkeiten auch Programmierung.

Balsamiq bietet im Wesentlichen den Export als PNG-Datei und einfache Klickdummys, z. B. als PDF mit Links. Bei Axure kann man die Wireframes auch als HTML exportieren und direkt im Browser testen. Ebenso steht ein Word-Export zur Verfügung, für den man auch eigene Vorlagen definieren kann. Und Anmerkungen lassen sich getrennt von den Wireframes anlegen und verwalten. Letzteres gilt auch für Figma, hier arbeiten Sie sowieso meist direkt im Browser – alles ist also auch dort anzusehen. Bei Balsamiq gibt es keine eigene Funktion für Anmerkungen, hier muss man einfach mit bestehenden Grafikelementen arbeiten oder seine Anmerkungen nach dem Export hinzufügen, z. B. indem man in einem anderen Programm entsprechende Grafiken auf den exportierten Bildern anbringt.

**Abbildung 15.4** Auf Wunsch exportiert Axure die Wireframes auch »sketchy«, also mit leicht krummen Linien, schwarzweiß und mit Schreibschrift.

### 15.3.2 Grafik- und Designprogramme

Wireframes können Sie mit jedem Programm erstellen, das irgendeine Form von Grafik produziert. Klassiker sind *Microsoft Visio* und *OmniGraffle*. Mit beiden können Sie einfach und schnell Diagramme zeichnen, flexibel mit Linien verbinden, und diese bleiben an einem Kasten haften, wenn er verschoben wird. Das ist inzwischen Standard für Zeichenprogramme, und sogar PowerPoint oder Word können das heute. Visio ist nicht besonders zugänglich für Neulinge, OmniGraffle gibt es nur für Mac und iPad.

Generell ist es vorteilhaft, wenn Sie Wireframes wie Prototypen mit dem gleichen Programm erstellen. Dann fällt eine Schnittstelle weg, das Team muss nur ein Programm beherrschen (und kaufen) und, wichtigster Punkt: Sie müssen nicht alles mehrfach anlegen. Daher arbeiten heute viele unter macOS mit dem Grafikprogramm *Sketch*, mit dem auch einfache Prototypen möglich sind. Sehr viele nutzen *Figma* (siehe voriger Abschnitt), was im Browser läuft und daher auf allen Betriebssystemen zu Hause ist.

Wer eine hohe Grafikaffinität hat, der nutzt oft *Adobe Photoshop*. Aus unserer Sicht für Wireframes nicht die beste Wahl, weil man bei jedem neuen Dokument vieles neu anlegen muss und zu viel mit Kopieren und Einfügen beschäftigt ist. Besser geeignet ist *Adobe XD*, auch wenn es seine Stärken eher bei grafisch schon recht weit ausgearbeiteten Mockups hat. Einfache Prototypen können Sie damit auch anlegen.

### 15.3.3 Office-Programme und Satzprogramme

Auf fast jedem Computer ist ein Präsentationsprogramm wie *Microsoft PowerPoint* oder *Apple Keynote* installiert. Manche nutzen das auch für Wireframes, weil sich hier Bilder schnell und zuverlässig beschriften lassen. Der Umgang mit Text ist hier nicht so komfortabel wie z. B. in *Word*, und doch würden wir eher zum Präsentationsprogramm raten als zur Textverarbeitung, wenn man Wireframes unbedingt mit Office-Software anlegen will. Zum Zeichnen von Wireframes in PowerPoint gibt es Vorlagen (siehe Abbildung 15.5) und sogar Bibliotheken, die häufig verwendete Elemente bieten. Das spart nicht nur Arbeit, es sorgt vor allem auch dafür, dass die Elemente immer gleich aussehen.

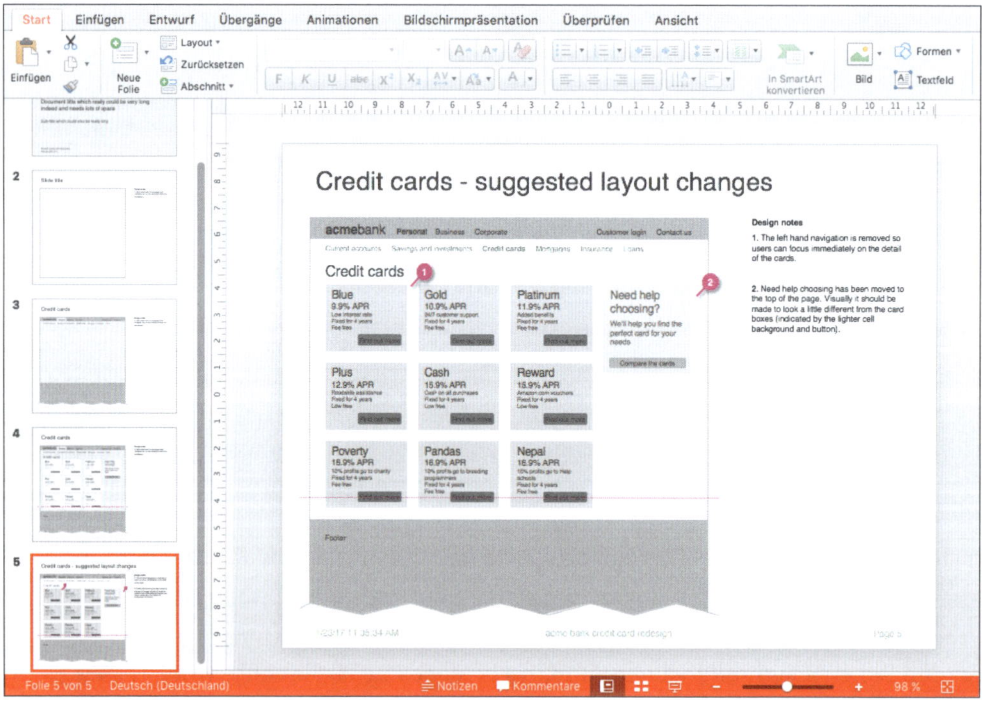


**Abbildung 15.5** Mit einer gut gestalteten Vorlage lassen sich in PowerPoint ordentliche Dokumentationen erstellen – diese ist von cxpartners.

Und auch mit Satzprogrammen kann man Wireframes anlegen. *Apple Pages* ist ein Zwischending zwischen Textverarbeitung und Satzprogramm, das man auch für Wireframes nutzen kann. *Adobe InDesign* ist ein echtes Satzprogramm, mit dem man schnell schön gestaltete Wireframes und Berichte erstellen kann – wenn man das Programm schon beherrscht. Der Haken dabei: Am Ende steht normalerweise ein PDF, Interaktivität ist nur mit Tricks möglich.

**Wireframe-Vorlagen zum Download**

Unter *uux.jetzt/027* finden Sie einige Vorlagen, die Sie für Ihre Wireframes mit verschiedenen Programmen nutzen können.

## 15.4 Für welche Seiten brauche ich Wireframes?

Wie viele Wireframes wir zeichnen, unterscheidet sich sehr von Projekt zu Projekt. Bei einfachen Websites kann es ausreichen, lediglich die Startseite als Wireframe anzulegen. Das ist der Fall, wenn alle Unterseiten nach dem gleichen Prinzip strukturiert sind. Grundregel ist: Existiert für eine Seite eine eindeutige Vorlage für deren Struktur, brauche ich für diese keinen eigenen Wireframe. In der Praxis sieht das dann so aus, dass man z. B. für eine größere Site jeweils einen Wireframe für folgende Seitentypen anlegt:

- Startseite
- Übersichtsseite, z. B. Produkte/Dienstleistungen
- Trefferliste/Suche/Filter
- Detailseite Produkt/Dienstleistung
- Über-uns-Seite/Kontakt (oder noch allgemeiner, z. B. Artikelseite)
- Blog/News

Bei Apps erstellt man üblicherweise für jeden *Screen* einen eigenen Wireframe. Ein Screen (Bildschirm) ist eine Ansicht, auf der die gleichen Elemente zu sehen sind, vergleichbar der *Seite* einer Website.

**Seite oder Site?**

Eine *Seite* ist alles, was auf einmal oder lediglich mit Scrollen auf dem Bildschirm zu sehen ist. Über einen Button oder Link gelange ich zu einer weiteren Seite (im Englischen *page*).

Eine *Site* dagegen ist die Gesamtheit aller Seiten eines Webauftritts. Der Begriff Webseite meint also lediglich eine einzige Seite – es ist *nicht* die deutsche Übersetzung des Worts (Web-)Site. *www.meine-domain.de* wäre also eine Site, *www.meine-domain/home.html* ist eine Seite auf dieser Site.

## 15.5 Was in einen Wireframe gehört

Auf jedem Wireframe brauchen Sie mindestens die folgenden Elemente:

- Logo
- Kopfzeile (Header)
- Fußzeile (Footer)
- Inhaltsbereich (Content)
- beispielhafte Elemente (Bilder, Überschriften, Fließtext, Listen, Kästen ...)
- Werbebanner, wenn solche geplant sind

Bei Scribbles schreibt man meist nur Überschriften und Navigationspunkte als Text, alle anderen Texte werden mit Linien oder Blöcken symbolisiert (siehe Kapitel 14, »Scribbles – erste Ideen auf dem Weg zum Design«). Bei Wireframes setzt man dagegen normalerweise so genannten *Blindtext* als Platzhalter ein – und zwar so viel, wie später an echtem Text auf der Seite stehen soll.

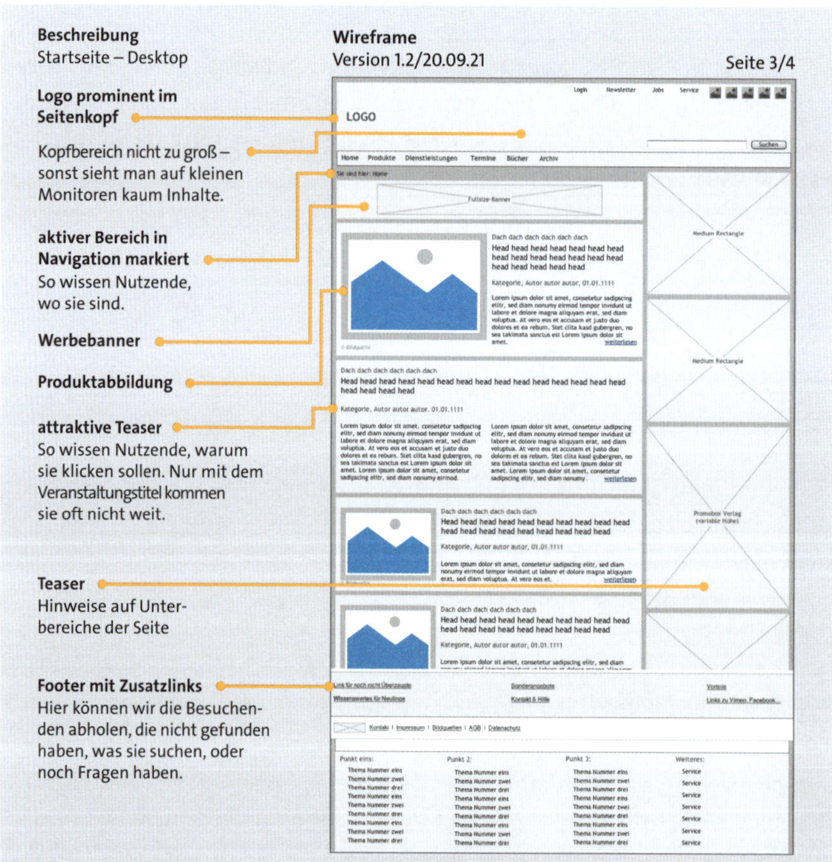


**Abbildung 15.6** Gute Wireframes sind kommentiert.

Generell gilt der Grundsatz: Jedes Element sollte einen Grund haben, warum es überhaupt auf der Seite ist. Und jedes Element sollte einen Grund haben, warum es *in genau der Größe* an *genau der Position* sitzt.

Außerdem ist ein ordentlicher Wireframe mit Anmerkungen versehen. Denn Wireframes sind immer noch abstrakt und müssen daher weiter erklärt werden. Das kann man mit Beschreibungstexten darunter oder daneben tun. Noch besser sind meist so genannte *Callouts*; das sind Erklärungen, die mit einem Strich oder Pfeil für einzelne Elemente im Wireframe gegeben werden (siehe Abbildung 15.6).

Sehr hilfreich ist es auch, wenn man später nachvollziehen kann, welche Version Ihrer Wireframes welchen Diskussionsstand widerspiegelt. Daher gehört unbedingt ein Datum auf jeden Wireframe, den Sie weitergeben. Eventuell auch eine Versionsnummer. Bei Projekten mit vielen Beteiligten oder wenn die Wireframes für die Dokumentation an die Entwicklung gehen, geben Sie am besten auch noch an, was sich im Vergleich zur Vorversion geändert hat. So gehen Sie sicher, dass keine Änderungen vergessen werden.

## 15.6 Was nicht in einen Wireframe gehört

Wireframes dienen dazu, über Inhalte, Funktionen und Struktur zu diskutieren. Daher sind sie meist schwarzweiß – Farbe soll nicht ablenken. Die Diskussion, ob die gewählte Farbe gut oder richtig ist, erspart man sich so sicher. Auch ist der Text auf Wireframes meist nicht mit der Schriftart gesetzt, die später in der Anwendung zum Einsatz kommt. So ist allen klar, dass es noch nicht um die Typografie geht. Auch die Abbildungen sind üblicherweise Platzhalter, keine echten Fotos oder Zeichnungen.

Puristen bestehen darauf, dass Wireframes immer schwarzweiß sein sollen. Man kann Farbe aber einsetzen, um die visuelle Gewichtung von Elementen zu kommunizieren. Das heißt, es geht nicht um die Farben, die die Elemente später haben werden. Vielmehr kann man ein oder zwei Farben nutzen, um unterschiedlich wichtige Elemente hervorzuheben. Bei der Gestaltung ist dann klar, dass das leuchtende Pink Elemente markiert, die auffällig gestaltet werden sollen – in den meisten Fällen dann in einer ganz anderen Farbe. Außerdem arbeiten alle Teammitglieder längere Zeit mit den Wireframes, und es soll auch etwas Spaß machen, sie anzusehen, um sich für das entstehende Produkt zu begeistern. Deshalb nutzen wir gelegentlich auch Farbe und schön gestaltete Platzhalter (siehe Abbildung 15.7).

Außerdem gehen die Wireframes manchmal an Personen, die diese Methode nicht kennen. Nicht selten sind das dann diejenigen, die über das Projekt entscheiden. Ihnen ist eventuell nicht klar, wie viel Arbeit in solch einen Wireframe fließt und dass seine Entwicklung oft länger dauert als die grafische Umsetzung. Daher kommt es vor, dass Auftraggebende oder Projektleitende darauf bestehen, »schöne« Wireframes zu erstellen. Das ist zwar nicht die reine Lehre, kann man aber machen, wenn es dazu dient, das Projekt voranzubringen. In solchen Fällen finden sich dann die korrekten CI-Farben aus dem Designhandbuch des Unternehmens und die korrekten Schriftarten in den Wireframes, teilweise sogar die richtigen Fotos.

**Abbildung 15.7** Wireframes dürfen auch gut aussehen.

### 15.6.1 Low-, Medium- und High-Fidelity-Wireframes

Solche Wireframes, die schon fast aussehen wie die fertige Anwendung, heißen auch High-Fidelity-Wireframes oder Mockups. Low-Fidelity-Wireframes bestehen nur aus Überschriften und Platzhaltern wie in Abbildung 15.7. Medium-Fidelity-Wireframes liegen dazwischen, etwa wie in Abbildung 15.6 zu sehen. Mehr dazu in Kapitel 16, »Mockups und Prototypen – konkretisieren, visualisieren, designen«.

## 15.7 Was manchmal in einen Wireframe gehört

Einige Dinge kann man schwer zeichnen, sie stehen aber dennoch oft im Wireframe. Das sind Aktionen, deren Ergebnis man erst sieht, wenn Nutzende mit der Anwendung interagieren. Das können sein:

- Zustände von Buttons (inaktiv, aktiv, geklickt, Mouseover)
- Mouseover-Zustände wie Hilfetexte

- Fehlermeldungen, z. B. bei Formularen (Anzeige der Hinweistexte und Darstellung der Fehlermarkierung)
- Vorgabe des Typs von Interface-Elementen (Pop-up, Pull-down, Freitext, Suchfeld, Datumauswahlelement ...)
- Formatierung bzw. Inhaltstypen von Feldern (Zahl, Passwort, Text ...)
- Sortiermöglichkeiten von Listen
- Steuerungsgesten für die Touchbedienung

Gibt es ein technisches (Fein-)Konzept, sind solche Dinge dort besser aufgehoben.

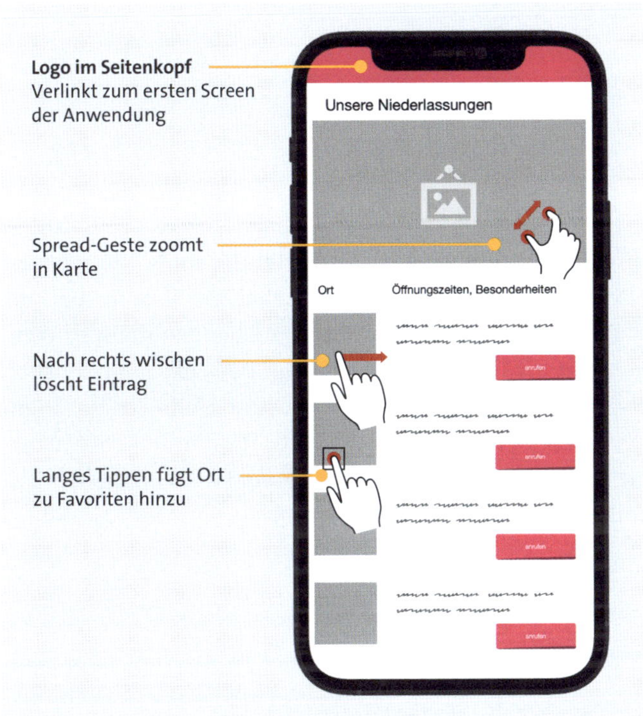


**Abbildung 15.8** Gesten brauchen immer eine Beschreibung.

Probieren Sie unbedingt auch aus, wie Ihre Seiten mit echten Inhalten aussehen. Oft hat man diese noch nicht, wenn man die Wireframes anlegt. Dann kommt das böse Erwachen, wenn die fertigen Texte und Bilder eingesetzt werden: Die vorgesehenen Texte mit »Lorem ipsum«-Blindtext sind viel zu kurz, die echten Überschriften laufen über vier Zeilen und sehen unmöglich aus. Die Produktabbildungen sind so klein, dass man nichts darauf erkennen kann. Solche Probleme sind nicht ungewöhnlich, deshalb lohnt es sich, gelegentlich mit echten Inhalten zu prüfen, ob die Wireframes auch mit diesen funktionieren.

## 15.8 Responsives Design und Wireframes

Websites müssen immer auch auf mobilen Geräten funktionieren, Apps sollten auf verschiedenen Systemen laufen und im Hochformat wie im Querformat gut nutzbar sein. Das sicherzustellen, ist in der Konzeption viel Arbeit. Beim responsiven Design geht es darum, jede Anwendung möglichst auf jedem Gerät in jeder Einstellung gut aussehen zu lassen (siehe Kapitel 26, »Ordnung auf den Seiten – Gestaltungsraster und responsives Design«).

In der Praxis legen wir für Websites oft Wireframes für die folgenden vier Breiten fest:

- Smartphone hochkant – 320 Pixel
- Tablet hochkant (= Smartphone quer) – 768 Pixel
- Laptop (= Tablet quer) – 1.024 Pixel
- Desktop – 1.200 Pixel

Diese Werte orientieren sich an den noch heute von wenigen genutzten kleinsten Smartphones und an den üblichen Auflösungen verbreiteter Geräte. Die meisten Nutzenden haben heute Desktop-Bildschirme mit mehr als 1.200 Pixeln, aber nur wenige ziehen die Fenster hier auf die ganze Breite auf. Und bei den meisten Websites ist es wenig sinnvoll, mehr als 1.200 Pixel zu nutzen. Der Text läuft sonst so breit, dass es für das Auge schwierig ist, die langen Zeilen zu lesen, ohne beim Zeilenwechsel den Anschluss zu verlieren (siehe Kapitel 32, »Schriftarten und Textformatierung«). In Axure können Sie für jeden Wireframe responsive Varianten recht einfach anlegen (siehe Abbildung 15.9).

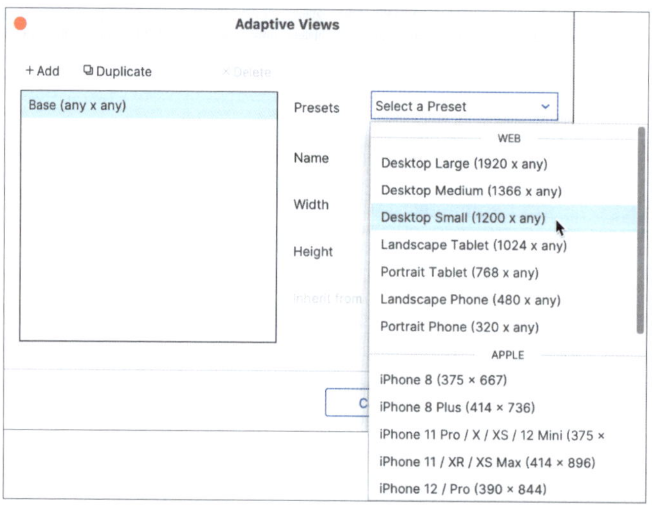


**Abbildung 15.9** Axure bietet eine komfortable Verwaltung verschiedener responsiver Ansichten unter dem Namen »Adaptive Views«.

Dabei werden Änderungen, die Sie z. B. an Texten vornehmen, gleichzeitig in allen Versionen umgesetzt. Das spart viel Arbeit, kann aber auch zu unerwünschten Effekten führen. Wichtig ist, sich vor dem ersten Zeichnen zu überlegen, welche Breiten man unterstützen will, und diese zuallererst festzulegen. Die Ansicht BASE können Sie nicht löschen: Verwenden Sie diese entweder als die größte oder kleinste Ansicht, sonst müssen Sie eine zusätzliche Ansicht pflegen, die Sie eigentlich gar nicht brauchen.

Generell ist es sinnvoll, sich von Anfang an am Seitenraster zu orientieren, das später verwendet werden soll. So vermeiden Sie, dass später alles nochmal angepasst werden muss, und Sie erstellen von Anfang an realistische Wireframes, die von den Proportionen her schon korrekt sind. Mehr zum Anlegen von Rastern in Kapitel 26, »Ordnung auf den Seiten – Gestaltungsraster und responsives Design«.

## 15.9 Arbeitserleichterung für die Entwicklung

Im Wireframing- oder Zeichenprogramm lassen sich Elemente beliebig anordnen – was gut aussieht, funktioniert. Beachten Sie aber ein paar einfache Grundregeln, dann sparen Sie dem Entwicklungsteam (»Programmierung«) mitunter sehr viel Arbeit – insbesondere beim Anlegen der responsiven Varianten.

Nehmen wir als Beispiel drei Textkästen, die in der Desktop-Ansicht nebeneinanderstehen: Diese auf dem Smartphone untereinander anzuordnen, ist bei der Programmierung kein Problem. Einen der Kästen allerdings an eine ganz andere Position auf der Seite zu schieben oder anders zu sortieren, ist für die Entwicklung dagegen schon ein Problem. Natürlich gibt es Fälle, in denen genau das aus Usability-Sicht die beste Lösung ist. Dann sollte man diese so einplanen. Wenn es aber eigentlich keinen großen Vorteil bringt, das Element weiträumig zu verschieben, verzichten Sie lieber darauf – dann freuen sich die Kolleginnen und Kollegen in der Programmierung. Ein weiteres Beispiel ist die Positionierung von Filtern: Auf dem Desktop sind sie in der Regel links, und in der mobilen Version befinden sie sich häufig oberhalb der Trefferliste. Mit einem Button können Sie Nutzende dann einblenden. Sollen die Filter ganz anders platziert werden, sollte das unbedingt mit der Entwicklung abgestimmt werden. Generell unterhalten Sie sich am besten mit dem Programmierteam über solche Dinge – Sie werden sicher viel Neues dazulernen. Und das Team freut sich garantiert, wenn Sie sich für ihre Probleme interessieren.

Je weniger Sie von Ansicht zu Ansicht ändern, desto weniger Arbeit fällt bei der Umsetzung an. Überlegen Sie also z. B., ob es sinnvoll ist, unterschiedliche Schriftgrößen für alle Textelemente für alle sechs vorgesehenen Bildschirmgrößen zu definieren. In den meisten Fällen ist es das nicht. Natürlich brauchen Sie auf dem Smartphone eine andere Größe für Überschriften als auf dem Desktop. Aber braucht es für Tablets wirklich eine weitere Zwischengröße? Oder für die Ausrichtung im Querformat?

## 15.10 Bibliotheken zur eigenen Arbeitserleichterung

Es lohnt sich praktisch immer, eine Bibliothek mit eigenen Vorlagen für Wireframes anzulegen. Das geht in praktisch jedem Zeichen- oder Wireframing-Programm (siehe z. B. Abbildung 15.10). Arbeiten Sie mit einem Office-Programm, können Sie ein Dokument anlegen, aus dem Sie sich die benötigten Elemente jeweils herauskopieren.

Und auch eine Dokumentenvorlage mit dem eingezeichneten Grundraster ist sehr praktisch. So müssen Sie dieses nicht jedes Mal neu zeichnen und stellen sicher, dass es auch tatsächlich immer wieder das gleiche ist.

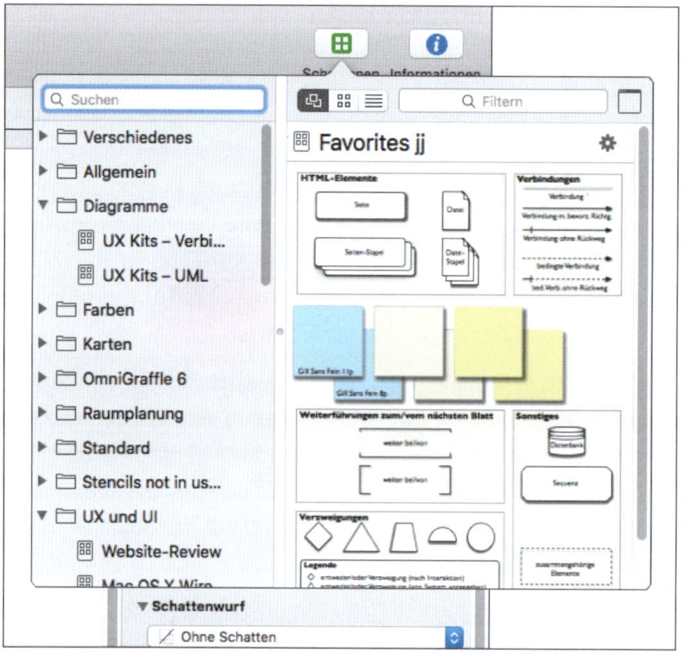


**Abbildung 15.10** In OmniGraffle können Sie sehr leicht eigene Bibliotheken (Schablonen oder Stencils genannt) anlegen. Das geht ähnlich in den meisten Grafikprogrammen.

Arbeiten Sie im Team, sollten Sie Bibliotheken und Vorlagen gemeinsam nutzen. Mehr dazu erfahren Sie in Kapitel 28, »Designsysteme, Styleguides, Component Libraries und Pattern Libraries«. Ein paar einfache Vorlagen für Seitenraster finden Sie unter *uux.jetzt/028*.

## 15.11 Wie geht es weiter mit den Wireframes?

Geben Sie Ihre Wireframes weiter an Grafik und Programmierung, dann kommunizieren Sie klar, was die Aufgabe Ihrer Wireframes ist: Erklären Sie, was Sie genau so umgesetzt haben wollen und wo Sie noch Spielraum sehen. Denn hier hat fast jeder

Mensch unterschiedliche Vorlieben bzw. Gewohnheiten. Und die können sich auch noch von Projekt zu Projekt unterscheiden. Normalerweise sind zum Beispiel unsere Wireframes in unseren Projekten sehr durchdacht. Wenn wir etwa ein Formular gestalten, gibt es etliche Regeln, denen wir folgen. Diese kommen aus Erkenntnissen der Nutzungsforschung. Wir wissen also, wo genau die Beschriftung eines Felds positioniert sein sollte, ob und welcher Text als Platzhaltertext in dem Feld stehen sollte, wie groß das Feld idealerweise ist und wo der Button zum Speichern angeordnet wird (siehe z. B. Kapitel 40, »Formulare zielführend realisieren«). Und dementsprechend gestalten wir unsere Wireframes. Wissen Grafik bzw. Programmierung dann nicht, dass wir die Formularelemente im Wireframe bewusst genau so platziert und dimensioniert haben, dann wählen sie vielleicht aus rein ästhetischen oder technischen Gründen eine andere Anordnung. Erklären Sie also vorab für alle Ihre Wireframes im Projekt, welchen Spielraum diejenigen haben, die mit den Wireframes weiterarbeiten. Das ist umso wichtiger, wenn Sie die Wireframes als Dokumentation bzw. als Briefing abgeben und dann nicht mehr weiter bei der Umsetzung des Projekts dabei sind. Ein solches Vorgehen ist zwar nicht optimal, dennoch ist es nicht ungewöhnlich. In dem Fall halten Sie Ihre Erklärungen schriftlich fest – ansonsten ist es immer besser, mit den Umsetzenden direkt zu sprechen.

Hilfreich ist es auch, wenn Sie angeben, wie die Wireframes miteinander verknüpft sind. Das geht am einfachsten mit so genannten *Wireflows* (siehe Abbildung 15.11).

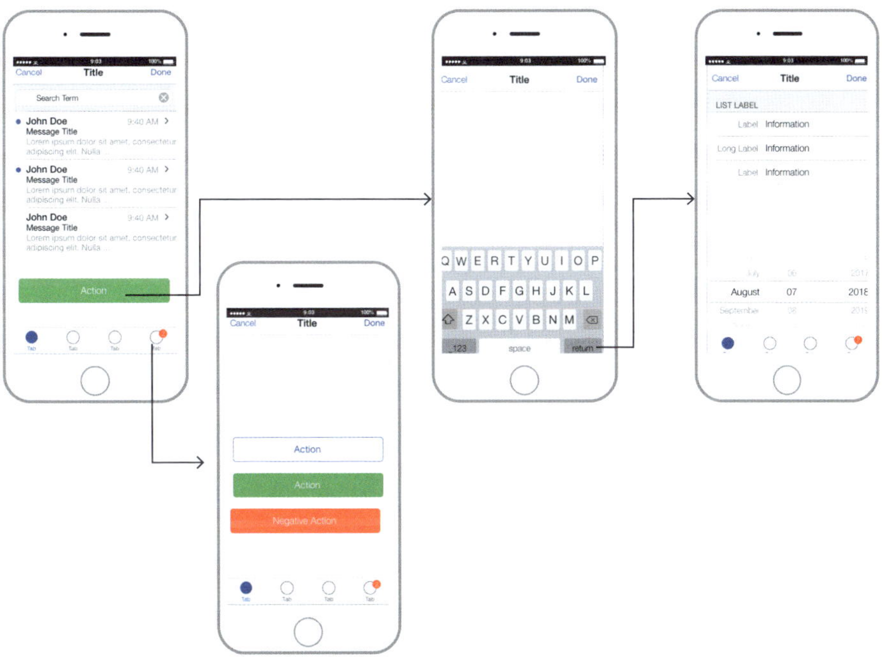


**Abbildung 15.11** Wireflows, manchmal auch Storyboard genannt, zeigen, wie die Wireframes logisch miteinander verknüpft sind.

### Verwandte Methoden

Die Überschneidungen von Wireframes mit anderen Techniken sind groß:

- **Scribbles**
  Scribbles sind handgezeichnete Seitenskizzen, siehe Kapitel 14, »Scribbles – erste Ideen auf dem Weg zum Design«.
- **Mockups**
  Als Mockups bezeichnet man Seitenskizzen, die schon aussehen wie die fertige Anwendung, siehe Kapitel 16, »Mockups und Prototypen – konkretisieren, visualisieren, designen«.
- **Klickdummys**
  Von Klickdummys spricht man, wenn Wireframes oder Mockups mit einfachen technischen Mitteln so zusammengehängt werden, dass man sich durch die Abfolge der Seiten klicken kann, siehe ebenfalls Kapitel 16.
- **Flussdiagramme/Flowcharts**
  Flussdiagramme zeigen, wie die Abfolge der Seiten/Screens in der Anwendung ist. Meist geben sie auch Bedingungen an, die erfüllt sein müssen (wie z. B. Angabe von Name und Passwort).
- **Wireflows**
  Wireflows sind eine Kombination von Wireframes mit Flowcharts und verknüpfen die beiden Darstellungsformen miteinander. Großer Vorteil ist, dass sie für alle, die nicht programmieren können, leichter zu interpretieren sind und dass die Funktion einzelner Elemente hier direkt gezeigt werden kann.

# Kapitel 16
# Mockups und Prototypen – konkretisieren, visualisieren, designen

*Mit Mockups und Prototypen können Sie Ihr Konzept durch Visualisieren konkretisieren und anschließend auch testen, bevor Sie in die Umsetzung einsteigen.*

Sie haben Anforderungen gesammelt, analysiert und in ein Konzept gegossen. Die Informationsarchitektur steht, ebenso existiert eine funktionale Spezifikation, und idealerweise gibt es erste Scribbles oder Wireframes Ihrer Anwendung. Im nächsten Schritt möchten Sie den konzeptionellen Ansatz verfeinern und auch testen. *Mockups* und *Prototypen* bieten Ihnen diese Möglichkeit. Sie visualisieren das Gesamtkonzept und sind dabei detaillierter als Wireframes oder Scribbles. Prototypen können zudem interaktiv gestaltet werden.

## 16.1 Was sind Mockups, was Prototypen?

Mockups und Prototypen visualisieren beide Ihr Konzept. Mockups sind dabei statische Screens, die täuschend echt wirken können. Prototypen sind detailliert ausgearbeitete, oft auch interaktive Modelle Ihrer Anwendung, die vor allem auch zum Testen geeignet sind.

### 16.1.1 Mockups

*Wireframes* konzentrieren sich auf den Aufbau von Seiten, die grundlegenden Interaktionsmöglichkeiten sowie die Inhaltsstruktur und lassen dabei bewusst visuelle Designaspekte wie Layout, Bildwelten, Farbe und Typografie außen vor (siehe Kapitel 15, »Wireframes – sich an das optimale Produkt annähern«). Genau diesen visuellen Aspekt bedienen *Mockups*. Es handelt sich um detailliert ausgearbeitete Screens, die dazu dienen, die Anmutung und das Designkonzept – unter anderem Farben, Formen, Abstände, Typografie – zu visualisieren. Sie können dabei täuschend echt wirken, wie ihr Name auch schon verrät: Der aus dem Englischen stammende Begriff *mockup* bedeutet übersetzt so viel wie »Attrappe«, das Verb *mock* etwa »täuschen« oder »nachahmen«.

### 16.1.2 Prototypen

Prototypen simulieren Ihre Anwendung, die in einer speziellen Software oder in Einzelfällen mit einer Programmiersprache ganz oder in Teilen umgesetzt wird. Es sind Modelle, mithilfe derer Sie die konzeptionellen Ansätze oder auch die technische Machbarkeit konkret ausprobieren und mit Nutzenden testen können. Das Testen Ihrer Anwendung auf Basis von Prototypen hat den entscheidenden Vorteil, dass Sie sich unter Umständen viel Zeit und Geld für Optimierungen und Neuprogrammierungen eines finalen Produkts sparen. Und zwar dann, wenn Sie das Prototyping und Testen überspringen und nach Liveschaltung feststellen (müssen), dass die Anwendung von den Nutzenden nicht so angenommen wird wie erhofft. Zudem erkennen Sie durch das Erarbeiten des Prototyps frühzeitig Schwachstellen in der Usability oder dem Konzept, die Sie dann noch vor der technischen Umsetzung ausbessern können. Spätestens dann, wenn Sie Nutzende befragen und ihnen im Usability-Test den Prototyp zeigen. Ein maßgeblicher Vorteil von *Prototypen*, gerade im Vergleich zu *Mockups*, ist es, dass sie Funktionalität vermitteln können. Dennoch sind Mockups wertvoll. Sie sind häufig Grundlage für Prototypen, abhängig vom gewählten Tool.

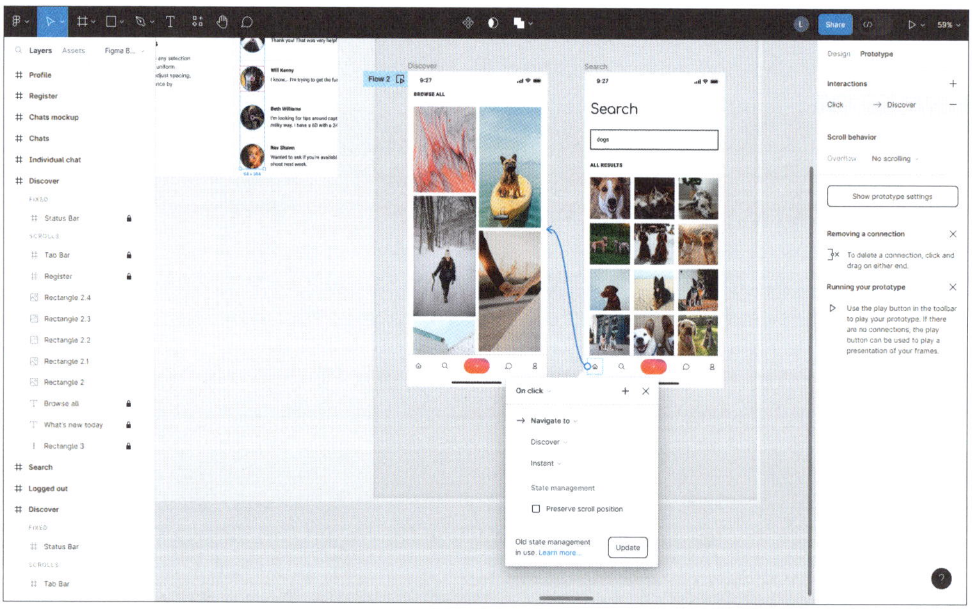


**Abbildung 16.1** In Prototyping-Tools können Sie Interaktionen schnell und einfach umsetzen, ohne spezielle Programmierkenntnisse mitzubringen. Die Abbildung zeigt die Desktop-Anwendung von Figma (Quelle: www.figma.com).

## 16.2 Wie sehen Prototypen aus?

Es existiert eine große Bandbreite an Prototypen, wobei es mehrere Möglichkeiten der Einordnung gibt. Dabei spielen der Detaillierungsgrad hinsichtlich visueller

Gestaltung, Funktionalität und Inhalt eine Rolle – je nachdem werden Prototypen als Low-Fidelity-, Medium-Fidelity- oder High-Fidelity-Prototypen bezeichnet.

### 16.2.1 Detaillierungsgrad des Prototyps

Neben der Erstellungsart und Ausprägung des Prototyps (z. B. aus Papier bis hin zu HTML, für mobile Screens bis hin zu Desktop) sowie dem Lebenszyklus des Prototyps (Wie viele Iterationen durchläuft der Prototyp auf dem Weg zur finalen Anwendung? Und in welcher Frequenz?) ist es nicht zuletzt der Detaillierungsgrad, der einen Prototyp ausmacht. Der Detaillierungsgrad – man spricht von *Fidelity*, also Ähnlichkeit mit dem Endprodukt – bezieht sich dabei auf die folgenden Dimensionen:

- **Visuelle Gestaltung**: Ist der Prototyp grob skizziert oder schon detailliert ausgestaltet? (skizziert <> ausgestaltet)
- **Funktionalität**: Wie viele Funktionen setzen Sie um, nur vereinzelte oder alle? (statisch <> voll funktional)
- **Inhalt**: Beinhaltet der Prototyp Dummytext oder ist er mit den geplanten Inhalten befüllt? (Lorem ipsum <> redaktioneller Content)

Sprich, wie weit ähnelt der Prototyp der finalen Anwendung? Beinhaltet er konkreten Inhalt, ist er visuell ausgearbeitet und hat er ein hohes Spektrum an Funktionalität, ist er auf den ersten Blick vielleicht kaum von einer echten Anwendung zu unterscheiden.

### 16.2.2 Ausbau des Prototyps entlang des Entwicklungsprozesses

Wichtig ist immer die Zielsetzung des Prototyps. Befinden Sie sich in einer frühen Phase, steht die Funktionalität im Vordergrund. Je weiter Sie im Entwicklungsprozess voranschreiten, umso mehr sollten Sie auch das Design des Prototyps verfeinern und konkrete Inhalte hinzufügen. Nicht zuletzt, um von den Testpersonen Feedback zu visuellen Aspekten zu erhalten. Vor diesem Hintergrund werden Prototypen in drei Kategorien eingeteilt:

- **Low-Fidelity-Prototypen**

  *Low-Fidelity-Prototypen* sind noch sehr grobe, eher strukturell orientierte Prototypen und müssen noch keinerlei Funktionalität haben. Möglicherweise starten Sie zunächst auf/mit Papier, scribbeln und digitalisieren diese ersten Ideen über eine Prototyping-App. Über diese Apps können Sie mehrere Screens miteinander verknüpfen und so einen einfachen Klickdummy erstellen. Das funktioniert auch mit Wireframes (siehe Kapitel 15, »Wireframes – sich an das optimale Produkt annähern«).

  In dieser frühen Phase haben Prototypen meist keine lange Lebensdauer. Sie verwerfen Ideen schnell, optimieren, bauen den nächsten Low-Fi-Prototyp, testen usw., bis Sie einen Ansatz weiterverfolgen möchten. Sie sollten sich daher nicht zu sehr mit Details aufhalten, bevor Sie nicht mit den Grundlagen zufrieden sind.

- **Medium-Fidelity-Prototypen**

  *Medium-Fidelity-Prototypen* sind detaillierter, bieten bereits mehr Funktionalität und haben gegebenenfalls auch einige echte Inhalte integriert. Man sieht ihnen noch an, dass sie Prototypen sind, aber Testpersonen und auch Kunden können sich hier schon ein sehr genaues Bild des Konzepts und der finalen Anwendung machen. Wenn Ihnen Low-Fidelity-Prototypen also nicht (mehr) ausreichen, um Ihre Ideen detailliert genug darzustellen, Sie aber den Aufwand für einen High-Fidelity-Prototyp scheuen, gehen Sie diesen Schritt weiter. Das kann beispielsweise dann der Fall sein, wenn Sie bereits ein grobes Design entwickelt haben und dieses testen möchten. Es fehlen noch Details im Design, zum Beispiel einige Grafiken, oder Sie möchten zwei verschiedene Navigationslogiken gegeneinander testen. In diesen Fällen mag Low Fidelity zu wenig und High Fidelity zu viel sein.

  *Medium-Fidelity-Prototypen* setzen Sie zum Anfang oder im Zuge der Designphase ein. Es geht also nicht mehr rein um Funktionalitäten oder Informationsarchitektur, sondern auch um Themen wie Bildsprache. Sie müssen noch keine eigens aufgenommenen Bilder nutzen. Greifen Sie auf Material von Bildagenturen zurück, um die Gestaltung zu visualisieren. Für alle Navigationselemente, Icons und weitere *User-Interface-Elemente* können Sie sich sehr gut aus den Bibliotheken der gängigen Prototyping-Tools wie z. B. Figma (siehe auch Box »Auswahl gängiger Prototyping-Tools« in diesem Kapitel) bedienen. Sie benötigen noch nicht die eigens gestalteten Elemente, um dem Look and Feel Ihrer Anwendung näher zu kommen und dieses Ihren Kunden, Stakeholdern oder Testpersonen zu vermitteln.

- **High-Fidelity-Prototypen**

  *High-Fidelity-Prototypen* simulieren Ihre Anwendung so gut, dass es häufig täuschend echt wirkt. Ähnlich wie Mockups, nur mit dem Unterschied, dass Hi-Fi-Prototypen interaktiv sind und die Funktionalitäten der Seite zeigen. Sie sind entsprechend zeitaufwendig in der Erstellung und sollten daher eher zum Ende der Designphase bzw. zu Beginn der technischen Umsetzungsphase gebaut werden. Sie dienen sehr gut dazu, eine finale Freigabe für ein Gesamtkonzept inklusive des Designs zu erhalten, und gleichzeitig lassen sie sich in Tests mit Nutzenden vor einer technischen Umsetzung einsetzen.

## 16.3 Wie erstelle ich einen Prototyp?

Abhängig von der Zielsetzung, die Sie mit Ihrem Prototyp verfolgen, legen Sie den Umfang und Detaillierungsgrad Ihres Prototyps fest. Erst dann macht es Sinn, ein geeignetes *Prototyping-Tool* auszuwählen.

### 16.3.1 Vorüberlegungen zum Prototyp

Das A und O vor der Erstellung eines Prototyps ist es, sich Gedanken über die Zielsetzung und den Umfang zu machen. Was möchten Sie mit dem Prototyp erreichen? Geht es Ihnen primär um das Präsentieren zweier verschiedener Designvarianten, zu denen Sie einen möglichen Weg eines Nutzenden durch die Anwendung zeigen? Oder möchten Sie Funktionalität vermitteln und mit Testpersonen deren Verständlichkeit und Usability überprüfen? In jedem Fall sollten Sie sich vorher überlegen, welche Teilbereiche der Anwendung Sie umsetzen. Selten oder erst in einer späteren Phase lohnt sich der Aufwand eines Prototyps, der alle Funktionen und Inhalte abbildet.

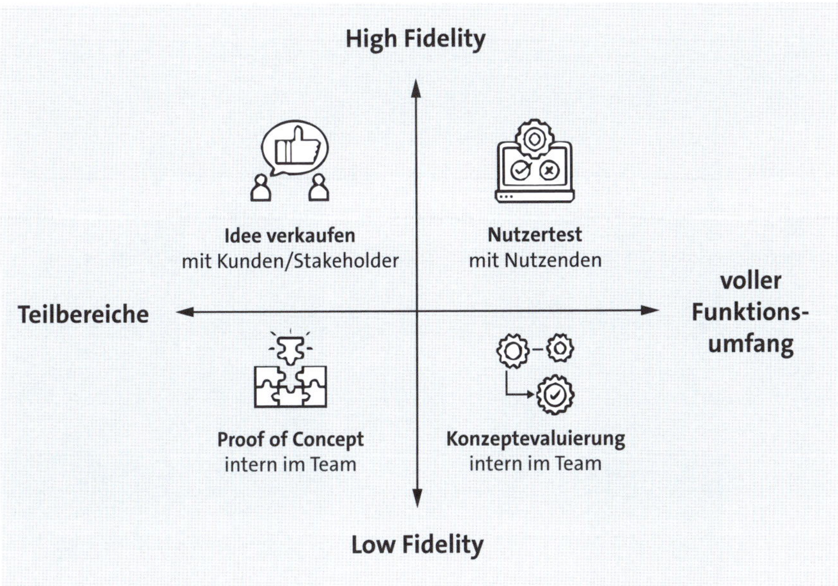


**Abbildung 16.2** Ob intern oder extern getestet werden soll, ob die komplette Anwendung oder nur Teile davon – das sind relevante Überlegungen, um den Detaillierungsgrad und den Umfang der Interaktionen zu bestimmen (Icons von flaticon.com).

Den Umfang bestimmen Sie auch anhand der Überlegung, welche Funktionalitäten oder welche Seiten Sie visualisieren und greifbar machen möchten. Standardfunktionen wie beispielsweise ein einfaches Kontaktformular oder eine Auswahlliste müssen nicht zwingend durch einen Prototyp funktional umgesetzt werden. Ihre Kunden und auch Nutzende sind solche Funktionalitäten gewohnt und können sich ihre Funktionalität sehr gut vorstellen. Spannender wird es jedoch, wenn Sie solche Standards mit einem ungewöhnlichen Design versehen. Oder aber wenn es neue (Teil-)Funktionalitäten geben soll, die weniger gelernt sind oder eine zentrale Aufgabe in Ihrer gesamten Anwendung einnehmen. Sei es beispielsweise eine facettierte Suchfunktion mit ungewöhnlichen Kategorien oder eine Vorschaufunktion aus den Suchergebnissen heraus.

Setzen Sie lieber wenige Funktionen im Prototyp detailliert um, und testen Sie diese, als zu versuchen, viele Funktionen oberflächlich anzudeuten. Hier hilft auch das Pareto-Prinzip: Konzentrieren Sie sich auf die 20 Prozent aller Funktionalitäten, die die Nutzenden zu 80 Prozent ihrer Besuchszeit voraussichtlich benutzen werden oder nutzen sollen. Also die zuvor angesprochenen zentralen, häufig genutzten Funktionen.

Bevor Sie starten, sollten Sie definieren, für welche Endgeräte Sie den Prototyp gestalten bzw. optimieren möchten oder auf welchem Betriebssystem Ihre native App laufen soll. Hierzu finden Sie wertvolle Hinweise in Abschnitt 26.4.1, »Wo soll die Anwendung überhaupt laufen?«.

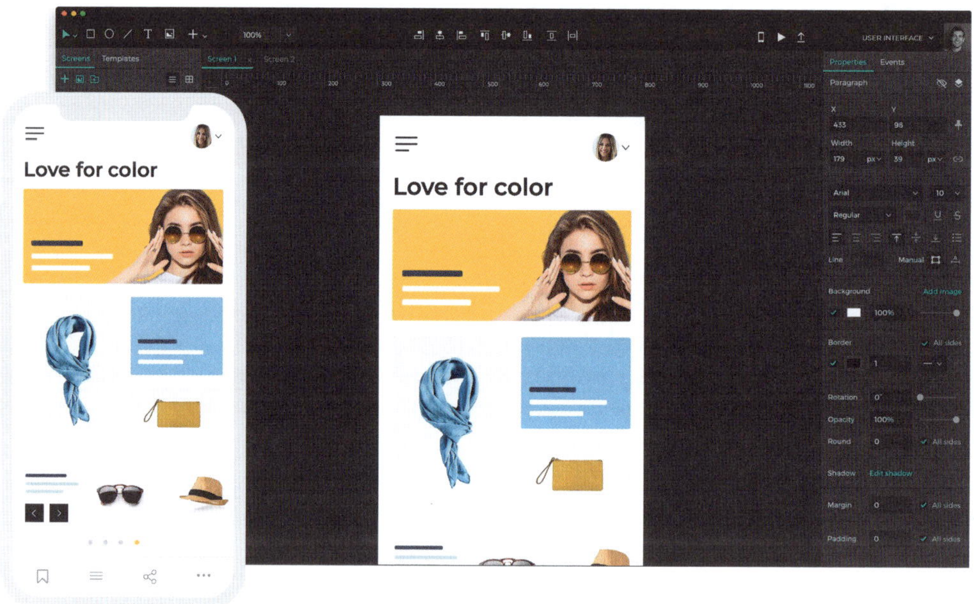


**Abbildung 16.3** Auf dem Desktop gestaltet, mobil getestet – sowohl live im Zuge des UX-Designs als auch später im Test mit einer Testperson. (Quelle: www.justinmind.com)

Extrem hilfreich ist es, im Vorfeld zur Umsetzung *User Scenarios* (Nutzungsszenarien) zu definieren, an denen Sie sich in der Umsetzung des Prototyps entlangarbeiten können. Ein Beispiel für ein Tourismusportal wäre dann: »Brigitte, 46 Jahre alt, möchte ein exklusives Wellness-Hotel an der niedersächsischen Nordseeküste buchen. Sie sucht auf [Ihre Anwendung] zunächst in der Unterkunftssuche nach geeigneten Hotels und wechselt von dort in die interaktive Karte, um eine Unterkunft zu finden, die sehr nah am Strand liegt.« Das hilft deshalb, weil Sie dann nicht diejenigen Screens umsetzen, die Sie im Kopf haben, sondern gezielt entlang eines möglichen Navigationswegs gestalten. Im genannten Beispiel sind dies die Unterkunftssuche sowie die interaktive Karte, und diese in verschiedenen Zuständen, anstelle vielleicht der Startseite und einer Unterkunftsdetailseite. Zudem können Sie genau diese *User Scenarios* dann beim Testen heranziehen. Haben Sie diese Nutzungsszenarien festgelegt, starten Sie bei der Umsetzung zunächst mit den Screens, die Sie grundsätzlich benötigen (im Beispiel: Unterkunftssuche und interaktive Karte), und gehen Sie dann in den Screens in die Tiefe, indem Sie die Funktionalitäten entsprechend den Nutzungsschritten sukzessive umsetzen.

### 16.3.2 Auswahl eines Prototyping-Tools

Die Auswahl an Prototyping-Software ist groß. Jede hat ihren Schwerpunkt und bietet einen unterschiedlichen Funktionsumfang. Je nach Herangehensweise im Projektteam und je nach Detaillierungsgrad des Prototyps haben Sie bestimmte Anforderungen, denen das eine oder andere Prototyping-Tool besser oder schlechter gerecht wird. Einige Fragen, die Sie sich bei der Auswahl stellen sollten – sofern Sie nicht bereits mit einem bestimmten Tool arbeiten oder aus anderen Gründen darauf festgelegt sind:

- Wie hoch ist der Einarbeitungsaufwand für die Beteiligten? Wie schnell können Anpassungen am Prototyp vorgenommen werden?
- Sollen die Designentwürfe direkt im Tool erstellt oder nur als Screens importiert werden?
- Welchen Funktionsumfang benötigen Sie im Hinblick auf Interaktionen und Animationen?
- Gibt es eine Bibliothek mit gängigen User-Interface-Elementen und Grafiken? Können Elemente als Vorlagen abgespeichert und wiederverwendet werden?
- Ermöglicht das Programm eine Zusammenarbeit? Bietet es die Möglichkeit, dass mehrere Personen gleichzeitig daran arbeiten? (Das ist relevant, falls im Team gearbeitet wird.)
- Gibt es eine Teilen- oder Vorschaufunktion, über die andere Kommentare und Feedback zum Prototyp übermitteln können?
- Wie einfach kann der Prototyp aus dem Tool exportiert bzw. zur Präsentation/Besprechung bereitgestellt werden?
- Welche Formen für die Lizenzierung (Einzellizenzen versus Gruppenlizenzen, webbasiert versus Desktop-Anwendungen) gibt es? Wie sehen die Kosten aus?

Sie können Prototypen auch immer mit HTML und CSS umsetzen (genauso wie Sie Mockups immer auch mit Grafikprogrammen wie z. B. Adobe Photoshop erstellen können). Haben Sie aber keine Entwicklungsressourcen zur Verfügung oder keine Person im Team, die HTML beherrscht, können Sie aus einer Vielzahl an Prototyping-Tools auswählen. Der Markt verändert sich laufend, dennoch haben sich einige Tools mittlerweile etabliert.

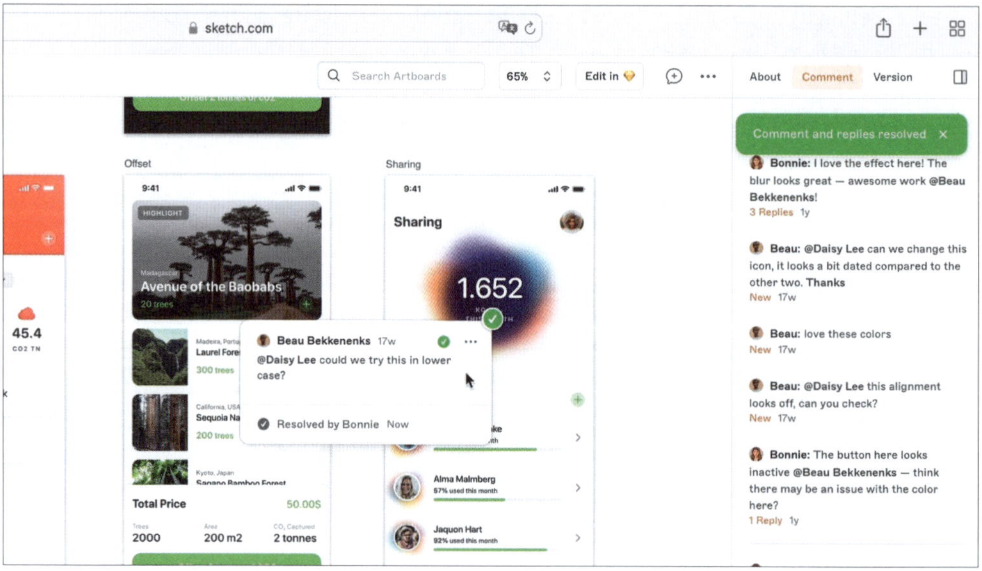


**Abbildung 16.4** Gängige Prototyping-Programme bieten Funktionen zum Teilen, Kommentieren und Anpassen des Prototyps im Team oder für Livepräsentationen mit dem Kunden oder mit Stakeholdern. Hier am Beispiel von Sketch. (Quelle: www.sketch.com)

### Auswahl gängiger Prototyping-Tools

Nachfolgend finden Sie eine Auswahl der bekanntesten Programme, mit denen Sie jegliche Prototypen von sehr rudimentären bis hin zu interaktiven und responsiven High-Fidelity-Prototypen erstellen können:

- Figma: *www.figma.com*
- Axure RP: *www.axure.com*
- Sketch: *www.sketch.com*
- Adobe XD: *www.adobe.com/de/creativecloud.html*
- UXPin: *www.uxpin.com*
- proto.io: *www.proto.io*
- Marvel: *www.marvelapp.com*
- Penpot: *www.penpot.app*
- ProtoPie: *www.protopie.io*
- Justinmind: *www.justinmind.com*
- InVision: *www.invisionapp.com*

Die meisten Tools sind sehr mächtig mit einem hohen Funktionsumfang, mit dem sich sehr hochwertige, umfangreiche Prototypen bauen lassen. Alle Tools bieten Demoversionen oder kostenfreie Probezeiträume an, so dass Sie sich ein eigenes Bild machen können. Im Zeitalter von Künstlicher Intelligenz entstehen zahlreiche neue Anwendungen oder auch Plug-ins für die oben genannten Programme, die Sie für den Prototyping-Prozess einsetzen können. Mehr dazu lesen Sie in der Infobox »Kann Künstliche Intelligenz beim Prototyping unterstützen?« in diesem Kapitel.

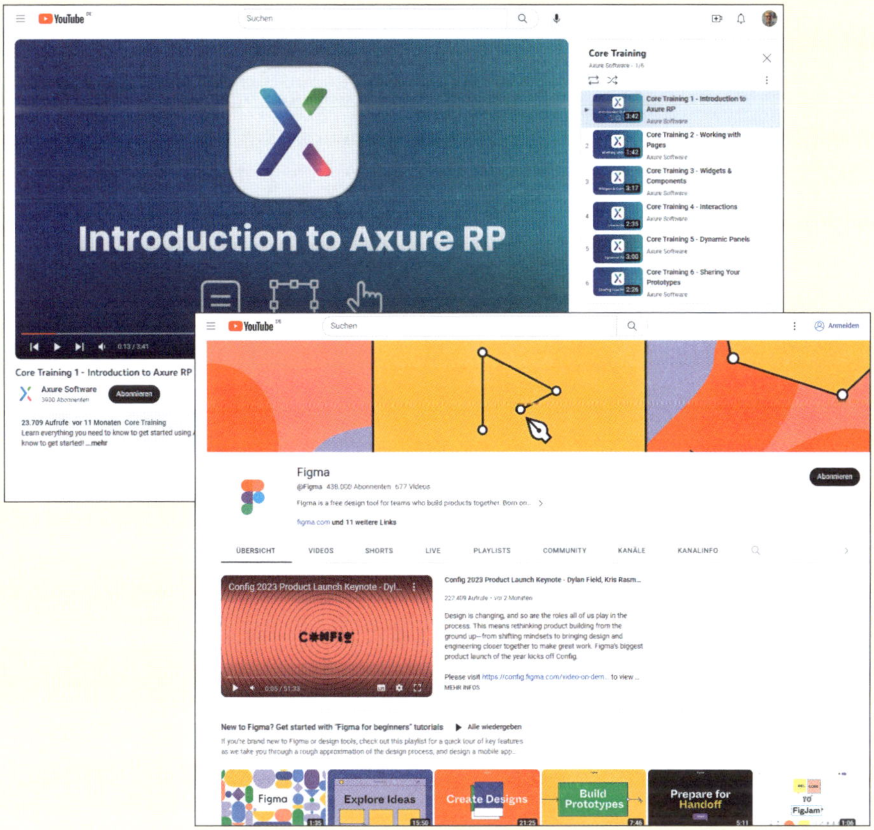


**Abbildung 16.5** Zu Figma (www.youtube.com/c/figmadesign) und Axure (www.youtube.com/c/axure) gibt es umfangreiche Tutorials auf YouTube. Diese helfen auch, einen ersten Eindruck von den Programmen zu bekommen.

### 16.3.3 Erstellen des Prototyps

Haben Sie ein geeignetes Tool ausgewählt, können Sie auf Basis der Vorüberlegungen in die Erstellung des Prototyps einsteigen.

Legen Sie zunächst Ihr *Gestaltungsraster* (auch *Grid* genannt) an. Details dazu finden Sie in Abschnitt 26.2, »Wie ein Rastersystem aufgebaut ist«. Haben Sie bereits Wireframes erstellt, können Sie selbstverständlich hierauf aufbauen, Gestaltungselemente einfügen und Funktionalitäten umsetzen.

Es empfiehlt sich immer, Vorlagen anzulegen. Sie speichern also wiederkehrende und häufig gebrauchte Elemente wie Bild-Teaser oder spezielle Widgets in der Bibliothek ab und können diese dann wiederverwenden. Genauso können Sie auch mit dem Rahmen der Screens verfahren, also Header und Footer der Seite. So können Sie neue Seiten schnell befüllen. Das spart Ihnen viel Zeit (siehe Kapitel 15, »Wireframes – sich an das optimale Produkt annähern«). Bei derartigen Vorlagen für einzelne Elemente spricht man auch von Komponenten. Diese werden in Bibliotheken (so genannte *Pattern Libraries*) oder ganzen *Designsystemen* zusammengeführt (siehe Kapitel 28, »Designsysteme, Styleguides, Component Libraries und Pattern Libraries«)

Spannend wird es bei der Umsetzung der einzelnen Funktionalitäten. Hier geht es ins Detail, und man kann alleine damit Bücher füllen. Auch professionelle Schulungen im Umgang mit den Tools werden angeboten. Wir empfehlen hier, zunächst die Testversionen der Programme und die angebotenen Tutorials zu nutzen. So können Sie ein Gefühl dafür entwickeln, wie Funktionen in den einzelnen Programmen umgesetzt sind.

**Kann Künstliche Intelligenz beim Prototyping unterstützen?**

Wie bei jeder neuen Technologie ist gerade bei der *generativen Künstlichen Intelligenz* Folgendes zu beobachten: Zunächst werden enorm viele neue Anwendungen auf dieser Technologiebasis entwickelt und auf den Markt gebracht. Zahlreiche davon werden weiterentwickelt. Aus dieser Fülle kristallisieren sich dann solche heraus, die die relevanten Anwendungsfälle am besten abdecken und tatsächlich Mehrwert stiften. So auch im Fall von Prototyping und vorgelagerten oder damit verwandten Tätigkeiten.

Die Bandbreite ist enorm – von Anwendungen, die Bilder aus Textbefehlen generieren, die aus Scribbles erste Designentwürfe erstellen, die aus einem ersten Designentwurf zahlreiche Varianten ableiten oder aus einer bestehenden Website einen Styleguide erzeugen. Einiges davon kann für das Prototyping von Websites oder Apps durchaus hilfreich sein und Ihnen Zeit für konzeptionelle oder kommunikative Aufgaben verschaffen. Allerdings ist der Reifegrad der Ergebnisse aktuell noch gering. Auch ist die rechtliche Situation, wie Sie das, was die KI erstellt hat, im beruflichen Umfeld nutzen dürfen, nicht abschließend geklärt. Die meisten dieser Tools sind nur mit Anmeldung nutzbar, wenn nicht sogar nur mit einer Einladung (»invite-only«). Während aktuell zahlreiche der KI-basierten Werkzeuge noch kostenfrei genutzt werden können, dürfte sich das in naher Zukunft ändern.

Trotz all dieser Einschränkungen: Schauen Sie sich verschiedene Werkzeuge an, die Künstliche Intelligenz einsetzen, und machen Sie sich selbst ein Bild davon. Unter anderem folgende Anwendungsfälle sind es grundsätzlich wert, im Zuge des Prototypings getestet und in die Prozesse mit aufgenommen zu werden:

- **Text-zu-Bild-KI**: Mittels Texteingaben (so genannten *Prompts*) erstellt die jeweilige KI-Anwendung Bilder oder sogar Mockups und Screendesigns, die Ihnen als Inspiration oder Vorlage dienen können, wie Sie weiterarbeiten können. Auch sind derartige Werkzeuge sehr hilfreich, wenn Sie gutes oder einzigartiges Bildmaterial haben möchten, um diese in Mockups oder High-Fidelity-Prototypen einzubauen. Aktuell gehören Midjourney (*www.midjourney.com*) und Dall-E von OpenAI (*www.openai.com/research/dall-e*) zu den bekanntesten derartigen Anwendungen. Weitere Informationen dazu finden Sie in Kapitel 35, »Bilder für Nutzende auswählen«.
- **Bild-zu-Design-KI**: Ob es ein Foto eines Scribbles oder eines Papierprototypen ist oder ein Screenshot einer bestehenden Internetseite – solche Anwendungen ersparen Ihnen Arbeit, indem sie statische Bilddateien verarbeiten, so dass diese in einem Gestaltungsprogramm weiterbearbeitet werden können. Beispielhafte Anwendungen sind aktuell Visily (*www.visily.ai*) oder uizard (*www.uizard.io*).
- **Text-zu-Design-KI**: Einige Anwendungen bieten die Funktion an, dass sie aus Texteingaben bearbeitbare Prototypen erstellen. Teils werden zusätzlich zur textlichen Beschreibung noch weitere Stilrichtungen oder Schlagworte abgefragt, auf die das Endergebnis angepasst wird. Galileo AI (*www.usegalileo.ai*) oder Prototypr AI (*www.prototypr.ai*) sind Beispiele dafür. Auch einige der gängigen Prototyping-Anwendungen (siehe Box »Auswahl gängiger Prototyping-Tools«) bieten solche Funktionen an.
- **Plug-ins/Erweiterungen für Prototyping-Tools**: Es entstehen einige KI-basierte Erweiterungen für etablierte Prototyping-Programme, die Sie beim Gestaltungsprozess unterstützen und Teilaufgaben übernehmen sollen. So können Sie sich beispielsweise automatisiert Labels, Button-Beschriftungen und Teaser-Texte generieren lassen. Oder Sie lassen sich aus einem Entwurf eine responsive Darstellung für zahlreiche Endgeräte erstellen, ebenso verschiedene Layout-Varianten aus einem ersten Entwurf.

Zum Zeitpunkt der Veröffentlichung dieses Buches stecken noch einige dieser Anwendungen in den Kinderschuhen. Die Ergebnisse sind zwar beeindruckend, aber noch nicht so ausgereift, dass sie direkt weiterverwendet werden können. Dies kann sich schnell ändern. Der Markt an KI-Anwendungen entwickelt sich rasant. Bleiben Sie daher offen für neue Bereiche, und schauen Sie auch nach alternativen Ansätzen, die Sie bei Ihrem Prototyping-Prozess unterstützen könnten.

## 16.4 Wann setze ich Prototypen ein?

Die Erstellung von Mockups und Prototypen ist ab einer groben Konzeptidee, für die beispielsweise eine Skizze oder ein Wireframe erstellt wurde, denkbar. Sicherlich müssen Sie nicht alle Detaillierungsgrade an Prototypen durchlaufen und zuvor noch einen Mockup erstellen. Hier ist ausschlaggebend, was im Projekt sinnvoll ist. Handelt es sich z. B. um ein Markenportal mit starkem Fokus auf Design und Branding, dann machen Mockups sicherlich Sinn, interaktive Prototypen sind eventuell nicht oder nur in geringem Maße notwendig. Die Funktionen halten sich hier normalerweise in den Grenzen des Üblichen. Handelt es sich aber um ein stark Conversion-getriebenes Portal, z. B. einen Onlineshop, sollten Sie unbedingt interaktive Prototypen bauen und diese mit Nutzenden testen.

Wichtig ist aber, immer die Zielgruppe im Blick zu behalten. Handelt es sich um Stakeholder oder Kunden, die sehr versiert und onlineaffin sind und sich die Funktionalität sehr gut vorstellen können, dann reicht zunächst ein Low-Fi-Prototyp, um die Kommunikation anzukurbeln und mögliche Fragen zu klären. Oft stellt sich dann heraus, ob alle Beteiligten dasselbe Bild der Anwendung haben und die Interaktionen klar sind. Ist dies noch nicht der Fall, konkretisieren und verfeinern Sie. Zeigen Sie, was Sie meinen, anstatt es zu erklären.

### 16.4.1 Papier-Prototyping

Es gibt Projekte, bei denen es sinnvoll sein kann, im ersten Schritt einen Papierprototyp zu bauen. Mit Papierprototypen können Sie Ihre ersten Ideen visualisieren und in einen interaktiven, aber analogen Prototypen übertragen. Und das mithilfe von Papier, Stift und Schere. *Papierprototypen* sind also Papiermodelle der Screens Ihrer Anwendung. Sie sind einfach gestaltet und weit entfernt von einem ausgereiften Design. Ähnlich zu *Scribbles* (siehe Kapitel 14, »Scribbles – erste Ideen auf dem Weg zum Design«) ist Papier-Prototyping ein schneller und kostengünstiger Weg, um eine konzeptionelle Idee zu visualisieren und diese ersten Ansätze der Nutzeroberfläche zeigen, erklären und in der Gruppe diskutieren zu können. Beim *Papier-Prototyping* konzentrieren Sie sich meist auf die Abfolge, Zusammenhänge und die grundsätzliche Struktur von Screens sowie auf grobe Navigations- und Interaktionsideen.

In der Regel basieren Papierprototypen auf *Scribbles* oder *Wireframes*. Während *Scribbles* ein erstes Brainstorming und das Entwickeln visueller Ansätze in einem sehr frühen Stadium der Konzeption ermöglichen, geht es beim *Wireframing* um die Struktur und den Aufbau von Screens sowie die Anordnung von Screenelementen, ohne sich in Layoutdetails wie Farbe, Bildsprache oder Schriftarten zu vertiefen. Sowohl Scribbles als auch Wireframes können Sie testen, allerdings meist ohne oder nur mit sehr eingeschränkter Interaktivität. Genau das ist bei Papierprototypen anders: Sie imitieren manuell Interaktionen.

Sinn machen Papierprototypen daher insbesondere dann, wenn Sie im Workshop mit einer sehr heterogenen Gruppe zusammenarbeiten und Mikro-Interaktionen sowie viele Funktionen abbilden möchten. Ein großer Vorteil von Papierprototypen ist es, dass es keine Vorkenntnisse braucht, um sie zu erstellen. Jeder kann mit Papier, Stift und Schere umgehen. Daher eignet sich die Methode auch gut in Workshops, in denen keine oder kaum Personen teilnehmen, die digitale Prototyping-Tools beherrschen, sie aber wertvolles Wissen zur Entwicklung der Anwendung beitragen können. Oder auch in Projekten, bei denen Sie kritische Stakeholder bewusst in den Entwicklungsprozess einbeziehen möchten. So können Sie diese frühzeitig abholen und konzeptionelle Ansätze diskutieren lassen. Dabei dürfen es auch verschiedene Ansätze im Vergleich sein, so dass Sie am Ende das Beste aus jedem Ansatz mitnehmen, weiter verfeinern oder vereinen können und die beste Lösung erhalten.

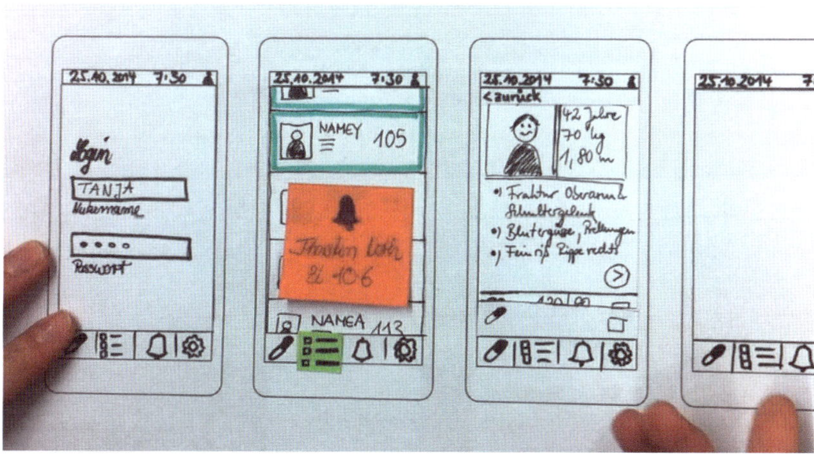


**Abbildung 16.6** Beispiel eines Papierprototyps für eine App im Medizinbereich mit einer orangen Haftnotiz zur Simulation eines Warnhinweises

### 16.4.2 Rapid Prototyping

*Rapid Prototyping* wird häufig in den frühen Phasen, vor allem aber im Zusammenhang mit schnellen Nutzertests, eingesetzt. Hierbei handelt es sich um Prototyping mit zahlreichen *Iterationen*, bei denen die Prozessschritte beliebig oft durchlaufen werden, bis das gewünschte Ziel erreicht ist. Sie erstellen den Prototyp, lassen ihn von Stakeholdern oder Kunden bewerten und/oder von Testpersonen evaluieren, verfeinern anschließend den erstellten Prototyp und arbeiten das Feedback ein.

Die Iterationen erfolgen dabei meist schnell und in kurzen Abständen. Im Zuge von Usability-Tests kann das innerhalb eines Tages der Fall sein. Sie testen, konsolidieren noch am gleichen Tag das Feedback der Nutzenden und arbeiten es – je nach Umfang der Veränderungen – gleich im Anschluss oder am nächsten Tag in den Prototyp ein. Dann gehen Sie in die nächste Testschleife mit Nutzenden. So haben Sie innerhalb weniger Tage ein sehr effizientes und kompaktes Vorgehen und können Konzepte feinschleifen.

**Verwandte Methoden**

Einige der folgenden Methoden dienen sehr gut als Grundlage für Mockups oder Prototypen und sind so gesehen die Vorstufe:

- **Scribbles**
  Scribbles sind handgezeichnete Seitenskizzen, siehe Kapitel 14, »Scribbles – erste Ideen auf dem Weg zum Design«.
- **Wireframes**
  Ein Wireframe ist eine mit Software erstellte Seitenskizze und deutlich detaillierter als ein Scribble. Siehe Kapitel 15, »Wireframes – sich an das optimale Produkt annähern«.
- **Flussdiagramme/Flowcharts**
  Flussdiagramme zeigen, wie die Abfolge der Seiten/Screens in der Anwendung ist. Meist geben sie auch Bedingungen an, die erfüllt sein müssen (wie z. B. Angabe von Name und Passwort).

# Kapitel 17
# Design Sprints, Design Thinking und ausgewählte Ideation-Methoden – Projektideen entwickeln und validieren

*Für Bedürfnisse der Nutzenden oder globale Herausforderungen konkrete Lösungen zu finden, ist nicht leicht. Eine Methode, um im Team in kurzer Zeit Ideen zu generieren und konkrete Projektansätze zu entwickeln und zu testen, ist der Design Sprint.*

*Design Sprints* und *Design Thinking* sind Vorgehensweisen für menschzentriertes Gestalten von Produkten oder Services. Sie haben einiges gemeinsam, unterscheiden sich aber darin, wann sie sinnvollerweise eingesetzt werden. Beide Methoden kommen zum Einsatz, wenn Sie vor einer Herausforderung stehen und neue Produkte oder Projektideen entwickeln und validieren möchten. Beispielsweise weil Sie auf die Marktentwicklung reagieren müssen oder in der User Research Bedürfnisse der Nutzenden identifiziert haben, die Sie mit Ihrer bestehenden Produktpalette (noch) nicht abdecken.

*»Wie können wir Menschen im urbanen Raum ein positives Nutzungserlebnis im öffentlichen Nahverkehr ermöglichen?«* ist beispielsweise eine sehr offene Frage, die Sie mithilfe von Design Thinking beantworten können. Design Sprints wiederum kommen dann zum Einsatz, wenn es bereits eine konkrete Fragestellung mit engem Bezug zur aktuellen Situation gibt. In unserem Beispiel wäre das vielleicht: *»Wie können wir die geringe Nachfrage nach öffentlichem Nahverkehr am Wochenende brechen und für eine bessere Auslastung sorgen?«* Ein wesentlicher Teil des Design Thinking ist es, die Nutzenden und ihre Situation in Bezug auf die Kernfrage zu verstehen, Empathie für sie zu entwickeln und darauf aufbauend eine eigentliche Problemstellung zu definieren. Der Design Sprint setzt später an.

## 17.1 Was ist ein Design Sprint?

Design Sprints sind als beliebte Innovations-Workshops durch Google Ventures ins Leben gerufen worden. Ein Design Sprint zeichnet sich dadurch aus, dass in kürzester Zeit und in einem interdisziplinären Team ein frühes, aber fundiertes und mit Nutzenden getestetes Konzept zu einem Produkt oder Service gestaltet wird. Innerhalb von einer Woche entsteht zu einer konkretisierten Idee ein realitätsnaher Prototyp, zu dem direkt Nutzerfeedback eingeholt wird. Damit eignet sich der Design Sprint gerade auch für frühe Projektphasen, in denen Sie die Entscheidung für oder gegen ein Konzept schnell und fundiert treffen möchten. Genauso geeignet ist er aber auch zu einem späteren Zeitpunkt im Projekt, um Einzelfragen im Gesamtkonzept zu bearbeiten.

### 17.1.1 Wie läuft ein Design Sprint ab?

Bevor Sie in den *Design Sprint* starten, müssen Sie mit etwas Vorlauf (idealerweise zwei bis drei Wochen) die Problemstellung definieren. Machen Sie dies in einem separat angesetzten Workshop, zu dem Sie insbesondere auch Personen aus dem Management und solche mit Entscheidungskompetenz involvieren. Tun Sie dies auch oder gerade dann, wenn diese Personen nicht im eigentlichen Design Sprint dabei sein werden. So können sie relevante Impulse und strategische Fragestellungen einholen und nicht zuletzt auch die Zustimmung und Unterstützung durch das Management sichern.

Vorteil dieses Vorgehens ist es auch, dass Sie bis zum eigentlichen Sprint noch Zeit haben, bestehende Daten und Erkenntnisse aus der Nutzungsforschung im Unternehmen zusammenzutragen oder sogar Interviews noch durchzuführen, sollten Sie weitere Informationen benötigen. Auch haben Sie den notwendigen Vorlauf, Nutzende für das Testing während des Design Sprints zu rekrutieren.

Am Ende sollten Sie im vorgelagerten Teil eine klar formulierte Herausforderung definiert haben, für die Ihnen User-Research-Ergebnisse vorliegen und die insbesondere auch mit Unternehmenszielen und -strategie abgeglichen ist. Und Sie haben das passende Team für die definierte Problemstellung zusammengestellt. Damit können Sie in den Design Sprint starten.

Design Sprints sind klar strukturiert und haben jeden Tag einen bestimmten Fokus. Die ursprüngliche Version des Design Sprints dauert fünf Tage – also von Montag bis Freitag:

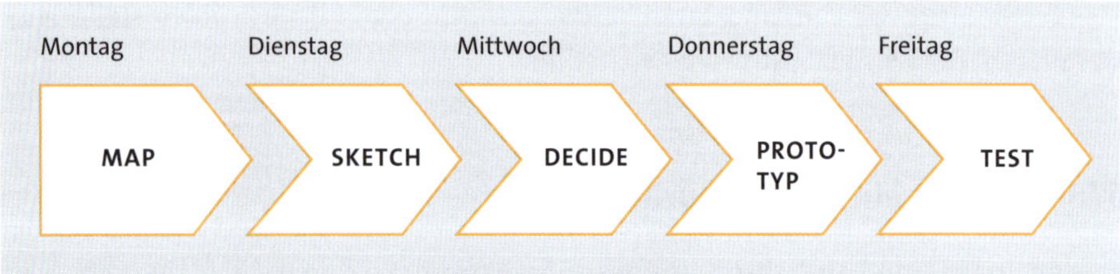


**Abbildung 17.1** Die Bausteine des fünftägigen Design Sprints

- **Tag 1/Montag: Problem verstehen** – Sie erarbeiten ein gemeinsames Verständnis der Zielsetzung und der in der Sprint-Woche zu klärenden Fragen. Dabei beziehen Sie bestehendes Wissen zu Nutzerbedürfnissen, dem Markt und technischen Möglichkeiten im Unternehmen mit ein. Sie erarbeiten ein Ziel und einen genauen Fahrplan für die Woche.
- **Tag 2/Dienstag: Ideen entwickeln** – Sie sammeln Inspirationen und generieren in einem mehrstufigen Prozess Ideen und skizzieren diese.
- **Tag 3/Mittwoch: Lösungen auswählen** – Sie entscheiden sich für eine kleine Auswahl an Lösungsansätzen, die als Prototyp umgesetzt werden sollen, und erstellen ein so genanntes *Storyboard* für die schrittweise Umsetzung des Prototyps.
- **Tag 4/Donnerstag: Prototypen bauen** – Mithilfe eines aussagekräftigen Prototyps (*High-Fidelity*) machen Sie die Idee möglichst realitätsnah erfahrbar. Der Prototyp sollte so ausgereift und ansprechend sein, dass Sie am Folgetag Reaktionen erzeugen und mehr als Feedback von den Testpersonen erhalten.
- **Tag 5/Freitag: mit Nutzenden testen** – Sie testen die Lösung mit fünf Nutzenden, die Ihrer Zielgruppe entsprechen. Das Team beobachtet und wertet die Tests in Echtzeit aus. Abschließend werden die Erkenntnisse verdichtet und weitere Handlungsoptionen besprochen.

Mittlerweile gibt es auch eine Vier-Tage-Variante, vor allem aufgrund der Herausforderung, die notwendigen Personen im Unternehmen für eine ganze Woche zu blockieren. In der verkürzten Variante (auch als *Design Sprint 2.0* bekannt) sind die mittleren Tage zusammengefasst, an denen Ideen generiert werden und entschieden wird, mit welchem Ansatz weitergearbeitet wird. Das bedeutet auch, dass die komplette Gruppe nur an den ersten beiden Tagen teilnehmen anstatt an den ersten drei wie bei der ursprünglichen Fünf-Tage-Version. In einer nochmals weiterentwickelten Variante, dem Design Sprint 3.0, hat die Design Sprint Academy Erfahrungswerte einfließen lassen und Veränderungen vorgenommen, die insbesondere den ersten Tag betreffen. Hier wurde Zeit eingespart und umverteilt sowie Teilbereiche leicht verändert, um gezieltere Entscheidungen und Ergebnisse zu erzielen.

### 17.1.2 Wer sollte bei einem Design Sprint dabei sein?

Überlegen Sie gut, wen Sie für die Teilnahme am Sprint auswählen. Denn es mag wenig überraschen, dass der Erfolg des Sprints maßgeblich vom Team beeinflusst wird. Haben Sie eine gute Mischung aus Kompetenzen und Persönlichkeiten beisammen, entstehen neuartige Lösungen, an die womöglich ein einzelner Fachbereich nie gedacht hätte. Sie verbreitern dadurch nicht nur die Wissensbasis für die Ideenentwicklung, sondern ermöglichen auch unterschiedliche Perspektiven auf die zentrale Herausforderung.

Bilden Sie ein Team aus sieben bis maximal zehn Teilnehmenden – einer Person mit Entscheidungskompetenz und mehreren Personen aus den Bereichen Marketing und Vertrieb, Finanzen, UX-Design und Technik bzw. Logistik. Durch diese Besetzung stellen Sie sicher, dass am Ende der Woche keine grundsätzlichen Fragen mehr hinsichtlich der Realisierbarkeit der Idee offen sind. Beantworten Sie bei der Auswahl folgende Fragen:

- **Entscheidungskompetenz**: Wer trifft die Entscheidungen für Ihr Team?
- **Finanzexpertise**: Wer kann erklären, wo das Geld herkommt (und wohin es fließt)?
- **Marketingexpertise**: Wer formuliert die Unternehmensbotschaften?
- **Kundenexpertise**: Wer spricht regelmäßig persönlich mit Ihren Kunden?
- **Technik-/Logistikexpertise**: Wer versteht am besten, was Ihr Unternehmen entwickeln und leisten kann?
- **Designexpertise**: Wer entwirft und gestaltet die Produkte, die Ihr Unternehmen herstellt?

Bestimmen Sie zudem eine Person, die den Sprint moderiert und in der Lage ist, Meetings souverän zu leiten. Sie sollte nicht nur Diskussionen zusammenfassen und auf den Punkt bringen, sondern diese bei Bedarf aufgrund der vorgeschrittenen Zeit auch beenden können. Eine der oben aufgezählten Rollen kann die Moderation übernehmen – mit Ausnahme der Person mit Entscheidungskompetenz. Dies würde zu Interessenskonflikten führen.

### 17.1.3 Was benötigen Sie noch?

Neben einem gut funktionierenden Team und der nötigen Zeit für die Vorbereitung und Durchführung des Sprints benötigen Sie noch folgende Ausstattung:

- Raum mit großen Freiflächen und mindestens zwei Whiteboards oder Pinnwänden, optimalerweise gut zu belüften und mit Tageslicht
- Timer: außerordentlich wichtig für die Steuerung des Zeitablaufs und das hohe Tempo, das für den Sprint notwendig ist
- Bürobedarf und Prototyping-Material: Haftnotizen in mindestens zwei Größen, ausreichend Marker in verschiedenen Farben, A4-Papier, Klebeband und Klebepunkte
- Snacks und Getränke: Früchte, Nüsse, Schokolade, Säfte, Kaffee oder Tee

Planen Sie zudem ausreichend Zeit für die Vorbereitung des Design Sprints ein. Seien Sie nicht überrascht, wenn Sie fast genauso lange vorbereiten, wie am Ende die eigentliche Durchführung dauert.

**Abbildung 17.2** Nicht immer können Sie den bestmöglichen Raum für Ihren Sprint wählen. Werden Sie daher kreativ, und nutzen Sie alle Flächen, wie hier das Fenster, zum Sammeln der Haftnotizen.

Mittlerweile gibt es auch zahlreiche Trainings zu Design Sprints – für Anfänger wie für Fortgeschrittene. Für diejenigen, die das erste Mal einen Design Sprint durchführen, aber keines dieser Trainings besuchen möchten, haben wir weiterführende Lese- und Linktipps zusammengestellt.

### Design Sprints: weiterführende Literatur und Linktipps

Folgende Anbieter haben wertvolle Informationen und Unterlagen für die Durchführung von Design Sprints aufbereitet:

- **Google Design Sprint Kit**: Einen Blick hinter die Kulissen bietet Google mit konkreten Beispielprojekten, Schritt-für-Schritt-Anleitungen, Vorlagen und einem FAQ-Bereich: *uux.jetzt/033*.
- **The Design Sprint**: Google Venture, der Venture-Capital-Bereich der Google-Mutter Alphabet, stellt auf dieser Website ebenfalls ausführliche Methoden bereit: *uux.jetzt/034*.
- **Design Sprint Academy**: Neben Intensivtrainings für Unternehmen und Einzelpersonen stellt dieser Anbieter auch eine umfassende Anleitung zur Durchführung von Design Sprints bereit: *uux.jetzt/122*.

Der Erfinder der Design Sprints, Jake Knapp, hat ein lesenswertes Buch geschrieben: »Sprints – Wie man in nur fünf Tagen neue Ideen testet und Probleme löst«. Auf der Website zum Buch *www.thesprintbook.com* finden sich zudem

- Tipps und konkrete Hinweise zur Vorbereitung und Durchführung: *uux.jetzt/029*
- Checkliste: *uux.jetzt/030*
- Facilitator's Guide: *uux.jetzt/031*
- Artikel mit Hinweisen zur Onlinedurchführung eines Design Sprints: *uux.jetzt/032*

## 17.2 Was ist Design Thinking?

Design Thinking ist ein iterativer, interdisziplinärer und menschzentrierter Innovationsansatz, der ein Team systematisch anleitet, Nutzergruppen sowie deren Bedürfnisse zu erforschen und darauf aufbauend neue Ideen entstehen zu lassen. Mit Design Thinking lassen sich komplexe Problemstellungen aus allen Lebensbereichen beleuchten. Ähnlich wie bei den Methoden *Business Model Canvas* oder *Lean Startup* ist das Ziel zunächst unbekannt und ergebnisoffen.

Genau wie in Design Sprints werden Lösungsansätze und Ideen in Form von Prototypen möglichst früh sichtbar und erlebbar gemacht, damit potenzielle Nutzende sie testen und ein Feedback abgeben können. Ziel ist es, Lösungen zu identifizieren, die technologisch machbar, wirtschaftlich tragbar und menschlich erwünscht sind.

### 17.2.1 Der Double-Diamond-Ansatz

Design Thinking ist eine Methodik und ein Rahmenwerk zugleich, das den Einsatz diverser Methoden und Techniken zulässt. Es existieren verschiedene Ansätze im Design Thinking mit vier bis sieben Phasen.

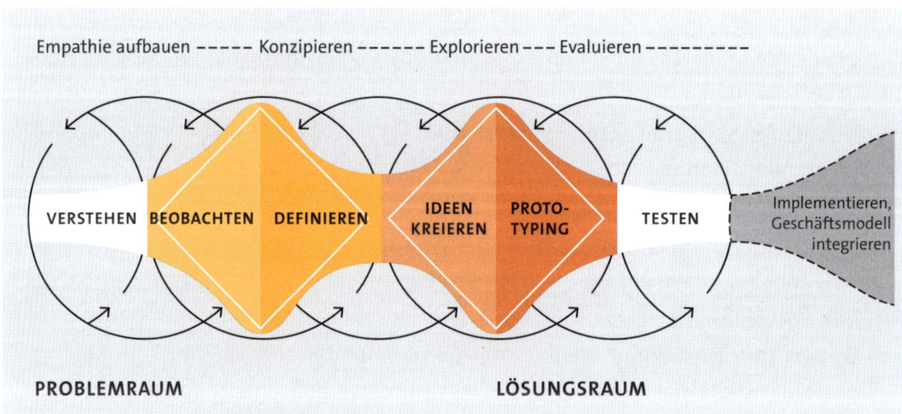


**Abbildung 17.3** Das 6-Phasen-Modell des Design Thinking, in dem zunächst der Problemraum erforscht wird, bevor das Team Lösungen erarbeitet. Der so genannte »Double Diamond« ist zu erkennen.

Gemeinsam haben sie, dass Sie im ersten Schritt das Problemfeld mit den involvierten Menschen erforschen (Problemraum), bis Sie eine konkrete Herausforderung formulieren können. Und erst im zweiten Schritt denken Sie dann in Lösungen (Lösungsraum).

### 17.2.2 Das 6-Phasen-Modell

Nun schauen wir uns das 6-Phasen-Modell näher an, das ein Team in iterativen Schleifen durchläuft, wobei es das Konzept des »doppelten Diamanten« (meist Double Diamond genannt) verfolgt. Dabei wendet man wechselseitig zwei Denkzustände an: das Divergieren und das Konvergieren. Beim Divergieren geht man in die Breite, also man lässt zunächst allen Gedanken, Überlegungen und Ideen freien Lauf. Beim Konvergieren legt man den Fokus wieder auf einzelne Bedürfnisse oder potenzielle Lösungen und verdichtet das, was beim Divergieren gesammelt wurde, wählt also aus den zuvor gewonnenen Ideen aus.

Die Phasen des Design Thinking im 6-Phasen-Modell sind:

1. **Problemfeld verstehen**: In der Phase *Problemfeld verstehen* steckt das Team den Problemraum ab. Sie machen sich mit dem Problemfeld und den beteiligten Menschen, den potenziellen Kunden oder Nutzenden vertraut.
2. **Empathie aufbauen**: In der Phase *Empathie aufbauen* geht das Team nach außen und baut Empathie für Nutzende und Betroffene auf. Mithilfe von Interviews mit relevanten Personen, Beobachtungen und auch Selbsterfahrung ergründen sie deren Benutzerbedürfnisse und entwickeln Empathie.
3. **Nutzerperspektive erfassen**: In der Phase *Nutzerperspektive erfassen* geht es darum, die Sichtweise zu definieren. Die gewonnenen Erkenntnisse werden zusammengetragen und verdichtet, indem das Team seine unterschiedlichen Perspektiven vereint und auf eine Nutzergruppe (Persona) fokussiert.
4. **Ideen sammeln**: In der Phase *Ideen sammeln* entwickelt das Team mithilfe verschiedener Kreativitätstechniken möglichst viele Ideen und lässt sich dabei von den Erkenntnissen aus dem Problemraum und ihrer Empathie inspirieren. Bei der Ideenfindung ist alles zugelassen, außer Kritik.
5. **Prototypen bauen**: In der Phase des *Prototypings* entwickeln Sie konkrete testbare Lösungen. Ziel ist es, die besten Ideen für das Team und für die Nutzenden greifbar und erlebbar zu machen. In dieser Phase wird nicht mehr diskutiert, stattdessen umso mehr gebaut, skizziert und gespielt.
6. **Prototypen testen**: Die Phase *Prototypen testen* erlaubt es, in einer sehr frühen Phase risikoarm und günstig aus dem Nutzerfeedback zu lernen (und gegebenenfalls dabei zu scheitern).

**Abbildung 17.4** Ein erster Prototyp muss bei Weitem nicht ausgefeilt sein. Wichtig ist, dass Sie damit Ihr Konzept jemand anderem vermitteln können und Feedback dazu einholen.

Alle Phasen können bei Bedarf wiederholt werden. Stellt das Team fest, dass eine Idee vielleicht Potenzial hat, es aber noch mehr Informationen der Nutzenden zu ihren Anforderungen benötigt, kann es zurück in die Phase *Empathie aufbauen* gehen. Oder aber das Team entscheidet sich nach dem Testen dafür, den Prototyp abzuwandeln oder gar einen komplett neuen zu bauen. Iterationen sind jederzeit möglich und gewünscht.

**Design Thinking – Tutorials und Materialien**

**HPI School of Design Thinking**: Das Hasso-Plattner-Institut in Potsdam bietet an seiner School of Design Thinking ein Zusatzstudium in Design Thinking sowie an der HPI Academy auch Weiterbildungsangebote für Berufstätige und Unternehmen: *uux.jetzt/035*.

**Design Dash**: Der »Design Dash«, entwickelt von Molly Wilson von der HPI d.school, ist eine praktische, schnelle und interaktive Einführung in die Methodik und die Denkweise des Design Thinking. Die notwendigen Vorlagen dazu sowie ein dazugehöriges Handbuch für die Moderation finden Sie unter *uux.jetzt/036*.

## 17.3 Ausgewählte Kreativitäts- und Ideation-Techniken

Einige der Methoden, die im Zuge von Design Sprints oder Design-Thinking-Projekten zum Einsatz kommen, können Sie auch in anderem Kontext nutzen, um Ideen zu generieren und zu bewerten. Im Internet gibt es zahlreiche Methodensammlungen für Kreativitäts- und Ideation-Methoden.

Ein paar ausgewählte Methoden, die sich auch in anderen Kontexten bewähren, stellen wir Ihnen in aller Kürze vor:

### »Wie können wir …?«-Fragen

Mit »Wie können wir …?«-Fragen (kurz WKW-Fragen oder im Englischen »How might we«, kurz HMW) setzen Sie den Grundstein für die weitere Ideenfindung. Statt ein Problem einfach als Stichpunkt zu notieren, formulieren Sie es in eine Frage um. So fällt es im Anschluss leichter, eine Antwort zu finden. Die Formulierung »wie können wir …« legt außerdem nahe, dass auf jeden Fall (mindestens) eine Lösung möglich ist. Die Formulierung der Fragen ist entscheidend dafür, wie viele Ideen später daraus generiert werden können. Die Fragen sollten nicht zu spezifisch und nicht zu vage sein. Zudem sollten nicht mehrere Aspekte in einer Frage vereint werden.

Gehen Ihnen die Ideen für weitere Fragen aus, helfen folgende Ansätze:

- Positives steigern (»Wie können wir ___ besser machen?«)
- Negatives minimieren (»Wie können wir ___verringern?«)
- vergleichbare Situationen finden (»Wie können wir ___ so machen, dass es sich wie ______ anfühlt?«)
- ins Gegenteil umkehren (»Wie können wir erreichen, dass [Misserfolg] trotzdem motiviert?«)

Ein Template mit hilfreichen Tipps zur Ausarbeitung einer fundierten WKW-Frage finden Sie unter *uux.jetzt/037*.

### 6-3-5-Methode (Ringtauschtechnik)

Bei der Ringtauschtechnik werden A4-Blätter (oder besser A3-Blätter) in drei Spalten geteilt, und alle Teilnehmenden schreiben jeweils eine Idee in die drei Spalten. Nach dem Ausfüllen der drei Spalten reichen die Personen ihr Blatt weiter an die Person neben ihnen, die die Ideen in der nächsten Zeile spaltenweise weiterentwickelt (jeweils in ca. 5 Minuten). Dieser Vorgang wird fünf- bis sechsmal wiederholt. Anschließend nehmen Sie eine verdeckte Bewertung im Ringtauschverfahren vor. Dann werden Kleingruppen gebildet, die die ausgewählten Ideen kreativ weiterentwickeln.

### Design Studio

Im Design Studio wird in Kleingruppen in mehreren Iterationen skizziert, präsentiert und kritisiert. Über diesen Weg generieren Sie vielseitige Ideen und Lösungsansätze. Gemeinsam werden die besten Ideen in späteren Durchläufen zusammengemixt, verfeinert und verdichtet.

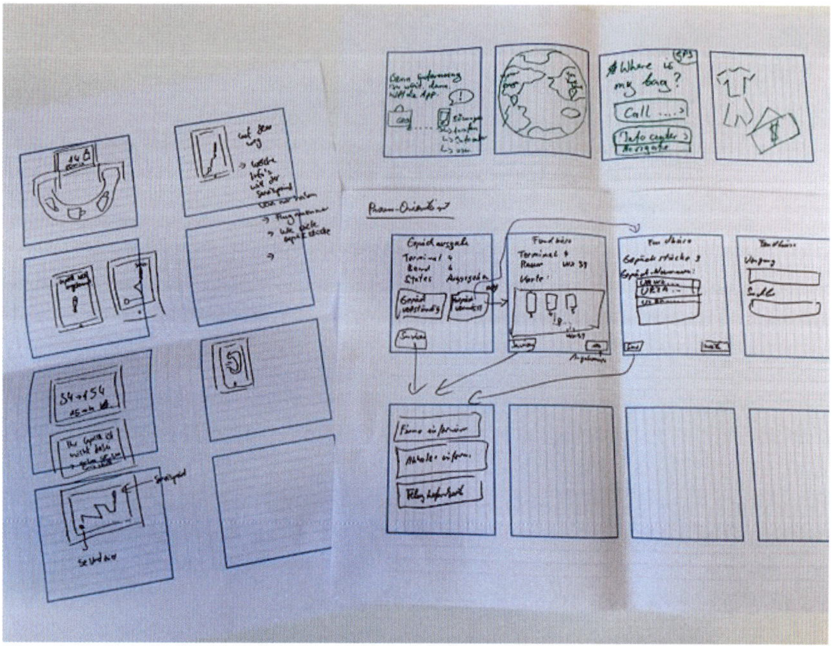


**Abbildung 17.5** Die Methode »Design Studio« ermöglicht es gemischten Teams, die vielversprechendsten Ideen und Ansätze zu identifizieren und diese in mehreren Iterationen zu verfeinern. Dabei geht es darum, die Ideen zu visualisieren, aber noch nicht unbedingt schon Bedienoberflächen zu gestalten.

### Crazy 8s

Die Crazy 8s helfen dabei, schnell zu vielen Ideenansätzen zu gelangen. Die Technik eignet sich gut für Teams am Anfang einer Kreativphase, um zu ermutigen und schnell zu vielen ersten Ansätzen zu kommen. Alle Teilnehmenden falten ein DIN-A4-Blatt einmal längs und dreimal quer, so dass acht Felder entstehen. In acht Minuten sollen alle Teilnehmenden die acht Felder mit je einem Lösungsansatz-Scribble füllen. Dabei sollen keine perfekten Zeichnungen entstehen, sondern sehr rudimentäre Scribbles, die die Idee erkennen lassen. Crazy 8 bringt oft auch neuen Schwung ins Team, wenn es wenig neue Ideen zu geben scheint.

### 6-Hüte-Methode

Mit der Methode der *Thinking Hats* können Ideen aus verschiedenen Perspektiven bewertet werden. Sechs Hüte mit unterschiedlichen Farben stehen dabei jeweils für eine andere Sichtweise: weiß = Neutralität, rot = Gefühle, schwarz = Kritik, gelb = Optimismus, grün = Kreativität und blau = Prozesssteuerung. Eine Person oder alle Teilnehmenden setzen die Hüte der Reihe nach auf und äußern je nach Farbe ihres Hutes eine Assoziation zu einer vorhandenen Idee.

### Methodensammlungen

Im Internet finden Sie zahlreiche Methodensammlungen für Kreativitäts- und Ideation-Methoden.

Eine empfehlenswerte Zusammenstellung (in Englisch) finden Sie online unter *uux.jetzt/038*, die auf dem ebenfalls lesenswerten Buch »This is Service Design Doing« basiert. Hier noch zwei weitere Ressourcen, die ebenfalls Vorlagen und Arbeitsblätter zum Download anbieten:

- Templates für zahlreiche Methoden aus dem Design Thinking durch alle Phasen hindurch: *uux.jetzt/039*
- Liste ausgewählter Ideation-Methoden des »Board of Innovation«, viele davon mit Vorlagen oder Arbeitsmaterial: *uux.jetzt/040*

# Kapitel 18
# Usability-Tests – die Klassiker unter den Nutzertests

*In Usability-Tests sehen Sie, wie Nutzende mit Ihrer Anwendung tatsächlich umgehen. Das ist die vielseitigste und wichtigste Methode im Werkzeugkoffer eines Usability-Profis. Keine andere ist so flexibel und über den gesamten Entwicklungszyklus hinweg anwendbar.*

Der Usability-Test ist die effektivste Methode, um mögliche Hindernisse oder Probleme der Nutzenden im Umgang mit Ihrer Anwendung zu identifizieren. Wenn Sie diese Schwierigkeiten in der Anwendung erkennen und beseitigen, helfen Sie Ihren Nutzenden nicht nur dabei, die beabsichtigten Aufgaben mit Ihrer Anwendung effektiv und effizient zu erledigen. Sie bieten ihnen damit letztlich auch ein zufriedenstellendes Nutzungserlebnis.

**Abbildung 18.1** Aufzeichnen eines Tablet-Tests mithilfe einer Dokumentenkamera (Quelle: www.eresult.de)

Setzen Sie Usability-Tests so früh wie möglich in Ihrem Entwicklungsprozess ein. Umso einfacher und am Ende auch kostengünstiger können Sie Usability-Probleme herausfinden und die Anwendung schnell und frühzeitig optimieren. Ansonsten gilt: Sie können Usability-Tests zu jedem Zeitpunkt durchführen – ob mit einem ersten Papierprototyp, einem funktionalen High-Fidelity-Prototyp (siehe Kapitel 16, »Mockups und Prototypen – konkretisieren, visualisieren, designen«), als finalen Freigabetest vor dem Launch der Anwendung oder auch während des laufenden Betriebs zur Weiterentwicklung.

## 18.1 Was sind Usability-Tests? Welche Formen gibt es?

Bei einem Usability-Test durchlaufen Personen, die dem Nutzerprofil Ihrer Anwendung entsprechen, typische Nutzungsszenarien und erledigen mögliche Aufgaben im Zusammenhang mit der Anwendung. Dabei werden sie beobachtet und dazu befragt. Geschulte Interviewer führen durch die Anwendung, geben den Nutzenden notwendige Anweisungen und stellen Fragen, die sie in der Regel zuvor in einem Interviewleitfaden zusammengestellt haben. Eine Person begleitet dieses Testszenario, protokolliert und beobachtet die Nutzenden aus zweiter Perspektive. Ziel eines Usability-Tests ist es, grundlegende Verhaltensmuster zu verstehen, mögliche Probleme herauszufinden, die bei der Nutzung und Aufgabenerledigung mit der Anwendung entstehen können und das Erlebnis für die Nutzenden qualitativ einzuschätzen.

Die Stärke von Usability-Tests ist ihre Flexibilität. Sie können die Tests mit jeder Anwendung oder jedem Produkt durchführen – ob Website, App, Anwendungen für VR-Brillen oder auch Anzeige-Bedien-Konzepte im Automobilbereich, um nur einige zu nennen. Und auch das Studiendesign selbst, also die Fragestellungen und den Aufbau des Interviews, können Sie passend zu Ihren Anforderungen gestalten. Auch quantitative Werte können Sie dabei erheben, z. B. die Erfolgsquote (*Success Rate*) oder die Zeit, die die Nutzenden für das Lösen der Aufgabe gebraucht haben (*Time on Task*).

Unabhängig von ihrer flexiblen Ausgestaltung folgen Usability-Tests einem Grundschema:

- Sie stellen Ihre Anwendung oder einen Prototyp bereit, überlegen sich relevante Frage- und Aufgabenstellungen und entwickeln auf dieser Basis einen Leitfaden für Interviewer (siehe Abschnitt 18.2.2, »Studienkonzeption«, und Abschnitt 18.2.3, »Erstellen des Interviewleitfadens«).
- Sie stellen ein möglichst erfahrenes Team für das Interview und Beobachten zusammen (siehe Abschnitt 18.4, »Wer sollte Usability-Tests durchführen?«).
- Sie rekrutieren Testpersonen (Probanden), die zu Ihren Nutzerprofilen passen (siehe Abschnitt 18.2.5, »Rekrutierung der Testpersonen«).
- Mit diesen Testpersonen führen Sie ein Interview und lassen sie fiktive Aufgaben auf Ihrer Anwendung ausführen. Dabei beobachten Sie sie, lernen, wie sie mit

Ihrer Anwendung umgehen, und erkennen Schwierigkeiten oder Hürden (siehe Abschnitt 18.2.7, »Erhebung, Durchführung der Einzelinterviews«).

- Die gesammelten Erkenntnisse aus Befragung, Beobachtung und den Aufzeichnungen analysieren Sie, identifizieren die zentralen Probleme und erarbeiten auf dieser Basis Verbesserungsvorschläge.

Ziel eines Usability-Tests ist es schließlich, die Gebrauchstauglichkeit Ihrer Anwendung zu verbessern. Damit ist er ein mächtiges Werkzeug zur (Weiter-)Entwicklung und Optimierung Ihrer Anwendung.

### 18.1.1 Kriterien zur Unterscheidung von Usability-Tests

Je nach Rahmenbedingungen können Usability-Tests unterschiedliche Formate haben. Dabei sind die folgenden Punkte relevant:

- **Durchführungsort (in einem Testsetup oder im Feld)**
  Usability-Tests können in einer speziell dafür eingerichteten Testumgebung (online oder im Testlabor, siehe dazu Abschnitt 18.1.4, »Aufbau eines Usability-Labors«), oder aber im *Feld*, das heißt vor Ort im eigentlichen *Nutzungskontext*, durchgeführt werden. Beides hat Vor- und Nachteile. Gewöhnlich finden die meisten Usability-Tests in einer Testumgebung statt. Im Feld sollte dann erhoben werden, wenn die Umgebung wesentliche Auswirkungen auf das voraussichtliche Nutzungsverhalten hat.
- **Durchführungsart (persönlich oder aus der Ferne)**
  Während früher Usability-Tests vornehmlich persönlich (das heißt Testpersonen und Interviewer sind am selben Ort) abgehalten wurden, finden mittlerweile Usability-Tests zunehmend ortsungebunden und online statt. Der *Online-Usability-Test*, im englischsprachigen Bereich als *Remote-Usability-Test (RUT)* bekannt, hat sich vor allem auch durch weiter verbreitetes mobiles Arbeiten und zahlreich verfügbare digitale Werkzeuge etabliert. Bei diesem Testverfahren sind Interviewer sowie Testpersonen räumlich voneinander getrennt. Die Testperson kann in ihrer natürlichen Umgebung, also beispielsweise von zuhause aus oder an ihrem Arbeitsplatz, am Test teilnehmen. Diese Variante erlaubt auch Tests mit räumlich schwer zu erreichenden Testpersonen. Allerdings ist es für Interviewer meist etwas herausfordernder, die Testperson zu beobachten und Gestik und Mimik zu interpretieren bzw. darauf einzugehen.
- **Moderation (moderiert oder unmoderiert)**
  Usability-Tests können moderiert sein, wie in einem klassischen Labtest, oder unmoderiert – dann mithilfe einer Software zur selbstständigen Testdurchführung durch die Testperson. Dies ist auch der Hauptunterschied bei den zwei Ansätzen des Online-Usability-Tests: *asynchron (unmoderiert)* und *synchron (moderiert)*.

Moderierte Usability-Tests bieten tiefgreifendere Einblicke (*Insights*) und ermöglichen das Hinterfragen und Aufdecken unklarer Verhaltensweisen der Nutzenden. Zudem kann offen gefragt werden, und Interviewer können Anschlussfragen stellen und Nutzenden Zusatzaufgaben geben. Unmoderierte Tests sind hingegen meist günstiger, schneller in der Durchführung und erlauben die Arbeit mit höheren Teilnehmerzahlen. Die Testpersonen können die Tests selbstständig zu dem Zeitpunkt durchführen, der ihnen am besten passt.

Ein Großteil der Usability-Tests digitaler Anwendungen wird moderiert durchgeführt. Wenn Sie sehr klare Fragestellungen oder Aufgaben haben, die wenig Interpretationsspielraum für die Testperson lassen, können unmoderierte Tests eine gute Option sein.

### 18.1.2 Thinking-aloud-Methode oder Protokolle lauten Denkens

Eine sehr effektive Methode, die immer im Rahmen von Usability-Tests zum Einsatz kommen sollte, ist die so genannte *Thinking-aloud-Methode*, auch *Protokolle lauten Denkens* genannt. Hierbei wird die Testperson gebeten, während der Arbeit mit der Anwendung im Usability-Test »laut zu denken« – also ihre Gedanken laut auszusprechen. So können Sie spontane Gedanken, Bewertungen und Empfindungen direkt dann erfassen, wenn sie der Testperson in den Sinn kommen. In einer *Nachexploration*, also einem nachträglich durchgeführten Interview, kann es sein, dass sich die Testperson nicht mehr an diese spontan aufgetretenen Gedanken und Empfindungen erinnert. Diese werden oft nur kurz im Gedächtnis zwischengespeichert und dann vergessen.

Mithilfe der Thinking-aloud-Methode erhalten Sie Informationen zu Aspekten, an die Sie selbst nicht gedacht und die Sie entsprechend nicht in Fragestellungen abgefragt hätten. Das kann beispielsweise eine falsche Wahrnehmung oder Fehlinterpretation eines Bedienelements sein. Zudem ist die Methode ohne weitere Ausrüstung oder Vorbereitung anwendbar. Und vor allem: Sie ist besonders überzeugend. Keine Person aus dem Team (Entwicklung, Design oder sonstigen Disziplinen) kann etwas gegen die Aussagen einer Testperson sagen. Sie stehen für sich.

Die Herausforderung bei der Anwendung der Thinking-aloud-Methode ist es, die Testperson dazu zu bewegen, ihre Gedanken und Eindrücke spontan zu äußern, und das über den gesamten Zeitraum des Tests. Für viele Testpersonen ist dies ungewohnt, man kommt sich vor, als führe man Selbstgespräche. Oder aber die Testpersonen konzentrieren sich auf das Ausführen einer Aufgabe und vergessen das *laute Denken* schlichtweg. Interviewer fordern die Testperson daher immer wieder zum lauten Denken auf.

**Einweisen der Testpersonen in die Thinking-aloud-Methode**

Sofern Ihnen die Zeit in einem Usability-Test bleibt, sollten Sie Ihre Testpersonen auf das laute Denken einstimmen. Eine gute Möglichkeit, sie damit vertraut zu machen, ist es, ihnen ein Demovideo aus einem anderen Test mit dieser Methode zu zeigen.

Jakob Nielsen von der Nielsen Norman Group erläutert in einem Artikel, wie ein solches Demovideo aussehen sollte. Zugleich bietet er ein Demovideo auf der Seite an (in Englisch): *uux.jetzt/041*.

Die Thinking-aloud-Methode können Sie praktisch bei jeder Art von Usability-Test anwenden – mit einer Ausnahme: dem Testen von Sprachsteuerungen/-assistenten. Hier kann diese Methode nur retrospektiv, das heißt in einer Nachexploration, angewandt werden. Während der Interaktion mit dem System würde lautes Denken die Spracheingaben verfälschen.

### 18.1.3 Technischer Aufbau bei Online-Usability-Tests

Essenziell für moderierte Onlinetests ist das so genannte *Screensharing*. Über die Kommentare, Eindrücke und Erwartungen der Testperson hinaus muss die Testleitung verfolgen können, was die Testperson auf ihrem Screen sieht, wie sie sich auf der Anwendung bewegt und was sie macht. Die Testleitung muss demnach den Bildschirm der Testperson in Echtzeit sehen. Gängige Videokonferenz-Tools wie beispielsweise *Microsoft Teams*, *Zoom*, *GoToMeeting* oder *Google Meet* erfüllen diese Anforderung und werden gerne für moderierte Onlinetests eingesetzt.

**Auswahl an Online-Testing-Tools**

Die Tool-Landschaft im Bereich des Online-Testings verändert sich ständig – durch Zusammenschlüsse, neue Anforderungen oder Technologien wie Künstliche Intelligenz. Auf dem Markt gibt es bereits Anwendungen, die integrierte Lösungen anbieten. Einige Tools bieten zudem ein integriertes Panel, sprich die Rekrutierung der benötigten Testpersonen an, die Sie direkt über die Benutzeroberfläche mitbuchen können. Ebenso gibt es mehrere Tools, bei denen Sie auch zusätzliche Dienste wie eine Überprüfung Ihres Tests oder sogar gleich die Auswertung hinzubuchen können und somit nicht auf sich allein gestellt sind.

Eines der umfangreichsten und am flexibelsten einsetzbaren Spezial-Tools ist *UserTesting*, mit dem Sie auch mehrere UX-Methoden durchführen können. Mit den folgenden Tools können Sie sowohl moderierte als auch unmoderierte Onlinetests durchführen. Einige davon bieten integrierte Funktionen wie beispielsweise Zeitstempel oder Notizen, die die spätere Auswertung erleichtern:

- UserTesting: *www.usertesting.com*
- UserZoom: *www.usertesting.com/platform/userzoom*

- Lookback: *www.lookback.io*
- Trymata: *www.trymata.com/platform/usability-testing*

Weitere Tools, die ihre Stärken im quantitativem Online-Testing haben, finden Sie in Kapitel 19, »Unmoderierte Online-Usability-Tests – von zuhause aus testen lassen«.

Einen Online-Usability-Test für mobile Endgeräte durchzuführen, ist angesichts der Verbreitung und Bedeutung mobiler Anwendungen essenziell. Die einfachste Möglichkeit, einen Online-Test mit einem mobilen Endgerät zu realisieren, funktioniert mit einer Videokonferenzlösung, die auch eine mobile App hat (z. B. *Zoom*, *GoToMeeting*, *Google Meet*). Die Testperson tritt dann idealerweise der Videokonferenz zwischen ihr und der Testleitung nicht nur auf dem Desktop, sondern zusätzlich auch auf dem Smartphone bei und teilt dort seinen Bildschirm (*Screensharing*). Wenn nicht ohnehin schon vorhanden, muss die Testperson bei dieser Lösung vor dem Test die App der Videokonferenz installieren.

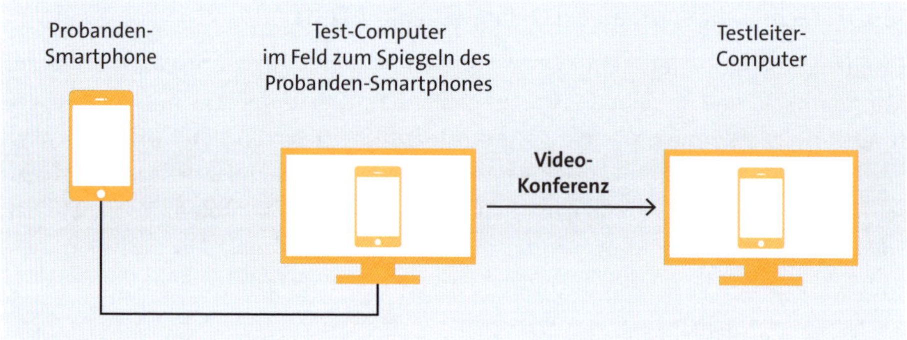


**Abbildung 18.2** Stark vereinfachter Testaufbau – Darstellung des Mirrorings bei einem mobilen Online-Usability-Test

Eine grundsätzliche Alternative kann das Testen am Desktop in der mobilen Ansicht sein. Das kann beispielsweise über das Einstellen des Browsers auf die mobile Ansicht erfolgen. Da in vielen Fällen der Testgegenstand noch nicht live verfügbar sein dürfte, stellen Sie der Testperson Ihren Prototyp über den Präsentationsmodus Ihres Prototyping-Tools – und dann in der mobilen Ansicht – zur Verfügung. Alle gängigen Prototyping-Anwendungen bieten diese Möglichkeit. Sie müssen dann mit der Einschränkung leben, dass die natürliche Bedienung durch Tippen mithilfe der Maus simuliert werden muss.

Worauf Sie in allen Varianten der Onlinetests mit Mobilgeräten verzichten müssen, ist die Aufnahme der Finger der Testpersonen. Beim Test im Usability-Lab sehen Sie, ob Testpersonen verzweifelt tippen oder wiederholt hin und her wischen. Damit die Beobachtenden des Usability-Tests das auch mitbekommen, nutzen viele im Usability-Lab eine Kamera, die fest am Smartphone installiert ist, oder stellen eine Dokumentenkamera bereit. Sie zeigt dann den Bildschirm des Geräts zusammen mit den Fingern der Testperson von oben.

Bedenken Sie bei der Onlinedurchführung eines Usability-Tests nicht zuletzt auch, dass die technische Ausstattung durchaus Anforderungen an die Testpersonen stellt. Mittlerweile mag ein Großteil geübt sein, ein Headset für die Unterhaltung und eine Webcam für die Videoübertragung einzurichten und zu verwenden. Auch eine schlechte Internetverbindung dürfte immer weniger ein Problem sein. Je nach ausgewählten Systemen könnten jedoch Hindernisse wie Firewalls oder Einstellungen auf dem PC auftreten. Diese verzögern oder behindern gar den Test, wenn die Testperson diese nicht beheben kann. Möchten Sie zudem mobil testen und das Setup über ein *Screenrecording* des Smartphones lösen, muss sich die Testperson in der Regel eine Anwendung dafür installieren. Auch das bedarf Zeit und unter Umständen technische Unterstützung im Vorfeld.

### 18.1.4 Aufbau eines Usability-Labors

Für einen Usability-Test im Labor brauchen Sie passende Räumlichkeiten und technisches Equipment: ein *Usability-Labor*. Sie benötigen zwei Räume – einen Testraum und einen Beobachtungsraum. Liegen die Räume nebeneinander, sollte man im Testraum nicht hören, wenn im Beobachtungsraum gesprochen wird. Hilfreich ist hier ein Einwegspiegel (aus dem Testraum kann man nicht in den Beobachtungsraum sehen, nur umgekehrt), allerdings kann mit entsprechender Video-/Audio- und Übertragungstechnik per Netzwerk/WLAN der Test auch über eine Anzeige im Beobachtungsraum verfolgt werden. Vorteil dabei ist, dass die Testperson sich in der Regel weniger beobachtet fühlt als mit einem Einwegspiegel.

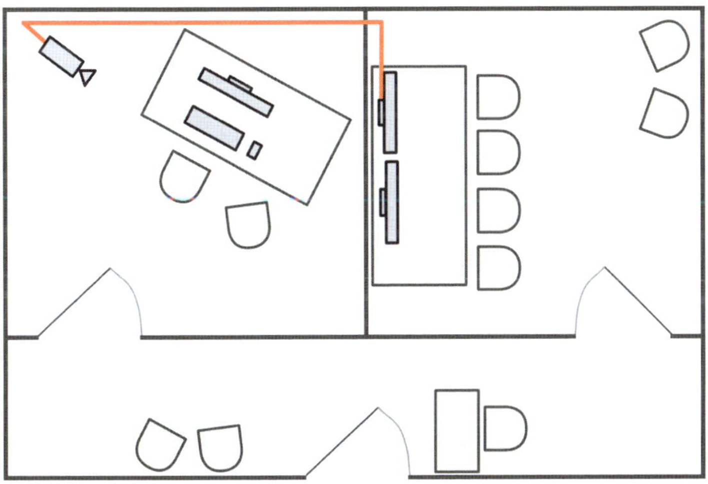

**Abbildung 18.3** Schematischer Aufbau eines Usability-Labors mit Videoübertragung

Die Kameraausrüstung im Testraum ist je nach Endgerät, das getestet wird, flexibel anzuordnen. Unbedingt vorsehen sollten Sie eine Kamera, mit der Sie die Testperson aufzeichnen (also frontal, z. B. per Webcam, oder etwas seitlich versetzt). Bei Monitoren mit Eyetracking-Hardware zur Blickverfolgung der Testpersonen ist diese bereits integriert. Bei Tests mit mobilen Endgeräten brauchen Sie außerdem eine Kamera, die das Display des Smartphones oder Tablets zeigt und so die Aktionen der Testperson dokumentiert. Hier bietet sich eine Dokumentenkamera an, die von oben auf den Tisch zeigt (siehe Abbildung 18.1). Beim Testen einer Desktop-Anwendung zeichnen Sie in der Regel den Screen mit einem entsprechenden Programm auf.

Mit sich weiterentwickelnden Technologien und damit neuen Untersuchungsgegenständen (z. B. *Voice Interfaces*, *Smartwatches*, *Virtual-Reality-* oder auch *Smart-Home-Anwendungen*) ändert sich auch die Laborinfrastruktur für Usability-Tests. Anstelle eines klassischen Desktop-Arbeitsplatzes oder Schreibtischs sollte der Testraum flexible Einrichtungen bzw. Nutzungskontexte ermöglichen. Idealerweise können unterschiedlichste Räume wie Wohnzimmer, Essbereich oder Küche eingerichtet werden – je nachdem, welche Testgegenstände bzw. -situationen Sie untersuchen. Die Videoaufzeichnung zur späteren Analyse ist dabei essenziell und muss beim Studiendesign von Anfang an bedacht werden.

Nicht vergessen dürfen Sie aber: Noch relevanter als ein mit der passenden Technik vollausgestattetes Usability-Labor sind gute Interviewer (siehe Abschnitt 18.4.1, »Anforderungen an Interviewer«). Denn wertvolle Erkenntnisse erhalten Sie *immer*, wenn Sie eine passende Testperson und Ihr Testobjekt (ob Prototyp oder ausgereifte Anwendung auf einem Endgerät) zusammenbringen – auch ganz ohne Technik oder gutes Umfeld. Weitere Informationen dazu in Kapitel 20, »Guerilla-Usability-Tests – informell und schnell Erkenntnisse sammeln«.

## 18.2 Wie läuft ein Usability-Test ab?

Die Durchführung eines Usability-Tests hängt immer davon ab, wie Sie das Format, das Studiendesign, die eingesetzten Methoden und nicht zuletzt die Testpersonen auswählen. Daraus definieren sich auch die Anforderungen an den Durchführungsort (Möchten Sie z. B. Testpersonen aus einer bestimmten Region haben?), die Technik (Benötigen Sie z. B. eine Dokumentenkamera für das Aufzeichnen von mobilen Endgeräten? Möchten Sie Eyetracking einsetzen?), die Dauer der Tests und davon abhängig die Planung der Testzeiten. Das sind nur einzelne Aspekte, die Sie berücksichtigen müssen und die Auswirkungen auf die Vorbereitung, die Rekrutierung, die inhaltliche Gestaltung der Interviews und die Auswertung haben. Nachfolgend skizzieren wir einen typischen Ablauf eines Usability-Tests.

### 18.2.1 Vorüberlegungen

Zu Beginn der Vorbereitungen für einen Usability-Test definieren Sie die Zielsetzung des Tests. Welche Fragen möchten Sie beantwortet haben? Welche Hypothesen haben Sie, und möchten Sie herausfinden, ob diese zutreffen? Liegt der Fokus auf einer qualitativen Untersuchung Ihrer Anwendung oder möchten Sie auch quantitative Ergebnisse, z. B. um intern Überzeugungsarbeit leisten zu können? Setzen Sie sich allerdings nicht zu viele Ziele. Jede weitere Frage, die Sie stellen, geht zulasten der Zeit, die sich die Testpersonen mit einer anderen Frage beschäftigen können. Der Erkenntnisgewinn ist dann höchstwahrscheinlich geringer.

Aus den Zielen und Fragestellungen leiten Sie die zu untersuchenden Seiten, Seitenbereiche und Zustände Ihrer Anwendung ab. Sind Sie noch in einer frühen Phase der Entwicklung, ist dies besonders wichtig zu wissen, da Sie möglicherweise den Prototyp noch entsprechend anpassen müssen.

### 18.2.2 Studienkonzeption

Ihre Ziele und Thesen sind die Grundlage für die Studienkonzeption und beeinflussen die Wahl der zu untersuchenden Anwendungsfälle (*Use Cases*) bzw. Nutzungsszenarien (*User Scenarios*) sowie auch der einzusetzenden Methoden und Verfahren (siehe dazu Abschnitt 18.1, »Was sind Usability-Tests? Welche Formen gibt es?«). Im Rahmen dieser Nutzungsszenarien stellen Sie den Testpersonen Aufgaben, die sie bei der Nutzung der Anwendung erledigen sollen. Hier reicht die Bandbreite von allgemeinen bis hin zu sehr spezifischen Aufgaben:

- **Allgemeine Aufgaben** zielen darauf ab, dass die Testpersonen die Anwendung erkunden. Sie möchten sehen, wie Ihre Nutzenden nach Informationen suchen und dabei vorgehen. Es geht häufig um die generelle Auffindbarkeit von Informationen und die Wahl des Navigationswegs.
  Ein Beispiel für eine solche Aufgabe: »Sie möchten mit Freunden ein langes Wochenende in einer Metropole Ihrer Wahl verbringen. Schauen Sie nach passenden Angeboten, die Ihnen gefallen könnten.« Die Testperson muss hier also keine spezifische Information in der Anwendung finden, sondern das Informationsangebot durchstöbern und sich inspirieren lassen.
- **Spezifische Aufgaben** haben ein konkretes Ziel. Solche Aufgabenstellungen können Sie auch quantitativ bewerten – sowohl die Zielerreichung selbst als auch mögliche Fehler auf dem Weg dorthin.
  Ein Beispiel: »Finden Sie den Eintrittspreis des Nationalmuseums für zwei Erwachsene heraus.« Die Aufgabe bietet keinen Spielraum und kann nur eindeutig beantwortet werden. Interessant ist hier, ob, auf welchem Weg und wie schnell die Testperson die Information findet.

Die *Use Cases* sollten Sie so realitätsnah wie möglich gestalten, so dass die Testpersonen sich leicht in die Situation hineinversetzen können. Sie sollten die Aufgaben so wählen, dass die Nutzenden Ihrer Anwendung diese auch tatsächlich ausführen würden, wenn sie sich nicht in einem Test befänden. Die Aufgaben sollten zudem so formuliert sein, dass die Nutzenden nicht zögern oder unsicher sind, was sie tun sollen. Auch darf die Formulierung keine (auch keine subtilen) Hinweise enthalten, die den Nutzenden Schritte zur Ausführung verraten.

### 18.2.3 Erstellen des Interviewleitfadens

Erstellen Sie für jeden Usability-Test ein ausführliches Skript, das im Interview als Leitfaden, vielleicht sogar zum Ablesen der genauen Fragestellungen, dient. Auch machen manche Interviewer direkt auf dem Leitfaden Notizen während der Tests, und in einigen Fällen ist er gleichzeitig die Protokollvorlage. Drucken Sie dann ein Exemplar für jede Sitzung aus oder vervielfältigen Sie die Vorlage digital, um für jede Testperson ein Dokument zu haben. Der *Interviewleitfaden* enthält neben den eigentlichen Fragestellungen und Aufgaben auch Hinweise und Aufforderungen für die Moderation. So stehen darin unter anderem Vorgaben zu technischen Einstellungen, Zeitangaben für Aufgaben, zum Wechsel von Endgeräten, Formulierungen für Nachbefragungen. Typischerweise ist der Interviewleitfaden wie folgt gegliedert:

- **Einführung**: Begrüßung, Einführung zum Test und zur Thinking-aloud-Methode, Ablauf des Tests, Abfragen der Einverständniserklärung der Testperson zu Audio- und Videoaufnahmen, gegebenenfalls Incentivierung (Übergabe der Bezahlung bzw. des Geschenks)
- **Einleitende Fragen/Aufwärmphase**: Abfrage der bisherigen Erfahrung der Testperson in Bezug auf die Anwendung, der Erwartungshaltung an die Anwendung
- **Exploration, Interview/Beobachtung**: Exploration der Anwendung mit offenen Fragen, begleitende Beobachtung; gegebenenfalls auch Eyetracking (siehe Abschnitt 18.1.4, »Aufbau eines Usability-Labors«)
- **Nutzungsszenarien/Aufgaben**: spezifischer Fragenteil mit Nutzungsszenarien und Durchführung vorgegebener Aufgaben (siehe Abschnitt 18.2.2, »Studienkonzeption«)
- **Abschließende Fragen/Nachbefragung:** retrospektives Interview zur Klärung offener Fragen oder unklarer Aspekte aus dem Fragenteil, Abfragen des Gesamteindrucks, abschließende Gesamtbewertung; gegebenenfalls Skalen für quantitative Werte oder Fragebogen (siehe Abschnitt 18.3.2, »Quantitative Werte im Usability-Test«)

Der Interviewleitfaden durchläuft häufig mehrere Versionen – in der Vorbereitung (z. B. durch Feedback der Auftraggebenden oder anderer Projektbeteiligten) und aufgrund von Erkenntnissen aus dem so genannten Pretest (siehe Abschnitt 18.2.6, »Pretest und Vorbereitungen für die Einzelinterviews«). Planen Sie daher ausreichend Zeit für diese Anpassungsschleifen ein.

### 18.2.4 Anzahl der Testpersonen, Größe der Stichprobe

Eine der zentralen Überlegungen beim Aufsetzen eines Usability-Tests ist die Frage: Wie viele Testpersonen brauche ich? In der Regel sind für einen klassischen qualitativen Usability-Test fünf Testpersonen ausreichend, um die meisten Usability-Probleme und -Aspekte zu identifizieren und dabei in einem vertretbaren Kostenrahmen bzw. Verhältnis zum Aufwand zu bleiben. Ist Ihre Nutzerschaft allerdings eine heterogene Gruppe von Personen, die sich hinsichtlich Nutzungsverhalten oder weiterer Eigenschaften deutlich unterscheiden, sollten Sie die Anzahl der Personen auf vier bis fünf pro Anwendertyp anheben. Eventuell etwas weniger, wenn die Überlappungen bei Vorerfahrung und Verhaltensmustern groß sind.

| Anzahl der Personen | Minimal gefundene Probleme | Durchschnittlich gefundene Probleme | Standard-abweichung |
|---|---|---|---|
| 5 | 55 % | 85,55 % | 9,30 |
| 10 | 82 % | 94,69 % | 3,22 |
| 15 | 90 % | 97,05 % | 2,12 |
| 20 | 95 % | 98,40 % | 1,61 |
| 30 | 97 % | 99,00 % | 1,13 |
| 40 | 98 % | 99,60 % | 0,81 |
| 50 | 98 % | 100,00 % | 0 |

**Tabelle 18.1** Mit fünf Testpersonen können Sie bis zu 86 Prozent aller Usability-Probleme identifizieren, mit zehn Testpersonen bis zu 95 Prozent (Sarodnik & Brau; 2011, S. 174).

Wenn Sie quantitative Fragestellungen und/oder *Eyetracking* in die Studie integrieren (siehe Abschnitt 18.3, »Besonderheiten bei Usability-Tests«), brauchen Sie mehr Testpersonen für belastbare Ergebnisse. Eine Faustregel ist ein Vierfaches der Testpersonen einer qualitativen Studie, also 20 bis 30 Testpersonen pro definierter Anwendergruppe/Persona.

**Vorlagen für die Erstellung eines Interviewleitfadens**

- Vorlage für ein Testskript/einen Interviewleitfaden: *uux.jetzt/044*
- Fragebogen zur Nachbefragung: *uux.jetzt/045*

### 18.2.5 Rekrutierung der Testpersonen

Egal ob Sie die Rekrutierung selbst übernehmen oder einen externen Dienstleister damit beauftragen – Sie müssen zunächst die Rekrutierungskriterien für Ihre Testpersonen definieren. Typische Kriterien zur Auswahl der passenden Testpersonen sind:

- demografische Daten (z. B. Alter, Geschlecht, Familienstand, Einkommen), alternativ eine Persona-Beschreibung
- spezifische Verhaltensmuster
- generelle Einstellungen, Überzeugungen und Ziele
- Vorerfahrungen mit dem Untersuchungsgegenstand

Ausschlusskriterien können beispielsweise Berufe sein, die zu nah an der Branche/ Thematik des Untersuchungsgegenstands sind; Testpersonen würden dann nicht komplett unvoreingenommen in die Tests gehen.

Tragen Sie darüber hinaus noch die folgenden Informationen für die Rekrutierung zusammen:

- geplante *Incentivierung* (Höhe/Art des so genannten *Incentives* und Art der Auszahlung)
- geplante Zeiträume (*Slots*) und Tage für die Testsitzungen
- Kurzfragebogen zur Selektion der Testpersonen, *Screener* genannt, inklusive Ausschlusskriterien und gegebenenfalls Infos zur Kategorisierung
- Kontaktdaten mit Telefonnummer und Hinweise für den Testtag
- bei Tests vor Ort: Durchführungsort der Tests inklusive verfügbarer Wegbeschreibungen, Angaben zu Anreise und Parkmöglichkeiten (zur Weitergabe an die eingeladenen Testpersonen)
- bei Onlinetests: minimale Systemanforderungen für Ihre Anwendung wie auch für die eingesetzte Testsoftware als Voraussetzung für die Auswahl

Wenn Sie die Rekrutierung an einen Dritten vergeben, überwachen Sie den Fortschritt währenddessen. Sie sollten vor allem ein Auge auf die Eignung der selektierten Testpersonen haben. Diese sollten nicht nur die Rekrutierungskriterien erfüllen, sondern zugleich auch keine »Dauertester« sein, das heißt Personen, die bereits häufig und regelmäßig an Usability-Tests teilnehmen. Derart geübte Testpersonen haben meist ein Gefühl dafür entwickelt, was von ihnen erwartet wird. Gerne nehmen sie in Tests Dinge schon vorweg oder sind übermotiviert. Damit repräsentieren sie allerdings nicht Ihre Nutzenden.

Bei Online-Usability-Tests sollten Sie zudem sicherstellen, dass die Testpersonen die notwendige Software zur Testdurchführung herunterladen und bei Bedarf Unterstützung anfordern können.

### 18.2.6 Pretest und Vorbereitungen für die Einzelinterviews

In Vorbereitung auf die Erhebung sollten Sie sich um alle benötigten Dokumente und die Technik kümmern:

- Erstellen Sie einen Testplan, in dem Sie die Interviewzeiten (Slots) mit Namen und Telefonnummer der jeweiligen Testperson eintragen.
- Drucken Sie ausreichend Leitfäden für die Tests aus oder bereiten Sie diese digital vor, mindestens einen mehr, als Sitzungen angesetzt sind. Drucken Sie auch die Einverständniserklärungen für die Testpersonen sowie gegebenenfalls Quittungen für die Incentives. Bei Onlinetests wird die Einverständniserklärung häufig im Vorfeld abgefragt, und man lässt die Testpersonen diese digital bestätigen. Die Incentives werden dann im Nachgang ausbezahlt, so dass sich die Quittungen erübrigen.
- Legen Sie sich eine Vorlage für das Protokoll an. Überlegen Sie bereits jetzt, wie Sie die Analyse durchführen möchten und wie der Bericht aussehen soll. Danach richtet sich auch die Datenerfassung. Bedenken Sie dabei auch die Vertraulichkeit der Daten und ihre Sicherung (gerade auch am Ende eines Testtags).
- Bauen Sie die Technik am Durchführungsort auf oder richten Sie entsprechende virtuelle Testräume ein, und testen Sie das Setup. Sollten Sie Schwierigkeiten haben, z. B. mit der Videoaufzeichnung, bleibt Ihnen noch etwas Zeit, eine Lösung zu finden. Erfahrungsgemäß ist die Technik ein kritischer Faktor. Gerade bei Tests mit einem Endgerätewechsel oder bei Einsatz von Eyetracking sollten Sie auf mögliche Probleme vorbereitet sein.
- Bereiten Sie bei Tests vor Ort auch die Räumlichkeiten vor. Stellen Sie Gläser und Getränke bereit, und hängen Sie je nach Räumen Schilder auf, die den Weg weisen und den Testraum als solchen kennzeichnen.

Führen Sie einen Tag vor den eigentlichen Tests einen so genannten *Pretest* durch. Dieser hilft Ihnen, Sicherheit im Ablauf und mit den Feinheiten des Tests zu bekommen. Sie können auch überprüfen, ob die Länge des Studienkonzepts passt oder ob Sie einzelne Aufgaben streichen müssen. Nicht selten passen Sie noch Fragen und Aufgaben an – in ihrer Reihenfolge, im genauen Wortlaut oder deren Anzahl. Sie stellen auch schnell fest, ob Sie alles Notwendige vorbereitet haben (Unterlagen, Incentives, Einverständniserklärung etc.).

**Checkliste und Unterlagen zur Vorbereitung eines Usability-Tests**

- Checkliste: *uux.jetzt/046*
- Vorlage für die Einverständniserklärung der Testpersonen: *uux.jetzt/047*

### 18.2.7 Erhebung, Durchführung der Einzelinterviews

Die Erhebung, auch *Feldphase* genannt, ist kein Selbstläufer. Es treten zwar nicht immer unerwartete oder schwierige Situationen auf. Aber allein die erfolgreiche Durchführung der Interviews, ohne die Testpersonen zu stark zu beeinflussen, um dann mit validen Daten herausgehen zu können, ist anspruchsvoll. Zu den Anforderungen an das Team lesen Sie mehr in Abschnitt 18.4, »Wer sollte Usability-Tests durchführen?«.

Testpersonen werden unweigerlich von Interviewern und Beobachtenden beeinflusst. Sie verhalten sich in einer Situation, in der sie beobachtet und befragt werden, immer etwas anders als in ihrer natürlichen Umgebung. Um diese Beeinflussung der Testperson so gering wie möglich zu halten, sollten Sie zu Beginn des Tests neben einer kurzen Einführung zum Ablauf und der Zielsetzung des Usability-Tests Folgendes klären:

- Erläutern Sie, dass Sie als interviewende Person kein Teil des Entwicklungsteams sind und sich persönlich nicht angegriffen fühlen, wenn die Testperson kritisiert.
- Betonen Sie, dass die subjektive Meinung der Testperson von Interesse ist und sie keine falschen oder richtigen Antworten geben kann. Vermitteln Sie zudem, dass Sie nicht die Leistung der teilnehmenden Person messen und sie nichts falsch machen kann.
- Geben Sie zudem keine persönlichen Informationen von sich selbst preis – weder vor noch während des Interviews.

Die protokollierende Person beobachtet und protokolliert in der Regel im Beobachtungsraum, um keinen Einfluss auf die Testperson auszuüben. Sollte eine Beobachtung aus dem Nebenraum nicht möglich sein, klären Sie die Testperson darüber auf. Während der Tests bleibt die protokollierende Person still, beobachtet und protokolliert ausschließlich. Letzteres trifft auch auf Onlinetests zu. Klären Sie die Testperson darüber auf, dass eine weitere Person in der Konferenz teilnimmt, um zu protokollieren.

Während der eigentlichen Testphase ist es dann sehr wichtig, dass Sie ausreichend dokumentieren. Das beginnt damit, dass Sie alle Dokumente datieren und die Testpersonen und ihre Unterlagen durchnummerieren, so dass Sie Namen/persönliche Angaben und erhobene Daten sauber trennen. Machen Sie im Interview so viele und so detaillierte Notizen wie möglich. Auch wenn Sie Videoaufzeichnungen von der Sitzung haben, werden Sie in der Auswertungsphase nicht immer die Zeit haben, all diese Aufnahmen durchzusehen. Und vertrauen Sie auch nicht auf Ihr Gedächtnis. Gerade bei Tests mit vielen Testpersonen verschwimmen die Details.

### 18.2.8 (Interner) Ergebnis-Workshop, Wrap-up

Es hat sich bewährt, im Anschluss an die Tests ein zusammenfassendes Debriefing bzw. einen internen Ergebnis-Workshop durchzuführen. In diesem Workshop werden die in den Tests identifizierten Usability-Probleme aufgelistet. Dies kann anhand der Interviewprotokolle, der Debriefings am Ende eines Tages oder aber anhand von Aufzeichnungen der Beobachtenden erfolgen. Sind mehrere Personen im Beobachtungsraum, bietet es sich auch an, während der Tests über Haftnotizen die auftretenden Usability-Schwächen zu sammeln und an vorbereiteten Wänden aufzuhängen. Bei Onlinetests die von mehreren Beobachtenden per Streaming verfolgt werden, hat es sich bewährt, ein virtuelles Whiteboard für alle freizugeben, auf dem Notizen gesammelt werden können. Die gesammelten Usability-Probleme werden dann nach Schweregrad eingeteilt, und es werden – angefangen bei den schwersten Problemen – für jedes konkrete Lösungsansätze erarbeitet.

Der Schweregrad eines Usability-Problems hängt von mehreren Faktoren ab:

- **Häufigkeit**: Wie oft wurde dieser Fehler von den Testpersonen gemacht?
- **Auswirkung**: Ist das Problem/der Fehler leicht oder schwer zu beheben? Ist er beispielsweise auf eine Unterseite beschränkt oder anwendungsübergreifend?
- **Hartnäckigkeit**: Wie dauerhaft ist das Problem? Tritt es vereinzelt auf, oder treffen Nutzende immer wieder darauf?

Es gibt unterschiedliche Skalen für den Schweregrad. In den meisten Fällen reicht eine Einteilung der Usability-Probleme in drei Schweregrade:

- **Kritischer Fehler**: Wenn das Problem nicht beseitigt wird, können die Nutzenden die Aufgabe/das Szenario nicht vollenden.
- **Schwerer Fehler**: Wenn das Problem nicht beseitigt wird, sind viele Nutzende frustriert und brechen möglicherweise ab.
- **Geringfügiger Fehler**: Bei Auftreten eines derartigen Fehlers sind Nutzende verärgert, können aber mit ihrer Aufgabe fortfahren.

Der Schweregrad eines Usability-Problems zeigt auch an, mit welcher Priorität es behoben werden sollte. Kritische Fehler müssen als Erstes, am besten sofort beseitigt werden.

Im agilen Umfeld oder auch bei *Rapid User Testing*, also kurz aufeinanderfolgenden Tests mit jeweils angepassten Prototypen oder Anwendungen, enden die Tests mit dem Ergebnis-Workshop. Dieser ersetzt einen formal und aufwendig erstellten Testbericht. In diesem Fall sollte das Entwicklungsteam beim Workshop anwesend sein und die Ergebnisse direkt mitnehmen, um sie unverzüglich in die Arbeit einfließen zu lassen.

### 18.2.9 Datenanalyse und -interpretation

Bei umfangreichen Usability-Tests, also mit vielen Use Cases und/oder vielen Testpersonen, erfolgt nach einem ersten Debriefing eine tiefergehende Datenanalyse. Dies ist vor allem dann der Fall, wenn Sie quantitative Daten, also Usability-Metriken, erfasst haben. Aber auch bei sehr umfangreichen qualitativen Daten kann eine inhaltliche Datenanalyse Sinn machen.

Bei quantitativen Daten ist die Auswertung sehr klar. Sie ermitteln in der Regel Mittelwerte, Standardabweichungen und gegebenenfalls weitere statische Werte. Bei einer inhaltlichen Auswertung müssen Sie nach Mustern suchen, Trends identifizieren oder einfach die Häufigkeit von aufgetretenen Fehlern oder Bedienmustern über alle Testpersonen hinweg zählen. Aber auch Kommentare und Empfehlungen der Testpersonen müssen verdichtet und ähnliche Aussagen zusammengefasst werden. Zusammen mit Ihrem Ergebnis-Workshop ist diese Auswertung dann die Grundlage für Ihren Bericht.

**Beispiele für die Datenerfassung und Auswertung aus einem Usability-Test**

- Notizen aus den Sitzungen eines Beispielprojekts: *uux.jetzt/048*
- Auswertung in einem Beispielprojekt: *uux.jetzt/049*

### 18.2.10 Bericht

Ein Usability-Testbericht umfasst neben den eigentlichen Erkenntnissen und Empfehlungen zur Optimierung Ihrer Anwendung auch Informationen zur Methodik und zum Vorgehen. Folgende Teile sind üblicherweise in einem Testbericht enthalten:

- **Management Summary/Zusammenfassung**: Das Management oder auch Executive Summary enthält eine Zusammenfassung der zentralen Erkenntnisse. Es ist nicht länger als eine Seite oder zwei Folien, damit es schnell zu lesen ist. Neben den zwei oder drei wichtigsten Usability-Problemen sollten auch positive Ergebnisse genannt werden. Alle Ergebnisse, die im Management Summary enthalten sind, sollten Sie im Abschnitt »Testergebnisse« näher beschreiben und Lösungsansätze aufzeigen.
- **Hintergrundinformationen zum Test**: Dieser Teil gibt Hintergrundinformationen (Beschreibung des Testgegenstands, Zweck des Usability-Tests, Testzeitraum). Also Aspekte wie: Warum wurde getestet? Was und welche Ausbaustufe davon wurden getestet? Ein Prototyp? Eine Weiterentwicklung, ein Teilbereich einer Anwendung?
- **Methodik**: Beschreiben Sie die Testmethode: Welche Erhebungsverfahren haben Sie eingesetzt? Wie viele und welche Testpersonen wurden getestet? Gab es quantitative Teile? Welche Arten von Nutzungsszenarien bzw. Use Cases wurden dabei getestet?

- **Testergebnisse**: Die Testergebnisse sollten so aufbereitet sein, dass sie die Antworten zu Ihren Zielen, Thesen und Fragestellungen liefern. Beginnen Sie mit den schwerwiegendsten Usability-Problemen (siehe Schweregrad in Abschnitt 18.2.8, »(Interner) Ergebnis-Workshop, Wrap-up«). Beschreiben Sie das jeweilige Problem, idealerweise auch mit einem Screenshot, und zeigen Sie Lösungsansätze oder Optimierungsvorschläge auf. Haben Sie quantitative Daten, ergänzen Sie diese an geeigneter Stelle. Und: Greifen Sie auch die positiven Ergebnisse auf. Machen Sie das vor allem, um zu verdeutlichen, was in der weiteren Entwicklung nicht vernachlässigt werden darf bzw. beibehalten werden muss.

Achten Sie darauf, dass der Bericht nicht zu umfangreich wird. Zu viele Testergebnisse sind schwer aufzunehmen und in der Weiterentwicklung zu berücksichtigen. Maximal sollten es an die 40 Testergebnisse sein. Weniger ist in vielen Fällen mehr.

**Dokumente für Usability-Tests**

- Diverse Vorlagen für die Durchführung von Usability-Tests (in Englisch): *uux.jetzt/051*
- Hilfreiche Übersicht über verschiedene Ressourcen, Vorlagen und Checklisten zum Thema »Usability Testing«: *uux.jetzt/052*

Arbeiten Sie im Bericht so visuell wie möglich. Bauen Sie Screenshots ein, um Testfälle und Probleme zu veranschaulichen. Nutzen Sie Wireframes oder Scribbles, um Lösungsansätze grafisch darzustellen. Je mehr Sie veranschaulichen, desto unmissverständlicher werden Ihre Optimierungsvorschläge.

Ebenfalls sehr eindrucksvoll ist ein Zusammenschnitt aus den Videomitschnitten. Mit diesen so genannten *Highlight-Videos* unterstreichen Sie inhaltliche Aussagen. Originaltöne von Testpersonen wirken sehr überzeugend, gerade für Personen, die bei den Tests selbst nicht anwesend waren. Allerdings ist es viel Arbeit, diese Videos zusammenzustellen.

**Highlight-Videos**

»It's propaganda, not a documentary!« – David Travis von Userfocus erläutert im Video sieben Grundregeln für gelungene Highlight-Videos: *uux.jetzt/053*.

## 18.3 Besonderheiten bei Usability-Tests

Je nach Forschungsziel und Fragestellungen kann es sinnvoll sein, die qualitativen Aussagen und Erkenntnisse im Usability-Test durch weitere (quantitative) Methoden zu ergänzen. So können beispielsweise standardisierte Fragebögen, die Abfrage von quantitativen Werten oder auch Eyetracking wertvolle Informationen liefern, das Gesamtbild ergänzen und letztlich messbar machen.

### 18.3.1 Eyetracking (Blickverlaufsmessung)

Das *Eyetracking*, also die *Blickverlaufsmessung*, ist eine Methode zur Beantwortung von Fragestellungen rund um die Wahrnehmung bestimmter Elemente und der Informationsaufnahme. Bei korrekter Durchführung können Sie herausfinden, wie die *Aufmerksamkeitsverteilung* auf einer Website oder dem Screen einer App ist. Zu diesem Zweck werden die Blickbewegungen der Testpersonen mithilfe einer Kamera aufgezeichnet. Eine spezielle Software wertet die Bilder aus und hält die *Fixationen*, also die Betrachtungspunkte auf der jeweiligen Seite, und deren Dauer fest.

Mit dieser Methodik können Sie die bewusste und unbewusste Informationsaufnahme der Testperson untersuchen. Ausschlaggebend ist jedoch immer eine konkrete Fragestellung, beispielsweise zu bestimmten Elementen auf der Seite:

- Wie erkunden (*explorieren*) die Nutzenden die Anwendung, das heißt, wie orientieren sie sich bei Erstkontakt mit der Anwendung?
- Welche Elemente werden zuerst wahrgenommen und in den ersten zwei bis drei Sekunden am intensivsten betrachtet?
- Wird ein bestimmtes Element auf einer Seite der Anwendung wahrgenommen? Wird es wahrgenommen, wenn es an einer anderen Stelle platziert oder größer dargestellt ist?
- Wann nehmen die Nutzenden ein bestimmtes Element wahr? Wie lange dauert es, bis sie es wahrnehmen, und wie häufig betrachten sie es?

Ebenso können Sie Seitenbereiche, also mehrere inhaltlich zusammengehörige Elemente, definieren – so genannte *Areas of Interest*. In diesem Zusammenhang ist interessant, ob diese Seitenbereiche viel, wenig oder überhaupt keine Aufmerksamkeit erhalten.

Eine Auswertungsmöglichkeit dieser Daten sind so genannte *Heatmaps*, die besonders stark betrachtete Elemente oder *Areas of Interest* farblich visualisieren. Stark betrachtete Bereiche sind üblicherweise rot, weniger stark betrachtete gelb bis grün, gar nicht betrachtete weiß oder schwarz (siehe Abbildung 18.4). So genannte *Gazeplots* zeigen die Blickverläufe auf einer Seite (siehe Abbildung 18.5).

Für eine erfolgreiche Eyetracking-Studie (meist als Teil eines Usability-Tests) müssen Sie unbedingt den Kontext der Tests berücksichtigen. Für die Blickverläufe der Nutzenden ist ausschlaggebend, ob sie beispielsweise eine Website schon einmal besucht haben oder sie das erste Mal sehen. Ebenso macht es einen Unterschied, ob die Nutzenden die Anwendung frei erkunden können, also sich ohne konkretes Ziel umsehen, oder ob sie eine Aufgabenstellung bekommen haben. Im letzteren Fall spielt die Erwartungshaltung hinsichtlich der Platzierung von Elementen eine große Rolle – also auch das *mentale Modell* der Nutzenden einer bestimmten Anwendung.

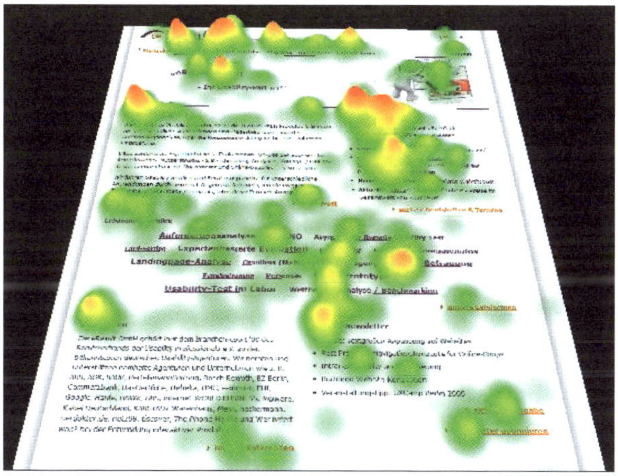

**Abbildung 18.4** So genannte Heatmaps, hier in 3D, zeigen die Aufmerksamkeitsverteilung auf einer Seite. (Quelle: www.eresult.de)

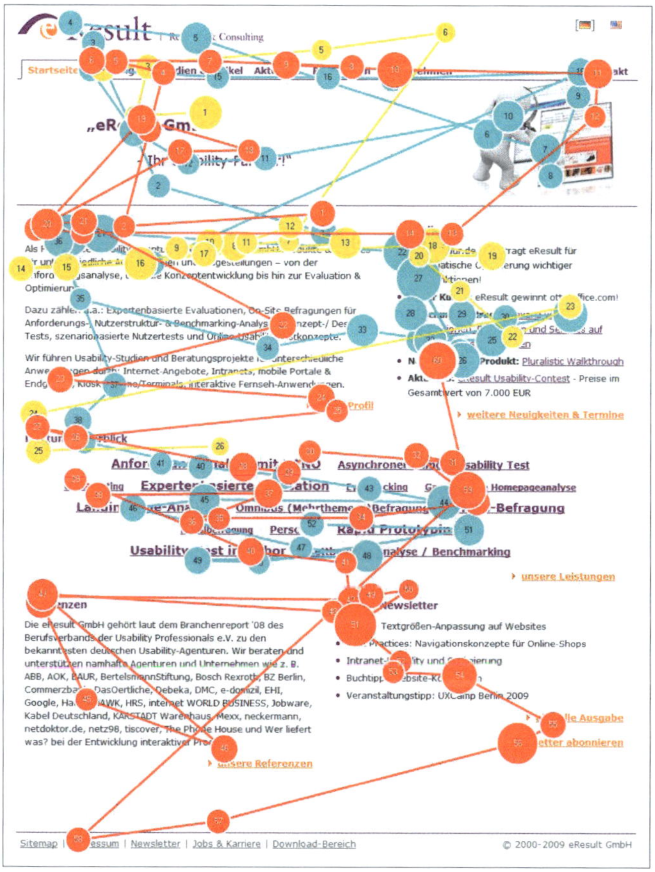


**Abbildung 18.5** Gazeplots bilden Blickverläufe auf einer Seite ab. (Quelle: www.eresult.de)

Unabhängig von einer klar definierten Fragestellung ist Eyetracking auch aufgrund der dazu benötigten Ausstattung und des geforderten Wissens zur Datenauswertung keine einfache oder gar schnell durchgeführte Methode. Hinterfragen Sie den Einsatz dieser Methode gut, und führen Sie einen solchen Test nicht ohne Vorerfahrung durch.

### 18.3.2 Quantitative Werte im Usability-Test

Über die eigentlichen Fragestellungen und Aufgaben hinaus können Sie im Rahmen eines Usability-Tests ebenso quantitative Werte erheben – *Usability-Metriken* genannt. Bedenken Sie aber, dass diese nicht repräsentativ sind. Zu den zahlreichen möglichen Metriken gehören:

- **Anteil der erfolgreich abgeschlossenen Testaufgaben** an der Gesamtzahl der gestellten Aufgaben (*Task Completion Rate, TCR*)
- **durchschnittliche Bearbeitungszeit** pro Aufgabe (*Time On Task, TOT*)
- durchschnittliche **subjektive Zufriedenheit** der Testpersonen

Den Ersteindruck (zu Beginn eines Tests) und auch den Gesamteindruck einer Anwendung (als Abschluss eines Tests) können Sie mithilfe von standardisierten Fragebögen erfassen. Sie erhalten oft einen Gesamtwert auf einer definierten Skala und/oder Einzelwerte zu definierten Dimensionen. Folgende Fragebögen haben sich hier etabliert:

- SUS – *System Usability Scale*: Bewertung der Usability auf einer Skala von 0 bis 100
- UEQ – *User Experience Questionnaire*: Fragebogen zur Erfassung der User Experience auf fünf Dimensionen
- VisAWI – *Visual Aesthetics of Website Inventory*: Fragebogen zur Erfassung der visuellen Ästhetik einer Anwendung auf vier Dimensionen und mit einem Gesamtwert

Auch die Wiederbesuchs- oder Weiterempfehlungsbereitschaft kann anhand von Skalen quantitativ eingestuft werden. Sinnvoll sind diese standardisierten Fragebögen vor allem dann, wenn Sie verschiedene Varianten einer Anwendung vergleichen oder so genannte Benchmarks (Vergleich mit anderen Anwendungen) erheben.

Für den korrekten Einsatz von Usability-Metriken und deren Auswertung bedarf es fundierten Wissens und einer gewissen Vorerfahrung im Studiendesign. Wenn Sie also Ihre ersten Usability-Tests durchführen, empfiehlt es sich daher, sich auf zentrale Bestandteile wie die Protokolle lauten Denkens und die Interviewführung zu konzentrieren. Eine tiefergehende Einführung in die Thematik der Metriken finden Sie im letzten Kapitel in diesem Teil des Buches (siehe Kapitel 24, »Metriken«).

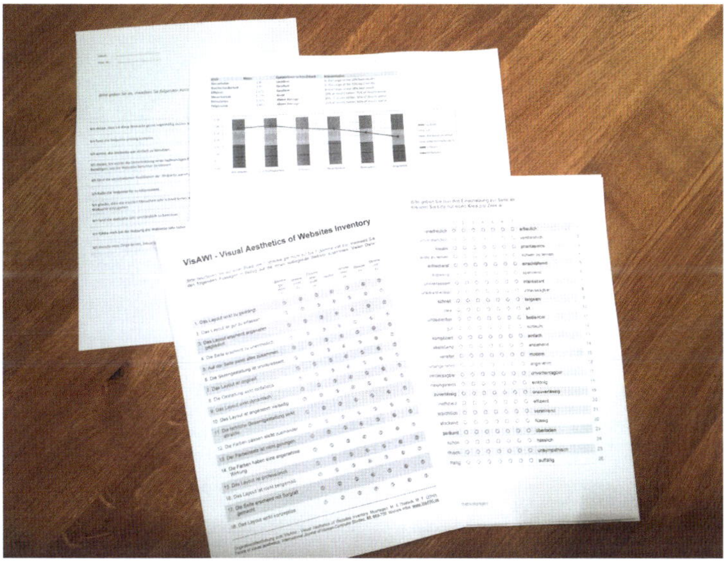


**Abbildung 18.6** Standardisierte Fragebögen wie SUS, UEQ oder VisAWI liefern Ihnen quantitative Zahlen zur Bewertung der Usability, User Experience und Ästhetik einer Anwendung.

**Weiterführende Lektüre zu Usability-Metriken**

Einen sehr guten, umfassenden Einblick in die Erhebung, statistische Analyse und Aufbereitung von Usability-Metriken geben die folgenden beiden Bücher:

- Jeff Sauro, James Lewis: Quantifying The User Experience: Practical Statistics For User Research (*uux.jetzt/042*)
- William Albert, Thomas Tullis: Measuring the User Experience (*uux.jetzt/043*)

## 18.4 Wer sollte Usability-Tests durchführen?

Um Usability-Tests erfolgreich durchzuführen, brauchen Sie nicht nur sorgfältige Vorbereitung, ein rundes Studienkonzept, passende Testpersonen und geeignete Räumlichkeiten mit technischer Ausrüstung. Sie brauchen vor allem ein geschultes Team an Usability-Profis, allen voran erfahrene Interviewer. Mit deren Fähigkeiten steht und fällt der Usability-Test.

### 18.4.1 Anforderungen an Interviewer

Nur erfahrene Profis, die interviewen (auch Testleitende oder Moderierende genannt), können die Beeinflussung der Testpersonen und damit eine Verzerrung der Testergebnisse auf ein Minimum reduzieren. Das während einer gesamten Studie, gerade auch während der letzten Testsitzungen am Abend, durchzuhalten, ist eine anspruchsvolle Leistung.

Den größten Einfluss auf die Antwortqualität in einem Usability-Test hat – neben den Interviewern selbst – die Art und Weise, wie Fragen gestellt werden. Fragen können beispielsweise zu kompliziert oder zu lang sein. Die Testperson ist dann überfordert oder vergisst einen wesentlichen Teil. Die Fragen können suggestiv sein, also der Testperson die Antwort in den Mund legen. Als Interviewer müssen Sie auch gut zuhören können. Auch wenn das bedeutet, dass Sie lange Pausen aushalten oder auf Gegenfragen erstmal nicht antworten, um der Testperson nicht zu früh etwas zu erklären. Sie sollte selbst darauf kommen – oder eben nicht. Auch das ist dann eine wertvolle Erkenntnis. Unter den Testpersonen gibt es auch solche, die vielleicht gerne und viel reden. In diesem Fall müssen Sie als Interviewer auch an bestimmten Stellen unterbrechen können, wenn es dazu notwendig ist, dass Sie einen Sachverhalt näher hinterfragen und beleuchten können.

Bedenken Sie auch, dass die Moderation eines Online-Usability-Tests in einigen Aspekten anspruchsvoller ist als bei einem Test im Usability-Lab. Allein das lockere Kennenlernen über Video ist nicht so einfach, und auch die Stimmung der Testperson einzuschätzen, ist schwieriger. Bedenken Sie, dass bei dieser Methode durchaus Schwierigkeiten mit einem sinnvollen, gezielten Nachfragen entstehen können. Trotz Videoübertragung lassen sich Körpersprache und augenscheinliche Gründe für Zögern, Schweigen oder Irritation bei der Testperson nicht immer eindeutig ausmachen. Zu unterscheiden, wann nur etwas Geduld gefordert ist, weil etwa die Testperson sich den Inhalt aufmerksam ansieht, und wann die nächste Frage gestellt werden sollte, ist deutlich schwieriger als im Labor, wo sich Testperson und Testleitung direkt sehen und nebeneinandersitzen.

Das sind nur einige der vielen Situationen, auf die Sie im Interview passend reagieren müssen. Es gibt noch zahlreiche weitere (siehe Kasten).

**Tipps und Tricks für gelungene Interviews**

- Ulf Schubert, Leiter User Experience bei der DATEV, veröffentlicht Tipps und Tricks für das Interview im Usability-Test auf seinem Blog: *uux.jetzt/054*.
- Michael Hawley erläutert in seinem Artikel »Preparing for User Research Interviews: Seven Things to Remember« auf UXmatters sieben Best Practices zur Interviewführung: *uux.jetzt/055* (in Englisch).
- Dr. David Travis, Geschäftsführer von Userfocus, UX-Berater und Autor, spricht in seinem Video aus der Reihe »UX Tea Break« über typische Fallen bei der Moderation von Usability-Tests: *uux.jetzt/056* (in Englisch).

Interviewer können noch so erfahren und exzellent in der Interviewführung sein. Auch ihnen wird es passieren, dass unangenehme, überraschende oder sonstige schwierige Situationen auftreten. Allein schon die unterschiedlichsten Persönlichkeiten unter den Testpersonen sind ein Faktor, der unerwartete Situationen hervorbringt. Sich darüber im Klaren zu sein und von solchen Momenten gehört zu haben, ist eine erste Vorbereitung darauf (siehe Kasten).

**Schwierige Situationen in Usability-Tests meistern**

Donna Tedesco und Fiona Tranquada haben in ihrem Buch »The Moderator's Survival Guide – A book about handling common, tricky, and sticky situations in user research« zahlreiche solcher Situationen aufgegriffen und stellen dar, wie Sie damit umgehen können. Einige der Situationen haben sie in Videos aufbereitet: *uux.jetzt/057*.

**Abbildung 18.7** In schwierigen Situationen richtig zu reagieren, ist die hohe Kunst der Interviewführung. Ausschnitt aus einem Beispielvideo als Ergänzung zum Handbuch »The Moderator's Survival Guide« (Quelle: www.modsurvivalguide.org/videos).

### 18.4.2 Anforderungen an Beobachtende

Auch die Beobachtenden sollten gewisse Regeln beachten, damit sie nicht negativ auf die Studienergebnisse einwirken. Das fängt bereits beim stillen Beobachten an. Nichts irritiert eine Testperson mehr, als wenn sie Stimmen, laute Geräusche oder gar Gelächter aus dem Nebenraum oder in der Videokonferenz hört.

Auch das Verhalten außerhalb des Beobachtungsraums, beispielsweise in der Pause auf dem Gang, sollte bedacht sein. Dort können sich Testpersonen aufhalten. Beobachtende sollten sich demnach dort nicht über andere Testpersonen oder Inhalte der vorangegangenen Tests unterhalten.

Häufig können auch Beobachtende Nachfragen stellen. Hier sollten aber im Vorfeld mit der Testleitung bestimmte Regeln vereinbart werden, wie die Fragen gestellt werden (z. B. über einen Chat, sofern vorhanden) und wann dies erfolgt (z. B. in den letzten fünf Minuten vor Ende des Interviews).

**Verhaltensregeln für Beobachtende**

Die Nielsen Norman Group hat einen Artikel mit Regeln für Beobachtende bei Usability-Tests veröffentlicht: *uux.jetzt/058*.

## 18.5 Wann setze ich Usability-Tests ein?

Wie wir anfangs schon geraten haben: Setzen Sie den Usability-Test so früh wie möglich im Entwicklungsprozess ein. Schon erste Prototypen können Sie evaluieren und daraus Erkenntnisse für die weitere Entwicklung mitnehmen. Zudem ist es deutlich einfacher und auch kostengünstiger, Usability-Probleme in einem frühen Stadium auszubessern, als nach dem Livegang einer Anwendung.

Usability-Tests können unterschiedlich aufwendig und umfangreich ausgestaltet werden. Angefangen beim Guerilla-Testing (siehe Kapitel 20, »Guerilla-Usability-Tests – informell und schnell Erkenntnisse sammeln«) über Remote-Usability-Tests oder einfache Labtests mit geringer Anzahl an Testpersonen bis hin zu großen Tests mit einem interaktiven High-Fidelity-Prototyp oder Tests mit Fokus auf quantitativen Kennziffern.

Sehr gut für frühe Phasen im Projekt geeignet sind iterative Tests mit mehreren Testschleifen, zwischen denen der Untersuchungsgegenstand (in der Regel ein Prototyp) auf das Feedback der Testpersonen hin angepasst wird. Derartige Tests bezeichnet man auch als *Rapid Prototyping* bzw. Rapid User Testing. Das Interessante daran ist, dass mehrere kleine Nutzertests (z. B. mit drei Testpersonen) mehr Fehler zum Vorschein bringen als ein einziger großer Test (z. B. mit acht Testpersonen). Erst mit den Optimierungen des Untersuchungsgegenstands nach einer ersten Schleife stoßen die Testpersonen oft auf weitere Usability-Probleme.

Wann in Ihrem Entwicklungsprozess und in welchem Umfang Sie testen, hängt von vielen Faktoren wie der Zeitplanung, dem verfügbaren Budget und häufig auch den weiteren Projektbeteiligten ab. Lassen Sie sich aber nicht von einem beschränkten Budget oder Zeitrahmen beirren. Nutzertests zahlen sich immer aus.

# Kapitel 19
# Unmoderierte Online-Usability-Tests – von zuhause aus testen lassen

*Sie haben nicht die Ressourcen für einen moderierten Usability-Test? Dennoch möchten Sie eine Einschätzung zu Ihrer Anwendung oder ein Stimmungsbarometer. Ein unmoderierter Online-Usability-Test ist in diesem Fall eine gute Option.*

Ein unmoderierter Online-Usability-Test ist ein Test, bei dem die Testperson eigenständig Aufgaben bearbeitet und Fragen zu ihrer Erfahrung mit dem Testobjekt beantwortet. Das kann ein attraktiver Ansatz sein, bevor Sie mangels Ressourcen gar nicht testen. Dennoch lassen sich nicht alle Fragestellungen, die ein moderierter Usability-Test beantworten kann, über diese Methode genauso gut beantworten. Einige Aspekte sollten Sie bei der Durchführung bedenken, damit verwertbare Resultate herauskommen.

## 19.1 Was sind unmoderierte Online-Usability-Tests?

Der *unmoderierte Online-Usability-Test*, auch *asynchroner Remote-Usability-Test (aRUT)* oder *Crowdtesting* genannt, erfolgt allein durch die Nutzenden, die mithilfe eines Onlinefragebogens und enthaltenen Anweisungen den Test eigenständig durchführen. Den Nutzenden werden Aufgaben und Fragen zu der zu testenden Website oder App gestellt, die automatisiert über die Software bereitgestellt werden. Während der Bearbeitung zeichnet die Software Mausklicks und Navigationspfade auf. Auch gibt sie Nutzenden die Möglichkeit, Kommentare einzugeben und gegebenenfalls gestellte Fragen zu beantworten. Diese Form des Online-Usability-Testings ermöglicht es, nicht nur ortsungebunden und in der natürlichen Umgebung der Nutzenden zu testen, sondern vor allem auch die Tests automatisiert durchzuführen. Sie profitieren bei diesem Verfahren davon, Testzeiten ausdehnen zu können (z. B. am Wochenende und in den Abendstunden) – denn die Nutzenden entscheiden, wann sie testen.

Sinnvoll einsetzen lassen sich unmoderierte Online-Usability-Tests etwa bei der Fragestellung, an welcher Stelle der Website Nutzende bereits gut geleitet und unterstützt werden und wo es Verbesserungspotenziale gibt. Oder Sie beleuchten die Navigationswege und Prozesse und finden heraus, an welchen Stellen einer Aktion (z. B. Bestellung im Onlineshop) Nutzende ihren Website-Besuch abbrechen.

Bei der unmoderierten Variante des Online-Usability-Tests müssen Sie sehr spezifisch fragen, damit Nutzende konkret darauf reagieren können. Dies hat den Vorteil, dass Sie sehr gut auch Vergleiche zwischen zwei oder mehreren Designvarianten einer Website oder Vergleiche zu Wettbewerbern ziehen können. Nach dem Bearbeiten der Aufgaben stellen Sie den Testpersonen am Ende der Sitzung Fragen zu ihrer subjektiven Einschätzung, möglichen Problemen usw. Oder Sie schicken diese im Nachgang per E-Mail an die Testperson. Anders als bei einer Livesituation im Labor oder bei Online-Usability-Tests können Sie diese Fragen nur einheitlich für alle stellen und nicht spezifisch auf die jeweiligen Nutzenden und ihr Verhalten anpassen.

**Leitfaden zum Online-Usability-Testing**

Die Nielsen Norman Group hat zahlreiche Artikel und Videos zum Thema zusammengestellt. Darunter finden sich auch Kostenaufstellungen, Checklisten und detaillierte Anleitungen zur Durchführung sowie auch zum Umgang mit ungeeigneten Testpersonen in derartigen Studien: *uux.jetzt/060*.

## 19.2 Herausforderungen bei unmoderierten Online-Usability-Tests

Die vergleichsweise schlanke Umsetzungsform führt zu einer Herausforderung: der fehlenden Möglichkeit, Nutzende während des Tests zu leiten. So gibt es keine Moderation, die bei Unklarheiten, Zögern oder Überspringen nicht nachfassen oder unterstützen kann. Probleme können nicht weiter eingegrenzt und hinterfragt oder Tests im schlimmsten Fall nicht vollständig ergründet werden. Sie müssen also mit unvollständigen oder unbrauchbaren Sitzungen rechnen. Erfahrungsgemäß werden in moderierten Verfahren (synchroner Remote Usability Test, sRUT, oder Labtest) durch die Kommunikation mit der Testleitung mehr Usability-Probleme identifiziert als bei automatisierten Verfahren.

Zu beobachten ist auch, dass die meisten Testpersonen deutlich weniger kommentieren als gewünscht. Bei moderierten Tests kann die Testleitung ruhigere Nutzende immer wieder an das *laute Denken* erinnern. Das ist bei der unmoderierten Variante natürlich nicht möglich. Auch kann die Testleitung bei unvorhergesehenen Problemen nicht gegensteuern. Kalkulieren Sie daher 30 bis 60 Prozent mehr Testpersonen ein, um aussagekräftige Ergebnisse zu bekommen.

## 19.3 Wie läuft ein unmoderierter Online-Usability-Test ab?

*Unmoderierte Online-Usability-Tests* laufen sehr standardisiert ab. Es gibt einige Full-Service-Softwarelösungen auf dem Markt (siehe Kasten), die Ihnen die Durchführung eines unmoderierten Online-Usability-Tests deutlich erleichtern. Sie verfügen über ein Panel (Datenbank mit Testpersonen) und übernehmen die Rekrutierung Ihrer Testpersonen. Dies erfolgt auf Basis eines von Ihnen erstellten *Screeners*, also einer kurzen Onlineumfrage, die potenzielle Teilnehmende beantworten und anhand dessen für die Stichprobe ausgewählt werden oder nicht. In der Umfrage wird nach gesuchten Eigenschaften gefragt, und dementsprechend werden die Teilnehmenden herausgefiltert. Häufig können Sie die Vorgaben für die Rekrutierung per Screener direkt online beim Erstellen der Tests hinterlegen. Haben Sie die Rekrutierungsvorgaben sowie die Testaufgaben und -fragen eingegeben, laufen die Tests in der Regel automatisiert ab, und Sie werden informiert, sobald die Aufnahmen aus den Tests und gegebenenfalls Ergebnisse und Auswertungen bereitstehen.

**Tools für asynchrone Onlinetests (automatisiert und selbstmoderiert)**

Für klassische selbstmoderierte Tests eignen sich unter anderem diese deutschen Anbieter:

- RapidUsertests: *www.rapidusertests.com*
- Testbirds: *www.testbirds.de*

Folgende Tools können für automatisierte Tests eingesetzt werden. Hierbei werden sehr begrenzte Aufgaben (Use Cases) mit einer großen Stichprobe getestet, ohne dass Kommentare und Äußerungen der Testpersonen aufgezeichnet werden. Das Ergebnis sind verschiedene Metriken wie beispielsweise die Zeit bis zum ersten Klick, die Erfolgsrate oder Klickpfade.

- Maze: *www.maze.co*
- loop11: *www.loop11.com*
- Chalkmark: *www.optimalworkshop.com/chalkmark*
- UsabilityHub: *www.usabilityhub.com*

Planen Sie in jedem Fall ausreichend Zeit für das Testdesign, also die Entwicklung der Aufgaben und Fragen, ein. Die durchschnittliche Testdauer für einen unmoderierten Online-Usability-Test ist meist kürzer als beim moderierten Online-Usability-Test. Viele automatisierte Online-Usability-Tests dauern etwa 20 Minuten. Manche Full-Service-RUT-Softwarelösungen (siehe Kasten) haben auch eigene Grenzen definiert. Wir haben aber auch schon positive Erfahrungen mit längeren Onlinetests gemacht. Letzten Endes hängt es davon ab, wie gut Ihr Fragebogen ist und wie die befragten Testpersonen ticken.

Stellen Sie die Aufgaben oder Fragen so, dass es klar ist, wann sie erfüllt oder beantwortet sind. Die Testperson sollte immer wissen, wann sie im Test fortfahren kann, ohne einen Teil offen zu lassen. In diesem Zusammenhang ist die Einführung in den Test für die Testperson entscheidend.

Full-Service-RUT-Softwarelösungen stellen in der Regel nicht nur die Ergebnisse/Aufnahmen als solche zur Verfügung, sondern werten quantitative Ergebnisse automatisiert aus: Werte wie Zeit für die Aufgabenerfüllung, Zeit pro Aufgabe, Besuchsdauer in der Anwendung, Klickstreams, Skalen zu Zufriedenheit oder sonstigen Einschätzungen sowie generelle Systemwerte (Browser, Betriebssystem, Bildschirmauflösung). Darüber hinaus können mithilfe der Videos auch qualitative Ergebnisse herausgefiltert und interpretiert werden.

Auch bei unmoderierten Online-Usability-Tests gilt: Ein Pretest des gesamten Ablaufs ist Pflicht. Führen Sie Ihren aufgesetzten Test selbst einmal komplett durch. Bitten Sie bestenfalls eine Kollegin oder einen Kollegen, ebenfalls nochmal einen Durchlauf zu machen – angefangen mit der Installation der notwendigen Software bis hin zum Beantworten aller Testfragen.

**UX-Methoden, die Sie gut online durchführen können**

Neben dem Online-Usability-Test gibt es weitere UX-Methoden und andere Testformen, die Sie sehr gut online durchführen können.

- **Card Sorting/Tree Test**
  Testpersonen sortieren einzelne Inhaltskärtchen zu Gruppen – moderiert oder unmoderiert. Damit erhalten Sie wertvolle Erkenntnisse zur Optimierung oder Entwicklung einer Informationsarchitektur. Beim Tree Test lösen sie Suchaufgaben in einer vorgegebenen Navigationsstruktur; darüber können Sie eine bestehende oder neu entwickelte Informationsarchitektur evaluieren. Beides können Sie online mithilfe entsprechender Software durchführen (siehe Kapitel 13, »Card Sorting – Entwicklung der Informationsarchitektur«).
- **First Click Test**
  Der First Click Test ist eine sehr einfache und schnelle Methode, mit der Sie herausbekommen, welches Element Nutzende auf einer Seite als Erstes anklicken. Dabei stellen Sie Nutzenden eine Aufgabe wie bei einem Usability-Test – der First Click Test ist aber nach dem ersten Klick zu Ende. Das heißt, Sie können auch einfache Prototypen, Mockups oder Ähnliches damit testen.
- **Fünf-Sekunden-Test**
  Nutzende entscheiden nach wenigen Sekunden, ob sie einer neuen Site eine Chance geben. Das nutzen Sie beim Fünf-Sekunden-Test. Sie zeigen Testpersonen für nur fünf Sekunden ein Mockup und fragen sie anschließend, an was sie sich erinnern, für wen die Seite ist und was man darauf tun kann. Damit bekommen Sie heraus, ob die Seite die richtige Botschaft vermittelt und ob die relevanten Teile sichtbar genug sind.
- **Designbefragung (Design Survey)**
  Um die Meinung der Nutzenden zu einer visuellen Gestaltung einzuholen, können Sie eine strukturierte Befragung nutzen. Wichtig ist, hier nicht Geschmacksfragen zu stellen, sondern eher etwas wie »Welchen Zweck hat diese Seite?« oder »Irritiert Sie etwas auf der Seite?« oder auch »Welche Elemente auf der Seite können Sie anklicken?«

Kapitel 20

# Guerilla-Usability-Tests – informell und schnell Erkenntnisse sammeln

*Keine Methode liefert bessere Erkenntnisse als Tests mit echten Nutzenden. Können Sie keine klassischen Usability-Tests durchführen, greifen Sie auf Guerilla-Methoden zurück.*

Der Usability-Test ist mit die wichtigste Methode der menschzentrierten Entwicklung. Deshalb sollten Sie Tests möglichst mehrfach in allen Ihren Projekten einsetzen. Und doch sprechen manchmal Gründe dagegen – vor allem zu wenig Zeit oder Geld. In solchen Fällen können so genannte Guerilla-Tests eine Alternative sein.

## 20.1 Warum Guerilla?

Von *Guerilla-Tests* oder *unkonventionellen Tests* spricht man, wenn man bewusst gegen Regeln verstößt, die für Usability-Tests eigentlich gelten – so wie Guerillas unkonventionelle Kampfmethoden nutzen und schnelle, kurze Aktionen bevorzugen, für die man wenig Leute braucht. Eine wichtige Regel, die Guerilla-Tests missachten, ist, dass die Testpersonen *aus der Zielgruppe* rekrutiert werden sollen. Das stellt sicher, dass Sie auch Probleme finden, die tatsächlich relevant sind für diejenigen, die später mit Ihrer Anwendung arbeiten werden. Ignorieren Sie das, und testen Sie dagegen mit Nutzenden, die z. B. überqualifiziert sind, dann finden Sie viele Probleme nicht, die spätere Nutzende haben werden. Oder testen Sie mit Personen, die weniger Vorwissen haben als die späteren Nutzenden, dann halten Sie sich möglicherweise mit Problemen auf, die in der Praxis niemand haben wird.

Und doch haben Guerilla-Tests ihre Berechtigung. Wie der Usability-Experte Steve Krug sagt:

> *»Jeder Test mit jeder noch so ungeeigneten Person ist besser als gar kein Test.«*

**Mythos »teure Usability-Tests«**

Seit Mitte des 20. Jahrhunderts werden Usability-Tests von technischen Geräten durchgeführt, und in den Anfängen ähnelten sie sehr unseren Guerilla-Tests. Seit den 1960er Jahren hat sich die Szene professionalisiert, und es wurde vor allem in

Großkonzernen und an Universitäten getestet. Aus dieser Zeit stammt das Vorurteil, Usability-Tests seien teuer.

Doch schon bald gab es Versuche, methodisch korrekt zu arbeiten und trotzdem mit einem kleinen Budget auszukommen. Bekannt ist der Ansatz des Usability-Experten Jakob Nielsen, der seit 1989 *Discount Usability* propagiert. Diese liefert so gute Ergebnisse, dass die meisten Usability-Profis heute vor allem diese Methoden einsetzen – auch in Großkonzernen und an Universitäten. Kernpunkt ist, nur das Nötigste zu dokumentieren und nur die zentralen Erkenntnisse weiterzugeben. Auch wird die Anzahl der Testpersonen so weit wie möglich reduziert – fünf Nutzende pro Aufgabe und Testrunde sind genug.

### 20.1.1 Wann Guerilla-Tests nicht das Richtige sind

Im Zuge des *Lean Design* sind Guerilla-Tests noch beliebter geworden. Gerade Start-ups haben am Anfang oft nicht viel Geld und wollen sehr schnell zu Ergebnissen kommen. Ist die Alternative, gar nicht zu testen, dann machen Sie auf jeden Fall Guerilla-Tests. Wenn Sie allerdings weitreichende Entscheidungen treffen, dann lohnt es sich, in einen klassischen Usability-Test zu investieren. Richten Sie Ihr Produkt neu aus, stellen Sie die Gestaltung radikal um oder investieren Sie viele Wochen Entwicklungszeit in ein neues Produkt, dann sollten Sie lieber auf Nummer sicher gehen und sich die Zeit für einen klassischen Test nehmen. Auch wenn Sie eine sehr spezielle Zielgruppe haben, sind Guerilla-Tests nur bedingt geeignet. Eine App speziell für Senioren können Sie sicher etwas verbessern, wenn Sie diese mit Teenagern testen. Denn die jungen Nutzenden werden garantiert auf einige Probleme stoßen, wenn die Usability der App noch nicht ausgereift ist. Bei einem Test mit Senioren werden Sie aber auf *zusätzliche* Probleme stoßen. Etwa mit zu kleinen Schriftarten oder Buttons. Oder mit Bedienkonzepten, die die jungen Nutzenden kennen, die älteren aber nicht, weil sie sich weniger mit Technik beschäftigen.

**Lean UX – Agile UX**

Die Schlagwörter *lean* (schlank) und *agil* (behände) werden heute für viele Vorgehensweisen genutzt, die weniger formell sind, kaum Zeit kosten und als besonders effizient gelten. So gibt es auch Lean User Experience oder Agile User Experience. Sie sind aber anders als die agile Entwicklung (siehe auch Kapitel 8, »Agil ans Ziel – Usability-Engineering in agilen Prozessen«) nicht mit einem Manifest oder Ähnlichem begründet. Sie beschreiben einfach UX-Methoden, die z. B. auch in Start-ups gut zum Einsatz kommen können, weil sie schnelle Ergebnisse liefern und mit wenig Vorwissen einsetzbar sind. Zu diesen Methoden gehören auch die Guerilla-Tests.

## 20.2 Wie finde ich Testpersonen?

Testen kann man überall und zur Not sogar mit Personen aus dem eigenen Unternehmen. Im Englischen spricht man dann vom *Hallway Test*, also vom Test auf dem Gang, bei dem ich einfach Leute auf dem Büroflur anhalte und mit ihnen teste.

Generell ist es gut, dorthin zu gehen, wo Ihre Nutzenden sind. Sie sprechen einfach Fremde an und bitten sie um ein paar Minuten ihrer Zeit. Geht es um eine Website im geschäftlichen Umfeld, ist Büroatmosphäre gut – also vielleicht der Eingangsbereich eines großen Bürohauses mit verschiedenen Unternehmen. Geht es um eine Trainings-App, ist ein Sportplatz, ein Schwimmbad oder ein Park gut geeignet. Sie können auch in ein Café, ein Einkaufszentrum oder in die Fußgängerzone gehen. Allerdings brauchen Sie dann eventuell die Genehmigung der Gemeinde oder der Geschäftsbetreibenden.

In immer mehr Städten gibt es mittlerweile die so genannten *Usability-Testessen* (siehe Abbildung 20.1). Dabei treffen sich UX-Profis und essen gemeinsam Pizza – und jeder darf ein Testobjekt mitbringen. In kurzen Sitzungen wird dann reihum getestet. Eine repräsentative Zielgruppe findet man so selten, aber man bekommt schnell wertvollen Input von anderen, was man verbessern könnte.

**Abbildung 20.1** Die Website usability-testessen.org bringt UX-Profis zusammen, die gemeinsam bei Pizza und Getränken informelle Usability-Tests machen.

Zur Not nimmt man Testpersonen aus Freundeskreis oder Familie – aber die sind immer stärker vorbelastet, weil sie etwas von mir und meiner Arbeit wissen. Außerdem kann ich die nicht ständig mit meinen Tests behelligen.

Generell ist die Idee beim Guerilla-Test folgende: Sie sprechen Ihre Testperson an, erklären ihr ganz kurz, wer Sie sind und was Sie untersuchen. Um ihr Vertrauen zu gewinnen, müssen Sie einiges preisgeben über sich und Ihr Projekt. Eine Verschwiegenheitserklärung zum Unterschreiben wie bei klassischen Tests schreckt möglicherweise ab. Wenn sie gut formuliert ist, kann sie Ihre potenziellen Testpersonen aber auch überzeugen. Das gilt insbesondere, wenn Sie diese auf Video aufnehmen wollen. In dem Fall kann es sehr beruhigen, wenn man weiß, dass die Aufzeichnung nicht auf Konferenzen vor tausenden von Leuten gezeigt wird, sondern nur intern.

Üblicherweise bekommen die Testpersonen keine Bezahlung, höchstens einen Kaffee, einen Snack oder etwas Ähnliches. Um sie zu überzeugen, erklären Sie ihnen, wie wichtig ihre ganz persönliche Meinung ist und dass sie helfen, ein wichtiges Produkt besser zu machen. Sie haben die einzigartige Möglichkeit, es schon zu sehen, bevor es überhaupt irgendwo erhältlich ist. Das finden die meisten Menschen so ansprechend, dass sie gern mitmachen.

**Abbildung 20.2** Guerilla-Tests können Sie überall durchführen. Am besten gehen Sie dorthin, wo Ihre potenziellen Testpersonen sind – die Cafeteria ist einer der beliebtesten Plätze dafür.

## 20.3 Was kann ich testen?

Testen lässt sich alles. Die Grundidee bei Guerilla-Tests ist, so früh wie möglich mit Tests zu beginnen, damit man die weitere Arbeit entsprechend den Ergebnissen optimieren kann. Häufig testet man:

- Informationsarchitektur (Karteikarten oder Ausdrucke von Sitemaps)
- Papierprototypen (handgezeichnet oder ausgedruckt)

- Klickdummys (auf Laptop, Tablet oder Smartphone)
- App-Prototypen
- bestehende Websites/Apps (eigene oder die der Konkurrenz)

Die Ausrüstung richtet sich nach Ihrem Testobjekt. Wenn Sie z. B. mit Laptop oder Smartphone arbeiten, ist es sinnvoll, den Bildschirm während der Testsitzungen aufzuzeichnen (*Screenrecording*), eventuell zusätzlich das Gesicht der Testperson. Das müssen Sie aber auf jeden Fall vorher erklären, und die Testpersonen müssen dem zustimmen – was Sie am besten mit aufnehmen. Oder Sie nutzen eine kurze Zustimmungserklärung, die Sie unterschreiben lassen.

## 20.4 Tipps für die Durchführung

Im Grunde gehen Sie bei Guerilla-Tests genauso vor wie bei klassischen Usability-Tests (mehr dazu siehe Kapitel 18, »Usability-Tests – die Klassiker unter den Nutzertests«). Sie überlegen sich, was Sie herausfinden wollen, planen entsprechend die Testaufgaben, die Sie den Testpersonen geben, und bitten diese, laut zu denken. Dabei versuchen Sie, so genau wie möglich zu beobachten und die Nutzenden möglichst wenig zu beeinflussen.

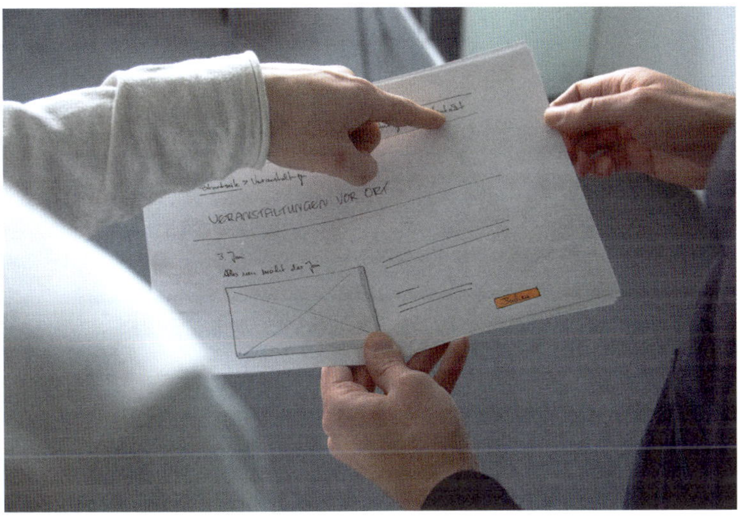


**Abbildung 20.3** Einfach mal ins Nachbarbüro gehen und mit dem Kollegen einen schnellen Papierprototyptest machen – Guerilla-UX im Einsatz

Achten Sie aber besonders darauf, sich am Anfang klare Fragestellungen zu überlegen. Guerilla-Tests sollen kurz und schnell sein, daher müssen Ihre Fragen besonders klar und fokussiert sein. Formulieren Sie zunächst, was Sie wissen wollen. »Verstehen die Nutzenden das?« ist zu allgemein. Suchen Sie eher nach einer konkreten Fragestellung wie: »Wissen die Nutzenden, auf welcher Seite sie die Adresse finden?« oder »Verstehen die Nutzenden, wie sie die Elemente umsortieren können?« Davon ausgehend formulieren Sie Ihre Testaufgaben, mit denen Sie Antworten auf diese Fragen bekommen.

Halten Sie die Sitzungen kurz, zwischen 5 und 15 Minuten sollten reichen. Immerhin stehlen Sie den Teilnehmenden ihre Zeit, und sie bekommen dafür nur eine Kleinigkeit. Lassen Sie jede Person nur einmal testen – was für Ihre Testergebnisse besser ist und auch für die Teilnehmenden. Gehen Sie also nicht immer an den gleichen Ort, um Testpersonen zu rekrutieren.

## 20.5 Auswerten und präsentieren

Bei der Auswertung der Guerilla-Tests gehen Sie so vor wie bei klassischen Tests (siehe Kapitel 18, »Usability-Tests – die Klassiker unter den Nutzertests«). Was Sie stärker berücksichtigen müssen, ist, dass Ihre Testpersonen vielleicht nicht besonders gut mit der Zielgruppe übereinstimmen. Hinterfragen Sie also alle Erkenntnisse aus den Tests daraufhin: Hätte sich eine Person aus meiner Zielgruppe genauso verhalten? Und hätte diese in der Umgebung, in der sie meine Anwendung nutzen wird, das gleiche Problem gehabt?

# Kapitel 21
# Usability-Reviews – Expertenmeinung einholen, bevor Sie Nutzende rekrutieren

*Experten in ein Projekt einzubeziehen, kann ein sinnvoller Schritt sein. Nicht zuletzt, um die eigene Betriebsblindheit bei kleinen oder großen Fehlern zu umgehen und eine möglichst objektive Meinung einzuholen.*

Beim *Usability-Review*, häufig auch *Expert-Review* oder – bei entsprechender Ausrichtung – auch *User-Experience-Review* genannt, handelt es sich um eine expertenbasierte Evaluation (Beurteilung) einer Anwendung. Klassischerweise durchleuchten Usability-Experten Ihre Anwendung aufgaben- sowie richtlinienbasiert und liefern Ihnen Erkenntnisse über kleinere bis schwere Usability-Probleme. Im Rahmen eines User-Experience-Reviews werden auch Aspekte vor und nach der Nutzung der Anwendung sowie Aspekte wie *Joy of Use* (Freude an der Nutzung), *Utility* (Nützlichkeit des Angebots) oder auch *Desirability* (Attraktivität der Anwendung) betrachtet (siehe Kapitel 1, »Von der Usability zur User Experience«).

## 21.1 Was sind Usability-Reviews?

Der Usability-Review ist eine Methode zur Einstufung und Verbesserung der Usability einer Anwendung. In der Regel wird die expertenbasierte Evaluation mit einem mehrstufigen Verfahren durchgeführt, bei dem sowohl typische Nutzungsszenarien als auch das Interface-Design betrachtet werden. Dies erfolgt mithilfe eines aufgabenbasierten Ansatzes (*Cognitive Walkthrough*) und einer richtlinienbasierten Herangehensweise (*heuristische Evaluation*). Die beiden Ansätze können auch unabhängig voneinander zum Einsatz kommen. Kombiniert man beide innerhalb eines Reviews, sind die Erkenntnisse und gefundenen Usability-Schwächen vielfältiger.

### 21.1.1 Cognitive Walkthrough (aufgabenbasierter Ansatz)

Beim *Cognitive Walkthrough* versetzen sich die Experten in die Lage der Nutzenden und spielen typische Nutzeraufgaben (*Nutzungsszenarien*) mit der Anwendung durch. Die zentralen Szenarien werden von der Produktentwicklung definiert oder von den Experten selbst, wenn sie ausreichendes Fachwissen aus dem Bereich der Anwendung mitbringen. Bei diesem aufgabenorientierten Ansatz beurteilen die Experten, ob die einzelnen Handlungsschritte für Nutzende erkennbar sind und ob die Aktionen ohne Hindernisse richtig durchgeführt werden können. Sie betrachten zudem, ob für die Nutzenden immer ihr Status bzw. Fortschritt im Prozess ersichtlich ist.

### 21.1.2 Heuristische Evaluation (richtlinienbasierte Herangehensweise)

Bei der *heuristischen Evaluation* begutachten die Experten das *User Interface* der Anwendung im Hinblick auf seine Konformität mit anerkannten Usability-Prinzipien wie der DIN EN ISO 9241 und mit den Usability-Heuristiken nach Nielsen (siehe Kapitel 2, »Erkenntnisse aus Studien, Forschung und Projekten liefern Fakten«).

Mithilfe der *heuristischen Evaluation* können Sie aus Usability-Sicht Probleme und Schwachstellen, aber auch Stärken Ihrer Anwendung identifizieren. Sie erfahren, ob Ihre Anwendung von Nutzenden »effizient, effektiv und zufriedenstellend« bedient werden kann und an welchen Stellen Sie notwendige Optimierungen erarbeiten sollten. Experten geben Ihnen zu jedem gefundenen Problem konkrete Lösungswege an die Hand, mit einer Priorisierung, in welcher Dringlichkeit und mit welchem Aufwand Sie die Thematiken angehen sollten.

### 21.1.3 Usability-Review als Grundlage für weitere Methoden

Auch wenn ein Usability-Review aufgrund seiner schnellen Realisierbarkeit (unter anderem wenig Vorbereitung) und einer meist kostengünstigeren Umsetzung (unter anderem kein Tool-Einsatz notwendig) attraktiv ist, ersetzt er keinen *Usability-Test* mit Nutzenden. In der Regel unterscheiden sich die gefundenen Probleme und Schwachstellen von denen, die Nutzende im Rahmen eines Usability-Tests finden. Vielmehr bildet ein *Usability-Review* häufig eine sinnvolle Grundlage für weiterführende *Usability-Tests* mit Nutzenden. So können Sie im Vorfeld mithilfe der im Review gefundenen Punkte eine optimierte Version erstellen und diese mit Nutzenden testen.

## 21.2 Wie läuft ein Usability-Review ab?

Einen Usability-Review führen mindestens zwei Usability- bzw. UX-Experten durch. Je nach notwendigem Hintergrundwissen zu Ihrer Anwendung müssen Sie eventuell weitere Personen mit Branchenwissen einplanen, so dass sowohl die Usability-Expertise als auch die spezifischen Branchenkenntnisse abgedeckt sind. Erfahrungsgemäß reichen in den meisten Fällen zwei bis drei Experten aus, um sehr gute Ergebnisse zu erhalten. Ein typischer Usability-Review verläuft in mehreren Schritten, die wir im Folgenden beschreiben.

### Exploration und individuelle Evaluation der Anwendung

In Vorbereitung auf die eigentliche Evaluation machen sich die Experten mit der Anwendung und dem Nutzungskontext vertraut und versetzen sich gedanklich in die Lage der Nutzenden. Die Experten erkunden die Anwendung zunächst unabhängig voneinander, um gegenseitige Einflussnahme auszuschließen. Bei sehr komplexen Anwendungen empfiehlt es sich, Teilbereiche zur weiteren Betrachtung zu definieren und abzugrenzen.

Auch die eigentliche Evaluation erfolgt individuell und unabhängig voneinander. Die Anwendung wird dafür systematisch durchgegangen – beim *Cognitive Walkthrough* mit den ausgewählten Nutzungsszenarien, bei der *heuristischen Evaluation* schrittweise nach Funktionen. Werden Probleme identifiziert, halten die Experten diese in einer Kurzbeschreibung sowie per Screenshot fest. Zusätzlich ergänzen sie die verletzte Heuristik oder Guideline und schätzen die Schwere des Problems ein.

### Debriefing und Severity Rating der Experten

Die Experten tragen die gesammelten Usability-Schwächen und -Probleme zusammen, bewerten deren Dringlichkeit und Relevanz im Hinblick auf das Gesamtsystem und konsolidieren ihre Ergebnisse. Sie entwickeln gemeinsam konkrete Lösungsansätze. Empfehlenswert ist es, die Optimierungsvorschläge nicht nur zu beschreiben, sondern auch in Form von Wireframes zu visualisieren. Für die Bewertung der Auswirkung auf die Anwendung, auch *Severity Rating* genannt, existieren mehrere Skalen. Gängige Ansätze sind die Einstufung in Prio A (schwer), Prio B (mittel) und Prio C (leicht) oder in eine ähnliche vierstufige-Skala:

- kosmetisches Problem > Beheben nur bei ausreichender Zeit
- kleines Problem > geringe Priorität bei der Behebung
- großes Problem > hohe Priorität bei der Behebung
- gravierendes Problem > Beheben zwingend notwendig

### Berichterstellung und abschließende Dokumentation

Die von allen Experten gemeinsam ausgewählten Probleme werden einheitlich aufbereitet mit kurzer Problembeschreibung, einem Screenshot und einem Optimierungsvorschlag. In der Regel werden die Usability-Probleme mit absteigendem Schweregrad dargestellt, das heißt, die schwerwiegendsten sollten hervorgehoben und mit den Auftraggebenden bzw. der Fachabteilung diskutiert werden.

### Ergebnispräsentation oder Workshop

Im Rahmen einer Präsentation der Ergebnisse können mit den Auftraggebenden die Lösungsvorschläge weiter konkretisiert und diskutiert werden. Nicht selten entsteht im Rahmen eines Abschluss-Workshops eine Roadmap zur weiteren Optimierung oder einer Überarbeitung der Anwendung.

## 21.3 Wer sollte einen Usability-Review durchführen?

Sie sollten zur Durchführung eines Expert-Reviews auf jeden Fall ausgewiesene Experten hinzuziehen. Diese sollten nicht nur mit den Heuristiken und Guidelines vertraut sein und sie interpretieren können, sondern auch für Ihre Anwendung passendes Hintergrundwissen besitzen. Fehlt den Experten das Domänenwissen, sollten Sie noch entsprechende Mitarbeitende (unter anderem aus der Produktentwicklung) einbeziehen, die den Usability-Review ebenfalls durchführen. Dann wächst das Team auf drei bis fünf Personen. Sehen Sie davon ab, komplette Neulinge in Usability-/UX-Themen einzubeziehen. Ein wertvoller Usability-Review entsteht meist nur mit viel Erfahrung, vor allem durch viele durchgeführte Usability-Tests.

## 21.4 Wann setze ich Usability-Reviews ein?

Einen Usability-Review können Sie bereits sehr früh im Entwicklungsprozess, also noch in der Konzeptionsphase, ansetzen. Bereits zu ersten Skizzen/Scribbles oder groben Wireframes können Ihnen Experten wertvollen Input liefern.

In der Umsetzungsphase dienen ein oder mehrere weitere Usability-Reviews zur Qualitätskontrolle und begleiten in beliebig großer Anzahl die Anwendungsentwicklung. Setzen Sie diese Methode aber nicht für einen finalen Freigabetest ein, wenn Sie zuvor nicht mit Nutzenden getestet haben. Der Usability-Review kann dies nicht ersetzen.

Haben Sie im Zuge der Konzeption und/oder Umsetzung einen Usability-Review durchgeführt, kann ein erneuter Review im laufenden Betrieb ein gutes Bild vom Stand der Anwendung geben. Sie beleuchten, ob bestehende Probleme gelöst wurden oder unter Umständen neue hinzugekommen sind. Ist dies der Fall, planen Sie auf Basis der Ergebnisse aus dem Review einen umfassenden Nutzertest.

# Kapitel 22
# A/B-Tests – Varianten gegeneinander antreten lassen

*Das letzte Wort haben immer die Nutzenden – was sie nicht akzeptieren, ist nicht erfolgreich. Was liegt also näher, als im laufenden Betrieb einfach auszuprobieren, was für sie am besten funktioniert?*

A/B-Tests sind aus der Website-Optimierung nicht mehr wegzudenken. Und auch für Apps kann man die Technik sinnvoll nutzen. Diese Tests liefern Fakten für Entscheidungen, bei denen früher das Bauchgefühl genügen musste. Manchmal liest man auch den Begriff *Split-Tests*, weil die Besuchenden in zwei Gruppen aufgesplittet werden. Vom Prinzip her sind A/B-Tests einfach zu konzipieren: Man entwickelt zwei Varianten (A und B) und spielt diese im Livebetrieb an die Nutzenden aus. Der eine Teil der Nutzenden bekommt Variante A zu sehen, der andere Variante B (siehe Abbildung 22.1).

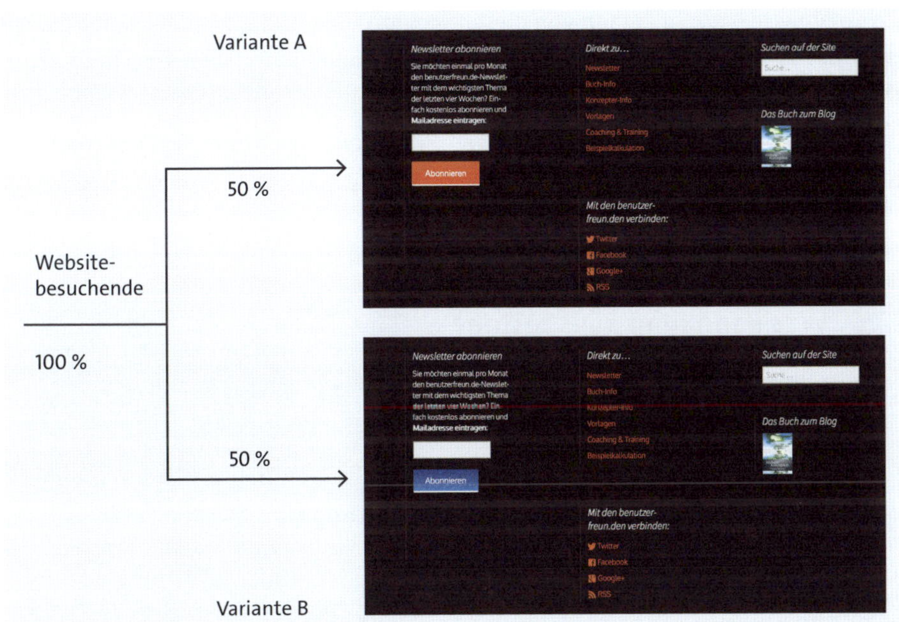


**Abbildung 22.1** Schema eines A/B-Tests

Nach einer Weile sieht man, welche Variante mehr Klicks bekommt oder mehr Umsatz bringt, und setzt diese dann für die ganze Anwendung um. Auch die technische Realisierung solcher Tests ist nicht schwierig.

Und doch: In den meisten Fällen, in denen A/B-Tests vorgeschlagen werden, kann man sie leider gar nicht einsetzen oder sie bringen nichts. Grund dafür ist die Statistik, die uns einen Strich durch die Rechnung macht. Was man für A/B-Tests meist braucht, sind viele Besuchende bzw. Nutzende. Deshalb funktionieren sie vor allem bei großen Websites und Apps mit vielen Nutzenden. Bei diesen macht eine kleine Verbesserung auch viel aus. Ein Shop, der dank A/B-Tests 1 Prozent mehr Umsatz erreicht, hat übers Jahr mitunter hunderttausend Euro mehr verdient. Eine Site mit dreitausend Besuchenden im Monat und einer hervorragenden Anmeldequote für den Newsletter von 10 Prozent hat nur wenig davon, wenn sich 1 Prozent mehr Menschen im Monat anmelden – das sind lediglich drei mehr. Wer wenig Nutzende hat, muss noch sorgfältiger planen, um einen Nutzen aus A/B-Tests zu ziehen.

## 22.1 Was bringen A/B-Tests?

Man liest immer wieder erstaunliche Erfolgsgeschichten: 93 Prozent mehr Umsatz, nachdem Shop X seinen Button blau eingefärbt hat. Diese Geschichten sind sicher wahr und machen Mut. Und doch liefert der Großteil aller A/B-Tests keine verwertbaren Ergebnisse – nur liest man von diesen nichts. Bis zu 90 Prozent der Tests, die bei Testanbietern laufen, erreichen keine statistische Signifikanz (siehe Abschnitt 22.7.1, »Woher weiß ich, dass es statistisch stimmt?«) und somit kein verwertbares Resultat.

Die gute Nachricht: Diese Probleme lassen sich lösen. Durch gute Vorbereitung und vor allem dadurch, dass man nur das testet, was sich in einem A/B-Test überhaupt testen lässt.

## 22.2 Was kann man alles testen?

Von den Anwendungen her eignen sich A/B-Tests eigentlich für fast alles:

- Websites
- Landing Pages (spezielle Webseiten mit einem klar definierten Zweck, die meist nur kurzzeitig online sind – z. B. für eine Werbekampagne, Messe o. Ä.)
- Apps
- Adwords-Kampagnen (Suchmaschinenwerbung)
- Anzeigen/Banner
- E-Mail-Kampagnen

Dabei kommt es immer darauf an, zwei Varianten zu schaffen, die sich einerseits so stark voneinander unterscheiden, dass man deutliche Ergebnisse sieht, und die sich andererseits nur in einem einzigen Merkmal unterscheiden (sonst weiß man hinterher nicht, an welcher Änderung der Unterschied zwischen Variante A und Variante B liegt).

Üblich sind Varianten bezüglich dieser Merkmale:

- Texte (Überschriften, Handlungsaufforderungen, Button-Beschriftungen ...)
- Anordnung (Button links/rechts, über/unter anderen Elementen, oben/unten auf der Seite ...)
- Bilder (verschiedene Motive, verschiedene Bildstile)
- Preise (verschiedene Einzelpreise, Pakete/Bundles ...)

Außerdem können Sie auch große Änderungen, etwa ein komplettes Redesign, mit einem A/B-Test prüfen. So stellen Sie sicher, dass die neue Version tatsächlich besser ankommt als die bestehende.

**Die Erfindung des A/B-Tests**

Erfunden hat den A/B-Test in seiner heutigen Form der Amazon-Programmierer Greg Linden. Er hatte in den 1990er Jahren bei Amazon die Funktion entwickelt, die Nutzenden ausgehend von dem, was sie gerade in ihren Einkaufswagen gelegt haben, dazu passende Dinge empfiehlt. Sein Chef meinte: Das irritiert die Leute nur, sie werden unsicher, ob sie die richtige Wahl getroffen haben, und brechen den Kauf ab.

Linden setzte hinter dem Rücken seines Chefs einen Versuch auf: Einige Tage lang wurde eine bestimmte Anzahl von Besuchenden der Amazon-Site für seinen automatischen Test ausgewählt. Die eine Hälfte der Testpersonen sah den Standardeinkaufswagen, die andere Hälfte sah den Einkaufswagen zusammen mit den neuen Empfehlungen. Nach Versuchsende war klar: Die Empfehlungen verbesserten den Umsatz so drastisch, dass es Lindens Chef jetzt gar nicht schnell genug gehen konnte, die neue Funktion umzusetzen. Seitdem setzt Amazon A/B-Tests im großen Umfang ein und begründet darauf auch einen Teil seines großen Erfolgs.

## 22.3 Was kann man nicht testen?

Um ästhetische Fragen zu beantworten, eignen sich A/B-Tests nicht. Wenn Sie sich im Team nicht einig sind, welches die richtige Schriftart ist, müssen Sie das anders entscheiden als in einem A/B-Test. Solche Dinge haben zwar mittelbar durchaus einen Einfluss auf den Erfolg, sie sind aber kein einzelner Parameter, der direkt bestimmt, ob eine Anwendung von den Nutzenden angenommen wird und funktioniert oder nicht.

Planen Sie große Veränderungen und vor allem viele Veränderungen, können Sie keinen echten A/B-Test machen. Beim Relaunch einer Website oder der Umgestaltung einer App sollten Sie natürlich vergleichen, wie die Nutzungszahlen vor und nach der Änderung sind. Aber einen A/B-Test damit zu machen, ist sinnlos, weil Sie nie herausfinden, an welchen Änderungen die beobachteten Unterschiede in der Nutzung nun liegen.

**Abbildung 22.2** Statt in großen Relaunches hat sich Amazon über die Jahre in kleinen Schritten verändert. Die meisten wurden mit A/B-Tests optimiert.

## 22.4 Wie sieht eine gute Fragestellung aus?

Entscheidend für den Erfolg eines A/B-Tests ist die richtige Fragestellung. Nicht selten hören wir in Besprechungen: »Ach, das testen wir dann einfach mit einem A/B-Test«, wenn man sich bei einer konzeptionellen Frage nicht einig wird. Das ist das Problem mit diesen Tests: Man kann nicht einfach irgendwas testen. Es ist viel besser, konzeptionelle Probleme zunächst zu lösen und das zu planen, was man für die beste Lösung hält. Dann entwickelt man davon ausgehend Varianten, die vielleicht noch besser funktionieren können.

Ziel eines A/B-Tests sollte immer sein, nicht nur herauszubekommen, *welche* Variante besser ist, sondern auch zu erfahren, *warum* eine Variante besser ist. Nur so kann man in Zukunft besser werden. Ansonsten muss man ständig ausprobieren, was Zeit und Geld kostet. Und man muss immer darauf hoffen, dass zufällig eine bessere Variante herauskommt.

Grundlage jedes A/B-Tests ist immer eine Hypothese. Die Erkenntnis ist erst der Anfang:

> *Die Seite bringt nicht genug Nutzende dazu, sich anzumelden.*

Daraus müssen Sie eine Hypothese entwickeln. Etwa:

> *Die Nutzenden übersehen den Anmelde-Button und wissen daher nicht, dass wir einen Newsletter haben.*

Das war der nächste Schritt. Daraus wird schließlich konkret:

> *Die Nutzenden übersehen den Anmelde-Button, weil er zu unauffällig gestaltet ist.*

Oder:

> *Die Nutzenden übersehen den Anmelde-Button, weil er so weit unten auf der Seite ist und sie gar nicht so weit nach unten scrollen.*

Die letzte Hypothese lässt sich übrigens auch ohne A/B-Test überprüfen, z. B. in einem Usability-Test oder mit einer Analytics-Lösung, die nachverfolgt, wie weit Nutzende jeweils nach unten scrollen. Daher würden wir sie nicht in einem A/B-Test untersuchen, weil wir die Frage schneller und einfacher anderweitig klären können.

Wichtig ist, die eigenen Hypothesen auch gut zu durchdenken. Warum sollte etwas einen Effekt haben? Warum sollte z. B. jemand auf einer Website mehr kaufen, wenn die Bilder links statt rechts vom Text stehen?

Auch klären Sie am besten vorab, was eine Änderung nach dem Test überhaupt bringen soll. Kann ich die Konsequenzen überhaupt ziehen und etwas zum Besseren ändern, wenn sich meine Hypothese bestätigt? Und wie groß ist der positive Effekt der Änderung? Hintergrund dieser Fragen ist, dass einem die Hypothesen praktisch nie ausgehen. Man kann immer etwas testen, und mit etwas Erfahrung und Können findet man auch häufig Optimierungspotenzial. Daher sollte man sich auf die Punkte konzentrieren, die einen großen Effekt haben. Das klingt offensichtlich, wird in der Praxis aber oft ignoriert. Da wird dann die Farbe eines Buttons getestet, weil man unsicher war bei der Gestaltung. Dabei hätte ein A/B-Test mit unterschiedlichen Texten auf dem Button vielleicht viel mehr gebracht – nur eben die Unsicherheit bei der Farbe nicht behoben. Und vielleicht hat die Site sowieso noch viel größere Probleme als diesen einen Button.

## 22.5 Wie definiere ich Erfolg?

Unbedingt *vor* dem Test müssen Sie bestimmen, wie Sie die Gewinnervariante küren. Einfach mal testen und nachher sehen, welche »besser läuft«, ist keine Option. Legen Sie fest, was Sie mit »besser« meinen: mehr Umsatz pro Person, die die Website besucht? Mehr Klicks auf den Abonnieren-Button? Längere Verweildauer in der App?

Fokussieren Sie sich nicht auf den kleinsten möglichen Schritt. Sie wollen z. B. auf einer Shopping-Website nicht mehr Aufrufe der Kategorieseiten, Sie wollen letztlich mehr Produkte verkaufen. Daher sind mehr Klicks von der Startseite auf die Kategorieseite schön, aber letztlich bringt Ihnen das nichts, wenn Sie dadurch nicht mehr verkaufen.

Übliche Parameter sind:

- Konversionsrate (Anteil der Nutzenden, die eine Aktion wie Kauf oder Abo ausführen)
- Umsatz (wie viel kaufen die Teilnehmenden jeweils)
- Verweildauer (wie lange nutzen die Teilnehmenden die Anwendung)
- Bearbeitungszeit (wie lange brauchen die Nutzenden, um eine Aufgabe zu erledigen)

## 22.6 Bitte nicht stören – Fehlerquellen ausschließen

Statistikprofis sprechen von *Störvariablen* – also Faktoren, die mein Ergebnis beeinflussen, die ich aber gar nicht erfasse. Wenn ich die Störvariablen nicht ausschalten kann, bestimmt etwas mein Ergebnis, das ich gar nicht kenne. Mögliche Störvariablen können sein:

- zufällige Schwankungen in der Stichprobe – die Teilnehmenden am Test sind z. B. nicht repräsentativ (wenn man z. B. zu kurz oder nur tagsüber testet)
- periodische Schwankungen des Nutzungsverhaltens (am Wochenende oder zur Ferienzeit haben Nutzende andere Interessen als in der Arbeitswoche)
- andere Einflüsse durch externe Faktoren (Wetter, politische/wirtschaftliche Nachrichten ...)

Auch sollten die beiden Varianten unbedingt gleichzeitig getestet werden, um den Einfluss außergewöhnlicher Ereignisse möglichst gering zu halten. Achten Sie darauf, dass die Auswahl der Teilnehmenden zufällig ist – solange Sie nicht über die Möglichkeiten verfügen, mit einem ausgeklügelten Verfahren eine repräsentative Stichprobe zusammenzustellen.

## 22.7 Wie viele Testpersonen/Aufrufe brauche ich?

Die wichtige Frage, wie viele Testpersonen ich für einen A/B-Test brauche, lässt sich leider nicht vorab beantworten, das liegt im Wesen der Statistik. Diese Antwort hört niemand gern, schon gar nicht Vorgesetzte – es hilft aber nichts: Wenn wir statistische Methoden einsetzen, müssen wir uns nach den Gesetzen der Statistik richten.

Je kleiner die Unterschiede, desto mehr Testpersonen brauche ich. Der wichtigste Tipp für kleine Sites und Apps mit wenig Nutzenden ist also: Wählen Sie zwei Varianten aus, bei denen Sie einen großen Unterschied erwarten. Denn je kleiner die Unterschiede sind, desto mehr Teilnehmende am A/B-Test brauchen Sie (siehe Tabelle 22.1). Das ist nicht nur problematisch, weil Sie lange warten müssen. Zu lange Laufzeiten verfälschen zusätzlich das Ergebnis, weil dann saisonale Effekte wie Ferienzeiten, Änderungen in der wirtschaftlichen Lage oder Ereignisse aus den Nachrichten einen stärkeren Effekt haben können. Um das Ganze noch komplexer zu machen, gibt es mehrere unterschiedliche statistische Verfahren, um herauszufinden, ob die Ergebnisse Ihres A/B-Tests signifikant sind.

### 22.7.1 Woher weiß ich, dass es statistisch stimmt?

Knackpunkt jeder statistischen Auswertung ist die *Signifikanz*. Diese sagt aus, ob das beobachtete Ergebnis durch Zufall zustande gekommen ist oder nicht. Wir Menschen haben leider ein ausgesprochen schlechtes Bauchgefühl, wenn es darum geht, das zu beurteilen. Ein Beispiel: Kaufen von 100 Nutzenden bei Variante A zehn das Produkt, bei Variante B dagegen elf, sind das 10 Prozent mehr. Ist das signifikant? Nein, der Unterschied ist so gering, dass das Ergebnis ebenso Zufall ist, wie wenn Sie bei 100 Münzwürfen 54-mal Zahl bekommen. Sie sollten also immer ausrechnen, ob Ihre Ergebnisse signifikant sind, und sich nie auf Ihr Gefühl verlassen. Einen groben Anhaltspunkt gibt Tabelle 22.1. Darin finden Sie die benötigte Laufzeit für Sites mit 100, 1.000 und 10.000 Besuchenden pro Tag und Konversionsraten zwischen 3 und 6 Prozent. Wegen der erwähnten unterschiedlichen statistischen Verfahren und der gewünschten Genauigkeit bzw. Sicherheit können sich die Ergebnisse bei der Auswertung unterscheiden – sehen Sie die Tabelle also nur als Anhaltspunkt.

| Besuchende pro Tag | Konversion A [Prozent] | Konversion B [Prozent] | Laufzeit [Tage] |
|---|---|---|---|
| 100 | 3 | 3,5 | 57 |
| 1.000 | 3 | 3,5 | 6 |

**Tabelle 22.1** Benötigte Laufzeit, um Signifikanz zu erreichen je nach Besuchszahlen und Konversionsraten (stark vereinfachte Beispielwerte)

| Besuchende pro Tag | Konversion A [Prozent] | Konversion B [Prozent] | Laufzeit [Tage] |
|---|---|---|---|
| 10.000 | 3 | 3,5 | 0,6 |
| 100 | 3 | 4 | 16 |
| 1.000 | 3 | 4 | 2 |
| 10.000 | 3 | 4 | 0,2 |
| 100 | 3 | 6 | 3 |
| 1.000 | 3 | 6 | 0,3 |
| 10.000 | 3 | 6 | 0,03 |

**Tabelle 22.1** Benötigte Laufzeit, um Signifikanz zu erreichen je nach Besuchszahlen und Konversionsraten (stark vereinfachte Beispielwerte) (Forts.)

Die meisten kleineren Anwendungen testen mit allen Nutzenden. Mit dem Start des A/B-Tests bekommen alle einfach eine der beiden Varianten gezeigt – A oder B. Normalerweise verteilt man die Nutzenden zu gleichen Teilen. Manchmal hat man aber Sorge, dass eine Variante schlechter abschneidet, und will diese daher nicht zu vielen Nutzenden zeigen. Dann kann man die Besuchenden auch 70:30 verteilen oder sogar 90:10. Das heißt, nur 10 Prozent der Nutzenden sehen Variante B. Das bedeutet aber auch, dass die Laufzeit sich verlängert, um signifikante Ergebnisse zu erreichen. Anwendungen mit sehr vielen Nutzenden können sich auch den Luxus gönnen, nur mit einem Teil der Nutzenden zu testen. Dann nehmen z. B. nur 10 Prozent der Website-Besuchenden am Test teil, die anderen sehen das, was sie kennen.

Um auf die nötige Anzahl von Testpersonen zu kommen, bleibt während des Testlaufs nur, die Zeit zu verlängern. Sie lassen den Test also so lange laufen, bis Sie statistisch signifikante Ergebnisse erreichen. Und doch raten viele Profis dazu, noch etwas mehr Geduld mitzubringen. Sie lassen Tests über mehrere Wochen laufen, weil sich selbst signifikante Ergebnisse mit der Zeit wieder abschwächen können. Die Nutzenden gewöhnen sich z. B. an die neue Gestaltung, und nach einer Zeit ist sie nur noch genauso erfolgreich wie die ursprüngliche.

Glücklicherweise unterstützen die meisten Tools Sie dabei, die richtige Stichprobengröße festzulegen, und werten die statistische Signifikanz aus. Und mit etwas Grundwissen in Statistik können Sie das auch selbst tun. Wichtig ist nur, die Signifikanz tatsächlich auszurechnen und sich nicht auf die Intuition zu verlassen.

**Vertiefende Infos zur Statistik**

Mehr zur Statistik für UX finden Sie auf der Site von Jeff Sauro (siehe Abbildung 22.3) oder in seinem empfehlenswerten Buch »Quantifying The User Experience: Practical Statistics For User Research«.

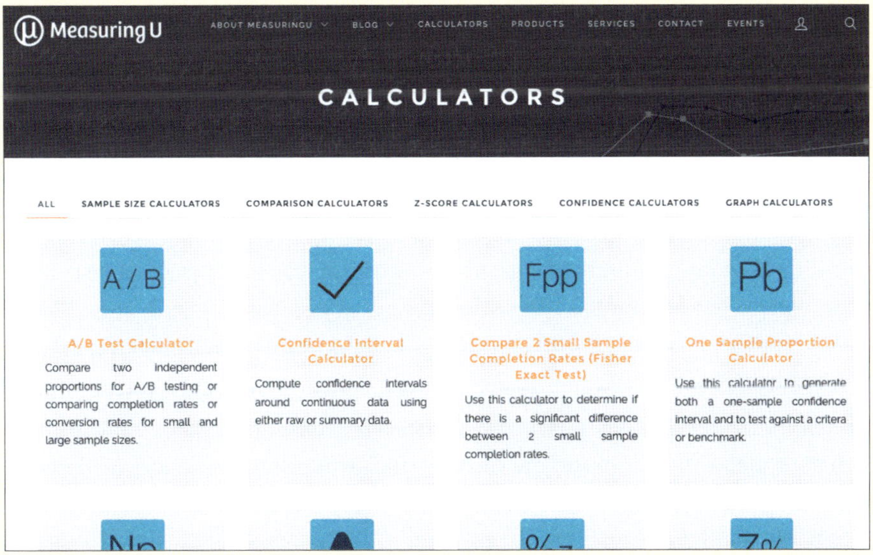


**Abbildung 22.3** Die Site MeasuringU von Jeff Sauro bietet diverse Tools und viele Hintergrundinfos zur Statistik der User Experience. Keine leichte Lektüre, aber sehr hilfreich. (Quelle: measuringu.com)

### 22.7.2 Darf ich A/B-Tests vorzeitig abbrechen?

Sobald Sie signifikante Ergebnisse erreichen, dürfen Sie die Tests beenden. Das widerspricht dem vorigen Absatz, nach dem einige die Tests lange laufen lassen, um die Veränderung über die Zeit zu erfassen. Wenn das Ihr Ziel ist, dann warten Sie länger. Wenn Ihr Ziel aber ist, schnell Verbesserungen umzusetzen, dann beenden Sie die Tests, sobald Sie signifikante Ergebnisse sehen.

Haben Sie saubere Hypothesen entwickelt und sinnvolle Varianten erstellt, können Sie direkt an die Umsetzung der Gewinnervariante gehen. Denn es geht nicht darum, wissenschaftlich korrekte Ergebnisse zu bekommen, sondern darum, die Anwendung zu verbessern. Und im schlimmsten Fall ermitteln Sie einen Gewinner, obwohl es keinen gibt. Das heißt, die Varianten A und B sind gleich gut, die beobachteten Änderungen sind zufällig. Sollte das bei Ihnen der Fall sein, haben Sie eine Variante umgesetzt, die nicht besser ist als die andere – aber eben auch nicht schlechter. Dafür können Sie schneller wieder mit einem neuen A/B-Test an den Start gehen und diesmal vielleicht eindeutigere Ergebnisse erreichen. Nur wenn die Umsetzung einer Variante aufwendig ist und z. B. größere technische Anpassungen erfordert, sollten Sie auf Nummer sicher gehen und den Test auf jeden Fall noch länger laufen lassen.

## 22.8 Multivariate Tests

Eng verwandt mit A/B-Tests sind die so genannten *multivariaten Tests*. Bei diesen variieren Sie nicht nur jeweils ein einzelnes Element, sondern mehrere auf einmal. Also auf einer Seite zum Beispiel nicht nur den Bestell-Button, sondern auch die Überschrift, die Produktbeschreibung und die Position der Empfehlungen.

Solche Tests liefern noch mehr Erkenntnisse als A/B-Tests. Ihr großer Vorteil ist nicht, dass Sie damit mehrere Dinge auf einmal testen können. Ihr Vorteil ist, dass Sie damit testen können, wie die Dinge sich *gegenseitig beeinflussen*. Es kann z. B. sein, dass ein veränderter Bestell-Button nur besser funktioniert, wenn der Text darüber auch verändert wurde.

Das heißt aber auch: Mit multivariaten Tests wird alles deutlich komplizierter, vor allem aber die Konzeption und die Auswertung. Außerdem brauchen Sie dafür eine Site mit sehr, sehr hohen Besucherzahlen, weil so viele Varianten auf einmal getestet werden. Mit weniger Besuchenden und ohne entsprechende Expertise fahren Sie in den meisten Fällen daher mit A/B-Tests bei kleinen und mittleren Websites besser.

Ein weiterer Anhaltspunkt für Ihre Entscheidung: Größere Veränderungen testen Sie am besten mit einem A/B-Test. Detailoptimierung dagegen überprüfen Sie mit einem multivariaten Test. Ein Redesign Ihrer Site also testen Sie gegen die bestehende Version mit einem A/B-Test. Schneidet das Redesign besser ab, setzen Sie dies um und optimieren es im nächsten Schritt mit multivariaten Tests.

## 22.9 Ergebnisse mit Hirn interpretieren

Selbst wenn wir ein signifikantes Ergebnis haben: Der gesunde Menschenverstand und Erfahrung sind unerlässlich dafür, die Ergebnisse von A/B-Tests (und multivariaten Tests) sinnvoll zu interpretieren. Denn wenn ein Ergebnis signifikant ist, bedeutet das eben nur, dass es nicht zufällig so ist. Ich weiß leider immer noch nicht, was die *Ursache* dieses signifikanten Unterschieds der zwei Varianten ist. Zum Beispiel kann der Grund dafür, dass ein neuer Prototyp bei einem Test besser abschneidet, auch darin liegen, dass die Testbedingungen nicht gleich waren oder die Testpersonen nicht zufällig auf die beiden Varianten verteilt wurden.

Man spricht hier von *Kausalität* (ursächlichem Zusammenhang) und *Koinzidenz* (gleichzeitigem Auftreten). Wenn Sie mich auf der Straße dabei beobachten, wie ich meinen Schirm aufspanne, und es beginnt kurz darauf zu regnen, dann ist das eine Koinzidenz. Die Kausalität ist komplexer: Ich habe zuvor die Wettervorhersage gehört, und da ich meinen nagelneuen Anzug nicht ruinieren wollte, habe ich lieber schon mal den Schirm aufgespannt. Der eigentliche Zusammenhang liegt für Sie außerhalb dessen, was Sie beobachten können: Die Wettervorhersage habe ich zuhause im Radio gehört.

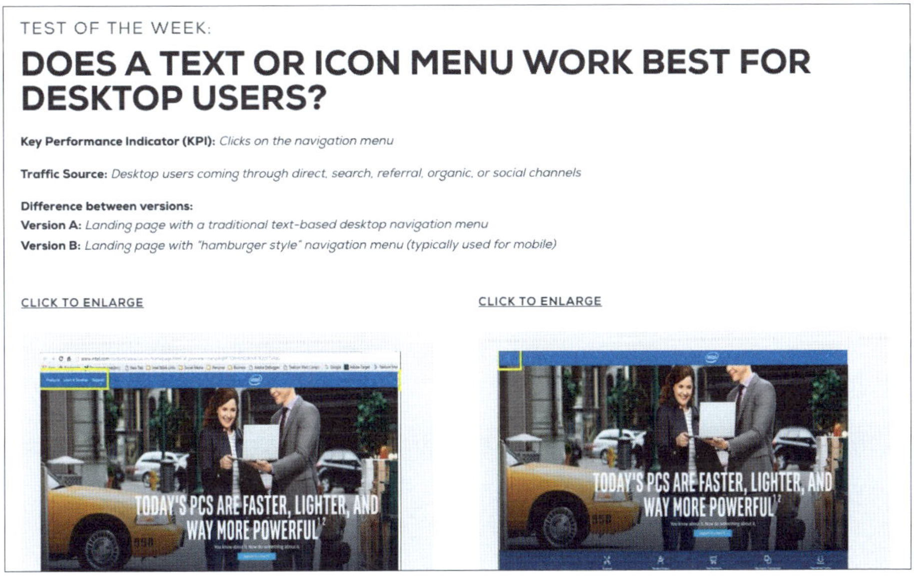


**Abbildung 22.4** Online findet man viele Beispiele für A/B-Tests, aus denen man viel lernen kann. Leider sind die meisten kostenpflichtig, und behave.org, von dem dieses Beispiel stammt, gibt es nicht mehr.

## 22.10 Womit testen? – Tools

Für einen kleinen A/B-Test können Sie auch Excel nutzen, um Stichprobengrößen und Signifikanz zu errechnen. Wesentlich einfacher ist es aber, ein spezielles Tool zu nutzen. Für Content-Management-Systeme wie *Wordpress* gibt es Plug-ins, die A/B-Testing auf Websites ganz ohne Programmierung ermöglichen.

Mit *Google Optimize* (zeitweise auch als *Website Optimizer* angeboten) kann man jede Site mit wenig Aufwand für A/B-Tests vorbereiten. Für Apps gibt es mehrere Anbieter, die darauf spezialisiert sind. Oder man nutzt das Open-Source-Tool *Matomo* (früher *Piwik* genannt), mit dem sich praktisch jede Art von Auswertung realisieren lässt, was dann aber wieder etwas mehr Expertise erfordert.

**Tools zur Umsetzung von A/B-Tests**

Links zu verschiedenen A/B-Test-Tools finden Sie unter *uux.jetzt/064*.

## 22.11 Erkenntnisse in Verbesserungen umsetzen

Die Umsetzung der Ergebnisse von A/B-Tests ist normalerweise sehr einfach: Man nutzt die Gewinnervariante. Was man aber auf jeden Fall zusätzlich tun sollte, ist zu hinterfragen, was man für die Zukunft lernen kann. So verbessert der A/B-Test nicht nur das untersuchte Detail, sondern er sorgt auch dafür, dass Sie in Zukunft bessere Lösungen entwickeln.

So müssen Sie nicht jedes Mal erneut die gleichen Fragestellungen untersuchen, sondern können immer wieder neue Details optimieren.

Wie vorher erklärt: Die besten Ergebnisse bei A/B-Tests erreicht man mit Änderungen an nur einer Stelle. Das bedeutet aber auch, dass man beim A/B-Testing sehr eng an der bestehenden Lösung optimiert. Das heißt, wenn ich ein größeres Problem habe, dann schaffe ich mit A/B-Tests vielleicht nur, dies zu verkleinern. Gelöst bekomme ich es aber nicht, weil dazu vielleicht ein ganz neuer Ansatz nötig wäre.

Man spricht hier vom *lokalen Maximum*, das man findet – die beste Lösung mit diesem Ansatz, aber eben nicht die bestmögliche Lösung überhaupt (die wäre das *globale Maximum*), siehe auch Abbildung 22.5.

**Abbildung 22.5** Die Gefahr beim A/B-Testing ist, ein lokales Maximum zu finden – den höchsten Punkt des vorderen Hügels. Zum globalen Maximum kommt man nur, wenn man auch ganz andere Varianten entwickelt.

Auch im Blick behalten sollten Sie den langfristigen Erfolg. Denn nicht selten sinkt die Erfolgskurve der Siegervariante nach einigen Wochen oder Monaten wieder ab. Das kann viele Gründe haben. Die Nutzenden können sich an das Neue gewöhnt haben und nehmen es daher nicht mehr so gut wahr oder haben es z. B. ausprobiert. Es kann sein, dass Sie an eine Sättigungsgrenze gestoßen sind und einfach nicht mehr Nutzende davon überzeugen können, was Sie gerne tun würden. Oder Ihre Konkurrenz ist nachgezogen und hat von Ihnen abgekupfert. Dann geht es also wieder von vorn los mit neuen Hypothesen für Ihre nächsten A/B-Tests.

---

**A/B-Test-Alternativen**

- **Multivariater Test**
  Siehe weiter oben in Abschnitt 22.8.
- **Usability-Test**
  Um qualitative Ergebnisse zu bekommen, helfen Usability-Tests. Diese liefern das *Warum* mit – anders als durch A/B-Tests erfahren Sie auch etwas über die Zusammenhänge und darüber, was der Grund für die Probleme ist. Siehe Kapitel 18, »Usability-Tests – die Klassiker unter den Nutzertests«.
- **Usability-Review**
  Wollen Sie schnelle Ergebnisse und haben Sie wenig Nutzende, sind Usability-Reviews eine gute Möglichkeit, Probleme aufzuspüren und Verbesserungspotenziale zu identifizieren. Siehe Kapitel 21, »Usability-Reviews – Expertenmeinung einholen, bevor Sie Nutzende rekrutieren«.
- **First Click Test**
  Der First Click Test ist eine sehr einfache und schnelle Methode, mit der Sie herausbekommen, welches Element Nutzende auf einer Seite als Erstes anklicken. Dabei stellen Sie Nutzenden eine Aufgabe wie bei einem Usability-Test – der First Click Test ist aber nach dem ersten Klick zu Ende. Das heißt, Sie können auch einfache Prototypen, Mockups oder Ähnliches damit testen.
- **Präferenztest**
  Haben Sie mehrere Gestaltungsvarianten, kann ein Präferenztest Entscheidungshilfe geben. Dabei fragen Sie einige Personen aus der Zielgruppe, welche von zwei oder drei Designvarianten sie besser finden. Idealerweise fragen Sie nicht nur nach »besser«, sondern z. B. danach, welche Variante leichter verständlich ist oder welche die Eigenschaften x und y besser vermittelt (entsprechend den Eigenschaften, die Sie vermitteln wollen).
- **Designbefragung (Design Survey)**
  Um die Meinung der Nutzenden zu einer visuellen Gestaltung einzuholen, können Sie eine strukturierte Befragung nutzen. Wichtig ist, hier nicht Geschmacksfragen zu stellen, sondern eher etwas wie »Welchen Zweck hat diese Seite?« oder »Irritiert Sie etwas auf der Seite?« oder auch »Welche Elemente auf der Seite können Sie anklicken?«
- **Fünf-Sekunden-Test**
  Wir Menschen entscheiden nach wenigen Sekunden, ob wir einer neuen Site eine Chance geben. Das nutzen Sie beim Fünf-Sekunden-Test. Sie zeigen Testpersonen für nur fünf Sekunden ein Mockup und fragen sie anschließend, an was sie sich erinnern, für wen die Seite ist und was man darauf tun kann. Damit bekom-

men Sie heraus, ob die Seite die richtige Botschaft vermittelt und ob die relevanten Teile sichtbar genug sind.

- **Verständnistest**
  Wenn Sie vor allem Text und Inhalte testen, dann prüfen Sie, ob die Nutzenden diese verstehen. Etwa mit einfachen Fragebögen, welche die Testpersonen ausfüllen, nachdem sie mit dem Testgegenstand gearbeitet haben. Bekannt ist auch der *Cloze Test*: Dabei erstellen Sie aus einem Text, den die Testpersonen vorher gesehen haben, einen Lückentext. Die Lücken müssen die Teilnehmenden im Anschluss mit den richtigen Wörtern füllen. Je mehr Fehler sie dabei machen, desto eher müssen Sie Ihren Originaltext überarbeiten.
- **Design Thinking**
  Wenn Sie nicht nur Details optimieren, sondern grundsätzliche Probleme lösen wollen, helfen Methoden des Design Thinking weiter. In Brainstorming-Sitzungen, Prototyp-Workshops und bei ausführlichen Nutzerbefragungen oder -beobachtungen kommen Sie auf Ideen, wie Sie ganz neu an Ihre Anwendung herangehen können. Siehe Kapitel 17, »Design Sprints, Design Thinking und ausgewählte Ideation-Methoden – Projektideen entwickeln und validieren«.

Kapitel 23

# Analytics – aus dem aktuellen Nutzungsverhalten lernen

*Aus Zugriffsstatistiken können Sie wertvolle Erkenntnisse über Ihre Nutzenden und ihr Verhalten ziehen. Auch sind die Daten eine gute Grundlage für Ihre User Research und zur Validierung qualitativer Analysen. In jedem Fall finden Sie mithilfe der Daten Usability-Probleme Ihrer Anwendung.*

Mit *Web-Analytics-Daten* haben Sie eines der mächtigsten Werkzeuge zur erfolgreichen Verbesserung einer digitalen Anwendung an der Hand. Es gibt keine Interaktion der Nutzenden, die Sie nicht messen könnten – außer, die Nutzenden widersprechen dem Tracking. Und das Beste daran ist, dass Sie sehen und verstehen (auch in *Echtzeit*), wie sich die Nutzenden in Ihrer Anwendung verhalten. Sie erhalten also belastbare Zahlen, mithilfe derer Sie Schwachstellen in der Anwendung identifizieren und beseitigen können. Und mit der Weiterentwicklung von *Machine Learning* und *Künstlicher Intelligenz* können Sie zunehmend auch Nutzungsverhalten vorhersagen: Mithilfe von historischen Daten werden Modelle entwickelt, die Nutzungsverhalten und -muster mit sehr hoher Wahrscheinlichkeit projizieren können. Der gängige Begriff hierfür ist *Predictive Analytics*. Und diesen Ansatz machen sich mittlerweile auch einige Web-Analytics-Anbieter zunutze.

Allerdings haben Analytics-Auswertungen auch Grenzen: Sie liefern Ihnen nicht die *Gründe* für das Nutzungsverhalten – (fast) keine Informationen zum Nutzungskontext, zur Motivation der Nutzenden oder ihren Zielen beim Besuch Ihrer Anwendung. Daher lassen sich Analytics-Daten sehr gut mit weiteren qualitativen Methoden wie beispielsweise Usability-Tests kombinieren – als Grundlage oder auch zur Validierung der Erkenntnisse daraus.

## 23.1 Was kann man alles messen und dadurch lernen?

Gängige Web-Analytics-Tools liefern Ihnen deutlich mehr Daten, als Sie sinnvoll verwerten und interpretieren können – außer Sie haben ein ganzes Team, das sich damit beschäftigt. Basisdaten sind z. B. Seitenaufrufe, Besuchende, Klicks, Aufenthaltsdauer, Herkunft, Quelle des Besuchs, Ausstiegs- und Absprungseiten. Außerdem sind im Hinblick auf die Usability und User Experience noch weitere Auswertungen wie Ereignisse (*Events*), die Interaktionsrate (*Engagement Rate*), Benutzerpfade (*User Paths*) oder Klickpfade (*Click Flows*) sowie der Ereignisfluss (*Event Flows*) interessant. Sie geben Aufschluss darüber, welche Navigationswege durch die Anwendung die Nutzenden wählen und was sie auf einzelnen Seiten im Detail tun. Also wie weit sie beispielsweise auf einer Seite scrollen, ob sie bestimmte Filter setzen oder ein Video starten und pausieren.

Auch können Sie einiges über die Nutzenden selbst erfahren: Welche Endgeräte nutzen sie? Wo leben sie (geographisch)? Wie häufig benutzen sie meine digitale Anwendung? Was machen sie dort? Diese Daten können auch verdichtet und in so genannte Segmente, also Nutzergruppen/-typen, verdichtet werden. Dies kann Ihnen wiederum helfen, Interessen dieser Nutzenden zu gewichten, je nachdem wie groß eine bestimmte Nutzergruppe ist.

**Kleines Glossar zu Web Analytics**

- **Ausstieg (engl. Exit)**
  Als Ausstieg wird das Verlassen einer Anwendung bezeichnet, die Ausstiegsseite ist demnach die letzte Seite vor dem Verlassen, die Besuchende betrachten. Dies kann durch das Schließen des Browsers geschehen, das Aufrufen einer anderen Anwendung oder aber auch durch das Ablaufen der Sitzung. Ausstiegsseiten deuten darauf hin, dass die Besuchenden dort nicht das gefunden haben, wonach sie suchten – oder im Gegenteil, dass sie hier gefunden haben, was sie gesucht haben. Ein Ausstieg setzt den vorherigen Besuch von mindestens zwei verschiedenen Seiten innerhalb der Anwendung voraus.
- **Absprung (engl. Bounce)**
  Auch beim Absprung verlassen die Nutzenden die Anwendung. Der Unterschied zum Ausstieg liegt darin, dass beim Absprung nur eine einzige Seite der Anwendung aufgerufen und gleich wieder verlassen wird. Nach dem Einstieg haben die Nutzenden keine weitere Seite mehr aufgerufen.
- **Ereignisse (engl. Events)**
  Ereignisse sind Interaktionen von Nutzenden mit Elementen oder Inhalten der Anwendung, die unabhängig von einem erneuten Laden einer Webseite oder eines Browserfensters erfasst werden können. Zu solchen Aktionen gehören Downloads, Videowiedergaben oder Eingaben in Formularen.
- **Ereignisfluss (engl. *Event Flow*)**
  Ein Ereignisfluss fasst die Aktionen/Ereignisse zusammen, die Nutzende nacheinander ausüben, und visualisiert deren Abfolge. Mithilfe eines Ereignisflusses können auch Abbrüche während einer Interaktion mit mehreren Ereignissen und ohne Seitenwechsel, z. B. das Ausfüllen eines Formulars mit mehreren Feldern oder das Hinzufügen von Produkten aus einer Liste in den Warenkorb, analysiert werden.

- **Verhaltensfluss (engl. *Behaviour Flow*)**
  Der Verhaltensfluss umfasst neben Ereignissen auch Seitenwechsel. Er zeigt den Pfad der Nutzenden durch die Anwendung und visualisiert die Interaktion mit den Inhalten. Auf Basis des Verhaltensflusses können Sie Schwächen in der Aufbereitung und Darstellung der Inhalte lokalisieren, um sie dann näher zu untersuchen.
- **Trichter (engl. *Funnel*)**
  Ein Trichter, auch Konversionspfad genannt, definiert die Seiten oder Ereignisse, die Nutzende bis zum Erreichen eines Ziels oder bis zum Ausführen einer Aktion (Konversion) durchlaufen sollen. Typische Beispiele sind der Bestellprozess in Onlineshops, Newsletter-Anmeldungen oder Anfragen über Formulare.
- **Zielvorhabenfluss, Konversionspfadanalyse, Trichteranalyse**
  Bei der Konversionspfad- oder Trichteranalyse werden die besuchten Seiten oder ausgeführten Ereignisse der Nutzenden innerhalb des definierten Trichters bis zur Konversion betrachtet. Ziel ist es, eventuelle Abweichungen der Nutzenden vom idealtypischen Verlauf, Abbrüche oder unerwartete Schleifen zu identifizieren.

Betreibende einer Anwendung sollten die relevanten Analytics-Daten und Auswertungen auf jeden Fall kennen. Um die Anwendung unter dem Aspekt der Gebrauchstauglichkeit und des Nutzungserlebnisses zu betrachten, können die folgenden Auswertungen besonders von Interesse sein.

### 23.1.1 Standard-Tracking

Zu den Standardauswertungen, die Sie bei Einsatz einer Analytics-Software ohne weitere Konfiguration erhalten, gehören Daten wie Anzahl der Besuchenden, Seitenaufrufe, Ein- und Ausstiege, Absprünge und weitere Daten wie die genutzte Technologie (Betriebssystem, Endgerät etc.). Auch den Verhaltensfluss können Sie nachvollziehen, also welche Wege die Nutzenden in Ihrer Anwendung genommen haben.

Schon mit diesen Basisdaten erfahren Sie einiges über die Nutzerfreundlichkeit Ihrer Anwendung. Allein die Abbruchquoten (Welche Einstiegsseiten führen zu den meisten Absprüngen? Auf welchen Seiten passieren die meisten Ausstiege?) geben den Hinweis, welche Seiten Sie genauer ansehen sollten, um dort mögliche Usability-Schwächen zu beseitigen oder auszuschließen. Auch die (technische) Erreichbarkeit der Anwendung kann anhand der Zugriffsdaten bewertet werden. Wie hoch ist beispielsweise der Anteil mobiler Nutzender? Ist die Anwendung entsprechend optimiert, auch für die genutzten Endgeräte?

Einen Richtwert über die Nützlichkeit Ihrer Anwendung liefern Ihnen auch die wiederkehrenden Besuchenden, die Sie aus dem Standard-Tracking herauslesen. Über welche Seiten sind wiederkehrende Personen wieder eingestiegen? Sind es immer wieder die gleichen Seiten und Inhalte, mit denen sie sich beschäftigen? Oder navigieren sie auch zu anderen, neuen Seiten? Wie lange halten sich die Nutzenden auf bestimmten Seiten auf?

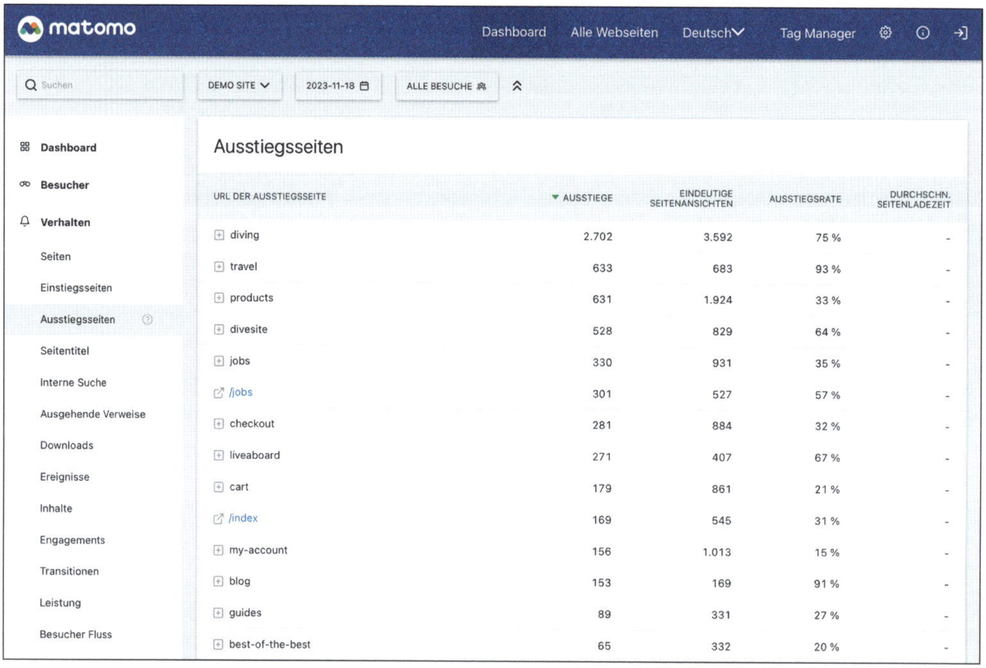


**Abbildung 23.1** Ausstiegsseiten sollten Sie unbedingt näher betrachten. Sie deuten darauf hin, dass die Nutzenden dort entweder nicht das gefunden haben, wonach sie suchten. Oder aber sie haben ihr Ziel dort erreicht – dann sind die zuvor betrachteten Seiten interessant.

### Relative Messwerte statt absoluter Zahlen

Website-Betreibende stehen vor der Herausforderung, dass ihre Web-Analytics-Zahlen sinken – und das nicht unbedingt, weil sie weniger Besuchende haben. Vielmehr widerspricht mittlerweile ein beträchtlicher Anteil der Nutzenden über das Cookie Consent Banner dem Tracking. Dieses ist für Sie als Website-Betreibende seit dem Inkrafttreten der DSGVO verpflichtend, sobald Sie Cookies auf Ihrer Website setzen oder das Nutzungsverhalten mittels Analytics tracken. Das führt nun dazu, dass Analytics-Zahlen im Vergleich zu den Jahren vor der Einführung der Cookie Consent Banner häufig sinken und generell an Aussagekraft verlieren.

Verwenden Sie daher als Messwerte *relative* Zahlen, die Ihnen verraten, ob der Anteil der Nutzenden, die etwas getan haben, im Vergleich zur Gesamtnutzerzahl gestiegen oder gesunken ist. Setzen Sie absolute Zahlen nach Möglichkeit in Relation zu einem anderen Wert, also beispielsweise die Anzahl der Interaktionen (Ereignisse) pro Person, die die Website besucht hat, die Anzahl der Seiten pro Besuch oder die

Verweildauer pro Besuch. Zahlen wie die Verweildauer oder die Scrolltiefe auf einer Seite (sofern implementiert) können natürlich auch variieren, wenn insgesamt weniger Nutzende auf der Website sind. Sie haben aber per se eine andere Aussagekraft und hängen weniger stark von absoluten Werten wie den Gesamtnutzerzahlen ab. Zahlen wie die Scrolltiefe können Sie auch in Relation setzen, z. B.: Scrolltiefe einer bestimmten Unterseite im Vergleich zur durchschnittlichen Scrolltiefe auf den Seiten eines bestimmten Themenbereichs.

### 23.1.2 Ereignisse und Ereignisfluss

Oft sind die Details entscheidend, um ein reibungsloses Nutzungserlebnis einer Anwendung zu gewährleisten. Mit dem Tracking von Interaktionen, seien sie noch so minimal, können Sie bei Bedarf auch derartige Details optimieren. Solche Interaktionen nennt man Ereignisse (siehe Kasten) und können unabhängig von Seitenaufrufen und -wechseln gemessen werden.

Messbare Ereignisse auf einer Seite sind unter anderem:

- Mausklicks und Scrollen
- Auswahl eines Formularfelds
- Verschieben und Zoomen in einer interaktiven Karte
- Nutzung von Blätterelementen, z. B. bei Karussells oder Teaser-Galerien
- Klick in Videobedienleiste (Play, Pause, Stopp usw.)
- Öffnen/Schließen der Navigation
- Scrolltiefe

Mit dieser Auswertung können Sie ebenfalls Usability-Schwächen identifizieren. Beispielsweise werden Schwierigkeiten der Nutzenden beim Ausfüllen und Absenden eines Formulars aufgedeckt. Sie finden auch heraus, ob Sortier- und Filterfunktionen genutzt werden und welche die meistgenutzten sind. So können Sie derartige Elemente auch verschlanken oder optimieren. Auch können Sie herausfinden, wie weit Nutzende auf einer Seite scrollen. Damit stellen Sie fest, welche Elemente Nutzende überhaupt gesehen haben und damit wahrnehmen konnten.

### 23.1.3 Verweildauer, Ladegeschwindigkeit

Der Faktor *Zeit* ist maßgeblich für eine gute *User Experience*, speziell auch für den Aspekt *Joy of Use*, also die Freude am Nutzen der Anwendung. Langsame Anwendungen machen einfach wenig Spaß in der Bedienung. Gerade bei mobilen Nutzenden ist die Erwartungshaltung an die Ladegeschwindigkeit hoch. Nicht alle Analytics-Tools bieten eine Auswertung der Ladezeiten. Es gibt allerdings andere kostenfreie Tools dafür wie beispielsweise *webpagetest.org* (siehe Abbildung 23.2). Niedrige Ladegeschwindigkeiten haben oft Ursachen, die sich technisch lösen lassen wie beispielsweise ein fehlendes Browser-Caching, nicht minimierter CSS- und JavaScript-Code oder zu viel von diesen Dateien, nicht komprimierte Bilder und Videos oder auch einfach Einbindungen von Widgets von Drittanbietern. Sprechen Sie mit Personen aus der Entwicklung, um Optimierungen zu planen und umzusetzen. Mehr zum Thema »Performance« finden Sie in Abschnitt 24.5, »Performance – Core Web Vitals und PageSpeed Insights«.

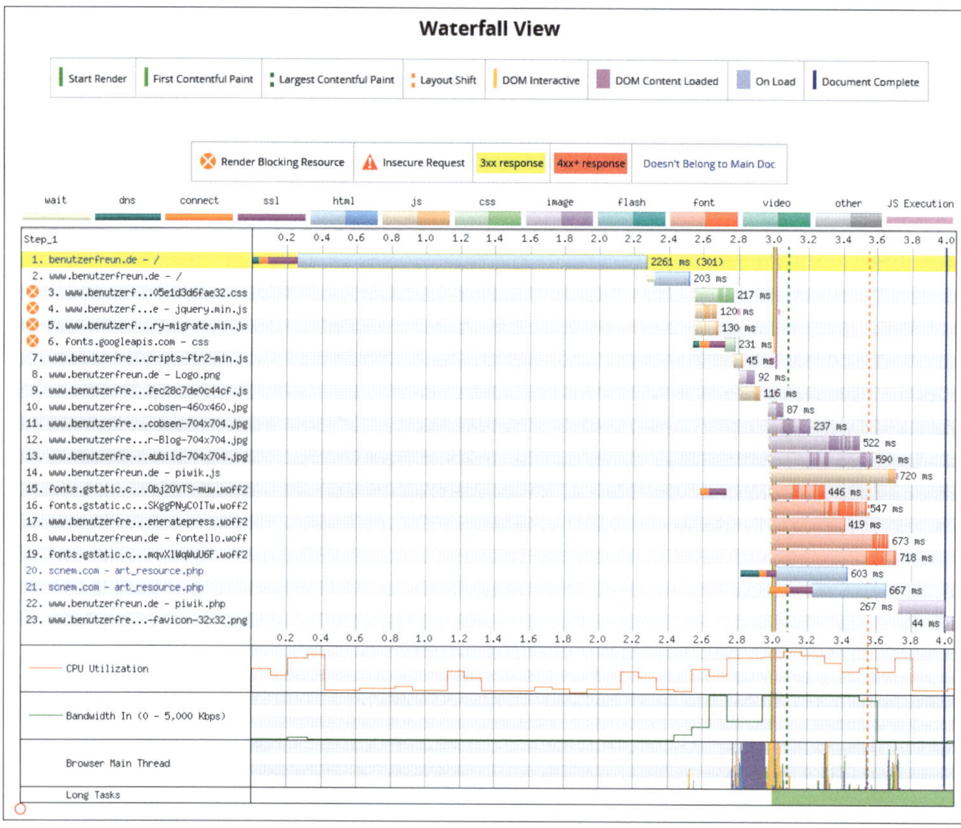


**Abbildung 23.2** Auf webpagetest.org geben Sie eine URL ein und erhalten kostenfrei eine Analyse der Ladegeschwindigkeit der Seite.

Aber auch die Dauer von Interaktionen der Nutzenden hat hohe Aussagekraft. So können Sie analysieren, wie lange bestimmte Aufgaben oder Aktionen brauchen, an welchen Punkten die Anwendung Nutzende warten lässt, bevor sie weiter agieren können, oder wie schnell Nutzende ihr Ziel erreichen.

Aussagen dazu, wie inspirierend und animierend eine Anwendung ist, lassen sich auch aus der Verweildauer von Nutzenden oder der Scrolltiefe auf der jeweiligen

Seite ableiten. Interessant sind auch Vorher-nachher-Vergleiche nach Optimierungen einer Seite: Kann durch das Einfügen von Elementen wie Bildergalerien oder Videos in Ihre Anwendung die Verweildauer erhöht werden?

### 23.1.4 Verhaltensfluss, Ereignisfluss

Mehr Details zum Nutzungsverhalten als aus den Basisdaten (siehe Abschnitt 23.1.1, »Standard-Tracking«) erhalten Sie aus dem Verhaltensfluss, also dem Pfad der Nutzenden in der Anwendung. Konkret erkennen Sie, welche Seiten die Nutzenden besuchen und in welcher Reihenfolge, wie sich Nutzende an bestimmten Stellen Ihrer Anwendung verhalten, was sie zuvor und danach noch gemacht haben.

**Abbildung 23.3** Wie Nutzende sich in Ihrer Anwendung bewegen, welche Seiten sie aufrufen, wo sie vorher waren und wohin sie noch weiternavigieren – all das liefert wertvolle Erkenntnisse und Ansatzpunkte für Optimierungen. Hier die Visualisierung in Matomo.

Aus der genauen Abfolge von Ereignissen, also dem Ereignisfluss, erkennen Sie, ob Nutzende unnötige Schritte gemacht und zu vorangegangenen Zuständen der Seite (z. B. über den Zurück-Button des Browsers) zurückgekehrt sind. Auch den Aktionen, die Sie in der Konzeption angedacht haben, die nun aber nicht in den Verhaltensflüssen der Nutzenden auftauchen, sollten Sie Aufmerksamkeit schenken.

### 23.1.5 Heatmaps

Eine visuelle Hilfe, um Interaktionen der Nutzenden zu visualisieren, bieten *Heatmaps*. Heatmaps sind aggregierte Daten, die mittels einer Farbcodierung anzeigen, wo auf einer Seite die Nutzenden am häufigsten oder eben weniger geklickt haben. Die Analyse dieser Heatmaps erleichtert es, sehr gezielt und schnell Schwachstellen auf der Seite zu identifizieren. Wird Ihr Button beispielsweise nicht häufig geklickt, wissen Sie sehr genau, warum möglicherweise die dahinterliegende Seite kaum besucht wird. Möglicherweise haben die Nutzenden den Button nicht wahrgenommen.

### 23.1.6 Ziele und Konversionsraten

Definieren Sie Ziele bzw. Konversionen für die zentralen Interaktionen und Prozesse Ihrer Anwendung, und hinterlegen Sie diese im Analytics-Tool. Damit wird Ihnen angezeigt, ob und wie viele Nutzende diese definierten Ziele/Konversionen erreicht haben. Bei Konversionen (engl. *Conversions*) unterscheidet man gerne zwischen Hauptkonversionen (engl. *Macro Conversions*) und nachgelagerten Konversionen (engl. *Micro Conversions*). Macro Conversions repräsentieren die Hauptziele, die Sie mit Ihrer Website oder App verfolgen. Es sind diejenigen Interaktionen oder Ereignisse, die Nutzende machen, die direkt auf Ihre Geschäftsziele einzahlen. Betreiben Sie beispielsweise einen Onlineshop, wäre der Kauf eines Produkts eine Hauptkonversion. Das Scrollen oder Interagieren mit Elementen auf der Produktdetailseite könnte dann eine nachgelagerte oder so genannte Micro Conversion sein. Auch das Merken eines Produkts auf der Favoritenliste wäre ein weiteres Beispiel.

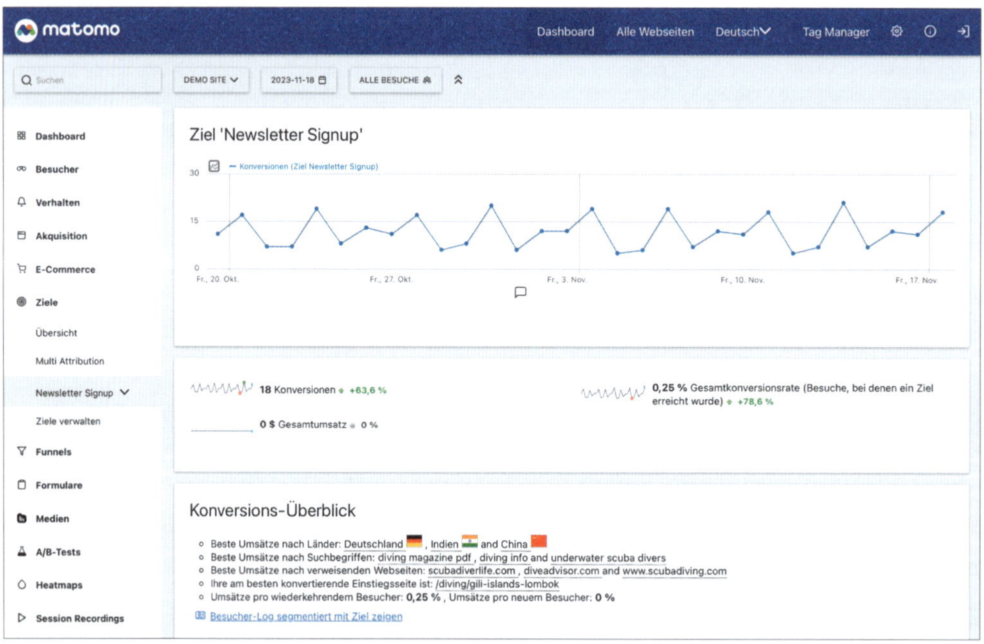


**Abbildung 23.4** Definieren Sie Ziele (gezeigt in Matomo), wie hier beispielsweise eine Newsletter-Anmeldung, um die Anzahl der Konversionen zu messen.

### 23.1.7 Trichter

Für die definierten Macro Conversions, also Hauptziele Ihrer Anwendung, lohnt es sich, einen so genannten Trichter (engl. *Funnel*) einzurichten. Um einen solchen Trichter oder Funnel-Bericht einzurichten, bestimmen Sie den Pfad, den Nutzende in den allermeisten Fällen durchlaufen, um das Ziel zu erreichen. Beim Kauf in einem Onlineshop wäre das beispielsweise der Weg von der Produktdetailseite über den Warenkorb und den gesamten Checkout-Prozess hindurch. Mithilfe der *Trichteranalyse* können Sie unter anderem sehr gezielt die Seiten identifizieren, auf denen besonders viele Ausstiege erfolgen. Sie können also sowohl die jeweilige Seite als auch das eigentliche Ereignis eingrenzen, das zum Abbruch geführt hat.

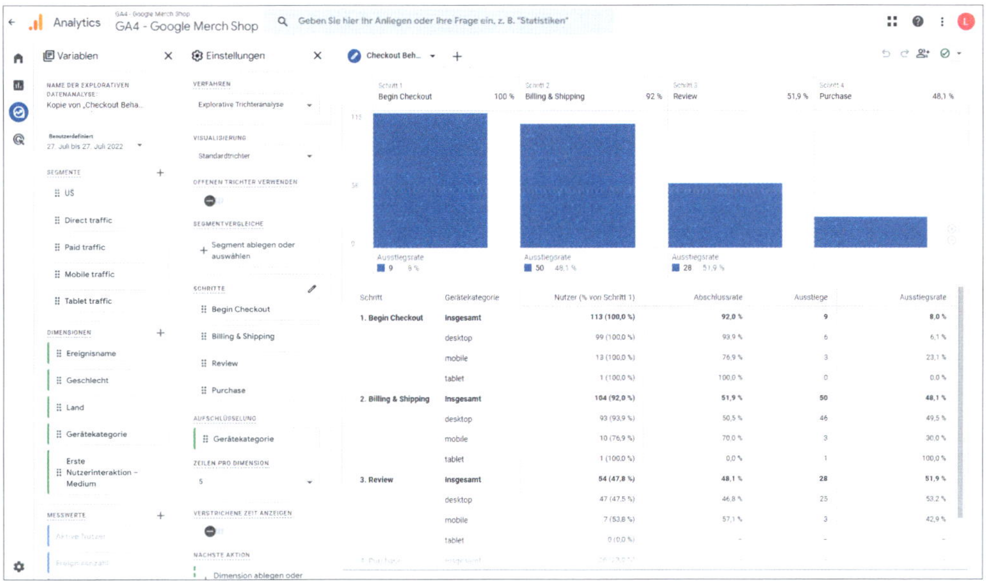


Abbildung 23.5 Über eine Trichteranalyse (hier in einer Visualisierung in Google Analytics) finden Sie heraus, an welchen Stellen auf dem Konversionspfad die Nutzenden abbrechen.

### 23.1.8 Zielgruppe

Umso mehr Wissen Sie über Ihre Nutzerschaft haben, desto besser können Sie die Website oder App auf deren Bedürfnisse optimieren. Analytics-Daten liefern Ihnen nicht nur demografische Daten der Besuchenden, so wie Alter und Geschlecht und ihren Standort, sondern auch Informationen darüber, welche Endgeräte sie primär nutzen. Ebenso erfahren Sie, wie groß der Anteil der Wiederkehrenden ist, also derjenigen, die nicht das erste Mal auf Ihrer Website oder App sind. Segmentieren Sie Ihre Nutzerschaft, also bilden Sie Gruppierungen mit gemeinsamen Merkmalen bei der Nutzung, können Sie diese vergleichen und Unterschiede im Verhalten analysieren. So können Sie besser auf unterschiedliche Anforderungen und Bedürfnisse (beispielsweise Nutzende in Auslandsmärkten) eingehen.

Auch bieten Ihnen die Segmente die Möglichkeit, Probleme zu gewichten und priorisieren, je nachdem wie groß die Gruppe ist, deren Usability-Probleme Sie gerade betrachten.

## 23.2 Wann setze ich Analytics ein?

Grundsätzlich gilt: Analytics-Daten ergänzen die Erkenntnisse aus UX-Studien optimal, insbesondere aus qualitativen Methoden. So liefern sie im Vorfeld zu einem Usability-Test Aspekte und Fragestellungen, zu denen Sie dann qualitative Antworten erheben können. Sie können beispielsweise die Gründe für Abbrüche an bestimmten Stellen der Anwendung erfragen, die sie zuvor in Analytics identifiziert haben. Oder aber andersherum: Konnten Sie Usability-Probleme in einem Nutzertest aufdecken, können Sie im Nachhinein mithilfe von Analytics-Daten quantifizieren und einschätzen, wie viele Nutzende dasselbe Problem haben. So lässt sich schließlich auch die Umsetzung der Arbeitspakete noch besser priorisieren.

## 23.3 Womit analysieren? – Tools

Die Auswahl an möglichen Web-Analytics-Anbietern ist groß. Viele Funktionen finden sich in praktisch allen Anwendungen, es gibt aber durchaus Unterschiede. Klären Sie daher vor der Entscheidung für eines der Tools den Einsatzzweck, und definieren Sie die Anforderungen. Dabei können Ihnen die folgenden Fragen helfen:

- Welche Daten möchte ich tracken? Wie umfangreich möchte ich messen?
- Wer im Team oder welche Unternehmensbereiche arbeiten mit dem Tool?
- Welche Art und welcher Umfang von Reports sollen erstellt werden können? Ist es notwendig, nutzerspezifische Reports anfertigen zu können? Müssen die Daten visualisiert dargestellt werden?
- Werden Schnittstellen benötigt? Muss andere Software wie beispielsweise eine Kundendatenbank (CRM) eingebunden werden?
- Welche datenschutzrechtlichen Anforderungen bestehen seitens meines Unternehmens?

Zu den bekanntesten und meistgenutzten Anwendungen in Deutschland gehören *Adobe Analytics*, *Piwik Pro Analytics*, *etracker* und *Matomo* – und natürlich *Google Analytics*. Letzteres punktet dabei vor allem mit den zahlreichen Visualisierungsmöglichkeiten, der schnellen und leichten Einrichtung sowie der Konfigurierbarkeit nach eigenen Bedürfnissen. In der (in den meisten Fällen völlig ausreichenden) Basisversion ist Google Analytics zudem kostenfrei.

Google hat mit der Einführung von *Google Analytics 4* (GA4) mittlerweile die Vorversion, *Universal Analytics*, abgelöst und damit auf die Veränderungen im Verbraucherverhalten und in den Datenschutzrichtlinien reagiert. Google Analytics 4 kann für alle Apps und Webseiten eines Unternehmens gleichzeitig genutzt werden. Eine wesentliche Neuerung ist auch der Einsatz von *Machine Learning* bzw. *Predictive Analytics*, der unter anderem dazu dient, Trends frühzeitig erkennen und sogar zukünftige Prognosen stellen zu können.

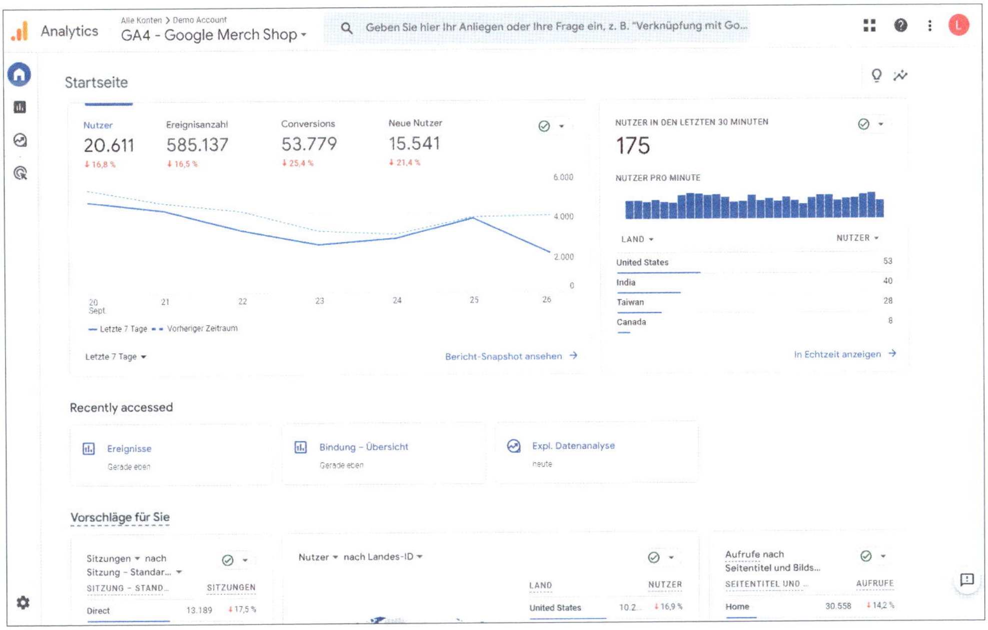


**Abbildung 23.6** In Google Analytics können Sie sich einen personalisierten Einstieg über die so genannten Dashboards einrichten, hier beispielsweise mit Echtzeitdaten, die Ihnen zeigen, welche Nutzende sich aktuell in Ihrer Anwendung befinden.

Im Zuge der Neuentwicklung hat Google unter anderem den Bereich »Lebenszyklus« eingeführt, der den Trichter der Customer Journey von der Akquise bis hin zur Kundenbindung abbildet und die Berichte Akquisition, Engagement, Monetarisierung und Bindung umfasst.

Mit entsprechender Konfiguration von GA4 werden einige Ereignisse automatisiert getrackt, ohne dass sie speziell auf den Seiten implementiert werden müssen. Dazu gehören unter anderem *Scrolls* (Scroll-Tracking), *Site Search* (interne Suche), *Video Engagement* (YouTube-Videos) oder auch *File Downloads* (Download aller gängigen File-Formate wie z. B. PDFs).

Neben dem mächtigen Google Analytics ist aus unserer Sicht das Web-Analytics-Tool *Matomo* sehr interessant. Es ist ein quelloffenes System und bietet umfangreiche Funktionen. Der große Vorteil von Matomo ist, dass Sie es selbst hosten können. Die Datenhoheit und damit die vollständige Kontrolle über Ihre Tracking-Daten liegt dann bei Ihnen. Sie können damit sicherstellen, dass die erhobenen Daten nicht von

Dritten verwendet werden und damit die Datenschutz-Grundverordnung (DSGVO) erfüllt ist. Hinzu kommt, dass Sie Matomo ohne größeren Aufwand ohne Cookies betreiben können. Wenn Sie auf einige Analysemöglichkeiten verzichten können, sind Sie dann auch nicht davon abhängig, ob Nutzende dem Tracking zustimmen.

# Kapitel 24
# Metriken

*Das Messen der UX sowie des Erfolgs der eingesetzten Methoden wird immer wichtiger. So kann man sich gegenüber Stakeholdern rechtfertigen – und hat eine Möglichkeit, die eigene Arbeit zu überprüfen.*

Das Schöne an Usability und UX ist: Wir können immer auf Basis von Fakten diskutieren. Es geht nicht darum, aus dem Bauch zu entscheiden, was funktioniert. Wenn wir uns im Team oder mit Auftraggebenden uneinig sind, dann können wir immer eins tun: mit Nutzenden testen. Das macht viele Diskussionen überflüssig und ist die Grundlage für den Erfolg von UX – inzwischen muss man kaum jemandem mehr erklären, was Usability ist oder warum User Experience wichtig ist bei allen Arten von Produkten.

## 24.1 Warum Metriken für UX?

UX-Profis reden daher in Unternehmen mehr und mehr bei wichtigen Entscheidungen über Produktplanung, -entwicklung und -marketing mit. Also bei strategischen Themen der Firma. Wenn wir ganz oben mitspielen wollen, müssen wir auch nach den Spielregeln spielen, die dort gelten. Und so müssen wir manchmal unser bequemes qualitatives Feld verlassen. In den Oberen Etagen will man Konkretes, Messbares, Vergleichbares. Es wird zunehmend von UX-Profis verlangt, *messbare* Ergebnisse zu liefern. Das hat zwei Aspekte:

1. Vergleichbarkeit der Ergebnisse
2. Rechtfertigung der Ausgaben bzw. Return on Investment (ROI)

**Definition Return on Investment (ROI)**

*Return on Investment* (ROI) heißt auf Deutsch *Kapitalrentabilität* (was kaum jemand sagt). Der ROI gibt an, wie lohnend eine Maßnahme ist. Vereinfacht nehme ich also den Gewinn einer Maßnahme und teile ihn durch meine Ausgaben dafür. Kostet mich die Optimierung einer Website z. B. 10.000 € und kann ich dadurch den Gewinn um 100.000 € steigern, habe ich einen ROI von 100.000 € / 10.000 € = 10 €. Für jeden Euro, den ich in die Optimierung investiert habe, habe ich 10 € Gewinn gemacht.

Es geht bei den Metriken für UX um zwei Dinge, die eng miteinander zusammenhängen, aber doch von der Intention her unterschiedlich sind: Die *Vergleichbarkeit* ist gut in den Griff zu bekommen. Aus vielen Projekten hat sich gezeigt: Es gibt eine Reihe von UX-Metriken, die wir dafür sinnvoll einsetzen können. Dabei geht es sowohl um den *Vergleich unseres Produkts mit der Konkurrenz* als auch um den *Vergleich verschiedener Versionen des eigenen Produkts* – also z. B. bei Überarbeitungen/Relaunches.

Schwieriger wird es beim zweiten Punkt, der Rechtfertigung oder dem *Return on Investment*. Wenn wir zeigen wollen, dass unsere Arbeit betriebswirtschaftlich sinnvoll ist, begeben wir uns auf dünnes Eis. Es gibt ein paar Metriken, die wir hier verwenden können. Aber wir müssen aufpassen, dass wir dabei nicht versuchen, Dinge in Zahlen zu fassen, die das nicht hergeben. Und: Fast alle Metriken taugen nur für den Vergleich, als absoluter Wert sagen sie wenig aus.

Vor allem dürfen wir nicht vergessen: Bei vielen UX-Aktivitäten liegt der Wert nicht in dem, was wir produzieren, sondern im Prozess. Wenn wir im Team zum Beispiel Personas erstellen, dann schaffen wir durch diesen Prozess mehr Verständnis unserer Zielgruppen bei allen Beteiligten. Darin liegt der Wert der Aktivität. Die Ausdrucke der Personas dagegen sind nur eine Erinnerung an den Prozess. Viel wichtiger als der Ausdruck ist, dass unser Team weiß, für wen es arbeitet, und dass es ein Verständnis für deren Bedürfnisse und Anforderungen entwickelt hat. Bei Personas den ROI zu messen oder andere Metriken zu erheben, ist wenig sinnvoll.

## 24.2 Statistik auch für kleine Stichproben

Doch für manche UX-Aktivitäten gibt es durchaus sinnvolle Metriken, etwa für Usability-Tests. Beim Usability-Test arbeiten wir *qualitativ*, wir betrachten also inhaltliche Probleme. Aussagen über den Anteil der Nutzenden, die diese Probleme haben, können wir nicht treffen. Theoretisch könnte man das tun, also *quantitativ* arbeiten. Dann müssten wir aber Dutzende, möglicherweise sogar hunderte von Testpersonen einladen. Das wird an Universitäten auch gelegentlich getan. Doch für die Praxis ist das nicht nötig. Denn uns interessiert nicht, wie viel Prozent der Nutzenden genau den Kaufprozess nicht abschließen können. Wenn wir feststellen, dass dies bei zwei von fünf Testpersonen so ist, dann genügt uns das, um zu wissen, dass wir den Kaufprozess verbessern müssen.

Und dennoch: Usability-Tests sind wissenschaftlich fundiert. Ein weit verbreiteter Irrtum ist, dass man nur dann Metriken erheben kann, wenn man große Stichproben hat. Bei Usability-Tests und den meisten anderen Methoden in unserem Bereich arbeiten wir aber oft nur mit fünf Testpersonen oder maximal 20 bis 30. Doch auch hier kann man sinnvolle Metriken ermitteln. Bei fast jedem Test ist es sinnvoll, wenn Sie zumindest folgende Werte bestimmen:

- **Anteil der erfolgreich abgeschlossenen Testaufgaben** an der Gesamtzahl der gestellten Aufgaben (*Task Completion Rate, TCR*)
- **durchschnittliche Bearbeitungszeit** pro Aufgabe (*Time On Task, TOT*)
- durchschnittliche **subjektive Zufriedenheit** der Testpersonen

Die Zufriedenheit erheben Sie durch eine kurze Befragung nach Abschluss des eigentlichen Tests. Verwenden Sie eine bekannte Skala (z. B. Schulnoten), und bleiben Sie bei dieser, um vergleichbare Zahlenwerte zu erhalten.

Besonders wichtig bei kleinen Teilnehmendenzahlen ist das *Konfidenzintervall*, auch *Erwartungsbereich* genannt. Eine professionelle Darstellung einer statistischen Auswertung bildet dieses mit ab. Das Konfidenzintervall zeigt vereinfacht gesagt an, wie wahrscheinlich es ist, dass der tatsächliche Wert innerhalb eines gewissen Bereichs liegt. Streng genommen ist diese häufig gebrauchte Formulierung wissenschaftlich nicht ganz korrekt. Wenn Sie mehr dazu wissen wollen – sehr gut erklärt dies das Buch »Measuring the User Experience« von Bill Albert und Tom Tullis. Es ist eine hervorragende Praxisanleitung für alle, die noch wenig Erfahrung mit Statistik haben.

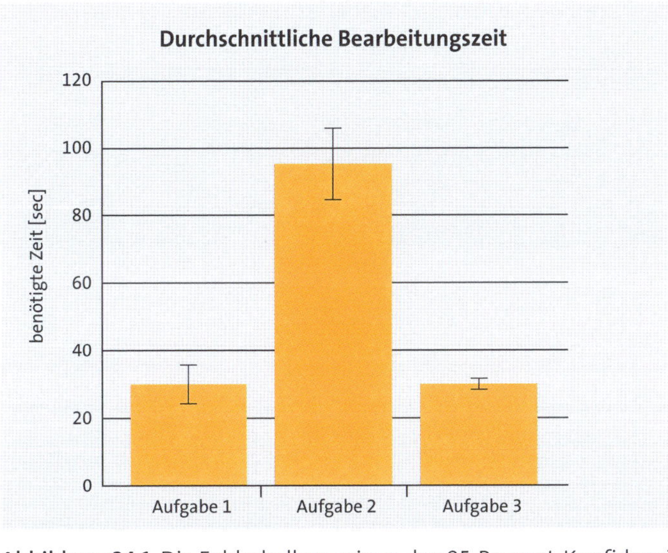


**Abbildung 24.1** Die Fehlerbalken zeigen das 95-Prozent-Konfidenzintervall. So sieht man auf einen Blick die Variabilität der Daten. Bei Aufgabe 3 beispielsweise waren alle Teilnehmenden annähernd gleich schnell, der Fehlerbalken ist sehr klein. Bei Aufgabe 2 gab es die größten Unterschiede.

## 24.3 Die richtigen Metriken auswählen

Wenn Sie die Usability oder UX quantifizieren möchten, fragen Sie immer als Erstes, wozu Sie die Metrik überhaupt brauchen. Kommt die Anforderung von außen, stellen Sie folgende Fragen: Warum soll die Metrik erhoben werden? Muss es genau diese sein? Welche Konsequenzen hat es, wenn die Metrik bestimmte Werte erreicht oder unterschreitet? Wer soll die Werte nachher interpretieren?

Alle diese Fragen sind wichtig. Denn allzu oft kommt es vor, dass einfach irgendwelche Metriken erhoben werden, weil jemand das für eine gute Idee hielt und niemand nachgefragt hat, ob das tatsächlich zielführend ist.

Entscheidend ist auch, dass die Nutzenden der Metrik (also das Team und Vorgesetzte bzw. Auftraggebende) mit dieser auch umgehen können. Wenn Sie im Unternehmen neue Metriken erheben, dann sorgen Sie auch dafür, dass alle sie richtig verstehen und interpretieren können. Sonst ist die Gefahr groß, dass die falschen Schlüsse gezogen werden.

Für fast alle Metriken müssen Sie den Nutzenden Fragen stellen oder sie Fragebögen ausfüllen lassen. Das macht den wenigsten Spaß. Mit zu vielen Fragen verärgern Sie die Befragten nicht nur, die Qualität und Zuverlässigkeit der Antworten nimmt auch ab, je mehr Fragen Sie stellen. Das ist ein weiterer Grund, nur die Metriken zu erheben, die Sie wirklich brauchen. Am häufigsten eingesetzt werden die folgenden.

### 24.3.1 TCR und TOT

Sehr einfach zu erheben, sind die zwei schon genannten Metriken *TCR, Task Completion Rate*, und *TOT, Time On Task*, also der Anteil der abgeschlossenen Aufgaben und die durchschnittliche Bearbeitungszeit pro Aufgabe.

Beide Metriken können Sie bei jedem Usability-Test erheben, der echte Aufgaben enthält. Wichtig bei TOT ist nur, dass Sie die Nutzenden während der Bearbeitung der Aufgaben nicht mit Nachfragen aufhalten. Denn damit verfälschen Sie das Ergebnis – die Testpersonen brauchen dann natürlich länger. Erheben Sie TOT, dann stellen Sie den Nutzenden jeweils *nach* der einzelnen Aufgabe Fragen zu deren Vorgehen.

### 24.3.2 SEQ

Auch sehr einfach zu erheben ist der *SEQ, Single Ease Question*. Das ist lediglich die Ergänzung des Satzes »Ich fand diese Aufgabe …«. Dazu gibt es meist eine Skala von *1 – sehr schwer* bis *7 – sehr leicht*.

### 24.3.3 SUS

Der *SUS, System Usability Scale*, ist ein Fragebogen, den Sie am Ende des Tests von den Testpersonen ausfüllen lassen. Diese geben darin ihre Zustimmung zu zehn Aussagen auf einer Skala von 1 bis 5. Das sind Aussagen wie »Ich denke, dass ich dieses System gerne häufiger nutzen würde« oder »Ich fand das System unnötig komplex«. Der Gesamtwert des SUS liegt dann zwischen 0 und 100. Details dazu finden Sie unter *uux.jetzt/065*.

### 24.3.4 UEQ

Ganze 26 Fragen hat der *UEQ, User Experience Questionnaire*. Die Testpersonen geben an, wie sie die Anwendung empfanden, indem sie eine Position zwischen zwei Eigenschaften auswählen (z. B. »angenehm« – »unangenehm«); dazwischen liegen sieben Skalenpunkte. Erfasst werden damit die Bereiche Attraktivität, Durchschaubarkeit, Effizienz, Steuerbarkeit, Stimulation und Originalität. Es gibt auch eine Kurzversion des UEQ mit nur acht Fragen, die dann aber natürlich nur eingeschränkte Aussagekraft hat. Wir persönlich nutzen eher den SUS, der nur zehn Fragen hat. Uns erscheinen dessen Ergebnisse leichter zu interpretieren und praxisnäher als die des UEQ. Mehr zum UEQ unter *uux.jetzt/066*.

### 24.3.5 NPS

Besonders im Marketing beliebt ist der *NPS, Net Promoter Score*. Dieser soll die Loyalität der Kundinnen und Kunden angeben. Gefragt wird: »Wie wahrscheinlich ist es, dass Sie diese Anwendung im privaten Umfeld weiterempfehlen?«

Die Antwortmöglichkeiten liegen auf einer Skala von 0 (»überhaupt nicht wahrscheinlich«) bis 10 (»sehr wahrscheinlich«). Es gibt unter UX-Profis eine hitzige Debatte über Sinn und Unsinn des NPS. Zusammengefasst kann man sagen: Wenn Projektbeteiligte den NPS einfordern, kann man mit ihm arbeiten. Wenn man es sich selbst aussuchen kann, sind aber aus UX-Sicht andere Metriken besser geeignet. Details zu dieser Diskussion und zur Berechnung des NPS finden Sie ebenfalls unter *uux.jetzt/065*.

### 24.3.6 VisAWI und AttrakDiff

Die beiden Fragebögen *VisAWI, Visual Aesthetics of Websites Inventory*, und *AttrakDiff* erfassen das subjektive Urteil der Nutzenden über die getestete Anwendung.

Der VisAWI hat 18 bzw. in der Kurzversion vier Fragen zur Ästhetik einer Nutzeroberfläche. Der AttrakDiff erfasst die so genannte pragmatische und hedonische Qualität mit 28 gegensätzlichen Adjektivpaaren (wie »angenehm/unangenehm« oder »kreativ/fantasielos«).

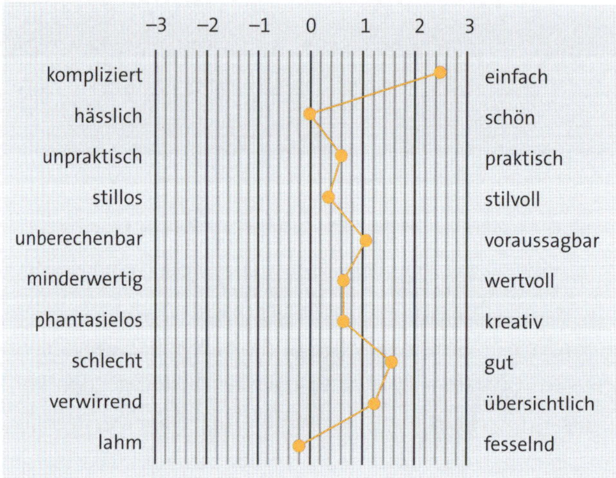


**Abbildung 24.2** Beim AttrakDiff wird die Einschätzung der Testpersonen als so genanntes semantisches Differenzial dargestellt (also als Begriffspaare).

## 24.4 Signifikanz – was messen wir da überhaupt?

Knackpunkt jeder statistischen Auswertung ist die Signifikanz. Diese sagt aus, ob das beobachtete Ergebnis durch Zufall zustande gekommen ist oder nicht. Ganz wichtig: Nur weil etwas statistisch signifikant ist, ist es noch lange nicht *praktisch* relevant. Und nur weil man eine Signifikanz beobachtet, weiß man noch lange nicht, was die *Ursache* dieser Beobachtung ist. Zum Beispiel kann der Grund dafür, dass ein neuer Prototyp bei einem Test besser abschneidet, auch darin liegen, dass die Testbedingungen nicht gleich waren oder die Testpersonen nicht zufällig auf die beiden Varianten verteilt wurden.

Leider ist die Signifikanz ein Thema, bei dem Sie um etwas fortgeschrittene Statistik nicht herumkommen. Daher legen wir Ihnen das schon erwähnte Buch »Measuring the User Experience« ans Herz. Darin sind auch die wichtigsten statistischen Tests beschrieben, mit denen Sie herausbekommen, ob ein Ergebnis statistisch signifikant ist oder nicht.

**Tipps zum Messen von Usability und UX**

Messen Sie nichts, nur weil Sie es können. Überlegen Sie bei jeder Metrik, ob diese Ihnen wirklich weiterhilft. Und vor allem, ob diejenigen, die die Metrik schlussendlich bekommen, diese auch richtig interpretieren können.

Machen Sie klar, dass nicht alle UX-Aktivitäten sinnvoll messbar sind. Einen Workshop zu Nutzeranforderungen oder Personas z. B. können Sie nicht anhand der Qualität der Dokumentation beurteilen. Das ist, als würden Sie beurteilen, ob Ihr letzter

Urlaub schön war, indem Sie die Qualität der Fotos beurteilen, die Sie dort gemacht haben.

Denken Sie daran, dass eine Zahl alleine praktisch nichts aussagt. Sinnvoll werden UX-Metriken erst, wenn Sie die einzelnen Zahlen miteinander vergleichen. Also zum Beispiel Ihre aktuelle Version mit der vorigen Version Ihrer Software. Oder Ihre Website mit der Ihrer wichtigsten Mitbewerber.

Folgende Kriterien helfen bei der Auswahl, wenn Sie für ein Projekt oder Team erstmals Metriken einführen:

- *Time On Task* und *Task Completion Rate* eignen sich sehr gut, um Usability-Tests mit Metriken aufzuwerten.
- Für die subjektive Wahrnehmung der Qualität einer Anwendung nach einem Test oder auch unabhängig davon hat sich der *SUS* bewährt.
- Um die Ästhetik zu erfassen, empfehlen wir oft den *VisAWI-S*, also die Kurzform des Fragebogens zur visuellen Qualität mit nur vier Fragen.

## 24.5 Performance – Core Web Vitals und PageSpeed Insights

Das Nutzungserlebnis einer Webseite wird auch durch technische Faktoren bestimmt: Wenn ich ewig warten muss, bis sie geladen ist, geht es schon mal schlecht los. Dies berücksichtigen inzwischen auch die Suchmaschinen. Das Ziel von Google (wie aller anderen Suchmaschinen) ist, den Suchenden die besten Seiten für ihre Anfrage zu liefern. Um zu beurteilen, welche Seiten gut sind, nutzt Google nicht nur die Verlinkung durch andere Sites. Google analysiert auch, was auf den Seiten steht. Und Google beobachtet, wie Menschen mit den Seiten umgehen. Dies ist ein weites Feld, aber für uns ist vor allem interessant, welche Metriken Google verwendet, um *die UX* der Seiten zu beurteilen. Dazu zählen die Suchmaschinenbetreiber die folgenden vier Bereiche:

- Verwendung von https (gesicherte Verbindung)
- Optimierung für Mobilgeräte
- aufdringliche Interstitials auf Mobilgeräten
- Core Web Vitals (CWV)

Der erste Punkt ist einfach: Seiten, die nicht über http, sondern über das gesicherte *https* ausgeliefert werden, werden besser bewertet. Inwiefern das tatsächlich zur positiven Nutzererfahrung gehört, darüber kann man sich streiten. Google listet diese Information jedenfalls in der *Search Console* im Bereich *Nutzerfreundlichkeit*.

Bei der *Optimierung für Mobilgeräte* meint Google, dass die Seiten responsiv gestaltet sein müssen, so dass die Inhalte auf kleinen Bildschirmen gut erfasst werden können und die Bedienung auf Touchscreens problemlos möglich ist. Mehr zur responsiven Gestaltung in Abschnitt 26.3, »Was bedeutet responsives Webdesign?«. Hintergründe zu den Anforderungen bei Google unter *uux.jetzt/067*.

Zum dritten Punkt, den *Interstitials* (Interstitial Ads): Das ist Unterbrecherwerbung, also Werbung, die den Nutzungsfluss behindert. Das kann ein Werbevideo sein, das sich über die Seite schiebt, die Nutzende gerade ansehen wollen. Oder ein Layer, das zum Abonnieren eines Newsletters auffordert. Diese Formate werden genutzt, weil sie hohe Aufmerksamkeit erzeugen und zu mehr Klicks bzw. Verkäufen führen als weniger aufdringliche Formate. Sie nerven aber jeden. Daher bestraft Google mittlerweile Seiten, die solche Interstitials für Werbung nutzen. Cookie-Hinweise oder Altersabfragen werden von Google dagegen nicht negativ gewertet, wenn sie technisch richtig umgesetzt sind. Generell kann man sich fragen, warum Interstitials nur für Mobilgeräte relevant sein sollen – auf dem Desktop nerven sie nicht weniger. Dennoch geht das bei Google derzeit nur in die Wertung der mobilen Site mit ein.

Nun zum letzten Punkt, den *Core Web Vitals (CWV)*. Diese bezieht Google seit kurzem in die Bewertung ein. Sie sind letztlich nur ein Maß dafür, wie schnell sich die Seiten für die Nutzenden anfühlen. Das Wort »anfühlen« klingt vielleicht überraschend, denn Schnelligkeit kann man ja genau messen. Und das macht Google auch. Aber um die *subjektive* Schnelligkeit geht es deshalb, weil wir ein paar einfache Tricks anwenden können, um unsere Seiten schneller wirken zu lassen, als sie sind. Wir laden also z. B. zuerst die Elemente ganz oben auf der Seite. So sehen Besuchende schon etwas und können Texte lesen oder Bilder ansehen, während der Rest der Seite noch geladen wird. Mit diesem Hintergrundwissen versteht man besser, was hinter den Core Web Vitals steckt. Das sind die drei Metriken:

- Ladezeit – **Largest Contentful Paint** (LCP): Das ist die Zeit, die das größte anfangs sichtbare Element auf einer Seite braucht, um geladen zu werden.
- Reaktionszeit – **First Input Delay** (FID): Dieser Wert gibt an, wie lange es dauert, bis die Seite auf Aktionen der Nutzenden reagiert – also auf Scrollen oder Klicken/Tippen.
- Visuelle Stabilität – **Cumulative Layout Shift** (CLS): Diese Kennzahlschließlich gibt an, wie sehr sich das Layout ändert, während die Seite geladen wird. Häufig sieht man etwa, dass der Text zunächst in einer Standardschrift dargestellt wird und dann plötzlich springt, sobald die Sonderschriftart geladen ist.

Als Rankingfaktor sind die CWV aber nicht besonders bedeutsam. Das sagt Google selbst – die inhaltliche Qualität der Seiten steht an erster Stelle. Dennoch lohnt es sich, die CWV in der *Google Search Console* (*uux.jetzt/068*) zumindest im Blick zu haben und zu versuchen, hier gut abzuschneiden. Wenn schon nicht aus Gründen der Suchmaschinenoptimierung, dann um die Benutzerfreundlichkeit zu verbessern.

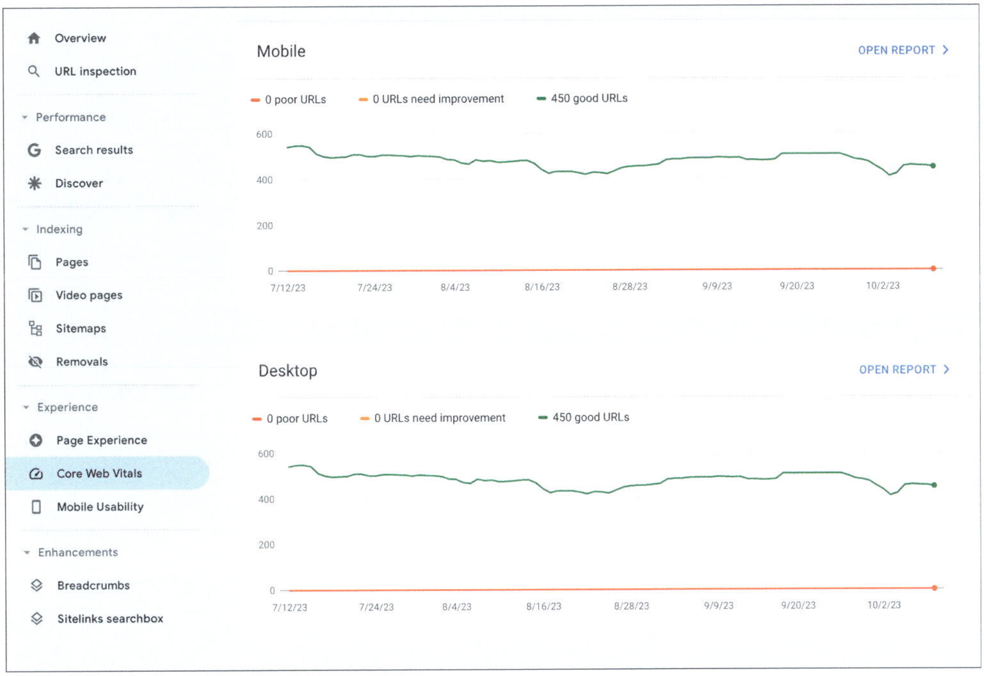


**Abbildung 24.3** Wenn Sie bei Googles Core Web Vitals in der Search Console nur »gute« URLs sehen, haben Sie vieles richtig gemacht.

»Keine Daten verfügbar« heißt es in der Search Console im Abschnitt CWV, wenn die untersuchte Site nicht genügend Besuchende hat (weniger als ein paar hundert pro Tag, konkrete Werte verrät Google nicht). Die Messwerte stammen von Nutzenden des Google-eigenen Browsers Chrome, die das Tracking freigegeben haben. Nur wenn also genügend Chrome-Nutzende Ihre Seiten besuchen, gibt es diese so genannten Felddaten. Ist das bei Ihrer Site nicht so, ist das aber nicht tragisch.

Nutzen Sie einfach die *PageSpeed Insights* von Google (*uux.jetzt/069*), um die Informationen zu bekommen. Dabei werden die gleichen Metriken sozusagen unter Laborbedingungen gemessen, was für die Optimierung auch völlig ausreicht. Wenn vorhanden, gehen hier auch die Felddaten mit ein – wenn nicht, sehen Sie nur die Laborwerte. Die Laborwerte bekommen Sie auch im *Lighthouse*-Bericht, den Sie im Browser Chrome bei den Entwicklerwerkzeugen aufrufen können (siehe Abbildung 24.4).

Alternativ zu all diesen Google-Werkzeugen können Sie auch *webpagetest.org* verwenden, die ebenfalls sehr hilfreiche Messergebnisse zur Website-Performance liefert. Die Optimierung der Performance ist unabhängig von Google und für alle Nutzenden ein Teil der guten User Experience.

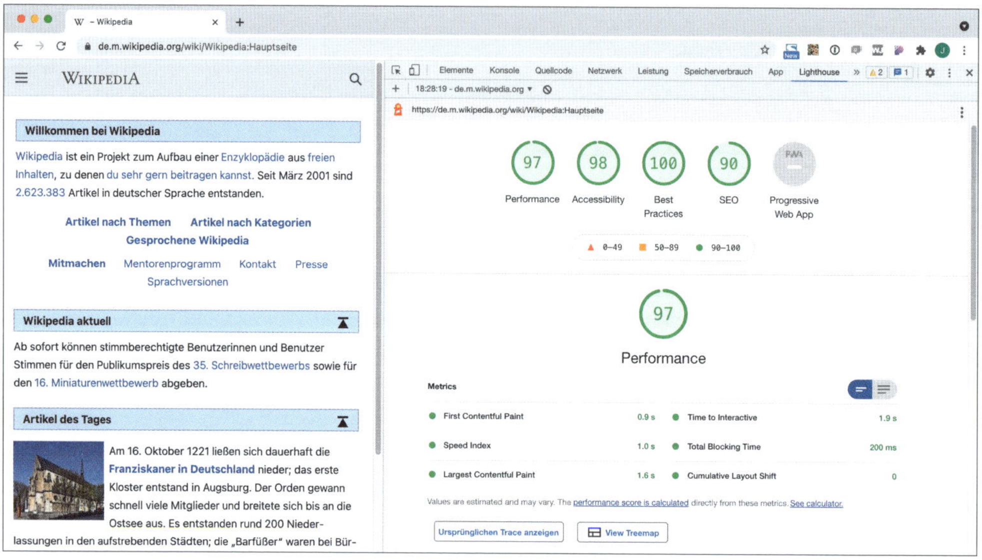


**Abbildung 24.4** Lighthouse-Bericht für die deutsche Wikipedia-Startseite in Google Chrome

# TEIL III

# Usability-Guidelines – Anleitung für die Umsetzung

*Im dritten und letzten Teil des Buches finden Sie alles, um nutzerfreundliche Anwendungen praktisch umzusetzen. Zunächst geht es um die **übergeordnete Ebene**, also um Site-Struktur und Navigationslogik. Sie erfahren, wie Sie Inhalte so strukturieren, dass Nutzende die Ordnung verstehen und sich gut zurechtfinden (Informationsarchitektur). Es geht um Gestaltungsraster und responsives Design – also darum, wie Sie Inhalte so präsentieren, dass sie auf allen Geräten gut nutzbar sind.*

*Als Nächstes kommen wir zur **Seitenebene** und zeigen Ihnen, wie Sie die einzelnen Seiten nutzerfreundlich gestalten und Anwendende mühelos durch die Site oder App führen, z. B. durch sinnvolle Kopf- und Fußzeilen, durch gute Schrift- und Farbgestaltung.*

*Und schließlich präsentieren wir Ihnen die Elemente der **Inhaltsebene**. Sie sehen, wie Bilder aussehen und Text geschrieben sein sollte, damit Nutzende damit etwas anfangen können und die Seiten nicht nur gut aussehen. Es geht um Formulare, Fehlermeldungen und Beschriftungen (Labels) sowie um Listen, Tabellen und Diagramme. Und um kleine, aber wichtige Details wie Animation, Suchfunktionen für die Anwendung und den Einsatz von Filtern bzw. Facetten, um die Trefferliste sinnvoll einzugrenzen.*

*Sie können diesen Teil der Reihe nach durchlesen und ihn dann später bei der täglichen Arbeit immer wieder als praktische Referenz zum Nachschlagen nutzen.*

## Kapitel 25

# Struktur der Anwendung – Informations- und Navigationsarchitektur

*Die Aufteilung der Inhalte und Funktionen auf einzelne Seiten oder Screens in einer App oder auf einer Site heißt Informationsarchitektur. Wie Nutzende zu diesen kommen, das bestimmt die Navigationsarchitektur.*

Ein solides Fundament brauchen Anwendungen genauso wie Häuser. Und wie beim Errichten von Gebäuden brauchen Websites und Apps einen Plan, damit etwas entsteht, in dem sich die Nutzenden zurechtfinden und mit dem sie sich wohl fühlen. Eine Gartenhütte können Sie ohne Grundriss planen, ein Hochhaus nicht. Eine kleine App mit zwei, drei Funktionen können Sie einfach so drauf los umsetzen, eine größere Website nicht. Und doch wird die Informationsarchitektur bei sehr vielen Websites nicht geplant – was man dann leider auch merkt.

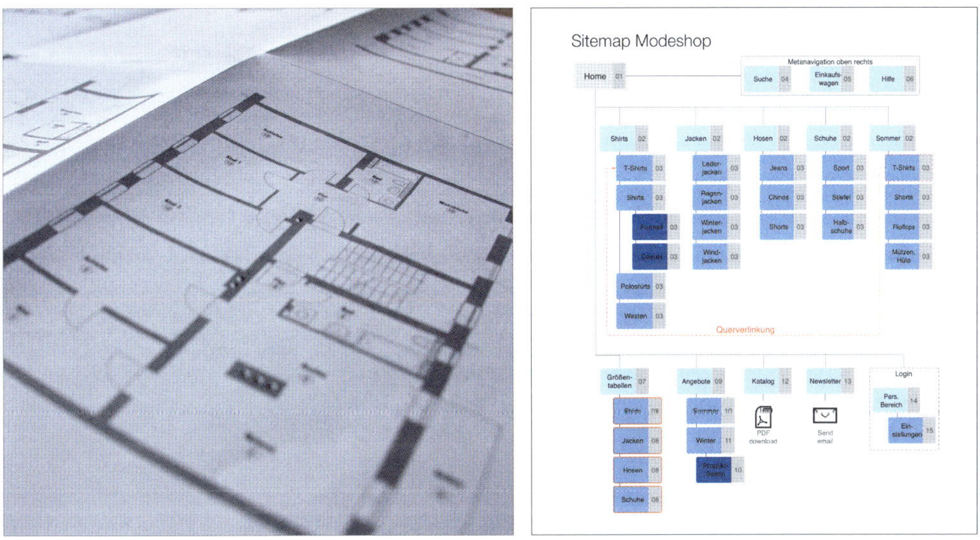


**Abbildung 25.1** Wie ein Gebäudegrundriss gibt eine Sitemap einen Überblick über die zugrunde liegende Architektur (Vorlage von www.cxpartners.co.uk).

Die vorhandenen Informationen werden einfach in Gruppen eingeteilt. Diese Gruppen bilden dann die Menüeinträge. Wenn man Glück hat, weiß man selbst, was wo zu finden ist – andere werden es aber sicher nicht wissen. Wenn sich die Besuchenden nicht auf Ihrer Site zurechtfinden, geben sie möglicherweise frustriert auf. Oder sie glauben, dass eine bestimmte Information hier nicht zu finden ist, dass Sie ein Produkt nicht haben oder eine Dienstleistung nicht anbieten – dabei haben sie dies nur nicht gefunden.

Und auch bei Apps ist die Informationsarchitektur wichtig. Diese ist bei den meisten nicht ganz so komplex, da Apps meist weniger Screens haben als Websites Seiten. (Eine *Seite* bezeichnet eine HTML-Seite oder *Page*, die *(Web-)Site* alle Seiten zusammen, die unter einer Domain liegen.) Und doch ist es sinnvoll, auch die Anordnung der Screens genau zu durchdenken. Geben Sie Ihren Benutzenden also von Anfang an die bestmögliche Orientierung, und überlassen Sie diese nicht dem Zufall.

## 25.1 Grobsortierung der Inhalte

Verschaffen Sie sich bei der Planung erst einmal einen Überblick. Versuchen Sie, die vorhandenen und die gewünschten Informationen in eine Struktur zu bringen. Das können Sie allein tun oder besser noch mithilfe von Personen aus Ihrer Zielgruppe. Laden Sie für Letzteres die Personen nacheinander einzeln ein, und lassen Sie sie Ordnung in die Themenvielfalt bringen. Ordnung ist immer subjektiv, und Diskussionen darüber, wo etwas »hingehört«, sind fruchtlos. Am besten nutzen Sie Card Sorting – siehe das gleichnamige Kapitel 13 dazu. Kommen sehr unterschiedliche Zuordnungen zustande, ist das eine wichtige Information für Sie. Sie müssen dafür sorgen, dass sich möglichst alle Benutzende auf der Site zurechtfinden.

Wollen oder müssen Sie die Informationen allein ordnen, haben sich dafür einfache Listen bewährt, zunächst noch ungeordnet und ungegliedert. Schreiben Sie einfach die Themen, Inhalte und Funktionen auf, die Sie benötigen. Wir raten davon ab, gleich eine Sitemap zu zeichnen. Damit legen Sie sich zu früh fest – sortieren können Sie die Inhalte, wenn Sie alle zusammenhaben. Manche arbeiten dann mit Mindmaps, um Ordnung in die Themenbereiche zu bringen. Listen wie Mindmaps können Sie zwar direkt am Computer anfertigen, allerdings fließen die Gedanken meist freier, wenn Sie mit Stift und Papier arbeiten.

## 25.2 Feingliederung der Inhalte

Für die Verfeinerung der Gliederung nehmen Sie die Ergebnisse Ihrer ersten groben und intuitiven Ordnung als Grundlage. Versuchen Sie, ein logisches System in die Ordnung zu bringen. Das größte Problem dabei ist, dass fast jede Sortierung subjektiv ist. Selbst wissenschaftliche Systematiken unterliegen immer wieder Änderungen, da neue Erkenntnisse zur Neueinordnung von manchen Elementen führen.

Es geht nicht darum, die perfekte Systematik zu finden, sondern darum, den Benutzenden der Site so schnell wie möglich klarzumachen, was sie wo finden. Es bringt nichts, ein in sich völlig logisches System zu schaffen, das die Benutzenden nicht verstehen. Bauen Sie zum Beispiel einen Obsthandel im Internet auf, werden Sie kaum ein botanisches System zum Gliedern der Informationen verwenden. Sie können nicht davon ausgehen, dass Besuchende unter dem Begriff »Sammelfrüchte« Äpfel suchen oder dass sie wissen, dass Tomaten unter »Beeren« zu finden sind. Stattdessen werden Sie eher die übliche Einteilung nach »Obst« und »Gemüse« wählen. Für ein Unternehmen, das Training und Beratung anbietet, könnte die Informationsarchitektur aussehen wie auf der Sitemap in Abbildung 25.2.

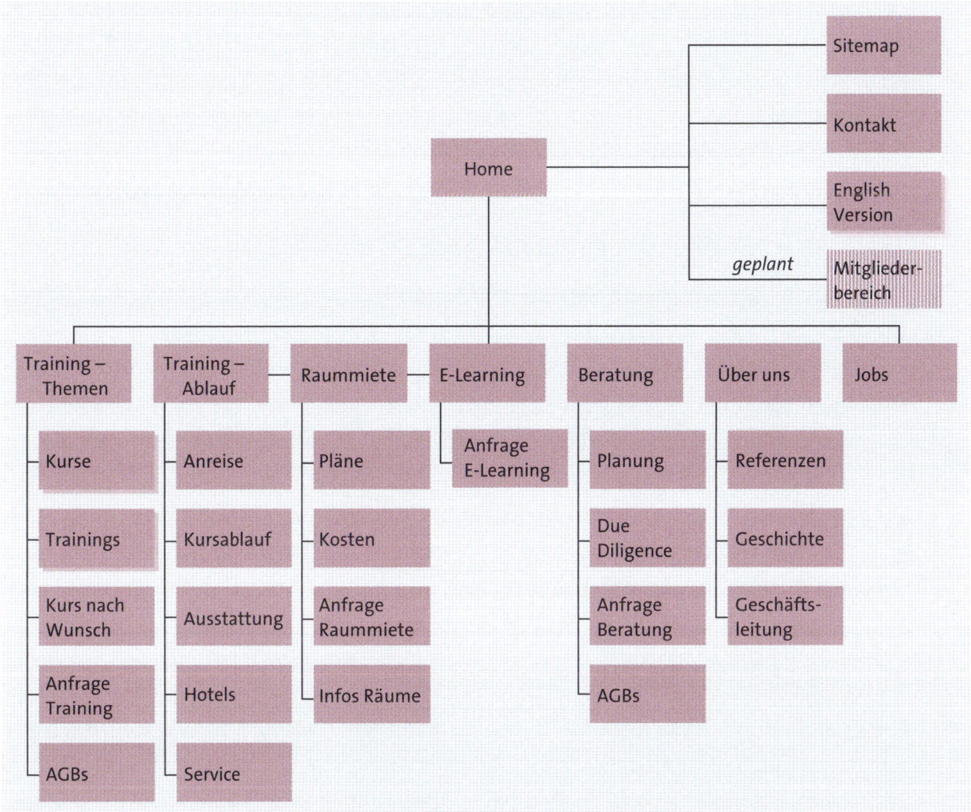


**Abbildung 25.2** Typische Sitemap einer kleineren Website. Die Elemente oben rechts sind über die Metanavigation zugänglich, also abgesetzt von der Navigationsleiste.

### 25.2.1 Welche Gliederung verstehen die Nutzenden?

In den meisten Fällen werden die Informationen nicht starr und durchgehend nach einem System geordnet, sondern nach einer Mischung. Die einzelnen Bereiche einer Site können unterschiedliche Sortiersysteme verwenden.

Ein Beispiel: Die Startseite hat die Wahlmöglichkeiten »Wer wir sind«, »Was wir machen«, »Wer unsere Kunden sind« und »Wie Sie uns kontaktieren«. Im Bereich »Wer wir sind« folgt eine alphabetische Liste der Mitarbeitenden, unter »Was wir machen« eine nach Bedeutung sortierte Liste aller Leistungen, die das Unternehmen anbietet. Bei »Wer unsere Kunden sind« steht eine chronologische Liste der Auftraggebenden und bei »Wie Sie uns kontaktieren« eine ungeordnete Liste der verschiedenen Kontaktmöglichkeiten.

Wichtig ist, dass Sie keine logischen Brüche erzeugen. Wenn Sie »Was wir machen« als Option haben, sollten Sie das nicht mit einer anderen Option »Liste der Ansprechpersonen« kombinieren. Der erste Punkt ist lösungsorientiert formuliert (die Frage der Besuchenden nach den Tätigkeiten wird beantwortet), der zweite systematisch. Achten Sie darauf, dass vor allem die Auswahlpunkte auf der Startseite konsistent sind, also einer durchgehenden Logik folgen. Die Startseite ist die Seite, die am häufigsten aufgerufen wird – und es bleibt oft die einzige besuchte Seite, wenn die Inhalte schlecht strukturiert sind.

### 25.2.2 Was tun mit nicht einzuordnenden Bereichen?

Verzweifeln Sie nicht, wenn Sie einen Unterpunkt haben, der sich einfach nicht vernünftig einordnen lässt. Sie können davon ausgehen, dass die Besuchenden auch nicht genau wissen werden, wo sie nach ihm suchen sollen. Ist der Punkt wichtig, überlegen Sie, ob er eine eigene Kategorie bekommen sollte. Falls nicht, können Sie ihn zum Beispiel auf der Startseite außerhalb der Standardnavigation ankündigen. (Das wird zum Beispiel auf Einkauf-Sites oft mit Sonderangeboten gemacht.) Ist der Punkt nicht so wichtig, ordnen Sie ihn der Kategorie zu, in die er am wenigsten schlecht passt. In alle anderen Kategorien, in denen die Besuchenden eventuell nach ihm suchen könnten, kommen Querverweise.

### 25.2.3 Schaffen Sie mehrere Wege zum Ziel

Generell sollten Sie bei größeren Sites (als Faustregel: mehr als 40 Seiten) mehrere Zugangsmöglichkeiten zu den Informationen vorsehen. Üblich ist, mindestens zwei Wege zur gesuchten Seite anzubieten. Der direkte Weg führt beispielsweise über die Suchfunktion oder eine alphabetische Liste. Diesen Weg werden die Besuchenden wählen, wenn sie schon genau wissen, was sie suchen. Falls sie das nicht wissen oder sie die Bezeichnung für das, was sie suchen, nicht kennen, werden sie den assoziativen Weg wählen. Durch eine systematisch oder intuitiv gegliederte Liste werden sie sich ihren Weg zum Ziel suchen. Berücksichtigen Sie auch, dass alle, die die Site schon kennen, schneller zum Ziel gelangen möchten als neue Besuchende.

## 25.3 Site-Struktur festlegen und darstellen

Die Themen für die Site sind nun geordnet. Legen Sie jetzt fest, wie die Site strukturiert sein muss, um diese Ordnung wiederzugeben. Behalten Sie dabei im Hinterkopf, dass die Site wachsen wird. Ist die Site ein Erfolg, werden wahrscheinlich schnell immer mehr Informationen hinzukommen. Legen Sie die Site für den Erfolg aus, nicht nur für den ersten Start. Planen Sie so weit wie möglich ein, wo zusätzliche Punkte untergebracht werden können, ohne die gesamte Struktur zu zerstören.

Das übliche Hilfsmittel zur Strukturierung der Site ist die *Sitemap* – manche sprechen auch nicht ganz korrekt von *Flussdiagramm*, *Flowchart*, *Struktogramm* oder *Ablaufdiagramm*. Mit der Sitemap legen Sie fest, wie genau die Seiten Ihrer Site organisiert sind. Sie gibt an, wie die Inhalte auf Bereiche und Unterbereiche verteilt sind und welche Seiten Links zu welchen weiteren Seiten enthalten – das heißt, auf welchem Weg die Besuchenden sich von der Startseite aus durch die Site bewegen.

## 25.4 Zeichnen der Sitemap

Idealerweise steht auf der Sitemap tatsächlich jede Seite, die erstellt werden soll. Allerdings können Sie gleichartige Seiten auch zusammenfassen. Zum Beispiel, wenn Sie viele Produkte haben, die alle im gleichen Format angezeigt werden. Diese kommen dann als Seitenstapel ins Diagramm (siehe Abbildung 25.3 unten links).

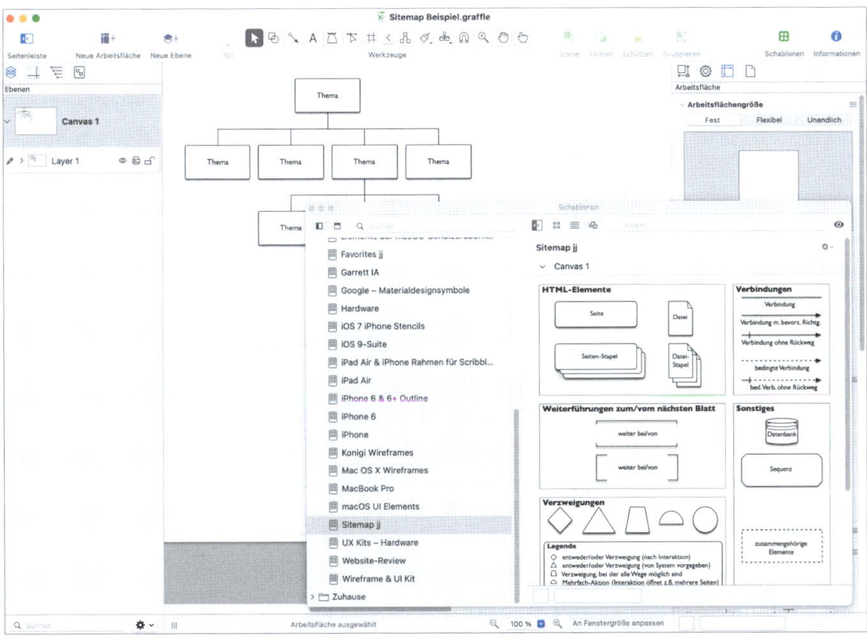


**Abbildung 25.3** Für Programme wie OmniGraffle gibt es Vorlagen (»Stencils«) zum Zeichnen von Sitemaps.

Sie müssen nicht alle Querverlinkungen zwischen den Seiten einzeichnen, sonst wird die Sitemap schnell unübersichtlich. Dass jede Seite zur Startseite verweist, versteht sich von selbst und muss nicht eingezeichnet werden. Auch Verlinkungen, die nur als Zusatzinformation für wenige Benutzende gedacht sind, gehören nicht unbedingt auf die Sitemap. Sie müssen die Balance zwischen einer detaillierten und einer unübersichtlichen Sitemap finden. Auch technische Prozesse wie etwa das Anmelden registrierter Nutzender brauchen Sie nicht als perfektes Funktionsdiagramm anzulegen. Das können Sie, falls nötig, in einem eigenen Flussdiagramm für die Programmierung tun.

Sitemaps kann man mit Zeichenprogrammen wie Illustrator oder den Zeichenfunktionen von MS Office erstellen. Komfortabler arbeiten Sie mit Diagrammsoftware wie *OmniGraffle* oder *MS Visio*. Aber auch in Wireframing-Tools wie *Figma* oder *Axure* lassen sich Sitemaps gut zeichnen.

**Sitemap-Vorlagen zum Download**

Zahlreiche Vorlagen für Sitemaps mit verschiedenen Programmen finden Sie unter *uux.jetzt/070*.

Arbeiten Sie im Team gemeinsam an der Sitemap, bietet sich ein Onlinedienst an. Sie können dazu ein Whiteboard wie *Miro*, *Mural* oder *Conceptboard* nutzen. Besser geht es aber mit einem Dienst, der darauf spezialisiert ist, verknüpfte Elemente bzw. Gliederungen abzubilden. Empfehlenswert ist *WriteMaps*, das auch einen kostenlosen Zugang bietet, mit dem man kleinere Sitemaps anlegen kann. Auch ein Mindmapping-Dienst wie *MindMeister* ist geeignet.

## 25.5 Zeige ich die Sitemap auf der Site?

Wer in ein Haus einzieht, fragt nicht nach einem Ausdruck des Grundrisses – man erwartet, dass die Architektur so angelegt ist, dass man sich auch so zurechtfindet. Und genauso sollten sich die Nutzenden mit Ihrer Anwendung zurechtfinden, ohne dass sie einen Blick auf die Sitemap werfen müssen. Zu Recht erwarten sie, dass sie über das Menü, über Links im Inhaltsbereich oder über die Suche direkt zum Ziel kommen.

Bei großen Sites wäre die Anzeige der Sitemap sicher oft hilfreich – aber gerade da sind sie schwer zu lesen, insbesondere auf kleinen Bildschirmen wie beim Smartphone. Es spricht nichts dagegen, eine Sitemap anzubieten, doch sollten Sie nicht davon ausgehen, dass Besuchende die auch ansehen. Orientierung geben und einen Überblick der Inhalte verschaffen muss man also anders – womit wir zum nächsten Teil des Kapitels kommen.

## 25.6 Navigation für Nutzende planen

Die ersten Websites in den 1990er Jahren bestanden aus wenigen Seiten, die mit Links verknüpft waren. Bald etablierte sich die Navigation über vertikale und horizontale Leisten (siehe Abbildung 25.4).

**Abbildung 25.4** Die Site apple.com im Jahr 1997. Die Navigationsleiste ist hier nur vertikal, die Begriffe sind wenig klar gewählt.

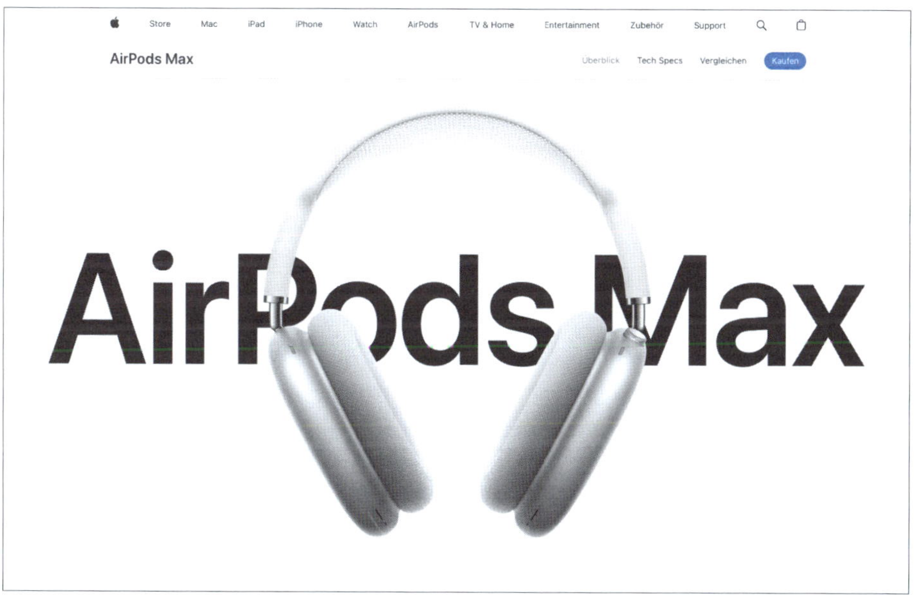


**Abbildung 25.5** Heute setzt Apple wie die meisten Sites auf eine horizontale Navigationsleiste.

Die vertikale Navigationsleiste sieht man heute seltener – auf kleinen Bildschirmen muss es ohnehin ohne sie gehen, zu schmal wird sonst der Inhaltsbereich (siehe Abschnitt 27.1.3, »Mega-Dropdown-Menü«). Und so verzichten einige Sites ganz auf sie. Die gesamte Last ruht dann auf der horizontalen Navigationsleiste. Manch ein Eintrag eines Menüpunkts ist heute so groß wie früher die ganze Sitemap (siehe Abbildung 25.6).

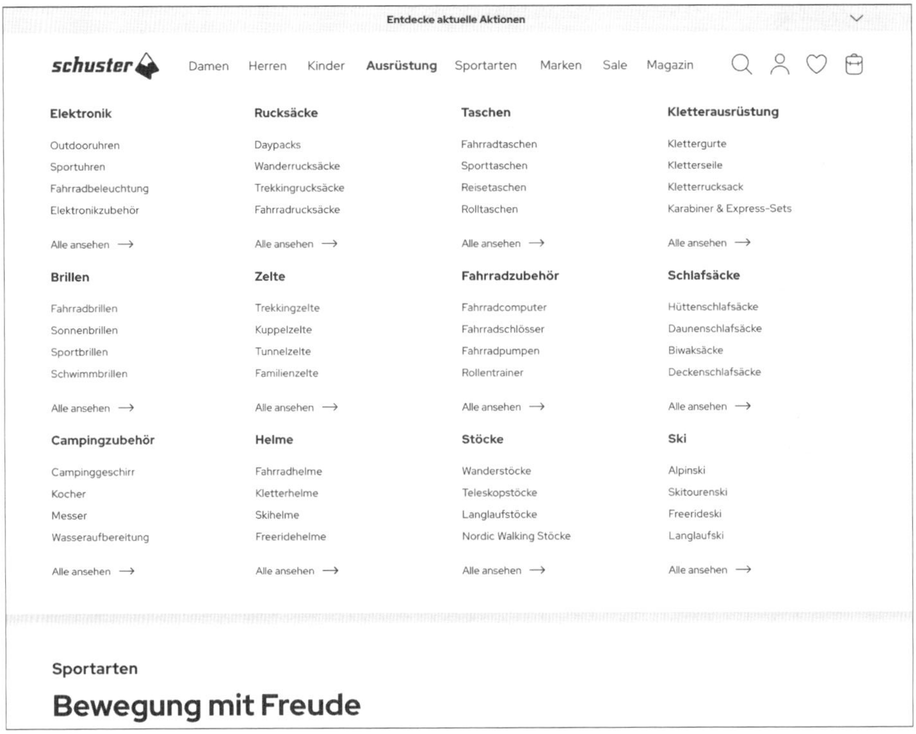


**Abbildung 25.6** Die Navigation auf sport-schuster.de, wenn man den Mauszeiger über »Ausrüstung« bewegt

Das Menü hat nicht nur die Aufgabe, die Bewegung zwischen den Bereichen der Site zu ermöglichen. Sie hat auch die Aufgabe, den Besuchenden ein Gefühl dafür zu geben, welche Inhalte die Site bietet. Finden Nutzende bei den Begriffen, die sie im Menü sehen, nichts, was sie anspricht, dann ist die Gefahr groß, dass sie die Site gleich wieder verlassen. Der Inhaltsbereich der Seiten sollte daher die Navigationsleiste dabei unterstützen, die Inhalte der Site zu präsentieren. Gut gemachte Teaser-Bereiche, Slider oder Diashows (dezent animiert) präsentieren Besuchenden die verschiedenen Inhalte. Das ist gerade bei Einkauf-Sites wichtig, um neuen Besuchenden eine Vorstellung davon zu geben, welche Produkte man hier findet. Und auch der Seitenfuß lässt sich effizient nutzen, um Verweise auf andere Bereiche der Site anzubieten. Denn alle, die bis hierhin gekommen sind, haben entweder auf der Seite das

Gesuchte noch nicht gefunden, oder ihnen hat der Inhalt so gut gefallen, dass sie bis ganz zum Seitenende gelesen haben (mehr dazu in Kapitel 30, »Fußzeilen – Footer sinnvoll gestalten«).

Auf den Seiten in tieferen Ebenen, z. B. Kategorieübersichtsseiten, bietet es sich an, Besuchenden einen Überblick zu geben, welche Bereiche in den folgenden tieferen Ebenen liegen. Das kann in Form von Textlinks sein, es können aber auch Produktabbildungen o. Ä. verwendet werden.

Wie Sie die Navigation praktisch umsetzen, lesen Sie in Kapitel 27, »Navigationskonzepte – Mega-Dropdowns, Flyouts, Hamburger-Menü, Off-Canvas«.

# Kapitel 26

# Ordnung auf den Seiten – Gestaltungsraster und responsives Design

*Eine gute Struktur hilft Nutzenden, Seiten schneller zu erfassen und sich zu orientieren. Dabei helfen Ihnen Gestaltungsraster, Ihrer Anwendung eine konsistente Struktur zu geben. Mit dieser wird sie für die Nutzenden wiedererkennbar – und das plattformübergreifend und unabhängig vom Ausgabegerät.*

Websites oder Apps bestehen aus unterschiedlichen Elementen und verschiedenen Seitentypen. Neben reinen Inhalten wie Text, Bildern oder Videos besteht eine Website aus zahlreichen Teilbereichen wie unter anderem Navigation und Unternavigation, Header und Footer und weiteren Elementen wie Buttons, Formularen und Eingabefeldern, Listenelementen und Filtern. Möchten Sie all diese Elemente und Inhalte auf einer Seite in einem ansprechenden Design unterbringen, sind Rastersysteme (*Grids*) sehr nützlich. Sie garantieren eine einheitliche Struktur und ein wiedererkennbares Design über die unterschiedlichsten Seitentypen und Endgeräte bzw. Ausgabekanäle hinweg. Für die Nutzenden ist das eingesetzte Rastersystem zwar nicht direkt sichtbar, die Anwendung wirkt auf sie aber deutlich stimmiger und eingängiger. Das Nutzungserlebnis ist runder, insbesondere dann, wenn sie die Anwendung mit verschiedenen Endgeräten aufrufen. Auf allen Endgeräten wirkt die Anwendung dann wie »aus einem Guss«.

## 26.1 Gestaltungsraster helfen beim Anordnen von Inhalten und Elementen auf den Seiten

Gestaltungsraster (englisch *Grids*) sind äußerst gängig in der Gestaltung – ob im Printbereich oder bei digitalen Anwendungen wie Websites und Apps. Gestaltungsraster bzw. Grids zu nutzen, bedeutet schlichtweg, zu Beginn der Gestaltungsphase, also schon bei Wireframes oder Mockups, ein Gitter aus Führungslinien zu definieren und anzulegen, entlang derer die Inhalte und Elemente ansprechend angeordnet und konsequent zueinander ausgerichtet werden. Dieses Gitter kann aus einfachen oder aber doppelten Hilfslinien bestehen (siehe Abbildung 26.1). Durch doppelte Hilfslinien können auch die Zwischenräume für das Raster festgelegt werden.

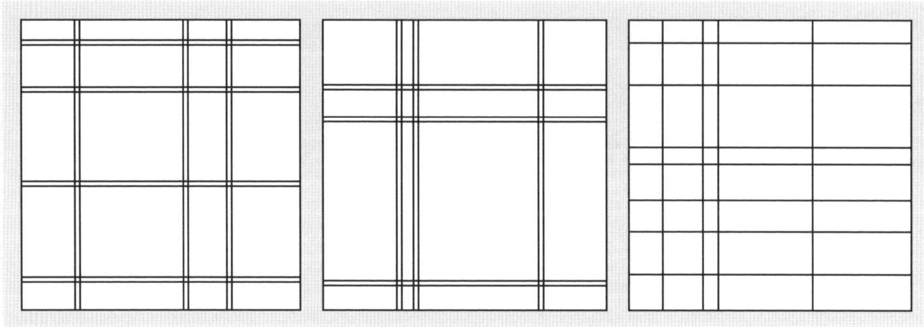

**Abbildung 26.1** Verschiedene Gestaltungsraster mit einfachen und doppelten Führungslinien

Diese Raster geben dem Layout Struktur und Rhythmus. Die Führungslinien tauchen selbstverständlich im späteren Design nicht mehr auf. Dennoch erkennen Nutzende eine durchgängige Struktur über die Unterseiten hinweg. Und das unabhängig davon, welche Elemente genutzt werden bzw. welchen Seitentyp sie betrachten. Damit sind Raster die Grundlage dafür, dass die Seiten eine gewisse Ordnung haben und für Nutzende Orientierung und Wiedererkennungswert schaffen. In Ihrem Projekt, das möglicherweise auch teamübergreifend bearbeitet und für mehrere Plattformen und Endgeräte umgesetzt wird, führt der Einsatz eines solchen Rastersystems zudem dazu, dass das Design konsistent bleibt und einheitliche Vorgaben hinsichtlich Abstände, Größen und Anordnung angewendet werden.

Nicht jedes Website-Projekt muss zwingend auf einem Rastersystem aufgebaut sein. Manche Websites möchten den kreativen Aspekt betonen, beispielsweise Portfolioseiten. In diesem Fall kann ein Raster einengen und das Layout wenig originell wirken lassen. Aber bei fast allen anderen Sites, und gerade bei umfangreichen Websites, auf denen viel Inhalt platziert werden muss, machen Raster Sinn. Verschaffen Sie sich daher zu Projektbeginn einen Überblick über die benötigten Elemente und Inhalte. Wie grob oder fein Sie das Raster definieren, hängt auch davon ab.

Bevor Sie ein Gestaltungsraster selbst anlegen, sprechen Sie mit Personen aus der Entwicklung, die später Ihre Anwendung umsetzen. Häufig werden bei der Umsetzung so genannte *Frameworks* genutzt, also eine Rahmenstruktur für die Entwicklung. Diese Frameworks stellen grundlegende Codebestandteile bereit, auf die die Entwicklung zurückgreifen und damit den Code leichter anpassen und pflegen kann. Gängige Frameworks wie *Bootstrap*, *Foundation* oder *Tailwind CSS* geben das Gestaltungsraster vor. Wird später also ein solches Framework eingesetzt, sollten Sie auf dieses vorgegebene Raster zurückgreifen. In den Dokumentationen dieser Frameworks finden sich dazu dann Angaben, wie die Grids zu definieren sind. Handelt es sich bei Ihrem aktuellen Projekt um eine Weiterentwicklung eines bestehenden Produkts, fragen Sie Personen aus dem Design oder schauen Sie in der Dokumentation Ihres Designsystems (sofern vorhanden) nach.

In den gängigen Prototyping-Tools wie Figma können Sie die Vorgaben als Layout Grid hinterlegen. Dieses wird Ihnen dann visuell angezeigt und Elemente, die Sie in Ihrem Wireframe oder Low-Fidelity-Prototypen hinzufügen, wird automatisch an diesem Raster ausgerichtet. Stellen Sie daher sicher, dass Sie dies im Vorfeld anlegen.

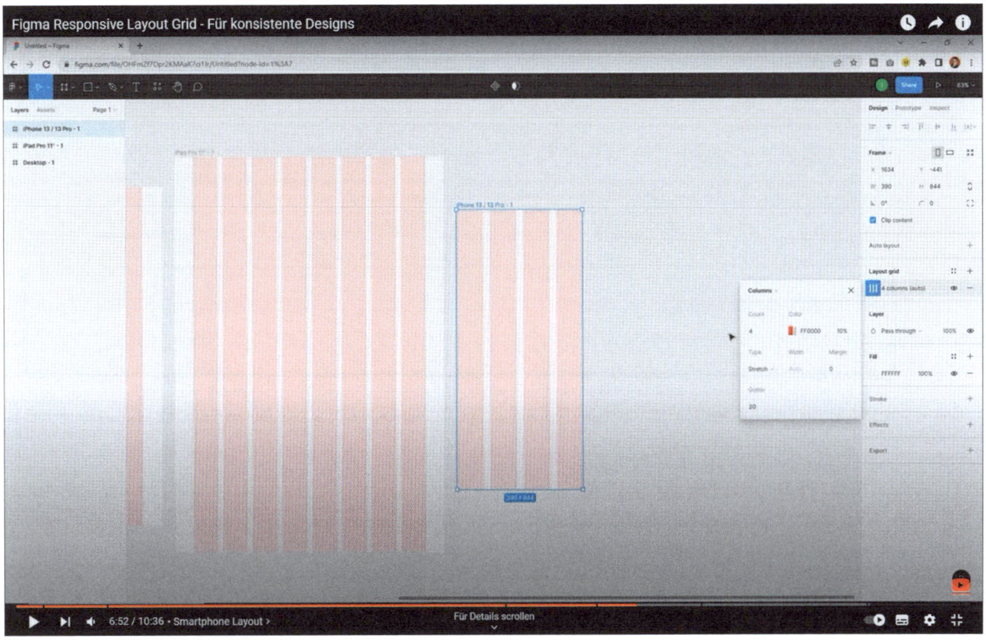


**Abbildung 26.2** In ihrem Tutorial zu »Figma Responsive Layout Grid« erklärt Indra Burkart, wie Sie ein Layout Grid definieren und in Figma anlegen. (Quelle: uux.jetzt/123)

## 26.2 Wie ein Rastersystem aufgebaut ist

Wie Gestaltungsraster im Detail aufgebaut sind, zeigen wir Ihnen in den nächsten Absätzen. Auch wenn Sie auf ein bestehendes Grid zurückgreifen, hilft Ihnen das Wissen, wie ein Raster entsteht, um zu verstehen, wie Ordnung auf den Seiten geschaffen werden kann.

Viele gängige Raster im Webdesign basieren auf 12, 16 oder 24 Spalten, im Webdesign auch als *Columns* bezeichnet. 12 oder 24 Spalten haben den Vorteil, dass sie sich durch viele andere Zahlen teilen lassen. Damit sind sie sehr flexibel und lassen sich variabel mit Elementen befüllen. Sie können 1, 2, 3, 4, 6, 12 oder 24 gleich breite Elemente anordnen und erhalten keine ungleichen Abstände oder Abmessungen. Aus diesem Grund sollte ein Raster immer eine gerade Anzahl an Spalten haben. Es gilt: Je mehr Spalten Sie einfügen, desto flexibler wird das Raster.

Zunehmend werden Raster eingesetzt, die neben Spalten (*Columns*) auch Zeilen (*Rows*) beinhalten. Hilfreich sind sie vor allem dann, wenn ein modularer Ansatz in der Gestaltung verfolgt wird, also mit verschiedenen Modulen oder auch Website-Elementen gearbeitet werden, die sich je nach Bildschirmgröße anpassen.

Bei diesen so genannten modularen Rastersystemen, also mit Spalten und Zeilen, entstehen Zellen (*Grid Cells*) oder durch Zusammenfassen mehrerer solcher Zellen dann Rasterbereiche (*Grid Areas*). Im Zuge der Gestaltung können Sie Elemente dort hinein platzieren, mittlerweile auch recht flexibel in ihrer Ausrichtung innerhalb dieses Bereichs – dank immer mehr Standards und Möglichkeiten in der Programmierung.

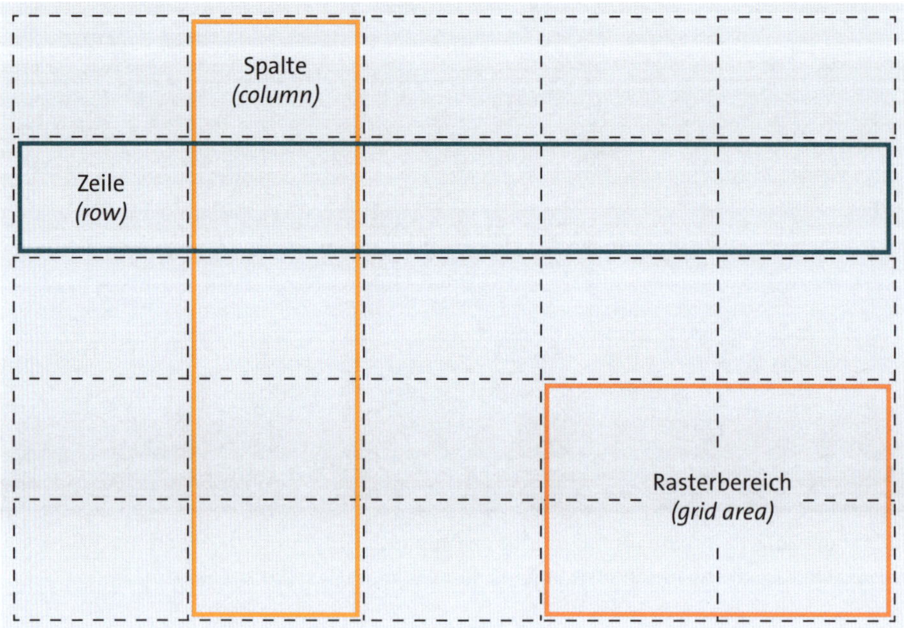


**Abbildung 26.3** Schematische Darstellung eines modularen Rastersystems

### Kleines Glossar zu Gestaltungsrastern

Noch einige hilfreiche Übersetzungen, wenn Sie englische Vorlagen für Ihr Gestaltungsraster verwenden:

- *grid* = Raster
- *column* = Spalte
- *row* = Zeile
- *gutter* = Zwischenraum (zwischen Elementen bzw. Spalten)
- *margin* = Rand (normalerweise links und rechts von der ersten bzw. letzten Spalte)

Bei der Anordnung der Elemente im Gestaltungsraster sollten Sie sich immer vom Groben ins Feine vorarbeiten. Platzieren Sie als Erstes die Grundelemente wie Header und Footer, und definieren Sie die Aufteilung des Rasters in Teilbereiche wie Inhaltsbereich und gegebenenfalls Sidebar (siehe Abbildung 26.4).

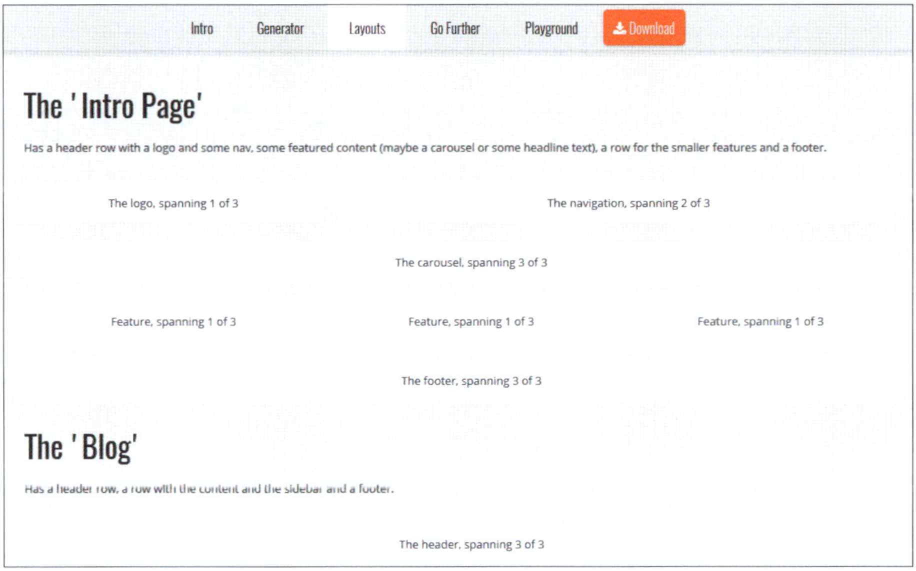


**Abbildung 26.4** Die Website www.responsivegridsystem.com zeigt Beispiellayouts mit Modulen oder auch Teilbereichen der Website wie Logo, Navigation, Karussell, weiteren Funktionselementen und einem Footer.

Durch diese Einteilung in verschiedene Bereiche der Website definieren Sie auch so genannte *Templates*, also verschiedene Seitentypen Ihrer Anwendung: beispielsweise die Startseite, eine Artikel- oder Inhaltsseite oder auch Listenseiten.

Das Grundraster dieser Seiten bleibt also bestehen, während die einzelnen Elemente in den Unterbereichen durchaus variieren können. Inzwischen sind komplett *modulare Webseiten* gängig, bei denen lediglich ein fester Rahmen aus Header und Footer besteht und innerhalb des Grids die verschiedenen Website-Elemente, also *Module*, von der Content-Redaktion flexibel angeordnet werden können. Mit diesem Grundraster gewährleisten Sie wieder, dass sich die Nutzenden trotz unterschiedlicher Inhalte schnell zurechtfindet. Sie können sich orientieren und das Muster der Seiten verinnerlichen.

Ursprünglich wurden Rastersysteme mit festen Breitenangaben in Pixel definiert. In Zeiten unzähliger verschiedener Endgeräte und mobiler Nutzungskontexte bedeutet das allerdings, dass Sie Ihr Webdesign für all diese Endgeräte oder zumindest eine Auswahl gängiger Auflösungen optimieren müssten. Entsprechend auch die zugrunde liegenden Rastersysteme, was angesichts der Vielzahl an Endgeräten schier unmöglich ist – sofern Sie in dieser traditionellen Art und Weise der Raster arbeiten. Die Vorgehensweise ist daher eine etwas andere im responsiven Webdesign.

## 26.3 Was bedeutet responsives Webdesign?

Responsives Webdesign ist ein Entwicklungsansatz, bei dem die Erscheinung der Website abhängig von der Screengröße und der Ausrichtung des genutzten Endgeräts dynamisch angepasst wird. Dem responsiven Webdesign lag ursprünglich die Grundidee der so genannten *Breakpoints* zugrunde. Mit den Breakpoints werden die Stellen bzw. Werte festgelegt, an denen sich das Design grundsätzlich verändern muss, da es für die jeweilige Screengröße/Auflösung nicht mehr optimal ist. Breakpoints sind also Umbrüche im Design: Abhängig von der Breite des Browserfensters wird ein für diese Screengröße optimiertes Screendesign angezeigt. Aufgrund der Weiterentwicklung der Endgeräte und größerer Bildschirme verändern sich diese Breakpoints mit der Zeit. Hier lohnt sich ein Blick auf die Angaben, die gängige Frameworks wie Bootstrap nutzen (siehe Abbildung 26.5).

### Available breakpoints #

Bootstrap includes six default breakpoints, sometimes referred to as *grid tiers*, for building responsively. These breakpoints can be customized if you're using our source Sass files.

| **Breakpoint** | **Class infix** | **Dimensions** |
|---|---|---|
| Extra small | *None* | <576px |
| Small | `sm` | ≥576px |
| Medium | `md` | ≥768px |
| Large | `lg` | ≥992px |
| Extra large | `xl` | ≥1200px |
| Extra extra large | `xxl` | ≥1400px |

Each breakpoint was chosen to comfortably hold containers whose widths are multiples of 12. Breakpoints are also representative of a subset of common device sizes and viewport dimensions—they don't specifically target every use case or device. Instead, the ranges provide a strong and consistent foundation to build on for nearly any device.

These breakpoints are customizable via Sass—you'll find them in a Sass map in our `_variables.scss` stylesheet.

scss/_variables.scss

```
$grid-breakpoints: (
  xs: 0,
  sm: 576px,
  md: 768px,
  lg: 992px,
  xl: 1200px,
  xxl: 1400px
);
```

**Abbildung 26.5** Gängige Breakpoints über die Endgeräte hinweg, wie sie CSS Frameworks, in diesem Beispiel Bootstrap, zugrunde legen (Quelle: www.getbootstrap.com)

Zwischen diesen Umbruchstellen (Breakpoints) ist das Screendesign flexibel ausgelegt, indem es nicht auf festen, pixelgenauen Werten basiert, sondern mit prozentualen Werten skaliert. Damit passt sich die Website dem Nutzungskontext an und reagiert auf das Endgerät der Nutzenden (siehe Abbildung 26.6).

**Abbildung 26.6** Beim responsiven Webdesign passt sich das Layout flexibel an.

### Adaptives versus responsives Webdesign

Im Zusammenhang mit flexiblen Layoutstrukturen wird neben responsivem auch vom *adaptiven Webdesign* gesprochen. Beide Ansätze dienen dazu, das Screendesign und damit auch die User Experience auf verschiedenen Endgeräten mit unterschiedlichen Auflösungen und Kontexten zu optimieren. Sie funktionieren dabei aber über verschiedene Mechanismen:

- Eine **responsive Website** liefert ein auf das Ausgabegerät optimiertes Layout aus, indem Elemente entsprechend positioniert, skaliert oder auch ein- bzw. ausgeblendet werden – je nachdem, wie viel verfügbarer Platz vorhanden ist. Damit bedienen Sie sich eines *fluiden Layouts* oder *flexiblen Grids*. Die Website bzw. einzelne Module oder Elemente darin nutzen den verfügbaren Platz aus. Sobald beispielsweise drei Teaser-Elemente nicht mehr ausreichend Platz nebeneinander haben, erfolgt ein Umbruch (Breakpoint), und das Design ändert sich deutlich. Die Teaser werden dann möglicherweise untereinander über die volle Breite des Browserfensters angezeigt. Diese Anpassungen werden clientseitig über die so genannten *Cascading Stylesheets* (CSS) gesteuert. Das bedeutet auch, dass nicht benötigte Inhalte immer vom Server geladen werden, auch wenn sie in der aktuellen Ansicht nicht benötigt werden. Das kann hinsichtlich der Ladezeit/-geschwindigkeit ein Nachteil sein.

- Bei **adaptiven Websites** liegt der Fokus auf dem Ausgabegerät und dessen Fähigkeiten und tatsächlicher Auflösung. Adaptive Websites liefern ein komplett auf dieses Endgerät zugeschnittenes Design aus, das auf die Funktionalitäten oder Grafiken beschränkt ist, die im jeweiligen Kontext tatsächlich gebraucht werden. Unter Umständen also mit deutlich weniger Inhaltselementen als beim responsiven Webdesign. Häufig arbeiten adaptive Websites noch mit *fixierten Layouts*, die sich an gängigen Auflösungen für jedes Ausgabegerät (z. B. Desktop, Tablet, Mobile) orientieren. Haben Nutzende allerdings eine andere Auflösung, kann es sein, dass das Screendesign der adaptiven Website nicht 100 Prozent optimal ist. Beispielsweise können Überlappungen auftreten, oder Platz wird verschenkt. Zudem kann die Entwicklung einer adaptiven Website aufgrund der verschiedenen Layoutvarianten sehr aufwendig sein.

Beide Ansätze haben ihre Vor- und Nachteile. Ausschlaggebend für die Entscheidung, welchen Ansatz Sie der Entwicklung Ihrer Anwendung zugrunde legen, sind sicherlich Umfang der Inhalte und essenzielle Unterschiede bei den Nutzungsszenarien über die Endgeräte hinweg. Sofern Ihre Anwendung bereits im laufenden Betrieb ist, nutzen Sie auch das Wissen über die mobile Nutzung. Welche Endgeräte werden am häufigsten genutzt? Worauf sollten Sie besonderen Wert legen?

Am Ende ist es die Usability und User Experience, die stimmen sollte – egal, für welchen Ansatz Sie sich entscheiden.

## 26.4 Das sollten Sie bei der Konzeption responsiver Websites bedenken

Wenn Sie an die Konzeption einer responsiven Website herangehen, klären Sie einige Fragen vorab, vor allem folgende: Wo soll die Anwendung überhaupt laufen? PC (Desktop, Laptop), Smartphone, Tablet, Smartwatch? Auch wenn Sie für manche Endgeräte separate Anwendungen entwickeln müssten, ist dies eine zentrale Frage. Planen Sie die Ausspielungskanäle immer vor Einstieg in die Konzeption, insbesondere bevor Sie mit Scribbeln oder dem Erstellen von Wireframes und Prototypen starten. Spätestens dann müssen Sie von konkreten Maßen ausgehen können.

Verfolgen Sie zudem den *Mobile-First-Ansatz*. Bei diesem Vorgehen betrachten Sie im ersten Schritt den kleinsten Screen, also das Smartphone. In der Regel ist es leichter, weitere Navigations- und Inhaltselemente hinzuzufügen, als diese später zu reduzieren – oder schlimmer noch, zu versuchen, sie später irgendwo unterzubringen. Fokussieren Sie sich daher zunächst auf den mobilen Nutzungskontext, wählen Sie nur die notwendigsten Inhalte, und gestalten Sie ausgehend davon. Arbeiten Sie sich dann zu den großen Bildschirmen/stationären Geräten vor.

Im Zuge der Konzeption sollten Sie sich bei responsiven Websites auch mit den folgenden drei Aspekten auseinandersetzen:

- **Kein festes Gestaltungsraster**: Das Design basiert nicht auf einem fixen, sondern auf einem flexiblen Gestaltungsraster. Eine auf das jeweilige Endgerät optimierte Gestaltung wäre ohne ein solches Raster kaum machbar oder zumindest extrem viel Aufwand.
- **Keine festen Schriftgrößen**: Die Schriftgrößen sind nicht über alle Endgeräte gleich. Sie müssen für das Endgerät angepasst werden. Am Ende müssen die Nutzenden dargestellte Inhalte/Texte gut lesen können – egal, in welcher Situation.
- **Keine festen Bildgrößen**: Bilder müssen mit dem Design skalieren, abhängig von der (Re-)Positionierung im Template. Die Nutzenden möchten Bilder auf mobilen Endgeräten erkennen können und auch nicht komplett auf sie verzichten.

### 26.4.1 Wo soll die Anwendung überhaupt laufen?

Das klingt einfacher, als es ist. Eine Anwendung kann heute auf unzähligen Geräten aufgerufen werden:

- PC (Desktop, Laptop)
- Smartphone
- Tablet
- Smartwatch
- Smart TV, Apple TV, Fire TV, Google Chromecast ...
- Spielkonsole

Im Idealfall sieht eine Website auf allen Geräten gut aus, ist problemlos zu benutzen und bietet alle Funktionen. Aber in der Praxis beschränkt man sich aus Zeitgründen oft darauf, die Site für die wichtigsten Anwendungen durchzuplanen und sich darauf zu verlassen, dass sie auf den anderen Geräten einigermaßen funktionieren wird. Zum Glück ist das heute auch meist so, weil die unterschiedlichen Browser immer besser werden und sauber umgesetzte HTML-/CSS-Programmierung von ihnen korrekt angezeigt wird.

Bei Apps leuchtet es jedem schnell ein, dass man bestimmen muss, auf welchen Geräten diese laufen sollen. Hier sind es nicht ganz so viele – meist beschränkt man sich auf die zwei gängigen Smartphone-/Tablet-Betriebssysteme:

- iOS (Apple iPhone, iPad)
- Android

Für die Konzeption fast noch wichtiger als das Betriebssystem ist aber die Bildschirmgröße. Denn diese bestimmt wesentlich, wie viele Elemente ich in welcher Größe so unterbringe, dass die Nutzenden sie auf einen Blick sehen.

Schließlich sollten Sie daran denken, dass man mobile Geräte drehen kann. Das gibt einerseits zusätzliche Freiheiten, weil man z. B. Tabellen in der Queransicht besser unterbringt. Andererseits kann die Webseite oder App auch seltsam aussehen, wenn die Queransicht nicht geplant ist, sondern einfach die Standardmechanismen des jeweiligen Systems greifen.

Sorgen Sie also mit diesen Vorüberlegungen dafür, dass die Inhalte auf möglichst jedem Gerät gut aussehen und gut nutzbar sind.

### 26.4.2 Flexible Grids statt fester Gestaltungsraster

Wie zuvor beschrieben, werden beim responsiven Webdesign keine festen Pixelwerte und damit keine fixen Gestaltungsraster verwendet. Vielmehr wird das Screendesign über prozentuale Breitenangaben gesteuert und dynamisch an den verfügbaren Platz angepasst.

Dennoch will eine responsive Website gut geplant sein. So müssen Sie über wesentliche Muster für das Verhalten der Elemente innerhalb des responsiven Screendesigns entscheiden. Sie müssen sich über Fragestellungen wie etwa die folgenden Gedanken machen:

- Sollen Elemente eingeblendet oder einfach anders dargestellt werden?
- Werden bestimmte Inhaltselemente nebeneinander angeordnet, sobald sie in der Breite hineinpassen?
- Und wie lange werden die Elemente dann vergrößert, bevor sie anders angeordnet werden?
- Werden bestimmte Navigationselemente komplett anders platziert? Wie geht man beispielsweise mit Filtern um, die links neben den Listenelementen stehen? Werden sie oberhalb der Liste positioniert oder gar anders zugänglich gemacht?

Bedenken Sie bei der Planung auch die Redaktionsarbeit, und involvieren Sie die Content-Redaktion und/oder Verantwortlichen für den Inhalt. Worauf muss bei der Redaktion in der täglichen Arbeit geachtet werden? Hat das Anpassen der Teaser-Elemente beispielsweise Einfluss auf die Textlänge, die dargestellt wird? Sollten Prozesse eingeführt werden, um die Darstellung auf verschiedenen Endgeräten zu prüfen? Auch wenn Vorlagen für alle Elemente definiert sind, kann es Inhalte geben, bei denen eine geplante Darstellung durch das Befüllen mit Inhalten schwierig wird.

### 26.4.3 Flexible Typografie statt fester Schriftgröße

Das A und O einer jeden Website sind die Inhalte, insbesondere auch der Text. Ist dieser auf kleinen Bildschirmen wie Smartphones nicht gut leserlich, verlieren Sie viele Nutzende, und die Konversionen bleiben aus. Gewährleisten Sie also eine gute Leserlichkeit der Überschriften und Fließtexte auf allen wesentlichen Endgeräten, und arbeiten Sie auch bei der Schriftgröße mit prozentualen Werten oder alternativen Maßen wie *em*. Die Maßeinheit *em* wird in der Typografie zur Bestimmung der Zeichenbreite in Relation zur Schriftgröße verwendet.

Als Richtlinie für eine sinnvolle Skalierung des Textes dient die Zeilenlänge, die für eine gute Leserlichkeit nicht zu lang sein darf. Der Standard im Web gibt vor, dass eine Zeile zwischen 45 und 85 Zeichen inklusive der Leerzeichen lang sein sollte. Mehr zum Thema Leserlichkeit finden Sie in Kapitel 32, »Schriftarten und Textformatierung«.

Bedenken Sie auch Anrisstexte in Teaser-Elementen, die durch Skalierung dieser Elemente gegebenenfalls abgeschnitten oder unleserlich werden können. In solchen Fällen sollten Sie entweder Anrisstexte kürzen, entfernen und vor allem die Schriftgröße anpassen (siehe Abbildung 26.7).

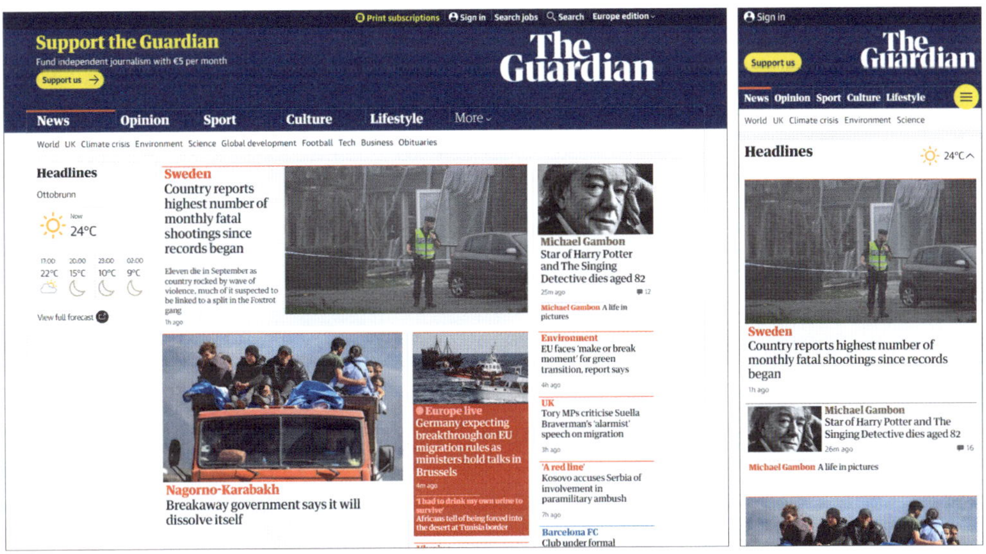


**Abbildung 26.7** Schriftgrößen werden auf das jeweilige Endgerät optimiert ausgegeben, wie hier am Beispiel theguardian.com. Auf dem Desktop finden sich Anrisstexte bei den Teaser-Elementen, auf der Smartphone-Ausgabe wird nur die Überschrift dargestellt.

Und nehmen Sie diesen Aspekt in einen Leitfaden für die Content-Redaktion mit auf. Diese sollten die Leserlichkeit der Schriftart im Zuge ihrer redaktionellen Arbeit immer direkt auf allen Endgeräten überprüfen.

### 26.4.4 Skalierbare Bilder statt fester Bildgrößen

Neben den Texten sind auch die Bilder ein wesentlicher Bestandteil eines gelungenen responsiven Webdesigns. Ein Bild auf allen Endgeräten und Formaten optimal auszuspielen, ist eine große Herausforderung. Die folgenden wichtigen Anwendungsfälle sollten Sie bei der Konzeption mit einbeziehen und bei der Gestaltung berücksichtigen:

- **Unterschiedliche Pixeldichte der Bildschirme**
  Mit zunehmend hochauflösenden Bildschirmen steigt auch der Anspruch an entsprechendes Bildmaterial. Gestochen scharf sollen die Grafiken angezeigt werden. Hochauflösendes Bildmaterial kostet allerdings Ladezeit, die auf mobilen Endgeräten nicht großzügig verspielt werden darf. Insofern sollten Sie planen, für verschiedene Bildschirmauflösungen unterschiedlich optimierte Grafiken auszuliefern – für geringer auflösende Bildschirme in entsprechend geringerer Qualität und niedrigerer Dateigröße.
- **Unterschiedliche Breite des Anzeigebereichs** (*Viewport*)
  Die Dateigröße ist auch relevant, wenn es um unterschiedliche Abmessungen in der Breite, also auf unterschiedlichen Endgeräten, geht. So variiert der eigentliche Anzeigebereich (Viewport), also der Bereich der Anwendung, den die Nutzenden auf ihrem Endgerät in ihrem Browserfenster tatsächlich sehen, so dass das Bereitstellen derselben Grafik in unterschiedlichen Versionen sinnvoll ist. Ein Bild sollten Sie immer mit den für die Bildschirmauflösung passenden Abmessungen ausliefern, für kleinere Bildschirme entsprechend mit geringerer Dateigröße.
- **Unterschiedliche Bildmotive** (siehe Abbildung 26.8)
  Auch kann es vorkommen, dass Sie abhängig von der Browserumgebung unterschiedliche Bildausschnitte ausliefern möchten. Auf kleinen Bildschirmen verlieren sich Details in einem Bild sehr schnell. Hier kann es attraktiv sein, ein kleineres Detail aus dem ursprünglichen Motiv in ausreichender Größe darzustellen.

**Abbildung 26.8** Bilder mit unterschiedlichen Bildausschnitten und in optimierter Dateigröße je nach Endgerät auszuspielen, ist herausfordernd.

Technische Lösungen gibt es für alle drei Fälle. Nicht zu vergessen ist in diesem Zusammenhang aber die redaktionelle Arbeit später. Mehrere Bildausschnitte manuell zu pflegen, ist enorm aufwendig. Moderne Content-Management-Systeme bieten daher gerne die Möglichkeit, so genannte Fokuspunkte auf den Bildern zu setzen, um die relevanten Ausschnitte in den Bildern zu markieren, die nicht wegfallen dürfen. Prüfen Sie daher Ihre Anforderungen an responsives Bildmaterial genau. Letztlich kommt Ihre Arbeit den Nutzenden zugute – sie erhalten eine Anwendung, die sie auf allen Endgeräten und in ihren jeweiligen Kontexten schnell überblicken und gut lesen können, ohne auf gute Bilder zu verzichten.

## 26.5 Zukünftig noch mehr Flexibilität

Umfangreiche Frameworks und deren Weiterentwicklungen ermöglichen es, responsive Webseiten umzusetzen und am Laufen zu halten. Ein Baustein, der dazu beigetragen hat, sind die *Media Queries*, von deren Rückmeldung das Verhalten der Webseite definiert wurde. Abhängig von Bildschirmgröße, Fenstergröße und anderen Eigenschaften werden dann die Anordnung, Größe und Darstellung der Seiteninhalte geregelt. Allerdings führten komplexere Anwendungen dazu, dass diese Abfragen an Grenzen gerieten und häufiger doppelter Code oder komplizierte Lösungen entstanden.

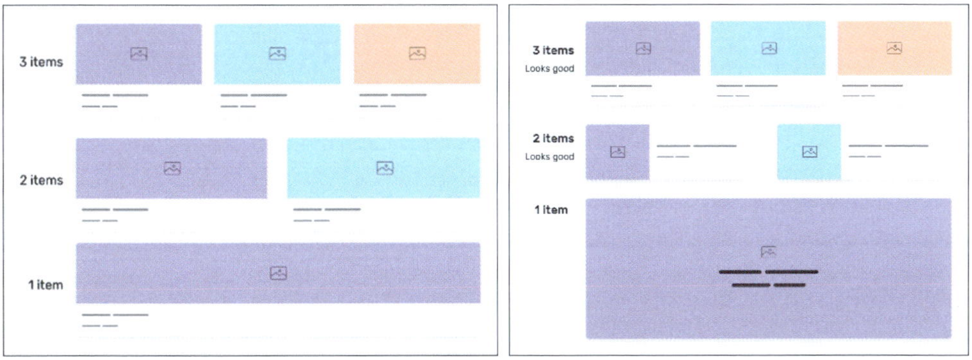


**Abbildung 26.9** Linke Seite: Bestimmte Komponenten (hier am Beispiel der so genannten »Card«) passen sich je nach Bildschirm- und Fenstergröße an, bleiben aber im eigentlichen Layout identisch – zumindest ohne weitere technische Anpassungen. Rechte Seite: Mittels »Container Queries« kann das Layout von Komponenten flexibel reagieren und sich mit einem optimalen Layout am Raster ausrichten.

Die Verbreitung von den erwähnten modularen Webseiten trug dazu bei, dass es noch flexiblere Umsetzungsmöglichkeiten für sehr variable Seitenstrukturen geben musste. So wurden schließlich *Container Queries* ins Leben gerufen, was der Entwicklung die Arbeit enorm erleichtert. Mit diesen Abfragen kann ein eigener *Breakpoint* pro Komponente festgelegt werden. Eine *Komponente* ist ein definiertes, wiederkehrendes Website-Element im Designsystem. Diese können somit dynamisch auf den zur Verfügung stehenden Raum reagieren – sei es eine Zelle oder ein größerer Rasterbereich (siehe oben). Und zwar immer dann, wenn ein so genannter Container eine bestimmte Breite über- oder unterschreitet.

Was bedeutet das nun für uns UX-Profis? Erstmal nicht viel. Denn menschzentrierte Gestaltung sollte sich nicht an technischen Einschränkungen oder eben Möglichkeiten orientieren. In der Praxis lässt es sich aber bei der Umsetzung von Gestaltungsideen nicht vermeiden, auch mal Kompromisse eingehen zu müssen. Daher ist jede Weiterentwicklung der technischen Möglichkeiten erstmal eine gute Nachricht. Letztlich haben wir damit mehr Freiheit in der optimalen, menschzentrierten Ausgestaltung von Websites und Argumente dafür, dass es konzeptgetreu umgesetzt wird.

**Responsive Webdesign Patterns (Musterlayouts)**

Seitdem sich der Ansatz des responsiven Webdesigns etabliert hat, haben sich auch gewisse Standards entwickelt. Diese zeigen sich in so genannten Design Patterns, also Musterlayouts, die sehr beliebt sind und wiederkehrend im Web zu finden sind. Luke Wroblewski und Brad Frost haben gängige Designmuster zusammengestellt:

- Die Liste von **Brad Frost** umfasst neben Seitenlayouts auch typische Muster für Navigation, Bild- und Videomaterial sowie Website-Elemente wie Formulare. Passende Demo- und Beispielseiten zur Veranschaulichung sind verlinkt: *uux.jetzt/071*.
- **Google** zeigt in seinem Kurs zu **Responsive Design** typische responsive Designmuster inklusive kleinen Demos, an denen das Muster nachvollzogen werden kann: *uux.jetzt/072*.
- Der Produktdesigner Ahmad Shadeed zeigt anhand von Demos zu einzelnen Komponenten den Einsatz von **Container Queries**: *uux.jetzt/124*.

Kapitel 27

# Navigationskonzepte – Mega-Dropdowns, Flyouts, Hamburger-Menü, Off-Canvas

*Die Navigation ist das zentrale Element jeder Anwendung. Sie gibt den Nutzenden Zugriff auf die Inhalte – und das sollte möglichst schnell, einfach und ohne Umwege gehen.*

Eine Navigation muss nutzerfreundlich sein und die Inhalte der Website oder App so problemlos wie möglich zugänglich machen. Die Gestaltung der Navigation kann noch so ansprechend und die Inhalte können noch so nützlich sein – kommen die Nutzenden nicht zu dem, was sie suchen, werden sie abbrechen und höchstwahrscheinlich nicht wiederkommen. Mittlerweile haben die Inhalte auf der Einstiegsseite eine zentrale Rolle, wenn es zur Nutzerführung kommt. Trotzdem dient die Navigation immer noch der Orientierung. Sie ermöglicht den Nutzenden einen Überblick über alle Inhalte der Website oder App.

Bevor Sie in die visuelle Gestaltung der Navigation einsteigen, sollten Sie die Informationsarchitektur und darauf aufbauend die Navigationsstruktur Ihrer Website oder App entwickeln. Dazu eignet sich unter anderem die Card-Sorting-Methode (siehe Kapitel 13, »Card Sorting – Entwicklung der Informationsarchitektur«).

## 27.1 Gängige Gestaltungsmuster für Navigation

Im Folgenden stellen wir Ihnen einige gängige Gestaltungsmuster vor und geben Ihnen Richtlinien dafür an die Hand, was Sie bei der Auswahl und der Gestaltung des optimalen Navigationsansatzes für Ihre Anwendung beachten sollten. Sicherlich gibt es noch zahlreiche weitere Navigationskonzepte oder Varianten. Auch finden sich zunehmend Kombinationen der nachfolgenden Navigationskonzepte im Internet. In Zeiten des responsiven Webdesigns muss die Navigation auch auf allen Endgeräten funktionieren. Das macht sie nicht weniger komplex und leichter in der Umsetzung, im Gegenteil. Aus den folgenden Navigationskonzepten werden aber die wesentlichen Merkmale einer erfolgreichen Navigation deutlich, und so können Sie diese dann auf andere übertragen.

### 27.1.1 Horizontale Navigationsleisten und Tableiste

*Horizontale Navigationsleisten* stammen noch aus reinen Desktop-Zeiten. Sie stehen oberhalb des Inhaltsbereichs, im Headerbereich, und führen die Hauptmenüpunkte in Form von Textlinks oder Icons auf.

Diese Navigationsform ist recht effizient, hat aber auch Einschränkungen, die man bedenken sollte:

- Horizontale Navigationsleisten funktionieren am besten mit wenigen Menüpunkten. Gibt es mehr Menüpunkte, als auf die Screenbreite passen, können nur die wichtigsten Menüpunkte (in einer Zeile) angezeigt werden. Das ist meistens schon bei vier bis fünf Menüpunkten der Fall, wenn sie sich noch gut bedienen lassen sollen. Gibt es mehr Menüpunkte, muss ein weiterer Zugang vorgesehen sein (siehe Abbildung 27.1). Letzteres hat den Nachteil, dass eine Interaktion der Nutzenden notwendig ist, um alle Menüpunkte zu sehen.

**Abbildung 27.1** Auf Portalen mit umfangreichen Inhalten wie theguardian.com findet man horizontale Navigationsleisten, nicht selten auch mit einem Link zu weiteren Menüpunkten (»More«/Pfeilsymbol).

- Horizontale Navigationsleisten nehmen wertvollen Platz im sichtbaren Bereich ein. Weitere im Header platzierte Navigationselemente wie das Logo, die Suche oder Metanavigation müssen dann platzsparend gestaltet und positioniert werden. Aber gerade bei Onlineshops brauchen essenzielle Elemente wie Zugänge zum Login oder Warenkorb Platz, um wahrgenommen zu werden.

Die Reiterleiste oder *Tableiste* (engl. *Tab Bar*) ist längst nicht mehr nur in Apps, sondern zunehmend auch auf Websites zu finden.

Sie ist meist am unteren Bildschirmrand positioniert. Das ist mit Blick auf die Ergonomie sinnvoll, da auf Smartphones oft der Daumen zur Navigation verwendet wird, für den der untere Bildschirmbereich einfacher zu erreichen ist. Die Tableiste ist meist fixiert und auf allen Unterseiten analog zu finden. Beim Scrollen durch die Seiten wird die Tableiste mittlerweile häufiger ausgeblendet, so dass mehr sichtbarer Bereich für die Inhalte der Seite entsteht. In der Regel finden sich drei bis fünf Navigationspunkte in der Tableiste, die auch mit Icon und Label dargestellt sind. Bei der Verwendung von Tableisten haben Sie ansonsten dieselben Herausforderungen wie bei horizontalen Navigationsleisten.

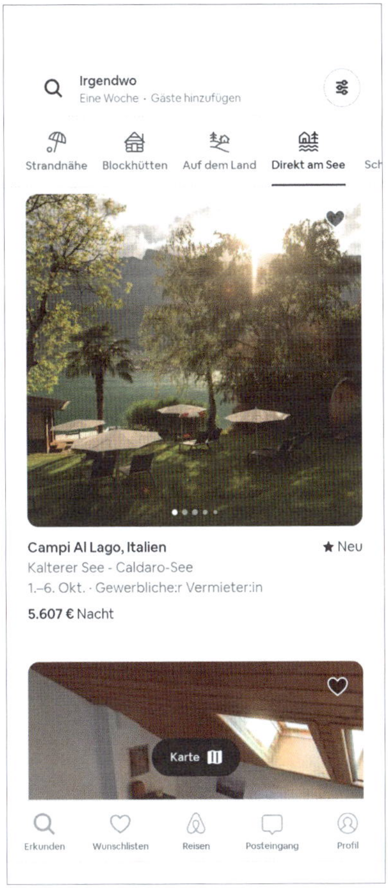


**Abbildung 27.2** In den allermeisten Apps wie hier bei Airbnb ist die Tableiste am unteren Bildschirmrand positioniert und fixiert. (Quelle: www.airbnb.de)

### 27.1.2 Navigationshub

Ein *Navigationshub* (das englische *Hub* bedeutet Drehscheibe oder Drehkreuz) ist eine Seite, in der Regel die Startseite, die zentrale Menüpunkte enthält. Dieses greift meist die am häufigsten oder aktuell gebrauchten Menüpunkte auf. Gerne ist bei dieser Navigationsform die Startseite oder zumindest der sichtbare Bereich dort nur diesen Hauptmenüpunkten gewidmet.

Möchten die Nutzenden nach einer Interaktion einen weiteren Menüpunkt aufrufen, müssen sie bei dieser Menüform wieder zum Navigationshub zurückkehren und dann eine andere Option auswählen. Das ist sehr aufwendig und umständlich. Für Anwendungen, die viel Inhalt anbieten oder bei denen keine spezifischen Interaktionen durchgeführt werden, ist diese Form nicht zu empfehlen. Allerdings kann dieser Navigationsansatz für Anwendungen interessant sein, auf denen Nutzende in der

Regel wenige und sehr spezifische Aufgaben erledigen (z. B. das Buchen oder der Check-in für einen Flug). Nach Erledigen dieser Aufgabe verlassen die Nutzenden die Anwendung dann meist und rufen keinen weiteren Navigationspunkt auf. In diesem Fall ist ein Navigationshub sehr effizient.

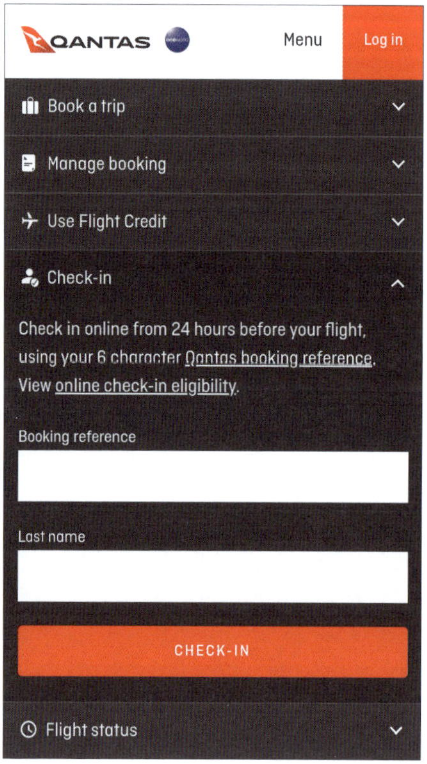


**Abbildung 27.3** Die Qantas-Website bietet auf dem Startbildschirm zentrale Navigationspunkte, hier sind es häufige Anwendungsfälle der Nutzenden. Zusätzlich gibt es noch ein Navigationsmenü rechts oben.

### 27.1.3 Mega-Dropdown-Menü

Mega-Dropdown-Menüs nutzen viele Desktop-Anwendungen und machen damit den Nutzenden eine meist zwei- oder dreidimensionale Navigationsstruktur (Haupt- und gruppierte Untermenüpunkte) zugänglich. Bei Mouseover auf einen Hauptmenüpunkt öffnet sich das Mega-Dropdown und zeigt gruppierte Menüpunkte an. Die Punkte sind in Kategorien unterteilt – durch entsprechende Gestaltung, durch Typografie oder auch Icons. Mit gut gestalteten Mega-Dropdowns bekommen Nutzende sofort einen Überblick über mehrere Ebenen (siehe Abbildung 27.4).

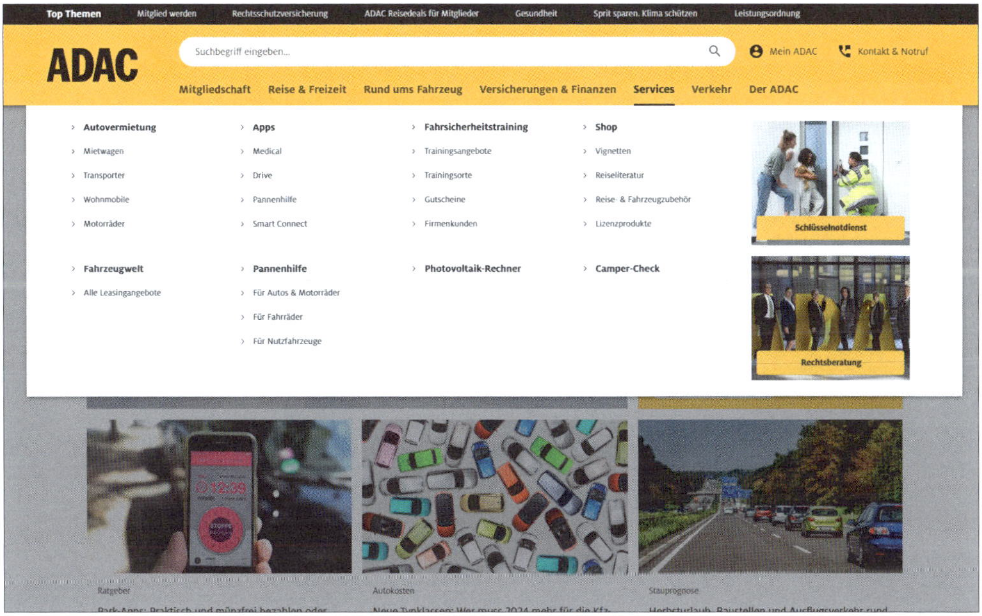


**Abbildung 27.4** Der ADAC beispielsweise macht den Nutzenden sein breites Angebot auf der Website mit einem Mega-Dropdown-Menü zugänglich.

Für eine nutzerfreundliche Umsetzung des Mega-Dropdowns sollten Sie folgende Aspekte bei der Konzeption und Gestaltung berücksichtigen:

- Setzen Sie das Mega-Dropdown so um, dass es auf Interaktion (Mouseover) der Nutzenden verzögert reagiert. Hintergrund ist, dass versehentliche Mausbewegungen der Nutzenden die Anzeige des Mega-Dropdowns nicht auslösen sollten. Sprich: Bei Mouseover sollte es sich nicht zu schnell öffnen, sonst wirkt die Seite unruhig. Und bei Mouseout, also wenn der Mauszeiger die Fläche des Mega-Dropdowns verlässt, darf es sich nicht zu schnell schließen, da die Nutzenden sonst Gefahr laufen, das Menü versehentlich zu verlassen. Don Norman von der Nielsen Norman Group empfiehlt z. B. eine Verzögerung von 0,5 Sekunden.
- Nutzende müssen den Unterschied zwischen Mega-Dropdown und der restlichen Seite klar erkennen können. Im Hintergrund muss die aktuelle Seite noch zu sehen sein. Nutzende gehen sonst häufig davon aus, dass sie bereits auf der neuen Seite gelandet sind – weil sie denken, dass sie den Hauptmenüpunkt ausgewählt haben. Gestalten Sie daher das Mega-Dropdown nicht bildschirmfüllend (Abbildung 27.5). Das hat auch den Vorteil, dass Nutzende das Mega-Dropdown verlassen können, indem sie den Mauszeiger auf einen anderen Teil der Seite bewegen. Alternativ können Sie durch eine andere Hintergrundfarbe oder durch Rahmen und Schlagschatten kennzeichnen, dass es sich um ein Mega-Dropdown handelt.

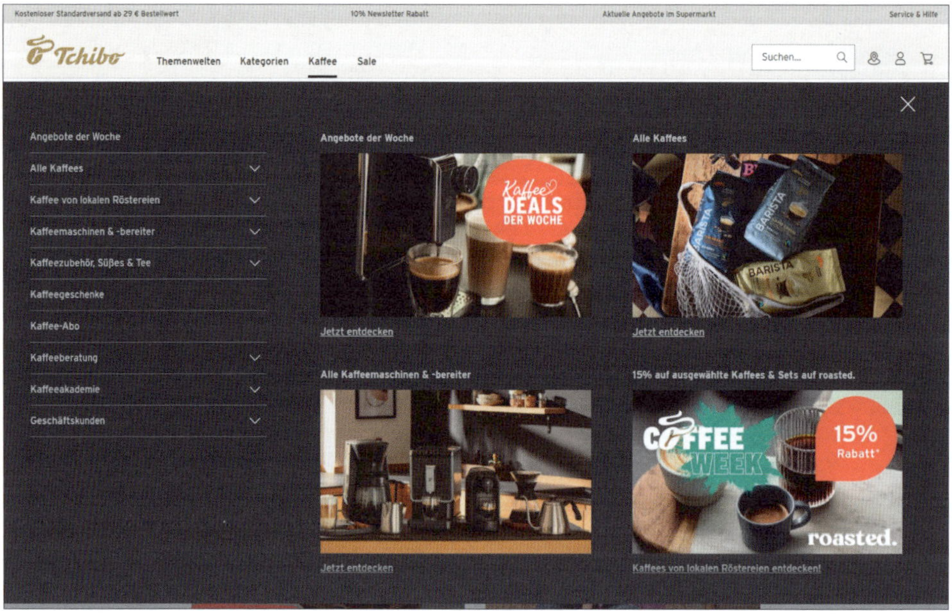

**Abbildung 27.5** Ein Mega-Dropdown sollte nie bildschirmfüllend umgesetzt werden. Nutzende sollten das Mega-Dropdown über das Schließen-X rechts oben oder bestenfalls durch Klick auf den Inhaltsbereich verlassen können. Hier bei Tchibo ist Letzteres fast nicht möglich.

- Strukturieren Sie die Inhalte und Links im Mega-Dropdown sinnvoll, und vermeiden Sie zu viele Optionen. Ansonsten sind Nutzende von der Vielfalt schnell erschlagen. Die Menüpunkte sollten für Nutzende einfach zu überfliegen sein. Ordnen Sie daher die Menüpunkte bzw. Gruppierungen vertikal an, und heben Sie die Ebenen bzw. Gruppierungen visuell hervor (z. B. durch Abstände, Einrückungen, Aufzählungszeichen, Icons oder typografische Gestaltung). Die oberste Ebene sollte dabei stärker auffallen und ebenfalls klickbar sein (siehe gefettete Oberkategorien in Abbildung 27.4).

### 27.1.4 Akkordeonmenü

Das Akkordeonmenü wird meist auf mobilen Websites oder Apps mit vielen Kategorien/Menüpunkten eingesetzt und eignet sich für bis zu drei Navigationsebenen (siehe Abbildung 27.6). Nutzende öffnen durch Tipp bzw. Klick auf eine Oberkategorie im Bereich darunter die jeweiligen Unterkategorien. Durch erneutes Tippen auf die Oberkategorie schließt sich dieser Bereich wieder.

Vorteil dieser Umsetzung ist eine komprimierte Darstellung zahlreicher Menüpunkte, gerade auch auf mobilen Endgeräten. Häufig ist dies das mobile Pendant zum Mega-Dropdown. Diese Navigationsform kann auch weiter verschachtelt werden, um mehrere Navigationsebenen abzubilden. Vermeiden Sie aber nach Möglichkeit mehr als drei Ebenen, da der Aufwand für Nutzende, sich einen Überblick durch Öffnen und Schließen der Menüpunkte zu verschaffen, sehr hoch ist.

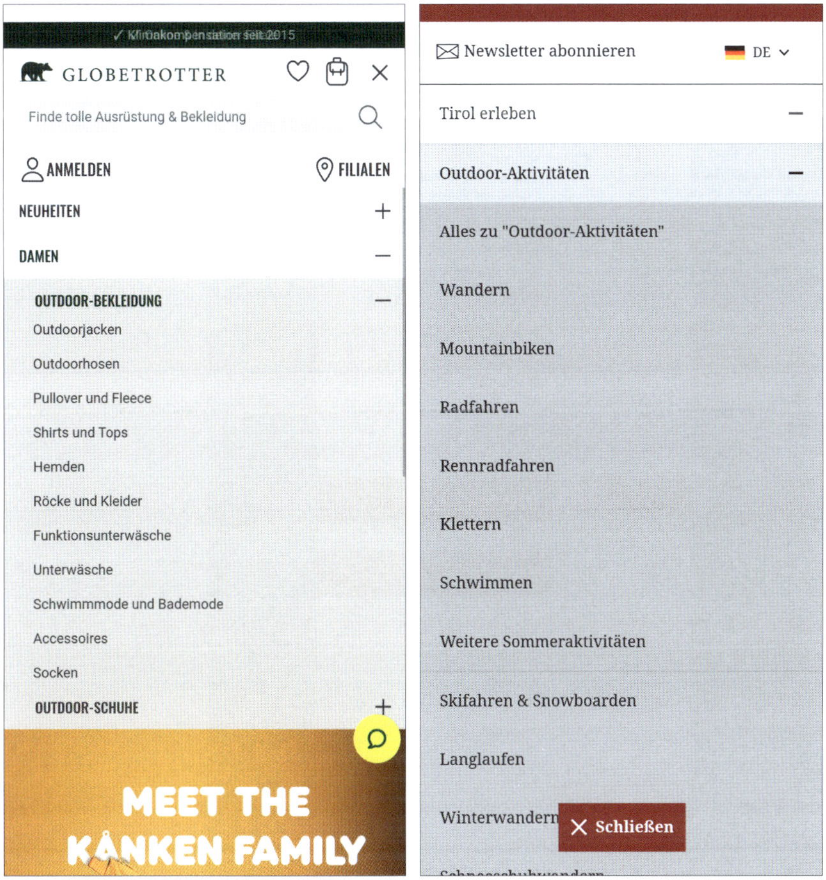


**Abbildung 27.6** Verschiedene Formen von Akkordeonmenüs auf den mobilen Websites von Globetrotter (links) und der Tirol Werbung (rechts).

Bedenken Sie zudem, dass mobil der jeweils oberste Menüpunkt die Untermenüpunkte öffnet und nicht gleichzeitig auf die jeweilige Rubrikenseite verlinken kann. Um diese Seite auf mobilen Endgeräten trotzdem über die Navigation zugänglich zu machen, fügen Sie einen weiteren Untermenüpunkt ein, der diese Funktion übernimmt. Benannt werden kann dieser Navigationspunkt beispielsweise mit »Alles zu [Menüpunkt]« oder im Fall eines Onlineshops dann »Alle Produkte«.

Zahlreiche Hinweise und weiterführende Details zum Akkordeonmenü finden Sie in Kapitel 44, »Aufklappelemente/Akkordeons richtig umsetzen«.

### 27.1.5 Off-Canvas-Navigation, Off-Canvas-Flyout

Unter einer *Off-Canvas-Navigation* oder einem *Off-Canvas-Flyout* versteht man ein Gestaltungsmuster, bei dem die Navigation seitlich außerhalb des Anzeigebereichs der Anwendung platziert ist und von den Nutzenden über ein Menü-Icon (siehe Abschnitt 27.2, »Burger/Hamburger als Icon für das Menü«) in den sichtbaren Bereich geholt werden kann. Meist legt sich die Navigation von links über den Inhalt oder schiebt den Inhaltsbereich nach rechts weg (siehe Abbildung 27.7).

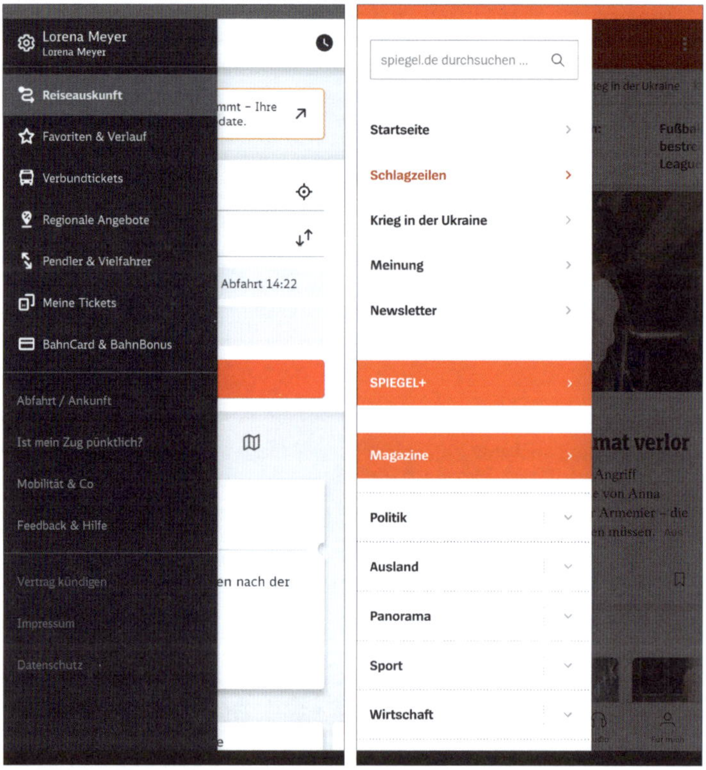


**Abbildung 27.7** Eine Off-Canvas-Navigation, die sich von links auf den Inhaltsbereich schiebt, ist in Apps mittlerweile gängig – wie hier am Beispiel der Deutschen Bahn (links) und vom Spiegel (rechts).

Dieses Navigationskonzept hat den Vorteil, dass es viel Platz für die Navigation bietet (die Navigation kann nach Erscheinen vertikal gewischt werden), und ist daher besonders auf mobilen Endgeräten günstig. Im Zuge der responsiven Website-Konzepte sieht man diese Form der Navigation auch auf Tablet- und sogar Desktop-Anwendungen. Wir raten allerdings davon ab, die Navigation auf großen Bildschirmen hinter einem Menü-Icon zu verstecken. Auch wenn Sie verschiedene Navigationsmechanismen für die unterschiedlichen Endgeräte vorsehen müssen, spricht die schlechte Auffindbarkeit und die geringe Sichtbarkeit dieser Navigation auf großen Bildschirmen eindeutig dagegen. Hintergründe und Details dazu finden Sie im nächsten Abschnitt.

## 27.2 Burger/Hamburger als Icon für das Menü

Meist ist das jeweilige Navigationsmenü über ein entsprechendes Icon/Symbol als Menü zugänglich; die Menüpunkte selbst sind zunächst versteckt und über das Icon aufrufbar. Bei Klick/Tipp auf das Icon öffnet sich das Menü, und das Icon wechselt dann meist zu einem Schließen-Symbol, z. B. einem Kreuz (siehe Abbildung 27.8).

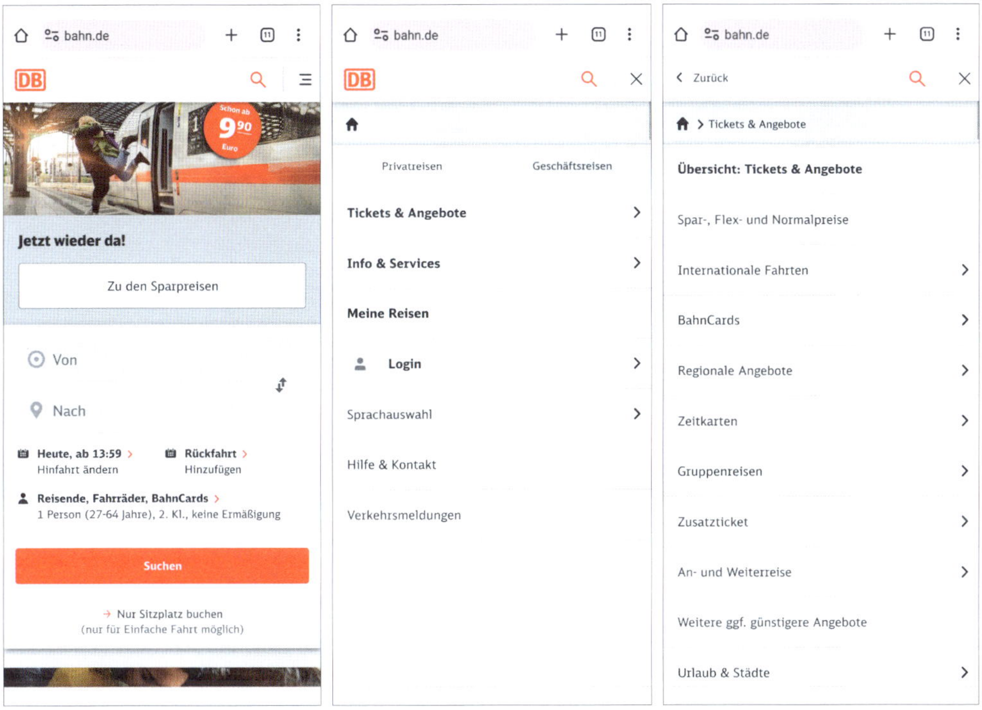


**Abbildung 27.8** Bei Tipp auf das Burger-Icon öffnet sich das Hauptmenü auf bahn.de und legt sich über den kompletten Screen.

Vorteil dieses Navigationskonzepts ist, dass es eine große Anzahl an Menüpunkten unterbringt, wenn notwendig auch in einer zweistufigen Form (z. B. als Akkordeons, siehe Abschnitt 27.1.4, »Akkordeonmenü«). Allerdings hat diese Art der Navigation auch ihre Nachteile, die uns Nutzende in Usability-Tests mit ihrem Verhalten auch immer wieder bestätigen:

- Die Menüpunkte werden hinter einem Icon versteckt und sind nicht sofort ersichtlich. Nutzende müssen also erst nachsehen, welche Informationen angeboten werden, um herauszufinden, was die Anwendung bietet.

- Das Hauptmenü muss per Klick/Tipp auf das Icon explizit aufgerufen werden. Dies ist also mit einer Interaktion und damit Aufwand für Nutzende verbunden.
- Nutzende müssen sich die Menüpunkte merken, da sie nach dem Schließen des Hauptmenüs nicht mehr sichtbar sind. Das geht zulasten des Arbeitsgedächtnisses und erfordert höhere Konzentration.

Da es auf mobilen Endgeräten meist aber die beste Option ist, die Navigation zu integrieren, ist es umso wichtiger, Nutzende über die Inhalte auf der Seite abzuholen und weiterzuführen.

Das bekannteste Icon, über das ein Navigationsmenü erreichbar ist, ist das so genannte *Hamburger-Icon* oder kurz *Burger-Icon*. Diese gibt es in unterschiedlichen Gestaltungen. Vereinzelt sieht man auch andere Symbole (siehe Abbildung 27.9).

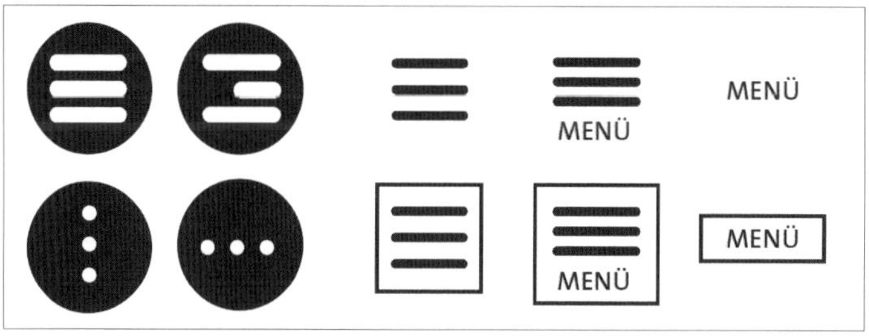


**Abbildung 27.9** Neben dem weit verbreiteten Burger-Icon, das es in verschiedenen Varianten gibt, sieht man gelegentlich auch andere Symbole zur Kennzeichnung eines Navigationsmenüs.

Trotz seiner weiten Verbreitung ist das Burger-Icon (oder auch ein anderes Icon) nicht die beste Option zur Kennzeichnung. Aus Usability-Tests und auch Studien anderer wissen wir, dass Menüs mit solchen Icons zwar mittlerweile gelernt sind, aber immer noch und besonders auf Desktop-Seiten häufiger zu Problemen führen. Auf dem Smartphone wird es besser angenommen. Gründe dafür sind zum einen, dass das Icon in Relation zur Screengröße auf Smartphones eher auffällt und damit leichter auffindbar ist. Zum anderen ist dieses Navigationskonzept auf mobilen Endgeräten gängiger und nicht zuletzt aus Apps gelernt. Allerdings beobachtet man auch bei den verschiedenen Varianten des Burger-Icons Unterschiede in der Nutzung. Anstelle des alleinstehenden Icons funktioniert bei Nutzenden die Variante mit einem Label (also Burger-Icon mit der Beschriftung *Menü*) besser. Oder auch die bloße Textform ohne jegliches Icon, also einfach das Label *Menü*. Sie sollten vermeiden, das Burger-Icon auf einen unruhigen Hintergrund, etwa ein Bild, zu legen. Achten Sie darauf, dass der Kontrast hoch ist und für die bessere Sichtbarkeit ein gewisser Schutzraum um das Icon herum gewahrt ist.

Aufgrund dieser Erkenntnisse sollten Sie daher bei Desktop-Anwendungen immer mit einer sichtbaren Hauptnavigation arbeiten, beispielsweise der horizontalen

Navigationsleiste. Für die mobile Ausgabe auf Smartphones bieten sich entweder die Tableiste (siehe Abschnitt 27.1.1, »Horizontale Navigationsleisten und Tableiste«) oder auch das Wiederaufgreifen und Auflisten zentraler Menüpunkte am Ende des Inhaltsbereichs an (siehe Abschnitt 27.1.2, »Navigationshub«).

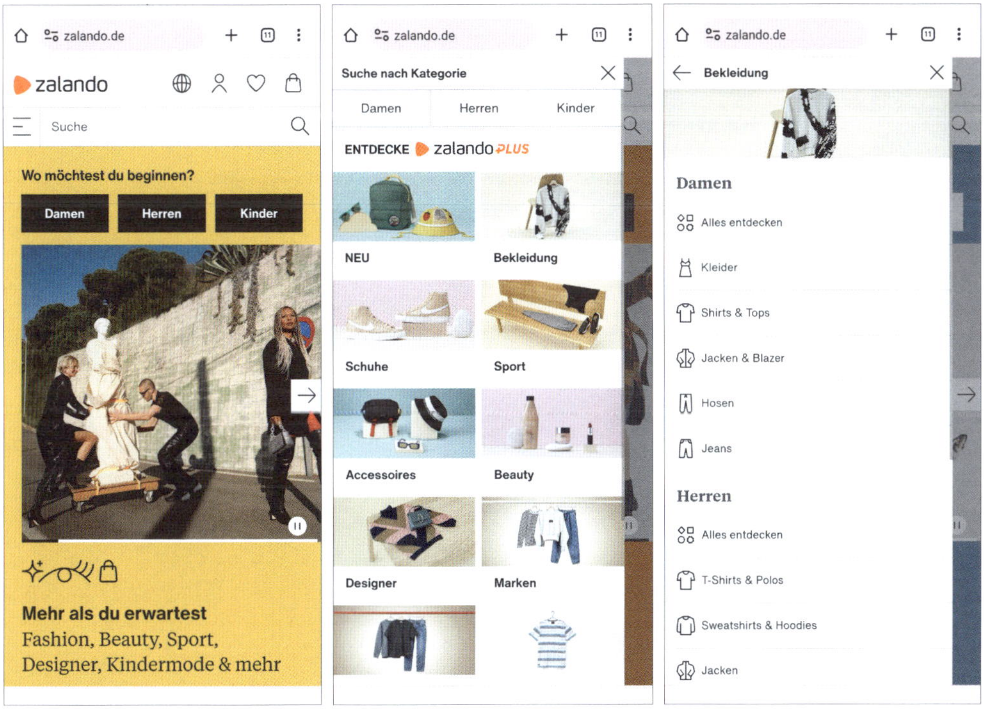


**Abbildung 27.10** Mittlerweile finden sich im mobilen Umfeld auch einige kombinierte Navigationsmodelle, beispielsweise ein Navigationsmenü mit Burger-Icon zusammen mit einem Navigationshub. Gerade auch im E-Commerce-Umfeld dient dies dazu, eine große Produktpalette zu strukturieren und schnell zugänglich zu machen. (Quelle: www.zalando.de)

**Checkliste für die Gestaltung einer nutzerfreundlichen Navigation**

Die Nielsen Norman Group hat eine Checkliste mit 15 UX-Guidelines entwickelt, die Sie bei der Gestaltung der Navigation berücksichtigen sollten. Diese Leitlinien gelten übergreifend und unabhängig vom gewählten Navigationskonzept: *uux.jetzt/074*.

Eine deutsche Übersetzung der in Englisch verfassten Checkliste finden Sie unter *uux.jetzt/073*.

Kapitel 28

# Designsysteme, Styleguides, Component Libraries und Pattern Libraries

*Die Berücksichtigung von Standards im Webdesign bietet Vorteile – vor allem Konsistenz und damit Orientierung für die Nutzenden. Damit Ihre Anwendung in sich konsistent bleibt, sind Designsysteme mit Styleguides und Pattern Libraries hilfreich.*

Standards helfen Ihren Nutzenden. Standards entstehen, indem sich Funktionalitäten in vielen Anwendungen durchsetzen und von Nutzenden deshalb sofort verstanden und in der gleichen Art und Weise bedient werden. So sind beispielsweise – um nur ein paar zu nennen – Links in der Regel unterstrichen, Suchfunktionen standardmäßig rechts oben und Logos links oben platziert. Bei Checkboxen können mehrere ausgewählt werden, während bei Radiobuttons immer nur einer pro Gruppe aktivierbar ist. Standards unterstützen Nutzende also dabei, sich schnell auf Websites oder in Apps zurechtzufinden, Funktionsweisen von Elementen direkt zu verstehen und nicht unnötig Zeit damit zu verbringen, sich mit unbekannten Bedienelementen zu beschäftigen.

Standards sind die Grundlage für *Styleguides*, *Pattern Libraries*, *Component Libraries* und damit für *Designsysteme* (mehr dazu in Abschnitt 28.2, »Was ist ein Designsystem und wie setzt es sich zusammen?«). Alle drei dieser Dokumentationsformen sind unternehmensspezifisch und bilden den Rahmen für Gestaltungs- und Entwicklungsprozesse im Unternehmen.

Standards sollen gleichzeitig keine Innovationen verhindern und nicht zu stark einschränken. Daher ist es wichtig, dass sie sich mit neuen Technologien und veränderten Nutzerverhalten weiterentwickeln. Sie sollen zudem dem Team den notwendigen Freiraum lassen.

## 28.1 Standards berücksichtigen

Berücksichtigen Sie Standards im Web-/App-Design bei der Entwicklung Ihrer Anwendung. Nutzende möchten, dass Ihre Anwendung genauso funktioniert wie all die anderen Anwendungen, die sie bereits kennen. So wie der dänische Usability-Experte Jakob Nielsen es treffend in dem nach ihm benannten *Jakob's Law of the Web*

*User Experience* zusammenfasst: »Nutzer verbringen die meiste Zeit auf anderen Websites.« Nutzende gewöhnen sich an die vorherrschenden Designstandards und -konventionen und bringen beim Nutzen Ihrer Anwendung entsprechende Erwartungen an die Bedienung mit. Weicht Ihre Anwendung in wesentlichen Teilen davon ab, wird sie für Ihre Nutzenden schwieriger zu bedienen.

Aus diesem Grund gehören »Konsistenz und Standards« auch zu den zehn Usability-Guidelines von Nielsen (siehe Kapitel 2, »Erkenntnisse aus Studien, Forschung und Projekten liefern Fakten«). Sie fordern einen konsistenten Gebrauch von Terminologie, Bildsprache, Symbolen und sonstigen wiederkehrenden Elementen innerhalb einer Anwendung.

**Wichtige Human/User Interface Guidelines**

Bekannte Unternehmen wie Google, Apple und Microsoft prägen Nutzererwartungen und Interaktionsmuster durch ihre Plattformen und Betriebssysteme stark. Allein schon aus diesem Grund sollten Sie einen Blick in deren Human Interface Guidelines werfen:

- Material Design (Google): *uux.jetzt/125*
- Human Interface Guidelines (Apple): *uux.jetzt/126*
- Fluent Design System (Microsoft): *uux.jetzt/127*

Diese drei Vorgaben sind die Grundlage für das, was Nutzende an interaktiven Elementen heute erwarten und am häufigsten benutzen.

Für alle drei Designsysteme haben die Unternehmen auch Material und Beispiele bereitgestellt, meist für die gängigen Prototyping-Tools wie Figma, Sketch oder Adobe XD:

- Material 3 Design Kit für Figma: *uux.jetzt/128*
- Apple Design Resources: *uux.jetzt/129*
- Fluent 2 Web UI Kit für Figma (Microsoft): *uux.jetzt/130*

### 28.1.1 Warum Standards Sinn machen

Der Sinn von Standards ist es also, Nutzenden das Leben zu erleichtern. Ist Ihre Anwendung konsistent – in der Art, zu interagieren, zu navigieren oder Aktionen durchzuführen –, stellt sie damit sicher, dass Ihre Nutzenden nicht permanent neu dazulernen und sich umstellen müssen. Weichen Sie davon ab, beispielsweise aufgrund einer Entscheidung, die im visuellen Design Ihrer Anwendung begründet liegt, müssen Sie gut abwägen (und idealerweise testen), ob Sie damit Nutzende frustrieren oder irritieren. Ist das der Fall, besteht die Gefahr, dass Nutzende Ihre Anwendung verlassen und nicht wiederkehren. Vermeiden Sie daher Abweichungen von oder

Brüche mit allgemeinen Webdesign-Standards sowie Inkonsistenzen innerhalb Ihrer Anwendung.

Aber nicht nur die Nutzerzufriedenheit sollte Sie motivieren, sich an Standards zu halten. Auch unternehmerisch macht es Sinn. Anstelle einzelner Seiten und Individualentwicklungen werden bei einer zeitgemäßen Website einheitliche Module und Elemente programmiert, die dann innerhalb Ihrer Anwendung mehrfach verwendet werden. Das reduziert die Aufwände für die Entwicklung und die Qualität von (neuen) Anwendungen im Unternehmen. Und so machen Standards auch den Betrieb, die Wartung und die Redaktion einer Website einfacher und sparen Zeit und Geld. Zeit, die Sie für den Feinschliff Ihrer Anwendung investieren können oder dafür, sich neuen Herausforderungen zu stellen.

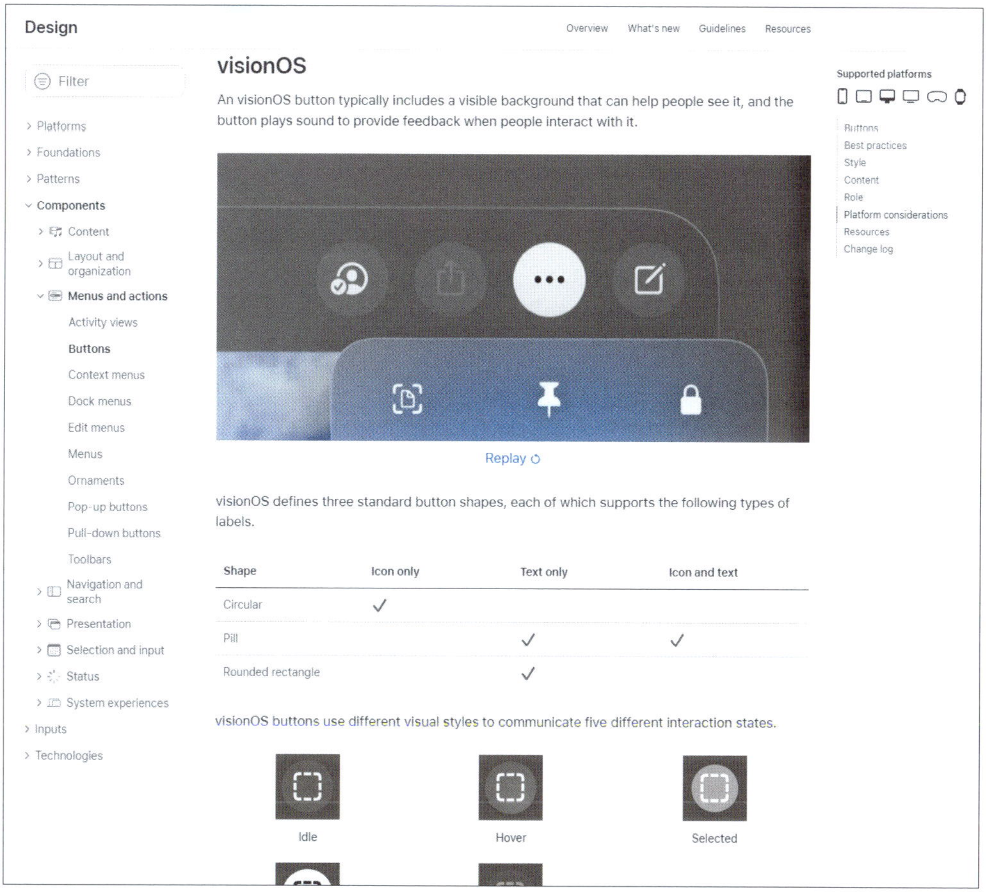


**Abbildung 28.1** Auszug aus Apples Human Interface Guidelines. Mit einem enormen Detaillierungsgrad wird erläutert, wie beispielsweise Buttons dargestellt werden sollen – unter anderem für welche Systeme und Endgeräte, auf welchen Hintergründen, mit Labels oder auch in welchen Zuständen.

Richtig zum Tragen kommt es dann, wenn Sie nicht nur eine Anwendung im Unternehmen haben, was mittlerweile auch eher selten der Fall ist. Inzwischen finden sich gerne zahlreiche Websites und teilweise auch Apps für unterschiedliche Services und Produkte. Um diesen übergreifend ein einheitliches Erscheinungsbild und auch Bedienmuster zugrunde zu legen, sind Standards mehr als notwendig.

### 28.1.2 Wie Sie Konsistenz in Ihrer Anwendung erreichen

Wie genau setzen Sie Ihre Anwendung nun um, so dass sie konsistent ist und Standards berücksichtigt? Setzen Sie früh in der Konzeption Ihrer Anwendung an. Es geht im Wesentlichen um die grundlegenden Entscheidungen auf übergreifender Ebene, also um die Wahl der Formulierungen (*Wording*), um die Art der Gestaltung grafischer Elemente und deren konsequente Umsetzung auf der Seite und nicht zuletzt um die Seitenstruktur und Navigationslogik.

#### Formulierungen (Wording)

Bedenken Sie, dass Sie die Formulierungen für wiederkehrende Interaktionen (z. B. Login, Registrierung) sowie die Sprache Ihrer Anwendung (z. B. direkte Ansprache der Nutzenden, Sie versus Du) konsequent einheitlich halten. Auf allen Buttons und Navigationspunkten sollten Begriffe konsistent verwendet werden. Ansonsten stolpern die Nutzenden darüber und fragen sich, ob hier andere Funktionalität dahintersteht. Beispiel: »Ist mit *Login* etwas anderes gemeint als mit *Anmelden*?«

#### Grafische Elemente

Prüfen Sie, falls nicht ohnehin bekannt, ob es bestehende Standards für grafische Elemente gibt, die Sie verwenden möchten. Elemente und deren Funktionalität wie *Checkboxen*, *Radiobuttons*, zahlreiche *Icons* (siehe Kapitel 38, »Icons aussagekräftig auswählen«) oder auch eine Suchfunktion sind von den Nutzenden gelernt. In zahlreichen Kapiteln in diesem Buch finden Sie hier konkrete Anhaltspunkte. Machen Sie die von Ihnen letztlich definierten Elemente allen Projektbeteiligten bzw. Produktteams in Ihrem Unternehmen zugänglich, z. B. in Form einer *Component Library* (siehe Abschnitt 28.2.3, »Was ist eine Component Library?«).

#### Layout und Seitenstruktur

Benutzeroberflächen folgen bestimmten Mustern, die sich in der Seitenstruktur und dem Gesamtlayout widerspiegeln. Diese Muster verändern sich mit der Zeit und mit verändertem Nutzerverhalten. Dies sind meist aber schleichende Prozesse, denen sich auch die *mentalen Modelle* der Nutzenden anpassen (müssen). Bedenken Sie demnach bei der Gestaltung, dass Nutzende eine feste Vorstellung davon haben, an welchen Stellen Elemente angeordnet sind (siehe Kapitel 26, »Ordnung auf den Seiten – Gestaltungsraster und responsives Design«).

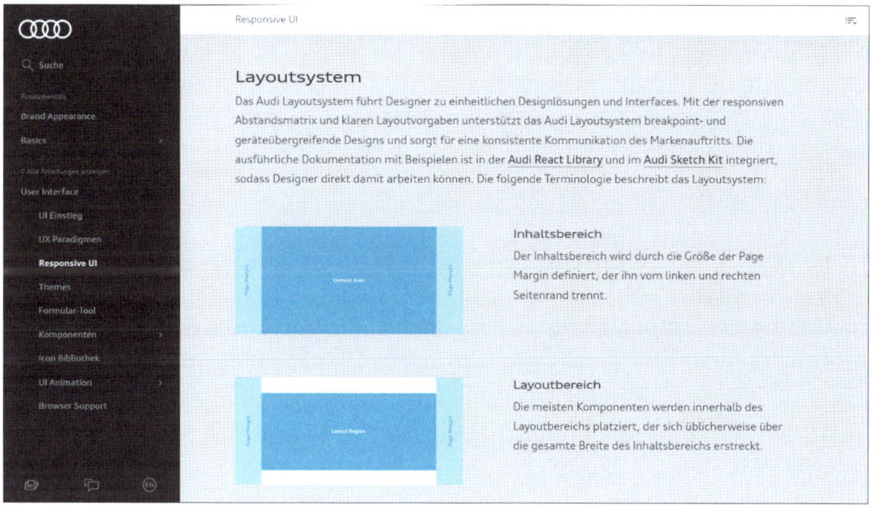


**Abbildung 28.2** Audi geht in seinen CI-Guidelines stark auf die Marke und die Darstellung in verschiedenen Ausgabeformaten ein, zeigt aber auch sehr praktische Richtlinien zu Layout und responsivem Seitenaufbau.

### Visuelles Erscheinungsbild

Das visuelle Erscheinungsbild Ihrer Website sollte über verschiedene Anwendungen hinweg einheitlich gestaltet sein. Auch das hat Wiedererkennungswert und ist Orientierungshilfe für die Nutzenden.

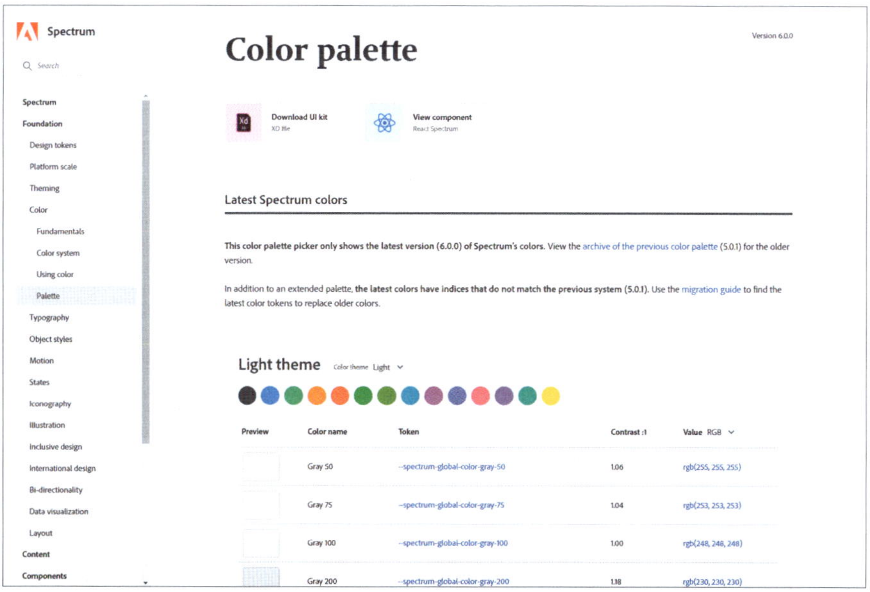


**Abbildung 28.3** Adobe hat in seinem Designsystem »Spectrum« die sehr umfassende Farbpalette dokumentiert und stellt sie im Rahmen des UI Kits zum Herunterladen zur Verfügung.

Dazu gehören neben der Schriftart, den Farben und dem Hintergrund auch alle zentralen Funktionalitäten und Elemente. Zusammen sollten sie eine harmonische und in sich konsistente Gestaltung ergeben. Um dies zu dokumentieren, ist ein Styleguide sinnvoll – gerade auch bei großen Anwendungen für alle Teams, die an der Entwicklung beteiligt sind.

## 28.2 Was ist ein Designsystem und wie setzt es sich zusammen?

Standards sind die Grundlage für *Designsysteme*, die sich aus *Styleguides, Pattern Libraries* und *Component Libraries* zusammensetzen – also für Richtlinien zur Gestaltung von (digitalen) Anwendungen. Manchmal hört man auch andere Begriffe wie *Design Patterns, UI Patterns, UI Toolkit, Guidelines, Foundations* – um ein paar zu nennen. Häufig werden diese Begriffe synonym verwendet. Tatsächlich unterscheiden sich einige von ihnen jedoch in ihrer Ausrichtung und ihrem Umfang voneinander.

Gemeinsam haben sie, dass sie die Leistung des Teams verbessern. Sie ermöglichen eine effiziente und klare Kommunikation und helfen dabei, dass alle Projektbeteiligten ein gemeinsames Verständnis der Nutzeroberfläche und des optimalen Nutzungserlebnisses haben. Damit beugen sie Missverständnissen vor. Und nicht zuletzt helfen sie auch neuen Teammitgliedern, sich schnell zurechtzufinden und richtlinienkonform zu arbeiten.

### 28.2.1 Was umfasst ein Designsystem?

Ein *Designsystem* ist allumfassend für ein Unternehmen und dessen Anwendungen/Produktfamilien. Neben allgemeinen Gestaltungsrichtlinien (in der Regel in den *Foundations* oder *Guidelines* definiert) enthält ein Designsystem zusätzlich meist eine *Pattern Library* sowie eine *Component Library*. Aber auch übergreifende Designprinzipien, Guidelines sowie Entscheidungsbäume und Prozesse sind dort festgeschrieben.

Designsysteme sind demnach umfassende und komplexe Dokumentationen. Mithilfe eines Designsystems gelingt es (meist größeren) Unternehmen, das Design von mehreren Produkten und auf mehreren Plattformen (auch nichtdigitalen) zu harmonisieren. Gleichzeitig haben die verantwortlichen Teams untereinander eine gemeinsame Basis, mit der sie arbeiten können. Das ist gerade dann hilfreich, wenn es um große und gegebenenfalls verteilte Designteams geht.

**Sammlungen von Designsystemen**

Auf den folgenden beiden Websites finden Sie eine Sammlung bestehender Styleguides und Pattern Libraries – als Inspiration und als Einblick, falls Sie eine eigene aufbauen möchten:

- *www.designsystemsrepo.com/design-systems*
- *www.designsystems.com/open-design-systems*

Beispielhaft genannt sind folgende, öffentlich einsehbare Designsysteme/Styleguides:

- Adobe: *https://spectrum.adobe.com*
- Atlassian: *www.atlassian.design*
- GitHub: *https://primer.style/design*
- IBM: *www.carbondesignsystem.com*
- Salesforce: *www.lightningdesignsystem.com*
- Shopify: *https://polaris.shopify.com*

Diese Unternehmen stellen ihre Vorgaben öffentlich zur Verfügung. Sie müssen aber dennoch das Urheberrecht beachten und dürfen die Farben und Inhalte nicht einfach kopieren. Außerdem müssen Sie immer damit rechnen, dass die Websites von heute auf morgen verändert werden oder nicht mehr zugänglich sind.

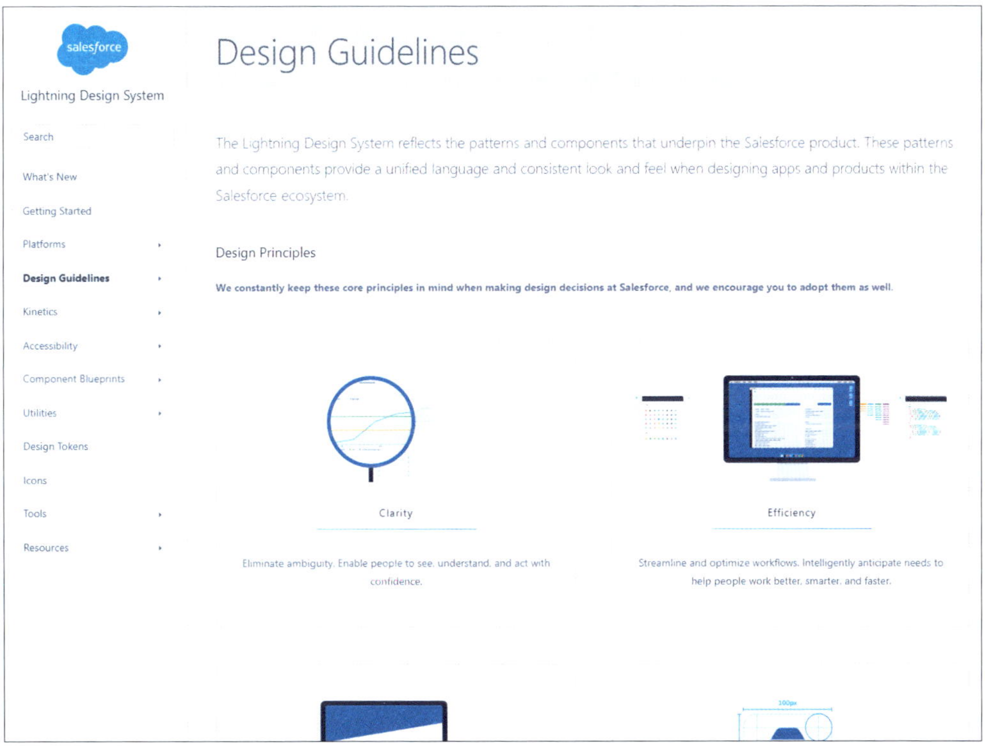


**Abbildung 28.4** Das Lightning-Designsystem von Salesforce beinhaltet neben übergreifenden Designprinzipien und Richtlinien eine sehr strukturierte und ausführliche Dokumentation der Grundelemente der Gestaltung, Patterns und Komponenten für eine komplexe Produktfamilie. (Quelle: www.lightningdesignsystem.com)

### 28.2.2 Was ist ein Styleguide?

Ein Styleguide beschreibt die Richtlinien, Gestaltungsgrundlagen und Designprinzipien, die bei der Erstellung neuer Anwendungen in einem Unternehmen zu berücksichtigen sind. Er legt damit fest, wie das Gesicht des Unternehmens bzw. der Anwendung aussieht. Damit wird eine konsistente Gestaltung erreicht und das Wiedererkennen sichergestellt.

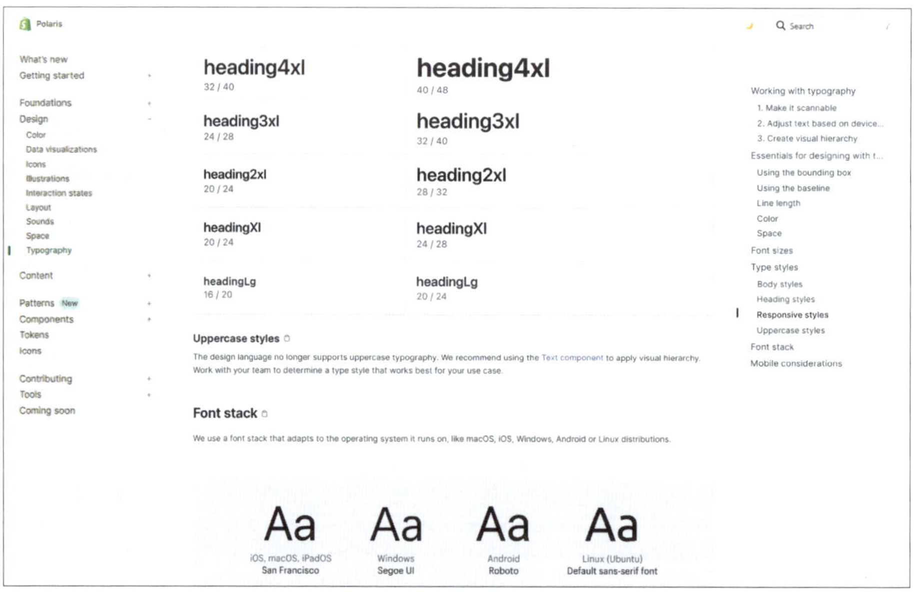

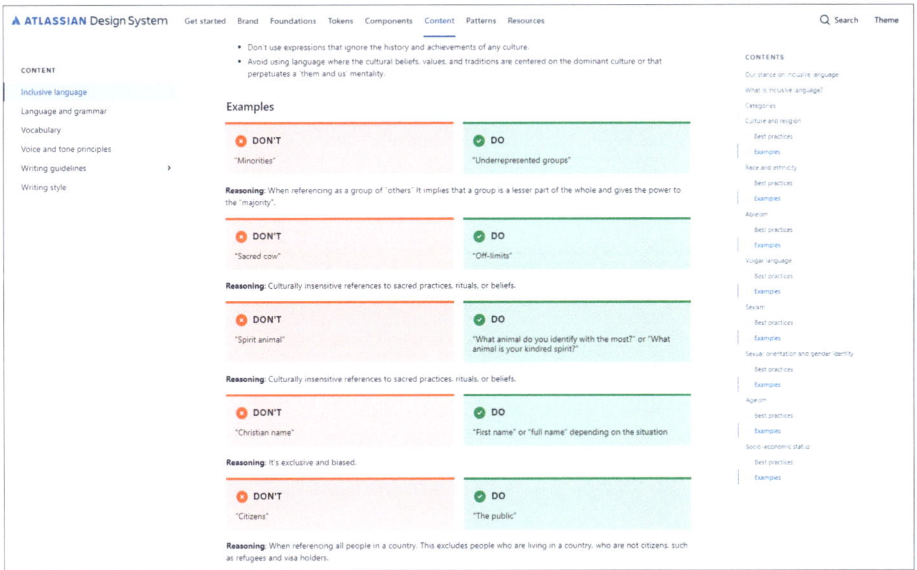


**Abbildung 28.5** Im Rahmen der Grundlagen in Designsystemen sind Vorgaben unter anderem für Layoutoptionen, Rastersystem, Typographie oder auch Sprache und Content-Aufbereitung definiert – wie Beispiele von IBM (www.carbondesignsystem.com), Shopify (https://polaris.shopify.com/) und Atlassian (www.atlassian.design) zeigen.

Den Begriff *Styleguide* gibt es schon länger als das Web. Styleguides wurden (und werden) benutzt, um das Aussehen von Drucksachen wie Broschüren, Katalogen, Briefpapier, Logos und Verpackungen festzulegen. Der Styleguide ist damit eng verwandt mit dem Corporate Design Manual (*CD Manual*). CD Manuals sind gerne noch für den Printbereich zu finden. Im digitalen Umfeld ist er aber zu statisch und zu unflexibel. Styleguides sind in der Regel detaillierter und darauf ausgelegt, sich auf beliebig viele Anwendungen zu beziehen. Mittlerweile wird der Begriff *Styleguide* zunehmend von den Begriffen *Guidelines*, *Design Guidelines* (Richtlinien) oder *Foundations* (Grundlagen) abgelöst. Halten Sie in öffentlichen Designsystemen daher nach diesem Wording die Augen offen.

*Design Guidelines* umfassen unter anderem:

- **Branding-Vorgaben** zu beispielsweise Typografie (Schriftarten und -größen, Abständen, Verwendungsarten), Farben bzw. Farbpalette (inklusive Hinweisen auf den Kontext für die Verwendung) etc.
- **Content-Styleguide** mit Empfehlungen zu Tonfall, Sprache oder auch spezifischen Anwendungsfällen wie Fehlermeldungen
- übergreifende Richtlinien zum **Layout**, unter anderem in Form eines (Gestaltungs-)Rasters, Grid-Systems
- weitere allgemeingültige Vorgaben zu Bildsprache, Icons oder auch Animationen

Da die Barrierefreiheit (*Accessibility*) als relevanter Faktor für ein umfassendes Nutzungserlebnis zunehmend an Bedeutung gewonnen hat (siehe Kapitel 5, »Accessibility – Umsetzung der Barrierefreiheit und gesetzliche Vorgaben«), findet man zunehmend auch dazu Informationen in Designsystemen.

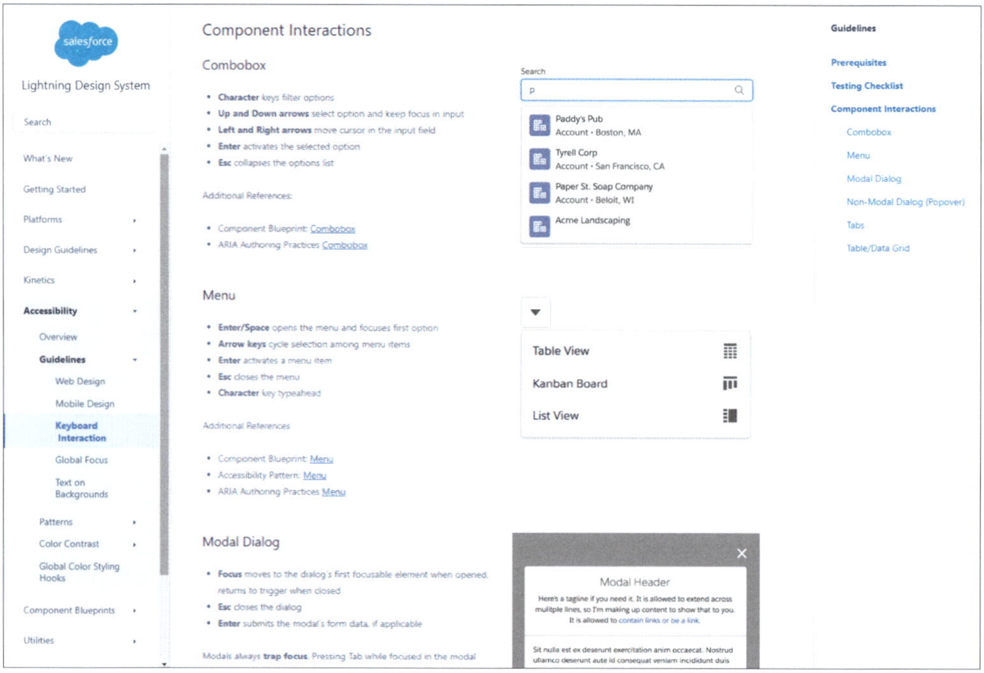


**Abbildung 28.6** Salesforce hat das Thema Barrierefreiheit und entsprechende Vorgaben dazu prominent in seinem Designsystem integriert. (Quelle: www.lightningdesignsystem.com)

### 28.2.3 Was ist eine Component Library?

Eine Komponente (*Component*) ist ein Element einer digitalen Anwendung, das innerhalb dieser Anwendung (oder bei Produktfamilien in mehreren Anwendungen) wiederholt auftreten kann. Eine Komponente ist aber nicht nur das Bild oder die visuelle Darstellung, sondern sie beschreibt, wie interaktive Elemente auf der Website funktionieren. Das Paradebeispiel für eine Komponente ist der Button. Dieser kommt in Anwendungen in der Regel in unterschiedlichem Kontext (z. B. Kontaktformular, Suche, Login) und mit unterschiedlichen Inhalten (z. B. »Absenden«, »Suchen«, »Anmelden«) vor.

Damit kann eine Komponente durchaus umfassend dokumentiert sein. Für jedes dieser Elemente sollten Sie den Nutzungskontext definieren und es von ähnlichen Elementen abgrenzen. Spezifizieren Sie, wie Elemente positioniert werden sollen und welcher Abstand zu anderen Elementen gehalten werden soll. Sind Animationen, Effekte oder Abfolgen der Komponente möglich, sollten Sie diese unbedingt im Designsystem zeigen. Auch mögliche Variablen oder Anpassungen, die Komponente für bestimmte Anwendungsfälle anzupassen (z. B. Farbe, Größe, Form, Text), sollten Sie dokumentieren. Hinterlegen Sie bestenfalls für jedes Element so genannte *Code Snippets*, also den Auszug aus dem Programmiercode – ein enormer Mehrwert für Teammitglieder aus der Entwicklung. Das erleichtert die Arbeit, sichert die Konsistenz, beugt Fehlern und Coderedundanzen vor und beschleunigt die Implementierung. Gibt es weitere Verhaltensregeln für die Elemente (*Dos and Don'ts*) und konkrete Verwendungsbeispiele, sollten Sie diese ebenfalls mit aufnehmen.

Die Sammlung dieser Komponenten nennt man Komponentenbibliothek (*Component Library*). Spezifizieren Sie dort alle einzelnen Elemente der Nutzeroberfläche. Dazu zählen typischerweise, aber nicht abschließend:

- Akkordeons, Buttons
- Formularelemente, Kalender- und Zeitauswahl, Checkboxen und Radiobuttons, Dropdown-Menüs, Slider
- Tabellen, Listenelemente (Artikel, Bilder, Videos), Tableisten
- Fortschrittsbalken, (Lade-)Animationen, Tooltipps, Warnhinweise

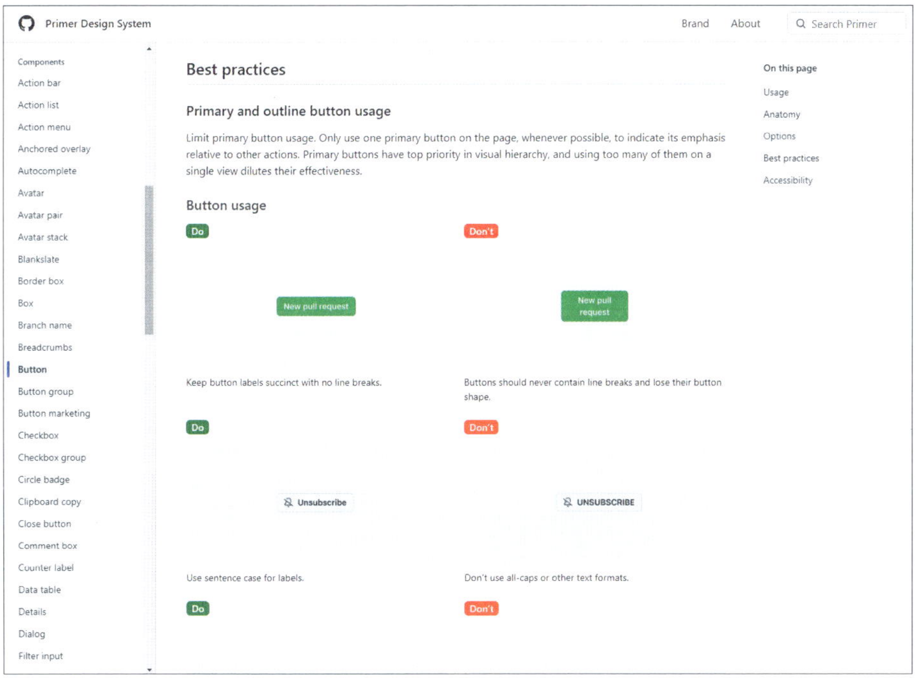


**Abbildung 28.7** In der Component Library von GitHub (in ihrem Designsystem »Primer«) finden sich die Spezifikation für alle Formen und Einsatzzwecke, Spezifika für unterschiedliche Entwicklungsumgebungen und Vorlagen für Figma sowie Dos and Don'ts – hier am Beispiel von Buttons.

### 28.2.4 Was ist eine Pattern Library?

Die Begriffe *Komponentenbibliothek* (*Component Library*) und *Musterbibliothek* (*Pattern Library*) werden manchmal synonym verwendet, tatsächlich unterscheiden sie sich aber. Genau genommen baut die Pattern Library auf der Component Library auf. Denn während Komponenten einzelne UI-Elemente im Detail beschreiben, werden bei einer Pattern Library Gruppierungen von mehreren UI-Elementen bzw. Komponenten oder ganzer Layouts gesammelt. Ein Beispiel wäre ein Formular – die einzelnen Formularelemente wie beispielsweise ein einzelnes Eingabefeld sind in der *Component Library* enthalten. Das Zusammenspiel der Eingabefelder, Labels, gegebenenfalls Icons und Buttons in einem Formular ist dann das dazugehörige *Pattern* und in der Pattern Library spezifiziert. Andere Layouts wären möglicherweise Grafiken auf einem Dashboard, eine komplette Navigation oder auch Filter/Suchdialoge.

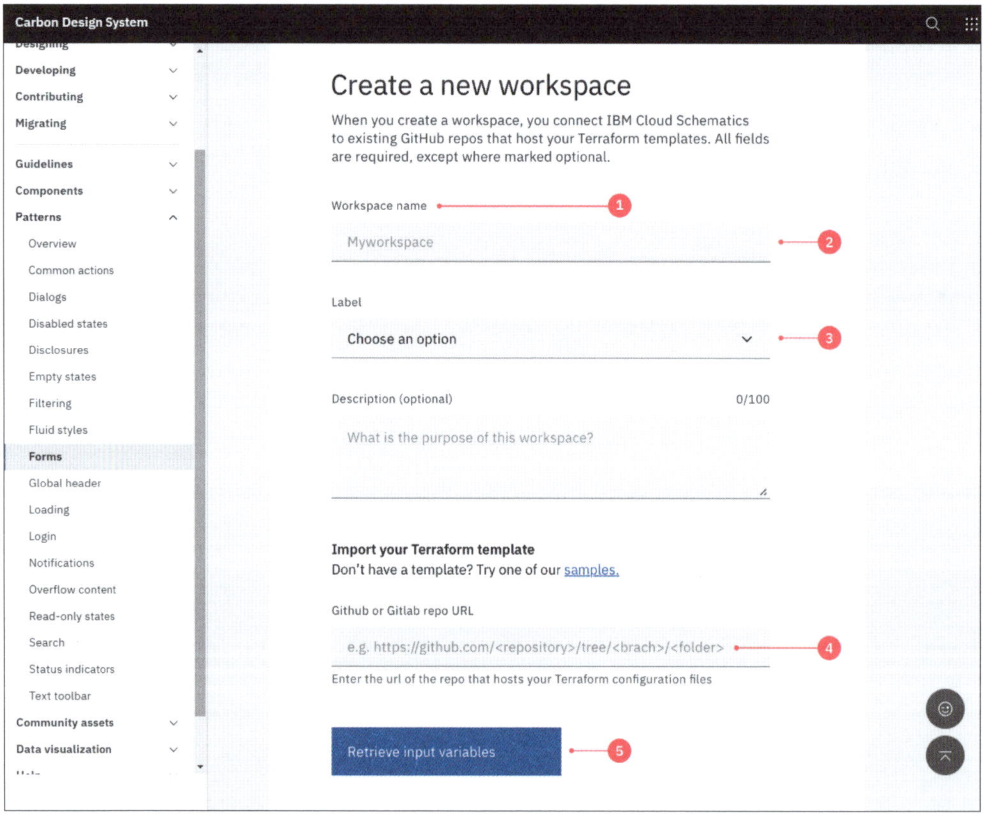


**Abbildung 28.8** Das Formular als ein mögliches Musterlayout in der Pattern Library – hier am Beispiel von IBMs Designsystem (Quelle: www.carbondesignsystem.com).

## 28.3 Designsysteme nachhaltig etablieren

*Styleguide, Component Library* und *Pattern Library* sind Handwerkszeuge für das gesamte Projektteam, das eine Anwendung (weiter-)entwickelt. Und ein *Designsystem* ist umso wichtiger, je größer das Unternehmen und die damit verbundene Produktpalette und Anwendungsvielfalt ist.

Viele unterschiedliche Personengruppen arbeiten damit – Personen aus der Entwicklung, dem Design, UX-Profis, Content-Verantwortliche und auch Partnerunternehmen oder weitere Dienstleistende. Diese »Bibliothek« dient nicht nur dazu, Bestehendes zu dokumentieren, sondern auch Veränderungen und Neuerungen zu kommunizieren.

Wollen Sie Ihre Anwendung konsistent halten, kommen Sie kaum darum herum, eine solche Dokumentation aufzubauen und diese bei allen Beteiligten zu etablieren. Es gibt aber auch Situationen, in denen Sie davon Abstand nehmen sollten – beispielsweise, wenn Ihre Anwendung sehr schlank und wenig komplex ist (wenige Seiten, »*One Pager*«) oder wenn es sich um kurzlebige Produkte wie Landing Pages oder Kampagnenseiten handelt. Aber auch wenn Sie eine neue Anwendung entwickeln und Sie sich noch in einem sehr frühen Stadium befinden. Investieren Sie hier die Zeit lieber in Nutzertests, und warten Sie, bis das Design ausgereift ist.

Entscheiden Sie sich jedoch dafür, eine solche Dokumentation zu erstellen, gilt wie bei allen digitalen Anwendungen auch: schlank starten, testen und iterieren. Beginnen Sie mit den wichtigsten, meistgenutzten Patterns, und erweitern Sie die Komponenten- und darauf aufbauend die Musterbibliothek dann nach und nach. Und: Die *Component* und *Pattern Libraries* müssen wachsen. Eine Struktur entsteht mit der Zeit und wird sich dann auch kontinuierlich weiterentwickeln (müssen).

Setzen Sie Ihr Designsystem am besten digital um, und geben Sie allen Beteiligten Zugriff darauf. Es muss für alle die einzige Quelle für Designrichtlinien (*Single Source of Truth*) sein. Ist das Designsystem als digitale Anwendung, z. B. im Intranet oder einem Wiki, umgesetzt, fällt den Beteiligten die Weiterentwicklung und auch die Recherche leichter. Dabei muss verständlich und klar definiert sein, wer wann und wie Anpassungen und Ergänzungen am Designsystem vornehmen darf. Bei größeren Unternehmen gibt es dafür ein eigenes Team, das das Designsystem kontinuierlich pflegt und überwacht und sicherstellt, dass es nicht veraltet, überholt oder mit überflüssigen Angaben überfüllt ist.

# Kapitel 29
# Kopfzeilen – Header nutzenstiftend umsetzen

*Die Kopfzeile hat die Aufgabe, alle zentralen Elemente zur Navigation und Orientierung zu beinhalten: das Logo und das Hauptmenü. In der Desktop-Darstellung können weitere Elemente hinzukommen.*

Die *Kopfzeile* – die Begriffe *Header* oder *Headerbereich* sind gängiger – ist der Bereich der Anwendung, der eine sehr prominente Platzierung genießt, und zwar am oberen Rand, im sofort sichtbaren Bereich der Anwendung. Von ihrer nutzerfreundlichen Gestaltung hängt es ab, ob Nutzende sich auf der Website oder in der App zurechtfinden, Zugang zu den gewünschten Inhalten erhalten, sich in jedem Kontext orientieren und die Struktur der Anwendung verstehen können. Zudem hat die Kopfzeile die Aufgabe, den Nutzenden auf den ersten Blick Orientierung zu geben und ihnen zu zeigen, dass sie auf der richtigen Website gelandet sind. Innerhalb von Bruchteilen von Sekunden muss sie vermitteln, dass die Anwendung seriös ist und die gesuchten Inhalte bieten kann. Dabei sind auch einige Standards hinsichtlich Aufbaus und gelernter Elemente zu berücksichtigen, an denen Nutzende dies festmachen.

## 29.1 Zentrale Elemente eines Headers auswählen und erwartungskonform platzieren

Um Nutzenden Orientierung, Struktur und Zugang zu Inhalten zu bieten, müssen Sie in den *Header* bestimmte Elemente integrieren. Dabei gibt es einige Elemente, die zwingend vorhanden sein müssen, wie etwa das Logo und der Zugang zum Hauptmenü, der oft über das so genannte *Burger-Icon* erfolgt (mehr dazu in Kapitel 27, »Navigationskonzepte – Mega-Dropdowns, Flyouts, Hamburger-Menü, Off-Canvas«). Darüber hinaus gibt es Elemente, die von Anwendung zu Anwendung variieren, je nachdem, welcher Art sie ist und welche Zielsetzung sie verfolgt. Bei einem Onlineshop müssen Sie beispielsweise im *Header* den Warenkorb unterbringen. Häufig werden dann auch der Login sowie gelegentlich die Merkzettelfunktionalität im Header untergebracht.

In der Mehrzahl der Anwendungen, die auch eine Suchfunktion anbieten, findet sich der Zugang zu dieser ebenfalls im Headerbereich der mobilen Ausgabe. Hier hat sich das Lupensymbol durchgesetzt (siehe Kapitel 47, »Suchfunktionen zielführend gestalten«). In Desktop-Darstellungen Ihrer Anwendung können Sie zudem eine Metanavigation und Suchfunktion unterbringen.

**Abbildung 29.1** Zalando hat in der mobilen Ausgabe neben dem Logo die Sprachauswahl (Globus), den Zugang zum Kundenaccount (Person), die Merkliste (Herz) sowie den Warenkorb (Einkaufstasche) platziert. Darunter sind das Menü (Burger-Icon) und die geöffnete Suche (Lupe) zu finden.

### 29.1.1 Logo

Platzieren Sie das Logo durchgängig an derselben Stelle, und zwar oben links im Headerbereich. Damit bieten Sie Nutzenden Orientierung. Sie wissen zu jeder Zeit und auf allen Unterseiten/Teilbereichen der Anwendung, um welche Site es sich handelt. Sie können sicher sein, dass sie sich immer noch auf der gleichen Website befinden. Beachten Sie auch, dass das Logo verlinkt ist und auf die Startseite zurückführen muss. Dies ist eine gelernte Funktion.

### 29.1.2 Warenkorb

Onlineshops weichen von anderen Websites dahingehend ab, dass sie im Headerbereich den Warenkorb und weitere zentrale Zugänge zu kundenspezifischen Informationen (Registrieren/Login, Merkzettel) beinhalten. Platzieren Sie diese Funktionalitäten nicht an anderer Stelle, da sie vom Nutzenden dort erwartet werden und zwingend im sichtbaren Bereich der Seite sein sollten.

Gängig für diese Funktionen sind Icons (siehe Abbildung 29.2), diese können Sie aber auch als einfache Links integrieren. Nur der Warenkorb sollte prominent, also idealerweise mit einem aussagekräftigen Symbol/Icon (z. B. Einkaufstüte, Einkaufswagen), dargestellt werden. Werden Produkte hinzugefügt, sollten Sie das mit der Anzahl der mittlerweile im Warenkorb befindlichen Produkte kennzeichnen – idealerweise auch animiert.

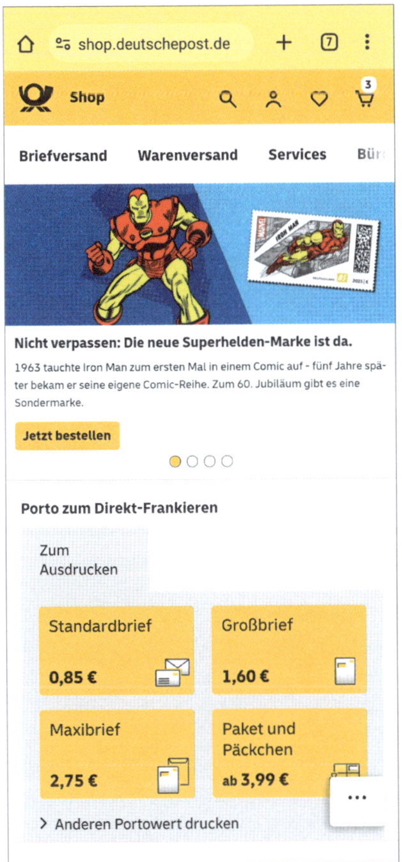


**Abbildung 29.2** Im Shop der Deutschen Post sind im Header neben Logo und Suchfunktion drei Icons für das Kundenkonto, die Merkliste und den Warenkorb (jeweils mit Label unterhalb des Logos) platziert.

### 29.1.3 Suchfunktion

Platzieren Sie die Suchfunktion, sofern Sie eine auf Ihrer Website anbieten, rechts oben im Headerbereich. Bei mobilen Anwendungen können Sie den Zugang zur Suche aufgrund des eingeschränkten Platzes auf ein Icon reduzieren; das ist mittlerweile von den Nutzenden gelernt. Weiteres zur Ausgestaltung der Suchfunktion finden Sie in Kapitel 47, »Suchfunktionen zielführend gestalten«.

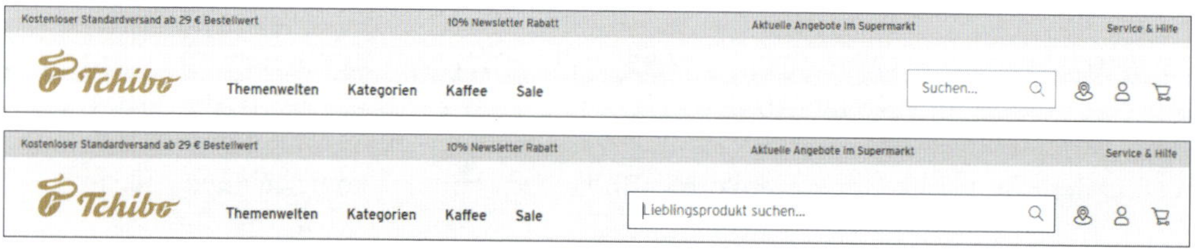


**Abbildung 29.3** Auch auf dem Desktop sieht man zunehmend Suchschlitze, die sich bei Klick in das Eingabefeld vergrößern – wie beispielsweise hier bei Tchibo. (Quelle: www.tchibo.de)

### 29.1.4 Metanavigation, übergreifende Funktionalitäten

Websites verfügen oft auch über Funktionalitäten, Dienste und Inhalte, die keiner inhaltlichen Hierarchie zugeordnet werden können und Nutzenden dennoch Mehrwert stiften. Bündeln Sie derartige Dienste und Funktionalitäten in der so genannten *Metanavigation*, und machen Sie diese zugänglich. Mobil werden diese Zugänge meist in die Hauptnavigation integriert und sind bei geöffnetem Zustand erreichbar. In der Desktop-Ausgabe befinden sie sich in der Regel rechts oben in Form von Links. Zu den gängigen Inhalten einer Metanavigation gehören:

- Kontakt (teilweise Callcenter-Nummer)
- Hilfe

Die Punkte variieren je nach Anwendung. Bei Medienseiten beispielsweise finden sich in der Metanavigation häufig Links zu Abonnenteninformationen, zum Pressearchiv oder zu personalisierten Inhalten. Bei Onlineshops sind in der Metanavigation auch Zugänge zu Merkzettel, Bestellhistorie, Kundenkonto etc. eingebunden.

Setzen Sie die Links in der Metanavigation sehr bedacht ein. Sie dürfen keinesfalls von den zentralen Funktionalitäten wie der Hauptnavigation, dem Warenkorb und der Suchfunktion ablenken. Mit je weniger Elementen Sie hier auskommen, desto besser.

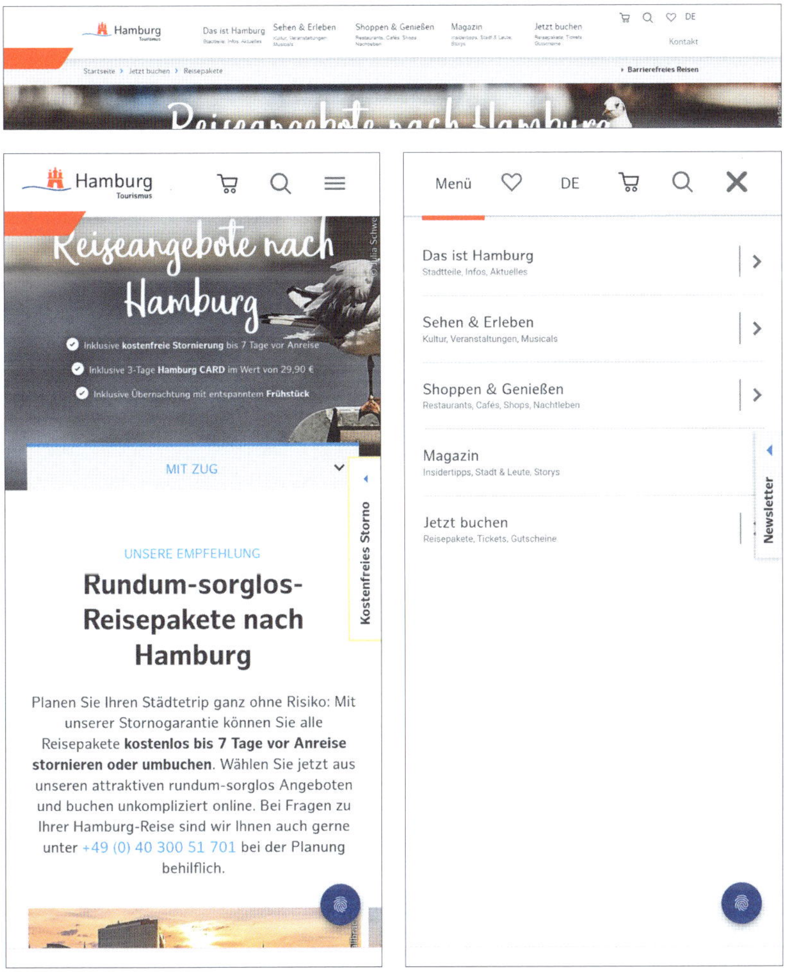


**Abbildung 29.4** Auf dem offiziellen Tourismusportal von Hamburg findet man neben der Hauptnavigation den Warenkorb und die Suchfunktion. Mobil bei geöffnetem Hauptmenü sind auch der Merkzettel und die Sprachwahl erreichbar, die auf der Desktop-Ausgabe direkt rechts oben platziert sind. (Quelle: www.hamburg-tourism.de)

### 29.1.5 Sprachwahl

Nutzende landen aufgrund von Browsereinstellungen oder auch Lokalisierung meist direkt auf der für sie passenden Sprachversion. Daher nimmt die Sprachwahl meist eine nachgelagerte Rolle ein. Entscheiden Sie sich, den Sprachwechsel dennoch sichtbar zugänglich zu machen, lösen Sie dies über die Metanavigation: auf der Desktop-Ausgabe direkt rechts oben, mobil dann im geöffneten Zustand des Hauptmenüs. Haben Sie allerdings bereits sehr viele Funktionen im Header, platzieren Sie die Sprachwahl daher im Footer.

Wie Sie die Sprachwahl erwartungskonform und international verständlich umsetzen, lesen Sie in Kapitel 33, »Sprachwahl und mehrsprachige Sites«.

## 29.2 Headerverhalten im Navigationsfluss

Bei einigen Anwendungen – mobil wie Desktop – finden sich fixierte Headerbereiche, so genannte *Sticky Header*. Scrollen Nutzende auf einer Seite, bleibt der *Header* oder eine reduzierte Form davon am oberen Browserrand stehen. Beim Scrollen verschwindet der Content dann unterhalb dieses fixierten Headers. Eine Variante dieses Sticky Headers ist der teilweise Sticky Header. Hier verschwindet der Header zunächst beim Scrollen und erscheint wieder am oberen Ende der Seite, sobald die Nutzenden anfangen, nach oben zu scrollen. Ob dauerhaft oder teilweise beim Hochscrollen auf der Website: Nutzende haben so die zentralen Navigationselemente (im Wesentlichen das Hauptmenü) im direkten Zugriff.

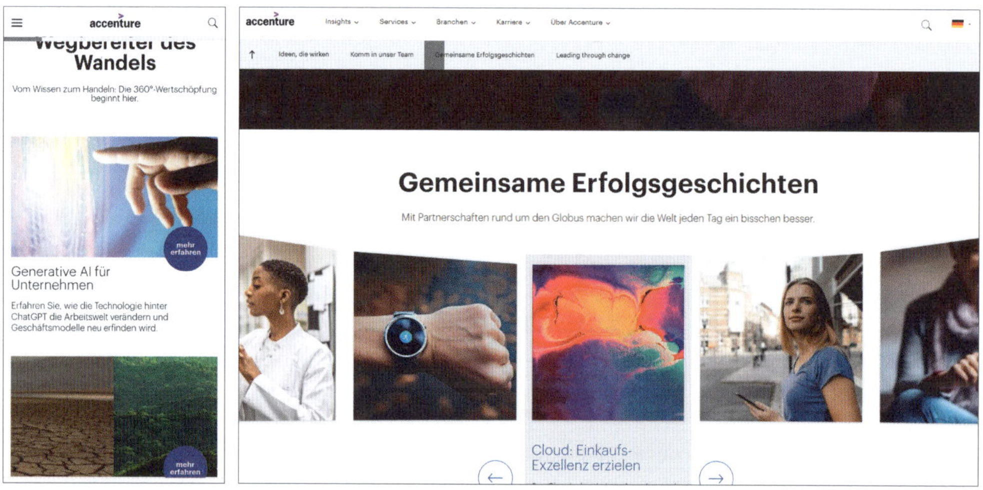


**Abbildung 29.5** Accenture setzt auf seiner Website einen Sticky Header ein – in der Desktop- wie in der mobilen Version. Eine Fortschrittsanzeige in dunklem Grau zeigt dabei die Scrolltiefe auf der Website an.

Nachteilig kann ein Sticky Header dann sein, wenn der Headerbereich sehr hoch ist und viel Platz in der Vertikale einnimmt. In diesem Fall verdeckt er beim Scrollen viel vom eigentlichen Inhalt der Website, und Nutzende können sich dadurch eingeschränkt fühlen. Dies ist mobil deutlicher spürbar als auf dem Desktop. Bei beispielsweise sehr hohen Logos setzen Sie dann kleinere Varianten ein oder reduzieren Menüpunkte in der Höhe. Prüfen Sie für Ihre Anwendung, welche Elemente Sie umgestalten oder für eine schmale Variante Ihres Headers weglassen können. Manche Websites reduzieren die Headergröße auch erst beim Scrollen. Bedenken Sie dabei, dass derartige Animationen auch störend wirken können. Gerade auch bei der Variante des teilweisen Sticky Headers sollten Sie das Ein-/Ausblenden des Headers mit etwas Versatz (etwa 300 bis 400 Millisekunden) animieren, so dass es sich möglichst natürlich anfühlt.

Zudem sollte der Kontrast zwischen dem Header und dem Hintergrund Ihrer Website stets hoch genug sein. Wählen Sie hier Farben, die sich gut abheben, so dass der Header als solcher gut erkannt wird. Bedenken Sie auch mögliche Ausklappmenüs, die sich nach unten öffnen und auf dem Website-Content liegen.

Grundsätzlich sollten Sie kritisch hinterfragen, ob ein *Sticky Header* von Vorteil für Ihre Nutzenden ist. Das hängt maßgeblich von der Art Ihrer Anwendung ab. Haben Sie einen Login: Ist es dann beispielsweise realistisch, dass sich Nutzende auf jeglicher Unterseite einloggen? Bei sehr inhaltsreichen Websites: Ist es wahrscheinlich, dass Ihre Nutzenden über das Hauptmenü die Themenkategorie wechseln? Können Sie derartige Fragen bejahen, kann der Sticky Header sehr nützlich sein.

**So realisieren Sie einen nutzerfreundlichen Headerbereich**

1. Platzieren Sie das Logo durchgängig an derselben Stelle, und zwar oben links im Headerbereich, und verlinken Sie es seitenübergreifend auf die Startseite.
2. Gleiches gilt für das Hauptmenü, hier ist die Positionierung rechts oben gängig. Mittlerweile gelernt ist das Burger-Icon.
3. Platzieren Sie die Suchfunktion rechts oben im Headerbereich, in mobilen Anwendungen aufgrund des reduzierten Platzes über ein Lupensymbol zu erreichen.
4. Betreiben Sie einen Onlineshop, dann stellen Sie den Warenkorb prominent, also idealerweise mit einem aussagekräftigen Symbol/Icon (z. B. Einkaufstüte, Einkaufswagen), rechts oben dar.

# Kapitel 30
# Fußzeilen – Footer sinnvoll gestalten

*Die Fußzeile hat nicht nur die Aufgabe, eine Seite am unteren Rand abzuschließen. Vielmehr können und sollten Sie Nutzende hier abholen und weiterführen – mit wichtigen übergreifenden Informationen und zusätzlichen Diensten.*

Die *Fußzeile*, im Webdesign häufiger *Footer* genannt, schließt die Website am unteren Browserrand ab. Sie sollten dem Footer nicht weniger Aufmerksamkeit schenken als anderen Bereichen Ihrer Website. Der Footer hat die essenzielle Aufgabe, Nutzende – sollten sie bis unten gescrollt und noch weitere Fragen und Wünsche haben – entsprechend mit weiteren Informationen und Navigationswegen zu versorgen. Eine nicht zu unterschätzende Funktion, da sie Nutzende weiterführt und unter Umständen vom Verlassen der Website abhält.

Je nach Zielsetzung und Art der Website sieht der Footer unterschiedlich aus. Er soll einen Zweck erfüllen, der zur Website passt. Demnach sind dort in Onlineshops auf jeden Fall Links zu den AGB, Lieferbedingungen sowie Zahlungsinformationen und Zertifikate untergebracht, während auf reinen (Produkt-)Portfolio- oder Marken-Websites eher Social-Media-Links, Kontaktdaten und eine Newsletter-Anmeldung zu finden sind.

Demnach zeigt die folgende Auflistung die Bandbreite der gängigsten Footerelemente. Aus den oben genannten Gründen werden Sie nie alle dieser Inhalte in einem Footer finden. Wählen Sie die für Ihre Website relevanten Elemente aus.

## 30.1 Metanavigation

Die so genannte Metanavigation umfasst seitenübergreifende Links, die teilweise rechtlich relevant sind (z. B. Impressum) oder unabhängig von der Menüstruktur bzw. den Inhaltskategorien von Interesse sind (z. B. Zahlungsinformationen, AGB). Die folgenden Informationen sollten Sie – je nach Art Ihrer Website – in der Metanavigation im Footer integrieren:

- **Über uns**
  Insbesondere auf B2B-Websites, Portfolio-Websites oder Blogs ist es sinnvoll, eine kurze Unternehmensdarstellung, eventuell auch mit einer Teamdarstellung, zu verlinken.

  Nur wenn Sie dies in wenigen Sätzen oder einem knappen Statement zusammenfassen können, integrieren Sie es direkt in den Footer. Meist nimmt dies aber zu viel Platz weg und geht zulasten anderer Elemente. Verlinken Sie dann auf eine eigene »Über uns«-Unterseite.
- **Kontakt**
  Ähnlich ist es mit den Kontaktdaten. Sie sollten auf jeden Fall auf eine ausführliche Kontaktunterseite verlinken, auf der Sie beispielsweise auch ein eigenes Kontaktformular integrieren können. Sinnvoll kann auch die direkte Nennung von E-Mail-Adresse und Telefonnummer sein.

  Bei Ladengeschäften und Ähnlichem geben Sie die volle Adresse an, und setzen Sie eine Verlinkung zu einer Kartennavigation.
- **Impressum**
  Verpflichtend für Website-Betreibende ist ein Impressum, also die Anbieterkennzeichnung, die gemäß Telemediengesetz (TMG) für alle Nutzenden »leicht erkennbar, unmittelbar erreichbar und ständig verfügbar« auf der Website gehalten werden muss.

  Ein üblicher und für Nutzende erwartungskonformer Zugriff ist über den Footer. Hier ist ein Link auf eine eigenständige Seite mit den geforderten Angaben (siehe TMG § 5 Allgemeine Informationspflichten) zum Impressum ausreichend.
- **Datenschutzerklärung**
  Ergänzend zum Impressum sollten Sie eine Datenschutzerklärung als separaten Link anbieten, in dem Sie die rechtlich notwendigen Angaben hinterlegen.

  Beachten Sie unbedingt die durch die Einführung der DSGVO (siehe Kapitel 4, »ISO 9241 & Co. – Normen und Gesetze rund um Usability«) neu entstandenen Anforderungen wie beispielsweise die Informationspflichten bezüglich der Rechte der Seitenbesuchenden. So muss die Datenschutzerklärung über alle Rechte der Nutzenden (z. B. auf Auskunft, auf Berichtigung, Recht auf Beschwerde bei einer Aufsichtsbehörde sowie ein Recht auf Löschung und Einschränkung und gegebenenfalls auf Datenübertragbarkeit) geben. Zudem müssen Sie extern eingebundene Dienste wie beispielsweise Webtracking oder spezielle Plug-ins und Cookies hier ausweisen.

- **Allgemeine Geschäftsbedingungen (AGB)**
  Sofern Sie Produkte oder kostenpflichtige Dienstleistungen anbieten, empfiehlt es sich, Ihre allgemeinen Geschäftsbedingungen (AGB) über den Footer portalübergreifend für Nutzende erreichbar zu machen. Die Positionierung dort ist Standard und wird von den Nutzenden erwartet.

- **Zahlungs- und Lieferinformationen**
  Bei Onlineshops erwarten die Nutzenden im Footer Angaben zu den Zahlungs- und Lieferbedingungen. Integrieren Sie sowohl die Bedingungen (z. B. Fristen, Lieferzeiten, Transportunternehmen) als auch die akzeptierten Zahlungswege (Rechnung, Überweisung, PayPal, Kreditkarte etc.) und gegebenenfalls Informationen zu den Zertifizierungen.

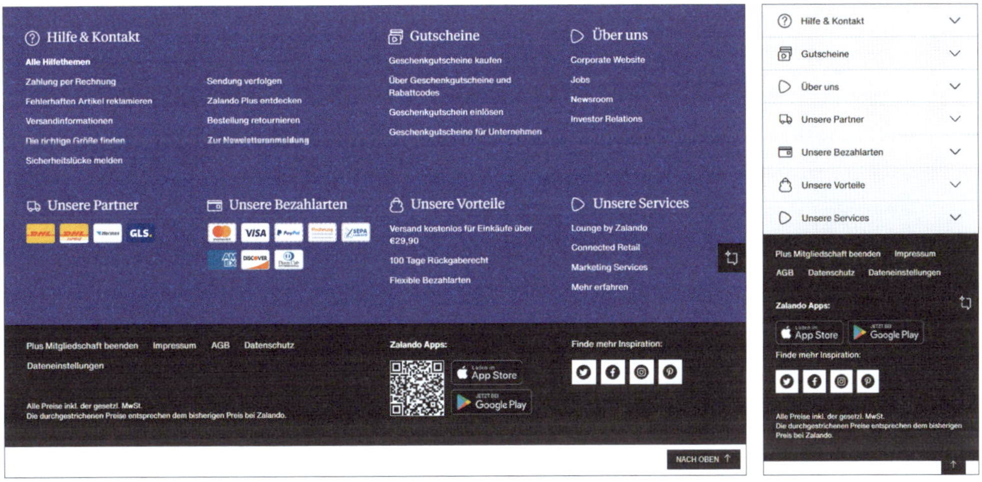


**Abbildung 30.1** Zalando bietet in seinem Footer neben Impressum, AGB und Datenschutz direkt Links zu allen Zahlungsarten sowie zu weiterführenden Informationen unter anderem bezüglich Versand, Retoure und Sendungsverfolgung an – mobil entsprechend als Akkordeon komprimiert.

## 30.2 Kontaktdaten

Wenn Sie ein Callcenter oder eine Service-Hotline betreiben, geben Sie die Telefonnummer direkt im Footer an. Eine E-Mail-Adresse für weitere Anfragen und Services sollte ebenfalls direkt genannt werden sowie eine postalische Adresse, sofern Sie ein stationäres Geschäft oder ein Büro, eine Praxis o. Ä. haben. Verstecken Sie diese Infos mobil nicht in einem Akkordeon.

**Abbildung 30.2** Im Footer von hugendubel.de finden sich die Hotline-Telefonnummern inklusive der verfügbaren Zeiten; auch Informationen zu akzeptierten Zahlungsarten und Lieferunternehmen werden angezeigt.

## 30.3 Sitemap

Bei umfangreichen Seiten sollten Sie erwägen, eine Sitemap im Footer zu integrieren. Sie muss nicht alle Inhalte abbilden, aber sinnvolle Kategorien mit den meistgelesenen Artikeln. Mobil werden diese Informationen meist in Akkordeons bzw. Aufklappelementen gesammelt dargestellt. Mehr dazu in Kapitel 44, »Aufklappelemente/Akkordeons richtig umsetzen«.

## 30.4 Newsletter-Anmeldung

Newsletter sind eine sehr attraktive Kundenbindungsmaßnahme. Um den Nutzenden direkten Zugriff zu bieten, integrieren Sie die Anmeldemöglichkeit im Footer. Setzen Sie die dabei die Newsletter-Anmeldung DSGVO-konform um. Bieten Sie einen Link zur Datenschutzerklärung an, und holen Sie die explizite Zustimmung der Nutzenden (per Checkbox) ein. Fragen Sie als Pflichtfeld im Sinne der Datensparsamkeit nur die E-Mail-Adresse ab und weitere Daten nur als freiwillige Angaben. Klären Sie die potenziellen Abonnierenden über den Zweck für die Datenerhebung und -verarbeitung auf. Sind es mehrere Zwecke (also z. B. Newsletter und Marketingautomation) müssen die Nutzenden jedem dieser Zwecke einzeln zustimmen können. Und weisen Sie auf die Abmeldemöglichkeit vom Newsletter hin.

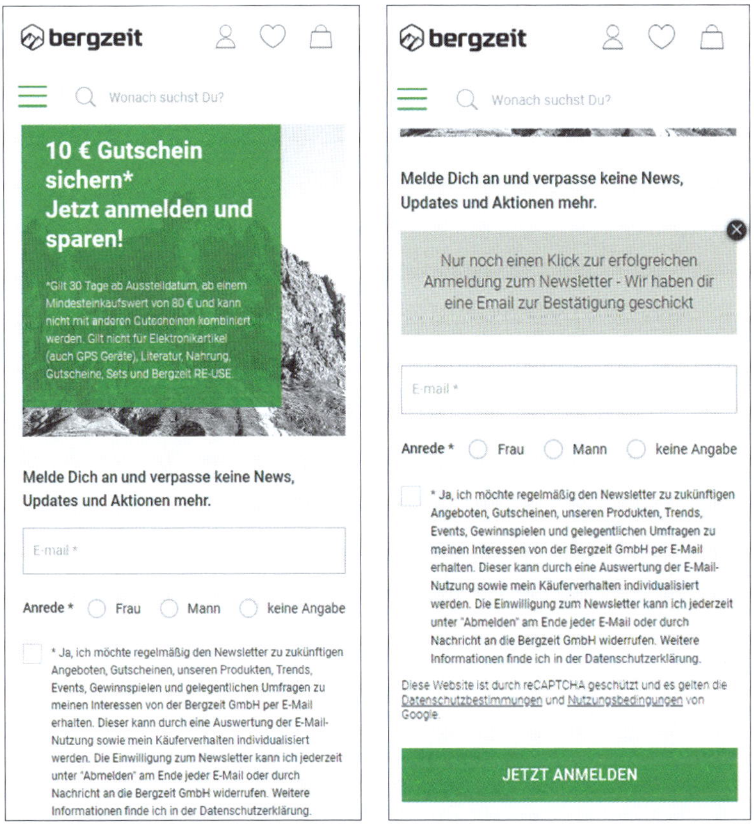


**Abbildung 30.3** Der Onlineshop Bergzeit incentiviert die Newsletter-Anmeldung mit einem Gutschein für den Shop. Die direkte Anmeldemöglichkeit im Footer ist DSGVO-konform umgesetzt.

## 30.5 Social Media

Auch wenn die meisten Nutzenden bei Interesse direkt auf den Social-Media-Portalen selbst nach dem Account Ihres Produkts oder Ihrer Marke suchen, bieten Sie trotzdem direkte Verlinkungen dahin im Footer an. Dort erwarten die Nutzenden vor allem die bekannten und gelernten Icons für die Portale Facebook, YouTube, Instagram etc. Integrieren Sie diese Icons, sofern Sie Social-Media-Präsenzen haben.

## 30.6 Sprungmarken nach oben

Eine *Sprungmarke* nach oben zum Anfang der Website, die im Footer erwartungskonform platziert wird, ist nutzerfreundlich und insbesondere bei langen Websites sinnvoll. Damit ersparen Sie den Nutzenden das Scrollen bis zum Anfang der Seite – auf der Desktop-Anwendung wie mobil. Diese Sprungmarke wird üblicherweise direkt oberhalb des Footers oder aber am unteren Ende (siehe Abbildung 30.1, dort rechts unten) platziert.

**So realisieren Sie einen nutzenstiftenden Footerbereich**

1. Nutzen Sie den Footerbereich sinnvoll. Gestalten Sie den Footer je nach Zielsetzung und Art der Website aus.
2. Binden Sie eine Metanavigation mit seitenübergreifenden Links (z. B. Impressum, AGB) sowie möglicherweise thematisch interessante Verlinkungen ein.
3. Integrieren Sie Verlinkungen zu Ihren Social-Media-Präsenzen als Icons.
4. Setzen Sie bei langen Websites eine Sprungmarke nach oben zum Anfang der Website ein.

# Kapitel 31
# Farbe, Ästhetik und Usability

*Farbe ist etwas sehr Emotionales – jeder Mensch hat eine Meinung zur Farbe einer Anwendung. Und doch gibt es wissenschaftliche Kriterien, die uns helfen, Farben zu wählen, die nicht nur gefallen, sondern auch funktionieren.*

Ist Blau Ihre Lieblingsfarbe? Dann sind Sie mit höherer Wahrscheinlichkeit männlich. Das ist nichts Angeborenes, und doch gibt es geschlechtsspezifisch starke Unterschiede bei den Vorlieben für bestimmte Farben. Bei einer Studie mit 232 Personen aus 22 Ländern sagten 57 Prozent der Männer, dass Blau ihre Lieblingsfarbe ist. Bei den Frauen waren es nur 35 Prozent – das reichte trotzdem auch bei ihnen für Platz eins. Auf Platz zwei kam bei den Frauen Lila mit 23 Prozent – 0 Prozent der Männer gaben das als Lieblingsfarbe an. Von solchen Studien liest man immer wieder, doch bei der Gestaltung von Apps oder Websites helfen sie kaum. Denn zu sehr hängt es von weiteren Faktoren ab, ob den Nutzenden die farbliche Gestaltung gefällt. Es kommt auf den genauen Ton der Farbe an. Und es kommt darauf an, *wofür* Sie die Farbe einsetzen. Als Akzent sind leuchtende Farben gut geeignet – als Hintergrundfarbe können sie bewusst oder unbewusst auf Dauer stören.

Die Gründe für Farbpräferenzen sind vielfältig:

- Kulturkreis
- Prägung, Erziehung, Gewohnheiten
- Alter, Generation
- Mode
- Erfahrung
- Persönlichkeit

Beim letzten Punkt sollten Sie vorsichtig sein: Hier liest man viel Küchenpsychologie in der Art, dass Farbvorlieben die Persönlichkeit widerspiegeln. Das ist wissenschaftlich kaum belegt, und klar ist, dass die anderen Faktoren bei den Farbvorlieben eine viel größere Rolle spielen. Sie können also nicht auf bestimmte Farben zurückgreifen, weil Sie eine bestimmte Zielgruppe ansprechen wollen. Dass männliche Babys blau, weibliche rosa angezogen werden, ist z. B. Mode, Marketing und gesellschaftliche Konvention – und war vor hundert Jahren sogar umgekehrt.

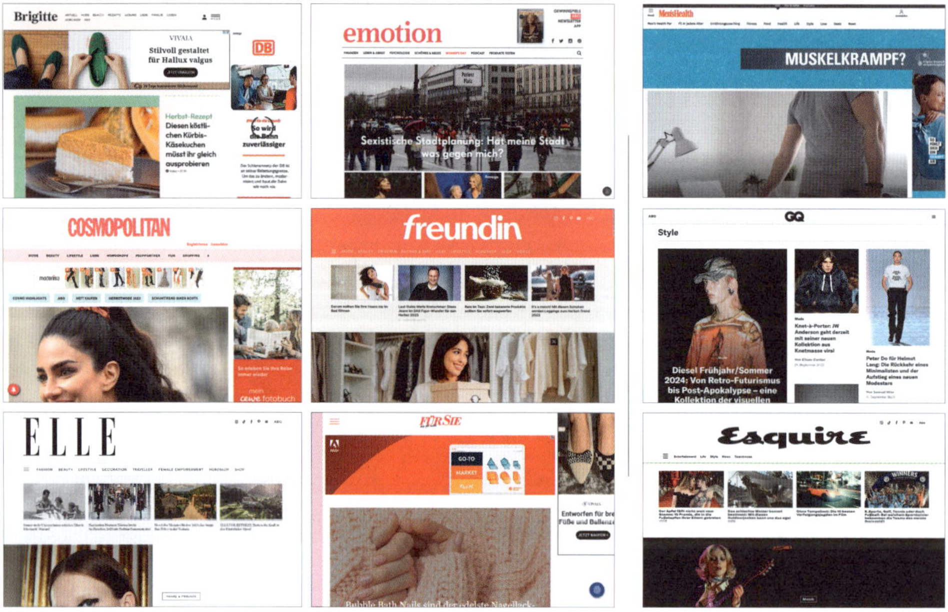


**Abbildung 31.1** Sechs Frauenmagazine (links) und drei Männermagazine (rechts). Das Klischee Pink bzw. Blau findet sich hier kaum. Sogar die Männermagazine sind relativ hell gestaltet.

Und schließlich bedenken Sie, dass fast alle solche Angaben zu Farbpräferenzen aus Untersuchungen kommen, bei denen die Befragten *sagen* sollten, welche Farben sie mögen oder nicht. Wie diese letztlich Anwendungen beurteilen und nutzen, das ist eine ganz anderes Thema. Wählen Sie also Farben, die zum Stil Ihrer Marke und Ihrer Anwendung passen – und die aus Usability-Sicht gut funktionieren (dazu gleich mehr). Haben Sie Zweifel, ob Ihre Zielgruppe Ihre Farbwahl gut findet, dann bleibt Ihnen nur, mit Personen aus dieser zu testen.

## 31.1 Was ist Farbe überhaupt?

Farbe entsteht bei der menschlichen Wahrnehmung eines bestimmten Wellenlängenbereichs elektromagnetischer Strahlung – im Alltagsgebrauch sprechen wir von Licht. Das ist ein faszinierendes Thema aus Sicht der Physik, der Neurobiologie und der Psychologie. Aber für die Praxis der User Experience müssen wir nicht ganz so viel darüber wissen. Wichtig ist: Farbe kann Ihre Anwendung nicht nur schöner machen, sie kann auch dafür sorgen, dass sie manche Nutzende nicht mögen oder dass die Anwendung sogar unbenutzbar wird.

Bei der Auswahl von Farben für Anwendungen sind Sie gut beraten, sich zu beschränken – je mehr Farben Sie verwenden, desto unübersichtlicher wird es für die Nutzenden.

Gute Farbpaletten für Apps oder Websites kommen mit einer Handvoll Farben aus. Und diese sollten zueinander passen. Mithilfe des Farbkreises (siehe Abbildung 31.2) können Sie z. B. eine Grundfarbe wählen und dann zwei ergänzende Farben, die ganz in der Nähe liegen, als Abstufung. Also etwa ein Orange, dazu ein warmes Gelb und einen Rotton.

**Abbildung 31.2** Farbe am Computer kann nach unterschiedlichen Systemen dargestellt und ausgewählt werden. Der Farbkreis hilft auch bei der Farbwahl.

Wenn unbedingt nötig, nehmen Sie noch eine Komplementärfarbe dazu, im Beispiel also Türkis. Damit können Sie einzelne Elemente hervorheben, die wirklich stark herausstechen sollen.

**Abbildung 31.3** Mit Vorsicht einsetzen sollten Sie Komplementärfarben – hier vier Paare, jeweils übereinandergestellt.

**Abbildung 31.4** Die App Clear Todos setzt auf Rot in leichten Abstufungen – die wichtigsten Aufgaben sind am intensivsten eingefärbt. Sicher nicht für alle das Richtige.

**Begriffe rund um Farbe**

Die folgenden Begriffe begegnen einem immer wieder, wenn man sich mit Farbe beschäftigt:

- **Farbton**
  Der Farbton oder Farbwert ist das, was wir umgangssprachlich einfach »Farbe« nennen, also etwa Rot oder Blau. Auf dem Farbkreis bezeichnet es die Position der Farbe auf dem Radius. Englisch: *Hue*.
- **Sättigung**
  Die Sättigung bezeichnet die Intensität. Englisch: *Saturation*.
- **Helligkeit**
  Die Helligkeit oder der Hellwert einer Farbe bestimmt, wie leuchtend eine Farbe wirkt. Englisch: *Brightness*.
- **Farbmodell**
  Um die Farben, die Menschen wahrnehmen können, auf Papier oder auf dem Bildschirm darzustellen, gibt es verschiedene Methoden. Farbmodelle versuchen, die Farben möglichst reproduzierbar und nachvollziehbar zu beschreiben. Ein Beispiel ist das HSB-Modell (Hue, Saturation, Brightness – Farbton, Sättigung, Helligkeit).

## 31.2 Welche Wirkung hat Farbe?

Farbe ist ein sehr subjektives Thema. Und sie ist ein wesentlicher Teil der visuellen Gestaltung – im Deutschen sprechen wir oft vom »Design«. (Dieser Begriff bezeichnet im englischen Sprachraum viel mehr – die Konzeption gehört mit dazu, daher gibt es auch viele die im UX Design arbeiten, die nicht mit Photoshop und anderen visuellen Werkzeugen umgehen können.)

Die visuelle Gestaltung spielt eine Rolle bei der Usability und eine noch größere bei der User Experience. Gut eingesetzte Farbe kann aus einer gut funktionierenden App eine machen, von der die Nutzenden begeistert sind. Und das kommt wiederum der Usability zugute – denn gut gestalteten Anwendungen verzeihen Nutzende leichte Usability-Probleme. Dieser Effekt heißt *Aesthetic-Usability Effect*, zu Deutsch Ästhetik-Usability-Effekt – leider keine sehr eingängige Bezeichnung.

**Abbildung 31.5** Farben werden oft bestimmte Eigenschaften zugeordnet. Das ist aber nur ein grober Anhaltspunkt, da kulturell unterschiedlich – und etwas auch von Person zu Person.

Generell gibt es für jede Farbe bestimmte Eigenschaften, die die meisten Menschen mit ihnen verbinden (siehe Abbildung 31.5). Das kann aber immer nur ein grober Anhaltspunkt sein, die wissenschaftliche Grundlage dafür ist dünn. Je nach Kultur und persönlicher Präferenz empfinden unterschiedliche Menschen möglicherweise die Farben jeweils nicht so wie von Ihnen beabsichtigt.

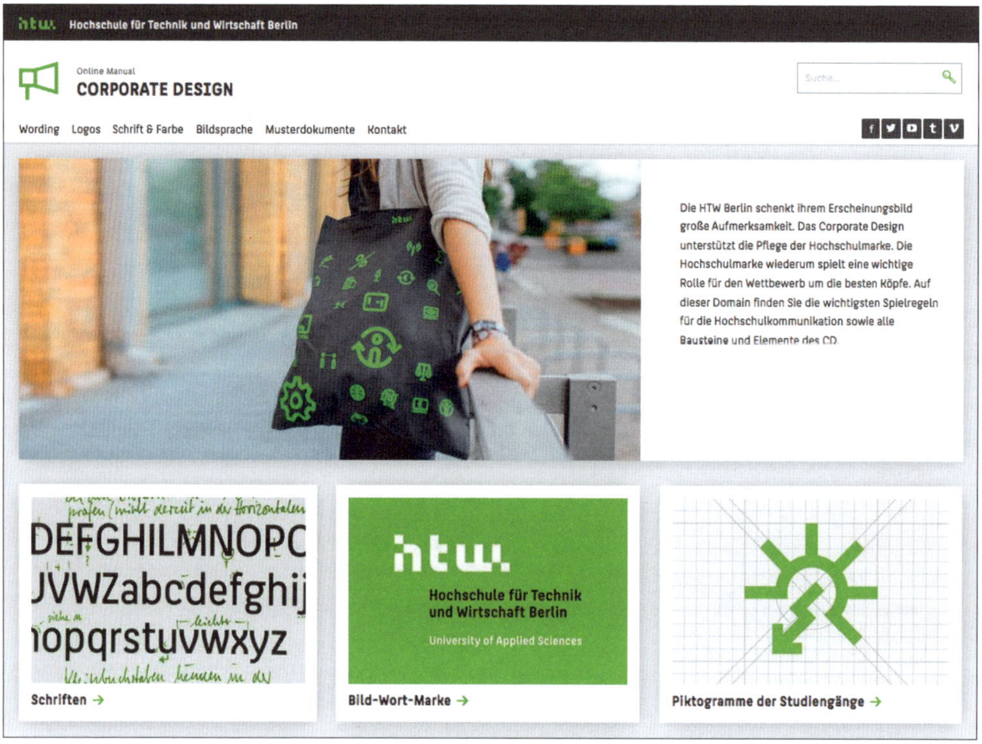


**Abbildung 31.6** Farben und andere Gestaltungsvorgaben werden im Farbklima festgelegt, hier bei corporatedesign.htw-berlin.de. Dies ist Teil des Corporate Designs (CD), was wiederum Teil der Corporate Identity (CI) ist.

## 31.3 Die richtigen Farben für meine Nutzenden finden

Aus Sicht der Usability gibt es bei der Farbwahl folgende Grundregeln zu beachten:

- Elemente, die unterschiedliche Farben haben, sollten unterschiedliche Eigenschaften haben (z. B. andere Funktion oder andere Hierarchie/Wichtigkeit).
- Wichtigere Elemente sollten auffälligere Farben haben.
- Insbesondere bei Anwendungen, mit denen man länger arbeitet, sollten die Farben nicht ablenken.
- Der Kontrast zwischen den verschiedenen Elementen muss hoch genug sein.

Die Frage des Kontrasts ist entscheidend. Ist dieser zu gering, machen Sie den Nutzenden das Erkennen der Elemente schwer. Das beginnt im Fall von Text unbewusst, und die Lesegeschwindigkeit nimmt z. B. bei zu hellen Texten ab. Die Wahrscheinlichkeit steigt, dass Nutzende solche Texte nicht lesen. Sinkt der Kontrast unter einen bestimmten Wert, wird das auch wahrgenommen und negativ beurteilt. Dieser Wert ist nicht fix, sondern liegt bei jedem Menschen anders – je nach Gewöhnung, Vorliebe, Sehvermögen und Alter. Und Buttons, die zu wenig Kontrast zu ihrem Hintergrund haben, werden von vielen übersehen (mehr zu Buttons in Kapitel 39, »Links und Buttons formatieren und formulieren«).

**Abbildung 31.7** Ist der Kontrast zu gering, ist Schrift kaum leserlich.

Alles Weitere ist vor allem eine Frage der visuellen Gestaltung, der Ästhetik, letztlich des Geschmacks. Grafikdesignprofis beherrschen den Umgang mit Farbe, alle anderen können z. B. mithilfe eines Werkzeugs wie Adobe Color (siehe Abbildung 31.8) Farben zusammenstellen, die zumindest den ästhetischen Grundregeln entsprechen und von den meisten Menschen als passend beurteilt werden.

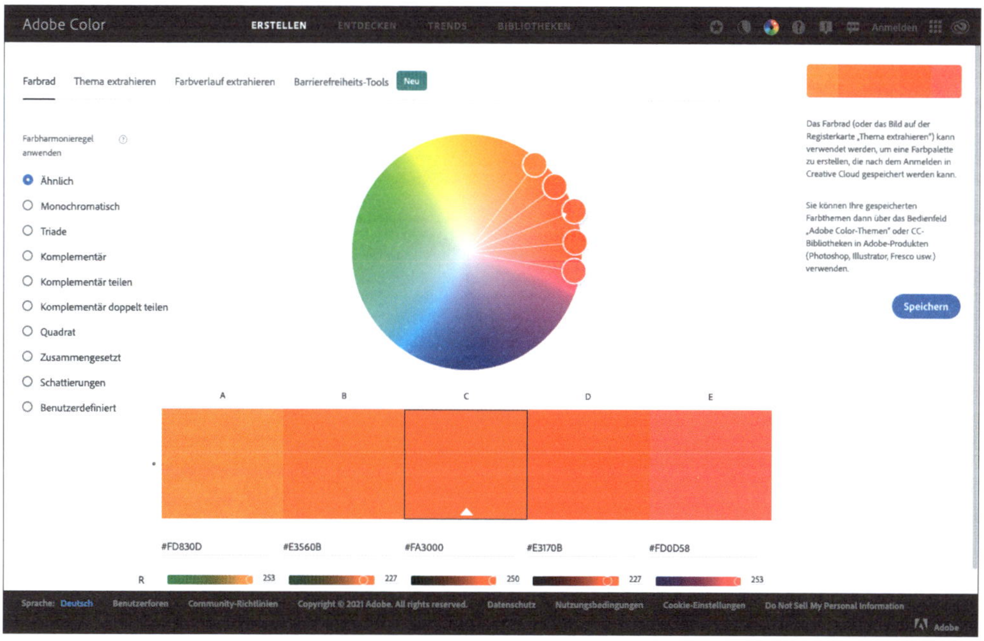


**Abbildung 31.8** Adobe Color (color.adobe.com) hilft, passende Farben auszuwählen. Etwas technischer, dafür open-source ist https://medialab.github.io/iwanthue/.

## 31.4 Fehler bei der Farbwahl vermeiden

Im Folgenden finden Sie Tipps, wie Sie Usability-Probleme vermeiden und die Barrierefreiheit (Accessibility) sicherstellen.

### 31.4.1 Zu wenig Kontrast

Geringe Kontraste sorgen für ein harmonisches Bild, daher verwenden einige Designprofis gern grauen Text z. B. vor blauem Hintergrund. Das wird aber schnell unleserlich. Und das nicht nur für Menschen, die nicht (mehr) so gut sehen, sondern auch für solche, die z. B. im Freien auf ihr Smartphone schauen. Hier sorgen Reflexionen für noch geringere Kontraste – vor allem bei Sonnenschein. Auch schlecht eingestellte Bildschirme haben ungünstige Kontraste.

**Abbildung 31.9** Feine Schriften brauchen höheren Kontrast – alle Buchstaben sind in der gleichen Punktgröße gesetzt.

Je kleiner ein Element, desto höher sollte sein Kontrast zum Hintergrund sein. Das bedeutet z. B., wenn Sie eine sehr schmale Schriftart wählen wie *Helvetica Narrow*, dann brauchen Sie einen höheren Kontrast, als wenn Sie z. B. *Gill Sans* verwenden (siehe Abbildung 31.10). Ebenso brauchen Sie mehr Kontrast, wenn Sie die Schrift kleiner setzen.

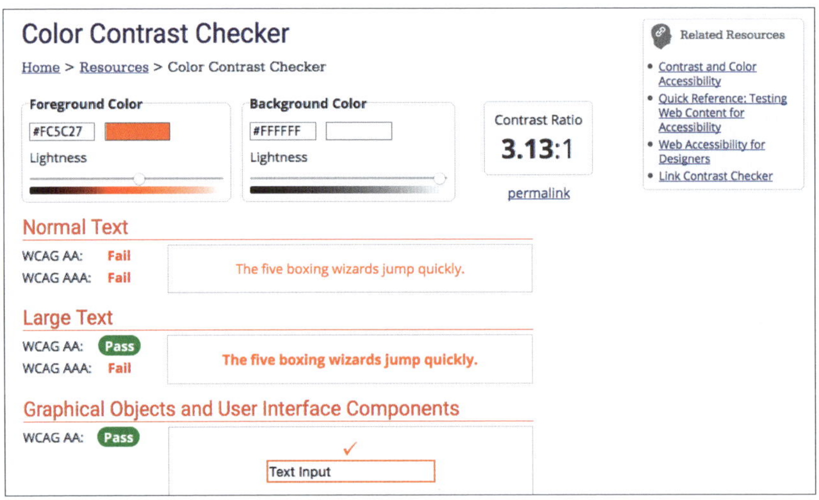


**Abbildung 31.10** Auf webaim.org/resources/contrastchecker können Sie prüfen, ob Ihre Farben genug Kontrast haben. Erreichen Sie WCAG AA, ist das ganz gut, WCAG AAA ist sehr gut.

Mit Erfahrung lässt sich gut beurteilen, welche Kontraste ausreichen. Wer sichergehen will, nutzt ein Werkzeug, um das abzuschätzen. Solche Werkzeuge errechnen, wie hoch der Kontrast bei den verwendeten Farben ist (z. B. für Schrift und Hintergrund). Für den errechneten Faktor gibt es Grenzwerte, die als unbedenklich gelten und für die meisten Menschen gut erkennbare Kontraste bedeuten. Insbesondere wenn es nicht nur um Schwarz und Weiß geht, ist das sehr hilfreich, denn bei Braun auf Hellgelb zum Beispiel tun sich selbst Profis schwer damit abzuschätzen, ob der Kontrast für eine gute Leserlichkeit ausreicht (siehe Abbildung 31.10). Die meisten Werkzeuge stützen sich auf die WCAG (Web Content Accessibility Guidelines), die die Grundlage für barrierefreie Websites festlegen. Die Guidelines finden Sie unter *uux.jetzt/007*.

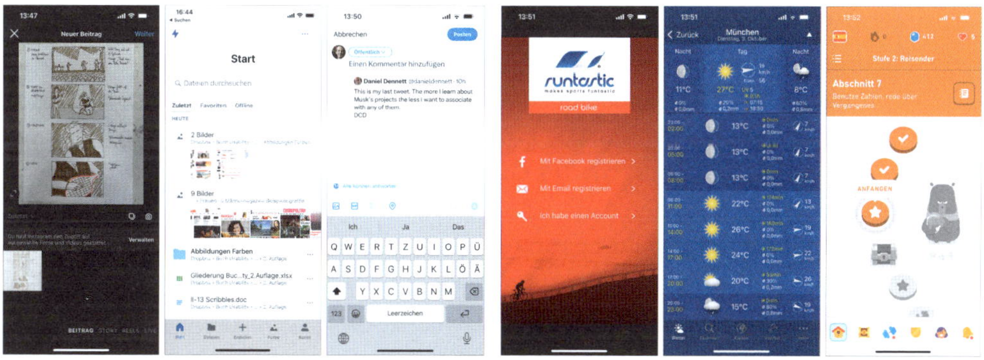


**Abbildung 31.11** Apps, bei denen der Inhalt im Vordergrund steht, nutzen Farbe sehr zurückhaltend (von links: Instagram, Dropbox, X/Twitter). Runtastic, WeatherPro und Duolingo dagegen wollen aktivieren und setzen auf kräftige Farben.

### 31.4.2 Ist Schwarz-Weiß zu intensiv?

Immer wieder liest man, dass der Kontrast zwischen Schwarz und Weiß zu intensiv sei, vor allem bei Text. Das belaste die Augen und sei schwer zu lesen. Trotz längerer Recherche haben wir dazu keinerlei wissenschaftliche Belege gefunden. Das meiste, was sich dazu findet, sind Aussagen von Gestaltenden, die argumentieren, in der Natur gebe es auch kein reines Schwarz – alle Schwarztöne seien dort in Wirklichkeit sehr, sehr dunkle Farben. Das stimmt, aber ein Beleg für Probleme mit der Wahrnehmung ist das nicht. Doch es spricht nichts dagegen, z. B. bei Schrift mit dunklen Grautönen zu arbeiten. Sorgen Sie dabei nur unbedingt für ausreichend Kontrast. Grau auf Rot macht z. B. Probleme. Und verwenden Sie bei längeren Texten generell besser dunklen Text vor hellem Hintergrund, nicht umgekehrt. Denn dafür, dass weißer Text auf schwarzem Hintergrund schlechter zu lesen ist, gibt es durchaus Belege. Mehr dazu in Abschnitt 31.5, »Brauche ich einen Nachtmodus?«.

### 31.4.3 Zu geringe Unterscheidbarkeit – nicht nur bei Rot-Grün-Sehschwäche

Tests haben gezeigt, dass alle Menschen sich generell schwer damit tun, Elemente nur aufgrund ihrer Farbe voneinander zu unterscheiden. Buttons sollte mal also niemals nur dadurch abgrenzen, dass man ihnen verschiedene Farben gibt. So gesehen ist eine Fußgängerampel besser als die für Autos: Hier unterscheidet sich Rot von Grün zusätzlich zur Position des Lichtsignals auch noch durch das Symbol (stehendes versus gehendes Männchen).

Ein weiteres Problem mit Farben: Fast jeder zehnte Mann und jede hundertste Frau haben eine Rot-Grün-Sehschwäche. Das heißt, sie können die Farben Rot und Grün nicht unterscheiden. Deuteranopie ist der Fachbegriff für Grün-Blindheit, Protanopie für Rot-Blindheit. Dabei sind jeweils die Sehzellen im Auge für die jeweilige Farbe defekt. Es gibt weitere Sehschwächen, die die Farbe betreffen, die aber seltener sind.

Für unsere Websites und Apps heißt das: Wollen Sie nicht knapp fünf Prozent unserer Nutzenden vor Probleme stellen, sollten Sie darauf achten, dass Sie keine Farben kombinieren, die Rot-Grün-Blinde nicht auseinanderhalten können. Am einfachsten geht das mit einem Dienst wie *The Color Blindness Simulator – Coblis*. Hier lädt man eine Grafik hoch und kann dann selbst sehen, wie diese von Menschen wahrgenommen wird, die unterschiedliche Farbfehlsichtigkeiten haben. Eine Alternative ist das Chrome-Plug-in *I want to see like the colour blind*. Damit kann man ganze Websites so darstellen lassen, wie sie Farbenblinde sehen würden (siehe Abbildung 31.12).

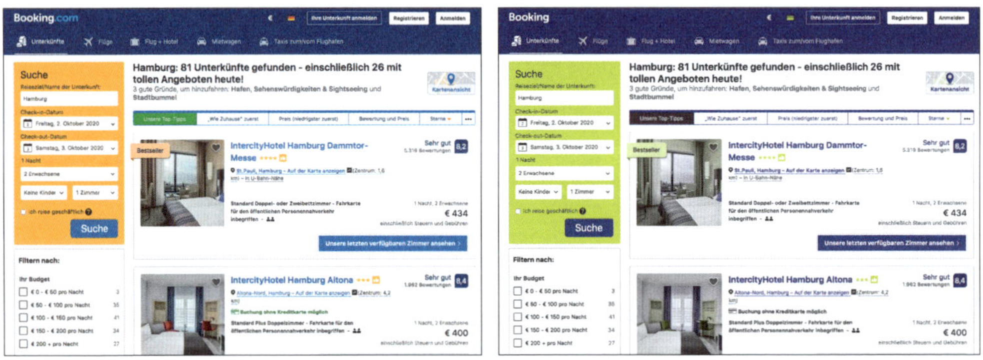


**Abbildung 31.12** booking.com für Normalsichtige (links) und für Menschen mit Deuteranopie (Grünblindheit, rechts)

> **Online-Tools zum Prüfen der Barrierefreiheit**
>
> Unter *uux.jetzt/080* finden Sie Links zu Werkzeugen, mit denen Sie Ihre eigenen Farben auf Kontrast und Erkennbarkeit für Farbenblinde hin prüfen können.

## 31.5 Brauche ich einen Nachtmodus?

Seit einigen Jahren bieten die Betriebssysteme Windows, MacOS, Android und iOS einen so genannten *Nachtmodus* (englisch *Dark Mode*). Dabei werden die meisten Elemente nicht schwarz auf weiß, sondern umgekehrt dargestellt.

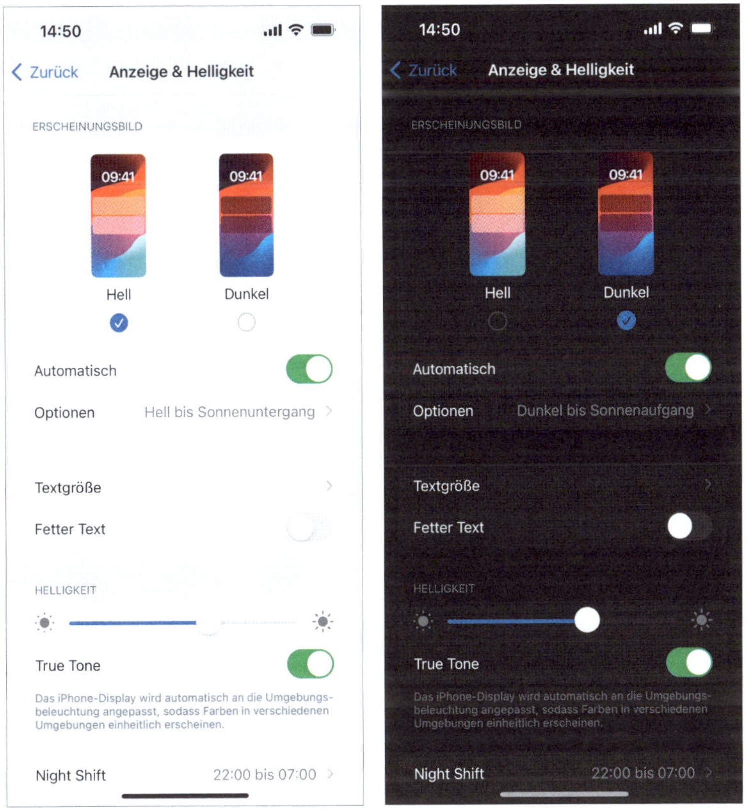


**Abbildung 31.13** Nachtmodus bei iOS. Hier stellt man unter »Erscheinungsbild« auf »Hell« bzw. »Dunkel«.

Insbesondere in den Entwicklungs-/Programmierteams ist diese Bildschirmeinstellung beliebt. Viele sagen, wer lange auf viel Text sehen muss, dessen Augen ermüden bei Schwarz auf Weiß schneller als bei Weiß auf Schwarz. Und beim Entwickeln sieht man nun mal die meiste Zeit des Tages auf Zeilen über Zeilen Programmiercode – gern auch mal nachts. Interessanterweise sehen aber auch alle, die in Redaktionen oder in der Textproduktion arbeiten, oder auch alle, die viele Mails oder Berichte schreiben, den meisten Teil des Tages auf Text. Und hier ist der Nachtmodus weniger populär.

Es gibt nur wenige wissenschaftliche Untersuchungen zu der Frage, welche Ansicht besser ist. Aber diese wenigen kommen alle zu dem Schluss: Besser leserlich und weniger ermüdend ist der klassische helle Modus mit Schwarz auf Weiß. Nur bei bestimmten Augenerkrankungen, etwa bei Linsentrübungen, bietet der Nachtmodus Vorteile. Diese Erkenntnisse gelten auch, wenn man in sehr dunkler Umgebung arbeitet und viel Text liest – auch dann ist schwarzer Text besser leserlich und weniger ermüdend als weißer Text auf Schwarz. Mehr zur Studienlage: *uux.jetzt/081*.

Heißt das, Sie können den Nachtmodus einfach ignorieren? Wenn Sie eine App erstellen, sollten Sie sich das zweimal überlegen. Denn Fakt ist, dass etliche Menschen den Nachtmodus bevorzugen. Sie haben den *Eindruck*, dass er ihre Augen weniger ermüdet. Und viele erwarten von einer App fürs Smartphone einfach, dass sie einen Nachtmodus bietet. Und wenn man im Kino schnell etwas nachsehen möchte, freuen sich auch die Umsitzenden, wenn die Wikipedia-App nicht so hell leuchtet, sondern dezent weiß auf schwarz die benötigten Fakten liefert. Je nach Nutzungssituation und Zielgruppe kann es also durchaus sinnvoll sein, einen Nachtmodus anzubieten. Die Standardeinstellung sollte dieser aber nie sein.

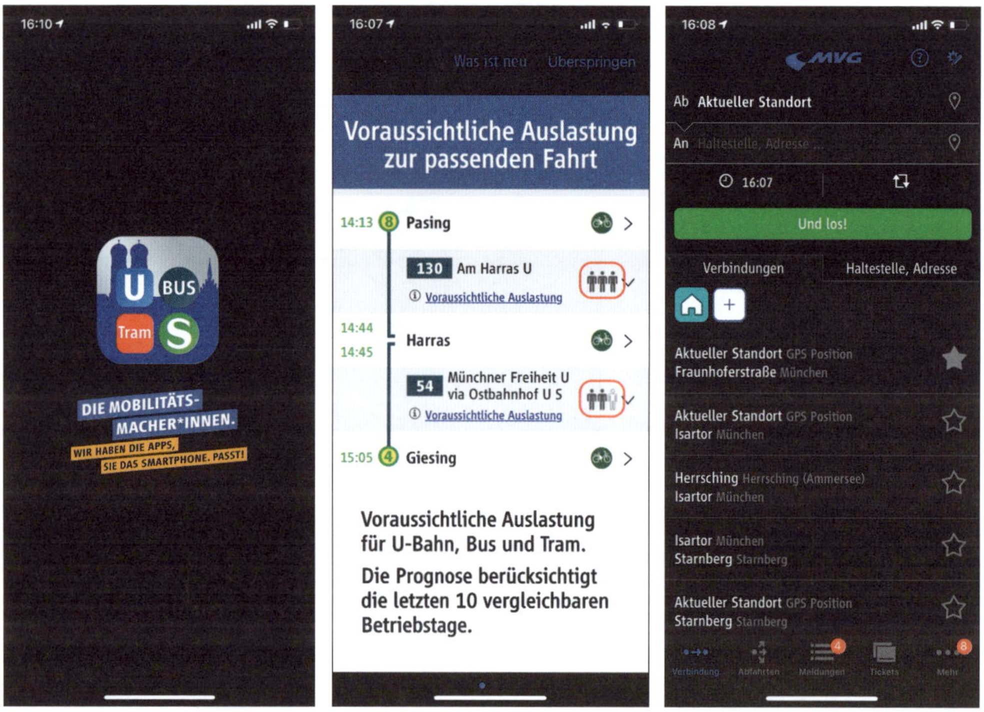


**Abbildung 31.14** So verärgert man Fans des Nachtmodus: nach dem (vorbildlich dunklen) Startbild zunächst ein sehr helles Bild zeigen. Erst wenn man dieses geschlossen hat, ist die App im erwarteten Nachtmodus. Die Augen müssen sich so schnell anpassen.

Ein weiteres Argument für den Nachtmodus ist die Batterielaufzeit. Denn bei modernen OLED-Bildschirmen verbrauchen Pixel, die schwarz sind, weniger Strom. Allerdings haben nur die neueren und teureren Geräte OLED-Displays, und bei Desktop- wie Laptop-Monitoren sind sie noch die Ausnahme.

Bei der Umsetzung des Nachtmodus müssen Sie darauf achten, die Vorgaben des Betriebssystems richtig anzuwenden. Das stellt weitgehend sicher, dass Ihre App immer korrekt angezeigt wird und dabei ihre Elemente möglichst gut erkennbar bleiben. Es ist nicht damit getan, einfach Schwarz durch Weiß zu ersetzen und umgekehrt. Viele Farben haben auf Schwarz einen zu geringen Kontrast und sind dann nicht mehr gut erkennbar. Andersherum wirken sehr kräftige Farben vor einem schwarzen Hintergrund manchmal grell, und einige Menschen sehen bei diesen ein Flimmern. Worauf Sie außerdem achten sollten, sind Schatten und Transparenz. Schatten sind meist in Grautönen gehalten, vor Schwarz verschwinden diese dann oft. Statt mit Schatten arbeiten Sie im Nachtmodus oft besser mit unterschiedlich dunklen Elementen – je weiter vorne sie wirken sollen, desto heller sind sie. Und freigestellte Elemente haben oft noch weiße Ränder, die auf Schwarz unangenehm auffallen. Da bleibt nur Nachbearbeiten. Auch helle Fotos können vor dunklem Hintergrund zu aufdringlich wirken. Ein nutzerfreundlich umgesetzter Nachtmodus ist wie eine responsive Website: Es gibt ein paar Vorgaben und Automatismen, die gut funktionieren, aber Sie müssen am Ende immer noch etwas Feinschliff machen.

**Abbildung 31.15** Viele Menschen empfinden ein Flimmern, wenn sie den türkisfarbenen Text vor Weiß sehen und wenn sie den orangen Text vor Schwarz sehen. Manche sehen das vor jedem Hintergrund, andere gar nicht.

Bei Websites dagegen kann man auf einen Nachtmodus unserer Meinung nach derzeit verzichten. Einzige Ausnahme: Wenn Sie eine Site haben, die sich speziell an Menschen richtet, die Code schreiben und gleichzeitig viel Text enthält. Denn die Programmierprofis erwarten vielfach den Nachtmodus – aber andere eben nicht, und die haben dann mit dem weißen Text auf dunklem Grund Probleme. Außerdem gibt es etliche Plug-ins für die gängigen Browser, um jede beliebige Website im Nachtmodus anzuzeigen. Dabei werden die Farben aber oft einfach in ihre jeweilige Komplementärfarbe umgewandelt (Orange wird zu Blau, Rot zu Grün etc.). Das sieht manchmal seltsam aus, aber Nachtmodusfans nehmen das in Kauf.

**Der andere Nachtmodus – Night Shift und Nachtlicht**

Verwirrung gibt es oft, weil manche mit *Nachtmodus* etwas anderes bezeichnen: nämlich die Einstellung des Betriebssystems, dass in der Nacht der Blauanteil des Monitors reduziert wird. In der Windows-Hilfe ist das z. B. so, im Betriebssystem selbst dagegen heißt das *Nachtlicht*. Den Nachtmodus (Dark Mode) kann man aber dennoch einstellen: unter STANDARD-APP-MODUS auf DUNKEL stellen. Bei Apple heißt das Nachtlicht übrigens *Night Shift*.

Diese Reduktion des Blauanteils im Monitorlicht soll Vorteile bieten, weil damit der Schlafrhythmus nicht gestört werden soll. Blaues Licht beeinflusst die Synthese des Hormons Melatonin im Auge, das unseren Schlaf-wach-Rhythmus steuert. Ob das Herausfiltern der Blauanteile jedoch tatsächlich für besseren Schlaf etwas bringt, ist wissenschaftlich noch nicht geklärt. Klar ist jedenfalls, dass andere Faktoren wichtiger sind für unsere Nachtruhe.

# Kapitel 32
# Schriftarten und Textformatierung

*Schrift kann Informationen so effizient wie kein anderes Medium übermitteln. Damit Schrift das aber auch macht, sind einige formale Kriterien zu beachten, die zu ebenso benutzbaren wie schönen Anwendungen führen.*

Den ersten Eindruck, den Nutzende von unserer Anwendung haben, bestimmt neben der Farbe vor allem die Anordnung der Elemente auf dem Bildschirm. Und dabei spielt Schrift eine zentrale Rolle, weil sie der wichtigste Träger von Bedeutung ist. In vielen Fällen nimmt sie auch anteilig den meisten Raum ein. Aber selbst, wenn nur wenige Buchstaben auf einem Screen stehen – sie bestimmen, ob Nutzende die Anwendung verstehen oder nicht. Dabei geht es zwar auch um Ästhetik und emotionale Wahrnehmung. Sollen die Nutzenden den Text aber lesen, geht es vor allem um Usability – ist die Schrift ohne Anstrengung zu lesen?

**Abbildung 32.1** Typografie war ursprünglich die Kunst des Setzens von Typen, also beweglichen Lettern für den Druck. Heute bezeichnet der Begriff auch die digitale Textgestaltung.

Ob jemand unsere Texte überhaupt entziffern kann (Leserlichkeit), das bestimmen diese Faktoren:

- Kontrast zwischen Text und Hintergrund (siehe voriges Kapitel)
- Schriftgröße: Hier sind die Anforderungen unterschiedlich je nach Lichtverhältnissen, Leseabstand und Sehvermögen.
- Schriftart: Frakturschriften z. B. sind für Ungeübte deutlich schwerer zu lesen.

Text steht im Idealfall vor einem gleichförmigen Hintergrund. Am besten ist dieser einfarbig, zumindest sollte er in sich kaum gemustert sein. Alles andere erschwert die Mustererkennung und damit die Leserlichkeit der Buchstaben. Hält man sich an die obigen drei Punkte, ist es nicht besonders schwer, gute Leserlichkeit zu erreichen, und sie wird praktisch nie mit Nutzenden getestet. Will man das doch tun, ist es sinnvoll, die *relative* Lesegeschwindigkeit zu testen. Das heißt, man lässt mehrere Testpersonen jeweils mehrere Texte lesen und bewertet dann die Geschwindigkeitsdifferenzen zwischen den Texten. Denn die Lesegeschwindigkeit unterscheidet sich stark von Mensch zu Mensch und liegt bei durchschnittlichen bis guten Lesenden zwischen 200 und 400 Wörtern pro Minute – Schnelllesende erreichen bis zu 1.000 Wörter pro Minute.

## 32.1 Von Punkten und Pixeln – Grundlagen der Darstellung

Typografie hat eine jahrhundertelange Tradition, und es gibt darüber sehr viel zu wissen. Wir kümmern uns im Folgenden aber nur um die Aspekte, die für nutzerfreundliche digitale Anwendungen relevant sind. Für die gute Darstellung von Text brauchen wir etwas technisches Hintergrundwissen darüber, welche Eigenschaften Bildschirme haben und wie sie funktionieren. Zum einen ist entscheidend, wie viel Platz uns überhaupt zur Verfügung steht. Zum anderen, wie gut die Darstellung ist. Habe ich nur ein paar große Lichtpunkte, muss ich Schrift anders darstellen, als wenn ich ein ganz feines Raster an Pixeln habe.

Heimcomputer in den 1970er und 1980er Jahren nutzten Fernsehbildschirme zur Ausgabe – mit 640 × 200 Pixeln. Das VGA-Display mit 640 × 480 Pixeln war Ende der 1980er bis zur Mitte der 1990er Standard. Bis etwa zum Jahr 2000 waren 800 × 600 Pixel am weitesten verbreitet und 1.024 × 768 bis ca. 2008. Heute ist die Situation viel komplizierter. 2007 kam das erste iPhone auf den Markt, und damit brach das Zeitalter der Smartphones an. Mit 480 × 320 Pixeln war es ein Schritt zurück in die Vergangenheit – allerdings passte mit seiner deutlich höheren Auflösung deutlich mehr auf den Bildschirm, der nur knapp 9 cm in der Diagonale maß. Auf dem 163-ppi-Bildschirm (ppi: Pixel pro Inch) kann man mehr als doppelt so viel unterbringen wie auf den 2007 noch verbreiteten 72-ppi-Monitoren. Heute müssen Anwendungen auf extrem unterschiedlichen Gerätegrößen gut aussehen (siehe Abbildung 32.2). Und selbst bei gleicher Bildschirmbreite kann die Nutzererfahrung recht unterschiedlich sein: Eine Person, deren Browserfenster 1.920 Pixel breit ist, kann entweder an einem großen Desktop-Monitor sitzen und so einen Text in 14 Punkt Größe gut lesen, oder sie sieht von ihrem Sofa aus auf ihren Fernseher – und kann bei 14 Punkt überhaupt nichts erkennen. Versucht sie dann noch, Ihre 20 × 20 Pixel großen Buttons mit der Fernbedienung anzusteuern, ist sie vermutlich ziemlich schnell frustriert.

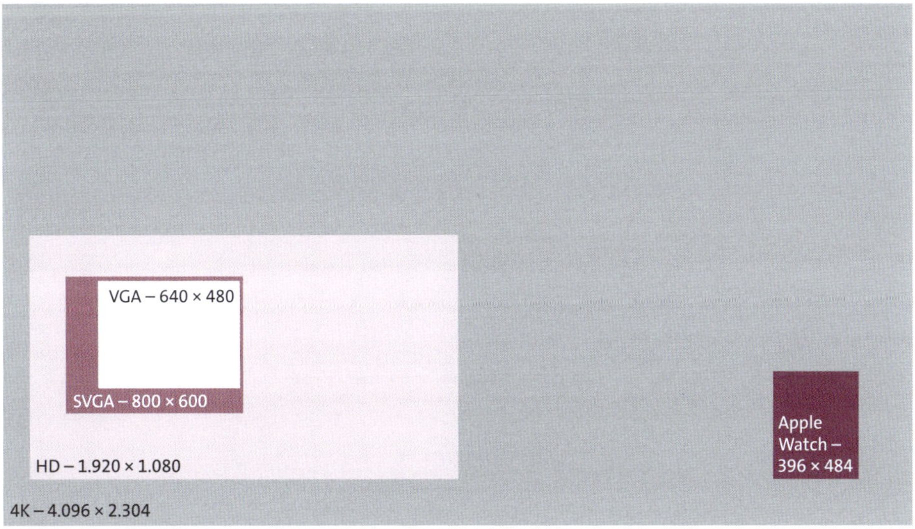


**Abbildung 32.2** Heute übliche Bildschirmauflösungen von der Apple Watch zu 4K – und selbst 8K-Monitore mit doppelt so großer Auflösung sind keine Exoten mehr.

Wichtigster Ausgangspunkt bei der Gestaltung ist, welche Fenstergröße Sie bei Ihren Nutzenden annehmen. Inzwischen kann man bei Desktop-PCs und Laptops von einer verfügbaren Bildschirmgröße von mindestens 1.280 × 800 Pixeln ausgehen. Doch selbst wenn man annehmen würde, dass die meisten Nutzenden 1.920 × 1.080 oder mehr zur Verfügung haben – die Zunahme an verfügbarem Platz sollte nicht zu immer breiter angelegten Webseiten führen. Denn zum einen ziehen diejenigen mit großen Bildschirmen die Browserfenster selten auf die volle Größe auf. Zum anderen sieht es seltsam aus, wenn der Text die ganze Breite eines großen Fensters einnimmt – und die Leserlichkeit nimmt rapide ab. Sinnvoll ist, die Textbreite zu beschränken und den gewonnenen Platz eventuell für anderes zu nutzen (siehe Abbildung 32.3).

Magazine und Zeitungen sind nicht umsonst in schmalen Spalten gedruckt. Das ist deutlich schneller zu lesen als breit laufende Texte, bei denen das Auge beim Zeilenwechsel jeweils die richtige Zeile suchen muss. Hinzu kommt, dass Seiten am Bildschirm schwerer zu lesen sind und fast alle Webseiten nur überflogen werden.

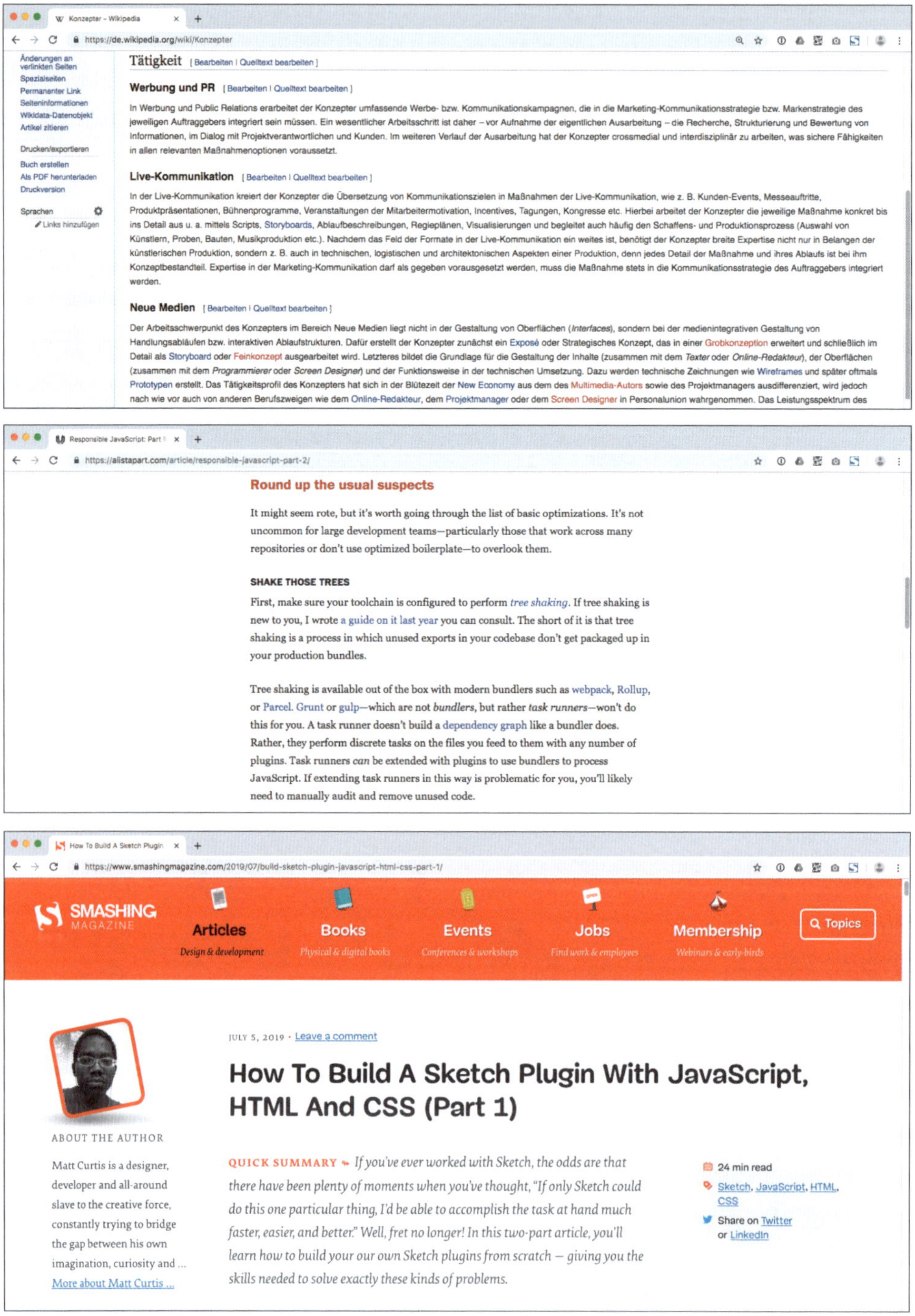


**Abbildung 32.3** Wikipedia (oben) lässt Text einfach immer breiter werden. A List Apart (Mitte) beschränkt die Textbreite. Smashing Magazine (unten) nutzt die Breite des Fensters optimal aus.

### 32.1.1 Pixel ist nicht gleich Pixel

Ein einzelner Bildpunkt auf einem Monitor heißt *Pixel* (von *Picture Element*). Davon gibt es auf einem HD-Monitor mit 1.920 × 1.080 Pixeln über 2 Millionen – genau 2.073.600. Ein HD-Monitor kann recht handlich sein und nur 55 cm (21,5 Zoll) Bildschirmdiagonale haben. Oder er kann bei gleicher Zahl von Pixeln 80 cm (31,5 Zoll) haben. Ein einzelner Pixel ist bei Letzterem also fast 1,5-mal so groß wie auf dem kleinen Monitor. Und vergleicht man das mit einem Smartphone, fällt der Unterschied noch drastischer aus: Ein iPhone 15 Plus hat z. B. fast fünfzig Prozent mehr Pixel, aber nur 6,1 Zoll Diagonale – und somit ist ein Pixel hier 6,8-mal kleiner als auf dem 31,5-Zoll-Bildschirm.

Das zeigt, dass die Angabe von z. B. Schriftgrößen in Pixeln nicht unproblematisch ist: Auf dem großen Monitor ist ein Buchstabe mit 16 Pixeln Höhe 6 mm hoch, auf dem iPhone weniger als 1 mm. Und doch ist das Problem geringer, als es scheint: Denn das Smartphone halte ich ca. 30 cm vom Gesicht, der große Fernseher steht in 2 bis 3 m Entfernung.

## 32.2 Das Bildschirm-Grundstück – Screen Real Estate

Der Usability-Experte Jakob Nielsen hat das Konzept des *Screen Real Estate* (Bildschirm-Grundstück) eingeführt: Der Platz auf dem Bildschirm der Besuchenden Ihrer Site ist kostbar wie Baugrund in Manhattan und sollte dementsprechend überlegt genutzt werden. Sie müssen den besten Kompromiss finden zwischen folgenden Anforderungen:

- möglichst vielen Informationen
- optimaler Wirkung der wichtigsten Informationen, damit sie sofort gefunden werden
- möglichst wenig ungenutztem Platz
- angenehmer Anmutung durch großzügige Gestaltung
- möglichst vielen Inhalten
- guter Orientierung und ausreichend Navigationsmöglichkeiten

Textwüsten sind genauso abschreckend wie überladene Bildcollagen. Daher sollten Sie wohlüberlegt freie Flächen einsetzen, um den Rest der Seite richtig zur Geltung zu bringen. Freier Platz auf einer Seite (*Weißraum*) ist nicht überflüssig, sondern ein wichtiges Gestaltungsmittel – natürlich auch, wenn er nicht weiß, sondern farbig ist. Durch ihn wirken die anderen Bestandteile der Seite erst, er verhilft ihnen zu Aufmerksamkeit.

Unprofessionelle Gestaltung zeichnet sich häufig durch ein Zuviel aus. Zu viele verschiedene Elemente auf der Seite, zu viele Farben, zu viele Schriftarten.

## 32.3 Die richtige Schriftart aussuchen

Die Schriftart (englisch *Font*) gibt Ihrer Anwendung ein Gesicht. Daher muss ihr Stil zu dem Bild passen, das Sie abgeben wollen. Je nachdem, welche Art von Text und vor allem wie viel Text Sie haben, können Sie unterschiedliche Schriftarten einsetzen. Für wenig Text, Banner, als freistehender Blickfang (so genannte *Key Visuals*) oder auch für Überschriften können Sie auch auf auffällige Schriften zurückgreifen.

Der so genannte *Fließtext* sollte aber unbedingt in einer sehr gut leserlichen Schrift gesetzt sein. Nur so hat er eine Chance, gelesen zu werden. Je schlechter die Leserlichkeit der Schrift, desto früher brechen die Nutzenden die Lektüre ab. Doch was ist eine gut leserliche Schrift? Dazu gibt es extrem wenige Untersuchungen. Letztlich verlässt sich jeder hier auf sein Gefühl – und das funktioniert ausnahmsweise in der Praxis recht gut. Nicht in Frage kommen Fraktur- und Schreibschriften. Auch solche mit übermäßigen Verzierungen oder extrem fette bzw. extrem schmale sind nicht geeignet. Sie können sich auch danach richten, was Nutzende von anderen Anwendungen gewöhnt sind, und z. B. Georgia oder Times New Roman verwenden, wenn Sie sich seriös und gediegen geben wollen. Oder Helvetica bzw. Verdana, wenn Sie modern wirken wollen. Oder Sie wählen die Schriften gerade anders aus als in Ihrer Branche üblich, um sich abzuheben. Aus Usability-Sicht ist alles möglich.

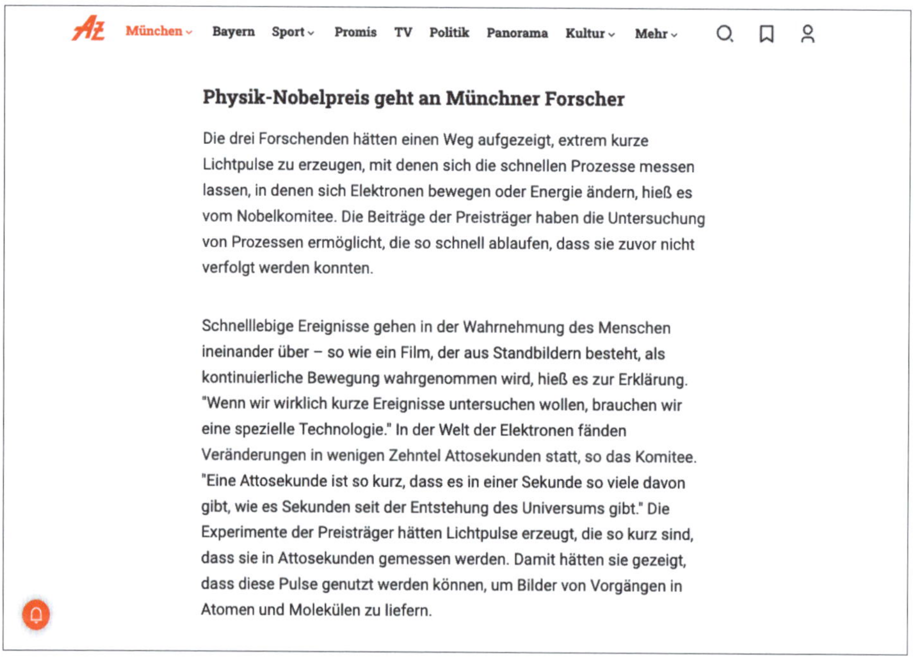


**Physik-Nobelpreis geht an Münchner Forscher**

Die drei Forschenden hätten einen Weg aufgezeigt, extrem kurze Lichtpulse zu erzeugen, mit denen sich die schnellen Prozesse messen lassen, in denen sich Elektronen bewegen oder Energie ändern, hieß es vom Nobelkomitee. Die Beiträge der Preisträger haben die Untersuchung von Prozessen ermöglicht, die so schnell ablaufen, dass sie zuvor nicht verfolgt werden konnten.

Schnelllebige Ereignisse gehen in der Wahrnehmung des Menschen ineinander über – so wie ein Film, der aus Standbildern besteht, als kontinuierliche Bewegung wahrgenommen wird, hieß es zur Erklärung. "Wenn wir wirklich kurze Ereignisse untersuchen wollen, brauchen wir eine spezielle Technologie." In der Welt der Elektronen fänden Veränderungen in wenigen Zehntel Attosekunden statt, so das Komitee. "Eine Attosekunde ist so kurz, dass es in einer Sekunde so viele davon gibt, wie es Sekunden seit der Entstehung des Universums gibt." Die Experimente der Preisträger hätten Lichtpulse erzeugt, die so kurz sind, dass sie in Attosekunden gemessen werden. Damit hätten sie gezeigt, dass diese Pulse genutzt werden können, um Bilder von Vorgängen in Atomen und Molekülen zu liefern.

**Abbildung 32.4** abendzeitung-muenchen.de nutzt die Schrift Roboto (Fließtext) bzw. Roboto Slab (Überschriften). Diese wurden speziell für die Darstellung auf Smartphones entwickelt.

**Abbildung 32.5** Bei faz.net kommt eine eigene Schrift zum Einsatz, FAZGoldSans – eine Variante der Gill Sans. Lediglich die Überschriften sind in Georgia gesetzt.

**Studien mit wissenschaftlichem Hintergrund**

Links zu Studien aus dem Bereich Typografie, Leserlichkeit und Usability finden Sie unter *uux.jetzt/082*.

### 32.3.1 Fonts schaffen Vertrauen

In einer Untersuchung der New York Times zusammen mit dem Psychologieprofessor David Dunning von der Uni Cornell mit gut 45.000 Teilnehmenden stellte sich heraus: Menschen glauben einer wissenschaftlichen Aussage eher, wenn sie in der Schriftart Baskerville dargestellt ist, als wenn man sie in Comic Sans setzt (siehe Abbildung 32.6). Das zeigt, dass wir unbewusst auch die Gestaltung von Anwendungen bewerten, wenn wir diese wahrnehmen.

| Baskerville | Comic Sans |
| --- | --- |
| Fonts fördern Vertrauen. | Fonts fördern Vertrauen. |

**Abbildung 32.6** Aussagen in der Schriftart Baskerville schnitten in einem Test vertrauenswürdiger ab als solche in Comic Sans, Georgia oder Helvetica.

### 32.3.2 Sind Schriften mit Serifen besser leserlich?

Immer wieder liest man, dass Schriften mit Serifen leichter leserlich sind. Serifen sind die kleinen Füßchen an den Buchstaben, wie sie Times New Roman z. B. hat, Helvetica dagegen nicht. Die Serifen würden »das Auge leiten«. Offenbar ist das einer von vielen Mythen der Typografie, für die es keine wissenschaftlich haltbaren Belege gibt. Eine Studie aus den 1950er Jahren, die gelegentlich dazu zitiert wird, scheint sogar erfunden zu sein (siehe *uux.jetzt/083*). Das heißt, Sie können Ihre Schrift danach aussuchen, was zu dem Bild passt und was Ihrer Zielgruppe gefällt – ob mit Serifen oder ohne.

Nur bei sehr geringer Schriftgröße sind Serifen problematisch, weil sie besonders auf Bildschirmen mit geringerer Pixeldichte dazu führen, dass die Buchstabenform schlechter erkennbar ist.

## 32.4 Schriftarten gut kombinieren

Bei der Kombination von Schriften gilt wie bei allen anderen Elementen auch: Beschränken Sie sich auf wenige. Zwei Schriftarten sind fast immer genug. Eine Schriftart für Überschriften, eine für Fließtext. Maximal noch eine weitere Schriftart, vielleicht für Buttons, Menüs oder Textkästen. Mehr führt zu einem unruhigen Bild und macht die Seiten schwerer zu erfassen.

Bewährt hat es sich, Schriften mit Serifen mit solchen ohne Serifen zu kombinieren. So ist der Unterschied zwischen den beiden Schriften deutlich – denn zu ähnlich sollten sie sich nicht sein, sonst wirkt die unterschiedliche Darstellung mehr wie ein Fehler. Bewährte Kombinationen von Schriften, die auf praktisch jedem Gerät verfügbar sind, sind für Überschriften/Fließtext:

- Georgia/Arial
- Times New Roman/Arial
- Courier/Arial
- Arial Bold/Georgia
- Trebuchet MS/Georgia

Verwenden Sie möglichst auch nur ein paar Schriftgrößen und Schriftfarben. Jeweils eine Größe für die Überschriften der unterschiedlichen Gliederungsebenen, eine für den Fließtext, eine für Bildunterschriften und maximal noch ein, zwei weitere für Sonderfälle. Wie immer sollte jeder Unterschied auch hier inhaltlich begründet sein, nicht nur ästhetisch.

## 32.5 Wie groß sollte Fließtext sein?

Über die richtige Schriftgröße wurde viel gestritten. Inzwischen sind die Fakten aber relativ klar, und unter UX-Profis herrscht Einigkeit, dass für Websites folgende Faustregel gilt: 16 Pixel ist eine gute Größe für Fließtext, und kleiner als 14 Pixel ist nicht mehr zeitgemäß. Moderne Browser stellen Schrift in 16 Pixeln Größe dar, wenn keine Größe angegeben wird. Auch empfiehlt Google für Websites 16 Pixel als Standardgröße. Die Site *medium.com* zum Beispiel (mit langen, hochwertigen Texten, die am Bildschirm gelesen werden sollen) nutzt sogar eine 21 Pixel große Schrift.

Das Argument, Nutzende können die Schrift im Browser anpassen, zieht nicht. Denn aus Usability-Tests wissen wir: Die meisten Menschen machen das nicht. Einige wissen überhaupt nicht, dass das geht. Und die anderen sind einfach nur zu faul. Überschätzen Sie nicht die Zeit, die Nutzende auf Ihrer Site verbringen. Viele Sites besuchen wir Menschen nur wenige Sekunden – dafür lohnt es sich nicht, die Schriftgröße zu ändern. Größere Schriften bedeuten, dass Besuchende mehr scrollen müssen. Aber das ist in Ordnung. Bücher zu lesen, bedeutet auch, dass man umblättern muss. Ist der Inhalt interessant, macht man es. Und ob der Inhalt interessant ist, kann man schneller beurteilen, wenn die Schrift eine vernünftige Größe hat.

Ein Grund, warum lange viel zu kleine Schriften im Web verwendet wurden, ist der Vergleich mit den Printgrößen. Bei einem Buch sind 10 Punkt eine ordentliche Größe. Auf dem Bildschirm ist das unleserlich. Denn der Bildschirm ist viel weiter weg vom Auge, daher muss die Schrift hier deutlich größer sein, um gleich groß zu wirken (siehe Abbildung 32.7).

Wollen Sie eine gute Leserlichkeit sicherstellen, müssen Sie aber noch weitere Dinge bedenken. Die tatsächliche Höhe unterscheidet sich von Schriftart zu Schriftart. Manche Schriftarten brauchen einen höheren Pixelwert, um gleich groß dargestellt und/oder empfunden zu werden (siehe Abbildung 32.8). Es gibt etliche Schriften, die speziell für die Darstellung auf modernen Bildschirmen entworfen wurden. Diese haben meist eine geringere Laufweite, das heißt, die Buchstaben und Abstände dazwischen sind relativ schmal. Und sie sind auch bei kleineren Pixelhöhen noch gut leserlich. Beispiele dafür sind Open Sans, Source Sans Pro oder Droid Sans und Roboto (für Android entwickelt) oder Segoe (für Windows).

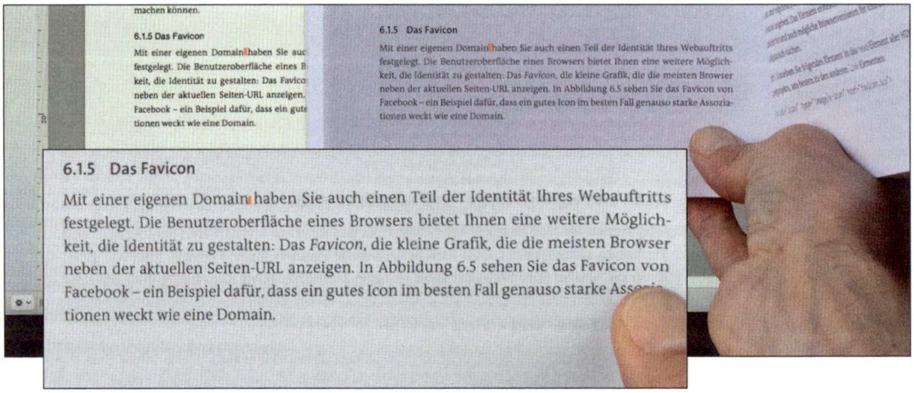


**Abbildung 32.7** Buch vor dem Monitor – die Schriftgröße ist identisch. Unten das gleiche Buch im Leseabstand – die Schrift wirkt deutlich größer, da näher am Auge. Am orangen Rechteck sieht man: Die Schrift wirkt fast doppelt so groß.

Baskerville Helvetica Comic Sans Times New Roman

**Abbildung 32.8** Alle Schriften in 14 Pixeln Höhe – die Wirkung der Größe ist trotzdem unterschiedlich.

Wie Sie die Schriftgröße angeben, ist letztlich für Lesende nicht entscheidend – für sie ist entscheidend, wie groß der Text auf dem Screen erscheint. Daher nur ganz wenige technische Details für die Angabe von Schriftgrößen auf Webseiten: Üblich ist die Größenangabe in Pixeln (px), weil das technisch eindeutig ist. Ein Buchstabe mit einer Höhe von 16 px ist eben genau 16 Pixel hoch. Wie groß ein Pixel in Millimetern auf dem jeweiligen Gerät ist, hängt ganz von dessen Eigenschaften ab (siehe oben) – deshalb sollte man CSS-Angaben in Millimetern oder Zoll nicht verwenden, sie stimmen immer nur annähernd. Gelegentlich liest man auch noch *Punkt* (pt). Das ist eine Größenangabe, die aus dem Druckbereich kommt und immer weniger gebräuchlich ist. Ein Punkt ist 1,25 Pixel groß.

Wenn Sie HTML-Seiten anlegen, definieren Sie die Basisschriftgröße, normalerweise 16 Pixel. Davon ausgehend geben Sie alle anderen Schriftgrößen relativ in Prozent oder *em* an. Durch die relativen Angaben können die Schriftgrößen von den Nutzenden bzw. vom Browser skaliert werden, und es bleibt die logische Hierarchie erhalten. Eine wichtige Aufgabe ist, die Darstellung auf allen möglichen Geräten so anzupassen, dass die Schrift eine gut leserliche Größe hat – mehr dazu auch in Kapitel 26, »Ordnung auf den Seiten – Gestaltungsraster und responsives Design«.

## 32.6 Großbuchstaben und andere Hervorhebungen

Text, der durchgängig IN GROSSBUCHSTABEN GESCHRIEBEN IST, IST SCHLECHTER LESERLICH. Das liegt vor allem daran, dass wir viel mehr Text in korrekter Groß- und Kleinschreibung lesen. Die frühere Annahme, dass die geringere Abwechslung der Formen bei Text in Großbuchstaben eine Rolle spielt, ist widerlegt – nach kurzem Training können Testpersonen auch Text in Großbuchstaben genauso schnell lesen. Da Ihre Nutzenden dieses Training aber wohl kaum absolviert haben, sollten Sie Text in Großbuchstaben keinesfalls für längere Texte nutzen. Als Menüeinträge oder Button-Beschriftungen dagegen sind sie vertretbar. Denn Großbuchstaben nehmen mehr Raum ein und haben damit den Vorteil, stärker ins Auge zu springen.

**Gefetteter Text** ist als Hervorhebung gut geeignet, er erleichtert Nutzenden das Überfliegen der Inhalte. *Kursiv* ist bei ausreichend großer Schrift auf heutigen Monitoren auch in Ordnung, bei kleinen Schriften kann das aber schlechter leserlich sein.

Eine farbliche Hervorhebung von einzelnen Wörtern ist weniger günstig, da viele Sites und Apps Links durch eine andere Farbe kenntlich machen. Nutzende könnten so denken, die farbigen Wörter bei Ihnen seien verlinkt, auch wenn Sie Ihre Links z. B. unterstrichen darstellen. Ungünstig ist die Farbe Blau als Hervorhebung, weil das die Standardfarbe für Hyperlinks ist, die auch viele Seiten, z. B. Google, immer noch verwenden.

Unterstreichungen als Hervorhebung sind aus dem gleichen Grund tabu – eine Unterstreichung steht bei vielen Nutzern immer noch für einen Link.

## 32.7 Blocksatz niemals, zentriert selten

Ausrichtung nennt sich die Anordnung der Wörter in einer Zeile – diese kann entweder linksbündig, rechtsbündig, zentriert oder im so genannten Blocksatz sein. Blocksatz ist Standard bei gedruckten Büchern. Hier kann man bei der Produktion immer ganz sicher sein, wie der Text auf der Seite aussehen wird. Man kann die Abstände so einstellen, dass es perfekt ist, und durch Trennung von Wörtern für ein gleichmäßiges Schriftbild sorgen. Ganz anders auf Webseiten und auch bei Apps. Die Breite der Fenster ist bei allen Nutzenden recht unterschiedlich. Und auch die Interpretation der verschiedenen Browser ist selbst auf dem gleichen Gerät nicht immer gleich. Das führt bei Blocksatz zu unschönen größeren Lücken zwischen den Wörtern und je nach Methode des anzeigenden Programms auch zwischen den Buchstaben (siehe Abbildung 32.9). Das ist nicht nur unschön, sondern auch schlechter leserlich. Fazit: Blocksatz scheidet aus.

Blocksatz ist Standard bei gedruckten Büchern. Hier kann man bei der Produktion immer ganz sicher sein, wie der Text auf der Seite aussehen wird. Man kann die Abstände so einstellen, dass es perfekt ist, und durch Trennung von Wörtern für ein gleichmäßiges Schriftbild sorgen. Ganz anders auf Webseiten und auch bei Apps. Die Breite der Fenster ist von Anwender zu Anwender unterschiedlich.

Blocksatz ist Standard bei gedruckten Büchern. Hier kann man bei der Produktion immer ganz sicher sein, wie der Text auf der Seite aussehen wird. Man kann die Abstände so einstellen, dass es perfekt ist, und durch Trennung von Wörtern für ein gleichmäßiges Schriftbild sorgen. Ganz anders auf Webseiten und auch bei Apps. Die Breite der Fenster ist von Anwender zu Anwender unterschiedlich.

Blocksatz ist Standard bei gedruckten Büchern. Hier kann man bei der Produktion immer ganz sicher sein, wie der Text auf der Seite aussehen wird. Man kann die Abstände so einstellen, dass es perfekt ist, und durch Trennung von Wörtern für ein gleichmäßiges Schriftbild sorgen. Ganz anders auf Webseiten und auch bei Apps. Die Breite der Fenster ist von Anwender zu Anwender unterschiedlich.

**Abbildung 32.9** Linksbündiger, zentrierter und in Blocksatz gesetzter Text. Auf dem Bildschirm ist linksbündig immer am besten zu lesen.

Nur mit Vorsicht sollten Sie zentrierten Text verwenden. Denn der führt dazu, dass die Zeilen immer an unterschiedlichen horizontalen Positionen beginnen. Das Auge muss also jedes Mal den Zeilenanfang suchen, wenn man den Text liest. Und das Überfliegen solcher Texte ist sehr schwierig – denn dabei orientiert sich das Auge am linken Absatzrand, und der ist bei zentriertem Text ja unregelmäßig. Für längere Texte ist zentrierter Text kaum geeignet, bei zwei oder drei Zeilen kann das funktionieren. Ist Ihnen wichtig, dass Text gelesen wird, setzen Sie ihn linksbündig. Hat er eher illustrative Funktion, kann man ihn auch zentriert setzen.

## 32.8 Die richtige Zeilenbreite

Die Typografie sagt: Die optimale Breite einer Zeile sind zwei Alphabete, also 2 × 26 Zeichen. Für den Bereich Web liest man häufig die Faustformel 45 bis 85 Zeichen (inklusive Leerzeichen). Zu kurze Zeilen sind mühsam, weil sie den Lesefluss unnötig unterbrechen. Zu lange Zeilen sind mühsam, weil das Auge beim Zeilensprung länger braucht, bis es den Anfang der nächsten Zeile gefunden hat (siehe Abbildung 32.3). Diese Werte gelten vor allem für Webseiten bei der Anzeige auf größeren Monitoren.

Bei mobilen Geräten richtet sich die Zahl der Zeichen pro Zeile vor allem nach dem Platz, der in der Breite zur Verfügung steht. Meist bringt man dort keine 85 Zeichen unter, das macht aber nichts. Wichtiger für die Leserlichkeit ist hier, dass die Schrift groß genug ist.

## 32.9 Der richtige Zeilenabstand

Fast so wichtig für die Leserlichkeit wie die Schriftgröße ist der Zeilenabstand. Als Zeilenabstand wird die Entfernung zwischen den Grundlinien zweier Zeilen bezeichnet. Der Abstand zwischen den oberen und unteren Buchstabenkanten heißt *Durchschuss*.

Blocksatz ist Standard bei gedruckten Büchern. Hier kann man bei der Produktion immer ganz sicher sein, wie der Text auf der Seite aussehen wird. Man kann die Abstände so einstellen, dass es perfekt ist, und durch Trennung von Wörtern für ein gleichmäßiges Schriftbild sorgen. Ganz anders auf Webseiten und auch bei Apps. Die Breite der Fenster ist von Anwender zu Anwender unterschiedlich.

Blocksatz ist Standard bei gedruckten Büchern. Hier kann man bei der Produktion immer ganz sicher sein, wie der Text auf der Seite aussehen wird. Man kann die Abstände so einstellen, dass es perfekt ist, und durch Trennung von Wörtern für ein gleichmäßiges Schriftbild sorgen. Ganz anders auf Webseiten und auch bei Apps. Die Breite der Fenster ist von Anwender zu Anwender unterschiedlich.

Blocksatz ist Standard bei gedruckten Büchern. Hier kann man bei der Produktion immer ganz sicher sein, wie der Text auf der Seite aussehen wird. Man kann die Abstände so einstellen, dass es perfekt ist, und durch Trennung von Wörtern für ein gleichmäßiges Schriftbild sorgen. Ganz anders auf Webseiten und auch bei Apps. Die Breite der Fenster ist von Anwender zu Anwender unterschiedlich.

**Abbildung 32.10** Dreimal derselbe Text mit unterschiedlichem Zeilenabstand. In der Mitte der Standardabstand des Betriebssystems (4 Pixel zusätzlich bei 16 Punkt Schriftgröße), links 3 Pixel weniger, rechts 1 Pixel mehr als der Standardabstand. Typografen werden mit den Augen rollen – sie messen nicht mit Pixeln.

Ist der Zeilenabstand zu gering, kleben die Zeilen zu nah beieinander, und die Lesegeschwindigkeit sinkt. Bei den meisten Browsern ist er standardmäßig auf 1,2 em eingestellt (1 em ist ungefähr die Breite des Großbuchstabens M und wird verwendet, um relative Größenmaßstäbe von Schriften anzugeben). Dieser Standard ist bei fast allen Schriftarten zu niedrig angesetzt. Typografen empfehlen 1,3 bis 2,0 em. Je kleiner die genutzten Schriftgrößen sind, desto größer muss der (relative) Zeilenabstand sein.

## 32.10 Typografie für Menschen mit Legasthenie

Legasthenie, also Lese-Rechtschreib-Schwäche, betrifft Schätzungen zufolge vier Prozent aller Schulkinder. Aber auch unter Erwachsenen ist diese Einschränkung nicht selten. Für Menschen mit Legasthenie wirken Buchstaben anders als für andere Menschen. Dazu gibt es verschiedene Visualisierungen, die mit Abständen, verschobenen Buchstabenteilen, Doppelungen von Konturen und anderen Effekten arbeiten. Sie alle dienen dazu, einen Eindruck davon zu vermitteln, wie schwer es für Betroffene ist, Text zu entziffern.

N O R M AL E R
T EX T ERSCHE INT
F Ü R LEGAST HE-
N I KER AND E RS.

**Abbildung 32.11** Menschen mit Legasthenie müssen sich stark konzentrieren, um Text zu entziffern. Diese Visualisierung soll Nichtbetroffenen ein Gefühl geben, wie sich Lesen für diese anfühlt.

Menschen mit Legasthenie profitieren generell von allen Hinweisen, die Sie bisher in diesem Kapitel gefunden haben – halten Sie sich an diese, machen Sie Ihre Anwendung damit gleichzeitig leichter zugänglich für Betroffene, aber auch für Personen mit Einschränkungen des Sehvermögens (Farbsehschwäche, Kurz-/Weitsichtigkeit etc.). Wollen Sie zusätzlich etwas für Menschen mit Legasthenie tun, dann sollten Sie Schriftarten auswählen, bei denen sich die Buchstaben klar voneinander unterscheiden. Auch klare Ober- und Unterlängen sind wichtig (also z. B. lange Striche beim h nach oben oder beim p nach unten). Auf Basis solcher Erkenntnisse wurden etliche Schriftarten speziell für Menschen mit Legasthenie entwickelt, siehe *uux.jetzt/084*.

# Kapitel 33
# Sprachwahl und mehrsprachige Sites

*Die Sprache einer Anwendung umzuschalten, scheint eine einfache Sache. Da die falsche Sprache aber für Nutzende eine große Hürde ist, ist es wichtig, hier keine Fehler zu machen bei Konzeption und Umsetzung.*

Fast alle Menschen fühlen sich am wohlsten in ihrer Muttersprache. Und selbst wer z. B. fließend Englisch spricht, fühlt sich persönlicher angesprochen und besser wahrgenommen, wenn eine Site oder App die eigene Sprache nutzt. Deshalb ist es sinnvoll, Sites und Anwendungen, die sich an ein internationales Publikum richten, in mehreren Sprachen anzubieten.

Doch der Aufwand dafür ist nicht zu unterschätzen. Hinzu kommt, dass die Umschaltung zwischen den Sprachen gar nicht trivial zu lösen ist – hier lauern etliche Usability-Fallen. Lesen Sie in diesem Kapitel, wie Sie diese umgehen und Nutzenden aller Sprachen eine gute Erfahrung bieten.

## 33.1 Sprachumschaltung bei Apps

Beim ersten Starten einer frisch geladenen App hat man mehrere Indizien dafür, welche Sprache die Person spricht, die sie gerade öffnet. Da ist zum einen der App-Store, aus dem die App geladen wurde – wobei das zunächst nur Rückschlüsse auf das Land erlaubt, in dem sich die Person aufhält. Und es gibt auch Länder, die haben keinen eigenen App-Store.

Das zweite Indiz ist die Sprache des Betriebssystems. Doch gibt es Leute, die z. B. Englisch als Sprache für ihr Smartphone einstellen, bestimmte Apps aber in einer anderen Sprache nutzen wollen. Zum Beispiel stellen viele, die programmieren, ihr Betriebssystem auf Englisch. Dann stimmen die Begriffe überein mit der Dokumentation und Tipps aus Foren und Frageportalen, die oft nur auf Englisch vorliegen. Apps, die man privat nutzt, will man aber möglicherweise lieber in seiner Muttersprache verwenden. Eine Umschaltmöglichkeit sollten Sie bei Apps also immer vorsehen. Üblicherweise ist sie bei EINSTELLUNGEN oder PROFIL zu finden (siehe Abbildung 33.1).

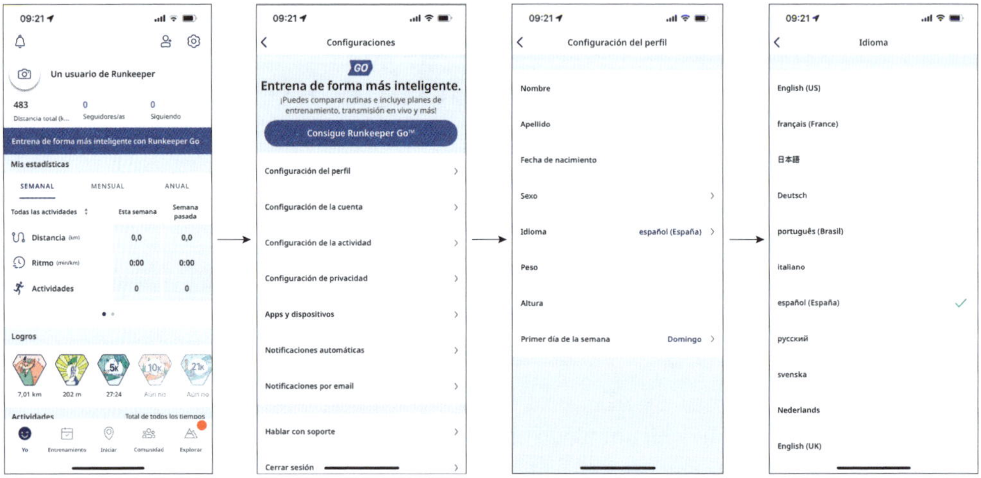


**Abbildung 33.1** Bei der App Runkeeper gelangt man zur Sprachumstellung über das Profil – dort das kleine Rädchen anklicken und sich durch die Screens hangeln. Wer die derzeit eingestellte Sprache nicht (gut) spricht, tut sich schwer. Ist Ihr Spanisch so gut, dass Sie wissen, was »perfil« heißt?

Generell können Sie aber davon ausgehen, dass Nutzende die Sprache verstehen, auf die das Gerät eingestellt ist.

Bei sehr großen Apps oder solchen mit Sprachausgabe kann die Datenmenge recht groß sein, die ein einzelnes Sprachpaket braucht. In dem Fall ist es sinnvoll, zunächst mit der App nur die Daten der Sprache des jeweiligen App-Stores und eventuell noch Englisch herunterzuladen. Bei der Auswahl einer anderen Sprache sollten Sie die Nutzenden klar darauf hinweisen, dass die Sprachpakete nun nachgeladen werden müssen. Geben Sie an, wie groß diese in Megabyte sind, damit die Nutzenden wissen, wie lange sie voraussichtlich warten müssen und dass ihr Datenvolumen beansprucht wird.

Wichtig ist auch, dafür zu sorgen, dass ein Abbruch des Downloads möglich ist und die App danach in einen sinnvoll benutzbaren Zustand zurückkommt. Und dass man später die Sprachpakete nachladen kann.

## 33.2 Sprachumschaltung bei Websites

Bei der Planung von Websites sollten Sie von Anfang an die Option vorsehen, die Seiten mehrsprachig anzubieten – auch wenn das zunächst noch nicht geplant ist. Denn das später nachzurüsten, ist oft sehr viel Arbeit.

Generell denkt man, ein paar Übersetzungen einzubauen, sollte kein großes Problem sein. Das ist es aber – aus gestalterischer Sicht, aus Programmiersicht und auch aus konzeptioneller Sicht. Hinzu kommen zu allem Überfluss auch noch Auswirkungen auf die Sichtbarkeit in den Suchmaschinen bzw. auf die SEO (Suchmaschinenoptimierung).

Global agierende Unternehmen lösen dieses Problem oft einfach, indem sie mehrere Sites betreiben, die voneinander weitgehend unabhängig sind. Doch das führt dazu, dass sich Angaben auf den verschiedenen Sites widersprechen können – wenn sie z. B. nicht gleichzeitig aktualisiert werden. Viele Unternehmen holen heute alles zurück auf eine Site. *apple.de* etwa führt zu *apple.com/de/* oder *zara.de* zu *zara.com/de/*. Aber gleich, ob die Sprachversionen in Unterverzeichnissen liegen oder auf eigenen Domains: Auch hier sind die Seiten nicht einfach nur übersetzt, sondern sie bieten teilweise auch ganz andere Inhalte, angepasst für das jeweilige Land.

**Abbildung 33.2** Apple bietet für Länder, in denen mehrere Sprachen gesprochen werden, teilweise mehrere Optionen; für die Schweiz gibt es aber z. B. nur Deutsch und Französisch – Italienisch oder die vierte Amtssprache Rätoromanisch dagegen nicht.

Betreibende kleiner und mittelgroßer Sites dagegen brauchen oft nur eine Möglichkeit, zwischen einer Handvoll von Sprachen zu wechseln – z. B. Deutsch und Englisch. In den folgenden Abschnitten erläutern wir, was es dabei zu beachten gilt.

### 33.2.1 Position des Sprachumschalters

Praktisch alle Sites haben den Button zum Sprachwechsel oben rechts – und zwar international (siehe z. B. Abbildung 33.3). Ganz wenige Sites setzen ihn nach oben links. Aber praktisch alle platzieren diese Funktion oberhalb jeder anderen Navigation oder zumindest als Teil der Metanavigation.

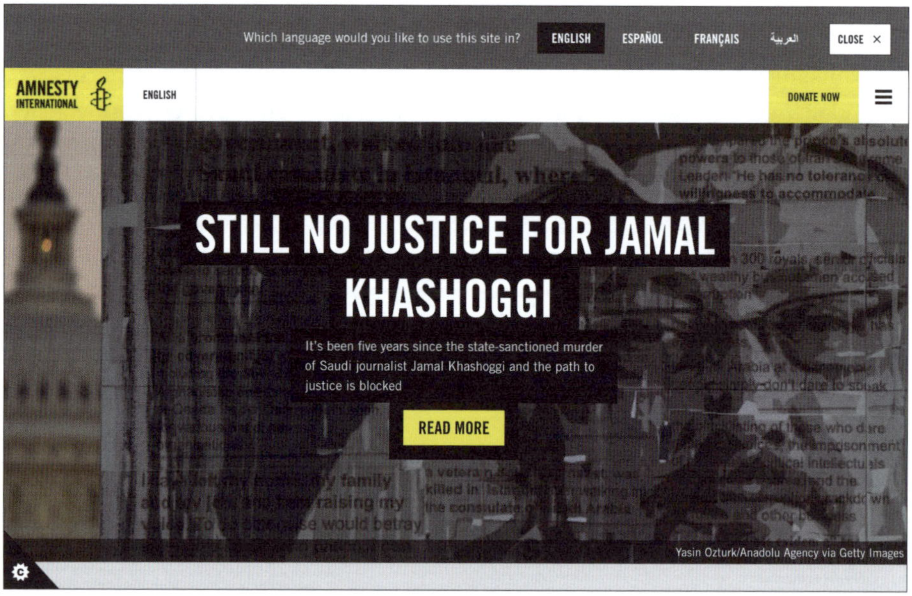


**Abbildung 33.3** Auf amnesty.org sitzt die Sprachwahl oben rechts – wie auf fast allen Sites. Seltsam und überflüssig ist dagegen das zusätzliche Layer darüber, in dem man ebenfalls die Sprache auswählen kann.

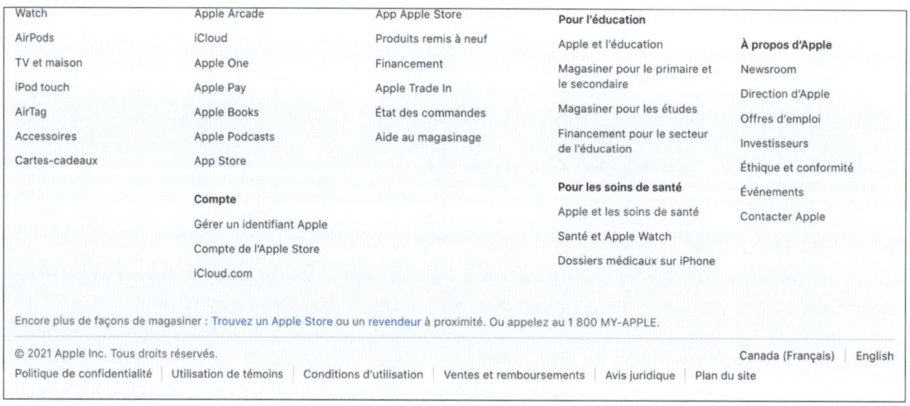


**Abbildung 33.4** Apple tanzt aus der Reihe – hier sitzt der Umschalter unten rechts. Ist z. B. Kanada ausgewählt, kann man direkt die Sprache wechseln, ohne über die Auswahl aus Abbildung 33.2 zu gehen. Muss man wissen oder ausprobieren.

Bei komplexeren Websites, bei denen Nutzende einen Account anlegen müssen, ist die Sprachwahl oft auf der Profilseite möglich. Diese Sites funktionieren ähnlich wie Apps. Nutzende werden diese häufiger verwenden und die Sprache vermutlich meist nur einmal ändern wollen. So wiegt der Vorteil schwerer, etwas Platz zu sparen in der Titelleiste, die immer sichtbar ist, und die Site einfacher zu halten. Bei den meisten Websites ist es aber für diejenigen entscheidend, die die Site nicht verstehen, den Sprachumschalter so schnell wie möglich zu finden.

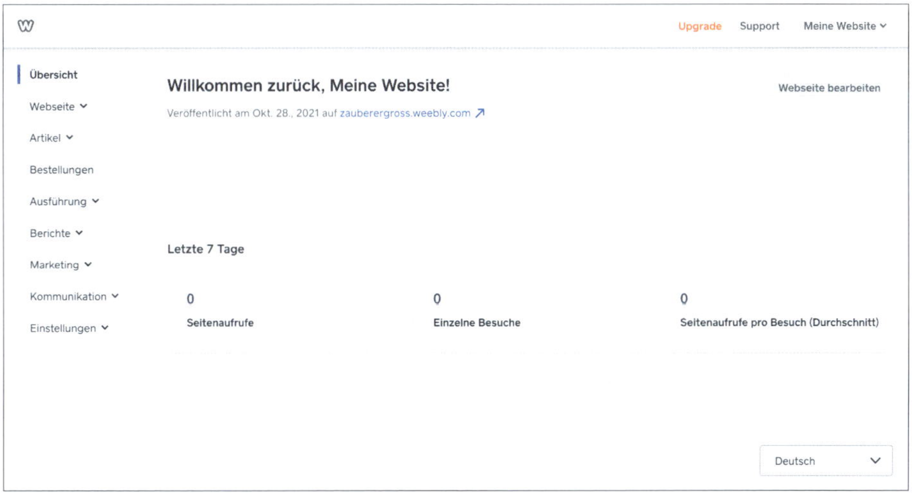


**Abbildung 33.5** Bei Weebly sitzt die Sprachwahl im Profil unten rechts – ein solcher Webdienst wird mehrfach besucht, und man muss die Sprache vermutlich eher selten umschalten. Daher ist die etwas verstecktere Position in Ordnung.

### 33.2.2 Gestaltung und Beschriftung des Sprachumschalters

Immer noch sieht man als Icon für die Sprachauswahl gelegentlich eine Flagge. Doch das ist keine gute Lösung. Etliche Sprachen werden in mehreren Ländern gesprochen (etwa Englisch, Spanisch, Französisch). Und es gibt umgekehrt einige Länder, in denen mehrere Sprachen gesprochen werden (z. B. Schweiz, Belgien, Kanada). Wer eine Site auf Englisch liest, der ist noch lange nicht aus England oder wohnt dort. Die meisten Menschen aus Europa haben kein Problem damit, eine englische Site zu nutzen.

Wenn es also unbedingt ein Symbol sein soll, dann ist die Weltkugel oder eine Weltkarte besser geeignet, um den Sprach-Button zu kennzeichnen. Allerdings empfiehlt es sich immer, einen Text danebenzusetzen (siehe Abbildung 33.7).

Die empfehlenswerteste Lösung ist, den Namen der jeweiligen Sprache in dieser Sprache als Textlink zu verwenden. Also z. B. nicht »Englisch«, sondern »English« und nicht »Französisch«, sondern »Français«. Denn es sollen sich ja die Besuchenden der jeweiligen Muttersprache angesprochen fühlen.

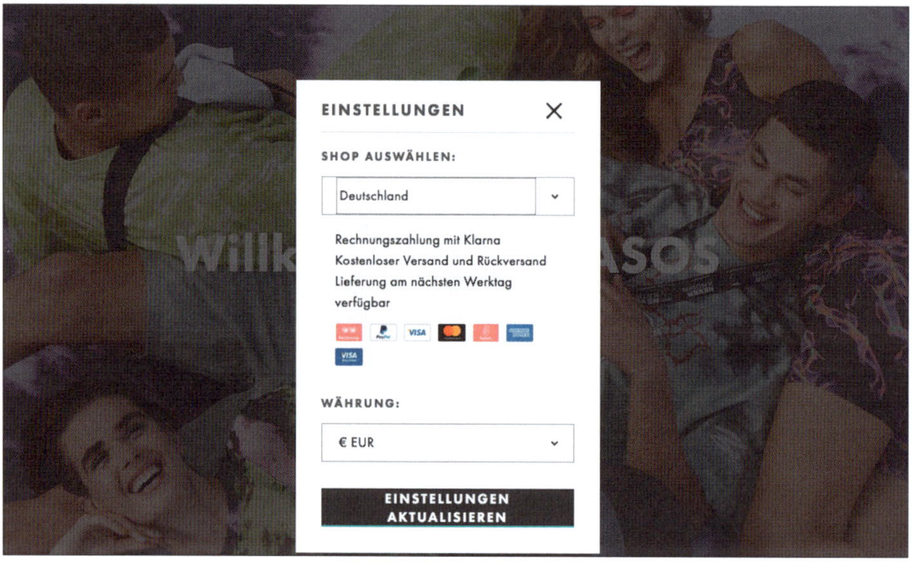


**Abbildung 33.6** Der Bekleidungsshop Asos nutzt ein Menü für die Auswahl des Landes. Außerdem kann man hier direkt auch die Währung umstellen, in der die Preise angezeigt werden.

Besonders geeignet ist die Lösung, wenn man nur zwei oder drei Sprachversionen hat – dann kann man die Links direkt nebeneinander in die Kopfzeile setzen und braucht nicht einmal ein Menü.

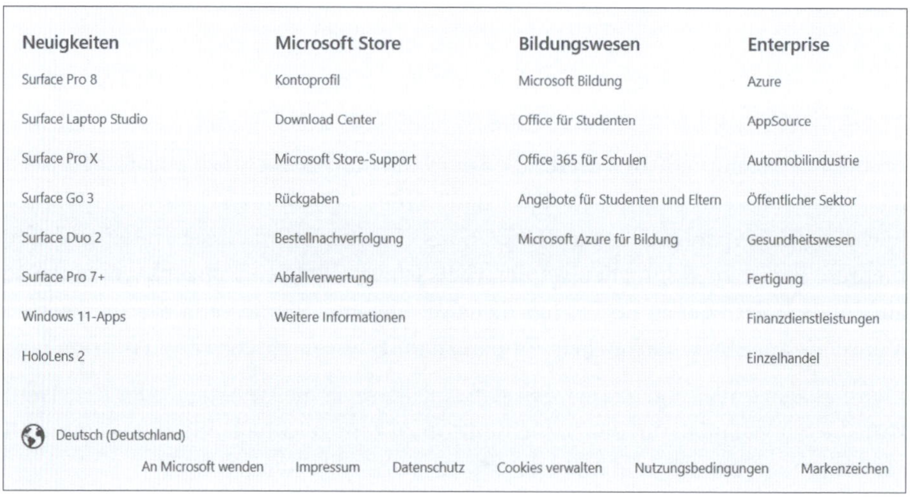


**Abbildung 33.7** microsoft.com nutzt das Globus-Icon, um die Sprachwahl auffälliger zu machen.

### 33.2.3 Funktion des Umschalters

Es klingt trivial, aber der Sprachumschalter sollte tatsächlich nur eines tun: die Sprache umschalten. Das macht er aber bei fast allen Sites nicht, die wir daraufhin getestet haben. Er springt vielmehr zusätzlich zurück zur Startseite. Das ist ausgesprochen ärgerlich.

Denn wenn Besuchende z. B. erst bemerken, dass ihr Italienisch nicht ausreicht, um die speziellen Feiertage zu kennen, an denen ein Museum in Rom geschlossen ist, suchen sie nach dem Button zur Sprachwahl. Sehr mühsam, wenn sie dann nach dem Sprachwechsel wieder zur Seite der Sehenswürdigkeit mit ihren Öffnungszeiten navigieren müssen.

Eine Ausnahme hiervon sind höchstens Sites, die tatsächlich unterschiedliche Inhalte für die verschiedenen Sprachen anbieten. Dann kann es sein, dass es die jeweilige Seite gar nicht in der anderen Sprachversion gibt. Aber auch hier wäre es besser, ein Overlay mit entsprechendem Hinweis oder eine eigene Seite dazwischenzuschalten, die das erklärt. Dort sollte man dann einen Link zur Startseite in der jeweiligen Sprache vorsehen.

### 33.2.4 Konzeption der Mehrsprachigkeit

Zeigen Sie Ihre Seiten in der Sprache und mit der Landeseinstellung an, die für die jeweiligen Besuchenden am wahrscheinlichsten richtig ist. Das heißt, Sie prüfen, aus welchem Land der Seitenzugriff kommt (IP-Adresse des anfragenden Servers). Und Sie lesen die Sprache aus, die der Browser als bevorzugt angibt (das machen die meisten modernen Browser).

Dann sollten Sie auch daran denken, was passiert, wenn es die gewünschte Sprache nicht gibt. Menschen aus dem Tessin hätte die Site gern auf Italienisch, aber Sie haben nur Französisch, Deutsch oder Englisch im Angebot. Generell nutzen praktisch alle internationalen Sites Englisch, wenn sie keine spezifische Information über die Besuchenden herausfinden. Bei speziellen Zielgruppen ist das aber nicht immer die beste Lösung.

Sinnvoll ist es, wenn sich die Site merkt, welche Sprache Besuchende einstellen. Das kann man mithilfe von Cookies speichern. Trotzdem sollte man diese Einstellung jederzeit wieder ändern können. Auf keinen Fall sollten Sie den Button zur Sprachwahl verstecken, wenn einmal eine Sprache gewählt wurde. Denn das macht eine Korrektur unmöglich, wenn man aus Versehen die falsche Sprache angeklickt hat. Auch wenn man an einem Computer sitzt, den zuvor jemand anderes genutzt hat, möchte man diese Einstellung vielleicht ändern.

Denken Sie bei der Konzeption auch an folgende Stolpersteine:

- Je nach Land sind unterschiedliche Datumsformate üblich (24.12. versus 12/24).
- Es gibt unterschiedliche Währungen.
- Manchmal unterscheiden sich die Einheiten (von °C/°F über cm/Inch bis hin zu Schuhgrößen).
- Lieferzeiten, Versandkosten, Zahlungsarten können sich unterscheiden.

### 33.2.5 Design/Gestaltung der Mehrsprachigkeit

Im Code fest definierte Schriftgrößen sind generell keine gute Idee. Aber auch, wenn Sie mit relativen Schriftgrößen arbeiten, kann es sein, dass es auf fremdsprachigen Sites Darstellungsprobleme gibt. Das gilt vor allem, wenn die anderen Seiten in einer nichtlateinischen Schrift geschrieben sind (wie Chinesisch oder Arabisch). Chinesische, japanische und koreanische Zeichen etwa sind bei gleicher Punktgröße wie lateinische Buchstaben fast immer zu klein, um sie angenehm lesen zu können. Testen Sie am besten mit muttersprachlichen Personen, ob diese mit Ihrer eingestellten Standardschriftgröße zurechtkommen – hier gibt es auch kulturelle Unterschiede, selbst wenn die gleichen Zeichen genutzt werden.

Auch die Anordnung der Elemente auf der Seite ist bei Mehrsprachigkeit nicht trivial. Das gilt natürlich vor allem für Schriften, die von rechts nach links laufen, wie Arabisch oder Hebräisch.

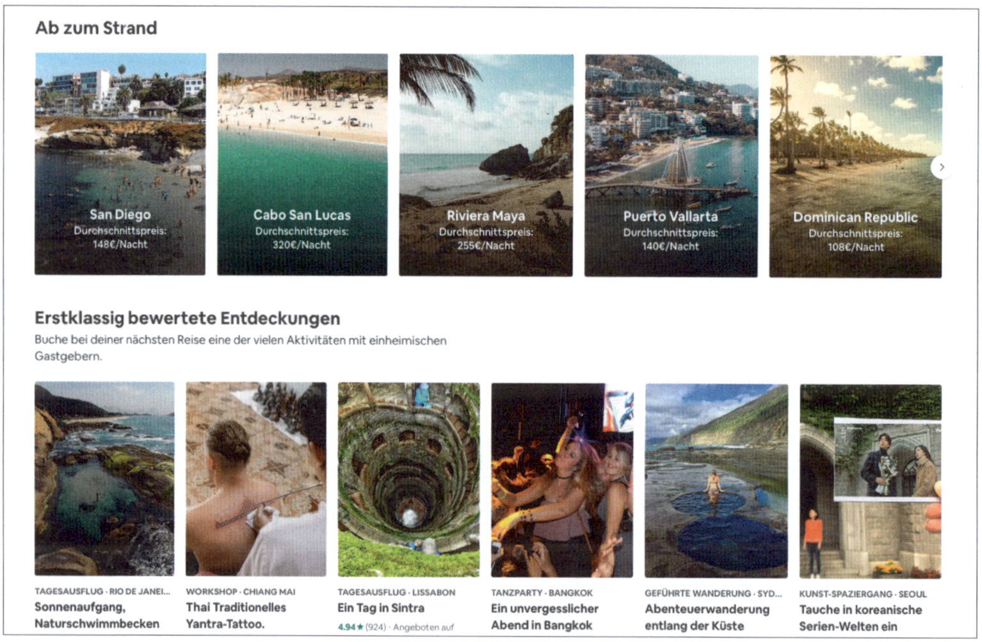


**Abbildung 33.8** airbnb.com auf Deutsch. Die Unterschrift unter den Ortsnamen ist hier zweizeilig.

Aber auch wenn die genutzten Sprachen alle lateinischen Buchstaben verwenden, gibt es einiges zu beachten: Das deutsche »Suche« hat z. B. fünf Buchstaben, das französische »rechercher« dagegen hat mit zehn Buchstaben doppelt so viele. Doch normalerweise haben deutsche Texte deutlich mehr Buchstaben als ihre übersetzten Gegenstücke. Die englische Übersetzung kommt im Schnitt mit etwa 75 Prozent des Platzes der deutschen Variante aus, spanische und französische Texte brauchen um die 90 Prozent.

Daher passen die übersetzten Texte meist gut in unsere Gestaltungsraster, wenn wir mit Deutsch gestaltet haben (siehe z. B. Abbildung 33.8 und Abbildung 33.9). Diese Prozentangaben gelten natürlich nur als Durchschnittswert, einzelne Begriffe können durchaus deutlich kürzer oder länger sein (wie das obige Beispiel »rechercher« versus »Suche« zeigt). Insbesondere bei Menüs und Buttons muss man das so früh wie möglich mit bedenken. Aber auch im Layout können unschöne Lücken entstehen, wenn man nicht rechtzeitig vorsorgt.

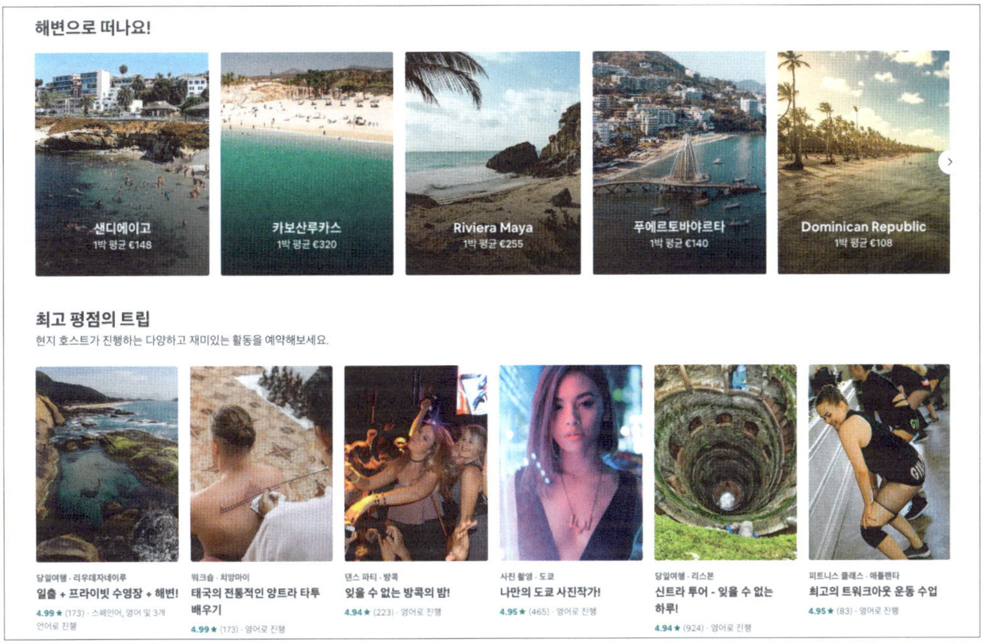


**Abbildung 33.9** Die gleiche Site auf Koreanisch – die Zeichen sind deutlich größer, und doch braucht der Text in der Breite weniger Platz, weil ein Zeichen für ganze Wörter oder Wortteile steht.

### 33.2.6 SEO (Suchmaschinenoptimierung)

Es ist sinnvoll, jeweils eine eigene Domain zu verwenden, die in der jeweiligen Region üblich ist, also z. B. ihre-site.de, ihre-site.fr, ihre-site.es usw. Das ist nicht nur aus

Gründen der Akzeptanz sinnvoll, es kann auch Auswirkungen auf die SEO haben – die Suchmaschinen nutzen die Länderendungen zum Teil, um Nutzenden Treffer anzuzeigen, die wegen der räumlichen Nähe für sie relevanter sind.

Richten sich einzelne Ihrer Seiten an eine Zielgruppe außerhalb der Länderdomain oder nutzen Sie die Domains .com, .net oder Ähnliches, dann achten Sie besonders darauf, dass die Auszeichnung der Sprache der jeweiligen Seiten im HTML korrekt umgesetzt ist. So kann man sicherstellen, dass die Seiten von den Suchmaschinen mit der richtigen Sprache erkannt werden.

Was Sie auch beachten sollten: Google ist fast überall die wichtigste Suchmaschine – aber eben nicht in jedem Land. In China oder Russland zum Beispiel sind das Baidu bzw. Yandex, die hierzulande kaum jemand kennt. Wollen Sie hier auch gut gelistet sein, sollten Sie sich mit den Eigenheiten dieser Suchmaschinen ebenfalls befassen.

Idealerweise sind generell auch die Verzeichnisnamen übersetzt. Statt

*/produkte/herren/pullover/*

sollten Sie besser

*products/men/jumper/*

anbieten, wenn Sie sich an Briten richten. Bei Amerikanern als Zielgruppe nehmen Sie besser

*products/men/sweater/*

Das hat SEO-Vorteile, ist aber natürlich auch für die Nutzenden besser.

**So realisieren Sie nutzerfreundliche Sprachumschalter**

1. Setzen Sie den Button oder Link zum Sprachwechsel nach oben rechts auf alle Seiten.
2. Bei Sites oder Apps, die man häufig verwendet, können Sie diesen auch auf die Seite mit den Profileinstellungen setzen.
3. Verwenden Sie keine Flagge als Icon für die Sprache. Wenn Sie ein Icon möchten, nehmen Sie den Globus.
4. Beschriften Sie die Sprachumschalter in der jeweiligen Sprache (also z. B. nicht »Französisch«, sondern »Français«).
5. Bei Klick auf den Umschalter wechseln Sie nur die Sprache und bleiben dabei auf der jeweiligen Seite.
6. Achten Sie darauf, dass von Anfang an genug Platz vorgesehen ist, um auch längere Texte anzuzeigen. Das ist insbesondere bei Menüs wichtig und wenn Sie auch Sprachen haben, deren Texte üblicherweise länger sind als im Deutschen.
7. Übersetzen Sie auch Seitentitel, URLs und Dateipfade/Verzeichnisse.

Kapitel 34
# Nutzerfreundlich schreiben

*Guter Text macht Mühe. Aber die lohnt sich. Denn ist der Text für die Zielgruppe geschrieben und für die Anwendung passend aufbereitet, überzeugt er.*

Der größte Teil der Inhalte jeder Website besteht aus Text, und auch bei Apps spielt dieser eine entscheidende Rolle. Und doch wird Text immer wieder sehr vernachlässigt. Wenn die Gestaltung abgeschlossen ist und die Programmierung in den letzten Zügen liegt, wird irgendwann der Blindtext durch die endgültigen Texte ersetzt. Im schlimmsten Fall kommen diese aus unterschiedlichen Quellen, sind nicht redaktionell aufbereitet und von mangelhafter Qualität. Damit Ihre Anwendung gut ist, muss es aber auch ihr Text sein. Ob der Text gut ist, richtet sich danach, ob er für die Benutzenden hilfreich ist. Damit Text hilfreich ist, muss er mehrere Kriterien erfüllen:

1. Leserlichkeit
2. Lesbarkeit
3. Verständlichkeit
4. Relevanz

Die *Leserlichkeit* beschreibt, ob die Menschen den Text überhaupt entziffern können – ist er zu klein oder steht der Text in Hellgrau vor mittelgrauem Hintergrund, ist das nicht der Fall. Um diese Dinge ging es in Kapitel 32, »Schriftarten und Textformatierung«. Die weiteren drei Aspekte stehen im Zentrum dieses Kapitels.

Ist ein Text *lesbar*, kann die Zielgruppe mit dem Text etwas anfangen. Er hat dementsprechend passende Satzlängen und verwendet Wörter, die die Nutzenden kennen. Die *Verständlichkeit* beschreibt, ob die Lesenden verstehen, worauf Sie hinauswollen mit Ihrem Text, ob sie z. B. die korrekten Schlüsse daraus ziehen. Eine Bedienungsanleitung kann gut lesbar sein und doch vollkommen unverständlich.

Der Unterschied zwischen Lesbarkeit und Verständlichkeit wird aus diesem Beispiel klar: Auf Ihrer Website beschreiben Sie, wie Ihr neues Produkt entstanden ist. Sie erzählen die ganze Geschichte von Ihrer ersten Idee vor drei Jahren über verschiedene Anpassungen bis hin zum fertigen Produkt. Das alles in klarer, schöner Sprache – die *Lesbarkeit* des Textes ist hoch. Leider ist der Text so weitschweifig, und Sie erzählen so viel von sich und so wenig, was die Besuchenden davon haben, dass keiner bis zum

Ende des Textes liest. Die Menschen verstehen also gar nicht, was Ihr Produkt überhaupt macht – die *Verständlichkeit* des Textes ist damit null. Und hier kommt die *Relevanz* mit ins Spiel: Haben Sie die im Blick, erreichen Sie damit auch Verständlichkeit. Beschreiben Sie in unserem Beispieltext von eben nicht nur, was Ihre Gedanken bei der Produktentwicklung waren, sondern auch, welche Vorteile die Nutzenden haben, wenn sie das Produkt verwenden, dann wird das relevant. Beschreiben Sie also in unserem Beispiel lieber, wie Sie Befragungen durchgeführt haben, mit welchen Problemen die Testpersonen zu kämpfen hatten und wie Sie diese Probleme Schritt für Schritt gelöst haben.

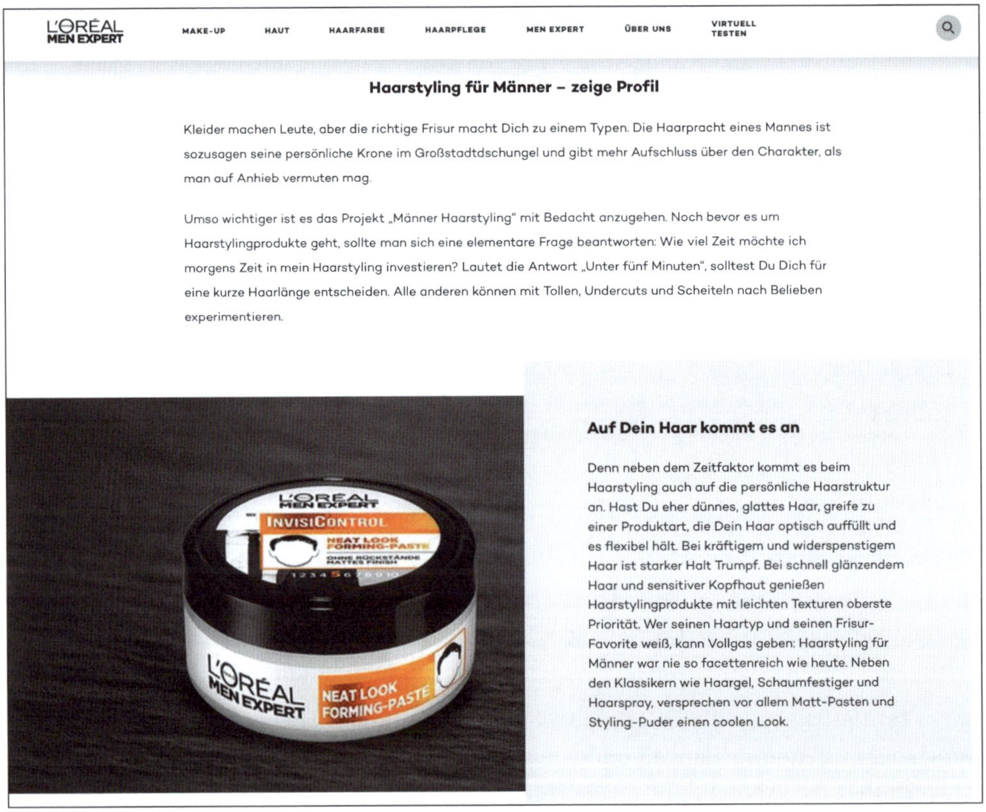


**Abbildung 34.1** So sehen gute Texte aus. Kurz, gut gegliedert und verständlich geschrieben (www.menexpert.de). Lediglich der obere Text ist etwas zu breit, um ihn schnell lesen zu können.

### UX Writing und UX Writer

Immer häufiger werden in großen Tech-Firmen *UX Writer* eingestellt. *UX Writing* bezeichnet das Texten von Elementen der Benutzerschnittstelle – also Beschriftungen von Buttons, Formularfeldern aber auch Hinweis- und Hilfetexten und Fehlermeldungen. Dabei unterscheidet sich der Aufgabenbereich von Stelle zu Stelle: Bei manchen führen UX Writer neben der reinen Texterstellung auch Usability-Tests durch, machen Card Sortings, erstellen Navigationskonzepte und Menüs oder redigieren sogar Texte auf der Website. Und in kleineren Unternehmen ist es weiterhin üblich, dass eine Person, die irgend etwas mit Texten zu tun hat, das UX Writing mit übernimmt.

Die Themen, die UX Writer beschäftigen, haben wir nicht in einem Kapitel zusammengefasst, sondern sie jeweils an den Stellen erklärt, wohin sie vom Projektablauf her gehören: Das wichtigste Kapitel ist natürlich dieses, dann aber auch Kapitel 39, »Links und Buttons formatieren und formulieren«, Kapitel 41, »Labels und Auszeichnungen formulieren und positionieren«, und Kapitel 42, »Fehlermeldungen hilfreich umsetzen«.

## 34.1 Vorgehen beim Schreiben

Guter Text ist kein Hexenwerk. Allerdings muss er, wie gute Grafik oder gute Programmierung, mit etwas Wissen und vor allem geplant entstehen. Schreiben haben wir in der Schule gelernt, aber wir müssen noch ein paar Dinge mehr beachten, damit wir gute Web- und App-Texte schreiben.

Damit guter, für die Nutzenden relevanter Text entsteht, bedenken Sie die folgenden Punkte, bevor Sie mit dem Schreiben anfangen.

### 34.1.1 Ihre Zielgruppe

Für wen ist mein Text? Haben Sie Personas, die Ihre Zielgruppe klar definieren (siehe Kapitel 11, »Personas – aus Erkenntnissen prototypische Nutzende entwickeln«), dann sehen Sie sich diese vorm Schreiben unbedingt nochmal an. So schreiben Sie nicht ins Leere, sondern klar ausgerichtet auf Ihre Zielgruppe. Treten Sie in einen Dialog mit den Personas, erzählen Sie ihnen, was sie interessiert, wählen Sie die Aspekte Ihres Themas, die bei Ihren Zuhörenden das größte Interesse hervorrufen.

### 34.1.2 Der Ton/die Tonalität

Die Art und Weise, wie Sie mit den Menschen sprechen, muss zu beiden passen – zu Ihnen und zu den Lesenden. Nur weil Sie sich an coole 16-Jährige wenden, ist es unpassend, wenn Sie deren Sprache sprechen. Selbst wenn Sie die aktuelle Jugendsprache überzeugend hinbekommen sollten – was meist selbst 25-Jährigen nicht mehr authentisch gelingt –, wird eine Versicherung, die Jugendliche in Jugendsprache anspricht, bestenfalls als anbiedernd empfunden – meist aber nur als peinlich.

Denken Sie auf der anderen Seite aber auch daran, nicht zu fachlich oder zu formell zu schreiben. Ein Text, der sich an der gesprochenen Sprache orientiert, ist nicht nur leichter zu lesen. Er wirkt vor allem auch glaubwürdiger, weniger distanziert und damit angenehmer.

### 34.1.3 Siezen oder duzen?

Viele deutschsprachige Websites und Apps, die sich an die breite Bevölkerung wenden, duzen die Besuchenden inzwischen. Vorreiter waren Sites, die sich jugendlich geben, wie etwa Shops für Sportausrüstung und Fitnessstudios. Doch inzwischen duzen die Discounter und REWE, Edeka ist dagegen noch beim Sie, Vodafone und O2 duzen, die Telekom hat aktuell einen Mischmasch von duzen und siezen auf der Site. Im geschäftlichen Umfeld ist das Siezen tendenziell noch üblich, und das erwarten viele Menschen auch. Banken und Versicherungen sind weiter beim Sie – aber das Duzen verbreitet sich mehr und mehr. Die Site der Unternehmensberatung Deloitte etwa duzt die Besuchenden, wie es z. B. auch die Betriebssysteme von Apple machen.

Je seröser Sie wirken möchten und je älter Ihre Zielgruppe ist, desto vorsichtiger sollten Sie mit dem Duzen sein. Von einigen Menschen wird es noch immer als unhöflich empfunden. Sehen Sie sich um, wie es Ihre Mitbewerber tun, und versuchen Sie die Erwartungen Ihrer Zielgruppe auch hier zu treffen. Im Zweifel bleiben Sie lieber beim Sie.

### 34.1.4 Gendern oder nicht?

*Gendern* heißt, die Anredeformen und Personenbezeichnungen so anzupassen, dass sie alle Geschlechter umfassen und nicht nur »mitmeinen«. Wenn Sie also von Lesern und Leserinnen sprechen, von Lesenden oder von Leser:innen – und nicht nur von Lesern. Manche die dafür, und manche, die dagegen sind, diskutieren das sehr emotional – obwohl das Thema der Mehrheit gar nicht so wichtig ist. Wenn wir Websites und Apps erstellen, müssen wir auch hierbei zuerst an unsere Zielgruppen denken: Wir müssen herausfinden, was diejenigen für richtig halten, die wir ansprechen wollen. Das können wir durch User Research tun, oder wir können einfach sehen, was die Konkurrenz macht. Und wie sich unsere Zielgruppen selbst ausdrücken, etwa auf Sozialen Medien. Zu beobachten ist, dass jüngere Menschen tendenziell mehr Wert auf gendergerechte Sprache legen.

Sie müssen übrigens nicht unbedingt von Leser*innen sprechen, wenn Ihnen der Genderstern zu aufdringlich vorkommt. Die Schreibweise mit Doppelpunkt (Leser:innen) scheint sich durchzusetzen – viele halten sie für typografisch schöner und lesefreundlicher, weil der Doppelpunkt den Lesefluss weniger unterbricht als das Sternchen. Oder Sie verzichten ganz auf diese Darstellungsform und sprechen immer Männer und Frauen an (»Leserinnen und Leser«) – was dann aber wieder diejenigen unberücksichtigt lässt, die sich keinem dieser zwei Geschlechter zugehörig fühlen. Mit »Lesenden« sind sie generell immer auf der richtigen Seite.

Kein einfaches Thema, denn wie Sie sich auch entscheiden – Sie werden immer einzelne Personen verärgern durch Ihre Entscheidung. Nachdem alles derzeit stark im Fluss ist, hier mehr aktuelle Hintergründe sowie Tipps zur praktischen Umsetzung: *uux.jetzt/131*.

### 34.1.5 Ihr Ziel

Wenn Sie beginnen mit dem Schreiben, fragen Sie sich, was Sie mit diesem Text erreichen wollen. Möchten Sie, dass die Menschen nach dem Lesen einen Link anklicken und ein Produkt bestellen? Sollen sie bei Ihnen anrufen und einen Termin vereinbaren? Oder möchten Sie, dass sie Ihre Checkliste ausdrucken und damit arbeiten? Jeder einzelne Text kann ein anderes Ziel haben. Nur wenn Sie dieses vor dem Schreiben definieren, können Sie es auch erreichen.

### 34.1.6 Der Einstieg

Der Beginn eines Textes ist der kritischste Punkt. Wie schaffen Sie es, die Aufmerksamkeit der Lesenden zu fesseln? Überlegen Sie, was an Ihrem Thema das Spannendste ist. Oder überlegen Sie, welche witzige, unerwartete oder hilfreiche Information Sie am Anfang bringen können, um in den Text hineinzuziehen. Vermeiden Sie unbedingt Allgemeinplätze, wie man sie ständig liest: »Die Smartphone-Nutzung ist auf dem Vormarsch ...«, »Heute hat jeder WhatsApp ...«, »Mehr und mehr Menschen interessieren sich für Smart Home ...« – alle diese Formulierungen sagen nichts. Verzichten Sie auf solche langweiligen Sätze, fangen Sie nicht mit dem an, was Ihre Zielgruppe schon weiß, sondern mit dem, was sie *nicht* weiß.

### 34.1.7 Das Ende – die Handlungsaufforderung

Ihr Ziel bestimmt die Handlungsaufforderung (*Call to Action*), die am Schluss Ihres Textes stehen sollte. Überlegen Sie, wie Sie diese Aufforderung formulieren möchten. Und vor allem: welche Argumente Sie bringen müssen, um die Lesenden letztlich zu überzeugen.

Vielen fällt es leichter, wenn sie die Handlungsaufforderung gleich nach dem Einstieg schreiben. So wissen sie genau, wo sie mit ihrem Text hinwollen, und können den Inhalt darauf ausrichten.

### 34.1.8 Die Gliederung

Manchen reicht es, Anfang und Schluss festzulegen, und sie schreiben den Text dazwischen dann flüssig herunter. Gelingt Ihnen das nicht oder ist Ihr Text länger als ein paar Zeilen, sollten Sie Ihre Texte vorab zumindest grob gliedern. Die Gliederung muss weder umfassend noch lang sein. Und halten müssen Sie sich auch nicht daran, wenn Ihnen während der Umsetzung etwas Besseres einfällt.

Oft genügen vier, fünf Halbsätze, um zu wissen, wie der Text aussehen soll. Haben Sie keine Gliederung, besteht die Gefahr, dass Sie zu lang brauchen und auch zu weitschweifig werden. Schreiben Sie direkt auf Ihr Ziel zu, und kommen Sie schnell zum Punkt.

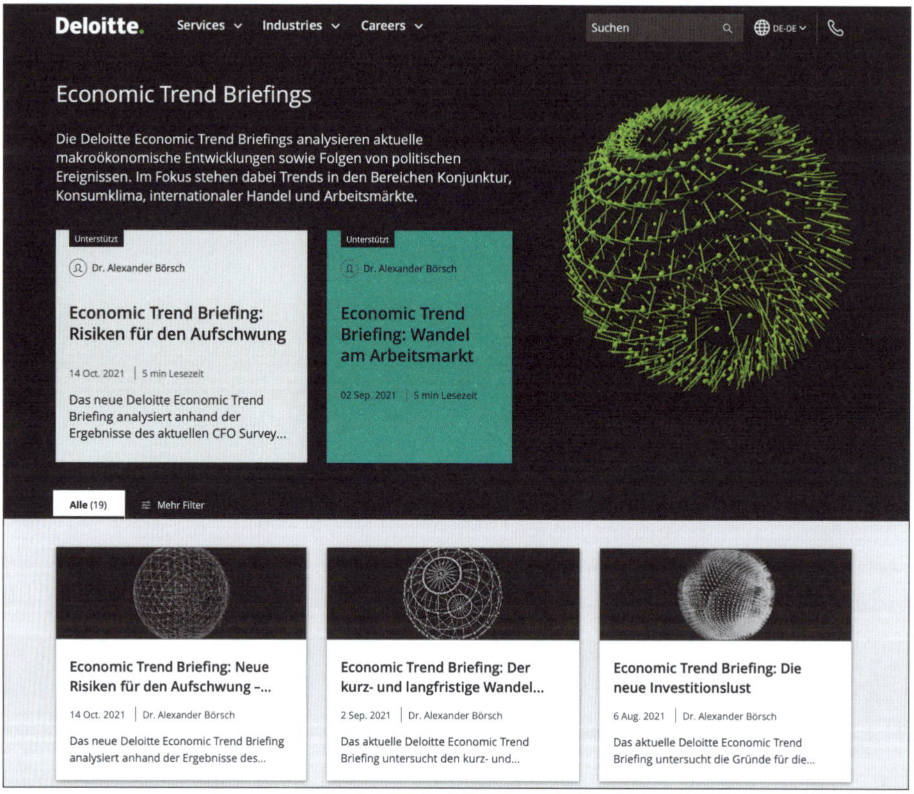


**Abbildung 34.2** Sachlich, fachlich und doch nicht distanziert. So können Texte sein, hier auf deloitte.de.

Wichtig ist auch: Fragen Sie sich, ob Ihr Text nicht zu lang wird. Längere Texte teilen Sie in den meisten Fällen besser auf mehrere verlinkte Seiten auf. Dabei gibt es keine Faustformel für die Länge – die richtige Länge haben Sie, wenn die Menschen den ganzen Text lesen. Das tun sie, wenn er relevant für sie ist (und er gut geschrieben ist). Versuchen Sie aber tendenziell, sich so kurz wie möglich zu fassen.

## 34.2 Wie schreibe ich lesbaren und verständlichen Text?

In der Schule lernen wir zwar, Aufsätze zu schreiben, aber leider nicht, wie man gute Texte schreibt. Doch die Grundregeln sind einfach: Als Erstes muss ich die eben genannten Vorbereitungen treffen. Dann sollte ich beim Schreiben selbst noch die folgenden Tipps beachten:

- Fassen Sie sich kurz. Kurze Wörter, kurze Sätze, kurze Seiten.
- Vermeiden Sie Nominalstil (»die Verwendung des ...«, vor allem Wörter auf -heit, -keit, -ung, -ierung etc.).
- Formulieren Sie im Aktiv.
- Schreiben Sie so konkret und anschaulich wie möglich.
- Vermeiden Sie Füllwörter (z. B. nun, doch, wohl, allerdings, eigentlich ...).

**Wissenschaftlicher Hintergrund**

Belege für den Zusammenhang zwischen guter Usability und gutem Text finden Sie unter *uux.jetzt/085*.

Die Lesbarkeit lässt sich mithilfe von Formeln abschätzen – die können aber nur einen Anhaltspunkt geben (siehe Abbildung 34.3). Microsoft Word bietet das auch, allerdings müssen Sie die Funktion erst aktivieren. Gehen Sie auf EINSTELLUNGEN • RECHTSCHREIBUNG UND GRAMMATIK; dort setzen Sie das Häkchen bei LESBARKEITSSTATISTIK ANZEIGEN. Und dann müssen Sie einen kompletten Korrekturdurchlauf mit der Rechtschreibprüfung machen. Ganz am Ende kommt dann die Lesbarkeitsstatistik – und selbst das funktioniert manchmal aufgrund technischer Fehler nicht.

Es gibt über 50 verschiedene Formeln zur Bewertung der Lesbarkeit, in die vor allem Wort- und Satzlänge eingehen. Die resultierenden Maßzahlen sollten die Schwierigkeit eines Textes anzeigen. Sie eignen sich im Prinzip alle, um die Textqualität von verschiedenen Webseiten grob zu vergleichen. So können sie beispielsweise eingesetzt werden, um die Seiten innerhalb einer Website herauszufinden, bei denen eine Verbesserung des Textes am dringendsten ist. Allerdings muss man sich bewusst sein, dass die untersuchten Formeln lediglich die formalen Kriterien der Wort- und Satzlänge berücksichtigen. Wenn etwa Fachwörter gebraucht werden, die die Lesenden nicht verstehen, erfassen das die Indizes nicht zuverlässig. Fachwörter verschlechtern die Indizes nur, wenn sie länger als gewöhnliche Wörter sind. Und solche Unsinnstexte ergeben z. B. auch gute Werte:

*Der Text hier ist kurz. Das ist gut. Kurz gibt gute Werte.*
*Aber Benutzerfreundlichkeit ist nicht.*

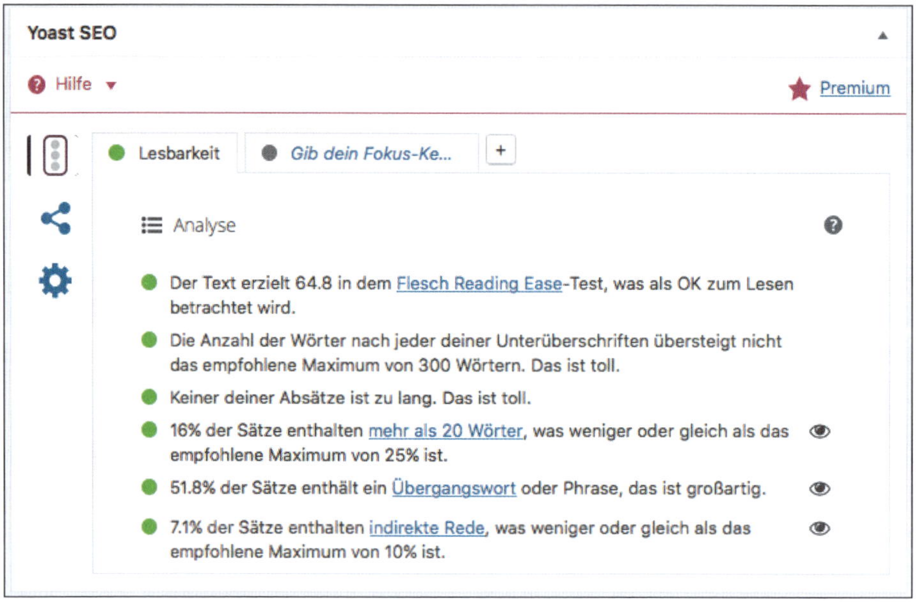


**Abbildung 34.3** Verschiedene Werkzeuge zeigen eine Bewertung der Lesbarkeit Ihrer Texte an, hier das Plug-in für Wordpress Yoast SEO.

Beginnen Sie Ihre Texte immer mit Ihrem wichtigsten Punkt – also Ihrer Hauptbotschaft. Sparen Sie sich Einleitung und Herleitung. Die liest niemand, und die Gefahr ist, dass Nutzende denken, es käme nichts Interessantes, wenn der Text nicht mit etwas für sie Interessantem startet.

Die Lesbarkeit unterstützt auch eine gute Struktur des Textes. Ein Absatz sollte jeweils nur einen Sinnabschnitt haben. Das heißt, kommt ein neues Thema bzw. ein neuer Aspekt hinzu, sollte das in einem neuen Absatz passieren. Ein Absatz hat idealerweise nicht mehr als vier, fünf Sätze.

Ein Satz besteht am besten nur aus einem Haupt- und einem Nebensatz. Das heißt nicht, dass man nicht auch gelegentlich kürzere Sätze machen sollte und nicht auch mal einen längeren machen darf.

Bei den absoluten Zahlen gibt es nur Angaben zur so genannten *Einfachen Sprache*. Das ist eine klar definierte Variante des Deutschen, die speziell für Menschen mit geringen Lesefähigkeiten gedacht ist. Also für funktionale Analphabeten, für Menschen mit geringer Bildung oder einer anderen Muttersprache. Gerade im mobilen Kontext sind leicht verständliche Texte mit kurzen Sätzen aber für alle Nutzenden wichtig. Hier sind die Bildschirme kleiner, die Aufmerksamkeitsspanne ist kürzer, und die Umgebung lenkt mehr ab.

Anforderungen für Texte in Einfacher Sprache sind:

- kurze Sätze bilden (maximal ca. 15 Wörter)
- einfache Sätze verwenden (maximal ein Nebensatz/Komma)
- möglichst wenig Fremdwörter
- wenn Fremdwörter gebraucht werden, sie beim ersten Auftreten erklären

Diese Werte sind ein Anhaltspunkt für alle Texte, die sich an eine breite Zielgruppe richten. Mehr dazu auch in Abschnitt 5.10, »Leichte Sprache und Einfache Sprache«. Einfache Sprache ist auch für Durchschnittsnutzende nicht zu einfach, sondern im Gegenteil gut verständlich. Auch wer ein Fachpublikum anspricht, sollte möglichst einfach formulieren. Kompetenz vermittelt man nicht durch komplizierte Sätze. Das belegt eine Studie, vorgestellt in der Veröffentlichung *Folgen des Einsatzes übermäßig gelehrter Fachsprache ohne Berücksichtigung der Notwendigkeit* (siehe *uux.jetzt/086*). Dabei ist der Titel ein Scherz – die Studie belegt, dass solch unnötig komplexe Formulierungen dazu führen, dass Lesende, die Person, die das verfasst hat, für weniger intelligent halten. Das heißt aber natürlich nicht, dass Sie die korrekten Fachbegriffe nicht nutzen sollten, wenn Sie über ein Fachthema für ein Fachpublikum schreiben – im Gegenteil.

**Abbildung 34.4** Menschen lesen lange Texte – wenn sie gut sind und Textlesen das ist, was sie gerade tun wollen. (Quelle: onezero.medium.com)

**Texte mit KI erstellen**

Dienste wie ChatGPT schreiben schneller als jeder Mensch erstaunlich gut lesbare Texte. Können wir uns da nicht sehr viel Arbeit sparen und die künstliche Intelligenz die Texte für unsere Website schreiben lassen? Der Gedanke ist verlockend, doch ganz so einfach, wie man erstmal denkt, ist es nicht. Eines der Hauptprobleme: Sie müssen ChatGPT sehr gute Vorgaben machen, damit überhaupt brauchbare Texte herauskommen. Stellen Sie sich vor, Sie haben eine neue Kollegin, super motiviert, fleißig und mit tollen Schreibfähigkeiten. Sie sagen ihr einfach: »Mach' mal die Texte für die Website.« Und fahren dann in Urlaub. Sie wird trotz ihrer Fähigkeiten nichts Brauchbares produzieren können. Denn ihr fehlt der gesamte Hintergrund: Wer ist die Zielgruppe? Was genau sind die Produkte bzw. was sind die Themen, um die es gehen soll? Was sollen die Texte bewirken? Was wissen die Besuchenden schon, was sollen die Texte ihnen erklären? Ähnlich geht es einer KI, der Sie eine solche Aufgabe geben.

Die Kollegin hat den Vorteil, dass sie andere im Unternehmen fragen kann. Sie kann mit wenigen Informationen starten und klar auflisten, was sie braucht, um gut arbeiten zu können. ChatGPT dagegen präsentiert gleich eine fertige Lösung – die aber bei unklaren Vorgaben völlig unbrauchbar ist.

Was dagegen leidlich funktioniert, ist das Verbessern von vorhandenen Texten. Die KI-Dienste kommen zwar nicht an menschliche Textprofis heran, die meisten Menschen tun sich aber beim Formulieren schwer, und sie kann KI durchaus unterstützen. Sie müssen aber alle Ergebnisse sorgfältig prüfen, denn es schleichen sich dabei gern auch mal falsche Informationen ein.

Was Sie generell im Hinterkopf haben müssen: Generische Inhalte, die keine konkreten, neuen oder umfassenden Informationen bieten, fallen nicht nur bei Nutzenden durch und werfen ein schlechtes Bild auf Ihre Website. Sie werden auch von Suchmaschinen als solche erkannt und sind auch dadurch problematisch. Auch wenn sie gut formuliert sind.

## 34.3 Überschriften

Die wichtigste Erkenntnis aus Usability-Tests bezüglich Text ist: Menschen lesen keine Texte auf Websites. Und auch in Apps nicht. Davon gibt es natürlich Ausnahmen, sonst bräuchten wir gar keinen Text zu schreiben. Aber wir Menschen versuchen, unseren Arbeitsaufwand meist möglichst klein zu halten. Und da der meiste Text für uns irrelevant ist, wenn wir eine bestimmte Information suchen oder eine Aufgabe erledigen wollen, überfliegen wir die Seiten nur und nehmen nur einige wenige Wörter wahr, die ins Auge fallen. Seiten mit viel Text erfassen wir nach dem so genannten F-Muster (siehe Kapitel 3, »Menschliche Wahrnehmung – Gestaltgesetze & Co.«). Das heißt, wir lesen die Überschrift, gehen mit dem Blick den linken Seitenrand entlang und lesen eine Zwischenüberschrift oder einen Text im mittleren Seitenbereich, dann sehen wir noch nach ganz unten. Das erklärt, warum die meisten Webseiten nur wenige Sekunden angesehen werden, wie wir aus Analytics-Daten wissen.

**Abbildung 34.5** So sieht guter Webtext aus: gegliedert, mit Kästen und Listen, aussagekräftigen Überschriften und Illustrationen. (Quelle: allianz.de)

Dieses Verhalten können wir nicht ändern. Wir können aber unsere Texte so anpassen, dass sie das Beste daraus machen. Unterstützen Sie dieses Verhalten, indem Sie an den wichtigen Stellen die wichtigsten Informationen geben. Ganz zentral dafür sind die Überschriften. Diese stechen durch ihre Formatierung heraus und haben die größten Chancen, gelesen zu werden.

Insbesondere die erste Überschrift auf der Seite sollte ganz klar vermitteln, worum es auf der Seite geht. Verzichten Sie auf Humor, witzige Formulierungen oder Wortspiele. Die Überschrift muss zeigen, worum es auf dem Rest der Seite geht. Und sie muss Lesende überzeugen, dass es sich lohnt, den Text zu lesen. Schafft die Überschrift das nicht, können Sie sich alle weitere Mühe mit dem Text auf dieser Seite sparen.

Zwischenüberschriften gliedern den Text logisch. Sie beschreiben, was in den folgenden Absätzen steht. Außerdem lockern sie die Seite auf und verhindern, dass auch lange Texte wie Bleiwüsten erscheinen.

## 34.4 Listen und Kästen

Eine weitere Möglichkeit, Texte aufzulockern und leichter erfassbar zu machen, sind Listen. Immer, wenn Sie Informationen in Aufzählungen umwandeln könnten, tun Sie das.

- Das gibt der Seite Struktur,
- kommt mit weniger Wörtern aus und
- vermittelt schnell die wichtigsten Begriffe.

Auch abgesetzte Kästen haben sich bewährt als Strukturelemente für Seiten mit längeren Texten.

**Vorteile von Textkästen**

In Textkästen können Sie Hintergrundinformationen geben, die nicht für alle Lesenden wichtig sind. Oder eine Geschichte zu Ihrem Text erzählen, etwa eine Fallstudie oder einen beispielhaften Einzelfall. Sie machen den Haupttext schlanker und bieten gleichzeitig einen alternativen Einstiegspunkt für Nutzende, die den Text bisher nur überflogen haben.

## 34.5 Tabellen, Diagramme, Bilder und Videos

Einige Zusammenhänge lassen sich mit Abbildungen wesentlich besser darstellen. Bevor Sie umständlich erklären, wie man ein komplexes Gerät auseinandernimmt (oder zusammensetzt), zeigen Sie es lieber. Oder Sie machen beides – Sie beschreiben den Vorgang und illustrieren ihn mit Zeichnungen, Fotos oder Videos.

Vorsicht ist bei Tabellen und Diagrammen geboten. Diese sind sehr gut geeignet, komplexe Hintergründe für ein Fachpublikum übersichtlich darzustellen. Auf normale Menschen können sie jedoch abschreckend wirken. Und sie müssen nutzerfreundlich aufbereitet sein, sonst schaden sie in den meisten Fällen mehr, als sie bringen. Siehe hierzu auch Kapitel 43, »Listen und Tabellen formatieren«. Sind die Seiten aber für ein Fachpublikum, das den Umgang mit Tabellen und Diagrammen gewohnt ist, nutzen Sie diese unbedingt, wo immer möglich.

## 34.6 Hervorhebungen

Letzter Punkt, wie Sie Ihre Seiten strukturieren können, sind Hervorhebungen wie **fett**, *kursiv* oder farbig. Damit lassen Sie die jeweiligen Wörter ebenfalls herausstechen aus dem Text und bieten eine Hilfe für Nutzende, die die Seite überfliegen. Markieren Sie also Schlüsselbegriffe, die für den jeweiligen Absatz am wichtigsten sind. Übertreiben Sie es aber nicht – heben Sie zu viel hervor, verliert das seine Wirkung. Ein, zwei Wörter alle drei, vier Absätze sind genug. Am besten eignet sich die Markierung in fetter Schrift – mehr dazu siehe auch Kapitel 32, »Schriftarten und Textformatierung«.

## 34.7 Text und SEO

Ein sehr wichtiger Aspekt von Text ist der der Suchmaschinenoptimierung (Search Engine Optimization, SEO). Dazu gibt es viele Bücher und viel zu beachten – und dafür kann man sehr viel Geld ausgeben. Wollen Sie aber einfach nur dafür sorgen, dass Ihre Seiten gefunden werden, wenn man nach diesen sucht, empfehlen wir Ihnen die gelassene Suchmaschinenstrategie. Diese hat den Charme, dass sie kaum Arbeit macht, weil sie sich daran orientiert, wie wir suchen. Und sie nutzt aus, dass die Suchmaschinen immer mehr so suchen wie wir Menschen. Mit jedem Update seiner Suchroutinen macht Google den SEO-Profis das Leben schwerer. Google & Co. wollen möglichst viele Nutzende. Und die bekommen sie mit möglichst guten Suchergebnissen. Eine ideale Suchmaschine würde also genau die Treffer heraussuchen, die ein sehr gut informierter Mensch zu dem gerade gefragten Thema vorlegen würde. Und so passt Google seine Algorithmen laufend so an, dass sie immer mehr bewerten wie Menschen. Das Unternehmen ist laufend dabei, die Qualität seiner Ergebnisse zu verbessern – mithilfe von Beobachtungen, mit manuellen Auswertungen und vor allem mithilfe der Analyse der gigantischen Menge von Suchanfragen und anderen Daten, die dort anfallen.

Und so werden Seiten von den Suchmaschinen als gut bewertet, die sich an genau die Regeln halten, die Sie hier in diesem Kapitel gefunden haben. Ein paar technische Hintergründe müssen Sie noch beachten, dann steht Ihre gelassene Suchmaschinenstrategie. Mehr dazu auch unter *uux.jetzt/087*.

Wer kompetitiv unterwegs ist und auch bei populären Suchbegriffen weit vorn in den Trefferlisten erscheinen will, muss tiefer einsteigen und braucht Fachliteratur und Fachwissen. Aufpassen muss man nur, dass bei aller Optimierung die Lesbarkeit für Menschen erhalten bleibt und Nutzende sich nicht fragen, was die Texte sollen (siehe Abbildung 34.6).

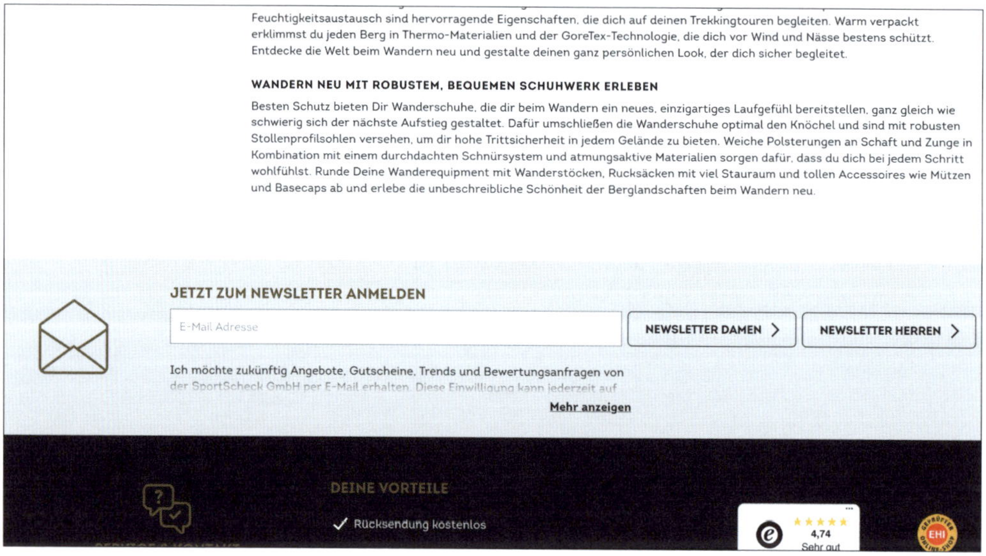


**Abbildung 34.6** Das unterste Ende einer Produktseite auf sportscheck.com. Der Text oberhalb des grauen Newsletter-Kastens ist viel zu klein, um ihn zu lesen – er ist auch für Suchmaschinen gedacht.

**Checkliste für gute Texte**

- **Überschrift**
  Motiviert die Überschrift, den Text zu lesen? Verrät sie, worum es im Text geht?
- **Zwischenüberschriften**
  Gibt es alle zwei bis fünf Absätze eine Zwischenüberschrift? Beschreiben diese, was in den jeweils folgenden Absätzen steht? Sind die Zwischenüberschriften für sich verständlich, wenn man sie nacheinander liest, ohne den Fließtext? Ziehen die Überschriften in den Text hinein?
- **Einstieg/erster Absatz**
  Fesselt der erste Absatz die Lesenden? Motiviert er, weiterzulesen?
- **Fließtext inhaltlich**
  Erzählt der Text eine Geschichte? Möchte man weiterlesen, oder gibt es Punkte, an denen die Lesenden aussteigen würden?
- **Psychologie**
  Sprechen Sie die Lesenden direkt an? Aktivieren Sie ihre Erinnerungen oder Emotionen? Stellen Sie eine Verbindung mit ihnen her, zeigen Sie, dass Sie sie und ihre Probleme verstehen? Vermeiden Sie, zu viel von sich selbst zu erzählen?
- **Sprache**
  Schreiben Sie im Aktiv? Gibt es in den Sätzen Menschen, die handeln? Sind die Sätze kurz? Haben Sie Fremdwörter, Anglizismen und unnötige Fachwörter ver-

mieden? Verwenden Sie Füllwörter sparsam (wie also, durchaus, übermäßig, manchmal, doch etc.)?

- **Rechtschreibung und Grammatik**
  Haben Sie ein Rechtschreibprogramm genutzt, um zumindest Flüchtigkeitsfehler zu vermeiden? Oder hat besser noch jemand anderes Ihren Text genau Korrektur gelesen?
- **Bildunterschriften**
  Hat jedes Bild eine aussagekräftige Bildunterschrift? Leistet diese mehr, als nur das zu beschreiben, was man auf dem Bild sowieso sieht?
- **Schluss/Handlungsaufforderung**
  Ist der Schluss des Textes befriedigend? Beantwortet er die Fragen, die der Text am Anfang aufgeworfen hat? Haben Sie alles geliefert, was Sie am Anfang versprochen haben? Wissen die Lesenden, was sie als Nächstes tun sollen? Ist die Handlungsaufforderung klar, realistisch und schnell umzusetzen?

# Kapitel 35
# Bilder für Nutzende auswählen

*Bilder fallen einerseits vermeintlich sofort ins Auge. Und doch sehen Menschen sie oft nicht an – auf vielen Sites sind Bilder nur visuelles Füllmaterial. Richtig eingesetzt, verbessern Bilder die User Experience aber enorm.*

*Abbildungen, Illustrationen, Fotos* – um all diese Elemente geht es im Folgenden. Animationen behandeln wir in Kapitel 46, »(Mikro-)Animation sinnvoll einsetzen«.

## 35.1 Was ist eigentlich ein Bild?

Ein *Bild* oder eine *Abbildung* zu definieren, ist gar nicht so einfach – und doch wissen wir sofort, wenn wir ein Bild vor uns haben. Ob Zeichnung, Gemälde oder Foto: Sie alle sind grafische, manchmal künstlerisch veränderte Abbildungen der Wirklichkeit.

Für die Praxis wichtig ist eigentlich nur die Abgrenzung von Bildern zu Diagrammen und Icons. *Diagramme* sind grafische Darstellungen von Daten – typischerweise als Linie/Kurve, Balken oder Torte. Auch Karten, Grundrisse, Ablaufschemata und Organigramme zählen zu den Diagrammen. Ein *Icon* oder *Piktogramm* ist eine stark vereinfachte Darstellung eines Objekts oder eines Vorgangs; es steht in Apps, Websites und Programmen als Symbol und hat oft die Funktion eines Buttons/Links. Mehr dazu in Kapitel 38, »Icons aussagekräftig auswählen«.

## 35.2 Wofür brauchen wir Bilder?

Auf Websites kommen Bilder oft zum Einsatz, um die Seiten ästhetisch aufzuwerten. Um etwa längere Textstrecken visuell aufzulockern. Und doch ist das aus Sicht der User Experience nicht optimal. Denn eigentlich sollte jedes Inhaltselement nur dann auf der Seite stehen, wenn es Nutzenden weiterhilft. Eine Seite, auf der zu viel Text steht, wird auch durch ein Bild nicht besser. Besser ist es, zunächst die Ursache des Problems anzugehen: in dem Fall den Text. Vielleicht muss man ihn lediglich kürzen. Oder man gliedert ihn und bereitet ihn webgerecht auf (siehe Kapitel 34, »Nutzerfreundlich schreiben«). Oder man muss ihn leserlicher darstellen (siehe Kapitel 32, »Schriftarten und Textformatierung«). Man könnte ihn auch auf mehrere Seiten aufteilen, um ihn inhaltlich leichter erfassbar zu machen.

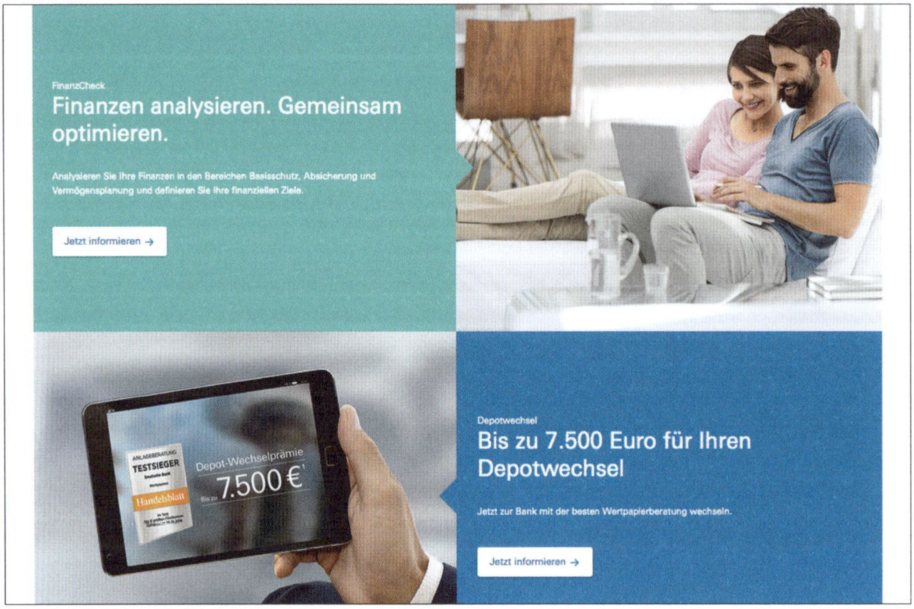


**Abbildung 35.1** Themen wie Geld, Vorsorge oder Versicherung lassen sich schwer illustrieren. Sites wie hier die Deutsche Bank versuchen es mit Fotos von Computern und glücklichen Menschen. Inhaltlich helfen diese Bilder nicht weiter.

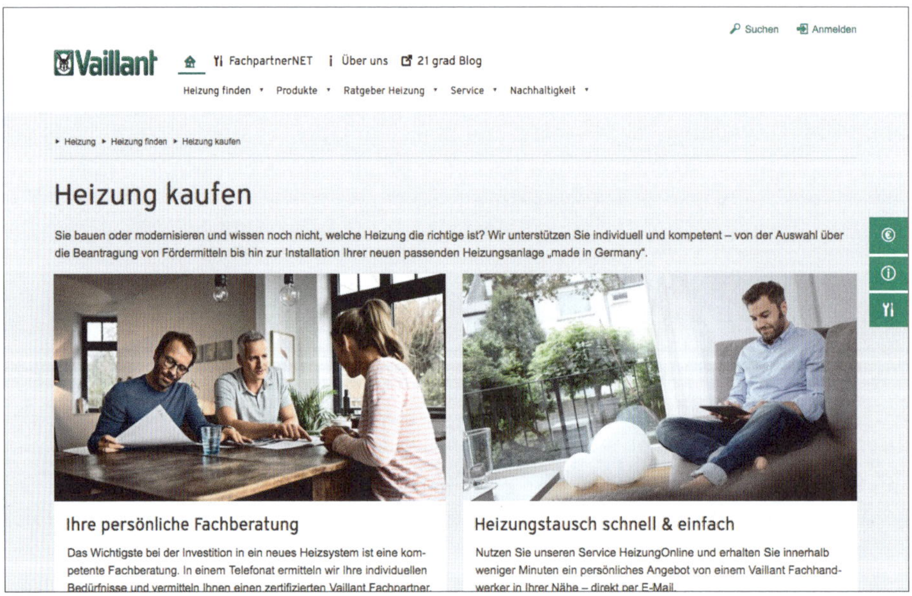


**Abbildung 35.2** Auch Hersteller von Produkten zeigen diese nicht unbedingt. Der Heizungshersteller Vaillant setzt lieber auf schöne Fotos, die keine Information transportieren.

Das Problem von rein illustrativen Fotos: Sie machen Sites verwechselbar. Die Fotos von Menschen in Abbildung 35.1 und Abbildung 35.2 sind so unspezifisch, dass man sie problemlos tauschen könnte. Zwar sind der Stil und der Farbton etwas anders – aber das ist ein rein ästhetischer Unterschied, der wenig mit den Betreibenden der Site zu tun hat und nichts mit den Interessen der Besuchenden.

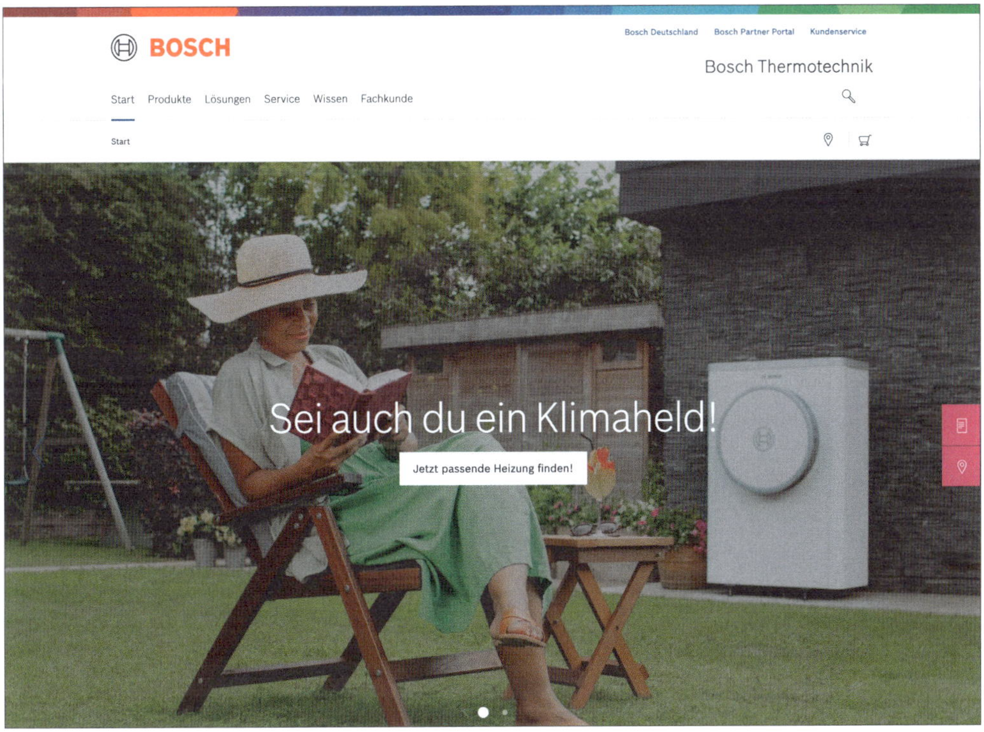


**Abbildung 35.3** Bei Bosch sieht man auch glückliche Menschen, aber immerhin im Hintergrund auch das, worum es geht: Hausgeräte, in dem Fall eine Wärmepumpe.

Unbestritten spielen Bilder ihre Stärken aus, wenn sie Vorgänge abbilden, Produkte zeigen oder Orte abbilden. Immer dann also, wenn sie *Inhalte* für die Menschen transportieren. Gerade Produktfotos sind extrem hilfreich. Wie man etwa eine Kamera an einem Kameragurt befestigt, erklärt sich nur mit Worten recht mühsam. Ein einziges Foto genügt, das zu zeigen, siehe Abbildung 35.4.

In Apps sehen wir Bilder seltener, vor allem, weil wir hier besser haushalten müssen mit dem knappen verfügbaren Platz. Ausnahme sind natürlich Foto-Apps, die rund um Bilder aufgebaut sind. Aber bei allen anderen machen es die Betreibenden richtig: Sie beschränken sich auf die Aufgabe, die Nutzende mit der App erledigen wollen. Bilder stören da meist nur. Davon können wir bei der Website-Konzeption etwas lernen.

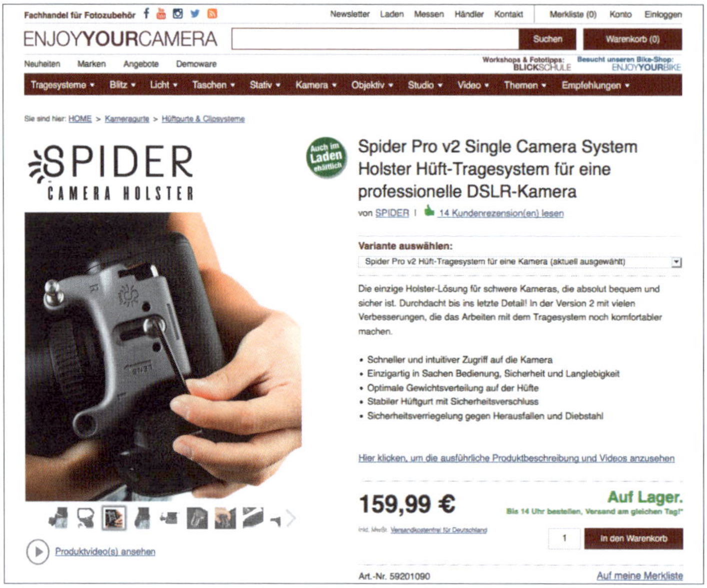


**Abbildung 35.4** Nutzende wollen wissen, wie Produkte funktionieren. Und zwar im Detail. Enjoyyourcamera zeigt das mit vielen Fotos aus der Praxis.

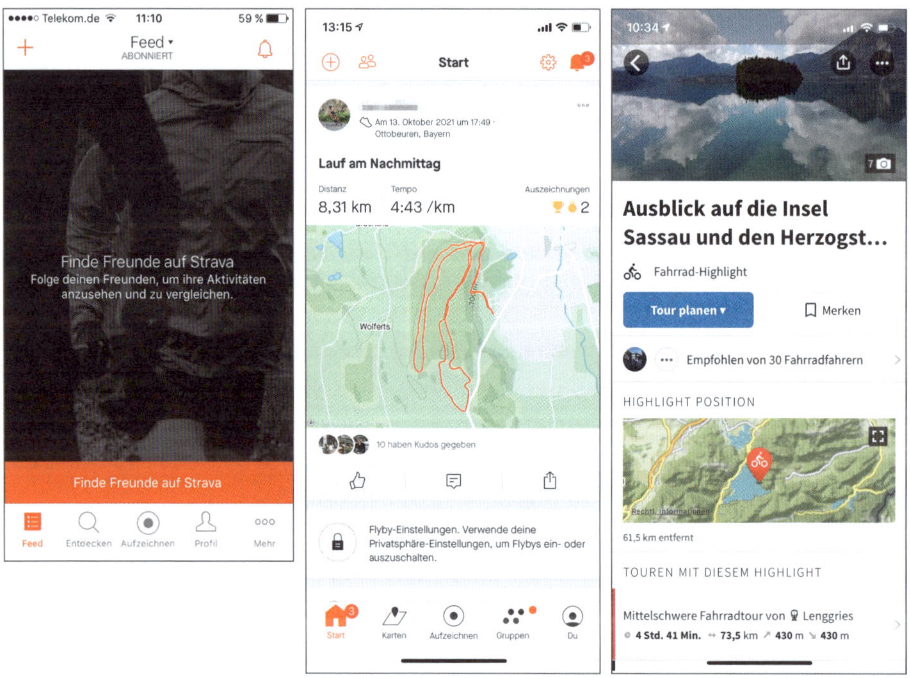


**Abbildung 35.5** In der Fitness-App Strava stand früher auf der ersten Seite ein wenig aussagekräftiges Foto (links) – in der neuen Version wurde es entfernt (Mitte). Bei der App Komoot zeigen Bilder, wie die Aussicht bei den jeweiligen Touren ist (rechts).

## 35.3 Vorteile von Bildern

Insbesondere Fotos haben viele Vorteile, die Sie bei der Gestaltung Ihrer Website oder App im Blick haben sollten:

- Sie sprechen Menschen direkt und emotional an.
- Fotos können manche Informationen sehr schnell und ohne Missverständnisse übermitteln.
- Sie lockern Texte visuell auf und sorgen für Abwechslung.
- Sie können textlich transportierte Inhalte ergänzen oder durch Wiedergabe der gleichen Informationen mit einem anderen Medium verstärken.
- Sie bleiben besser im Gedächtnis als reiner Text.
- Bilder können die Aufmerksamkeit lenken. Wir sehen zum Beispiel unweigerlich dorthin, wohin eine Person auf einem Foto sieht. Damit können Sie zusätzliche Aufmerksamkeit für das schaffen, was Sie in Blickrichtung der abgebildeten Person platzieren.

Aber bedenken Sie: Menschen sehen meist nicht als Erstes auf die Bilder, wie Blickverfolgungsstudien (Eyetracking) zeigen. Vermutlich hängt das damit zusammen, dass wir gelernt haben, dass die meisten Bilder auf Websites überflüssig sind und die eigentlichen Informationen in den Texten zu finden sind. Bilder, die zum Thema passen, machen eine Aussage allerdings glaubwürdig. Studien belegen, dass man eine Aussage eher glaubt, wenn neben ihr ein Bild steht, das den beschriebenen Sachverhalt abbildet. Dabei hat sich gezeigt: Die Aussage konnte dabei sogar falsch sein (siehe Abbildung 35.6). Mit irgendwelchen dekorativen Bildern funktioniert das aber nicht, die können der Glaubwürdigkeit sogar schaden (siehe nächster Abschnitt).

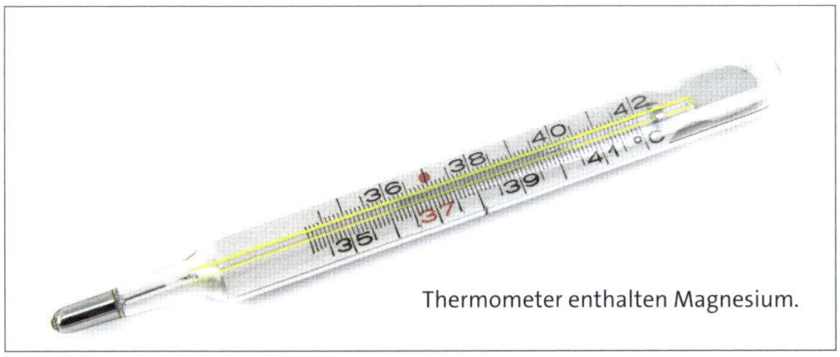


**Abbildung 35.6** Die Aussage »Thermometer enthalten Magnesium« ist natürlich Unsinn, und doch halten diese Aussage mehr Testpersonen für wahr, wenn man ihnen gleichzeitig dazu ein passendes Foto zeigt.

## 35.4 Nachteile von Bildern

Der amerikanische Usability-Experte Jakob Nielsen hat in unzähligen Blickverfolgungsstudien gezeigt: Nutzende ignorieren Bilder, die keine relevanten Informationen enthalten und Webseiten lediglich aufpeppen sollen. Im Durchschnitt haben die Testpersonen in seinen Studien insgesamt nur 42 Prozent der Bilder angesehen. Und die meisten davon dann weniger als eine Zehntelsekunde.

Außerdem: Ein einziges schlechtes Foto zerstört den gesamten Eindruck einer Seite. Anders als ein schlecht formulierter Satz – den lesen sowieso nur wenige, und über diesen einen schlechten Satz liest man meist einfach hinweg. Rechtschreibfehler und unsaubere Formulierungen korrigiert unser Gehirn beim Lesen oft, ohne dass es uns bewusst wird. Bei störenden Elementen in einem Foto dagegen werden wir sofort stutzig.

Bilder können sogar das Vertrauen in Ihre Site nachhaltig stören. Der Web-Content-Experte Gerry McGovern zitiert eine Untersuchung der Vermögensberatung Fidelity Investment. Demnach bewerten Testpersonen Aussagen über den Ertrag einer Geldanlage als weniger glaubwürdig, wenn daneben das Foto eines Menschen abgebildet ist. Sie sahen die Seite zwar länger an als die Testpersonen, die die Version ohne Foto bekamen – aber sie glaubten den Aussagen weniger, wenn ein Foto danebenstand.

Das zeigt: Bilder können die Verweildauer auf Ihren Seiten erhöhen, und trotzdem können sie schaden. Besonders im journalistischen Umfeld unterminieren unspezifische Fotos von Bildagenturen ohne klare Beschriftung sogar die generelle Glaubwürdigkeit einer Site.

## 35.5 Tipps für richtigen Einsatz und Auswahl von Bildern

Was sind die gemeinsamen Merkmale von Bildern, die tatsächlich angesehen werden und die User Experience verbessern?

Solche Bilder sind:

- kontrastreich
- scharf
- konzentriert auf ein zentrales Motiv
- wenig detailliert, leicht zu entschlüsseln
- hochrelevant für den Inhalt der Seite

Das Vorurteil, Usability-Profis würden Bilder generell ablehnen, stimmt nicht. So wenig wie die Behauptung, emotionale Bilder wären aus Usability-Sicht ungünstig. Im Gegenteil: Bilder sind hervorragend geeignet, die Usability und die User Experience, speziell die Nutzungsfreude (*Joy of Use*), zu verbessern.

Ein gutes Produktfoto kann hochemotional sein. Sehen Sie sich nur einmal an, wie Luxusprodukte im Web dargestellt werden. Ob Handtaschen oder Autos – die Inszenierung solcher Dinge ist auch im Web hochemotional. Im Englischen spricht man bei solchen Bildern vom *Hero Shot* – vom Heldenfoto (wie z. B. auf Abbildung 35.7).

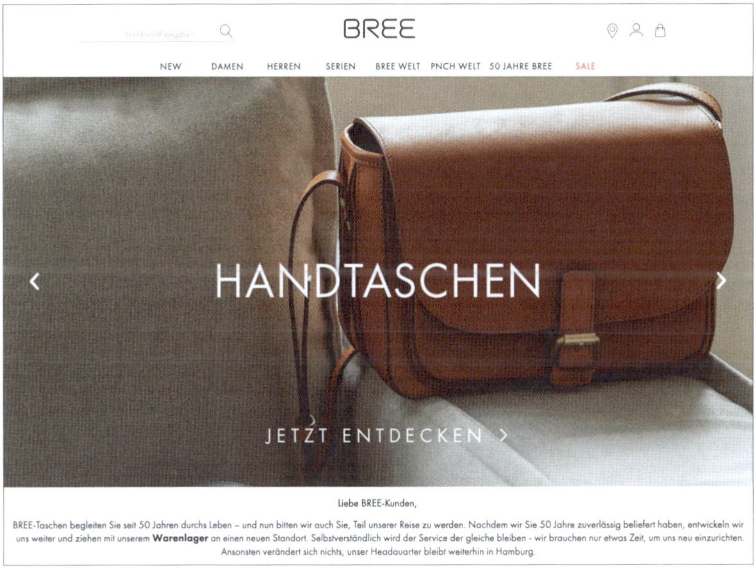


**Abbildung 35.7** Hier beim Taschenhersteller Bree steht das Produkt im Wortsinn im Vordergrund. Ein klassischer Hero Shot.

Auch ein glückliches Paar auf der Couch kann in Ordnung sein – wenn es etwas mit Ihrem Produkt zu tun hat. Nutzen die beiden z. B. gemeinsam einen Tablet-PC, ist das als Illustration einer Site nicht schlecht, wenn sie Tablet-PCs verkaufen will.

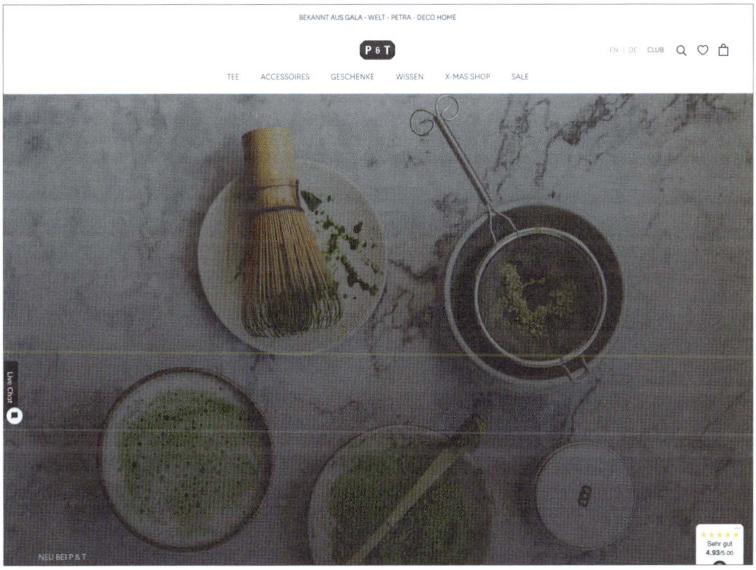


**Abbildung 35.8** Auch Nahrungs- und Genussmittel lassen sich sehr emotional inszenieren. Gute Fotos können wesentlich zum Erfolg der Site beitragen, wie bei diesem Beispiel auf paperandtea.de.

Wobei das deutlich größere Bild auf der Seite dann aber immer das Gerät sein sollte – denn das ist, was Nutzende im Web finden wollen.

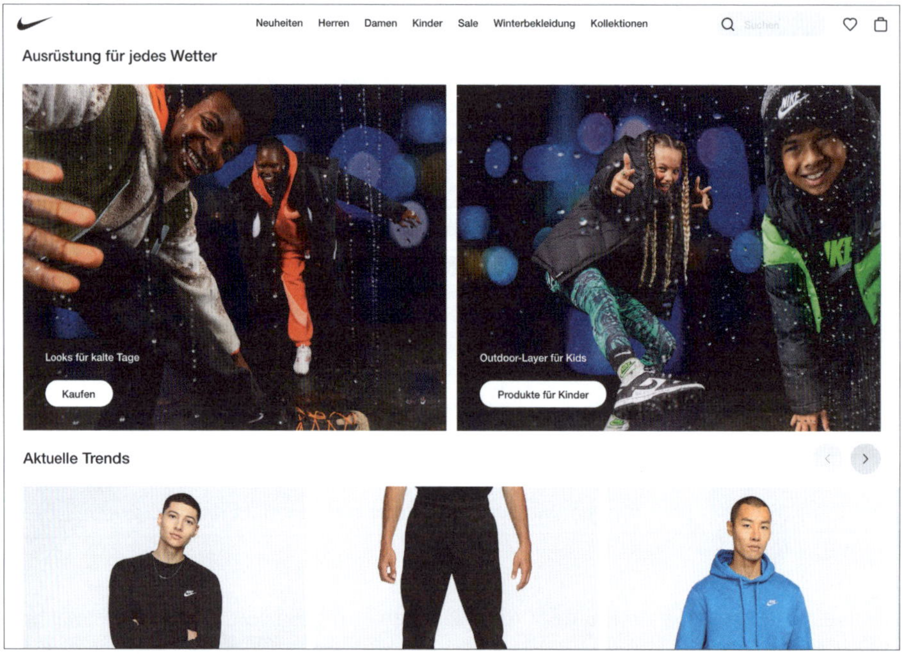


**Abbildung 35.9** Menschen auf Fotos sind wunderbar – wenn die etwas mit dem Produkt zu tun haben, wie hier bei Nike.

### 35.5.1 Die falschen Fotos erkennen

Sehr viele Fotos im Web entsprechen nicht den oben genannten Vorgaben. Aber wie erkennen Sie zuverlässig, dass ein Bild nicht geeignet ist?

Ein klares Indiz für ein ungünstiges Foto ist, wenn Sie es von einer Bildagentur, von Flickr oder einer anderen Fotosharing-Website haben. Denn generische Bilder, die nicht auf den Inhalt der Seite zugeschnitten sind, auf der sie stehen, sind austauschbar. Und meist überflüssig – im schlimmsten Fall schaden sie der User Experience.

Setzen Sie zum Beispiel auf die Seite, auf der Sie die Grundsätze Ihres Unternehmens beschreiben, ein Foto lächelnder Menschen oder einen schönen Kugelschreiber in Großaufnahme, dann sagen Sie damit auch etwas wie: »Wir hatten leider kein passendes Foto, aber irgendwas brauchen wir auf der Seite, sonst sieht man gleich, dass wir hier viel zu viel Text haben, und so haben wir einfach irgendein hübsches Bild genommen.«

Ein weiteres ganz einfaches Indiz für überflüssige Fotos: Es geht keinerlei Inhalt für Nutzende verloren, wenn Sie es weglassen.

### 35.5.2 Die richtigen Fotos finden

Verwenden Sie Fotos also nur, wenn Sie einen guten Grund dafür haben. Bei Produkten ist klar: Fotos sind hier Pflicht. Meistens braucht man sogar mehrere. Von vorn, von der Seite, von hinten. Vielleicht auch noch von innen etwa bei Autos, PCs usw. Oder Fotos des Produkts im Einsatz, etwa bei Kleidung, Schmuck oder Sportgeräten. Auch Anleitungen aller Art sind im Idealfall bebildert.

**Abbildung 35.10** Wer Produkte hat, sollte sie auch zeigen, wie hier auf nivona.com. Dafür interessieren sich Nutzende – nicht für hübsche Menschen.

Was aber ist mit Seiten wie der Erklärung der Firmengrundsätze (»Unsere Philosophie«, »Corporate Responsibility« oder Ähnliches)? Für solche Seiten gibt es kaum passende Bilder. Dazu können Sie auch klar stehen und auf Bilder verzichten. Die Seite wird nicht interessanter dadurch, irgendwelche Fotos dazuzusetzen. Das haben unzählige Tests bewiesen. Eine typische Aussage von Testpersonen ist: »Ach, Philosophie, sowas klicke ich nie an, da steht doch nur Blabla.« Wenn Sie Fotos auf so eine Seite setzen, sieht sie vielleicht besser aus, aber einen besseren Eindruck macht sie bei den Nutzenden dadurch noch lange nicht. Arbeiten Sie lieber daran, die Inhalte zu optimieren – siehe Kapitel 34, »Nutzerfreundlich schreiben«).

Sieht eine Seite schrecklich aus, dann ist sie es meist auch. Drücken Sie sich nicht um die Überarbeitung der Inhalte, indem Sie ein paar Fotos verwenden. Wenn Sie unbedingt Bilder haben wollen auf solchen Seiten, dann versuchen Sie, diese möglichst aussagekräftig oder zumindest individuell zu machen. Bilden Sie die Geschäftsführerin, den Vorstand oder die Chefin ab, und schreiben Sie eine Bildunterschrift dazu, die Bezug auf den Inhalt der Seite nimmt. Oder zeigen Sie Ihr Gebäude bzw. Ihre Räume. Oder Ihre Mitarbeitenden (wie in Abbildung 35.11).

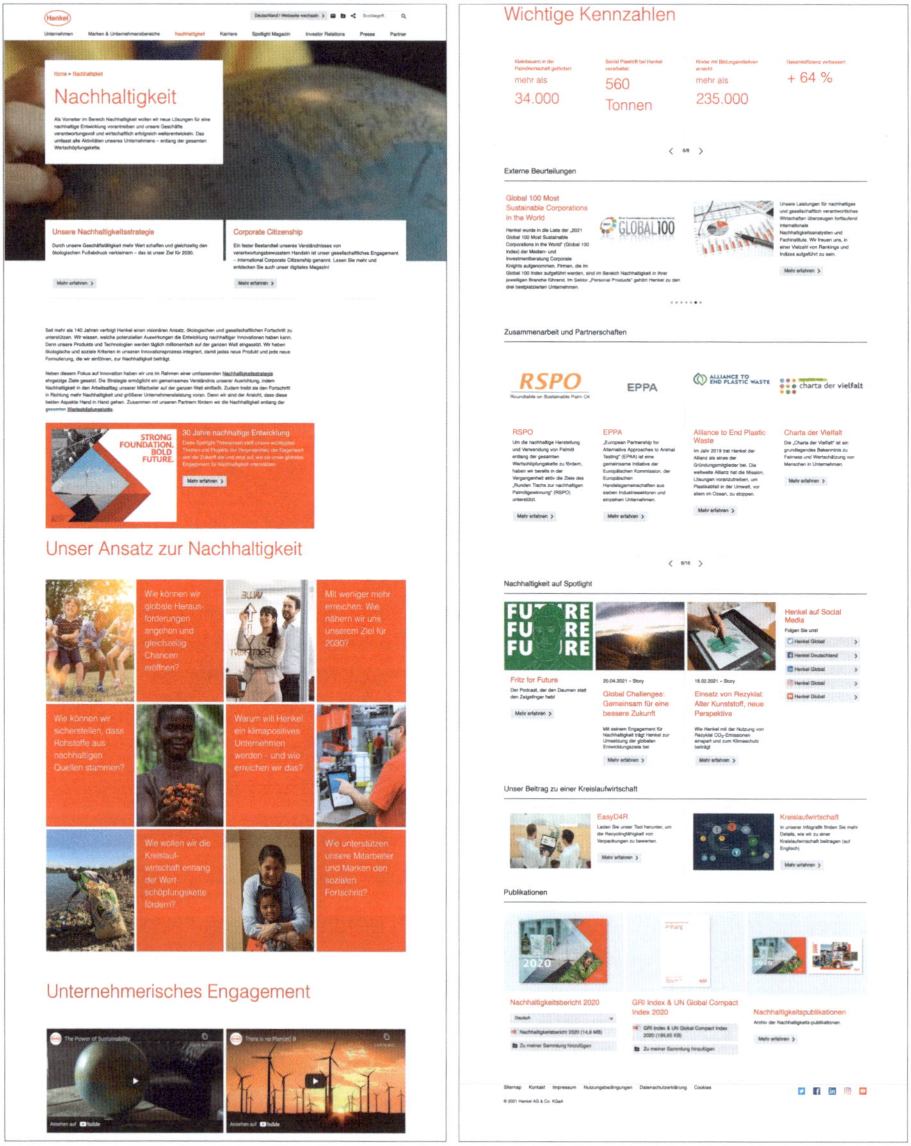


**Abbildung 35.11** Hervorragendes Beispiel für gute Fotos auf der Seite »Nachhaltigkeit« bei Henkel. Hier sieht man Bilder echter Menschen und Projekte.

Haben Sie zum Beispiel hohe ökologische Standards (die Sie hoffentlich konkret erklären), dann ist das Foto einer Blumenwiese oder eines Baches im Wald überflüssig. Zeigen Sie besser, wie sich Ihr Engagement äußert. Sie recyceln alles? Perfekt, bilden Sie also eine Ihrer Mülltonnen ab statt der grünen Wiese. Und schreiben Sie darunter, was hineinkommt in diese Tonnen, wie viel $CO_2$, Abfall oder Sonstiges Sie damit sparen. Oder Sie fotografieren Ihre Fabrik und die grüne Umgebung.

Sie haben Solarzellen auf dem Dach? Zeigen Sie das Gebäude mit diesen. Ein nicht so gelungenes Foto von Ihren Solarzellen, das Sie gemacht haben, ist viel besser als ein perfektes Foto einer Bildagentur. Finden Sie keine guten Bilder, verzichten Sie besser auf sie (wie in Abbildung 35.12).

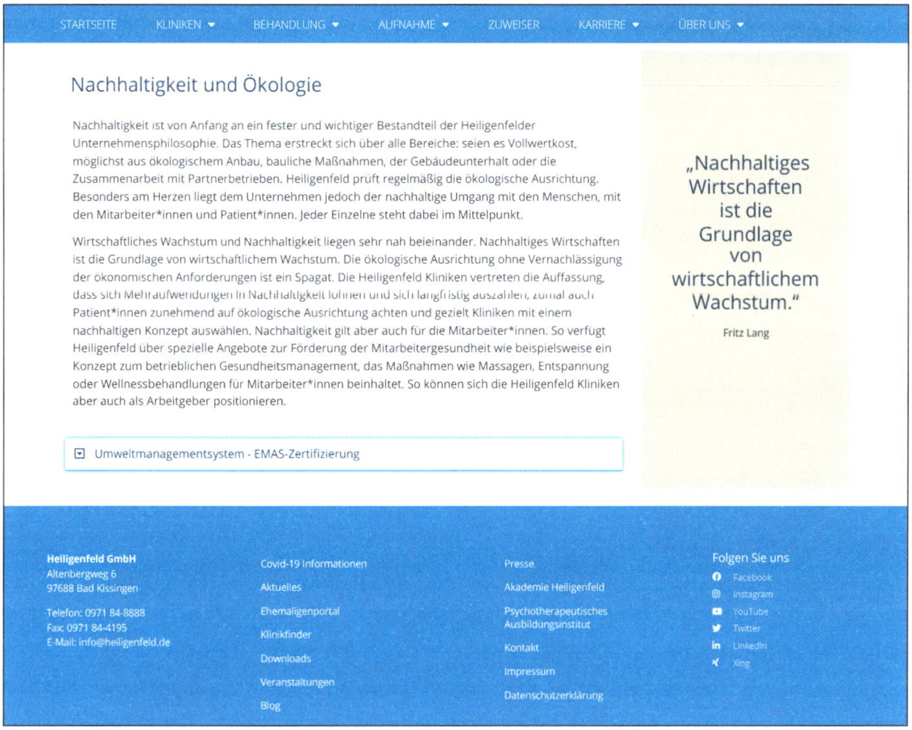


**Abbildung 35.12** Keine Bilder ist manchmal auch eine Lösung. Die Klinikgruppe Heiligenfeld konzentriert sich auf das, was Nutzende wissen wollen, die sich zu Nachhaltigkeit informieren.

**Bilder von KI erzeugen lassen?**

Künstliche Intelligenz ist nach einer simplen Anweisung in Textform in der Lage, in Sekunden Dutzende hochwertige Bilder zu erstellen. Klingt verlockend, denn hochwertiges Bildmaterial zu bekommen, ist nicht immer einfach.

Bevor Sie das für Ihre eigene Website tun, beantworten Sie aber die folgenden Fragen für sich:

- Bringen die Bilder, die ich erstellen möchte, überhaupt etwas für die Besuchenden?
- Kann ich Bilder in dem Stil erzeugen, der zur Site passt?
- Wie wirken sich KI-erzeugte Bilder auf die Glaubwürdigkeit meiner Site aus?

Damit stellen Sie sicher, dass Sie nicht einfach der Faszination der Bildgeneratoren erliegen – damit zu experimentieren, lohnt sich aber in jedem Fall. Doch vor dem Einsatz in der Praxis müssen Sie auch noch zwei weitere wichtige Fragen klären:

- Ist es rechtlich in Ordnung, solche Bilder auf meiner Site zu nutzen? Hierbei spielen die Nutzungsbedingungen des eingesetzten Dienstes eine Rolle. Außerdem sind viele Urheberrechtsfragen ungeklärt. Welche Rechte haben diejenigen, deren Bilder zum Trainieren der KI verwendet wurden? Und was passiert, wenn ein Bild einem anderen mit Urheberrechtsansprüchen zu ähnlich sieht?
- Gibt es möglicherweise Probleme mit dem Datenschutz? Ihre Informationen werden vom genutzten Dienst gespeichert und meist Teil von dessen Datenbank, um das System zu verbessern.

Wenn Sie diese Fragen auch befriedigend geklärt haben, dann können Sie loslegen. Behalten Sie aber immer im Auge, wie das Ergebnis auf die Besuchenden wirkt und welchen Wert die Bilder für diese haben – das gilt für KI-erzeugte genauso wie für klassische. Und behalten Sie im Hinterkopf, dass Sie einen individuellen, hochwertigen Eindruck nur hinterlassen, wenn die Bilder einzigartig und professionell sind – und nicht steril und austauschbar wirken. Das passiert bei KI-erzeugtem Bildmaterial ähnlich leicht wie bei Standardfotos von Bildagenturen.

Für Mockups und Entwürfe sind KI-erzeugte Bilder aber auch heute schon eine gute Option. Mehr Informationen zum Thema KI und Bilder unter: *uux.jetzt/133*.

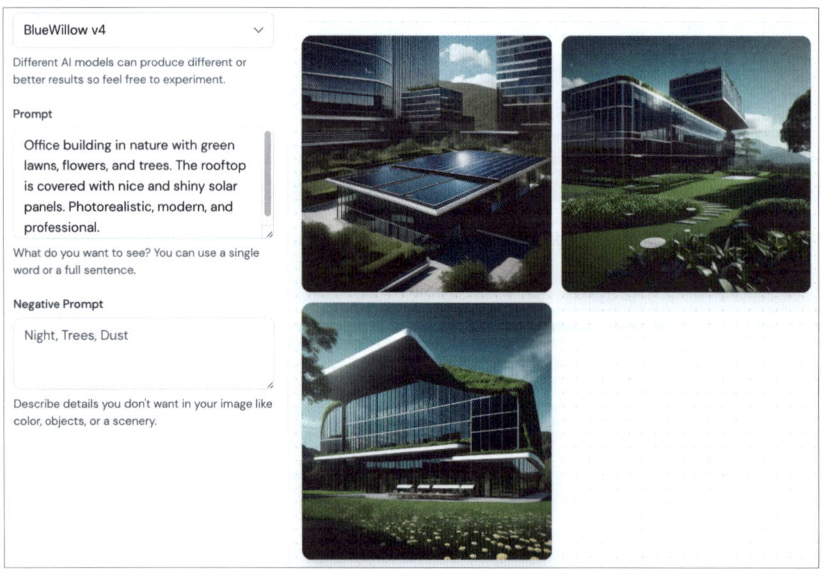


**Abbildung 35.13** Beispiel für aus Textvorgaben erzeugte KI-Bilder, hier mit LimeWire. Sieht gut aus, wirkt aber künstlich. Überlegen Sie sich, wie Besuchende das auf Ihrer Site wahrnehmen – was auch positiv sein kann, je nach Zielgruppe.

### 35.5.3 Schöne Fotos sind erlaubt

Dekorative Fotos sind immer gut, solange sie nicht austauschbar sind. Bilder aus den Räumen einer Praxis, einer Kanzlei oder eines Ladengeschäfts sind sogar ganz hervorragend. Es sollten qualitativ hochwertige Bilder sein, und es sollte klar sein, dass es Bilder von den eigenen Räumen sind.

Das Foto einer Blume auf dem Tresen kann also sehr gut wirken – wenn es Ihr Tresen ist und nicht der irgendeiner Bildagentur. Noch besser, wenn auf Ihrem Tresen tatsächlich immer Blumen stehen und Nutzende das beim Besuch vor Ort wiedererkennen.

Fotos sind praktisch Pflicht, wenn Sie:

- Kontaktpersonen nennen
- zufriedene Menschen zitieren, die bei Ihnen gekauft oder mit Ihnen zusammengearbeitet haben

Es ist zwar nicht rational, aber wir Menschen glauben einer Aussage einer Person mehr, wenn daneben ihr Bild zu sehen ist. Deshalb sind Empfehlungen um ein Vielfaches wirksamer, wenn Sie die Menschen daneben abbilden, die diese Empfehlung aussprechen.

**Abbildung 35.14** Nutzende wollen wissen, wie es bei Ihnen aussieht. Zeigen Sie es ihnen, wie hier die Zahnarztpraxis Aalai.

Und Bilder mit lächelnden Menschen, die in Richtung Kamera sehen, erzeugen positivere Emotionen. Das Gleiche gilt für leckeres Essen oder attraktive Körper. Denken Sie nur daran, dass diese Bilder etwas mit Ihrer Site zu tun haben müssen, sonst wird dieser positive Effekt schnell überlagert von der Ablehnung der Besuchenden.

### 35.5.4 Woher die Fotos nehmen?

Achten Sie unbedingt darauf, dass Ihre Bilder qualitativ hochwertig sind. Ein Amateurfoto kann den professionellen Eindruck einer Website sofort zerstören. Wenn Sie sicher sind, dass Sie gut fotografieren können, dann machen Sie die Bilder selbst. Wenn Ihnen aber die Begriffe Weißabgleich, Ausleuchtung, Bildaufbau oder Goldener Schnitt nichts sagen, dann beauftragen Sie besser Profis mit den Fotos. Dann müssen Sie vielleicht einmal einige hundert Euro zahlen, haben aber dafür gute Bilder, die Sie auch für andere Zwecke mehrere Jahre lang verwenden können.

## 35.6 Tipps für die nutzerfreundliche Darstellung von Bildern

Haben Sie bestimmt, welche Bilder auf die Seiten kommen sollen, geht es darum, für jedes von ihnen folgende Merkmale festzulegen:

- Bildausschnitt/Beschneidung
- Größe
- Position

Dabei müssen Sie einerseits die Ästhetik, andererseits die Nutzerfreundlichkeit im Blick haben. Interessanterweise gehen diese fast immer Hand in Hand.

### 35.6.1 Crashkurs Bildbeschnitt

Im Folgenden die allerwichtigsten Regeln für das Zuschneiden von Bildern bzw. das Wählen des Bildausschnitts in Kürze. Zu diesem Thema gibt es ganze Bücher, aber wenn Sie sich an die allerwichtigsten Grundregeln halten, dann stellen Sie zumindest sicher, dass Sie Nutzende nicht verwirren, weil Sie deren Sehgewohnheiten stark widersprechen.

Unbewusst fällt uns auf, wenn ein Bild sich nicht an grundlegende Regeln hält. Wir haben dann das Gefühl, etwas stimmt nicht mit dem Bild. Das kann man sich zunutze machen, um die Aufmerksamkeit auf das Bild zu lenken. In den meisten Fällen lenkt das aber ab und ist daher nicht erwünscht.

Der häufigste Fehler, den die meisten Laien beim Bildausschnitt machen: Alles ist symmetrisch. Die symmetrische Anordnung *ist langweilig* und fühlt sich für fast alle Menschen seltsam an. Deshalb sind die meisten Fotos nicht symmetrisch aufgebaut.

Sie wirken immer interessanter, wenn sie gerade nicht symmetrisch sind. Und so sind wir alle es gewöhnt, unsymmetrische Bilder zu sehen.

**Abbildung 35.15** Links das Foto mit dem Hauptmotiv genau in der Mitte – langweilig. Rechts ins rechte Bilddrittel verschoben – schon besser.

Aber Bilder einfach nur irgendwie asymmetrisch zu gestalten, ist keine Lösung. Denn dafür gibt es unendlich viele Möglichkeiten. Es gibt aber nur wenige, die der Mensch als ästhetisch wahrnimmt. Die einfachste Regel, Bilder interessant und gleichzeitig ästhetisch zu gestalten, ist die *Drittelregel*: Über das Bild wird ein Raster gelegt, das es vertikal und horizontal in jeweils drei Teile teilt – in der Summe also neun. Das Bild wird nun so beschnitten, skaliert und verschoben, dass dessen Elemente sich entlang dieser Linien ausrichten oder sich auf die neun Felder verteilen (siehe Abbildung 35.16).

**Abbildung 35.16** Streng nach der Drittelregel komponiert. An den unteren Schnittpunkten steht jeweils ein Schiff.

Diese Drittelregel kommt vom Goldenen Schnitt. Der *Goldene Schnitt* ist ein Teilungsverhältnis, das alle Menschen als ästhetisch wahrnehmen. Dabei wird eine Strecke so geschnitten, dass sich der kleinere Teil der Strecke zur größeren verhält wie der größere Teil zur ganzen Strecke. In Zahlen also a : b = b : (a + b). Grob entspricht das einer Teilung in 2/3 und 1/3 – daher die einfache Drittelregel. Für Fotos arbeitet man oft mit einem Raster, das das Bild horizontal und vertikal in insgesamt neun Rechtecke teilt, die zueinander im Verhältnis des Goldenen Schnitts stehen (siehe Abbildung 35.17). Der Goldene Schnitt findet sich in der Natur auch z. B. beim Abstand der Blätter an den Stängeln vieler Pflanzen oder beim Aufbau ihrer Blüten, etwa bei der Sonnenblume.

**Abbildung 35.17** Nach dem Goldenen Schnitt komponiert. Am wichtigsten dabei: Der Horizont ist nicht in der Bildmitte.

Abgeleitet vom Goldenen Schnitt ist die *Goldene Spirale*, auch *Fibonacci-Spirale* genannt. Sie entsteht, wenn man ein Rechteck, dessen Seiten im Goldenen Schnitt zueinander stehen, immer wieder teilt. Auch die Goldene Spirale findet sich in der Natur, etwa beim Gehäuse des Ur-Tintenfischs Nautilus oder bei der Anordnung von Sternen in Galaxien. Bei der Bildkomposition kann die Goldene Spirale helfen, eine ästhetische Lösung umzusetzen (siehe Abbildung 35.18).

Warum genau Menschen den Goldenen Schnitt und die Goldene Spirale ästhetisch finden, ist bis heute umstritten – machen Sie sich das einfach zunutze, um Bilder so darzustellen, dass sie bei Nutzenden gut ankommen.

Beim Zuschneiden von Bildern mit Personen gibt es noch ein paar wenige Tipps, wie Sie diese für Nutzende besser machen: Setzen Sie die Menschen im Zweifel lieber groß ins Bild. Wenn Sie wenig Platz haben, zeigen Sie lieber nur den Kopf.

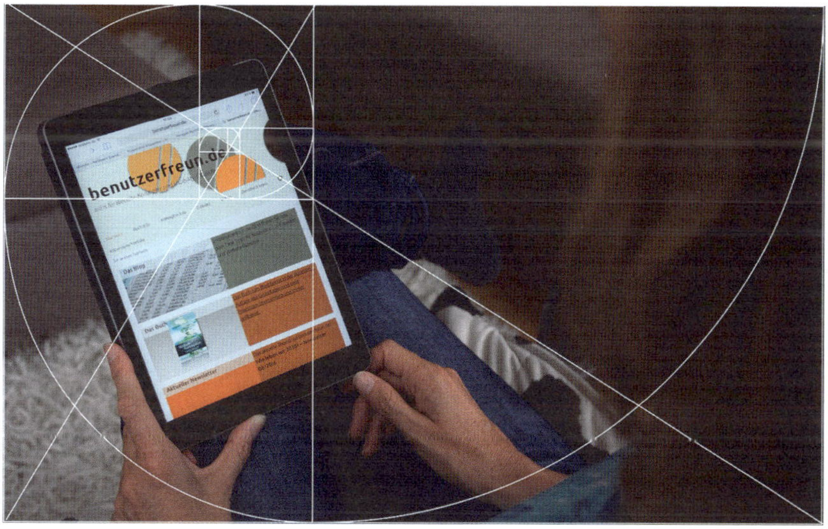

**Abbildung 35.18** Die Goldene Spirale kann man auch verwenden, um alltägliche Fotos interessanter zuzuschneiden. Man ordnet die Elemente entlang der Linien an (z. B. Teppich oben oder iPad im Zentrum der Spirale).

Und versuchen Sie auch hier, nicht allzu symmetrisch zuzuschneiden – das wirkt unnatürlich. Es ist bei Porträts sogar besser, einen Teil der Haare abzuschneiden, was Laien oft merkwürdig vorkommt – und doch nehmen praktisch alle Menschen solche Bilder als ästhetischer wahr.

### 35.6.2 Bilder sinnvoll auf der Seite platzieren

Worauf Sie bei Fotos von Menschen auch achten sollten, ist die Blickrichtung. Diese bestimmt mit, wie viel bzw. was die Nutzenden auf Ihrer Seite lesen. Denn wir folgen mit unseren Augen unwillkürlich der Blickrichtung anderer Menschen (siehe Abbildung 35.19).

Bedenken Sie auch, welchen Einfluss Bilder auf den Textfluss haben. Die meisten Sites setzen den linken Rand der Bilder bündig mit dem Text. Das ist bei Bildern, die über die ganze Spaltenbreite laufen, wenig problematisch. Ungünstig ist das aber, wenn der Text rechts neben dem Bild weiterläuft (wie in Abbildung 35.20 oben). Denn damit muss das Auge beim Lesen springen. Es kann dazu führen, dass der Leser den Teil rechts vom Bild übersieht und so den weiteren Text nicht mehr versteht.

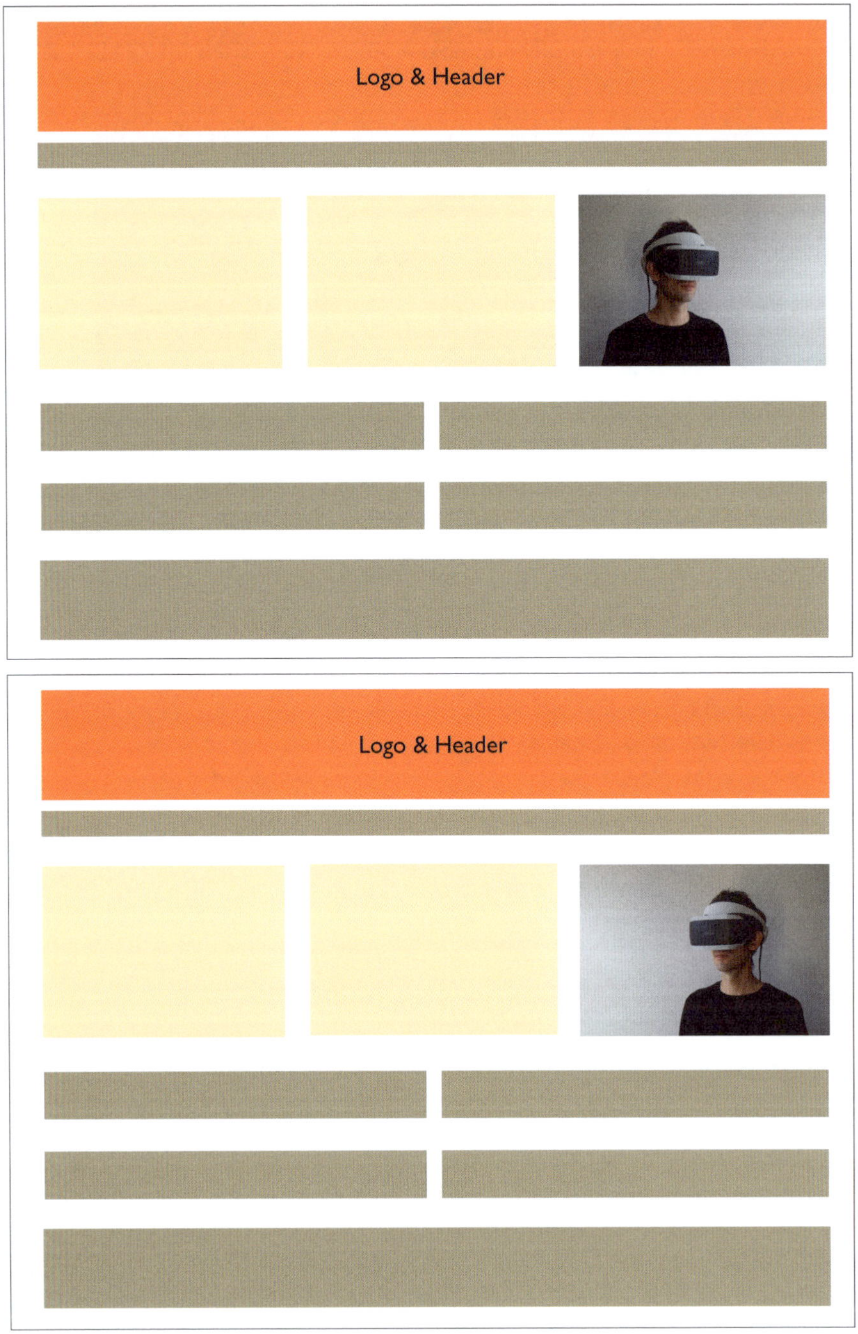


**Abbildung 35.19** Zweimal die gleiche Seite – einmal mit falscher Blickrichtung (oben) und einmal mit korrekter (unten). Text, den Menschen auf dem Foto ansehen, wird eher gelesen.

Besser ist es daher, Bilder rechtsbündig zu setzen, wenn sie nicht die ganze Breite der Textspalte einnehmen (siehe Abbildung 35.20 unten).

**Abbildung 35.20** Oben: Das Auge muss den Zeilenanfang mehrfach suchen, das Bild erschwert das Überfliegen des Textes. Unten: Deutlich besser zu lesen durch rechtsbündige Platzierung des Bildes.

### 35.6.3 Bilder auf verschiedenen Bildschirmgrößen richtig darstellen

Sie sparen sich viel Arbeit, wenn Sie bei der Bildauswahl darauf geachtet haben, dass die Bilder möglichst klar sind und nicht zu viele Elemente zeigen. Das kommt Ihnen sehr entgegen, wenn Sie bestimmen, wie die Bilder auf kleinen Displays angezeigt werden sollen, etwa auf dem Smartphone. Hier muss immer noch gut zu erkennen sein, worauf es bei dem jeweiligen Bild ankommt. Zum Beispiel sollte das Gesicht der Personen auf dem Foto nicht von einem Textfeld verdeckt sein, und die Gesichter sollten so groß sein, dass man sie auch erkennt.

Genaue Werte für die Abmessungen sind schwer zu geben, da diese immer vom jeweiligen Foto abhängen. Aber es gibt wenige Fotos, auf denen man noch etwas erkennen kann, wenn sie nicht mindestens 320 Pixel breit sind (die Breite der kleinsten Smartphones). Alles, was kleiner ist, kann oft nur als Teaser dienen, der per Tipp/Klick zu einer größeren Version des Bildes führt.

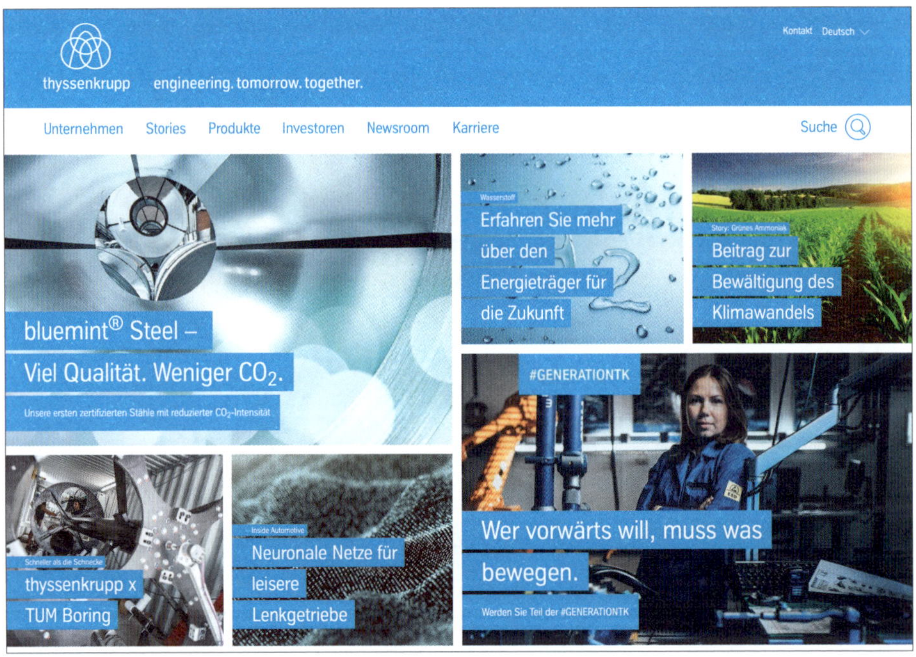


**Abbildung 35.21** thyssenkrupp.com arbeitet mit großen Fotos, auf denen fast immer Menschen zu sehen sind. Doch das sind immer Menschen in Aktion, und es sind nie Bildagenturfotos.

Technisch ist darauf zu achten, dass die Bilder so optimiert sind, dass ihre Übertragung auch bei Mobilverbindungen nicht zu lange dauert – Stichwort korrektes Dateiformat, korrekte Pixelmaße und Kompressionseinstellungen für JPEG-Dateien. Details dazu finden Sie im hervorragenden Buch »Designing for Performance: Weighing Aesthetics and Speed« von Lara Callender Hogan.

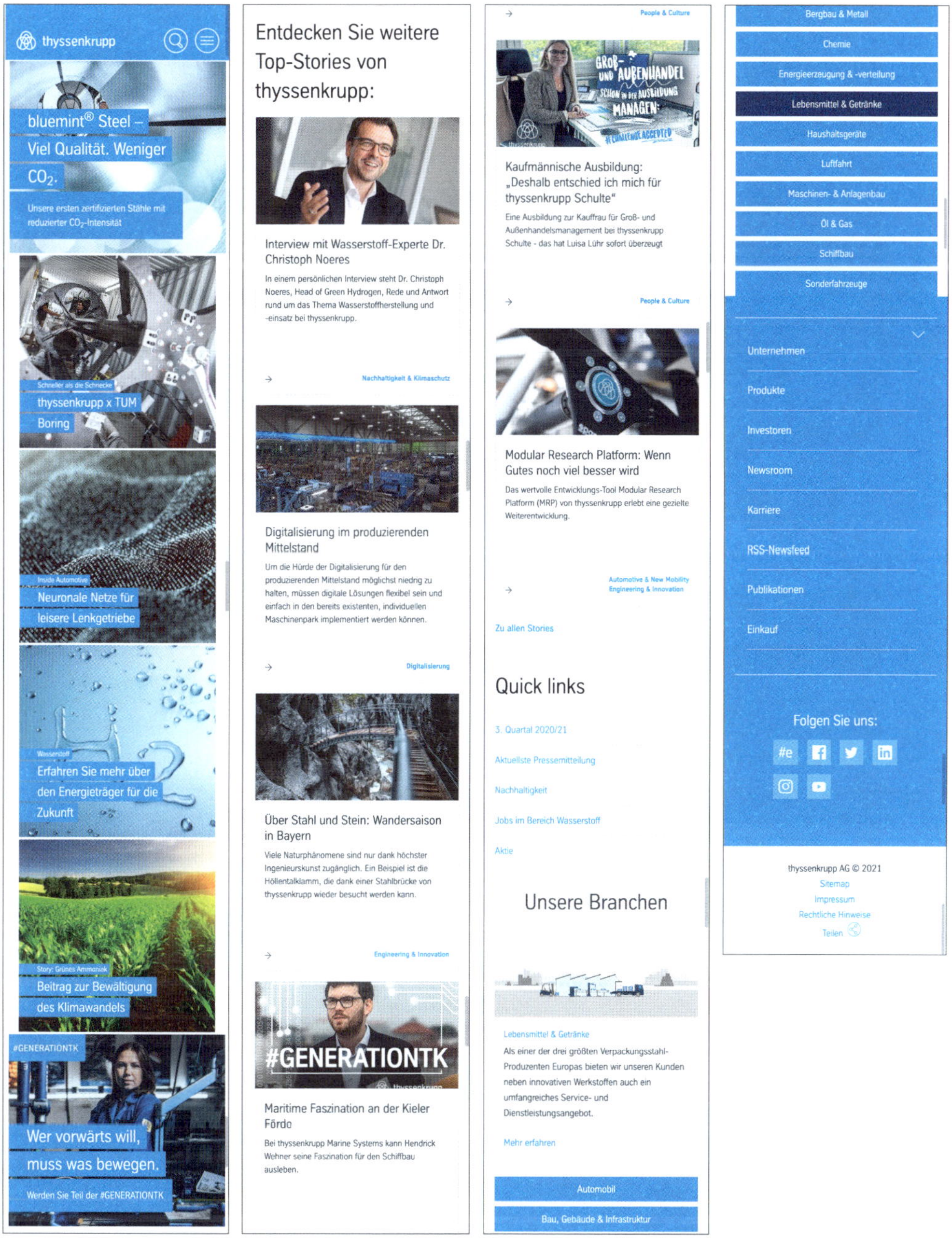


**Abbildung 35.22** Auf Mobilgeräten zeigt die Site weniger Fotos, diese aber immer noch groß und gut erkennbar.

**Abbildung 35.23** Auch kleine Unternehmen können mit großen Bildern arbeiten. Diese Polsterei stellt die Möbel, die Materialien und die Besitzerin ganz in den Mittelpunkt. (Quelle: www.martinasperl.at)

**So arbeiten Sie mit Bildern, die Nutzenden nützen**

Denken Sie bei der Auswahl vor allem an Fotos von:

1. Produkten
2. Produktdetails
3. Produkten, wie sie von Menschen benutzt werden
4. Produktionsstätten, Büros etc.
5. Mitarbeitenden, mit denen Ihre Besuchenden zu tun haben (Service, Kundenbetreuung, Vertrieb etc.)

Das sind die Bilder, die Ihre Nutzenden immer sehen wollen. Hinzu kommen optional Bilder, die anderweitig mit Ihnen zu tun haben, wie zum Beispiel:

1. Orte, von denen Ihre Produkte herkommen
2. Rohstoffe, die Sie verwenden
3. Veranstaltungen, die Sie durchgeführt oder an denen Sie teilgenommen haben

Die wichtigste Frage, anhand derer Sie prüfen können, ob ein spezielles Bild auf Ihre Seite passt, ist die: Kann das Bild Nutzenden helfen, ihre Entscheidung für das Produkt oder die Dienstleistung zu fällen, um das bzw. die es auf der Seite geht? Gute Bilder erzeugen positive Emotionen, transportieren Informationen und tragen zu einer besseren User Experience bei. Sie sind nie nur aus ästhetischen Gründen auf der Seite, sondern transportieren immer eine Aussage, nicht nur Emotion.

# Kapitel 36

# Bildbühne, Slider, Karussell – mehrere Bilder an einer Stelle

*Um viele Bilder auf eine einzige Seite zu bringen, eignen sich Bildbühnen. Aus UX-Sicht sind diese oft problematisch. Wenn Sie aber ein paar Regeln beachten, funktionieren sie durchaus.*

Die meisten sprechen von *Bildbühne* oder von *Slider*. Manchmal hört man auch *Karussell, Slideshow* oder *Diaschau*, selten *Image Rotator*.

Manche sehen Unterschiede zwischen den genannten Begriffen – in der Praxis sind diese aber kaum auszumachen. Auch versteht fast jeder Mensch ein bisschen etwas anderes darunter. Daher ist es wichtig, dass Sie immer genau beschreiben, wie Sie sich die Umsetzung einer Bildbühne konkret vorstellen.

## 36.1 Was ist eine Bildbühne?

Eine Bildbühne ist ein Element, das an einer festen Position auf der Seite verschiedene Inhalte zeigt, meist Fotos. Diese Inhalte wechseln entweder automatisch oder nach Interaktion. Meist sitzen Bildbühnen ganz oben auf einer Webseite – dann präsentieren sie oft die verschiedenen Inhaltsbereiche der Site oder aktuelle Inhalte (siehe z. B. Abbildung 36.1). Manchmal werden sie auch für Produktabbildungen eingesetzt. In diesem Fall zeigen sie Fotos verschiedener Produkte oder mehrere Bilder desselben Produkts.

## 36.2 Wann nutzt man Bildbühnen?

Die meisten Bildbühnen sind eine Lösung für folgendes Problem: Wie bringe ich alle Infos auf der Start- oder Kategorieseite unter, die dort unbedingt hingehören? Wie zeige ich den Besuchenden auf einen Blick, worum es auf den folgenden Seiten geht und was sie bieten?

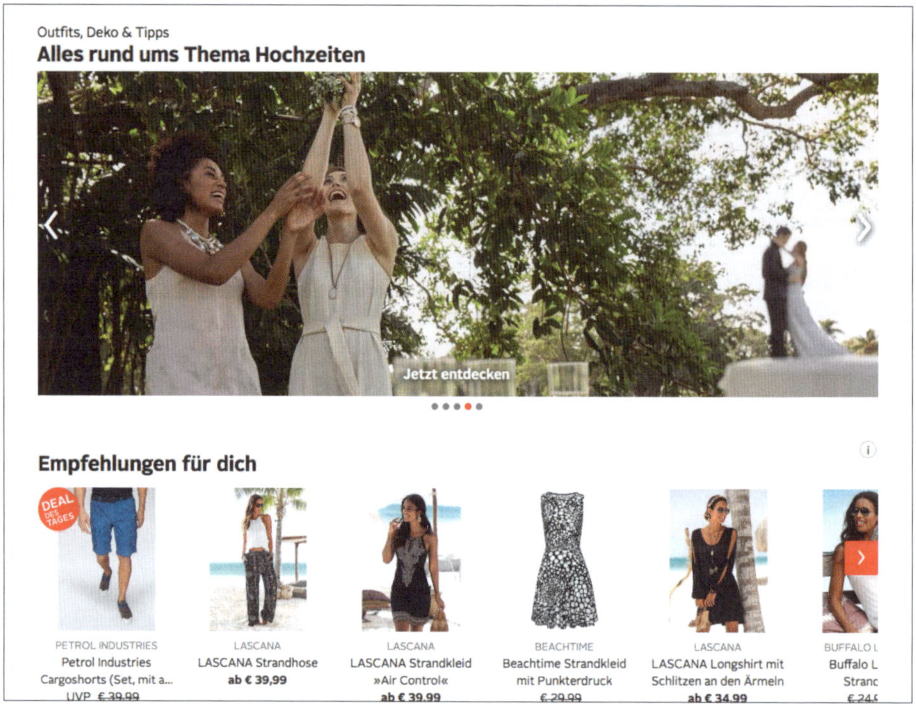


**Abbildung 36.1** otto.de nutzte bis vor Kurzem solche eine große Bildbühne auf der Startseite. Hier liefen fünf aktuelle Angebote durch. Wer es weiß oder wem es auffällt, der kann per Klick auf die Kreise unten zwischen diesen Angeboten wechseln – oder mit den Pfeilchen rechts und links. Inzwischen gibt es das Element aber nicht mehr auf der Seite.

**Abbildung 36.2** Bildbühne in frühen Versionen von iTunes, die stilbildend war. Hier sieht man, warum manchmal von »Karussell« die Rede ist: Die Coverbilder der Alben bewegen sich scheinbar kreisförmig durch. Heute nennt man Elemente auch Karussells, bei denen nur ein Bild auf einmal zu sehen ist.

Eine der ersten Bildbühnen war die des Musikverwaltungsprogramms iTunes (siehe Abbildung 36.2). Die Ansicht namens *Cover Flow* zeigte die Albumcover der Musik in iTunes in einem virtuellen Halbkreis.

Bald fand sich diese Ansicht im Betriebssystem MacOS, in iOS und wenig später auf vielen Websites. Diese Ansicht hat Apple übrigens längst abgeschafft. Und auch auf Websites oder in Apps sieht man so eine Ansicht kaum noch.

### 36.2.1 Sonderfall Fotopräsentation – klassische Diaschau

Gehen Sie davon aus, dass die Nutzenden wirklich alle Bilder sehen wollen, dann ist eine Bildbühne eine gute Idee. Auch dann, wenn es für die Nutzenden gleich ist, welche Bilder sie in welcher Reihenfolge ansehen. Das ist zum Beispiel bei Fotos im Portfolio eines Fotostudios der Fall – damit erklärt sich auch ein gelegentlich genutzter Name für Bildbühnen: *Diaschau*, englisch *Slideshow* (siehe Abbildung 36.3).

**Abbildung 36.3** geo.de zeigt in Diaschauen mehrere Fotos – der klassische Einsatzzweck für Bildbühnen.

Ebenso sind Fotos aus einem Restaurant, Blumensträuße eines Blumenladens oder in manchen Fällen auch Produktfotos gute Kandidaten für nützliche Bildbühnen.

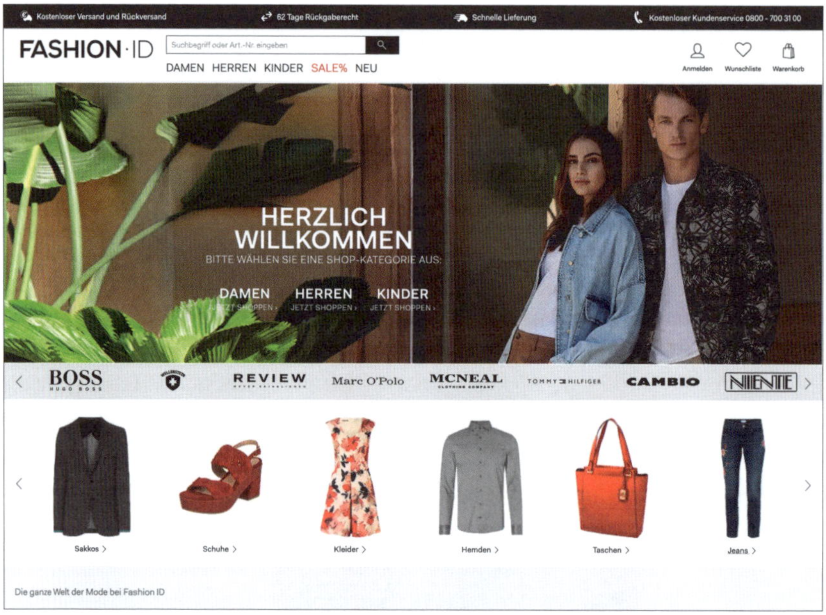


**Abbildung 36.4** Auf der Startseite von fashionid.de stehen gleich zwei Karussells untereinander. Ob das obere nur die Marken durchscrollt oder auch den Bereich darüber, erfährt man nur durch Ausprobieren.

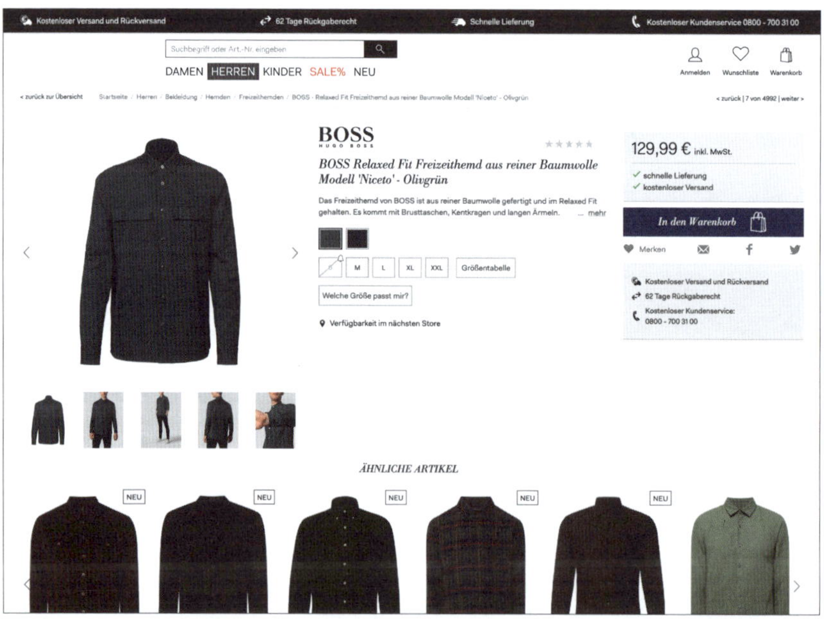


**Abbildung 36.5** Die Steuerung der Bildbühne mit den Pfeilen auf der Produktdetailseite bei Fashion ID ist eindeutig. Darunter sieht man, welche Bilder man in Groß sehen kann – auch durch einen Klick kann man sie direkt anzeigen.

## 36.3 Vorteile von Bildbühnen

Oft gibt es hitzige Diskussionen darüber, was auf der Startseite zu sehen sein soll – und an welcher Position. Der Platz auf der Startseite ist prestigeträchtig, und niemand möchte mit seiner Abteilung oder seinem Produkt zurückstecken.

Bildbühnen bieten einen guten Kompromiss: Wir zeigen einfach alle wichtigen Produkte/Bereiche/Abteilungen und lassen diese auf der Bühne wechseln. So kann man mehrere Elemente präsentieren, ohne viel Platz zu brauchen.

## 36.4 Nachteile von Bildbühnen

Gegen Bildbühnen sprechen eine Reihe von Usability-Problemen:

- Bewegung assoziieren viele Nutzende mit Werbung – und sie sehen diese Elemente daher gar nicht an (»Banner Blindness«).
- Die Zeit, um die Inhalte zu erfassen, unterscheidet sich von Mensch zu Mensch stark. Manche brauchen z. B. länger, um den Text zu lesen, andere wollen sich z. B. in Ruhe das Bild ansehen.
- Nutzende haben keine/wenig Kontrolle über die Elemente (je nach Umsetzung).
- Bewegung erschwert es Nutzenden, die sich mit der Maus schwertun oder sie gar nicht benutzen können, eines der Elemente auszuwählen.
- Man hat keine exakte Kontrolle darüber, was Nutzende sehen. Scrollen oder klicken sie schnell weiter, kann es sein, dass sie nur eines der Elemente überhaupt je zu Gesicht bekommen.

In Usability-Tests sehen wir, dass viele Menschen sofort nach unten scrollen und die Bildbühne am Seitenkopf schnell außerhalb des sichtbaren Bereichs landet. Nutzende haben vermutlich gelernt, dass die Bilder oben auf Webseiten oft wenig aussagekräftig sind und die eigentlichen Informationen erst weiter unten beginnen. Das lässt sich auch mit Klickzahlen belegen: Viele Website-Betreibende stellten fest, dass das erste Element einer Bildbühne 80 Prozent und mehr der Klicks bekommt, die folgenden Elemente jeweils nur 5 Prozent und weniger. Das heißt: Die Besuchenden nutzen Bildbühnen nicht. Wenn überhaupt, dann klicken/tippen sie auf das erste Element.

Wer nur ein Element sieht, bekommt nicht das vollständige Bild des Unternehmens, das es durch die ausgewählten Bilder gerne von sich geben wollte.

Eine Bildbühne sollte also idealerweise auch ihre Aufgabe erfüllen, wenn Nutzende nur das erste Bild sehen. Gehen Sie nie davon aus, dass Nutzende alle Bilder der Bühne ansehen. Gehen Sie nicht einmal davon aus, dass die Nutzenden überhaupt etwas von Ihrer Bildbühne ansehen. Sehen Sie alternative Zugänge zu den Inhalten vor – über die Navigation, Teaser oder Ähnliches.

Heißt das alles, dass man Bildbühnen keinesfalls einsetzen sollte? Wir denken, Bildbühnen können durchaus funktionieren. Wenn Sie eine solche einplanen, dann achten Sie auf die folgenden wichtigen Punkte.

## 36.5 Tipps für die Gestaltung von Bildbühnen

Im Folgenden ein paar Hinweise, wie Sie Bildbühnen so konzipieren und umsetzen, dass sie Besuchende Ihrer Website sinnvoll nutzen können.

### 36.5.1 Fünf oder weniger Elemente

Je mehr Elemente in einer Bildbühne stecken, desto weniger Aufmerksamkeit bekommt jedes einzelne. Für Karussells, die Inhalte der Site präsentieren (z. B. Teaser mit Bild), empfehlen sich nicht mehr als fünf Elemente.

Nutzen Sie die Bühne für die Präsentation von Produkten, dürfen es auch doppelt so viele sein. Noch mehr können dazu führen, dass Nutzende nicht mehr wissen, was sie ansehen sollen, und im schlimmsten Fall keine mehr ansehen. Nur in seltenen Fällen sind sehr viele Bilder sinnvoll (siehe Abbildung 36.6).

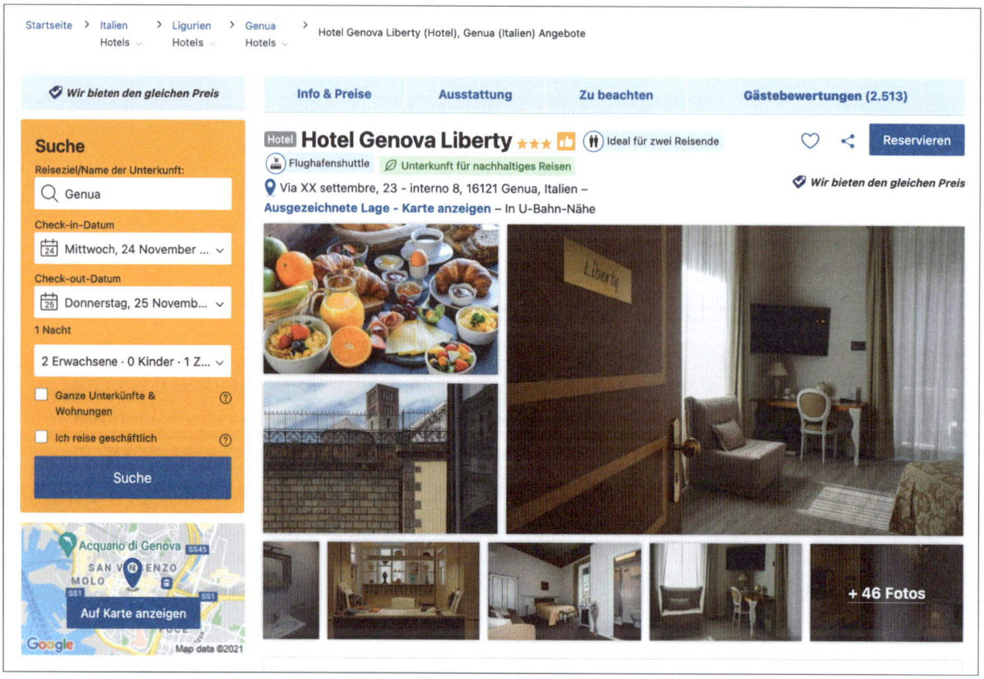


**Abbildung 36.6** booking.com verzichtet mittlerweile auf die Bildbühne. Stattdessen zeigt man drei Bilder groß und einige darunter klein. Das letzte macht deutlich, dass es auf Klick noch weit mehr gibt. Bei Hotels wollen Menschen fast immer viele Fotos sehen.

### 36.5.2 Klare Fotos

Damit Bildbühnen auch auf kleinen Screens z. B. von Mobilgeräten funktionieren, wählen Sie die Fotos so aus, dass sie in großer wie kleiner Darstellung gut wirken (etwa wie in Abbildung 36.7). Sind auf den Bildern zu viele Details, erkennt man auf dem Smartphone nichts.

**Abbildung 36.7** Bei booking.com gibt es auch in der Smartphone-App kein Karussell mehr. Stattdessen gibt es eine einfache Liste mit Fotos, die man bequem durchwischen kann.

Manchmal kann man nicht sicherstellen, dass die Bildauswahl optimal ist – etwa, weil die Inhalte sich öfter ändern. Sehen Sie dann bei kleineren Screengrößen besser eine andere Darstellung vor. Zum Beispiel nur ein Bild, das die ganze Seitenbreite einnimmt.

Überlegen Sie, ob Sie bei kleinen Screens auf die Bildbühne verzichten können und es ausreicht, hier nur das erste Element zu zeigen. Das kann auch einen weiteren Vorteil bei der mobilen Nutzung bringen: Es muss nur eine Bilddatei übertragen werden, was das mobile Datenvolumen schont und die Übertragungsgeschwindigkeit der Seite verbessert (je nach Programmierung).

### 36.5.3 Deutliche Beschriftung

Sehr selten sieht man bei Bildbühnen eine Beschriftung der Elemente, die zu den nächsten Bildern führen. Das ist ungünstig, denn ein Pfeil verrät nichts darüber, was mich nach einem Klick erwartet. Überlegen Sie daher, ob Sie nicht eine aussagekräftige Beschriftung vorsehen können.

Sorgen Sie dafür, dass der Text immer gut leserlich ist. Setzen Sie ihn groß genug, verwenden Sie einen (halbtransparenten) Hintergrund, um ihn von jedem Motiv an jeder Stelle klar abzusetzen. Oder testen Sie in allen relevanten Bildschirmgrößen, ob der Text auch wirklich vor dem Hintergrund leserlich ist.

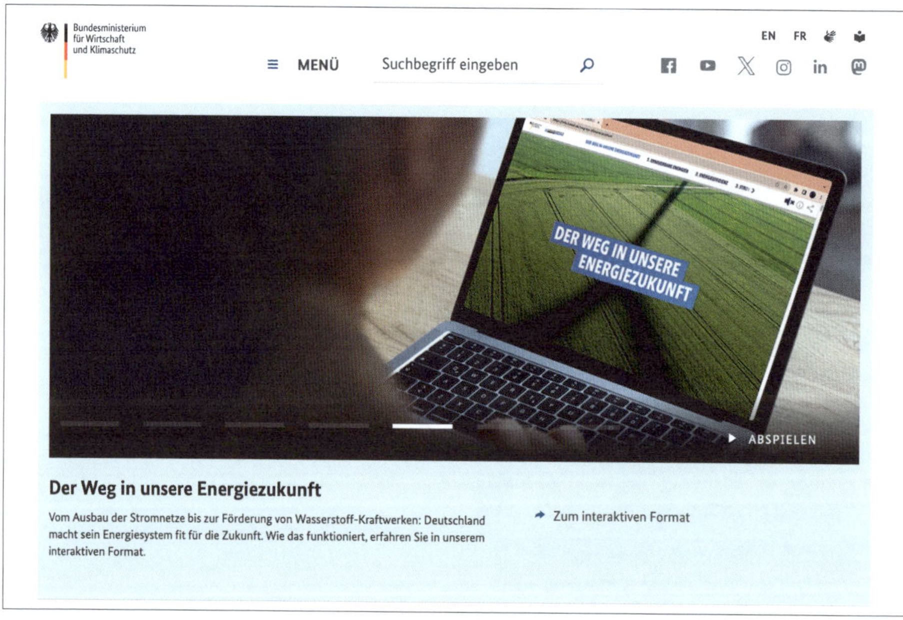


**Abbildung 36.8** Ungewöhnliche Lösung beim BMWK: Das Bild und der Text darunter wechseln zusammen. Der Rahmen macht deutlich, dass der Text zum Bild darüber gehört. (Quelle: bmwk.de)

### 36.5.4 Klare Verortung

Machen Sie deutlich, wie viele Elemente die Bühne enthält und welches Element Nutzende gerade sehen (siehe Abbildung 36.9).

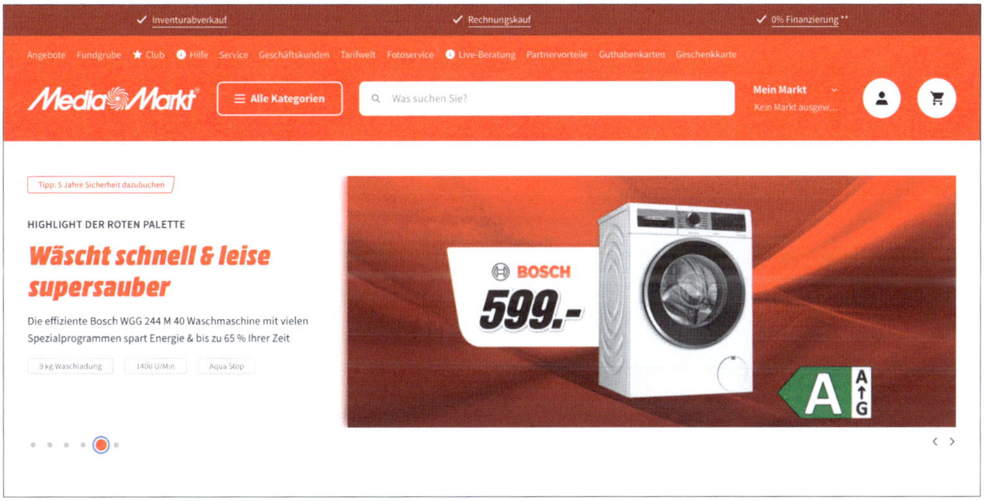


**Abbildung 36.9** Auf mediamarkt.de sind die Punkte zur Positionsanzeige eindeutig – bei so einer Umsetzung ist man sicher, dass die mit allen Fotos funktioniert. Setzt man die Punkte direkt auf die Fotos, gibt das immer wieder Probleme.

Deuten Sie durch geschickt gewählte Anschnitte an, dass weitere Inhalte vorhanden sind (»Overflow«), wie in Abbildung 36.10 zu sehen.

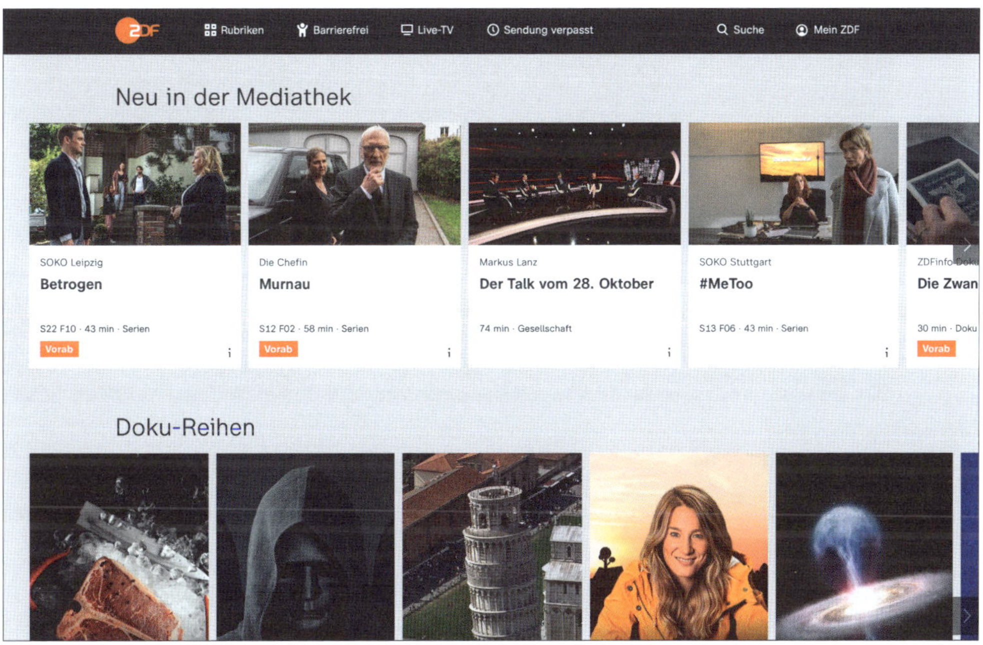


**Abbildung 36.10** Auf zdf.de verdeutlichen die angeschnittenen Bilder mit den Pfeilen nach rechts, dass weitere Elemente folgen.

### 36.5.5 Klare Navigation

Lassen Sie Nutzende einfach von Element zu Element wechseln.

Bewährt haben sich zwei Konzepte:

1. die spitze Klammer als Navigationspfeil für vorwärts und rückwärts
2. seitliche Text-Buttons (gelegentlich sind sie auch unter der Bildbühne angeordnet)

Die häufig verwendeten Punkte unterhalb der Bildbühne sind in den meisten Fällen zu klein. Dadurch sind sie zu unauffällig und zu schlecht mit der Maus oder gar dem Finger zu treffen. Auf Mobilgeräten sollten Nutzende zusätzlich mit Wischgesten (»swipe«) zwischen den Elementen der Bildbühne wechseln können.

### 36.5.6 Kontrolle durch Nutzende

Verlinken Sie immer das ganze Bild sowie den Text und nicht nur einen kleinen Button. Sinnvoll ist es, zusätzlich einen Button, einen Link bzw. eine Handlungsaufforderung auf das Bild zu setzen, damit jeder die Verlinkung wahrnimmt, wie in Abbildung 36.11.

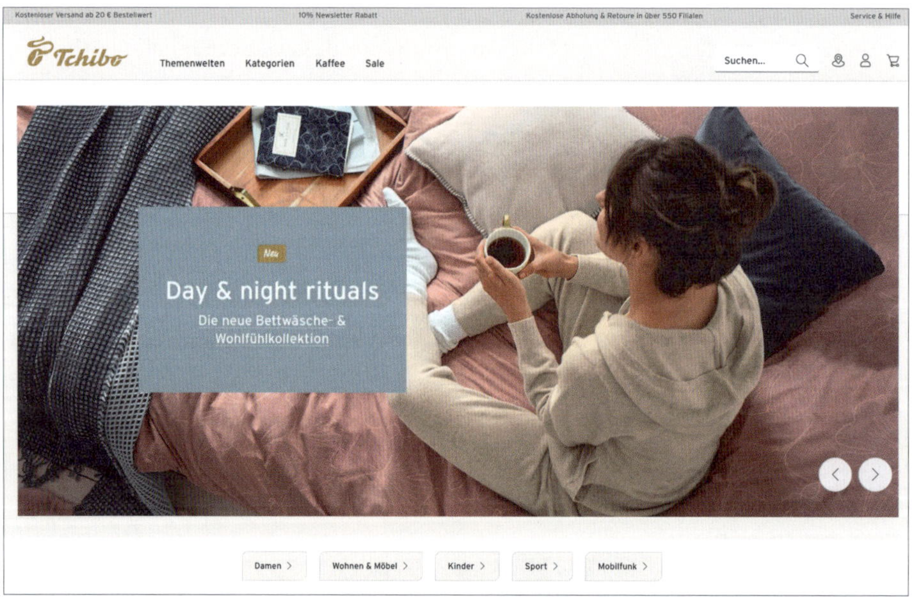


**Abbildung 36.11** Auf tchibo.de sind alle Bilder der Bühne mit einem Link versehen, der tiefer in die Site führt.

Bewegen Besuchende den Mauszeiger über ein Element oder die Navigation des Karussells (Mouseover), stoppen Sie sofort die Animation. Nur so haben Nutzende die Möglichkeit, genau anzusehen, was sie interessiert. Und nur so haben sie das Gefühl, selbst steuern zu können.

Bei Mobilgeräten stoppen Sie die Animation, sobald ein Teil der Bildbühne angetippt wird – sei es, um zum nächsten Element zu wechseln oder um eines auszuwählen.

### 36.5.7 Gutes Timing

Ein zu schnelles Wechseln der Elemente verärgert Nutzende. Wenn sie etwas anklicken wollen und dies im nächsten Moment schon wieder verschwunden ist, müssen sie erst einmal die Navigation der Bildbühne ergründen und dann zurücknavigieren. Ein zu langsamer Wechsel kann ebenfalls irritieren. Wenn sich plötzlich ein Element auf der Seite bewegt, das Nutzende für statisch gehalten hat, kann sie das verwirren.

Fazit: Wählen Sie leicht erkennbare Bildinhalte, und schreiben Sie kurze, einfache Texte. Dann ist es am leichtesten, das richtige Timing für den Bildwechsel zu finden. Als Faustregel: Kürzer als fünf Sekunden ist selten ausreichend, länger als 15 Sekunden ist meist zu lang.

Manche raten dazu, auf Mobilgeräten den automatischen Bildwechsel zu deaktivieren. Denn auf den kleinen Bildschirmen scrollen Menschen sowieso meist weiter, bevor sich etwas getan hat. Außerdem macht der Bildwechsel den Seitenaufbau auf langsameren Geräten und bei schlechten Verbindungen träge. Und: Hier gibt es keine Maus, somit können Nutzende nicht via Mouseover den Bildwechsel stoppen (siehe voriger Tipp). Hat die Bühne das letzte Bild erreicht, machen Sie mit dem ersten weiter. Lassen Sie auf keinen Fall die Animation schrittweise rückwärtslaufen; das verwirrt.

Manche raten, beim letzten Element stehen zu bleiben. Sonst würde die Gefahr drohen, dass Nutzende mehrmals die gleichen Bilder ansehen. Aus unserer Sicht droht diese Gefahr nur, wenn:

1. zu viele Elemente in der Bildbühne sind.
2. die Elemente so nichtssagend sind, dass man gleich vergisst, dass man sie schon gesehen hat.

### 36.5.8 Sinnvolles Ladeverhalten

Da viele Menschen Bildbühnen nicht nutzen, laden Sie nur die Inhalte, die tatsächlich gebraucht werden. Das heißt, Sie laden zunächst nur das erste Bild. Die weiteren, wenn entweder der ganze Rest der Seite geladen ist oder sogar erst dann, wenn auf den Weiter-Button der Bühne geklickt wird.

### 36.5.9 Klaren Fokus oder Übersicht geben

Ideal ist es, wenn Sie nicht nur ein Element zeigen, sondern in klein (wie die Hotelfotos auf Abbildung 36.6) oder als Text auch zeigen, welche weiteren Elemente im Karussell enthalten sind. Das gibt den Nutzenden einen Teil ihrer Autonomie zurück.

### 36.5.10 Technisch zeitgemäße Umsetzung

Eigentlich selbstverständlich, aber sicherheitshalber noch der Hinweis: Setzen Sie Bildbühnen unbedingt mit HTML, CSS und eventuell JavaScript um. Andere Technologien wie Java oder irgendwelche proprietären Lösungen sind dafür überflüssig, erschweren den Zugang und können die Inhalte der Bildbühne zudem für Suchmaschinen unzugänglich machen.

## 36.6 Alternativen

Wollen Sie auf eine Bildbühne verzichten, bieten sich die folgenden Alternativen an.

### 36.6.1 Konzentration auf das Wesentliche

Überlegen Sie sich, was das wichtigste Element ist, und setzen Sie nur dieses oben auf die Seite. Alle weiteren Themen machen Sie über die Navigation oder über Links unter dem Element oben zugänglich.

### 36.6.2 Hero Shots

Ein großes, klares Foto, das eine Person oder ein Produkt in einer hochwertigen Aufnahme zeigt, nennt man *Hero Shot* (englisch für »Heldenbild«).

### 36.6.3 Bilder untereinander

Die klassische, einfache Lösung ist oft die beste: Man kann Bilder auch einfach neben- und untereinander auf die Seite setzen. Das bedeutet, Sie müssen sich beschränken und die Bilder aussuchen, die am schönsten, interessantesten oder nützlichsten für die Nutzenden sind (siehe Abbildung 36.12).

Genau das ist Ihre Aufgabe, wenn Sie eine nutzerfreundliche Site planen: Entscheidungen für Nutzende treffen, alles so aufbereiten, dass diese möglichst wenig Arbeit damit haben. Und sich durch eine Bildbühne zu klicken, ist mehr Arbeit, als ein paar Bilder auf der Seite zu überfliegen.

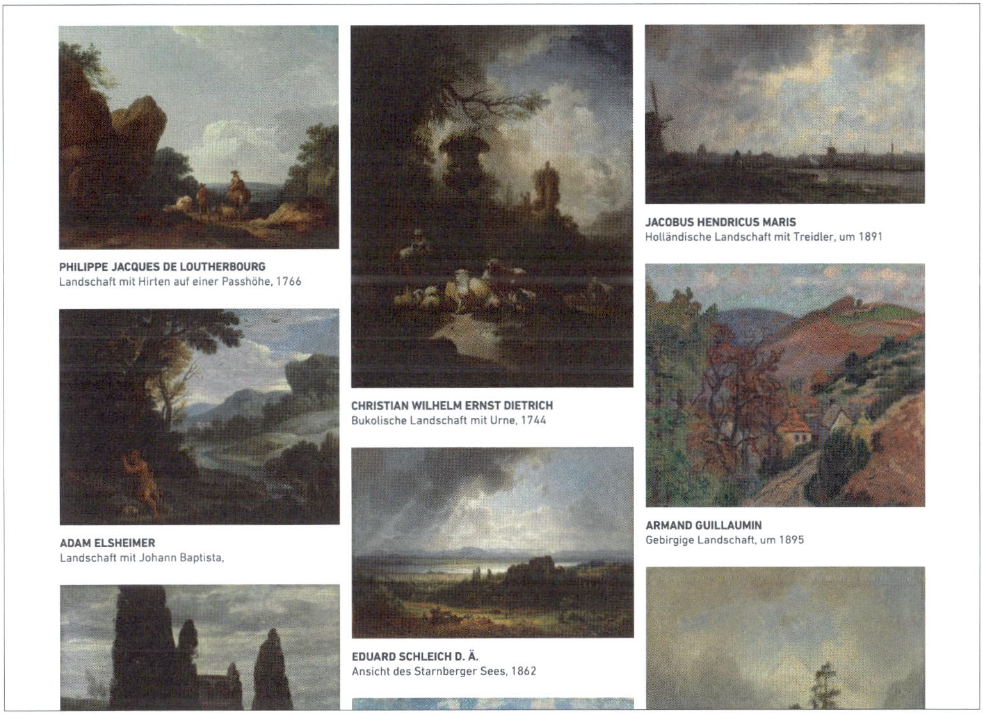


**Abbildung 36.12** Wenn jemand wirklich viele Bilder zu zeigen hat, dann sind es Museen. pinakothek.de zwängt sie nicht in eine Bildbühne, sondern gibt jedem einzelnen Platz auf der Seite.

### 36.6.4 Führung über die Seite

Gestalten Sie für die Seite eine klare Abfolge, und strukturieren Sie diese logisch von oben nach unten – und zwar nach den Bedürfnissen der Besuchenden. Bei einem Onlineshop etwa die aktuellen Produktangebote oben, danach Einstiege in verschiedene Produktwelten (über konkrete Produkte) und dann Hinweise auf Servicebereiche, Hilfeseiten und Hintergrundinformationen. So führen Sie die Nutzenden über die Seite und geben ihnen eine klare Orientierung. Das erleichtert ihnen, schnell zu sehen, worum es auf der Seite geht.

### 36.6.5 Themenkacheln

So genannte Kacheln sieht man häufig auf Seiten, die eine große Vielfalt von Themen präsentieren. Meist als Kombination von Text und Bild umgesetzt, bieten sie den weiteren Vorteil, dass Sie die Elemente ganz einfach gewichten können: Die wichtigsten Themen stehen weiter oben und sind größer (siehe Abbildung 36.13 und Abbildung 36.14).

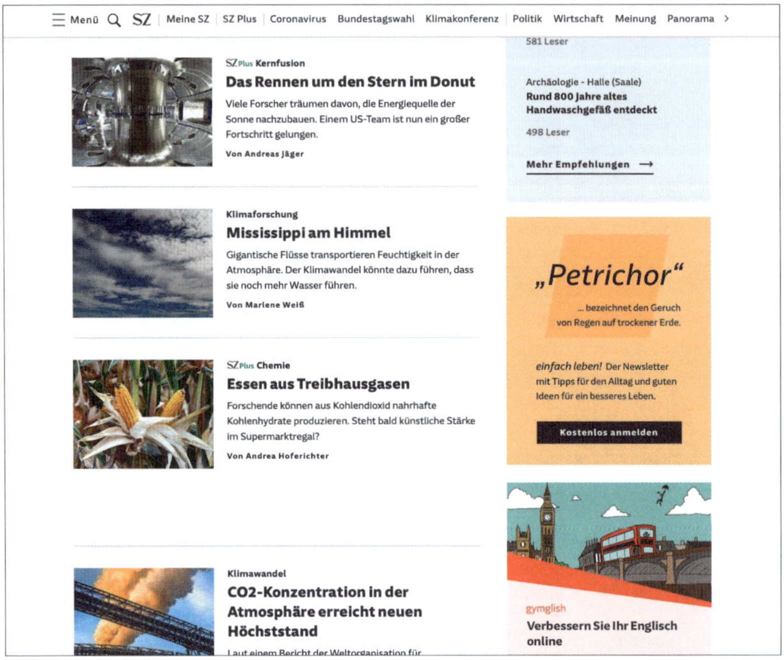


**Abbildung 36.13** Die meisten seriösen Medien-Sites wie sueddeutsche.de sind schon vor Jahren von Bildbühnen abgekommen. Stattdessen setzen sie ganz auf Themenkacheln. Das stellt jedes Thema für sich hochwertig dar und wirkt nicht austauschbar.

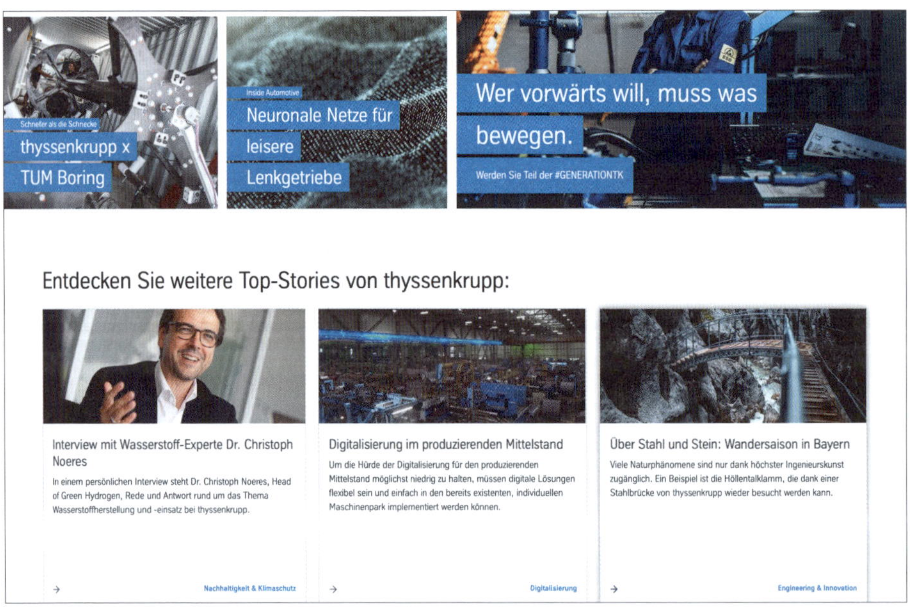


**Abbildung 36.14** thyssenkrupp.com setzt auf Themenkacheln mit Links zu Texten, Bildern, Videos, Berichten und Unterbereichen der Site.

**So realisieren Sie nutzerfreundliche Bildbühnen**

1. Gestalten Sie die Bildbühne klar erkennbar als solche.
2. Verwenden Sie maximal fünf Bilder.
3. Wählen Sie Bilder aus, deren Inhalt schnell erfassbar und nicht zu detailliert ist.
4. Beschriften Sie jedes einzelne Bild.
5. Zeigen Sie deutlich an, welches Element gerade zu sehen ist und wie viele Elemente die Bildbühne enthält.
6. Machen Sie deutlich, wie man hin und her wechselt. Nutzen Sie dazu große, gut erkennbare und von anderen Sites vertraute Steuerelemente.
7. Verlinken Sie das ganze Bild und die Beschriftung.
8. Stoppen Sie den automatischen Bildwechsel, sobald der Mauszeiger sich über das Element bewegt oder darauf geklickt bzw. getippt wird.
9. Passen Sie die Animationsgeschwindigkeit an die Inhalte wie auch an die Zielgruppe an.
10. Laden Sie nur die Inhalte, die tatsächlich bzw. wahrscheinlich gebraucht werden.

# Kapitel 37
# Audio und Video einbinden und steuern

*Audio und Video bieten Auflockerung und sind manchmal überlegen, um Inhalte zu vermitteln. Aber diese Medien bringen eigene konzeptionelle Herausforderungen mit sich. Ihre Steuerung nutzerfreundlich zu machen, ist jedoch recht einfach.*

Audio und Video sind aus unserem Alltag nicht wegzudenken. Für viele beginnt der Tag mit dem Radiowecker, für die meisten endet er entweder vor dem Fernseher, mit einer gestreamten Serie oder mit Musik, Hörbüchern oder Podcasts zum Einschlafen. Die meisten Kinder können Tablet, Fernseher und Radio einschalten, bevor sie sprechen können. Praktisch jeder Mensch nutzt Audio und Video für Unterhaltung und Informationen – über Smartphone, Tablet, PC, Fernseher oder über Geräte wie *HomePod* und *Amazon Echo*.

Im Folgenden geht es vor allem um statische Audio- und Videoinhalte, das Thema Sprachsteuerung und Sprachassistenten haben wir in Kapitel 6, »Das digitale Zeitalter und die Auswirkung auf interaktive Konzepte«, kurz behandelt.

## 37.1 Wann sind Audio und Video überhaupt sinnvoll?

Nur weil Audio und Video viel genutzt werden, heißt das nicht, dass Sie diese Medien möglichst viel einsetzen sollten. Vor allem, wenn es ums Vermitteln von Informationen geht, hat gedruckter Text viele Vorteile. Die wird er immer haben, völlig unabhängig vom technischen Fortschritt. Sein wichtigster Vorteil: Text lässt sich sehr schnell überfliegen. Wir Menschen sind hervorragend darin, aus einem langen Text die Wörter herauszusuchen, die uns interessieren. Dazu müssen wir nicht viel lesen, wir erkennen die Wörter an ihrer Gestalt. Und das gilt sogar dann, wenn der Text überhaupt nicht gegliedert ist. Haben Sie den Text ordentlich aufbereitet (siehe Kapitel 34, »Nutzerfreundlich schreiben«), dann fällt es uns Menschen noch viel leichter, aus solch einem Text das Gewünschte herauszufischen. Und steht noch eine Suchfunktion zur Verfügung, wird es zum Kinderspiel.

Text in der Form von Audio ist dagegen immer dann sinnvoll, wenn:

- der Text als Ganzes gelesen werden soll (wie etwa bei einer Geschichte).
- es auf den Klang oder die Stimmung ankommt (etwa bei einem Interview mit Prominenten oder wenn es um die Atmosphäre an einem Ort geht).

- Nutzende nicht oder nicht längere Zeit auf einen Bildschirm sehen können (etwa weil sie blind sind oder sich aufs Autofahren konzentrieren müssen).

Inhalte in der Form von Video sind immer sinnvoll, wenn:

- visuelle Informationen vermittelt werden, die schwer zu beschreiben sind (z. B. Vorführen einer handwerklichen Tätigkeit, Präsentation eines Ortes, einer Person oder eines Kunstwerks).
- die Inhalte komplex, schwer zu erfassen oder abstrakt sind (dann können Sie die Bildspur einsetzen, um Zusatzinformationen zu vermitteln bzw. Erklärungen und Visualisierungen zu zeigen).

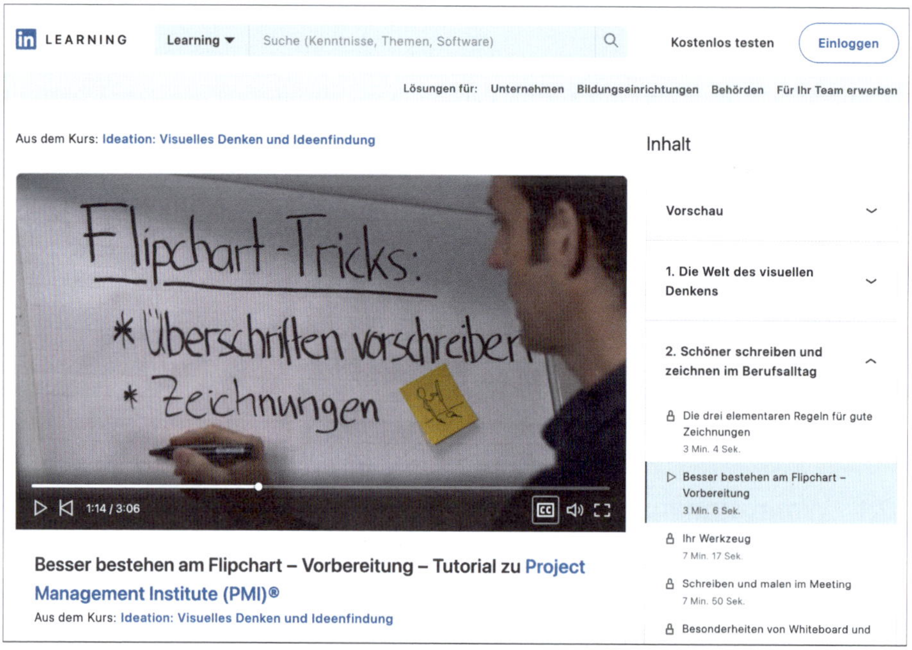


**Abbildung 37.1** Wenn man handwerkliche Tricks vermitteln will, eignet sich Video besser als umständliche Textbeschreibungen. Unter dem Video finden Sie die typischen, erwartungskonformen Steuerelemente.

## 37.2 Audio und Video zugänglich machen

Eine wichtige konzeptionelle Frage bei Audio und Video ist immer: Was passiert, wenn Nutzende Audio und Video nicht nutzen können oder wollen? Das betrifft zum einen Blinde bzw. Gehörlose. Zum anderen Nutzende, die gerade keinen Sound hören können – weil sie z. B. in der Fabrikhalle vor einer ratternden Maschine stehen oder vor der tosenden Brandung. Oder weil sie im Büro oder in der Bahn sind und ihre Mitmenschen nicht stören wollen. Oder einfach, weil sie ihre Kopfhörer vergessen haben.

Daher ist es immer sinnvoll, den gesprochenen Text zusätzlich schriftlich bereitzustellen. Bei Webseiten hat das den weiteren Vorteil, dass auch Suchmaschinen den Inhalt in dieser Form leicht erfassen können. Bei Video binden Sie den Text am besten (zusätzlich) in Form von Untertiteln (engl. *captions*) ein.

## 37.3 Audio und Video steuern

Ein gekipptes Dreieck und ein Quadrat erkennt jeder Mensch als Start- bzw. Stopptaste. Doch damit hören die Quasistandards auch schon auf. Schon beim Verhalten der Pausetaste scheiden sich die Erwartungen – und auch das Verhalten, das Geräte und Anwendungen an den Tag legen. Das ist ungünstig, denn Nutzende von Audio und Video sind besonders leicht frustriert, weil diese linearen Medien Probleme mit sich bringen, die Text nicht hat.

Viele Geräte, die es heute nicht mehr oder kaum noch gibt, haben die Art und Weise geprägt, wie wir mit Audio und Video umgehen: Der Begriff »Vorspulen« z. B. stammt aus der Ära der Tonband- bzw. Kassettenrecorder. Das »Vorspringen« oder »Skippen« kam mit der Audio-CD auf, da es bei dieser erstmals möglich war, in definierten Schritten auf dem Medium voranzuspringen (nämlich zum nächsten Lied). Der Begriff und das dazugehörige Symbol setzten sich damals durch und sind auch heute noch üblich.

Eine eigene Stopptaste findet sich bei Steuerelementen auf Displays nur noch selten. Meist wechselt das Symbol auf einem zentralen Bedienelement zwischen Play und Pause bzw. Stopp, je nachdem, ob die Wiedergabe gerade läuft oder nicht. Logischer erscheint den meisten Nutzenden Pause, nicht Stopp – denn Stopp heißt eigentlich, dass die Wiedergabe zurück an den Anfang springt. Und der Sprung zurück ist selten das gewünschte Verhalten.

Die Tasten zum Vorspulen und Vorwärtsspringen (»Skip«) werden oft auf eine Taste gelegt – entsprechend das Zurückspulen und das Zurückspringen. Ein Klick/Tipp bedeutet Springen, längeres Drücken bewirkt Spulen.

Der Lautstärkeregler ist meist ein Kreis auf einer Schiebeleiste (»Slider«).

## 37.4 Normen zur Steuerung von Audio und Video

In der Norm *ISO 14915 – Software-Ergonomie für Multimedia-Benutzungsschnittstellen* steht:

*Wenn bei der Entwicklung von Software-Steuerungselementen auch Hardware-Steuerungselemente für die gleichen Aufgaben vorgesehen werden, dann sollten die Software-Steuerungselemente in Verhalten und/oder Erscheinung mit den Hardware-Steuerungselementen vergleichbar sein.*

Das heißt, hier wird gefordert, dass sich Software-Interfaces an die Steuerungen aus dem Hardwarebereich anpassen. Eine Audiosteuerung auf einer Website sollte somit analog der bei einem CD-Player aussehen.

In der Norm *ISO 18035 – Informationstechnik – Bildschirmsymbole und Funktionen zur Kontrolle multimedialer Software-Anwendungen* finden sich Abbildungen für die Icons/Symbole der Steuerelemente. Diese decken sich im Wesentlichen mit den beschriebenen Buttons. Abweichend davon wird hier für die Lautstärkeregelung ein Keil mit senkrechtem Balken empfohlen, statt des weit verbreiteten Schiebereglers/Sliders. Nach unserer Einschätzung ist diese abweichende Form mit dem Slider aber etabliert und auch nicht schwerer verständlich als die Empfehlung der Norm. Worauf man aber achten muss, ist, dass der Slider nicht verwechselt werden darf mit dem Slider, mit dem die Nutzenden die Wiedergabeposition steuern. Das stellen Sie z. B. sicher, indem der Lautstärkeregler nicht dauerhaft zu sehen ist oder Sie ihn senkrecht anordnen.

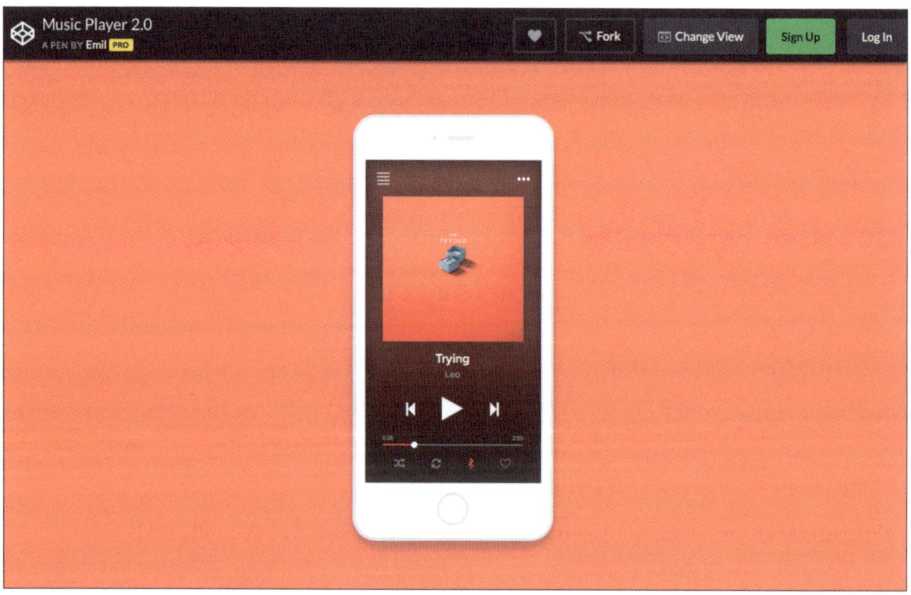


**Abbildung 37.2** Typische Elemente zur Steuerung von Audio: Zurückspringen, Wiedergabe/Pause, Vorspringen und darunter der Slider zur Anzeige und Steuerung der Wiedergabeposition (Quelle: https://codepen.io/emilcarlsson/full/WdRRMX)

# Kapitel 38
# Icons aussagekräftig auswählen

*Icons sind von Websites und Apps kaum mehr wegzudenken. Nur wenige Navigationskonzepte kommen gänzlich ohne Icons aus. Sie sind platzsparend, und viele von ihnen sind gelernt. Aber auch bei Icons drohen Usability-Fallen.*

Icons sind beliebte und weitverbreitete Elemente im Website- und mindestens genauso im App-Design. Zahlreiche Icons sind von den Nutzenden gelernt und international anerkannt, so beispielsweise die Symbole für das Schließen einer Anwendung oder eines Fensters (X), für das Starten und Pausieren von Audio oder Bewegtbild (> und II) oder für das Suchen von Inhalten (Lupe). Sie signalisieren auch, dass Dokumente z. B. in PDF- oder DOC-Format heruntergeladen werden können. Icons sind platzsparend, was gerade auch im mobilen Kontext mit begrenztem Platz auf dem Screen hilfreich ist. Gleichzeitig sind sie aber ausreichend groß und entsprechend geformt, so dass sie sowohl mit der Maus als auch per Touch einwandfrei bedient werden können – ganz im Gegenteil zu manchem Label. Sorgfältig ausgewählte Icons geben einer Website oder App den letzten Schliff, und sie fallen im Gesamtdesign nicht auf, weil sie sich nahtlos einfügen. Trotz dieser positiven Aspekte kann der Einsatz von Icons auch Usability-Probleme erzeugen, wenn sie unüberlegt eingesetzt werden.

## 38.1 Icons nutzenstiftend einsetzen

Um potenziellen Usability-Problemen durch den Einsatz von Icons entgegenzuwirken, sollten Sie diese sehr bewusst und überlegt einsetzen. Verwenden Sie Symbole, die leicht verständlich und sofort wiederzuerkennen sind. Beachten Sie zudem folgende Aspekte bei der Auswahl:

- Vermeiden Sie Icons, die eine missverständliche Bedeutung haben (können). Icons müssen auf Anhieb verstanden werden. Müssen Nutzende zunächst überlegen, was das Symbol bedeuten könnte, ist der Einsatz des Icons nicht mehr hilfreich, sondern problematisch.
- Idealerweise sind die gewählten Icons international einheitlich und haben dieselbe Bedeutung. Das ist insbesondere dann wichtig, wenn Ihre Anwendung mehrsprachig ist und in unterschiedlichen Kulturkreisen genutzt wird.

- Reduzieren Sie grafische Details in den Icons, und halten Sie sie so einfach und schematisch wie möglich. Eine schnelle Erkennbarkeit ist wichtiger als das detaillierte, realistische Abbild. Gleichzeitig sollen sich die Icons gut ins Gesamtbild einfügen und mit dem Design der Anwendung verschmelzen. Mehr zur Gestaltung von Icons in Abschnitt 38.4, »Icons eindeutig gestalten«.
- Verwenden Sie die »Fünf-Sekunden-Regel«. Wenn Sie mehr als fünf Sekunden benötigen, um für einen bestimmten Anwendungsfall an ein passendes Icon zu denken, ist die Eignung eines Icons sehr fragwürdig.
- Nutzen Sie Labels beim Icon, wenn diese den Nutzenden weiterhelfen. Das kann bei komplexen Anwendungen der Fall sein. Mehr zum Kombinieren von Icons und Labels in Abschnitt 38.2, »Icon mit oder ohne Label – das ist die Frage«.
- Testen Sie Ihre Anwendung, auch im Hinblick auf die Wiedererkennbarkeit und langfristige Einprägsamkeit der Icons. Erst durch Tests mit potenziellen Nutzenden wissen Sie, ob die Icons sinnvoll eingesetzt und aussagekräftig ausgewählt sind.

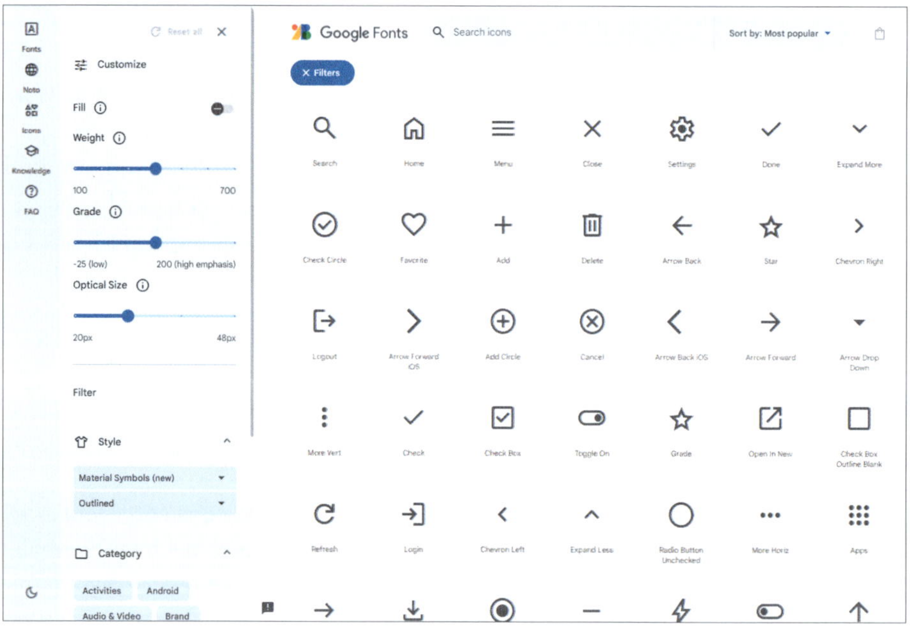


**Abbildung 38.1** Google stellt seine »Material Symbols Icons« über Google Fonts zum Download bereit, wo sie vorher auch angepasst werden können.

## 38.2 Icon mit oder ohne Label – das ist die Frage

In der Branche wird vielfach diskutiert, ob Icons mit Labels nutzerfreundlicher sind oder diese alleinstehend immer selbstbeschreibend sein müssen. Die Usability kann durch das Hinzufügen eines Labels beim Icon deutlich gesteigert werden. Eine Studie von UserTesting fand heraus, dass 88 Prozent der Testpersonen korrekt vorhersagten, was bei Touch/Klick auf das Icon passieren würde, wenn ein Label beim Icon platziert war. Nur 60 Prozent der Testpersonen gelang dies bei unbeschrifteten, aber gängigen Icons; bei individuellen Icons, die speziell in der Anwendung verwendet wurden, waren es nur noch 34 Prozent.

Da Nutzende, insbesondere die mobilen Nutzenden, in der Regel nicht geduldig und neugierig genug sind, um alle Icons in einer Anwendung auszuprobieren, müssen Icons demnach auch ohne Interaktion verständlich sein. Wählen Sie daher nicht den Ansatz, das Label erst bei Mouseover anzuzeigen – was auf mobilen Endgeräten sowieso nicht funktioniert.

Dem extremen Schritt, Icons komplett wegzulassen und stattdessen ausschließlich Labels respektive beschriftete Buttons einzusetzen, stehen wiederum Designaspekte entgegen. Häufig gewinnt ein Design durch den Einsatz von Icons: Sie tragen dazu bei, dass die Nutzung der Anwendung Spaß macht (*Joy of Use*). So mag der Wechsel von Icons zu Labels zwar funktional sinnvoll, aber der gesamten *User Experience* nicht zuträglich sein. Berücksichtigen Sie daher den Kontext der Anwendung bei der Entscheidung, ob Labels zu den Icons hinzugefügt oder aber nur Labels genutzt werden. So kann bei internationalisierten Anwendungen ein Label zu Herausforderungen führen: Übersetzungsschwierigkeiten oder Schwierigkeiten bei der Positionierung aufgrund unterschiedlicher Lauflängen des Worts.

Sind die technischen Fertigkeiten Ihrer Nutzenden gering und das Alter eher hoch, sollten Sie am besten immer Labels hinzufügen. Gerade Nutzende in einem höheren Alter haben oft andere Vorstellungen von Symbolen als die jüngeren, so genannten *Digital Natives*. Das kann die Wahl des Icons erschweren.

**KI-unterstützte Entwicklung von Icons**

Mit Einzug der frei verfügbaren KI-Werkzeuge wie ChatGPT, Dall-E oder Midjourney entstehen auch für das automatisierte Erstellen von Icons neue Anwendungen. Diese versprechen, Icons auf Basis von Text-Prompts in Kombination mit Stil und Farbe erzeugen zu können. Leider sind die meisten nicht frei zugänglich oder sind kostenpflichtig. Wie einiges in diesem Umfeld sind die Ergebnisse noch durchwachsen und entsprechend längst nicht den gängigen Empfehlungen zur Icon-Gestaltung. Geschweige denn, dass diese barrierefrei sind. Da sich das Feld sehr schnell entwickelt, sollten Sie diese Option daher trotzdem im Hinterkopf behalten.

## 38.3 Labels bei Icons bewusst positionieren

Icons zu beschriften, erleichtert den Nutzenden das Auffinden und die Verständlichkeit, sofern die Labels richtig positioniert sind. Die Platzierung des Labels ist abhängig vom Einsatzzweck des Icons:

- Bei Icons, die als Navigationselemente fungieren, gerade auch in Apps, positionieren Sie die Labels zentriert unterhalb des Icons (siehe Abbildung 38.2).

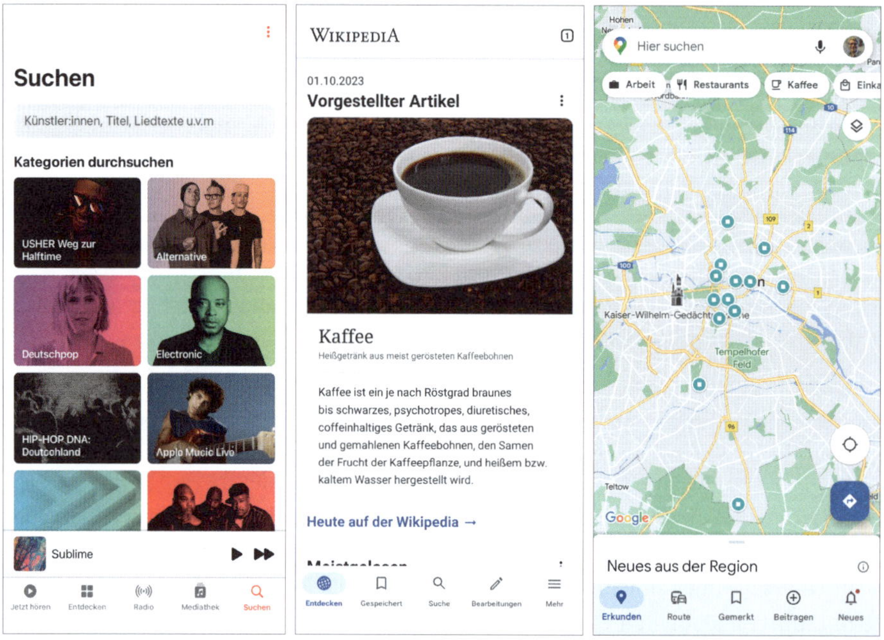


**Abbildung 38.2** In den Apps von Apple Music (links), Wikipedia (Mitte) oder auch Google Maps (rechts) sind die Icons in der Bottom Navigation mit passenden Labels ergänzt. In allen Fällen sind die Labels (aus Platzgründen) zentriert unterhalb der Icons platziert.

- Bei allen Icons, die mit ausreichend Raum platziert sind, positionieren Sie das Label im natürlichen Lesefluss zum Icon, also rechts davon. Damit unterstützen Sie die Funktion des Labels als Hilfe beim Überfliegen; sie werden noch vor dem Label wahrgenommen.
- Gehört das Icon zu einem Teaser-Text, richten Sie es an der Headline oder obersten Zeile aus und nicht mittig zum gesamten Text. So ermöglichen Sie ein schnelles Überfliegen der Seite.

## 38.4 Icons eindeutig gestalten

Icons sollten von Nutzenden schnell wiedererkannt werden und ohne weiteres Nachdenken genutzt werden können. Um dem gerecht zu werden, helfen Ihnen folgende Hinweise:

- Halten Sie Icons einfach und schematisch. Minimieren Sie grafische Details in den Icons, und arbeiten Sie die wesentlichen Charakteristiken des Objekts heraus. Wählen Sie im Zweifelsfall immer das einfachere.

- Nutzen Sie bekannte oder gängige Icons. Nutzungsverhalten ist geprägt durch Erfahrung. Nutzende verstehen Icons, die sie kennen und zuvor genutzt haben. Recherchieren Sie daher, welche Icons sich im Umfeld Ihrer Anwendung etabliert haben.
- Wenn Sie eine native App entwickeln, greifen Sie immer auf die plattformspezifischen Icons zurück, die vom jeweiligen Betriebssystem bereitgestellt werden. Dazu gehören Icons für das Teilen von Inhalten, das Neuladen einer Seite oder das Löschen von Dokumenten.

Sind die gewählten Icons inhaltlich stimmig und konsistent zu Ihrem Design, widmen Sie sich unbedingt der Größe der Icons. Eine Rolle dabei spielen folgende Aspekte:

1. **Ausreichende Größe zum gezielten Ansteuern bei Touchbedienung**
   Icons als Interaktionspunkte müssen ausreichend groß gestaltet sein, damit sie bei Bedienung per Touch direkt getroffen werden und bei den Nutzenden keine Frustration aufgrund von ungewollten Aktionen oder zu kleinem Zielbereich eintritt. Empfehlenswert bei Touchbedienung sind Objekte mit einer Zielgröße von 7–10 mm beziehungsweise 44–48 Pixeln. Diese Angaben beinhalten etwa 10–12 Pixel Umrandung um das eigentliche Icon, das selbst minimal 24 Pixel Größe haben sollte. Beachten Sie hierzu die Vorgaben zur Icon-Größe, die Ihnen Betriebssysteme oder Ihr eigenes Designsystem machen.

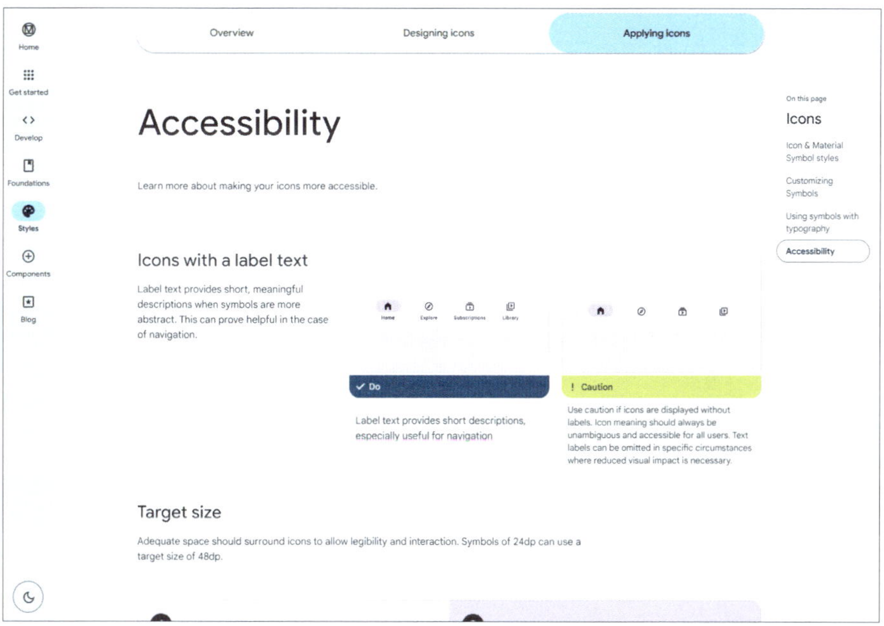


**Abbildung 38.3** Die Größe von und der Freiraum um Icons trägt genauso wie das Hinzufügen eines Labels zur Barrierefreiheit Ihrer Website oder App bei. Hier beispielsweise die Richtlinien von Google in seinem »Material Design 3«. (Quelle: https://m3.material.io/)

2. **Ausreichender Abstand zwischen zwei oder mehreren Icons zur Vermeidung von Fehlbedienung**
   Wenn Sie zwei oder mehrere Icons nebeneinander platzieren, geben Sie ausreichend Zwischenraum, um ungewollte Aktionen der Nutzenden zu vermeiden. Lassen Sie mindestens 2 mm Abstand zwischen den Icons inklusive Umrandung.
3. **Relative Größe zum Screenbereich sowie zu anderen Elementen**
   Icons fallen tendenziell auf mobilen Screens deutlicher auf als auf Desktop-Anwendungen. In der mobilen Anwendung nimmt ein Icon, beispielsweise das Burger-Menü-Icon, deutlich mehr Platz ein als ein vergleichbar großes Icon auf dem Desktop – selbst wenn die Größe des Icons für die Screengröße entsprechend skaliert wurde. Damit büßen sie meist aber an schneller Erkennbarkeit ein, auch weil auf einer Desktop-Seite deutlich mehr Inhalte und weitere Elemente platziert sind. Platzieren Sie daher in Ihrer Desktop-Variante die Hauptmenüpunkte sichtbar im Header, anstatt sie hinter dem Hamburger-Menü-Icon verschwinden zu lassen. Ein weiterer positiver Nebeneffekt ist die Reduktion der Interaktionskosten. Näheres zum Hamburger-Menü-Icon finden Sie in Kapitel 27, »Navigationskonzepte – Mega-Dropdowns, Flyouts, Hamburger-Menü, Off-Canvas«.

**So integrieren Sie aussagekräftige und nutzenstiftende Icons**

1. Halten Sie Icons einfach und schematisch. Minimieren Sie grafische Details in den Icons.
2. Vermeiden Sie Icons, die eine missverständliche Bedeutung haben (können). Wenn Sie mehr als fünf Sekunden benötigen, um für einen bestimmten Anwendungsfall an ein passendes Icon zu denken, ist die Eignung eines Icons sehr fragwürdig. Greifen Sie nach Möglichkeit auf bekannte oder gängige Icons zurück, die von den Nutzenden gelernt sind.
3. Wenn Sie eine mehrsprachige Anwendung betreiben, wählen Sie Icons, die international einheitlich sind und dieselbe Bedeutung haben.
4. Nutzen Sie Labels beim Icon, wenn diese den Nutzenden weiterhelfen. Berücksichtigen Sie den Kontext und die Nutzergruppe(n) der Anwendung bei der Entscheidung, ob Labels zu den Icons hinzugefügt oder ausschließlich Labels genutzt werden.
5. Gestalten Sie die Icons so groß, dass sie in Relation zur Screengröße ausgewogen erscheinen und der Abstand zwischen zwei oder mehreren Icons ausreichend ist. Die Größe der Icons sollte zudem die Bedienung per Touch unterstützen.

# Kapitel 39

# Links und Buttons formatieren und formulieren

*Links und Buttons sind die elementaren Interaktionselemente. Sie scheinen einfach, und doch lauern hier einige Usability-Fallen. Diese lassen sich aber mit etwas Hintergrundwissen leicht umgehen.*

Links sind, was das Web ausmacht. Sie waren der Grund, warum es Anfang der 1990er so rasend schnell wuchs. Heute scheinen uns Links nichts Besonderes mehr zu sein, und es fällt schwer, die frühere Begeisterung nachzuvollziehen. Sie scheinen auch nicht mehr so wichtig zu sein, weil sie nicht mehr besonders auffallen – Sites sehen nicht mehr so aus wie auf Abbildung 39.1. Und doch machen erst die Links das WWW zu einem interaktiven Medium. Sie erlauben es uns, das auszusuchen, was uns jeweils gerade interessiert.

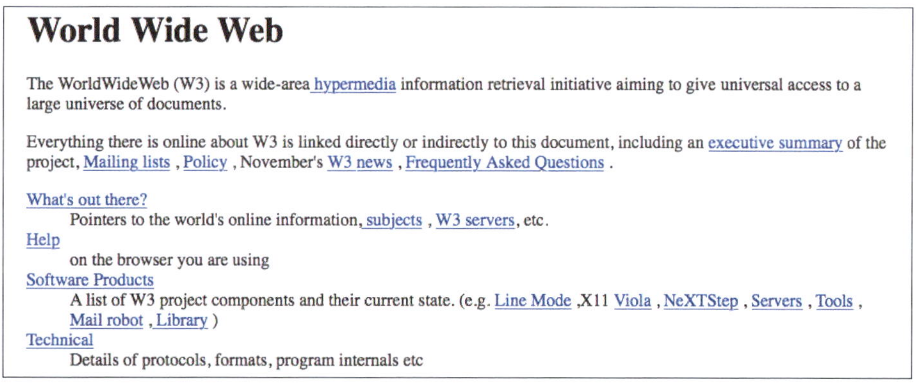

World Wide Web

The WorldWideWeb (W3) is a wide-area hypermedia information retrieval initiative aiming to give universal access to a large universe of documents.

Everything there is online about W3 is linked directly or indirectly to this document, including an executive summary of the project, Mailing lists , Policy , November's W3 news , Frequently Asked Questions .

What's out there?
Pointers to the world's online information, subjects , W3 servers, etc.
Help
on the browser you are using
Software Products
A list of W3 project components and their current state. (e.g. Line Mode ,X11 Viola , NeXTStep , Servers , Tools , Mail robot , Library )
Technical
Details of protocols, formats, program internals etc

**Abbildung 39.1** Die erste Website überhaupt von 1991. Links sind darauf auch rein visuell ganz zentral.

Einen Link zu klicken, hat etwas Befriedigendes. Als Mensch habe ich die Anwendung unter Kontrolle, wenn sie das macht, was ich ihr sage – sei es eine komplexe App oder eine simple Website. Früher las man oft, dass Menschen mit so wenigen Links wie möglich ans Ziel kommen sollten. Heute weiß man: Lieber ein paar Klicks mehr, aber dafür muss jeder Klick befriedigend sein. Und das ist er, wenn wir das Gefühl haben, wir haben die Kontrolle und wir kommen mit dem Lösen unserer aktuellen Aufgabe voran.

## 39.1 Welche Links biete ich an?

Jeden Link, den Sie setzen, sollten Sie mit Bedacht setzen. Warum bieten Sie ihn an? Welchen Nutzen haben Besuchende Ihrer Site davon? Bringt er sie weiter? Diese Fragen überraschen Sie vielleicht – aber wenn Sie die Links auf einigen Sites daraufhin überprüfen, werden Sie feststellen, dass viele Links ohne Nachdenken gesetzt wurden. Links sind so einfach zu erstellen, dass die meisten dazu neigen, *zu viele* zu verwenden. Einerseits ist ein Link ein Dienst an die Besuchenden: Sie bieten diesen etwas an. Andererseits ist es auch immer ein Stück Arbeit, das wir an die Besuchenden delegieren. Wir wissen nicht, ob diese die Zusatzinformation A oder B interessiert – kein Problem, bieten wir einfach beide an. Damit bürden wir Besuchenden die Entscheidung auf – die sie nie so gut treffen können wie wir, weil sie die Inhalte noch gar nicht kennen. Natürlich ist es keine Riesenarbeit, sich für einen Link zu entscheiden. Aber wir wollen ein möglichst reibungsloses Nutzungserlebnis. Jedes Mal, wenn Nutzende nachdenken müssen, laufen wir Gefahr, sie zu verlieren. Wenn sie schon beim Denken sind, fällt ihnen vielleicht auf, dass sie sowieso gerade etwas anderes tun wollten. Oder dass ihnen die Site doch nicht so gefällt.

Zu viele Links sind immer ein Zeichen für fehlende Zielgruppenrecherche oder für unklare eigene Zielsetzungen. Machen Sie sich Gedanken darüber, welche Links Ihre Zielgruppe wirklich braucht.

## 39.2 Wo kommen Links hin?

In den Anfangstagen des Web sahen viele Texte so aus wie auf Abbildung 39.2; man sprach auch von *Hypertext*, der mit *Hyperlinks* verknüpft war.

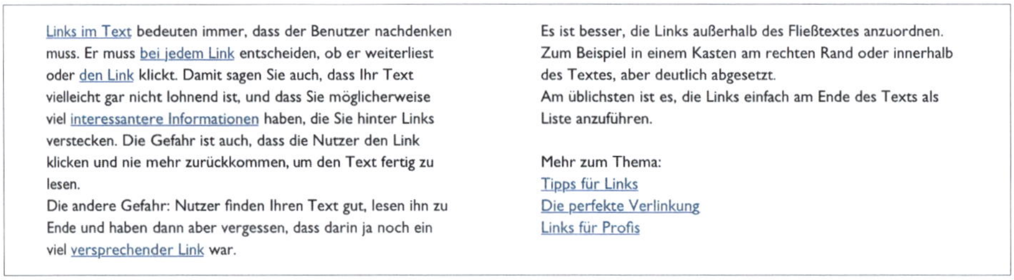
Links im Text bedeuten immer, dass der Benutzer nachdenken muss. Er muss bei jedem Link entscheiden, ob er weiterliest oder den Link klickt. Damit sagen Sie auch, dass Ihr Text vielleicht gar nicht lohnend ist, und dass Sie möglicherweise viel interessantere Informationen haben, die Sie hinter Links verstecken. Die Gefahr ist auch, dass die Nutzer den Link klicken und nie mehr zurückkommen, um den Text fertig zu lesen.
Die andere Gefahr: Nutzer finden Ihren Text gut, lesen ihn zu Ende und haben dann aber vergessen, dass darin ja noch ein viel versprechender Link war.

Es ist besser, die Links außerhalb des Fließtextes anzuordnen. Zum Beispiel in einem Kasten am rechten Rand oder innerhalb des Textes, aber deutlich abgesetzt.
Am üblichsten ist es, die Links einfach am Ende des Texts als Liste anzuführen.

Mehr zum Thema:
Tipps für Links
Die perfekte Verlinkung
Links für Profis

**Abbildung 39.2** Links im Text machen diesen unruhig – und auch die Lesenden (links). Besser sind die Links am Ende aufgehoben (rechts).

Der Hype hat sich schon lange gelegt. Inzwischen weiß man, dass wir Menschen jedes Mal einen Sekundenbruchteil zögern, wenn wir beim Lesen über einen Link stolpern. Wir müssen sich jedes Mal entscheiden, ob wir weiterlesen oder den Link klicken. Das sollten Sie vermeiden, deshalb ist es besser, die Links am Ende jedes Sinnabschnitts gesammelt anzubieten. So kann man erst in Ruhe den Text lesen (oder überfliegen) und dann entscheiden, ob man einen der Links anklicken will. Außerdem haben Sie an dieser Stelle die Möglichkeit, den weiterführenden Link mit einer Abbildung zu ergänzen – also einen so genannten *Teaser* einzubauen.

## 39.3 Wie sehen Links aus?

Ursprünglich waren Links blau und unterstrichen, siehe Abbildung 39.1. Noch immer erkennen Nutzende so am leichtesten, dass die jeweiligen Wörter verlinkt sind – daher sind blaue Texte und Unterstreichungen auch tabu, wenn sie *nicht* verlinkt sind. Aber inzwischen wissen Menschen, dass Links alle möglichen Farben haben können und selten unterstrichen sind. Damit sie Links aber sicher als solche erkennen, beschränken Sie sich bei Farben im Text: Ausschließlich Links dürfen eine auffällige Farbe haben. Wollen Sie andere Texte in einer anderen Farbe als in der des Fließtextes setzen, sollte das immer ein gedeckter Farbton sein, und Sie sollten dann immer ganze Absätze in dieser Farbe setzen. So ist die Verwechslungsgefahr mit einem Link am geringsten.

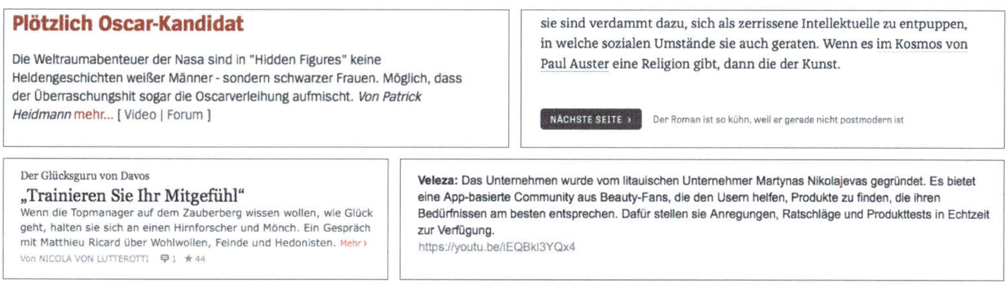


**Abbildung 39.3** Links müssen sich nur deutlich genug vom Text unterscheiden, damit man sie erkennt (von oben links nach rechts unten: spiegel.de, zeit.de, faz.net, loreal.de).

Ein wichtiger Hinweis für Nutzende, dass es sich um einen Link handelt, ist der so genannte *Mouseover*-Effekt (auch *Rollover* genannt). Mouseover ist, wenn der Mauszeiger (Cursor) über den Link bewegt wird. Den Effekt sieht man natürlich nur bei Geräten mit Maus – auf Touchscreens müssen die Nutzenden Ihre Links anders erkennen können. Bei Links im Browser wird der Mauszeiger automatisch zur Hand (siehe Abbildung 39.4). Dieses Verhalten sollten Sie bei eigener Programmierung auch vorsehen – aber eben nur bei Links, nicht bei anderen interaktiven Elementen. So erwarten es Nutzende, und so schreiben es die Richtlinien von Microsoft und Apple für ihre Betriebssysteme vor.

Zusätzlich können Sie bei Links den aktiven Bereich bei Mouseover hervorheben. Das gibt Nutzenden noch einen deutlicheren Hinweis, dass sie sich über einem Link befinden. Und Sie können damit auch signalisieren, welche Elemente zusammengehören und auf Klick reagieren (wie in Abbildung 39.4).

**Abbildung 39.4** Teaser-Kästen bei abendblatt.de – steht der Mauszeiger über Bild oder Text, erscheint die Unterstreichung der Überschrift. So ist klar, dass alle Teile klickbar sind.

## 39.4 Links formulieren

Ein Link sollte verraten, wohin er führt. Aus Usability-Tests wissen wir: Menschen lesen oft *nur* die Links. Das heißt, sie überfliegen die Seite und sehen die Überschriften und die Links an, eventuell noch fett oder farblich hervorgehobene Wörter. Daher sollten die Links so formuliert sein, dass sie verraten, wohin sie führen – ohne notwendigen Kontext. Das hilft auch denjenigen, die den ganzen Text lesen. Und schließlich hilft es der Suchmaschinenoptimierung, weil Google & Co. dann auch gleich wissen, zu welchem Thema die verlinkte Seite gehört. Verlinken Sie nur so wenige Wörter wie nötig. Zu lange Links sehen nicht gut aus und sind schwerer zu erfassen. Ausnahmen gelten nur, wenn Sie wie in Abbildung 39.4 ganze Bereiche verlinken.

»Mehr« ist generell ein ausgesprochen schlechter Linktext. Er findet sich zigtausendfach auf Webseiten, was es nicht besser macht. Ein »mehr« verrät nicht, warum man hier klicken sollte. Etwas wie »klicken Sie hier«, »weitere Infos« oder »PDF« ist auch nicht besser. In den meisten Fällen sind solche Links einfach aus Unachtsamkeit oder aus Faulheit so benannt. Wenn irgend möglich, machen Sie es besser. Nutzen Sie klare Formulierungen wie »jetzt buchen«, »unsere Produkte« oder »Datenblatt herunterladen«. Idealerweise steht das wichtigste Wort am Anfang des Links – so erkennen Nutzende beim Überfliegen schneller, wo sie hinmüssen. Also z. B. nicht »alle detaillierten Daten zu unserem Drucker finden Sie *hier*«, sondern besser »*Datenblatt HG-39 4-Farb-Laserdrucker*« oder noch besser »*4-Farb-Laserdrucker HG-39 – Datenblatt* (PDF, 1,2 MB)«. Und oft ist der »mehr«-Link sogar ganz verzichtbar. Zum Beispiel, wenn Nutzende aus Erfahrung wissen, dass bestimmte Elemente verlinkt sind. Wie etwa die Teaser-Kästen von Medien-Sites (vergleiche Abbildung 39.4). Hier ist nicht eigens ein Link erforderlich, und daher verzichten die meisten Medien inzwischen auf ihn.

Sehen Sie sich am besten immer auch die Seite an, auf die Sie verlinken. Besuchende müssen nach dem Klick sofort das Gefühl haben, auf der richtigen Seite gelandet zu sein. Steht dort zum Beispiel die Überschrift »Was zufriedene Kundinnen und Kunden über uns sagen«, dann nennen Sie den Link nicht »Referenzen« oder »Kundenstimmen«. Nehmen Sie besser etwas wie »Kundinnen und Kunden über uns«. Wenn Sie auf »Referenzen« bestehen, ändern Sie die Überschrift auf der Zielseite zu »Referenzen – was zufriedene Kundinnen und Kunden über uns sagen«. Hier geht es wieder darum, bei Nutzenden auch nur Sekundenbruchteile von Zweifeln auszuräumen.

## 39.5 Seitennamen

Seitennamen von HTML-Seiten (`title`-Element) stehen im Code und sind im Inhaltsbereich nicht sichtbar für Besuchende. Sie werden aber als Titel von Browsertabs angezeigt (siehe Abbildung 39.5), als Lesezeichen bzw. in der Chronik, und auch Google zeigt die Titel in seinen Trefferlisten an. Daher sollten die Seitentitel den Inhalt der Seite in wenigen Zeichen beschreiben. Mit der Überschrift müssen sie nicht übereinstimmen. Üblich ist, ans Ende des Titels den Namen der Site oder des Unternehmens zu setzen, abgetrennt durch ein Zeichen wie -, – oder |. Nach vorn setzen sollte man den Namen nie, denn habe ich viele Tabs offen, sehe ich jeweils nur die ersten Buchstaben des Titels. Auch sollten Sie den Titel nicht mit JavaScript ändern. Das machen einige vermeintlich ganz Schlaue – aus einem sinnvollen Titel wird dann etwas wie »nicht vergessen zu lesen!«. Habe ich mehrere Tabs von dieser Site offen, kann ich nur raten, welcher welchen Inhalt hat.

**Abbildung 39.5** Die Tabs im Browser zeigen den Titel der jeweiligen HTML-Seiten.

Ein Screen in einer App braucht keinen Titel. Den sollte er aber haben, wenn Nutzende ansonsten nicht genau wissen, wo sie sind und was sie hier tun können. Im Normalfall sollten ihnen die Inhalte des Screens aber diese Orientierung geben. Tun sie das nicht, überlegen Sie, ob Sie den Screen überarbeiten sollten. Nur wenn es keine bessere Lösung gibt, setzen Sie einen Titel oben auf den Screen.

## 39.6 Dateinamen, URLs und Pfade

Mit der URL setzen sich die wenigsten Menschen heute auseinander. Im Usability-Labor beobachten wir seit Jahren, dass Nutzende praktisch alle mit Google starten – selbst, wenn sie eine Website aufrufen wollen von einem Unternehmen mit wenigen Buchstaben, die sie auch kennen. Statt der URL *bmw.de*, *siemens.de* oder *sz.de* tippen sie die Namen ins Suchfeld. Und mit den genauen Pfaden zu einzelnen Seiten befassen sie sich schon gar nicht. Der Browser Safari blendet die Pfade auch in der Voreinstellung aus und zeigt nur die Top Level Domain (also z. B. www.meinserver.de, nicht www.meinserver.de/verzeichnis/kontakt.html).

Mit den Pfaden und Dateinamen sollten Sie sich dennoch Mühe geben. Für Suchmaschinen sind diese z. B. hochrelevant. Außerdem ist es günstig für diejenigen, die doch einen Blick auf die URL werfen, wenn Sie hier sinnvolle Begriffe vorsehen. Wird ein Link z. B. per Mail verschickt, dann sehen ihn sich Menschen durchaus genauer an – und wer ihn bekommt, erst recht. Verschachteln Sie die Site nicht zu tief – statt einer URL wie *www.heise.de/newsticker/meldung/Android-geht-auch-ohne-Google-3614512.html* wäre besser *www.heise.de/newsticker/Android-geht-auch-ohne-Google.html*. Und der Seitentitel sollte in jedem Fall das wichtigste Schlagwort aus dem Inhaltsbereich der Seite enthalten – für Nutzende und für Suchmaschinen.

## 39.7 Buttons – Schaltflächen, Tasten oder Knöpfe?

Was ist ein Button? Im Web ist es meist einfach nur ein Link, der etwas anders dargestellt ist. Also nicht als unterstrichener oder farbiger Text, sondern als grafisches Element. Button heißt auf Deutsch *Schaltfläche* – was so ungelenk klingt, dass den Begriff fast niemand verwendet. Und auch von Knöpfen oder Tasten spricht man nicht, weil die meisten dabei an physische Knöpfe denken, die man mit dem Finger herunterdrücken kann.

Buttons in digitalen Anwendungen haben zwei Bestandteile:

1. Form
2. Text

Ohne grafische Form ist ein Button kein Button. Und nur ganz, ganz selten haben Buttons keinen Text. Zumindest ein + oder ein anderes Symbol steht praktisch auf bzw. neben jedem Button.

Ein digitaler Button wirkt idealerweise, als könne man ihn drücken – man spricht von *Affordanz* oder *Angebotscharakter*. Als drückbar wahrgenommen wird ein Button, wenn er wirkt, als würde er aus der Bildschirmfläche hervorstehen. Dazu wird z. B. die obere Begrenzungslinie hell und die untere dunkel dargestellt. Man kann den Button sogar noch mit einem zusätzlichen Schatten mit Verlauf nach unten rechts betonen (siehe Abbildung 39.6 rechts). So wirkt er realistisch, weil die meisten Gegenstände in unserem Alltag von oben beleuchtet sind, also einen Schatten nach unten werfen. Die Konvention, dass der Schatten rechts ist und nicht links, rührt vermutlich von der Leserichtung her. Rechts fällt er uns mehr auf, weil wir Screens von links nach rechts ansehen. Im aktiven Zustand stellt man Buttons oft heller dar, um ein Leuchten anzudeuten wie bei einem physischen Leuchtschalter.

**Abbildung 39.6** Buttons haben eine lange Geschichte – ihr Grundprinzip ist gleich geblieben (rechts aus den Richtlinien Google Material Design).

Die strikte Orientierung an realen Objekten heißt *Skeuomorphismus* und stammt von den ersten grafischen Benutzeroberflächen – ist aber mittlerweile nicht einmal mehr bei den üblichen Desktop- und Laptop-Betriebssystemen zu finden. Bei mobilen Betriebssystemen, Apps und im Web sehen Buttons schon länger ihren Vorbildern aus der realen Welt kaum noch ähnlich. So erkennt man hauptsächlich an der länglichen Form und an der Beschriftung einen Button (siehe Abbildung 39.7).

**Abbildung 39.7** Buttons auf heutigen Webseiten. Nur links oben haben wir zwei historische Beispiele eingebaut – früher waren Buttons viel näher an ihren physischen Vorbildern.

Und daran, dass er an gelernten Stellen steht. Diese Definition ist wenig befriedigend, und das ist auch ein Problem mit diesen reduzierten Buttons im *Flat Design* – gerade wenn sie vor Fotos oder gemustertem Hintergrund stehen, erkennt man sie mitunter nicht besonders gut. Sorgen Sie dafür, dass sie durch ihre Größe, ihre Farbe und den Kontrast zum Hintergrund sowie durch erwartungskonforme Platzierung Nutzenden gut auffallen. Das *Material Design* von Google versucht, ein paar Probleme zu lösen, indem es mit leichten Schatten arbeitet, aber doch eine Anmutung erreicht, die striktem Flat Design nahekommt (siehe auch *uux.jetzt/089*).

Von der Form her sind Sie recht frei in Ihrer Gestaltung – wichtig ist nur, dass die Buttons länglich sind. Ob die Ecken gerade oder mehr oder weniger abgerundet sind, ist egal und eher der Mode unterworfen. Sorgen Sie nur unbedingt dafür, dass Buttons innerhalb Ihrer App oder Site immer die gleiche Form haben. Alles andere verwirrt unnötig.

## 39.8 Nicht jeder Button ist gleich wichtig – Hierarchie

Worin sich Buttons unterscheiden können, ist die Farbe. Auch bei der Größe können Sie leichte Variationen machen. Beides allerdings nur, wenn Sie tatsächlich eine funktionale Aussage mit diesem Unterschied treffen wollen. Mit abgestuften Farben können Sie den Nutzenden die so genannte Button-Hierarchie signalisieren. Man spricht von *primären* und *sekundären* Buttons. Primäre, also wichtige Buttons sind auffälliger gestaltet als weniger wichtige. Dabei orientieren Sie sich an dem Weg durch die Anwendung, wie Nutzende ihn üblicherweise gehen. Buttons für Korrekturen oder zu zusätzlichen Bereichen sind dann unauffälliger angelegt (siehe Abbildung 39.8).

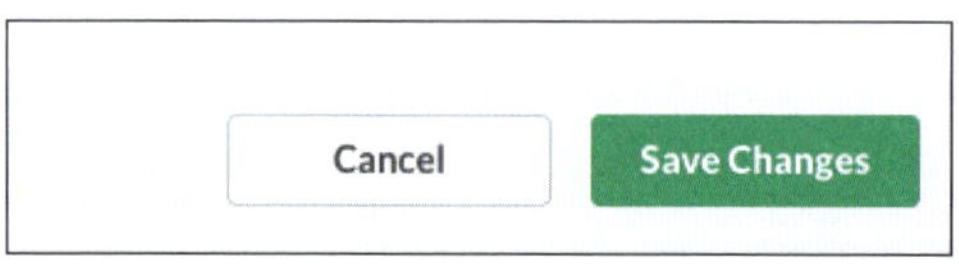


**Abbildung 39.8** Der wichtige Button steht rechts und ist auffälliger gestaltet. (Quelle: www.slack.com)

Je weniger Hierarchieebenen Sie haben, desto leichter verständlich ist es für Nutzende. Gut ist es, wenn Sie mit primären und sekundären Buttons auskommen. Wollen Sie noch stärker abschwächen, können Sie statt Buttons auch Links verwenden. Es ergibt sich dann die Reihenfolge *primärer Button – sekundärer Button – Link*. Auf Abbildung 39.9 sieht man primäre Buttons (Upgrade), sekundäre (Add Task) sowie Links (Incomplete Tasks). Hinzu kommen die Buttons des Menüs oben rechts sowie die zum Umschalten zwischen List, Calendar und Files. Das ist alles etwas viel – für eine Website, die man regelmäßig nutzt und mit der man somit umzugehen lernt, ist es jedoch aus unserer Sicht noch in Ordnung.

**Abbildung 39.9** Asana nutzt eine Vielzahl von Button-Hierarchien – mehr sollten es auf keinen Fall werden.

### 39.8.1 Position und Text

Was sollte zuerst stehen, der OK-Button oder der zum Abbrechen? Hier besteht leider keine Einigkeit – die Windows-Richtlinien sehen OK – ABBRECHEN vor, die von macOS, iOS und Android fordern ABBRECHEN – OK. Für die erste Variante spricht, dass wir von links nach rechts lesen und daher die wichtigere Option an erster Stelle stehen soll. Für die zweite Variante spricht, dass wir bei zwei Optionen beide nacheinander ansehen und dann die letzte die ist, auf der unser Blick ruht. Für die Usability macht es keinen großen Unterschied, und Sie sollten sich daher an dem orientieren, was Ihre Zielgruppe kennt. Da Windows weiter verbreitet ist als Macintosh, spricht das für die Anordnung OK – ABBRECHEN. Aber die mobilen Betriebssysteme machen die Empfehlung schwieriger, und nach unserer Wahrnehmung tendieren UX-Profis eher zur Reihenfolge ABBRECHEN – OK.

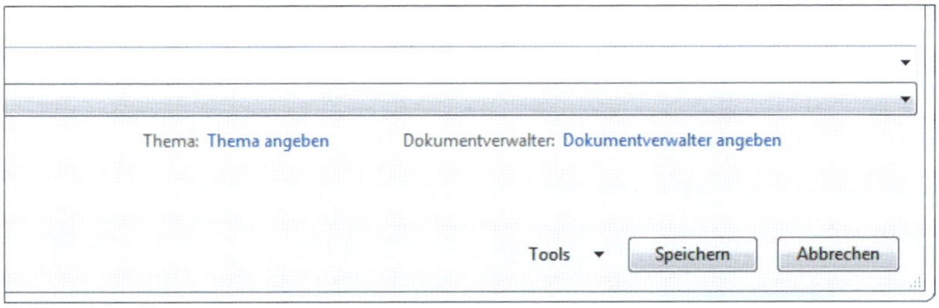


**Abbildung 39.10** Unter Windows steht der Abbrechen-Button immer rechts.

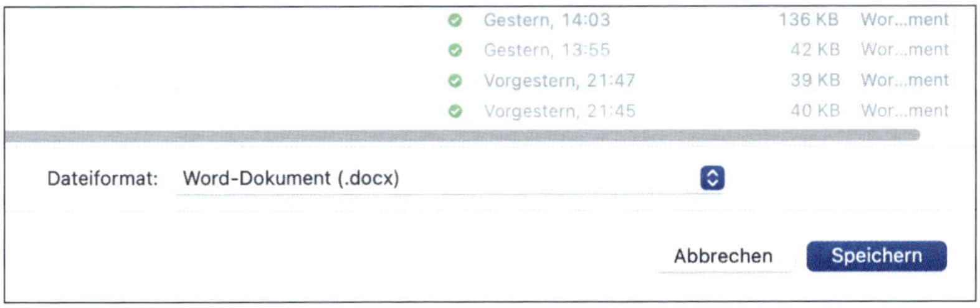


**Abbildung 39.11** Beim Mac steht der Abbrechen-Button links.

Einfacher ist die Lage bei Buttons, die Nutzende durch die Anwendung leiten. Es hat sich bewährt, die Buttons, die zum nächsten Schritt führen, unten rechts anzuordnen. Manchmal wiederholt man sie zusätzlich noch oben rechts, wenn man davon ausgeht, dass Nutzende vielleicht die Seite gar nicht ganz ansehen – sie können dann, ohne zu scrollen, sofort oben auf den Button zum Weitergehen klicken (siehe Abbildung 39.12).

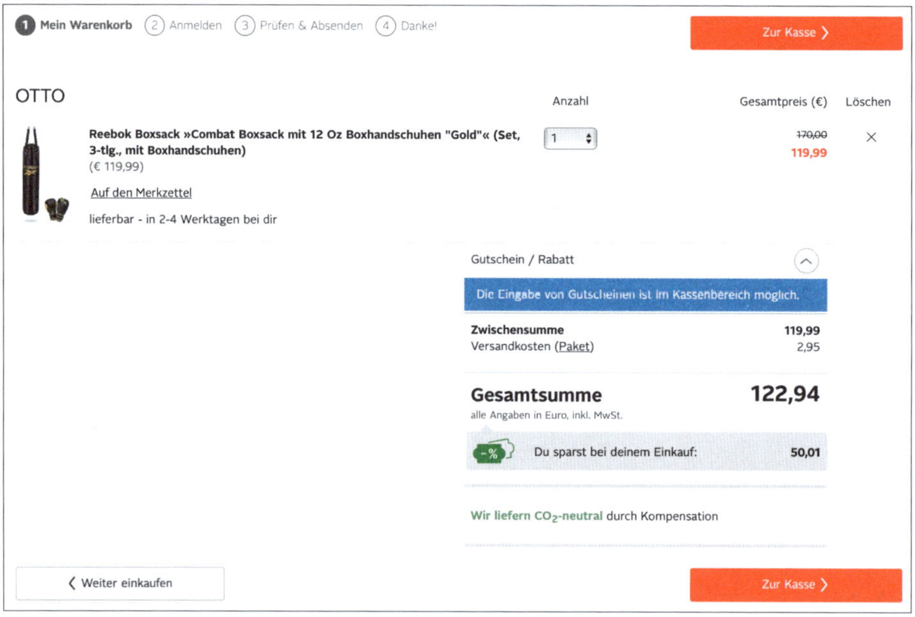


**Abbildung 39.12** Auf otto.de ist der Bezahlprozess wie bei den meisten Shops sehr effizient. Die Buttons zum Weitergehen sind immer rechts.

Buttons, die zurückgehen, stehen unten links. Beim Bezahlprozess (*Checkout*) und anderen Vorgängen, die Schritt für Schritt ablaufen, sieht man oben meist noch einen Verlaufsanzeiger vor (siehe Abbildung 39.12). Die Elemente hierauf sind ebenfalls Buttons, allerdings gestaltet man sie sehr zurückhaltend. Denn man möchte Besuchende zum Abschluss führen und nicht zurück. Das macht die Button-Hierarchie ganz deutlich.

Solche Vor- und Zurück-Buttons sind am linken und rechten Rand gut aufgehoben. Der Zurück-Button soll, wie erwähnt, wenig Aufmerksamkeit bekommen, und man kann die Seite gut bedienen, auch wenn man ihn gar nicht wahrnimmt. Im Normalfall setzt man zusammengehörige Buttons aber so wie in Abbildung 39.8 oder Abbildung 39.3 nebeneinander, damit Nutzende nicht hin- und herspringen müssen mit ihrem Blick. Zur Positionierung von Buttons in Formularen siehe Kapitel 40, »Formulare zielführend realisieren«.

Wer Testpersonen zusieht, stellt fest, dass sie Buttons oft klicken, ohne zu lesen, was darauf steht – gerade bei Anwendungen, die sie kennen, oder bei Bereichen, die sie zu kennen meinen, wie bei Einführungsdialogen oder Tutorials. Hier lauert eine große Usability-Falle: Trifft die Person mit einem Button-Klick eine schwerwiegende Entscheidung, sollte der Button dafür im Normalfall *nicht* derjenige sein, der am auffälligsten ist. Ein Button zum Löschen etwa sollte weniger auffällig sein als der zum Speichern. Und/oder er sollte nicht an der Stelle sitzen, wo Nutzende normalerweise als Erstes hinklicken: unten rechts. Und fragen Sie vor dem Durchführen von großen Änderungen sicherheitshalber immer nochmal nach (siehe Abbildung 39.13).

**Abbildung 39.13** Bevor Sie etwas tun, was Nutzende vielleicht nur aus Versehen angestoßen haben, fragen Sie besser nach. Der »Löschen«-Button sitzt hier bei Dropbox mit Absicht links, damit Unaufmerksame auf »Abbrechen« klicken.

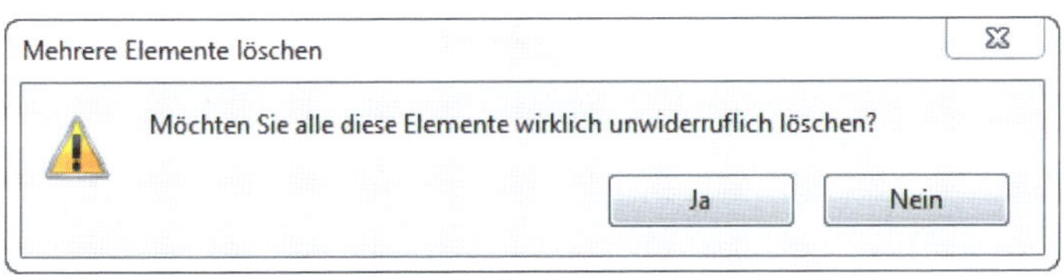


**Abbildung 39.14** Beim Entleeren des Papierkorbs steht der Button für die gefährlichere Option auch bei Windows links.

Ein weiterer wichtiger Punkt gerade bei solch wichtigen Buttons ist die Beschriftung. Diese sollte so klar wie möglich sein, und man muss sie immer im Zusammenhang mit dem darüberstehenden Text sehen. Liest man den Text bzw. die Frage, muss die Antwort darauf zum einen dem üblichen Sprachgebrauch entsprechen, und sie muss vor allem eindeutig sein. »Ja«, »Nein« und »OK« sind oft nicht die beste Wahl. Denn sie zwingen Nutzende, den Text darüber zu lesen – was viele nicht tun, weil sie denken, sie wissen ja schon, was dort steht. Beschriften Sie Ihre Buttons also am besten immer mit einem Verb wie z. B. in Abbildung 39.15.

**Abbildung 39.15** Geben Sie am besten wie hier auf den Buttons immer an, was beim Klick passiert – OK wäre nur eine Notlösung.

### 39.8.2 Die Handlungsaufforderung – Call to Action

Ein ganz wichtiger Button auf Websites ist derjenige, der zur so genannten *Handlungsaufforderung* (*Call to Action, CTA*) gehört. Das ist der Button, den die Besuchenden am liebsten anklicken soll, wenn es nach den Betreibenden der Site geht. Also normalerweise der, auf dem »Jetzt kaufen« oder »Kostenpflichtig bestellen« steht. Zu diesen Buttons gibt es sehr, sehr viel zu sagen, und es wurde zu ihnen sehr, sehr viel geschrieben. Lassen Sie sich davon nicht verunsichern. Für solche Buttons gilt das Gleiche wie für alle anderen auch: Sie funktionieren gut, wenn Sie sie benutzerfreundlich anlegen.

**Abbildung 39.16** Klassische Landing Page mit Handlungsaufforderung – was Besuchende hier anklicken sollen, daran besteht kein Zweifel.

Und alle vermeintlich einfachen Weisheiten diesbezüglich können Sie getrost ignorieren. »Orange Buttons funktionieren am besten«, »Shop A verkauft 129 % mehr, seitdem der Button rechts statt mittig steht« – solche Erfolgsgeschichten gelten fast immer nur für die Sites, auf denen sie getestet wurden. Ob ein Button funktioniert oder nicht, das hängt extrem vom Kontext ab. Von dem, was vorher auf der Seite steht. Eine Handlungsaufforderung funktioniert nur dann, wenn davor die richtigen Informationen stehen. Sie müssen auf der Seite Besuchende z. B. davon überzeugen, dass Sie genau bei Ihnen am besten aufgehoben sind. Sie beschreiben, was Sie bieten, warum Sie gut sind und was Ihre bestehenden Kundinnen und Kunden über Sie sagen. Folgt dann ein auffällig gestalteter Button, auf dem steht »Jetzt unverbindliches Angebot anfordern«, wird dieser Button wahrscheinlich recht gut funktionieren. Ob »Nehmen Sie Kontakt auf« vielleicht sogar noch mehr Klicks bringt, kann niemand seriöserweise vorhersagen. So etwas finden Sie am besten mit einem A/B-Test heraus – siehe das gleichnamige Kapitel 22 hier im Buch.

## 39.9 Man sieht nicht immer gleich aus – Button-Zustände

Ein Button kann folgende Zustände haben:

- aktiv
- inaktiv
- Mouseover (Mauszeiger ist darüber)
- Fokus (mit Tabtaste aktiviert)
- gedrückt
- losgelassen bzw. in Aktion

*Aktiv* bedeutet, der Button kann gedrückt werden – der Grundzustand jedes Buttons. Buttons, die man aktuell nicht aktivieren kann, sollten Sie abgedunkelt oder entfärbt darstellen. Das ist z. B. der Fall, wenn Nutzende erst noch eine Auswahl treffen müssen, bevor sie weitergehen können. Häufig nutzt man das z. B., damit Menschen nicht übersehen, dass sie erst das Häkchen zur Zustimmung zu den AGB setzen müssen, bevor sie zum nächsten Schritt der Bestellung gehen können.

*Inaktive* Buttons sollten Sie keinesfalls ausblenden, verkleinern oder verschieben – das verwirrt Menschen nachhaltig. Sie können auch eine Fehlermeldung vorsehen oder eine farbliche Markierung der Elemente anzeigen, wenn Nutzende trotzdem auf den inaktiven Button klicken. Besser ist aber, wenn Sie den Button so klar als inaktiv darstellen können, dass Nutzende sofort verstehen, dass sie erst etwas tun müssen.

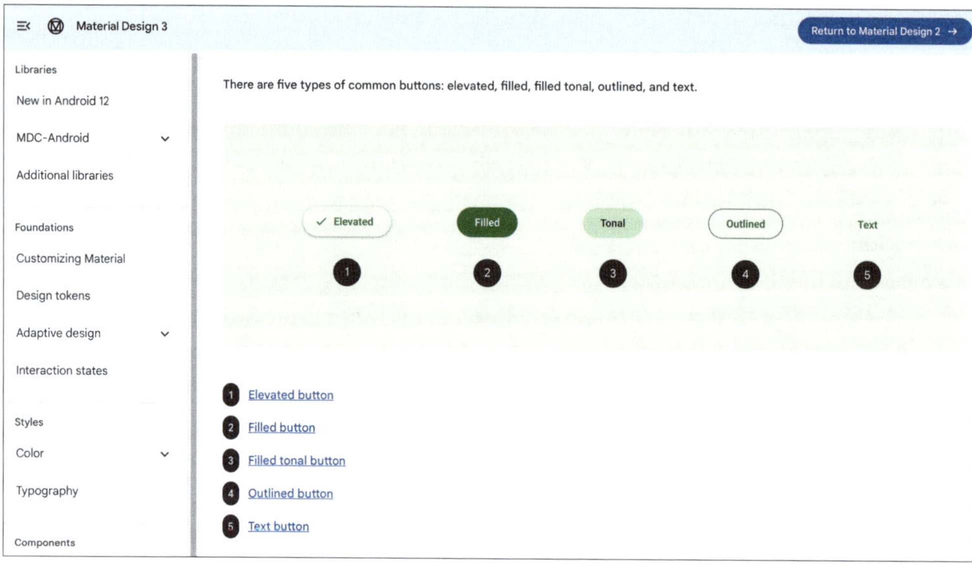


**Abbildung 39.17** In seinen Richtlinien zum Material Design in Version 3 gibt Google nur das Aussehen von Buttons vor – anders als zuvor müssen Sie selbst festlegen, welche Form Sie für welchen Zustand verwenden (aktiv, inaktiv, gedrückt …).

Menschen, die an einem Gerät mit Maus arbeiten, können Sie zusätzliche Hinweise zu Buttons geben. Hier können Sie einen *Mouseover*-Zustand vorsehen, den der Button annimmt, wenn der Mauszeiger über ihm ist. Man spricht statt von Mouseover auch von *Mouse Hover* (*hover* heißt »schweben« auf Englisch) oder von *Rollover* (weil die Maus darübergerollt wurde). Da das bei Touchscreens sowieso nicht geht und der Button generell auch ohne Mausbewegung klar als solcher zu erkennen sein sollte, ist der Mouseover-Zustand optional.

Zudem bietet sich beim Mouseover die Möglichkeit, nicht das Aussehen des Buttons zu ändern, sondern einen Zusatztext anzuzeigen, einen so genannten *Tooltipp*. Dieser erklärt, was der Button macht. Das kann insbesondere bei Buttons sinnvoll sein, die nur mit Icons arbeiten (siehe Abbildung 39.18).

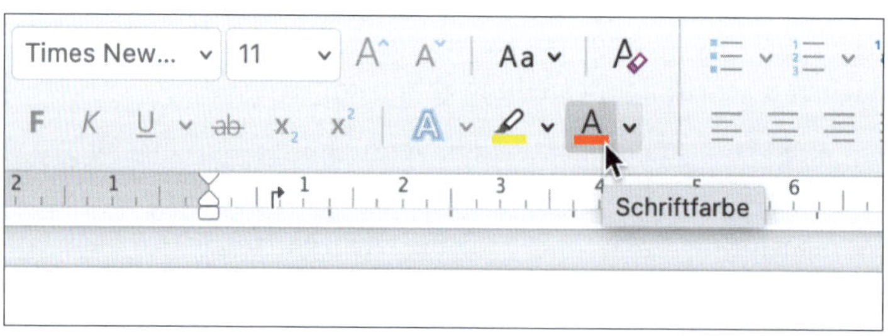


**Abbildung 39.18** Ein so genannter Tooltipp erscheint, wenn der Mauszeiger über dem Button ist – normalerweise nach einer kurzen Verzögerung (hier in Word).

Das ist bei Apps und Programmen vertretbar, weil Menschen sie regelmäßig benutzen und den Umgang mit ihnen lernen. Auf Websites sollten Sie mit solch erklärungsbedürftigen Buttons vorsichtig sein – zu den wenigsten kommen Menschen so regelmäßig, dass diese dort tatsächlich Button-Funktionen lernen. Wichtig ist in jedem Fall, die Tooltipps nicht sofort, sondern erst nach ca. einer Sekunde Verzögerung anzuzeigen. Ansonsten ergibt sich ein wildes Geflacker von Tooltipps, wenn Nutzende die Maus über den Bildschirm bewegen.

Viele Anwendungen sehen keine Möglichkeit vor, den *Eingabefokus* mit der Tastatur zu ändern. Wer mit der Tastatur arbeiten will oder muss, kann durch Drücken der Tabtaste alle interaktiven Elemente einer Seite durchgehen und das Element, das jeweils im Fokus ist, per Return-Taste auswählen. Damit arbeiten manche sehr effektiv und schnell, für andere mit motorischen Einschränkungen ist es die einzige praktikable Möglichkeit, Seiten zu bedienen. Daher sollten Sie diese Bedienweise ermöglichen. Der Fokuszustand der Elemente sollte jeweils auffälliger als der Mouseover-Zustand sein. Denn Nutzende wissen vorher nicht, welches Element als Nächstes den Fokus bekommen wird – anders als beim Mouseover, wenn man seinen Mauszeiger über das Element bewegt.

Ebenfalls oft nicht vorgesehen ist ein eigener Zustand, wenn der Button *gedrückt* ist. Das ist aber immer sinnvoll. Nutzende sollten sofort eine Rückmeldung bekommen, dass sie den Button getroffen haben. Das ist bei Touchscreens sogar besonders wichtig. Und der Button sollte sich auch so verhalten, dass man es sich anders überlegen kann: Bewegt sich der Mauszeiger bzw. Finger weg vom Button, bevor man den Finger von der Maus bzw. vom Bildschirm gehoben hat, sollte der Button zurück in seinen Standardzustand springen und die entsprechende Aktion nicht auslösen. Auf Smartphones wird zudem manchmal ein Kontextmenü gezeigt, wenn man den Finger länger auf einem Button liegen lässt. Das wäre unmöglich, wenn der Button gleich beim Antippen und nicht erst beim Loslassen reagiert.

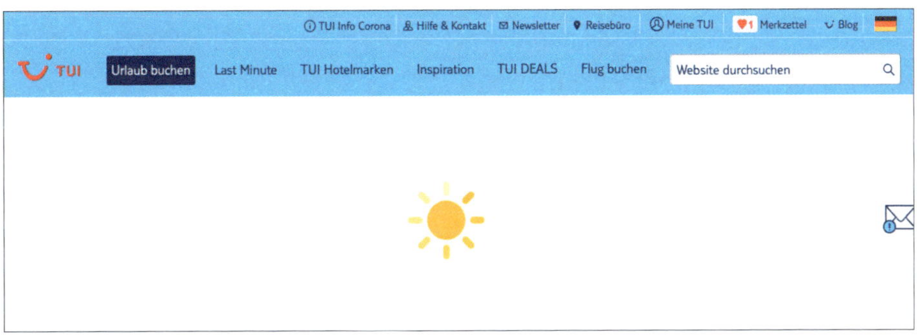


**Abbildung 39.19** Auf tui.com zeigt die animierte Sonne, dass Suchergebnisse geladen werden. So weiß man, dass die Eingabe erfolgreich war.

Der letzte Zustand ist schließlich der Zustand, den man sieht, wenn man den Button losgelassen hat, die dazugehörige Aktion aber noch nicht erfolgt ist. Im Idealfall ist dieser Zustand unnötig, weil die Anwendung sofort nach dem Loslassen die entsprechende Aktion ausgeführt hat. In der Praxis kommt es aber dennoch immer wieder zu Verzögerungen, vor allem, wenn Netzwerkprozesse beteiligt sind und z. B. Daten vom Server angefordert werden. Nutzende sollten dann unbedingt sehen, dass ihr Button-Klick bzw. -Tipp geklappt hat und die Anwendung im Hintergrund arbeitet. Weitere Möglichkeiten für diesen Fall auch in Kapitel 46, »(Mikro-)Animation sinnvoll einsetzen«.

## 39.10 Klick – Buttons und Sound

Bei Mouseover sollten alle Buttons bei jeder Anwendung stumm bleiben – alles andere wäre für Menschen nach kurzer Nutzung sehr irritierend. Buttons im Web sollten generell lautlos ihren Dienst verrichten. Lediglich in Apps kann man manche Buttons mit Toneffekten ausstatten. Das sollten aber nur sehr wichtige sein, die z. B. einen ganzen Arbeitsschritt abschließen. Die Tastatureingaben am Smartphone sind vor allem deshalb mit Soundeffekten versehen, weil die Buttons der Tastatur ein großes Problem haben: Sie sind zu klein. Und wie alle Touchscreen-Tasten geben sie kein haptisches Feedback, man spürt nicht, ob man mit dem Finger auf der Taste ist oder ob man sie gedrückt hat. Als Ausgleich dafür hat man den Buttons hier Soundeffekte spendiert. Wichtig: So ein Sound muss leise und unaufdringlich sein. Beim Sounddesign von Betriebssystemen tüftelt man sehr lange, bis hier der richtige Klang getroffen ist. Wollen Sie also Button-Sounds, sollten Sie hier viel Erfahrung haben oder ausreichend Zeit für Usability-Tests einplanen.

Gut ist auch, den Sound einfach deaktivieren zu können (wie mit der Lautlostaste am Smartphone).

## 39.11 Wie groß darf's denn sein?

Wie groß muss ein Button sein? So groß, dass er auffällig genug ist und zugleich mit dem Mauscursor oder dem Finger gut getroffen wird. Dabei ist *Fitts' Gesetz* zu beachten (siehe Kapitel 3, »Menschliche Wahrnehmung – Gestaltgesetze & Co.«). Es besagt, dass Elemente umso schwerer zu treffen sind, je weiter weg und je kleiner sie sind. Und je wichtiger Buttons sind, desto größer und auffälliger sollten sie sein. Diese Zusammenhänge sind sehr einfach und leicht nachvollziehbar – und doch ignorieren sie sehr viele Anwendungen.

Die Richtlinien der Desktop-Betriebssystemhersteller sehen für Buttons eine Höhe zwischen 21 und 23 Pixeln vor – als Minimalgröße. Kleiner sollte die Darstellung also niemals werden.

Bei Touchbedienung braucht man deutlich größere Buttons. Und die Fakten sind eigentlich klar: Studien zeigen, dass der durchschnittliche menschliche Zeigefinger (auch für Affen liegen Daten vor) 16 bis 22 mm breit ist – manchmal aber auch deutlich breiter. Die Fingerspitze, mit der wir Touchscreens bedienen, ist zwischen 8 und 10 mm breit. Davon ausgehend gibt es mehrere Richtlinien. Für die Praxis sind Werte in Pixel am praktischsten, nur leider ist die Größe eines Pixels von Gerät zu Gerät sehr unterschiedlich, gerade bei Smartphones. Auf alten Computermonitoren hatte man 72 Pixel pro Zoll, ältere Smartphones lagen bei 163 Pixeln und moderne Smartphones bei 400 Pixeln und mehr. Deshalb hat man zu den physischen Pixeln (*Device Pixel*) noch die *CSS-Pixel* festgelegt. Ein Device Pixel ist ein Sechzehntel der Standardschriftgröße (die auf 16 Pixel Höhe festgelegt ist). Abgeleitet von den Fingergrößen wäre ein Button mit etwa 60 Pixeln Breite ideal. Soll ein Button mit dem Daumen bedient werden, dann sollte man sogar nochmal 10 Pixel drauflegen.

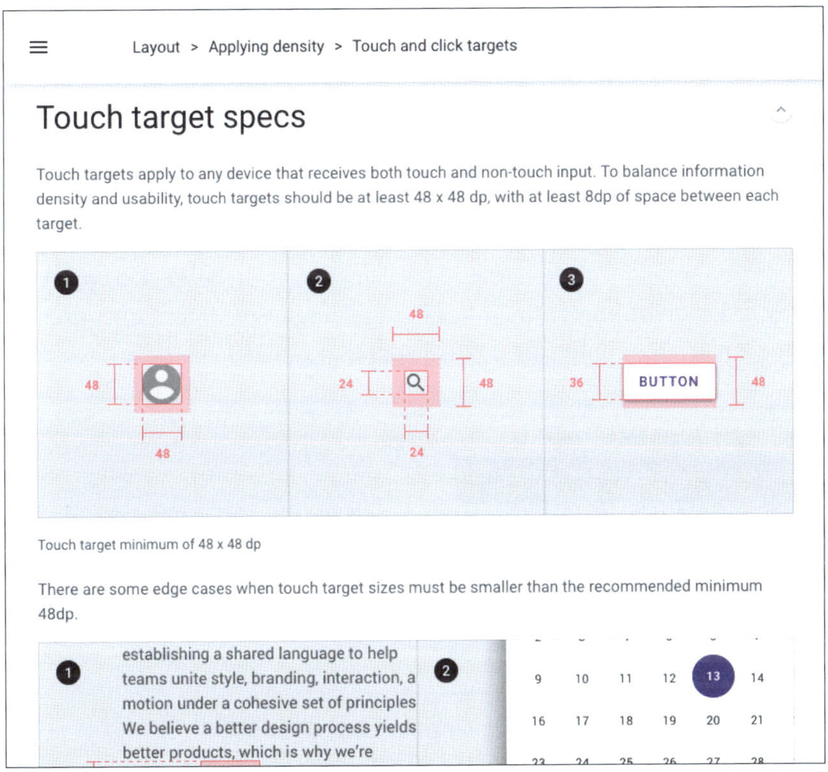


**Abbildung 39.20** Googles Vorgaben für Button-Größen im Material Design

Unterschieden werden müssen die reaktive Fläche und die Darstellung des Buttons. Oft wird die reaktive Fläche, also der Bildschirmbereich, der auf Tipp reagiert (*Touch Target*), größer gemacht als der dargestellte Button. So ergibt sich ein weniger dichtes Layout – aber es wird schwerer, die Buttons zu sehen, wenn man mit den Fingern über oder auf dem Screen ist.

Smartphone-Betriebssysteme empfehlen als Höhe für die reaktive Fläche 44 Pixel (Apple), 48 Pixel (Google/Android) bzw. 34 Pixel plus einen Mindestabstand zum nächsten Button von 8 Pixeln (Microsoft).

Selten benötigte Buttons können auch etwas kleiner sein, dann ist aber unbedingt darauf zu achten, dass der Abstand zu anderen aktiven Elementen groß genug ist, um Fehlbedienungen auszuschließen.

Werden Ihre Anwendungen vor allem genutzt, wenn Menschen in Bewegung sind (z. B. Fitness- oder Navigations-Apps), dann sollten Sie noch größere Buttons verwenden, weil es für die Nutzenden in solchen Situationen noch schwerer ist, Elemente exakt anzusteuern.

## 39.12 Spezielle Buttons – Checkboxen, Radiobuttons, Selektoren

Neben den Standard-Buttons gibt es noch weitere Typen. *Checkboxen* sind eckig. Sie dürfen abgerundete Ecken haben, aber nie ganz rund sein, denn sonst könnte man sie mit Radiobuttons verwechseln. Checkboxen können einzeln stehen, in Gruppen untereinander oder auch in Gruppen nebeneinander als Matrix von Buttons. Sind sie ausgewählt, sollten sie ein Kreuz oder einen Haken zeigen (siehe Abbildung 39.21). Die Checkbox selbst steht immer links, das dazugehörige Label linksbündig rechts davon. Auf Klick reagieren sollten die Box selbst und das Label.

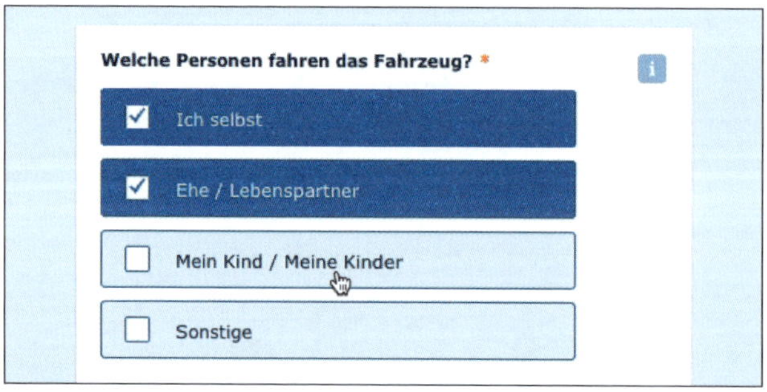


**Abbildung 39.21** Checkboxen können auch individuell gestaltet werden. Wichtig: Auch die Beschriftung sollte auf Klick reagieren. (Quelle: ruv.de)

*Radiobuttons* können im Gegensatz zu Checkboxen nie allein vorkommen. Sie wählen immer zwischen verschiedenen Optionen aus, und es sollte immer eine Option aktiv sein – jedenfalls nach Interaktion der Bedienenden. Ein Zurücksetzen auf keine gewählte Option ist nicht möglich. Radiobuttons müssen immer rund dargestellt werden, und sind sie ausgewählt, haben sie in der Mitte einen ausgefüllten Kreis bzw. einen Punkt. Man kann sie untereinander darstellen oder nebeneinander (siehe Abbildung 39.22). Das Schaltelement steht immer links, das dazugehörige Label linksbündig rechts davon – und beide sollten auf Klick bzw. Tipp reagieren.

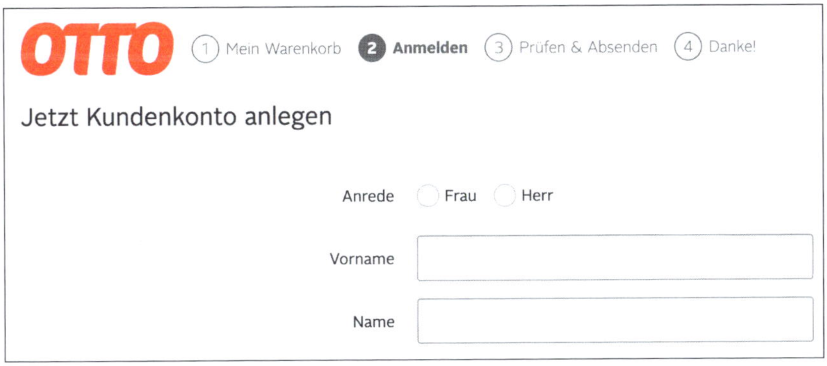


**Abbildung 39.22** Der Klassiker: Radiobuttons für die Auswahl der Anrede

*Selektoren* oder *Segmented Controls* sind Schalter, die zwischen verschiedenen Zuständen hin und her schalten (siehe Abbildung 39.23). Dabei sollte immer ein Zustand ausgewählt sein. Üblich sind sie vor allem bei Apps, und normalerweise sind sie horizontal angeordnet. Mehr als drei Zustände sollten sie nicht haben, sonst wird es unübersichtlich.

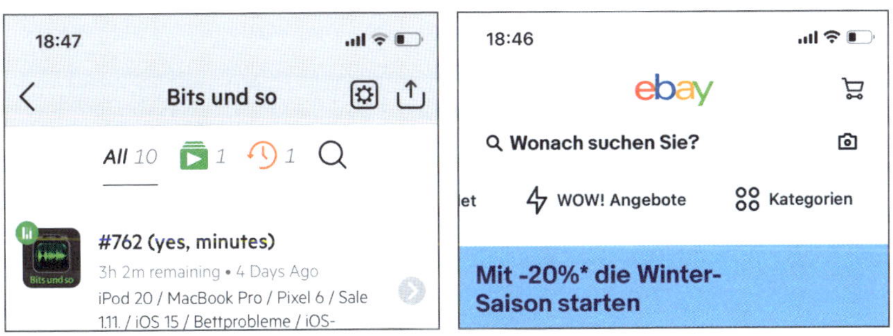


**Abbildung 39.23** In der App Castro (links) schaltet der Selektor zwischen den drei möglichen Ansichten um. Lediglich der Unterstrich signalisiert, wo man sich befindet. Bei eBay (rechts) sind es eher Buttons, die dann auch tatsächlich ein Overlay einblenden und nicht zwischen Zuständen umschalten.

# Kapitel 40
# Formulare zielführend realisieren

*Formulare begegnen Ihnen tagtäglich. Sie sind die wichtigste Möglichkeit, von Nutzenden Daten zu erhalten. Ohne sie würde kein Onlineshop funktionieren. Umso wichtiger, dass sie nutzerfreundlich umgesetzt sind. Gerade auch mobil, wo die Eingabe noch mühsamer ist.*

Ohne Formulare hätten Nutzende keine Möglichkeit, Kontaktanfragen zu verschicken, etwas zu buchen oder zu bestellen oder auch einen Newsletter zu abonnieren. Formulare sind zentraler Bestandteil fast aller Sites und Apps. Umso wichtiger, dass sie nutzerfreundlich gestaltet sind und die Nutzenden bei ihrer Eingabe unterstützen, anstatt ihnen Steine in den Weg zu legen, und ihnen den Weg bis zum Abschicken so leicht wie möglich zu machen.

## 40.1 Formulare – vielfach angewandt und bekannt

Ein *Formular* ist ein Element auf einer Unterseite oder einem Teilbereich einer Webseite, um Daten der Nutzenden zu erfassen oder eine Auswahl zu treffen. Dabei kann das Formular je nach Anwendungsbereich beliebig umfangreich sein – von einem einfachen Textfeld zur Eingabe einer Kontaktanfrage über ein Feld für die Eingabe einer E-Mail-Adresse und optional weiterer Daten zur Anmeldung für einen Newsletter bis hin zu umfangreichen Buchungsstrecken, bei denen persönliche Daten, Rechnungs- und Lieferadressen sowie Bezahlangaben abgefragt werden.

Für die unterschiedlichen Einsatzzwecke gibt es in Formularen unterschiedliche Arten von Eingabefeldern:

- einzeiliges Texteingabefeld für Freitext, z. B. für Name, Vorname, Adressdaten
- Feld für Passwörter (Eingaben werden maskiert auf dem Bildschirm ausgegeben)
- Auswahllisten, z. B. für Anfragegrund, Anrede, Größenangaben
- Radiobuttons (zur Auswahl einer einzigen Option aus mehreren Angaben), z. B. Geschlecht
- Checkboxen (zur Auswahl mehrerer Optionen), z. B. für die Bestätigung von Datenschutzrichtlinien oder zur Auswahl mehrerer Kriterien
- mehrzeiliges Texteingabefeld (kann hinsichtlich Textmenge begrenzt werden), z. B. für Kommentare, Anfragetext
- Auswahlfelder zum Upload von Dateien, Fotos oder Videos

Weitere, spezifische Arten von Feldern grenzen die Eingabe auf ein bestimmtes Format ein, indem die eingegebenen Daten direkt, das heißt während des Eingebens, oder beim Absenden der Daten geprüft werden:

- Zahlen, z. B. Telefonnummern
- E-Mail-Adressen
- Datumsauswahl (im besten Fall über eine Kalenderfunktion realisiert)

Zum Übermitteln der eingegebenen Daten wird ein Bestätigungs-Button angeboten und häufig links unten unterhalb der Eingabefelder platziert. Bei mehrseitigen Formularen gibt es – außer bei der letzten Seite des Formulars – häufig Vor- und Zurück-Buttons, mit denen man zwischen den einzelnen Seiten wechseln kann (z. B. bei Bestellungen oder Buchungsstrecken).

## 40.2 Wofür werden Formulare eingesetzt?

Formulare dienen dazu, Daten zu erheben (z. B. im Zuge einer Bestellung oder einer Gewinnspielteilnahme), zu verarbeiten (z. B. bei einer Anfrage, einem Textbeitrag) oder auch zu schützen (durch Login/Anmeldemaske). Sie bilden damit die Grundlage für die Kommunikation mit den Nutzenden – nicht zuletzt auf Social-Media-Kanälen ist ein Eingabefeld notwendig für das Veröffentlichen einer Nachricht.

Im Wesentlichen kommen Formulare in den folgenden Kontexten vor:

- Transaktionen (Bestellungen, Überweisungen etc.)
- Login- und Registrierungsmasken
- Antragsstrecken (Mitgliedschaften, Bürgerservices etc.)

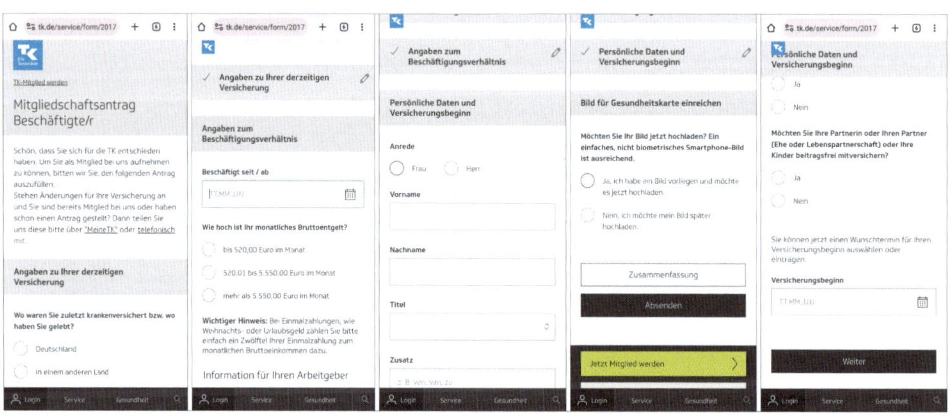


**Abbildung 40.1** Gerade auch mehrstufige Formulare (wie beispielsweise die Antragsstrecke für eine Mitgliedschaft bei der Techniker Krankenkasse) müssen gut durchdacht und zielführend gestaltet sein.

- Kontaktformulare (Fragen, Support, Rückruf, Anfragen etc.)
- Datensammlung (Downloads von Whitepapers, Newsletter-Bestellung, Umfragen etc.)
- Beitragseinstellung (Blogbeiträge, Kommentare, Posts etc.)

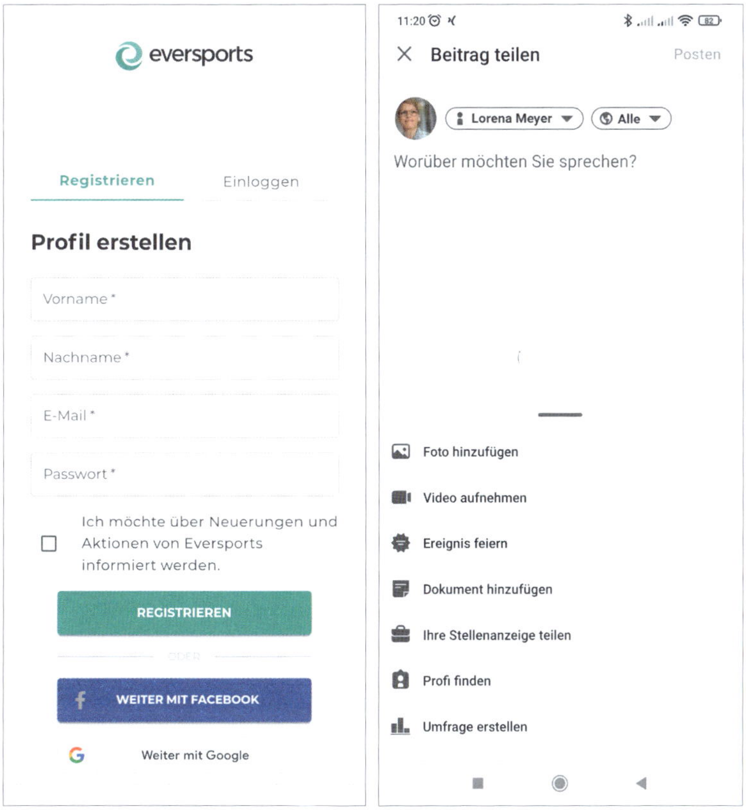


**Abbildung 40.2** Social Sign-in über beispielsweise Facebook wird zunehmend relevant für Registrierungsmasken. Auch beim Posten von Beiträgen haben Nutzende es mit einem (wenn auch einfachen) Formular zu tun.

Kontaktformulare werden zunehmend durch Chatbots ersetzt, um Anfragen direkt zu kanalisieren und nur in Einzelfällen tatsächlich an persönliche Ansprechpartner im Kundenservice weiterzuleiten. Wie sich diese Entwicklung im KI-Zeitalter weiterentwickelt, bleibt abzuwarten.

## 40.3 Tipps für die Gestaltung von Formularen

Die beste Gestaltungslösung für ein Formular hängt von einigen Aspekten ab: von der Länge des Formulars, von Art und Umfang der zu erhebenden Daten sowie vom Kontext bzw. der Art der Einbindung auf der Website. So ist es ein Unterschied, ob Sie für mobile Anwendungen oder Desktop entwickeln. Setzen Sie eine responsive Anwendung um, sollten Sie sich besonders auf die mobile Nutzbarkeit der Formulare konzentrieren.

Denken Sie immer daran, wie der erste Eindruck auf Nutzende ist: Wirkt das Formular unübersichtlich und wenig strukturiert, wissen Nutzende nicht sofort, was sie zu tun haben. Gibt es viele (auch optionale) Eingaben, dann vergraulen Sie Nutzende gleich zu Beginn. Eine schnell erfassbare, übersichtliche Struktur, gut erkennbare, klar beschriftete Eingabefelder sowie eindeutig ausgewiesene Pflicht- und optionale Felder machen Nutzenden das Leben leichter.

### 40.3.1 Übersichtliche, schnell erfassbare Struktur des Formulars

Hilfreich beim Formulardesign sind die allgemeinen Gestaltgesetze. Für Formulare sind dabei die Gesetze der Prägnanz, Nähe, Ähnlichkeit, Kontinuität und Geschlossenheit besonders relevant (siehe Kapitel 3, »Menschliche Wahrnehmung – Gestaltgesetze & Co.«).

Grundsätzlich sollten Sie Formulare immer so kurz wie möglich halten und keine unnötigen Daten abfragen. Je kürzer, umso schneller können Nutzende das Formular überblicken und erkennen, was von ihnen gefordert ist. Seit Einführung der DSGVO sind Sie sogar dazu verpflichtet, nur so viele Daten zu erheben, wie unmittelbar für den jeweiligen Zweck notwendig sind.

Hinterfragen Sie jedes Feld hinsichtlich des Mehrwerts der Daten, die Sie erheben möchten. Können Sie Nutzenden mithilfe der Angaben sinnvolle Leistungen anbieten, belassen Sie das Eingabefeld im Formular. Bietet eine – wenn auch optionale – Angabe keinen Zusatznutzen, sollten Sie diese auch nicht abfragen. Sie erhöhen die Chance, dass Nutzende das Formular vollständig ausfüllen. Ziehen Sie alternativ in Erwägung, (optionale) Daten zu einem späteren Zeitpunkt abzufragen – mit dem Ziel, die Hürde des Ausfüllens im ersten Schritt für Nutzende niedrig zu halten. So können Sie beispielsweise bei einer Newsletter-Anmeldung ausschließlich die E-Mail-Adresse erheben (im Übrigen aus Datenschutzgründen die einzige Information, die Sie als Pflichtfeld abfragen dürfen). Haben Nutzende dieses Feld ausgefüllt und sich damit erfolgreich zu einem Newsletter angemeldet, können Sie auf einer Folgeseite um Anrede, Vor- und Nachnamen bitten und erläutern, dass Sie damit Nutzende im Newsletter persönlich ansprechen möchten.

Durch die Anordnung der Formularfelder und Beschriftungen entstehen auf der Seite vertikale Achsen, die die Struktur des Formulars bilden. Durch Leerräume (auch *Weißraum* genannt) zwischen den Elementen richten Sie alle Elemente harmonisch aneinander aus. Den Weißraum sollten Sie großzügig wählen, so dass die Elemente einheitlich bzw. gleich groß im Formular ausgerichtet bleiben.

Mithilfe von Weißraum können Sie auch inhaltlich zusammengehörige Einheiten (z. B. Adressfelder) gruppieren und logisch nicht Zusammengehöriges (z. B. Gewinnspielfrage und persönliche Daten) optisch voneinander trennen.

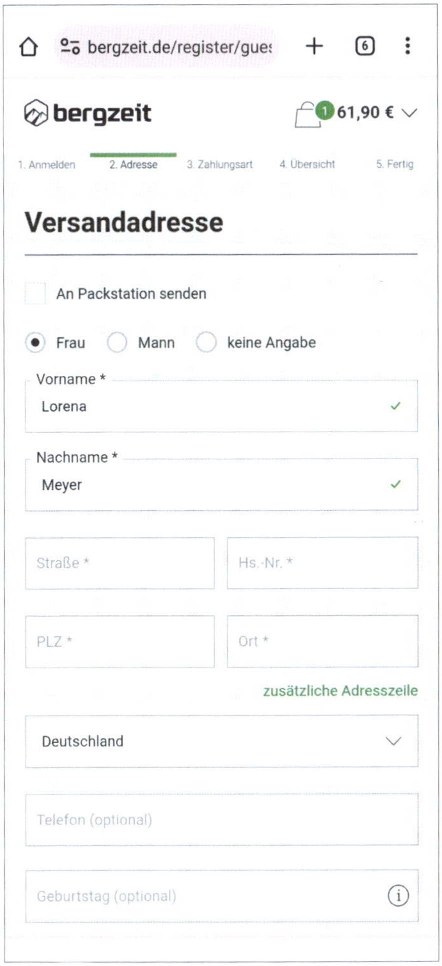


**Abbildung 40.3** Der Onlineshop Bergzeit ordnet mehrere Felder nebeneinander an, wenn es inhaltlich Sinn ergibt: Straße und Hausnummer sowie PLZ und Ort.

Sie sollten vermeiden, ein Formular (in der Desktop-Ansicht) mehrspaltig anzuzeigen und mehrere Formularfelder nebeneinander zu platzieren – insbesondere dann, wenn diese inhaltlich nicht zusammengehören. Sie weichen damit von den Achsen ab und erschweren Nutzenden die Orientierung in der gelernten Struktur des Formulars. Solche zusätzlichen Felder werden von Nutzenden schnell übersehen. Nur vereinzelt gibt es Kombinationen wie PLZ und Ort, Straße und Hausnummer (falls getrennt zu erfassen) oder Vorname und Nachname, bei denen Sie eine Ausnahme machen können.

### 40.3.2 Logische Unterteilung

Müssen Sie viele Informationen abfragen (z. B. bei Eröffnung eines Kontos oder in einer Buchungsstrecke), macht es Sinn, die Felder zu unterteilen. Fassen Sie inhaltlich zusammengehörige Felder zusammen, gruppieren Sie sie in Abschnitte, und lassen Sie zwischen diesen Abschnitten ausreichend Weißraum, um diese Unterteilung visuell zu unterstützen. Geben Sie jedem Abschnitt eine passende Überschrift (persönliche Angaben, Anschrift, Kontaktdaten etc.) – siehe Beispiel in Abbildung 40.1.

Überlegen Sie bei sehr langen Formularen, diese in mehrere Schritte aufzuteilen und die Informationen auf jeweils einer Seite abzufragen. Dieses Vorgehen ist bei einer ersten Registrierung oder bei Bestellungen ohne Konto gängig und erhöht die Abschlussraten bei solchen Prozessen. In diesem Fall sollten Sie den Nutzenden stets den Fortschritt anzeigen (mehr dazu in Abschnitt 40.5.2, »Fortschrittsanzeige bei langen Formularen einbinden«).

### 40.3.3 Eingabefelder ausreichend groß gestalten

Passen Sie das Formularfeld an die Größe der gewünschten Eingabe an. Gestalten Sie das Eingabefeld ausreichend lang und hoch genug, so dass Eingaben vollständig sichtbar sind und zur Kontrolle leserlich bleiben. Überlegen Sie daher, welche Länge die erwartete Eingabe haben kann, und gestalten Sie das Feld entsprechend lang.

Berücksichtigen Sie dabei auch das Ausgabemedium – die optimalen Ausmaße können zwischen Mobile und Desktop variieren. Bedenken Sie auch bei Radiobuttons oder Checkboxen, dass diese auf mobilen Endgeräten gut mit dem Finger bedienbar sind. Gestalten Sie sie groß genug (mindestens 7 mm bzw. 48 Pixel), und platzieren Sie sie weit genug auseinander (ca. 5 mm), um eine fehlerhafte Auswahl zu vermeiden. Auf mobilen Endgeräten eignen sich auch horizontal angeordnete Buttons sehr gut, um Auswahloptionen zu realisieren. Genauere Angaben und Maße für tippfreundliche Elemente finden Sie auch in Kapitel 39, »Links und Buttons formatieren und formulieren«.

### 40.3.4 Formularelemente und Auswahloptionen richtig wählen

Ebenso wichtig wie eine angepasste Größe des Eingabefelds ist die richtige Wahl der Art des Formularelements.

Vermeiden Sie *Dropdown-Menüs* in Ihrem Formular, da sie die Auswahloptionen verstecken und diese erst nach Tipp/Klick sichtbar werden. Wenn es nur zwei oder drei Optionen zur Auswahl gibt, bieten Sie diese als (Radio-)Buttons neben- oder untereinander an (z. B. bei der Auswahl der Anrede) – wie im Beispiel in Abbildung 40.3 zu sehen ist. Dies hat den Vorteil, dass die möglichen Attribute auf den ersten Blick zu sehen sind und die Nutzenden nicht erst das Dropdown-Menü öffnen müssen. Ein Klick/Tipp mehr als notwendig.

Bei mehr als fünf Optionen sind Dropdown-Menüs wiederum eine gute Wahl, um Platz zu sparen. Dies gilt allerdings nur bis zu einer bestimmten Anzahl an Optionen. Insbesondere wenn Sie an die mobilen Bildschirmgrößen denken, wissen Sie, dass zu lange Dropdowns nicht sehr nutzerfreundlich sind. Diese mögen noch funktionieren, wenn die Liste alphabetisch/chronologisch bzw. erwartungskonform sortiert ist (z. B. Listen mit Jahreszahlen, Länderauswahl), so dass die Nutzenden wissen, bis wohin sie scrollen/wischen müssen. In anderen Fällen sollten Sie erwägen, das Dropdown durch eine Suche mit Vorschlagsfunktion zu ersetzen. Die Nutzenden tippen den gewünschten Begriff über die Tastatur ein und erhalten die passenden Ergebnisse im *Autocomplete* (*Vorschlagsfunktion* oder *Type-ahead*). Interessant ist dies beispielsweise bei der Auswahl eines Flughafens, vor allem wenn es mehrere Flughäfen in einer Stadt gibt. Sie tippen den Namen der Stadt ein und erhalten die Flughäfen, deren Namen nicht zwingend mit dem Städtenamen beginnen müssen (siehe Abbildung 40.4).

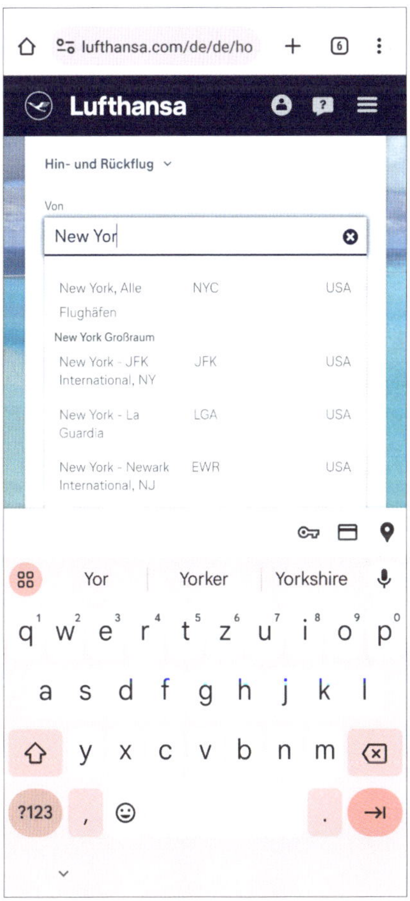


**Abbildung 40.4** Anstelle eines langen Dropdown-Menüs können in Fällen, in denen die korrekte Bezeichnung des gesuchten Begriffs (wie hier bei Flughäfen) nicht bekannt ist, auch Suchfelder mit einer Vorschlagsfunktion weiterhelfen. (Quelle: www.lufthansa.com)

Generell gilt ansonsten: Checkboxen und Radiobuttons sind ideal bei festen Auswahloptionen. Müssen Nutzende ihre Auswahl in ein Textfeld eingeben, können Tippfehler passieren. Oder Nutzende verstehen nicht, welche Eingabe von ihnen gefordert ist.

Ordnen Sie Optionen in der erwarteten Reihenfolge an, beispielsweise Wochentage entsprechend ihrer Abfolge von Montag nach Sonntag. Gibt es keine allgemeingültige Reihenfolge, sind eine alphabetische Sortierung oder inhaltlich sinnvolle Gruppierungen der Optionen zu empfehlen. Haben Sie eine kleine Anzahl an Auswahloptionen, die innerhalb einer großen Liste häufiger ausgewählt werden, sollten diese am Anfang der Liste stehen.

**Abbildung 40.5** Gibt es Optionen, die häufiger ausgewählt werden (wie in diesem Beispiel gewisse Reiseziele), platzieren Sie diese zu Beginn der gesamten Liste. (Quelle: www.bahnhit.de)

Geht es bei einem Formularfeld um einen reinen Zahlenwert, der ausgewählt oder angepasst werden muss (wie z. B. die Personenanzahl bei einer Unterkunftssuche), können Plus-Minus-Buttons eine sinnvolle Wahl sein. Etwa, wenn die eingegebenen Werte für einen Großteil der Nutzenden identisch sind oder nur geringfügig davon abweichen. Wenn der Bereich der üblicherweise angegebenen Werte zu groß ist, sind Plus-Minus-Buttons nicht empfehlenswert.

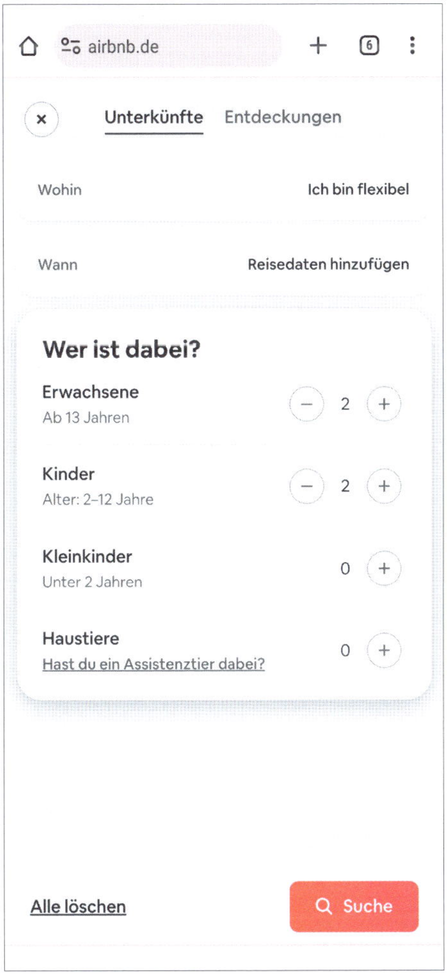


**Abbildung 40.6** Bei der Personenangabe im Rahmen einer Unterkunftssuche wie hier bei Airbnb sind Plus-Minus-Buttons eine bessere Wahl als Dropdowns oder ein freies Eingabefeld. (Quelle: www.airbnb.de)

Setzen Sie Plus-Minus-Buttons ein, gestalten Sie diese groß genug, um per Touch bedient werden zu können. Platzieren Sie die Buttons links und rechts vom Wert. Dadurch ist der Bezug klar.

### 40.3.5 Pflichtfelder ausweisen

Pflichtfelder sollten Sie als solche zwingend kennzeichnen, um zu vermeiden, dass Nutzende bei Nichtausfüllen durch eine Fehlermeldung überrascht und frustriert sind. Zudem ermöglichen Sie dadurch Nutzenden, schneller zu erkennen, welche Felder sie verpflichtend ausfüllen müssen. Als Kennzeichnung haben sich Sternchen oder alternativ der Hinweistext »erforderlich« etabliert. Wählen Sie das Sternchen, platzieren Sie es vor dem Label, so dass Nutzende die Pflichtfelder noch schneller erkennen können. Und vergessen Sie nicht, eine Legende zur Erläuterung der Markierung einzufügen.

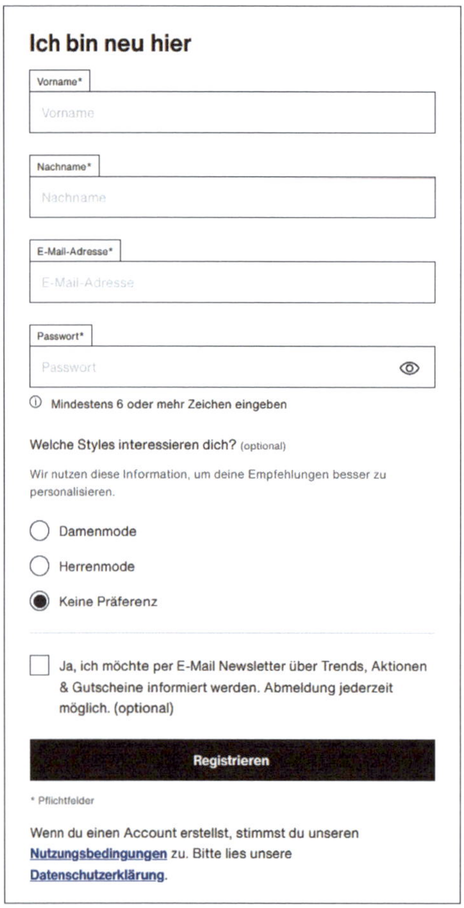


**Abbildung 40.7** Zalando markiert in seinen Formularen sowohl Pflichtfelder mit dem hierfür bekannten Sternchen als auch optionale Angaben mit dem Hinweis »optional« hinter dem Label. (Quelle: www.zalando.de)

Trennen Sie nach Möglichkeit Pflichtfelder von optionalen Feldern. Ist es inhaltlich nicht sinnvoll, die Felder zu trennen, markieren Sie auf jeden Fall die Pflichtfelder. Es kann Sinn machen, optionale Felder ebenfalls auszuweisen. Auch das erleichtert es Nutzenden, die optionalen Angaben schneller zu identifizieren. Sind diese nicht mit einem Hinweis markiert, müssen sie es sich von den Pflichtfeldern herleiten. Für die Markierung der optionalen Felder hat sich der Hinweistext »optional« – meist hinter dem Label zum jeweiligen Feld – etabliert.

### 40.3.6 Beschriftungen (Labels) platzieren

Die optimale Beschriftung von Eingabefeldern (*Labels*) wurde unter Profis immer wieder ausführlich diskutiert. Zahlreiche Nutzertests wurden durchgeführt, und doch hat sich kein eindeutiger Gewinner unter den möglichen Platzierungen von Beschriftungen in Formularen herauskristallisiert (oberhalb, linksbündig oder rechtsbündig links neben den Formularfeldern). Mit Einzug der mobilen Endgeräte und damit begrenztem Platz hat sich mittlerweile die Variante oberhalb des Formularfelds etabliert.

Gerade auch mobil (und aufgrund responsiver Designlösungen dann meistens auf dem Desktop) finden sich in Eingabefeldern häufig die so genannten *adaptiven Platzhalter*, auch *fließende Labels* genannt. Hier ist das Label im Eingabefeld als Platzhalter hinterlegt. Sobald Nutzende in das jeweilige Feld tippen, wandert das Label nach oben innerhalb des Felds oder auch auf die obere Linie des Eingabefelds. Dieses Gestaltungsmuster ist mittlerweile auch in die Material-Design-Richtlinien aufgenommen und dokumentiert (siehe *uux.jetzt/132*).

Bei größeren Bildschirmen kann es Sinn machen, die Beschriftung links vom Eingabefeld zu positionieren. In diesem Fall sollten Sie alle Labels rechtsbündig ausrichten, so dass sie alle nah am jeweiligen Eingabefeld sind und Nutzende schnell den Bezug herstellen können.

Weitere Details zu diesem Thema finden Sie in Kapitel 41, »Labels und Auszeichnungen formulieren und positionieren«.

## 40.4 Tipps zur Unterstützung von Nutzenden bei der Eingabe

Haben Nutzende ein Formular schnell erfasst und sich dann dafür entschieden, ein Formular auszufüllen, ist viel gewonnen. Doch der Teufel steckt bekanntlich im Detail. Daher sollten Sie darauf viel Wert legen und sich auch damit beschäftigen, wie es Nutzenden bei der Eingabe der Daten ergeht. Hier können Sie unterstützen, indem Sie die Anforderungen an die Dateneingabe klar kommunizieren, direktes Feedback zu Eingaben geben oder aussagekräftige Fehlermeldungen mit Hilfestellung zur Korrektur einbinden.

### 40.4.1 Anforderungen an Eingaben klar erkennbar machen

Nicht immer reicht die Art des Formularelements (siehe Abschnitt 40.3.4, »Formularelemente und Auswahloptionen richtig wählen«), um Nutzenden zu verdeutlichen, welche Eingabe von ihnen erwartet wird. Gerade wenn eine bestimmte Formatierung notwendig ist, sollten Sie dies erläutern (z. B. TT.MM.JJJJ für Datumseingaben). Platzieren Sie diesen Hinweis ergänzend zur Beschriftung oberhalb oder innerhalb des Eingabefelds. Diese Feldmaskierungen wandeln automatisch die eingegebenen Daten in das gewünschte Format um. So werden beispielsweise beim Eintippen einer Telefonnummer dann Klammern, Leerzeichen und Bindestriche automatisch im Eingabefeld angezeigt. Damit beugt die maskierte Eingabe nicht nur Fehlern vor, sondern erleichtert Nutzenden auch die Überprüfung ihrer Eingabe. Sie sollten dennoch das jeweilige Feld beschriften und nicht auf ein Label verzichten.

**Abbildung 40.8** In der Lösung von Klarna ist in der Feldbeschriftung hinter »Geburtsdatum« die geforderte Formatangabe ergänzt. Zugleich wird noch beim Tippen die Formatangabe weiter angezeigt.

### 40.4.2 Falscher Eingabe vorbeugen

Idealerweise vermeiden Sie, dass überhaupt falsche Eingaben durch Nutzende getätigt werden. So sorgen Sie dafür, dass keine Fehlermeldungen angezeigt werden müssen und Nutzende schneller zum Ziel kommen. Hierfür gibt es verschiedene Ansätze, die Sie berücksichtigen können.

Benötigt eine Eingabe ein bestimmtes Format (z. B. TT.MM.JJJJ beim Geburtsdatum oder Vorwahl und Telefonnummer), können Sie falsch formatierte Eingaben direkt durch eine optimale Datenverarbeitung abfangen. Bevor Sie Nutzende in einem solchen Fall erneut ihr Glück versuchen lassen, passen Sie ihre Daten programmatisch auf das benötigte Format an; beispielsweise Telefonnummern, die mit Leerzeichen oder Bindestrichen eingegeben werden, wenn Sie ein reines Zahlenformat erwarten.

Zudem können Sie Fehleingaben direkt abfangen, indem Sie entsprechende Formularelemente wählen, die eine fehlerhafte Eingabe gar nicht erst erlauben. Bieten Sie Nutzenden beispielsweise bei Datumseingaben eine Kalenderfunktion zur Auswahl des Datums.

Mobilen Nutzenden können Sie zudem nach Auswahl eines Eingabefelds direkt die Tastatur anzeigen, die für die Eingabe benötigt wird. So verringern Sie mögliche Fehleingaben genauso wie unnötige weitere Schritte zum Auswählen der passenden Tastatur. Sollen Nutzende beispielsweise eine Kreditkartennummer oder den Geburtstag eingeben, sollten Sie die Tastatur mit dem Zahlenblock anzeigen.

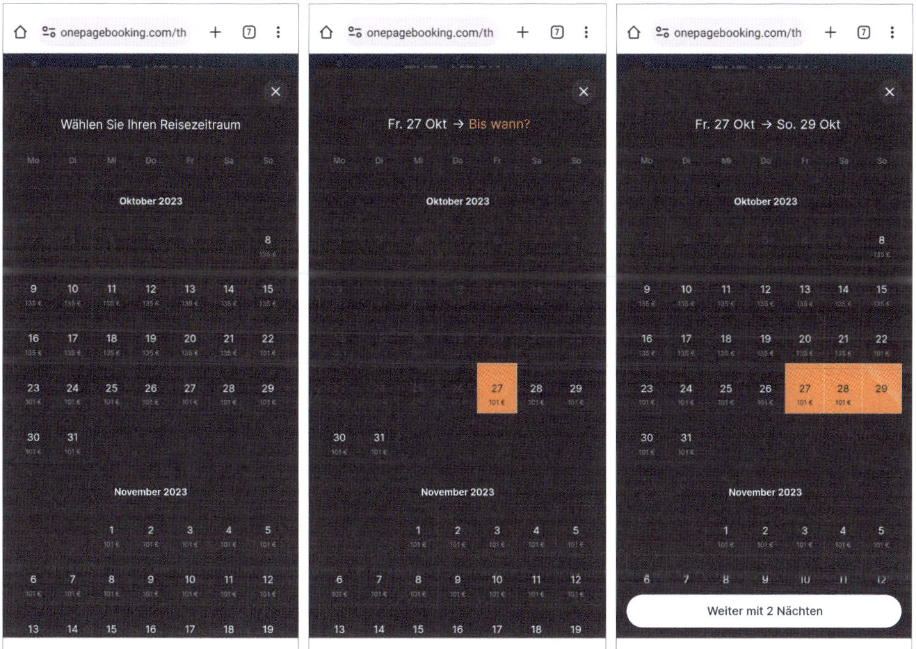


**Abbildung 40.9** In der Buchungsstrecke des Anbieters HotelNetSolutions wird das Anreise- und Abreisedatum über eine Kalenderfunktion abgefragt. Nach einer Auswahl sind nur noch die für die Abreise möglichen Tage auswählbar. (Quelle: www.onepagebooking.com/)

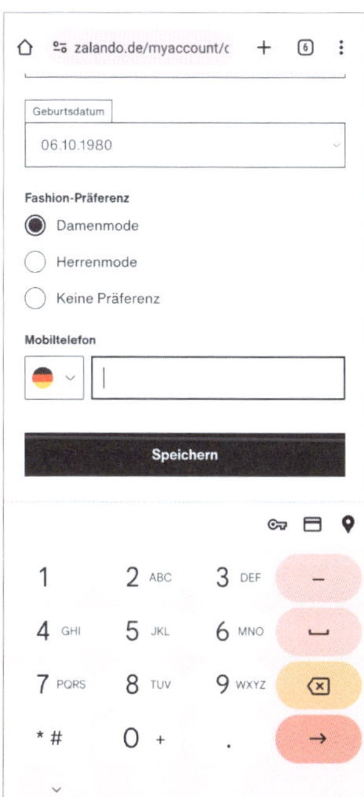


**Abbildung 40.10** Zur Eingabe des Geburtstages wird die Tastatur mit dem Zahlenblock angezeigt. (Quelle: www.zalando.de)

Heben Sie zudem das jeweils aktive Eingabefeld optisch hervor, so dass Nutzende stets wissen, wo sie aktuell ihre Eingabe machen. Am gängigsten hierfür ist eine (farbige) stärkere Umrandung des Eingabefelds.

### 40.4.3 Automatisches Ausfüllen anbieten

Die meisten modernen Browser bieten inzwischen die Möglichkeit, Daten abzuspeichern, die zuvor in einem anderen Formular eingegeben wurden, um sie dann bei einem nächsten Formular wieder zu verwenden. Dazu gehören oft Zugangsdaten (Benutzer, Passwort), Adressdaten (Name, Straße, Hausnummer, PLZ, Ort) sowie auch Zahlungsdaten (z. B. Kreditkartendaten). Dieses automatische Ausfüllen (*Autofill*) von Formularen mit den im Browser gespeicherten Daten vereinfacht und beschleunigt den Vorgang erheblich. Um diese Funktion für Ihre Website zu nutzen, müssen Sie die Felder mit einem entsprechenden Attribut versehen, das vom Browser erkannt wird.

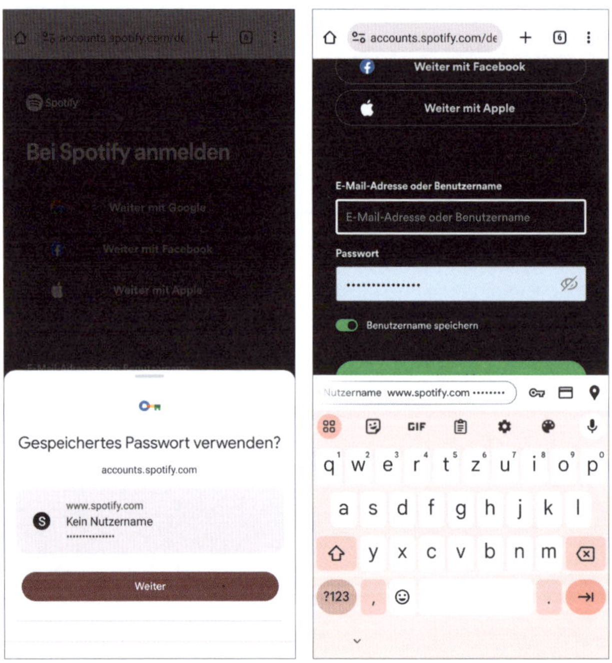


**Abbildung 40.11** Der Browser (hier: Google Chrome) erkennt, dass für diese Website (hier: Spotify) ein Passwort gespeichert wurde und bietet dieses proaktiv über ein Modal an. Würden im Formular auch Adressen abgefragt, würde der Browser auch zuvor gespeicherte Adressen für das automatische Ausfüllen anbieten.

### 40.4.4 Native Funktionalitäten für eine einfachere Eingabe nutzen

Mobile Endgeräte verfügen über einige native Funktionalitäten, die Sie sich bei der Gestaltung zunutze machen können, um Nutzenden das Ausfüllen von Formularen weiter zu vereinfachen. Zu diesen Funktionen gehören etwa der Fingerabdrucksensor, die Geolokalisierungsfunktion (Standortbestimmung) oder die einfache Spracheingabemöglichkeit.

Beim Ausfüllen einer Kontaktadresse beispielsweise könnten Sie über die *Geolokalisierung* das Land bereits vorausfüllen. Für die weiteren Adressdaten ist die Funktion aber zu ungenau. Binden Sie dafür einen Geoservice wie beispielsweise die Places API von Google ein. Damit können Sie auch bei Adressdaten eine Vorschlagsfunktion anbieten. Oder aber Sie ermöglichen die Datenübernahme per Autofill-Funktion des Browsers (siehe Abschnitt 40.4.3, »Automatisches Ausfüllen anbieten«).

Überlegen Sie zudem, das Einloggen in einen Benutzerzugang zu vereinfachen, indem Sie entweder einen Login über bestehende Social-Media-Accounts ermöglichen oder gar ganz von Passwörtern absehen. Letzteres ist möglich durch eine *biometrische Authentifizierung* per Fingerabdruck, die mittlerweile viele Smartphones haben. Studien belegen, dass vergessene Passwörter zum Login in bestehende Kundenkonten einen Großteil der Nutzenden davon abhalten, den Buchungsprozess abzuschließen. Für einen Onlineshop bedeutet dies enorme Einbußen beim Umsatz.

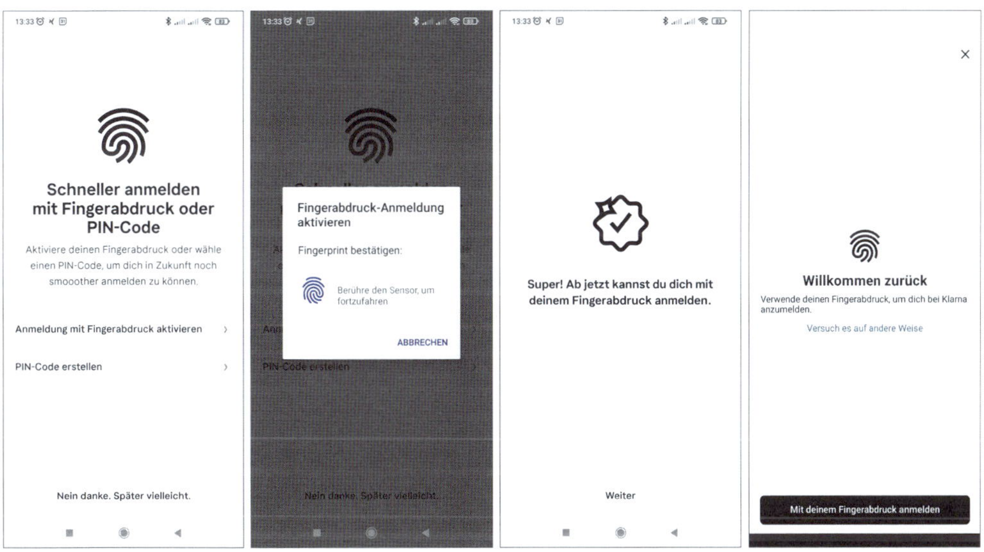


**Abbildung 40.12** Klarna bietet seinen Nutzenden an, sich per Fingerabdruck zu authentifizieren. Wenn Nutzende diese Möglichkeit einmal aktiviert haben, können sie sich bei Klarna immer per Fingerabdruck einloggen. (Quelle: www.klarna.de)

### 40.4.5 Auswahloptionen ein-/ausblenden

Wie erwähnt, sollten Sie jedes Formular so effizient und knapp halten wie möglich. Gleichzeitig müssen Formulare individuelle Angaben und verschiedene Auswahloptionen erlauben, so dass Nutzende die notwendigen Daten auch wirklich eingeben können.

Typische Fälle sind die Zahlungsoptionen bei Bestellungen oder auch die Angabe von mitreisenden Kindern bei Hotelbuchungen. Im letzteren Fall muss man in der Suchmaske das Alter der Kinder angeben – um mögliche Rabatte zu berechnen. Diese Angabe macht aber nur Sinn, wenn überhaupt Kinder mitreisen, und interessiert beispielsweise Geschäftsreisende nicht. Gängige Portale blenden deswegen die Altersauswahl erst ein, wenn Kinder ausgewählt werden (siehe Abbildung 40.13).

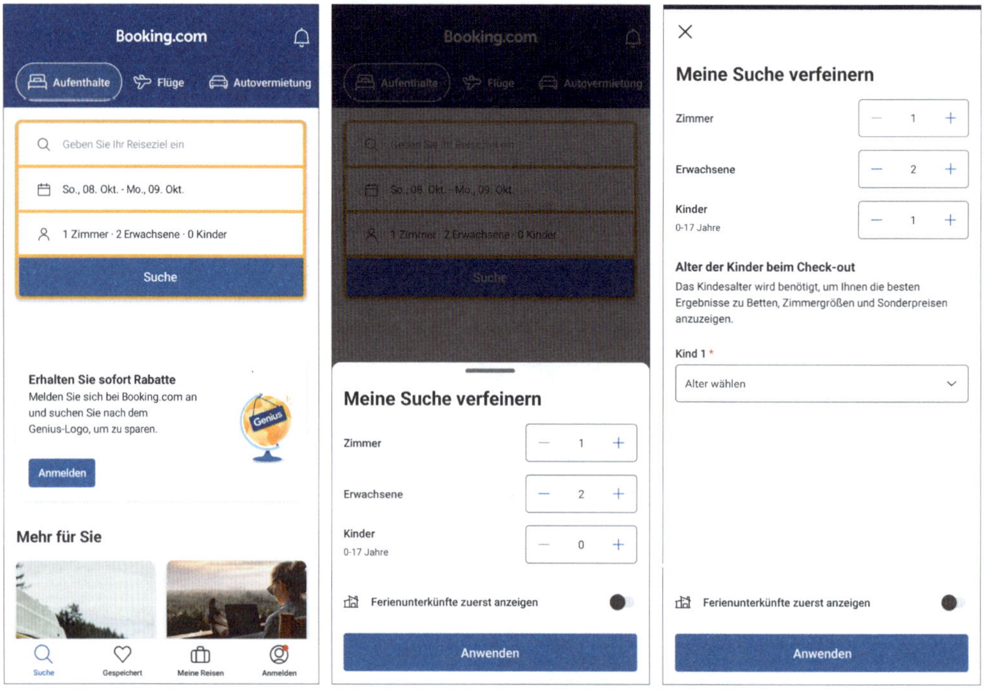


**Abbildung 40.13** Erst wenn die Nutzenden auswählen, dass Kinder mitreisen, erscheinen die Felder zur Angabe des Kindesalters. (Quelle: www.booking.com)

Gestalten Sie daher Ihr Formular flexibel, und realisieren Sie – wenn sinnvoll – ein- und ausblendbare Formularbereiche. Bieten Sie zu Beginn immer nur die für alle Nutzenden notwendigen Formularelemente an, auch um falsche Angaben oder unnötige Fehlermeldungen zu vermeiden. Sind auf eine vorangegangene Auswahl hin mehrere Optionen möglich, dann blenden Sie diese erst nach dieser ersten Auswahl ein.

### 40.4.6 Validierung als Feedback für Nutzende

Idealerweise füllen Nutzende Ihr Formular problemlos mit allen Pflichtangaben aus und schließen das mit dem Absenden der Daten ab. Beim Ausfüllen von Formularen treten aber immer wieder aus den unterschiedlichsten Gründen Fehler auf. Um dem frühzeitig entgegenzuwirken, prüfen Sie die eingegebenen Daten – idealerweise schon während der Eingabe. So können Sie Nutzenden bereits vor dem Absenden des Formulars ein Feedback dazu geben, ob beispielsweise ein gewählter Nutzername noch verfügbar ist, ob eine E-Mail-Adresse korrekt eingegeben wurde (mit @ und korrekter/vorhandener Top Level Domain) oder ob ein Format stimmt (z. B. nur Zahlen bei Telefonnummer oder TT.MM.JJJJ bei Datumsangaben).

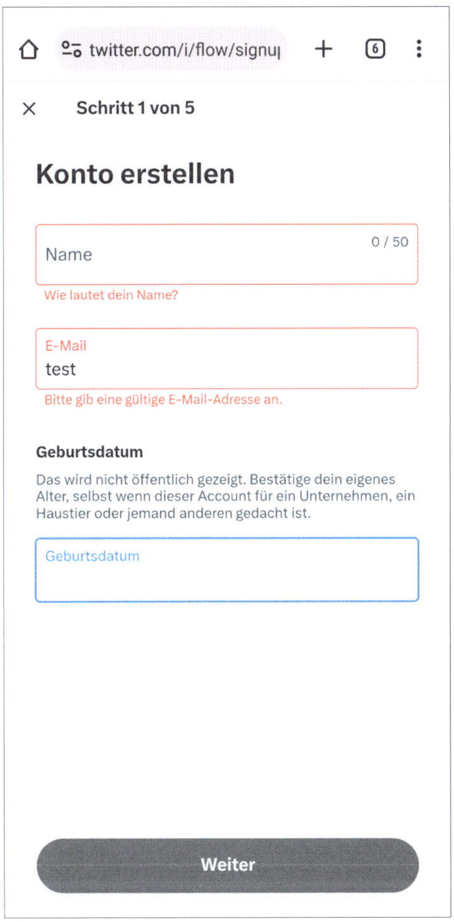


**Abbildung 40.14** Bei der Registrierung auf X bekommen Nutzende direktes Feedback zu ihren Eingaben mit konkreten Hinweisen zur Korrektur. Hinzu kommt, dass der Button zum Fortfahren so lange inaktiv ist, bis alle Eingaben korrekt sind. (Quelle: www.twitter.com)

### 40.4.7 Fehlermeldungen/Hilfe bei fehlerhaften Eingaben

Sollte dennoch ein Formular mit fehlerhaften Daten abgeschickt werden, so sind aussagekräftige, schnell erfassbare Fehlermeldungen essenziell zur weiteren Nutzerführung. Drei zentrale Punkte sind dabei:

- Listen Sie nicht nur alle fehlerhaften Felder auf, sondern geben Sie Nutzenden in einfacher Sprache eine Hilfestellung, wie sie den Fehler beheben können.
- Vermeiden Sie abstrakte Fehlermeldungen wie beispielsweise »falscher Nutzername« oder »Fehler bei der Kreditkartennummer« – dies hilft Nutzenden nicht zu verstehen, was sie ändern müssen. Erklären Sie konkret, was sie ändern müssen.
- Zeigen Sie die Fehlermeldung direkt an der jeweiligen Stelle im Formular an, an der Daten oder Auswahl korrigiert werden sollen, und markieren Sie diese zusätzlich.

Detaillierte Hinweise und Empfehlungen zur Umsetzung von Fehlermeldungen finden Sie im gleichnamigen Kapitel 42.

### 40.4.8 Formularfelder per Tabulatortaste auswählbar machen

Ermöglichen Sie zudem das Ansteuern von Formularfeldern per Tabulatortaste. Das mag mobil keine Rolle spielen, aber viele Nutzende, die am Desktop arbeiten, oder auch Menschen mit Einschränkungen nutzen lieber Tastaturbefehle, anstatt nach dem Ausfüllen eines jeden Felds wieder zur Maus zu greifen. Tastaturbefehle zu ermöglichen, insbesondere um zum nächsten Formularfeld zu gelangen, beschleunigt demnach das Ausfüllen des Formulars enorm und trägt zu einer guten User Experience bei.

## 40.5 Tipps zur Unterstützung von Nutzenden beim Abschicken des Formulars (Aktionen)

Die Daten sind eingegeben, doch an dieser Stelle endet es noch nicht. Nutzende sind erst fertig, wenn die Formularinhalte sicher auf dem Server eingetroffen sind. Bedenken Sie daher folgende Hinweise.

### 40.5.1 Buttons platzieren und gestalten

Ein Button in Formularen ist notwendig, um die eingegebenen Daten zu übermitteln – die primäre Aktion in Formularen. Zahlreiche Nutzertests haben ergeben, dass die

Positionierung dieses Buttons links und bündig zu den Eingabefeldern visuell am besten zu erfassen ist.

Buttons für sekundäre Aktionen wie das Abbrechen oder das Zurücksetzen der eingegebenen Daten sind mit Vorsicht zu genießen. In der Regel verwirrt ein derartiger Button Nutzende mehr, als er Mehrwert bieten kann. Entscheiden Sie sich dennoch für einen solchen Button, platzieren Sie ihn rechts von der primären Aktion und damit nachrangig bei einer Bedienung per Tab-Taste. Heben Sie zudem die primäre Aktion visuell gegenüber der sekundären Aktion deutlich hervor: durch die Hintergrundfarbe des Buttons, durch Fetten der Button-Beschriftung sowie durch Zurücksetzen der sekundären Aktion (z. B. als Link statt Button).

**Abbildung 40.15** Die primäre Aktion sollte optisch deutlich hervorgehoben, links und bündig mit den Formularfeldern positioniert sein (Luke Wroblewski).

Beschriften Sie die Buttons in klarer Sprache, die die jeweilige Aktion genau beschreibt, also beispielsweise »Anfrage absenden« oder »Kostenpflichtig bestellen«. Das beugt Unsicherheiten bei Nutzenden vor, wie sie bei ungenauen Labels wie »OK« auftreten könnten.

### 40.5.2 Fortschrittsanzeige bei langen Formularen einbinden

Mehrseitige Formulare, etwa in Onlineshops oder auf Reisebuchungsportalen, sind für Nutzende eine besondere Herausforderung. Sie müssen nicht nur viele Daten preisgeben und diese korrekt eingeben, sondern auch über mehrere Seiten oder Abschnitte dazu motiviert werden. Deshalb ist es bei solchen Formularen besonders wichtig, Nutzenden Orientierung und einen Ausblick zu geben, wie viel Arbeit noch vor ihnen liegt. Realisieren Sie dies über eine Fortschrittsanzeige oberhalb der Formularelemente, die ihren aktuellen Bearbeitungsstand zeigt.

**Abbildung 40.16** In fünf Schritten zum Ziel – farbig hervorgehoben sehen Nutzende, an welcher Stelle sie sich im Buchungsprozess befinden. (Quelle: www.zalando.de)

**So gelingen Ihnen nutzerfreundliche Formulare**

1. Halten Sie das Formular so kurz wie möglich, und fragen Sie keine unnötigen Daten ab.
2. Gestalten Sie Formulare einspaltig zugunsten einer schnellen Orientierung für Nutzende.
3. Platzieren Sie Formularfelder untereinander und nicht nebeneinander.
4. Gruppieren Sie logisch zusammengehörige Felder, und trennen Sie inhaltlich weniger eng zusammengehörige Elemente durch Weißraum voneinander.
5. Passen Sie das Formularfeld an Art und Größe der gewünschten Eingabe an.
6. Nutzen Sie bei bis zu fünf feststehenden Optionen Radiobuttons oder Checkboxen. Bei mehreren zur Auswahl stehenden Begriffen verwenden Sie ein Dropdown-Menü – mit den häufigsten Auswahloptionen zuerst und/oder einer Suchfunktion.
7. Kennzeichnen Sie optionale Felder im Formular mit einem entsprechenden Label »optional« hinter der Beschriftung des Eingabefelds.

8. Versehen Sie jedes Formularelement mit einer eindeutigen Beschriftung. Positionieren Sie diese oberhalb des jeweiligen Formularfelds, oder nutzen Sie so genannte adaptive Platzhalter bzw. fließende Label.
9. Platzieren Sie Hinweise zu einzuhaltenden Formatierungen (z. B. Datumsformat) beim jeweiligen Formularfeld, oder fangen Sie Angaben in falschem Format (z. B. Telefonnummern mit Leerzeichen) programmatisch ab. Bieten Sie Nutzenden so viele Eingabehilfen (z. B. in Form einer Kalenderauswahl bei Datumseingaben) wie nur möglich.
10. Ermöglichen Sie das automatische Ausfüllen durch zuvor im Browser gespeicherte Daten.
11. Nutzen Sie, sofern relevant für Ihren Anwendungsfall, native Funktionalitäten von mobilen Endgeräten wie die Standortbestimmung oder den Fingerabdrucksensor, um Nutzenden die Eingabe von Daten oder auch den Login in ein Kundenkonto zu erleichtern.
12. Gestalten Sie Formulare flexibel, und realisieren Sie – sofern inhaltlich möglich – ein und ausblendbare Formularbereiche. Bieten Sie zu Beginn immer nur die für alle Nutzenden notwendigen Formularelemente an.
13. Prüfen Sie die eingegebenen Daten dynamisch (das heißt direkt bei Verlassen eines Felds und Sprung in das nächste) auf Plausibilität und gegebenenfalls Formatierung.
14. Im Falle fehlerhafter Daten zeigen Sie direkt am betroffenen Eingabefeld ein entsprechendes Feedback, und geben Sie Nutzenden in einfacher Sprache eine Hilfestellung, wie sie die Fehler beseitigen können.
15. Heben Sie die jeweiligen Stellen im Formular optisch hervor, an denen Daten oder eine Auswahl korrigiert werden müssen.
16. Löschen Sie im Fall eines Fehlers niemals die bereits eingegebenen Daten aus den Formularfeldern.
17. Platzieren Sie den Button für die primäre Aktion (Absenden des Formulars) links und bündig zu den Eingabefeldern.
18. Beschriften Sie die Buttons in klarer Sprache, die die jeweilige Aktion genau beschreibt. Also etwa »Anfrage absenden« oder »kostenpflichtig bestellen«.
19. Integrieren Sie eine Fortschrittsanzeige oberhalb der Formularelemente, die den aktuellen Status zeigt und den Nutzenden dadurch signalisiert, wo sie stehen und was noch vor ihnen liegt, bis sie die Formularstrecke erfolgreich abgeschlossen haben.

# Kapitel 41
# Labels und Auszeichnungen formulieren und positionieren

*Einige Website-Elemente sind erklärungsbedürftig und brauchen ein Label bzw. eine Beschriftung, um von Nutzenden eindeutig verstanden zu werden. Gerade auch, wenn von Nutzenden eine Aktion oder Eingabe erwünscht ist.*

Auch wenn Selbstbeschreibungsfähigkeit eine der Anforderungen der Normen der Gebrauchstauglichkeit ist (siehe Kapitel 4, »ISO 9241 & Co. – Normen und Gesetze rund um Usability«), sind manche Elemente einer Website oder App auf ein so genanntes *Label* bzw. eine klare Beschriftung angewiesen. Die Beschriftung erklärt Nutzenden, was sie zu erwarten haben oder welche Funktion ein Element hat. Dazu gehören Formularelemente, Buttons, Filterelemente, Boxen oder auch Klappelemente. Für diese gelten ähnliche Überlegungen wie bei den Labels, die wir bei Formularen verwenden. Im Folgenden konzentrieren wir uns daher auf diese – sie sind der komplexeste Anwendungsfall für Labels.

## 41.1 Labels zielführend positionieren

Während es für die Auszeichnung von Buttons eine unstrittige Platzierung gibt – nämlich direkt auf dem Button –, hängt die korrekte Positionierung der Labels für Formularelemente (siehe Kapitel 40, »Formulare zielführend realisieren«) vom Kontext ab. Tatsächlich gibt es je nach Endgerät und Inhalt des Formulars unterschiedliche Empfehlungen.

### 41.1.1 Label oberhalb des Eingabefelds

Die Platzierung des Labels oberhalb des Eingabefelds empfiehlt sich in den meisten Fällen. Gerade wenn der Fokus bei Ihrer Konzeption auf mobilen Endgeräten liegt und Sie erwarten, dass die meisten Nutzenden das Formular auch mobil ausfüllen. Die direkte Zuordnung von Label und Feld ist so gut möglich. Die Nutzenden wissen stets, wo sie die geforderten Daten eintragen sollen.

Ebenso sollten Sie diese Platzierung wählen, wenn Sie Ihre Website oder App in mehreren Sprachen anbieten. Dann haben Sie keine Schwierigkeiten mit verschiedenen

Lauflängen von Labels – die Begriffe sind in verschiedenen Sprachen unterschiedlich lang. Bei einer Platzierung links vom Eingabefeld können unschöne Umbrüche entstehen. Längere Labels sind bei dieser Positionierung oberhalb auch einfacher zu lesen, da das Auge weniger springen muss in Bezug auf das Eingabefeld.

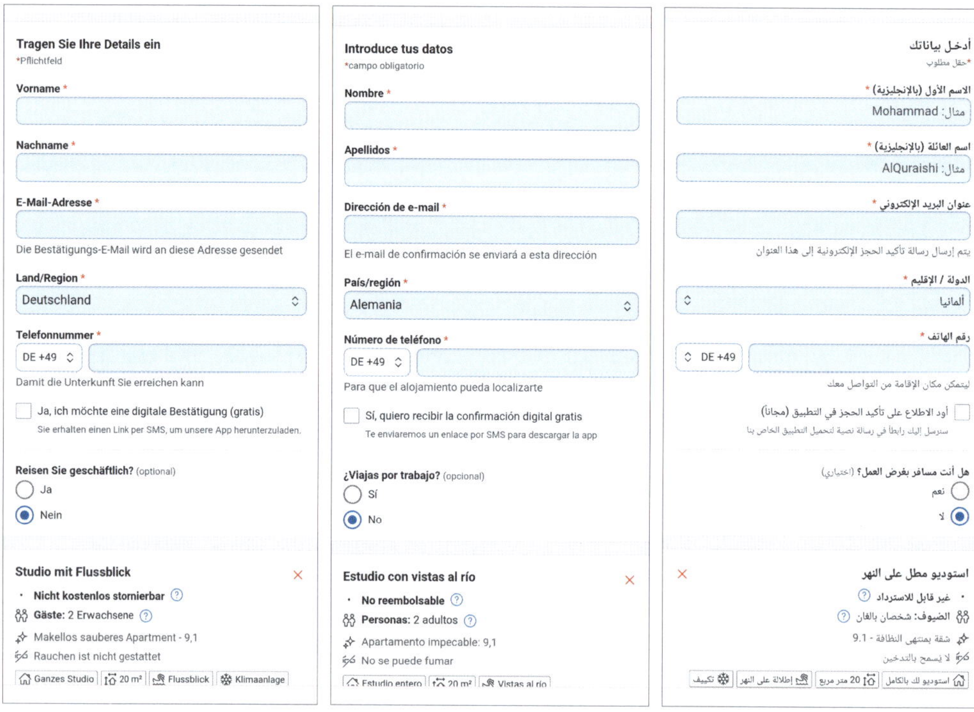


**Abbildung 41.1** booking.com bietet sein Unterkunftsbuchungsportal in über 40 Sprachen an. Durch die Platzierung der Labels oberhalb der Felder können die Texte fast beliebige Längen haben.

Das gesamte Formular bleibt schmaler und damit leichter überschaubar. Sie sollten allerdings bedenken, dass das Formular dadurch auch recht lang werden kann. Diese Platzierung von Labels eignet sich daher gut bei kurzen Formularen, die schnell ausgefüllt werden können und sollen oder die sie entsprechend in mehrere Schritte aufgeteilt haben (vergleiche Kapitel 40, »Formulare zielführend realisieren«).

Diese Anordnung funktioniert im Übrigen auch bei anderen Formulartypen, neben Eingabefeldern beispielsweise auch für Radiobuttons, Checkboxen und Dropdowns.

### 41.1.2 Label links vom Eingabefeld

Ein entscheidender Unterschied der Label-Platzierung links vom Eingabefeld zur zuvor beschriebenen Anordnung ist das Einsparen von Platz in der Höhe. Entsprechend empfiehlt sich die Position des Labels links vom jeweiligen Feld vor allem bei langen, eher komplexen Formularen. Bei der Gestaltung sollten Sie bedenken, dass diese Formulare auch deutlich breiter sind und entsprechend Platz benötigen.

Nutzende können solche Formulare in der Regel schneller überfliegen und den Umfang abschätzen als bei der Positionierung der Labels oberhalb, da die Felder nicht zwischen den Labels stehen. Wählen Sie in dem Fall aber eine rechtsbündige Ausrichtung der Beschriftungen, weil Nutzende sich mit der Zuordnung von Label und Eingabefeld dann etwas leichter tun. Diese stehen naturgemäß näher beieinander. Bei einer linksbündigen Positionierung müssen Nutzende mehrfach mit den Augen hin und her springen. Die Zuordnung ist vor allem dann schwierig, wenn ein Label im Vergleich zu den anderen eher kurz ist.

Für mobile Anwendungen ist diese Anordnung aber nicht nutzerfreundlich umzusetzen. Daher macht sie nur bei Desktop-Anwendungen Sinn. Im Rahmen einer responsiven Umsetzung ist eine Unterscheidung nach Endgerät meist mit Mehraufwand verbunden, so dass häufig die Labels geräteübergreifend oberhalb des Eingabefelds gesetzt werden.

### 41.1.3 Label innerhalb des Eingabefelds

Die meisten Einschränkungen der oben beschriebenen Positionierungen kann die Platzierung des Labels innerhalb des Eingabefelds aufheben. Die Zuordnung von Label und Eingabefeld ist eindeutig. Die Positionierung des Labels innerhalb des Eingabefelds beansprucht zudem am wenigsten Platz für das Formular.

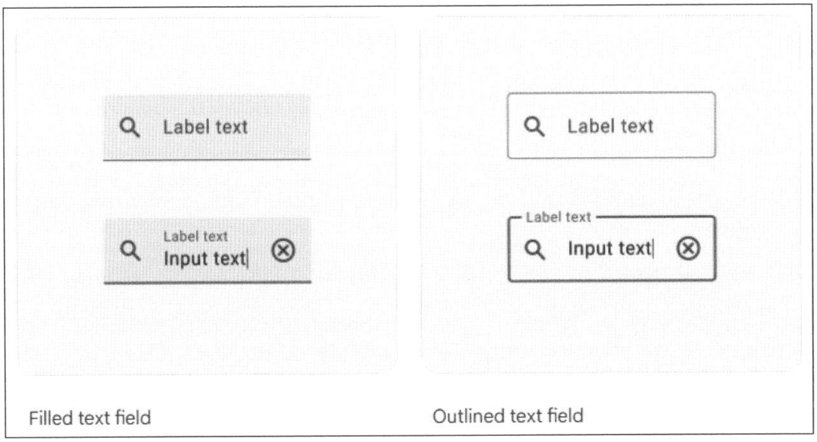


**Abbildung 41.2** Die so genannten adaptiven Platzhalter findet man mittlerweile in vielen Formularen. Dieses Muster ist auch in zwei verschiedenen Varianten in den Material-Design-Richtlinien dokumentiert. (Quelle: m3.material.io)

Bei dieser Variante müssen Sie aber dringend darauf achten, dass das Label nach Auswahl des Eingabefelds nicht verschwindet. Ist das der Fall, müssen sich Nutzende daran erinnern, welche Daten sie nun eingeben sollen. Das ist besonders problematisch, wenn sie gestört werden bei der Eingabe oder eine Angabe nachsehen müssen. Auch nach der Eingabe können Nutzende in dem Fall ihre Eingabe mit der gewünschten Angabe nicht mehr abgleichen.

Um das zu umgehen, hat sich das so genannte *fließende Label* oder der *adaptive Platzhalter* etabliert. Das Label ist im Eingabefeld als Platzhalter zu sehen, solange das Feld noch nicht ausgewählt ist. Tippen oder klicken Nutzende in das jeweilige Feld, verkleinert sich das Label und wandert innerhalb des Felds nach oben. Alternativ wird es auch auf der oberen Linie des Eingabefelds positioniert.

## 41.2 Labels verständlich formulieren

Egal, ob Beschriftungen von Formularelementen, einzelne Menüpunkte oder Kennzeichnungen von Navigationselementen – so gestalten Sie Ihre Labels und Beschriftungen so verständlich wie möglich:

- Formulieren Sie die Labels klar, eindeutig und so einfach wie nur möglich.
- Schreiben Sie Labels niemals durchgehend in Großbuchstaben. Das führt dazu, dass Ihr Formular oder das Menü schlecht bis gar nicht gescannt werden kann.
- Wählen Sie, wenn irgend möglich, einzelne Wörter als Labels. Fragen oder Sätze in Formularen, die dann durch die Nutzenden beantwortet bzw. vervollständigt werden müssen, sollten Sie nur in Ausnahmefällen verwenden. Das kann z. B. sinnvoll sein, wenn ein einzelnes Wort missverstanden werden könnte.
- Sie sollten Begriffe wählen, die den meisten Nutzenden geläufig oder im entsprechenden Kontext gelernt oder üblich sind. In diesem Zusammenhang kann auch ein so genanntes *Card Sorting* mit Nutzenden Aufschluss darüber geben, was sie unter dem Begriff verstehen und ob dieser in der entsprechenden Verwendung die beste Wahl ist.
- Verwenden Sie unbedingt Begriffe, die Nutzende auch ohne Kontext verstehen können. Nutzende sollten niemals die Überkategorie oder den in der Hierarchie voranstehenden Menüpunkt benötigen, um die Bedeutung des Labels ganz zu verstehen.
- Wählen Sie nur Begriffe, die Nutzende nicht zum Nachdenken zwingen. Sobald Nutzende darüber nachdenken müssen, was das Label bedeutet, in welchem Kontext es steht oder ob es für die weitere Nutzung der Website relevant ist, haben Sie diese Nutzenden bereits verloren. Sie werden ihr Ziel nur sehr schwer oder überhaupt nicht erreichen und die Website vermutlich verlassen.

**So realisieren Sie aussagekräftige und erkennbare Labels**

1. Positionieren Sie das Label oberhalb des Eingabefelds, oder nutzen Sie die so genannten adaptiven Platzhalter.
2. Formulieren Sie die Labels so klar, eindeutig und einfach wie nur möglich.
3. Wählen Sie einzelne Wörter als Label, und vermeiden Sie Fragen oder Sätze.
4. Nutzen Sie geläufige oder im entsprechenden Kontext übliche Begriffe. Nutzende sollten nie über den Begriff nachdenken müssen.

# Kapitel 42
# Fehlermeldungen hilfreich umsetzen

*Fehlermeldungen sollen Nutzende unterstützen und sie nicht mit Fragezeichen zurücklassen. Leider kommt Letzteres immer noch häufig vor: kryptische Meldungen, fehlende Hinweise für eine mögliche Korrektur oder schlichtweg kein Bezug zum fehlerhaften Datensatz. Lernen Sie, wie Sie Fehlern vorbeugen und Fehlermeldungen optimal umsetzen.*

Fehler treten auf, auch bei perfekt nutzerfreundlich umgesetzten Websites und Anwendungen. Ursachen sind dann Ablenkung, Müdigkeit oder Eile der Nutzenden, vor allem wenn es sich um komplexere Anwendungen wie ein mehrseitiges Formular oder die Installation einer Software handelt. Durch frühzeitiges Anzeigen der Fehlermeldungen, eine aufmerksamkeitsstarke Gestaltung, optimale Positionierung und verständliche Formulierung können Sie allerdings den Fehler schnell beheben, seine Konsequenzen minimieren und weitere Fehler vermeiden. So stellen Sie nicht nur Nutzende zufrieden, sondern Sie steigern auch die Abschlussrate eines Formulars bzw. die Konversionsrate der jeweiligen Interaktion mit den Nutzenden, bei denen der Fehler aufgetreten ist.

## 42.1 Fehlern vorbeugen (Inline-Validierung)

Sie sollten Fehler so früh wie möglich anzeigen. Besser noch, Sie zeigen Nutzenden bereits vor dem Auftreten des Fehlers an, dass dieser nach Abschicken der Daten auftreten würde: Das ist die so genannte *Inline-Validierung*. Sie prüfen dabei in Echtzeit, also noch während des Ausfüllens eines Formulars, die Eingaben der Nutzenden hinsichtlich Plausibilität und gegebenenfalls Format und geben ihnen direkt Feedback dazu – sowohl bei korrekten Eingaben als auch bei notwendigen Korrekturen. So können Sie die Nutzenden zu einer Bestätigung auffordern, ihnen Korrekturvorschläge machen oder auch Hinweise für das korrekte Ausfüllen geben.

Studien haben gezeigt, dass die Quote derer, die ein Formular vollständig ausfüllen, deutlich ansteigt, wenn sie laufend Feedback zu ihren Eingaben erhalten. Gleichzeitig können Sie die Fehlerrate und die Zeit zum Ausfüllen des Formulars senken. Fast am wichtigsten jedoch: Sie erhöhen dabei auch die Zufriedenheit der Nutzenden.

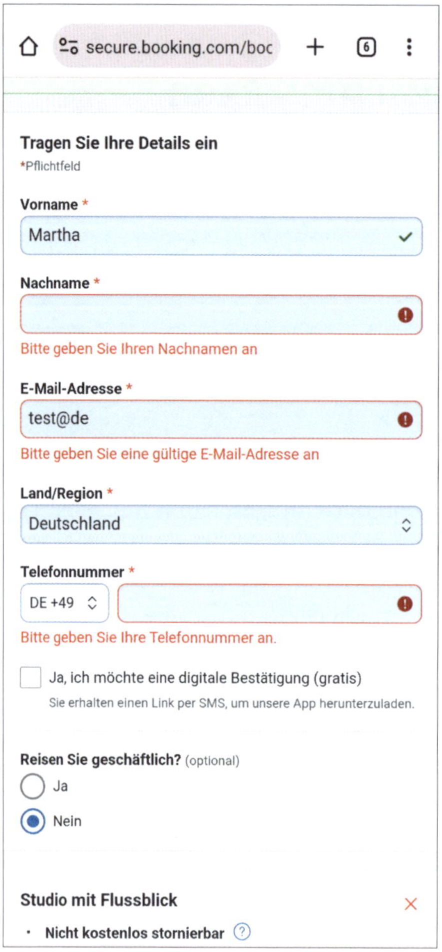


**Abbildung 42.1** Booking gibt Nutzenden im Buchungsformular eindeutige Hinweise in Echtzeit, ob das Format der E-Mail-Adresse korrekt und alle Pflichtfelder ausgefüllt sind. (Quelle: www.booking.com)

Setzen Sie die Inline-Validierung allerdings mit Bedacht ein. Sinnvoll ist sie sicherlich bei mehrseitigen, komplexen Formularen, wenn eine oder mehrere Fehlermeldungen pro Seite dazu führen, dass die Nutzenden viele Eingaben korrigieren und die Formularseite wiederholt abschicken müssen. Im schlechtesten Fall müssen sie einzelne Felder neu ausfüllen, wie z. B. ein zuvor eingegebenes Passwort, das aus Sicherheitsgründen gelöscht wurde. Dies würde erneut zu einem Fehler führen, und die Nutzenden müssten ihre Eingaben ein weiteres Mal überprüfen. Dies kann eine langwierige und demotivierende Aufgabe und die bloße Menge an abgefragten Daten überwältigend sein.

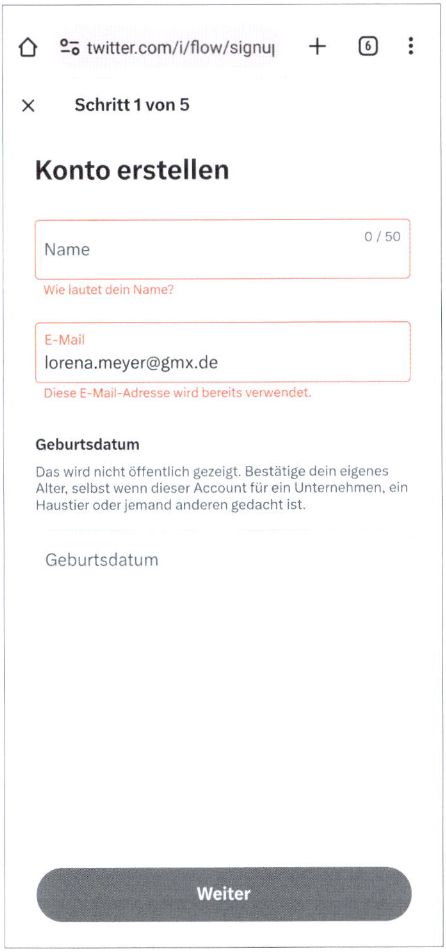


**Abbildung 42.2** Ist mit einer E-Mail-Adresse bereits ein Zugang bei X angelegt, wird bei einer Neuregistrierung direkt darauf hingewiesen. (Quelle: www.twitter.com)

Auch bei Registrierungsformularen sind Hinweise, ob ein Nutzername schon vergeben ist und welche noch verfügbar sind, genauso willkommen wie Anmerkungen zur geforderten Länge oder Sicherheit eines gewählten Passworts. Solche Angaben haben häufig unterschiedliche Anforderungen, so dass das Feedback durch die Inline-Validierung Sicherheit beim Ausfüllen gibt.

## 42.2 Fehlermeldungen optimal positionieren

Nicht immer können Sie Fehlern vorbeugen. Wenn sie auftreten, können Sie Nutzende allerdings unterstützen, den Fehler schnell zu korrigieren und ihr Anliegen zügig abzuschließen. Dazu gehört auch, dass die Nutzenden erkennen, dass sie einen Fehler gemacht haben, und die zu korrigierende Stelle schnell finden.

Daher sollte eine Fehlermeldung immer in unmittelbarer Nähe zum jeweiligen Eingabefeld angezeigt werden (siehe Abbildung 42.1) – und nicht am oberen Seitenrand bzw. zu Beginn eines Formulars. Bei langen Formularen kann es sonst passieren, dass die Fehlermeldung zwar zu sehen ist, nicht aber das Feld, in dem eine Korrektur oder Neueingabe notwendig ist. Oder aber, wenn Sie eine Autoscroll-Funktion umgesetzt haben, ist die Fehlermeldung nicht mehr im sichtbaren Bereich. Dann ist es für die Nutzenden beschwerlich, die Fehlermeldung zuzuordnen, und sie müssen scrollen.

Haben Sie keine Autoscroll-Funktion eingesetzt, sollten Sie neben der allgemeinen Fehlermeldung (»Es ist an folgenden Stellen zu einem Fehler gekommen: ...«) am Kopf des Formulars immer auch beim jeweiligen Feld selbst einen spezifischen Hinweis einblenden. Ergänzend können Sie zur Unterstützung der Nutzenden bei der allgemeinen Meldung oben Sprungmarken einfügen, so dass die Nutzenden schnell zu den jeweiligen Feldern kommen.

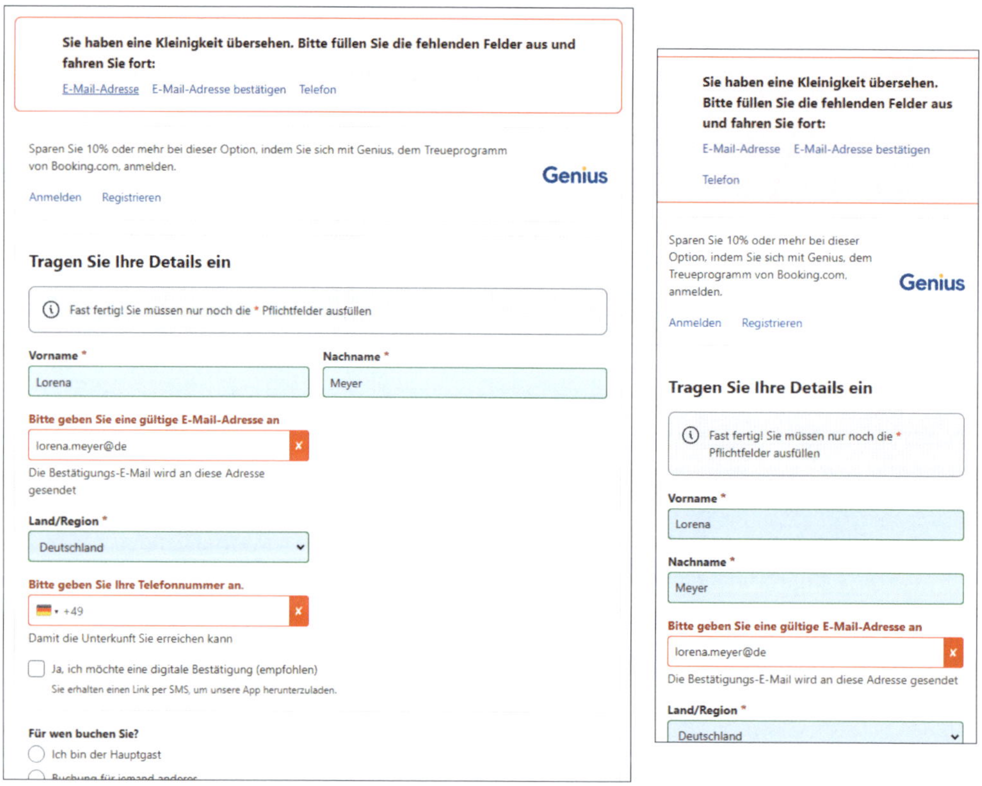


**Abbildung 42.3** Wurde trotz Inline-Validierung das Formular abgeschickt bzw. auf den »Weiter«-Button geklickt, wird den Nutzenden am oberen Seitenrand eine zusammenfassende Fehlermeldung inklusive Sprungmarken angezeigt. (Quelle: www.booking.com)

## 42.3 Fehlermeldungen aufmerksamkeitsstark gestalten

Neben einer sinnvollen Positionierung ist die Gestaltung der Fehlermeldung ausschlaggebend dafür, dass sie für Nutzende sichtbar und schnell auffindbar ist.

Markieren Sie das betreffende Eingabefeld deutlich, indem Sie es rot umranden und einfärben. Der Text der dazugehörigen Fehlermeldung sollte ebenfalls rot sein (siehe Abbildung 42.3). Rot hat sich als Signalfarbe für Fehler etabliert und ist sehr aufmerksamkeitsstark. Um Nutzende noch deutlicher auf die fehlerhafte Stelle hinzuweisen, können Sie ergänzend mit Icons arbeiten, beispielsweise mit einem roten Kreuz, einem Dreieck mit Ausrufezeichen oder ähnlichen Symbolen.

Zeigen Sie Fehlermeldungen nicht in Form eines *Tooltipps* bzw. einer Sprechblase an. Das verdeckt häufig andere Felder und macht diese dann möglicherweise schwerer zugänglich. Platzieren Sie die Hinweise zur Fehlerkorrektur direkt unterhalb des Eingabefelds. Es ist auch hilfreich, noch vor einer fehlerhaften oder fehlenden Eingabe hier Erklärungen anzuzeigen, z. B. warum bestimmte Daten abgefragt werden oder wie sie genau aussehen sollen. So können Sie Fehler ideal vorbeugen.

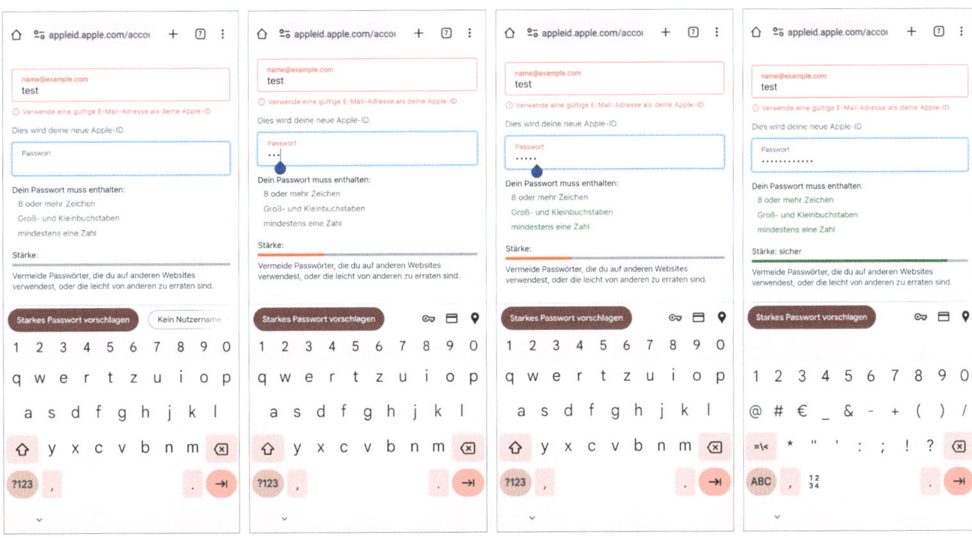


**Abbildung 42.4** Bei der Auswahl des Passworts zur Apple-ID erhalten die Nutzenden (auch schon vor der Eingabe) konkrete Hinweise darauf, wie das Passwort aussehen muss. In roter Schrift, falls die Eingabe noch nicht den Kriterien entspricht.

## 42.4 Fehlermeldungen verständlich formulieren

Wenn die Nutzenden Eingabefeld und Fehlermeldung wahrgenommen haben, müssen sie auch noch verstehen, was schiefgegangen und was genau zu tun ist, um den Fehler zu beheben. Sie sollten daher Fehlermeldungen und Hilfestellungen so eindeutig, verständlich und informativ formulieren wie möglich. Beachten Sie dabei die folgenden Aspekte:

- Nehmen Sie in die Fehlermeldung mit auf, ob eine Information fehlt (z. B. übersprungenes Pflichtfeld) oder eine Information nicht dem gewünschten Muster entspricht (z. B. Geburtsdatum TT.MM.JJJJ), und geben Sie Hilfestellung, wie die richtige Eingabe aussehen kann. Idealerweise fangen Sie solche nicht der Formatvorgabe entsprechenden Eingaben ab und passen sie bereits im Hintergrund an (z. B. 83 als Geburtsjahr in 1983 umwandeln). Mehr dazu in Kapitel 40, »Formulare zielführend realisieren«.
- Gehen Sie so spezifisch wie möglich auf die Eingabe der Nutzenden ein, und zeigen Sie konkrete Korrekturmöglichkeiten auf. Schlagen Sie beispielsweise bei einem vergebenen Nutzernamen noch verfügbare Optionen vor, oder geben Sie z. B. Hinweise, wie ein Passwort aussehen muss.
- Formulieren Sie die Fehlermeldung in der jeweiligen Sprache der Nutzenden – bei mehrsprachigen Websites in der jeweils ausgewählten Sprache.
- Vermeiden Sie unbedingt auch technische Formulierungen oder gar kryptische Programmiercodes. Dies verunsichert Nutzende und hilft ihnen nicht weiter.
- Sprechen Sie nicht von »Fehler« oder »Problem«, und machen Sie den Nutzenden keinen Vorwurf. Bleiben Sie höflich und freundlich.

**So gestalten Sie hilfreiche Fehlermeldungen**

1. Beugen Sie Fehlern vor, indem Sie Nutzenden durch Inline-Validierung so früh wie möglich den Hinweis auf einen (möglichen) Fehler anzeigen.
2. Positionieren Sie Fehlermeldungen immer in unmittelbarer Nähe zum jeweiligen Eingabefeld.
3. Markieren Sie das betreffende Eingabefeld deutlich, indem Sie es rot umranden und einfärben und den Hinweistext ebenfalls rot einfärben.
4. Nehmen Sie in die Fehlermeldung mit auf, ob eine Information fehlt (z. B. übersprungenes Pflichtfeld) oder eine Information nicht dem gewünschten Muster entspricht (z. B. Geburtsdatum TT.MM.JJJJ), und geben Sie Hilfestellung, wie die richtige Eingabe aussehen kann.
5. Gehen Sie so spezifisch wie möglich auf die Eingabe der Nutzenden ein, und zeigen Sie konkrete Korrekturmöglichkeiten auf.
6. Vermeiden Sie unbedingt technische Formulierungen oder gar kryptische Programmiercodes.

Kapitel 43

# Listen und Tabellen formatieren

*Listen und Tabellen geben Seiten Struktur und stellen große Datenmengen übersichtlich dar. Beachtet man ein paar Grundregeln, sind sie für Nutzende ausgesprochen hilfreich und werden von diesen gern genutzt.*

Listen klingen langweilig, Tabellen kaum weniger. Und doch sind sie ein einfaches und bewährtes Mittel, die Usability von Webseiten zu verbessern. Und auch die wenigsten Apps kommen ohne Listen aus – schließlich ist jedes Menü letztlich eine Liste.

## 43.1 Listen lockern Texte auf

Als Gestaltungselement sind Listen im Text sehr wertvoll:

- Sie gliedern die Inhalte.
- Sie machen den Inhalt der Seite beim Überfliegen leichter erfassbar.
- Sie lockern das Erscheinungsbild der Seite auf.

Deshalb sollten Sie in Texten, wo immer es sinnvoll ist, Aufzählungen verwenden. Mehr dazu auch in Kapitel 34, »Nutzerfreundlich schreiben«.

## 43.2 Von eindimensionalen zu mehrdimensionalen Listen

In manchen Fällen ist die Liste selbst die Information. Zum Beispiel eine Aufzählung der Pflanzenarten, die in einem botanischen Garten zu finden sind – von Ackerwinde bis Zyperngras. Für botanisch Interessierte ist diese Liste alles, was sie brauchen. Man spricht bei solchen Aufzählungen von eindimensionalen Listen, weil sie nur Elemente enthalten, die keine Unterelemente haben. Ähnlich wäre eine Liste mit E-Mail-Adressen von Teilnehmenden einer Veranstaltung. Solche Listen kann man nur nach einem Kriterium sortieren, weil es eben für jedes Element nur ein Kriterium gibt. Man kann also die Pflanzennamen oder Mail-Adressen nur alphabetisch sortieren, und das *aufsteigend* von A bis Z oder *absteigend* von Z bis A.

Sobald eine weitere Information hinzukommt, bieten sich durch mehr Dimensionen mehr Möglichkeiten: Ergänzen wir die Mail-Adressen der Veranstaltungsteilnehmenden z. B. noch mit deren Namen, sind wir auf einmal bei zwei Dimensionen: die erste ist jeweils eine Liste mit Name, Vorname und E-Mail. Die zweite ist die Liste mit diesen Unterlisten für alle Teilnehmenden. Und nach allen können wir sortieren.

## 43.3 Von Listen zu Tabellen

Und damit sind wir auch schon bei Tabellen – wenn eine Liste mehr als eine Dimension hat, brauchen Sie zusätzliche Spalten und haben damit eine Tabelle. Damit kommen wir zu dem wichtigen Punkt: Welche Informationen brauchen Nutzende überhaupt? Es ist keine gute Idee, ihnen einfach alles anzubieten, was Sie haben. Denn wollen wir eine gute Usability, sollten wir uns vorher Gedanken machen über die Nutzenden und deren jeweiligen Nutzungskontext. Wenn wir unrelevante Informationen anbieten, erschweren wir die Nutzung unnötig. Andererseits sollten alle notwendigen Informationen vorhanden und möglichst auf einen Blick sichtbar sein.

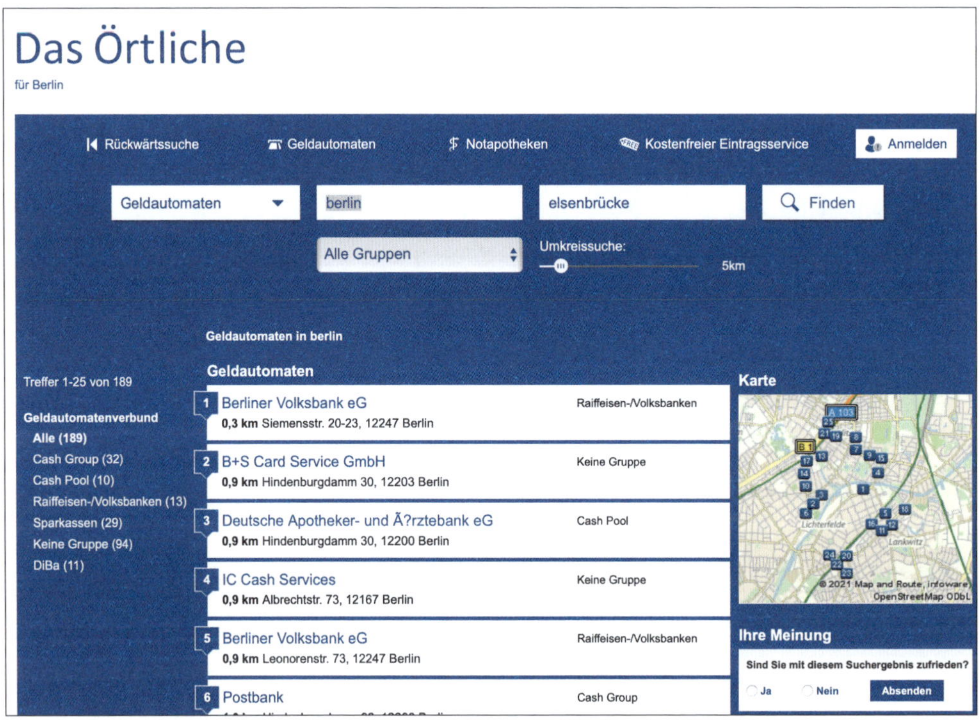


**Abbildung 43.1** Selbst eine Liste von Geldautomaten hat mehrere Spalten – und auch die Entfernung könnte man in eine weitere Spalte einordnen.

Eine Liste mit Druckertreibern im Support-Bereich einer Website zum Beispiel enthält ähnlich wie eine Liste mit Ansprechpersonen nur gleichartige Elemente. Alle haben die gleichen Metadaten und lassen sich nach diesen sinnvoll sortieren. Wichtig ist hier, Nutzenden möglichst schnell klarzumachen, welches Element das ist, was sie suchen. Der Begriff, nach dem die meisten suchen werden, sollte demnach in der ersten Spalte der Tabelle stehen. Und die Liste sollte nach diesem Element sortiert sein, und zwar aufsteigend (von A nach Z bzw. von kleinen zu großen Zahlen).

## 43.4 Listen fürs Lesen formatieren

Die erste Frage beim Anlegen jeder Tabelle ist: Was kommt in Zeilen, was in Spalten? Das, was man vergleichen will, sortieren Sie am besten in Spalten. Also z. B. die Funktionen eines Geräts – in die Zeilen kommen dann die unterschiedlichen Modelle. Wollen Sie sehr viele Eigenschaften, aber nur wenige Dinge vergleichen, dann müssen Sie die Anordnung umgekehrt anlegen. Denn horizontales Scrollen sollten Sie vermeiden – das ist für die Nutzenden immer ungewohnt und daher schwierig. Achten Sie bei langen Tabellen dennoch unbedingt auf eine lockere Anordnung wie in Abbildung 43.2.

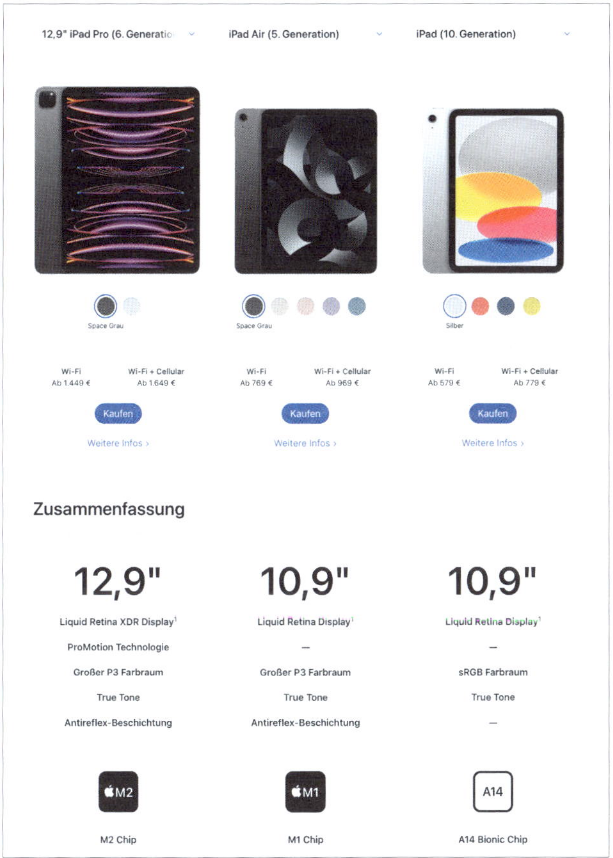


**Abbildung 43.2** Tabelle zum Produktvergleich auf apple.com/de/. Die Tabelle ist lang (hier ist nur etwa ein Zehntel der Tabelle abgebildet), aber gut gestaltet und übersichtlich.

Die oberste Zeile jeder Tabelle, der so genannte *Tabellenkopf*, darf nicht fehlen. Ohne diesen versteht man nicht, was die Tabelle angibt. Gehen Sie nicht davon aus, dass Nutzende den Text lesen, der vor der Tabelle steht. Eine Tabellenüberschrift ist sinnvoll, aber die Tabelle ist idealerweise auch ohne diese verständlich. Lediglich auf sehr kleinen Bildschirmen können Sie bei ganz einfachen Tabellen auf den Kopf verzichten. Bei Tabellen auf Smartphones müssen Sie sich generell fragen, ob sie hier überhaupt sinnvoll einsetzbar sind. Tabellen sollen eine Übersicht vieler Daten geben – reicht der Platz dafür nicht aus und muss man viel hin und her wischen, ist vielleicht eine Suche, ein Diagramm oder ein Berechnungs-Tool eine bessere Darstellungsmöglichkeit.

Die Kopfzeile einer Tabelle können Sie bei Apps *fixieren*. So sehen Nutzende immer, was in welcher Spalte steht, auch wenn sie weiter nach unten scrollen. Auf Webseiten sollten Sie das aber nur mit Vorsicht tun, denn hier haben Sie schon einen fixierten Seitenkopf: den oberen Teil des Browsers. Aus Tests wissen wir, dass Fenster im Fenster oft problematisch sind und Nutzende nie genau wissen, was jeweils gescrollt wird. Daher verzichten Sie hier besser auf fixierte Kopfzeilen (Header) oder testen Ihre Umsetzung mit Testpersonen, um Usability-Probleme frühzeitig aufzuspüren.

Den *Text in der Kopfzeile* setzen Sie zentriert oder linksbündig – im Zweifel immer lieber linksbündig. Beim Text in den einzelnen Spalten gilt für Formatierung und Ausrichtung:

- Texte, die in jeder Zeile unterschiedlich lang sein können – linksbündig
- Preise mit Tausendertrennzeichen formatieren (2.099) – möglichst ausgerichtet am Komma (3,99), sonst rechtsbündig
- Daten durchgehend als Zahlen und mit Nullen angeben (01.03.2022, damit sie etwa gleich lang sind) – rechtsbündig
- andere Zahlenwerte – rechtsbündig

Kürzen Sie *Nachkommastellen* auf ein sinnvolles Maß. Für eine Umfrage ist es nicht relevant, ob 31,03 Prozent der Befragten für etwas gestimmt haben oder 31 Prozent. Je mehr Stellen Sie angeben, desto schwerer lesbar wird die Tabelle.

Ob *Einheiten* in jede Zelle gehören oder nicht, darüber gehen die Meinungen auseinander. Wissenschaftlich üblich ist, die Einheit in den Tabellenkopf zu schreiben, und zwar in eckige Klammern, z. B. [h] für Stunden. Ebenso denkbar ist, in jeder Zelle die Einheit mit anzugeben (19 h, 4 h ...). Wenn Ihre Zielgruppe die Abkürzung kennt, nutzen Sie diese – das ist übersichtlicher. Wenn nicht, schreiben Sie sie lieber aus (19 Stunden, 4 Stunden). Gerade in diesen Fällen ist die Einheit im Tabellenkopf besser aufgehoben.

Ist Ihre Tabelle länger als ein paar Zeilen, geben Sie ihr mithilfe von *abwechselnden Zeilenfarben* mehr Struktur (im Englischen gibt es dafür den schönen Begriff *Zebra*

*Stripes*, siehe Abbildung 43.3). So lassen sich zusammengehörige Werte leichter finden, und die allermeisten Menschen ziehen diese Darstellung vor – auch wenn Gestaltende manchmal die Version mit einheitlichem Hintergrund schöner finden (Untersuchungen dazu siehe *uux.jetzt/090*).

**Die Tarife unserer ambulanten Zusatzversicherung im Vergleich**

| Zuzahlungen für | Premium | Komfort | Basis |
|---|---|---|---|
| **Sehhilfen**<br>Brillen, Gläser, Kontaktlinsen | **100 % der Restkosten**<br>(bis zu 330 €, alle 36 Monate, auch ohne Vorleistung der GKV) | **100 % der Restkosten**<br>(bis zu 175 €, alle 24 Monate, auch ohne Vorleistung der GKV) | **80 % der Restkosten**<br>(bis zu 155 € pro Versicherungsjahr, ohne Vorleistung der GKV alle 36 Monate oder bei Änderungen um mind. 0,5 Dioptrien) |
| **Heilmittel**<br>Massagen, Fango, Krankengymnastik | **100 % der Zuzahlungen** | **100 % der Zuzahlungen** | **100 % der Zuzahlungen** |
| **Hilfsmittel**<br>Arznei-, Verband- und Hilfsmittel (außer Sehhilfen) | **100 % der Zuzahlungen** | **100 % der Zuzahlungen** | --- |
| **Alternative Heilmethoden**<br>inkl. verordneter Medikamente | **90 % Erstattung**<br>(bis zu 2.500 € Rechnungsbetrag innerhalb von zwei Jahren beim Heilpraktiker | **60 % Erstattung**<br>(beim Heilpraktiker) | **50 % Erstattung**<br>(bis zu 260 € pro Versicherungsjahr beim Heilpraktiker) |

**Abbildung 43.3** Tabelle mit so genannten Zebra Stripes auf arag.de

## 43.5 Was kommt nach der Liste?

Mit den meisten Listen wollen Nutzende mehr tun, als sie nur anzusehen. Das beginnt schon bei der einfachen Telefonliste. Sieht man diese auf dem Smartphone an, dann möchte man wahrscheinlich eine Person anrufen. Die Liste sollte demnach die Telefonnummern so verlinken, dass das Smartphone auf Tipp die entsprechende Nummer wählt. Zumindest sollten Sie sicherstellen, dass Nutzende die Nummer problemlos kopieren können.

Solche Listen mit gleichartigen Elementen lassen sich gut strukturieren und sinnvoll aufbereiten. Schwieriger wird es, wenn ich viele verschiedene Elemente habe. Das ist z. B. der Fall bei Trefferlisten der internen Suche auf einer Website. Auf den Listen finden sich dann etwa Infos über Orte, Personen, Telefonnummern, Druckertreiber, Bücher, Elektrogeräte und vieles mehr. Die große Kunst ist hier, Nutzenden die Metainformationen zu präsentieren, anhand derer sie beurteilen können, hinter welchem Treffer sich das verbirgt, was sie suchen. Mehr dazu siehe in Kapitel 47, »Suchfunktionen zielführend gestalten«.

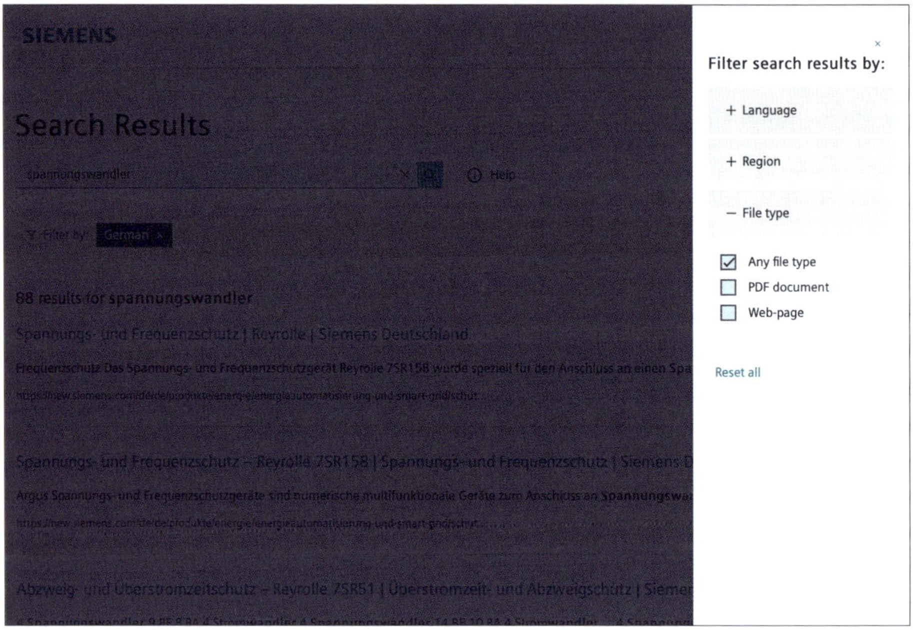


**Abbildung 43.4** Auf siemens.de lassen sich die Suchergebnisse direkt filtern.

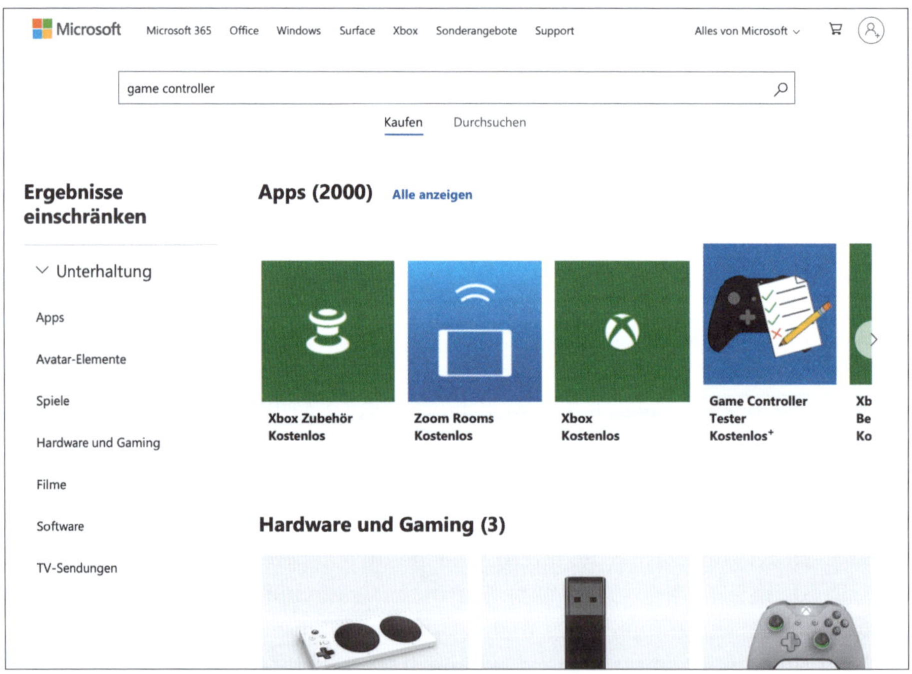


**Abbildung 43.5** microsoft.com teilt die Suchergebnisse in Bereiche und bietet am linken Seitenrand Sprungmarken an, um direkt zu den verschiedenen Listen zu gelangen.

## 43.6 Keine Liste ohne Sortierung

Ihre Listen sollten nicht einfach irgendwie sortiert sein, sondern so, wie es für die meisten Menschen am hilfreichsten ist. Zusätzlich ist es fast immer sinnvoll, Nutzenden eine Sortiermöglichkeit zu geben. So können sie die Einträge nach ihren jeweiligen Bedürfnissen ordnen. Dass dies bei Ihrer Liste geht, signalisieren Sie am besten durch ein kleines Dreieck nach dem Text in der Kopfzeile der jeweiligen Spalten. Das Dreieck, nach dem die Liste derzeit sortiert ist, sollte hervorgehoben (meist dunkler) dargestellt sein, die anderen etwas zurückgenommen. Ein Klick auf den Spaltentitel, nach dem die Liste sortiert ist, kehrt die Sortierung um (also von Z nach A statt vorher von A nach Z). Ein Klick auf eine der anderen Spaltentitel sortiert die Tabelle nach diesem Kriterium um, am besten aufsteigend von A nach Z. Eine Alternative sind Pfeilchen nach oben bzw. unten, siehe Abbildung 43.6.

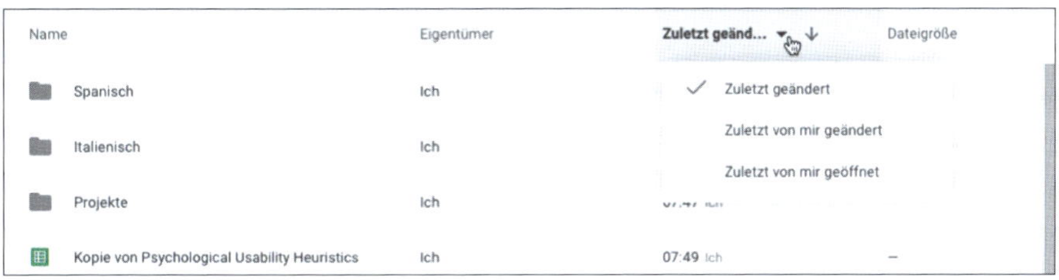


**Abbildung 43.6** Auf Google Drive kennzeichnet ein Pfeil nach unten oder oben die Sortierung der Spalte. Das Dreieck nach unten erscheint nur bei Mouseover und öffnet das Menü mit den Sortierkriterien.

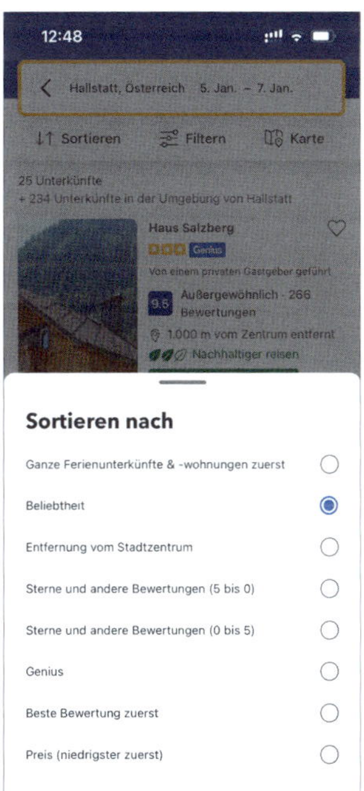


**Abbildung 43.7** In der App von booking.com wählt man die Sortierung oberhalb der Liste links. Auf Tipp öffnet sich ein Menü zur Auswahl des Kriteriums.

## 43.7 Lange Listen bändigen

Sind die Listen sehr lang, überlegen Sie als Erstes, ob Sie diese sinnvoll auf mehrere aufteilen können – oder ob Sie nicht manche Einträge weglassen können.

Manche lange Liste besteht eigentlich aus mehreren Listen, die untereinander dargestellt werden sollen. Ein Beispiel dafür sind die Tarifdetails von Versicherungen (siehe Abbildung 43.8). Dafür bieten sich Akkordeons an. Mehr zu dieser Technik in Kapitel 44, »Aufklappelemente/Akkordeons richtig umsetzen«.

˅ Top-Features

˅ Domains & E-Mail

˅ Komfort-Features

˅ Profi-Features

˄ Web-Anwendungen/WordPress & Co.

| Anzahl der Installationen | 2 | 25 | 50 | 75 |
|---|---|---|---|---|
| WordPress | ✔ | ✔ | ✔ | ✔ |
| Joomla! | ✔ | ✔ | ✔ | ✔ |
| Typo3 | ✔ | ✔ | ✔ | ✔ |
| Drupal | ✔ | ✔ | ✔ | ✔ |
| MediaWiki | ✔ | ✔ | ✔ | ✔ |
| Coppermine | ✔ | ✔ | ✔ | ✔ |
| Serendipity | ✔ | ✔ | ✔ | ✔ |
| WebCalendar | ✔ | ✔ | ✔ | ✔ |

**Abbildung 43.8** Liste mit Akkordeons auf strato.de. Ungünstig sind hier nur die fehlenden Spaltenüberschriften.

## 43.8 Listen filtern und Spalten ein-/ausblenden

Die Trefferlisten von Webshops machen es vor: Bei sehr vielen Elementen in der Tabelle ist es sinnvoll, Nutzende die Ergebnisse filtern zu lassen. Das kennen und erwarten sie inzwischen von fast allen Listen – online einkaufen macht praktisch jeder. Sie können sich an dem orientieren, was wir in Kapitel 48, »Filter und Facetten integrieren und positionieren«, empfehlen.

Alternativ können Sie Spalten ein- und ausblenden lassen. Das ist nicht ganz unproblematisch, weil die Funktion nur wenige Anwendungen nutzen, Nutzende kennen sie also normalerweise nicht. Orientieren Sie sich an gut gemachten Beispielen wie *Apple Music*, und testen Sie mit Testpersonen aus Ihrer Zielgruppe, damit die Funktion auch tatsächlich benutzbar ist.

Wie in *Apple Music* können Sie auch die Möglichkeit vorsehen, die Reihenfolge der Spalten per Drag-and-Drop zu ändern. Menschen, die viel mit Tabellen arbeiten, kennen diese Möglichkeit. Für andere wird das schwierig, weil sie nirgends erkennen können, dass dies möglich ist. Manche arbeiten mit kleinen Anfasselementen in der Kopfzeile – aber auch diese haben nicht genügend Affordanz (Angebotscharakter). Nutzende erkennen nicht, dass sie die Elemente mit der Maus verschieben können. Daher bleibt Ihnen außer der Erwähnung auf Hilfeseiten und Tutorials nicht viel übrig, als diese Funktion nur für die Profis vorzusehen – diese werden sich darüber aber freuen. Ähnliches gilt für die Veränderung der Spaltenbreite. Einige kennen und schätzen das aus Programmen wie Excel. Dass man diese Möglichkeit hat, erkennt man aber nur, wenn man mit dem Mauszeiger über die Trennlinie zwischen zwei Spalten fährt und er dort zu zwei Pfeilchen nach links und rechts wird – was aus Usability-Sicht problematisch ist. Denkbar wäre hier, dieses Icon dauerhaft im Spaltenkopf einzublenden. Dies führt allerdings zu mehr visueller Unruhe. Sind komplexe Tabellen für Ihre Anwendung zentral, empfehlen sich ausführliche Usability-Tests mit Personen aus Ihrer Zielgruppe.

**Abbildung 43.9** In Apple Music kann man Musiktitel nach sehr vielen Kriterien sortieren. Damit es übersichtlich bleibt, ist standardmäßig ein Großteil der Spalten ausgeblendet.

Orientieren Sie sich bei der Schriftgröße an den Empfehlungen aus Kapitel 32, »Schriftarten und Textformatierung«. Wenn die Tabelle sehr breit oder sehr lang wird, bringt es wenig, sie in einer kaum erkennbaren Schriftart zu formatieren. Auch das Abkürzen von Begriffen im Tabellenkopf nützt niemandem.

Für besonders engagierte UX-Profis gibt es die Variante, mehr als eine Information pro Zelle darzustellen. Das macht Tabellen manchmal schwerer verständlich, kann aber sehr viel Platz sparen und die bessere Lösung sein. Usability-Tests mit Testpersonen aus Ihrer Zielgruppe sind dann aber Pflicht.

## 43.9 Vergleichstabellen, die zum Kauf motivieren

Haben Sie ein Produkt, von dem es verschiedene Ausführungen gibt, sind Vergleichstabellen ein wichtiges Werkzeug zum Überzeugen der Besuchenden Ihrer Website. Denn solche Tabellen erleichtern es, die Entscheidung für eine der Varianten zu treffen. Zu diesem Thema kann man eigene Bücher schreiben, im Folgenden nur ein paar grundlegende Hinweise.

**Abbildung 43.10** wrike.com bietet mit fünf Optionen eher viele Varianten – mehr sollten es nicht werden. Gut ist die Hervorhebung der besten Option.

Bieten Sie nicht zu viele Optionen an, sonst fällt Menschen die Entscheidung zu schwer, und die Wahrscheinlichkeit sinkt, dass sie etwas kaufen. Bekannt geworden ist dieses Phänomen als *Paradox of Choice* – Paradox der (zu großen) Auswahl. Viele Unternehmen setzen auf drei Varianten, aber bis zu fünf funktionieren (siehe Abbildung 43.10). Wichtig ist auch, eine der Varianten hervorzuheben und klarzumachen, welches diejenige ist, die Sie als Unternehmen als am besten für Durchschnittsnutzende erachten.

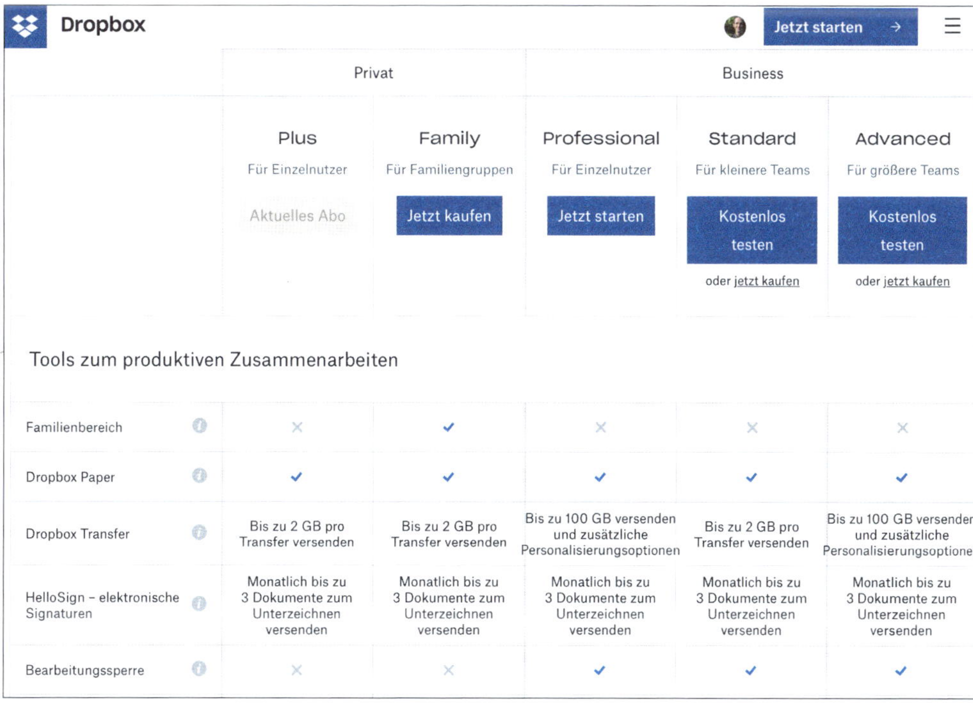

Dropbox — Jetzt starten →

| | Privat | | Business | | |
|---|---|---|---|---|---|
| | Plus | Family | Professional | Standard | Advanced |
| | Für Einzelnutzer | Für Familiengruppen | Für Einzelnutzer | Für kleinere Teams | Für größere Teams |
| | Aktuelles Abo | Jetzt kaufen | Jetzt starten | Kostenlos testen<br>oder jetzt kaufen | Kostenlos testen<br>oder jetzt kaufen |
| **Tools zum produktiven Zusammenarbeiten** | | | | | |
| Familienbereich | × | ✓ | × | × | × |
| Dropbox Paper | ✓ | ✓ | ✓ | ✓ | ✓ |
| Dropbox Transfer | Bis zu 2 GB pro Transfer versenden | Bis zu 2 GB pro Transfer versenden | Bis zu 100 GB versenden und zusätzliche Personalisierungsoptionen | Bis zu 2 GB pro Transfer versenden | Bis zu 100 GB versenden und zusätzliche Personalisierungsoptionen |
| HelloSign – elektronische Signaturen | Monatlich bis zu 3 Dokumente zum Unterzeichnen versenden | Monatlich bis zu 3 Dokumente zum Unterzeichnen versenden | Monatlich bis zu 3 Dokumente zum Unterzeichnen versenden | Monatlich bis zu 3 Dokumente zum Unterzeichnen versenden | Monatlich bis zu 3 Dokumente zum Unterzeichnen versenden |
| Bearbeitungssperre | × | × | ✓ | ✓ | ✓ |

**Abbildung 43.11** Nüchtern und gut strukturiert wirken die Angebote bei Dropbox.

## Kapitel 44
# Aufklappelemente/Akkordeons richtig umsetzen

*Viel Inhalt auf überschaubarem Platz und jeglichen Bildschirmgrößen strukturiert unterzubringen, ist eine Herausforderung. Aufklappelemente, auch Akkordeons genannt, können helfen.*

*Aufklappelemente, Akkordeons, Elemente mit Akkordeoneffekt* werden vielfach und an den unterschiedlichsten Stellen in digitalen Anwendungen eingesetzt. Bei entsprechender Verwendung spricht man auch von *Akkordeonmenüs;* diese sind insbesondere auf mobilen Websites/Apps beliebt. Mithilfe von Akkordeons werden deren Inhalte in Unterbereiche bzw. Zwischenüberschriften strukturiert und komprimiert dargestellt. Nutzende können Unterbereiche per Klick oder Tipp öffnen und wieder schließen.

## 44.1 Akkordeons zeigen und verstecken Inhalte nach Interaktion von Nutzenden

Ein *Akkordeon* ist ein Website-Element, das dazu dient, umfangreichen Inhalt in Teilbereiche unterteilt darzustellen, so dass Nutzende diesen schnell überblicken können. Sie können die Überschriften der Teilbereiche überfliegen und den für sich relevanten Inhalt auswählen, indem sie sich mit Klick oder Tipp auf die Überschrift den dazugehörigen Inhalt anzeigen lassen. Die nachfolgenden Teilbereiche werden auf der Website nach unten verschoben.

Ähnlich verhält sich ein *Akkordeonmenü*. Der eben beschriebene Mechanismus wird für die Hauptnavigation/das Menü einer Website genutzt. Die Hauptmenüpunkte sind vertikal aufgelistet, die Untermenüpunkte sind zunächst versteckt. Bei Klick auf einen der Hauptmenüpunkte öffnet sich das Menü nach unten, wo die zugehörigen Untermenüpunkte (oft eingerückt oder visuell anders dargestellt) angezeigt werden. Die nachfolgenden Hauptmenüpunkte werden nach unten verschoben.

## 44.2 Akkordeons für Menüs, FAQ-Listen und komplexe Formulare – vor allem mobil im Einsatz

Während der Einsatz von Akkordeons bei Desktop-Anwendungen aufgrund mancher Nachteile überlegt sein sollte (siehe Abschnitt 44.4, »Nachteile von Akkordeons«), sind sie auf mobilen Endgeräten ein sinnvolles Designelement, um viel Inhalt auf überschaubarem Platz unterzubringen.

Davon mal abgesehen, sind Akkordeons unter anderem bei folgenden Anwendungsfällen auf Websites zu finden:

- **Akkordeonmenü**
  Insbesondere bei mobilen Websites mit vielen Kategorien ist der Akkordeoneffekt geeignet zur Strukturierung, sofern nicht zu viele Unterebenen in der Menüführung vorhanden sind (siehe Abbildung 44.1.

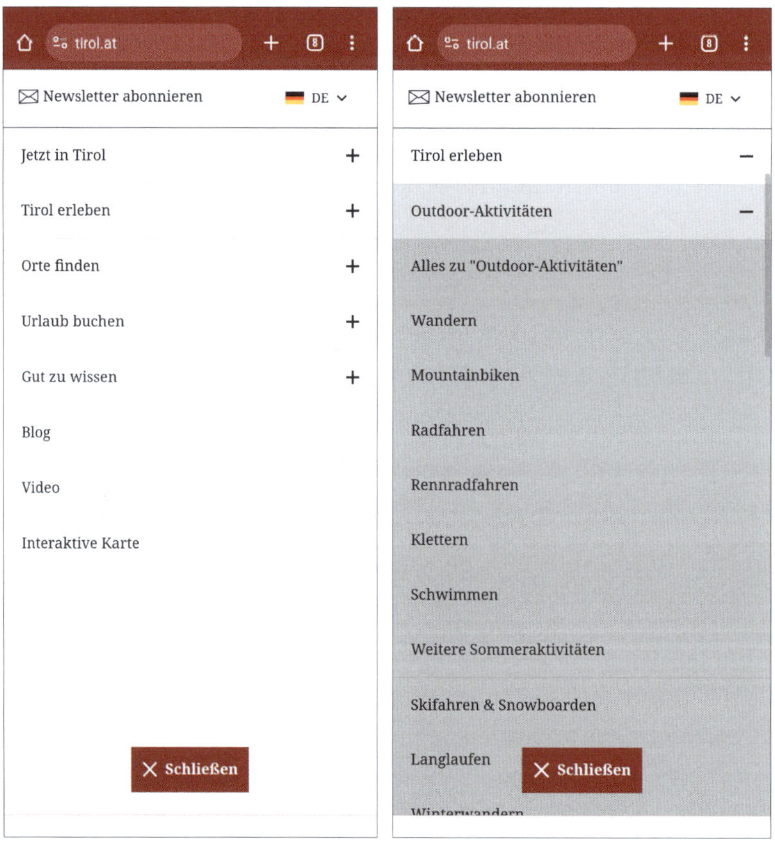


**Abbildung 44.1** Über Plus/Minus wird signalisiert, ob ein Bereich geöffnet und wieder geschlossen werden kann. Die Untermenüpunkte des geöffneten Hauptmenüpunkts sind farblich abgehoben. (Quelle: www.tirol.at)

- **FAQ-Listen**
  Weit verbreitet ist der Akkordeoneffekt auch bei FAQ-Listen zu den unterschiedlichsten Themen. Anstelle von Überschriften bilden die Fragen die Headerbereiche für jeden Abschnitt. Bei Klick auf die Frage öffnet sich darunter die passende Antwort (siehe Abbildung 44.2).

**Abbildung 44.2** Eine FAQ-Liste ist ein beliebter Anwendungsfall für ein Akkordeon. In diesem Beispiel ist die zweite Frage geöffnet. Bei Klick auf eine der anderen Fragen wird der jeweilige Bereich zusätzlich geöffnet und der zugehörige Inhalt dazu angezeigt. (Quelle: support.google.com)

- **Mehrseitige/umfangreiche Formulare**
  Gelegentlich sieht man Akkordeonelemente auch bei umfangreichen Formularen wie beispielsweise Checkout-Prozessen – als Alternative zum horizontal angeordneten Fortschrittsbalken, der dann häufig mehrfaches Seitenladen nach sich zieht.
- **Sonderformen zur vereinfachten Darstellung von umfangreichen Informationen**
  Darüber hinaus gibt es noch Sonderformen von Akkordeons, die sich von den oben genannten Akkordeons visuell deutlich abheben, aber in ihrer Interaktion ähnlich

funktionieren und Informationen erst auf Klick/ Tipp anzeigen. Ein Beispiel findet man häufig bei Fahrplänen für Zug- oder ÖPNV-Verbindungen. Initial werden nur Start- und Endpunkt angezeigt mit wenigen Details zur Dauer, Anzahl der Stationen etc. Auf Klick/Tipp werden die einzelnen Haltestellen eingeblendet.

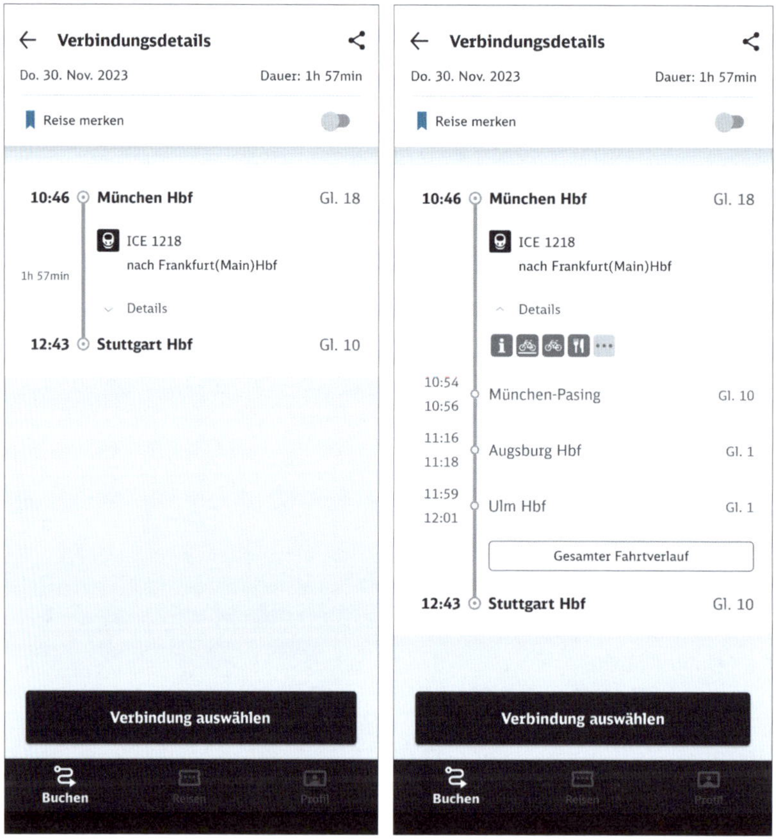


**Abbildung 44.3** Eine Sonderform von Akkordeons findet man beispielsweise bei Zugverbindungen. Erst auf Klick/ Tipp werden die einzelnen Haltestellen angezeigt. (Quelle: www.bahn.de)

## 44.3 Vorteile von Akkordeons

Akkordeons haben den Vorteil, dass sie durch ihren verbreiteten Einsatz auf mobilen Websites mittlerweile zu gelernten Elementen und daher für Nutzende leicht verständlich geworden sind. Eine nutzerfreundliche Umsetzung vorausgesetzt, ist die Bedienung auch für wenig erfahrene Nutzende gut möglich.

Ein wesentlicher Aspekt ist die platzsparende Eigenschaft von Akkordeons. Beim Einsatz für die Hauptnavigation hilft sie dabei, die gesamte Informationsarchitektur (siehe Kapitel 25, »Struktur der Anwendung – Informations- und Navigationsarchitektur«) der Seite abzubilden, und ermöglicht Nutzenden, sich einen Überblick zu verschaffen und frühzeitig zu entscheiden, ob relevante Informationen für sie dabei sind. So können Nutzende direkt und schneller auf tiefer liegende Informationen zugreifen, als wenn lediglich die oberste Navigationsebene abgebildet wäre. Dieser Vorteil kommt insbesondere bei überschaubarem Raum, wie auf mobilen Endgeräten, zum Tragen. Um unnötig langes Scrollen zu vermeiden, kann es also sinnvoll sein, Inhalte mithilfe von Akkordeonelementen zu komprimieren.

## 44.4 Nachteile von Akkordeons

Akkordeons haben allerdings auch einige wesentliche Nachteile:

- Sie erhöhen den Interaktionsaufwand durch die Nutzenden. Um alle Inhalte einer Seite oder eines Menüs einsehen zu können, müssen Nutzende jeweils auf die Hauptpunkte klicken und den Bereich öffnen. Dies ist aufwendig und ärgerlich, wenn Nutzende nach Öffnen eines Bereichs entscheiden, dass die dort enthaltenen Inhalte für sie nicht relevant sind. Im schlimmsten Fall brechen Nutzende ab oder öffnen keine weiteren Unterbereiche; sie empfinden das Öffnen der Bereiche dann als verschwendete Zeit.
- So platzsparend Akkordeons auch sind, sie machen Inhalte schlechter zugänglich. Sind die Hauptpunkte wenig aussagekräftig oder decken sie nicht alle Unterpunkte ab, werden Nutzende nach den ersten Bereichen keine weiteren öffnen und die restlichen ignorieren. In diesem Fall bleiben dann möglicherweise wertvolle Informationen unbeachtet.
- Ist ein sehr umfangreicher Bereich oder ein Untermenü mit vielen Punkten geöffnet, verschwinden die weiteren Inhalte aus dem Sichtfeld von Nutzenden und erschweren es ihnen, den Überblick zu behalten. Sie müssen unter Umständen viel scrollen, um diese wieder zu sehen – eine Aktivität, die durch Akkordeons eigentlich minimiert werden sollte.
- Akkordeons können bei einer mittelmäßigen Umsetzung schnell mit Links verwechselt werden. Ist dies der Fall, erwarten Nutzende, dass eine neue Seite geladen wird, und sind womöglich durch die Animation des Akkordeons irritiert.

## 44.5 Tipps für die Gestaltung von Akkordeons

Beachten Sie die nachfolgenden Hinweise für die Gestaltung und Umsetzung, um Akkordeons nutzergerecht einzusetzen. Nutzenden muss der Bedienmechanismus klar sein, und sie müssen innerhalb des Elements zielgerichtet und schnell navigieren können.

### 44.5.1 Flexible Bedienung durch Nutzende

Wenn Sie Akkordeons einsetzen, sollten Sie Nutzenden Flexibilität bei der Bedienung lassen und ihnen einen erwartungskonformen Bedienmechanismus bieten. Dazu gehört, dass sie mehrere Bereiche gleichzeitig öffnen können. Bereiche sollten sich nicht automatisch schließen, wenn ein weiterer geöffnet wird. Geöffnete oder geschlossene Elemente sollten in diesem Zustand bleiben, bis Nutzende das explizit ändern. Um den Zustand des Bereichs erkennen zu können, sollte der geöffnete/aktive Bereich (farblich oder anderweitig visuell) hervorgehoben sein, um diesen von den geschlossenen Elementen schnell unterscheiden zu können.

### 44.5.2 Elemente ausreichend groß gestalten

Setzen Sie die sich öffnenden Unterelemente so um, dass diese sich je nach Umfang an den Inhalt anpassen, also in der Höhe größer oder kleiner werden können. Definieren Sie eine feste Höhe, kann es sein, dass Text abgeschnitten wird oder – bei wenig Text – viel Weißraum vorhanden ist. Beides sind unschöne Effekte.

### 44.5.3 Animationen erkennbar einsetzen

Animationen können dabei helfen, das Verhalten des Akkordeons nachvollziehen zu können. Bei Klick sollte sich der Unterbereich daher mit einer Animation erkennbar nach unten schieben. So können Nutzende auch verstehen, dass die nachfolgenden Bereiche nach unten verdrängt werden. Die Animation sollte allerdings nicht zu lange dauern (max. 250 Millisekunden). Nutzende dürfen dabei nicht das Gefühl haben, warten zu müssen.

Eine Animation, von der Sie Abstand nehmen sollten, ist der Autoscroll-Effekt. Die Überschrift oder den Menüpunkt nach Klick an den oberen Seitenrand zu verschieben, kann für Nutzende verwirrend sein. Sie könnten meinen, es habe sich eine neue Seite geöffnet. Versuchen Nutzende dann, zum Akkordeon zurückzukommen, und nutzen dafür den Zurück-Button des Browsers, gelangen sie – wenn nicht anders umgesetzt – nicht zur Ansicht mit den geschlossenen Akkordeonelementen zurück, sondern auf die vorherige Seite. Nutzende brechen dann möglicherweise ab. Setzen

Sie diesen Effekt daher nur nach Abwägung ein, oder passen Sie das Verhalten so an, dass Akkordeons auf das Nutzen des Zurück-Buttons reagieren.

### 44.5.4 Nächsten Inhaltsbereich im Akkordeon schnell ansteuern

Ein zentraler Erfolgsfaktor für den Einsatz von Akkordeons ist das einfache Ansteuern der nachfolgenden Bereiche, um Nutzenden den weiteren Inhalt schnell zugänglich zu machen. Sind die Unterbereiche eines Akkordeons sehr lang, kann es je nach Bildschirmgröße vorkommen, dass Nutzende weder die Überschrift des aktuell geöffneten Bereichs zum Schließen noch die des nachfolgenden Bereichs zum Öffnen des nächsten Inhalts sehen können. Sie müssten also scrollen, wie es beispielsweise bei Wikipedia auf mobilen Endgeräten der Fall ist (siehe Abbildung 44.4).

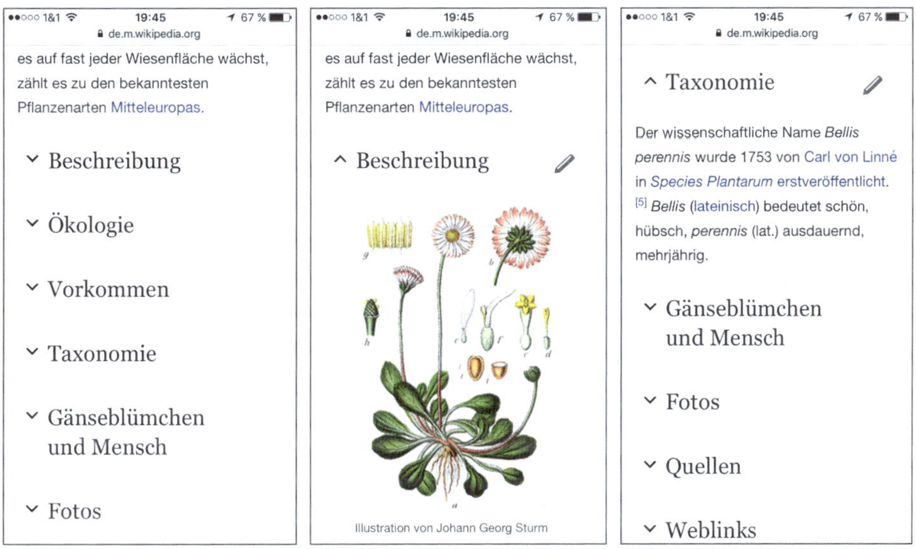


**Abbildung 44.4** Haben Nutzende auf Wikipedia den Bereich »Beschreibung« geöffnet, müssen sie eine Weile scrollen, bis sie die anderen Akkordeonelemente wieder sehen und öffnen können.

In dieser Situation kann es hilfreich sein, die Überschrift des aktuell geöffneten Bereichs am oberen Browserrand *sticky* (also daran haftend) mitlaufen zu lassen. So können Nutzende das aktuell geöffnete Akkordeonelement zu jeder Zeit schließen, ohne durch Scrollen zur Überschrift zurückkehren zu müssen. Oder Sie setzen das Akkordeon so um, dass die einzelnen Elemente durch Klick des Zurück-Buttons im Browser oder die Zurück-Taste geschlossen werden können. Überlegen Sie gut, ob in solchen Fällen das Akkordeon das passende Element für eine Umsetzung ist. Möglicherweise gibt es alternative Lösungen, um Inhalte schnell zugänglich zu machen (beispielsweise wie in Abbildung 44.5).

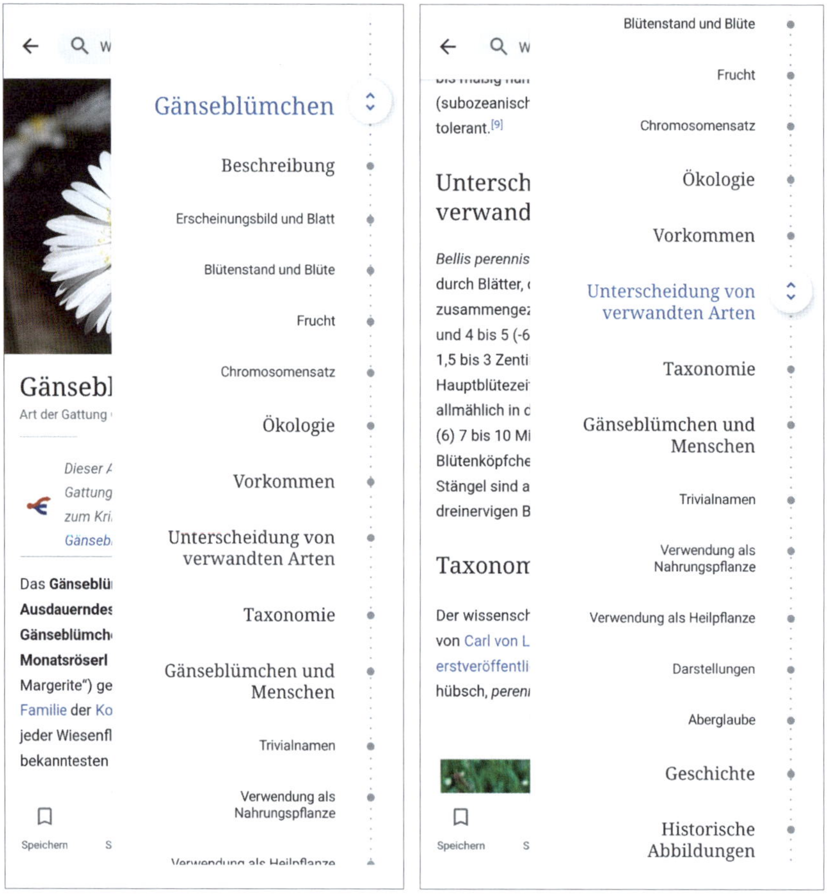


**Abbildung 44.5** Anstelle von Akkordeons, wie in der mobilen Ansicht der Website, hat Wikipedia in ihrer App ein interaktives Inhaltsverzeichnis eingeführt, in dem Nutzende auf den gewünschten Abschnitt springen können.

### 44.5.5 Bedienelemente auswählen

Bedienelemente sind essenziell, um Nutzenden die Funktion des Akkordeons zu vermitteln. Ähnlich wie die Unterstreichung bei Links zeigen sie an, dass geklickt werden muss; zusätzlich sollten sie signalisieren, was passiert. Und zwar, dass sich das Element nach unten hin aufschiebt.

Sehr weit verbreitet sind hierfür Pfeile (siehe beispielsweise Abbildung 44.2):

- Ein nach unten gerichteter Pfeil beim geschlossenen Akkordeonelement zeigt an, dass sich der Inhalt nach unten hin öffnet.
- Ein nach oben gerichteter Pfeil beim geöffneten Element signalisiert die Richtung, in die es sich schließt.

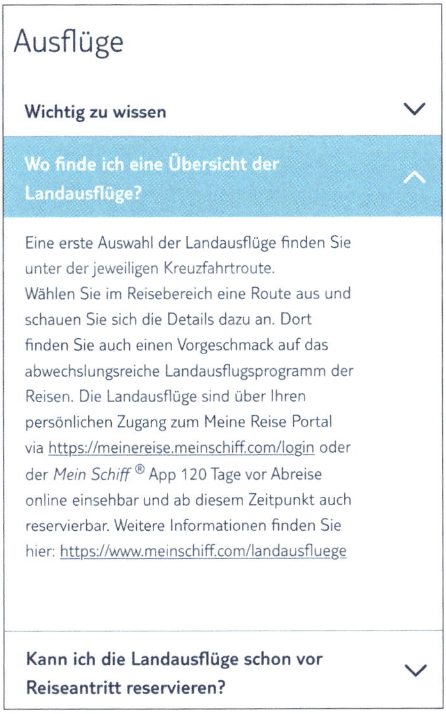


**Abbildung 44.6** Sehr häufig sieht man bei Akkordeons den Einsatz von Pfeilen – wie hier am Beispiel der Website von TUI Cruises.

Neben den Pfeilen sieht man häufig auch Plus-/Minuszeichen als Bedienelement (siehe Abbildung 44.1). Das Pluszeichen wird in manchen Kontexten auch als Symbol für das Hinzufügen von Artikeln, Produkten oder Ähnlichem eingesetzt. Wählt man dieses Icon, muss bei der visuellen Ausgestaltung des gesamten Akkordeons darauf geachtet werden, dass es nicht zu einer Verwechslung mit dieser Funktion kommt.

### 44.5.6 Bedienelemente erwartungskonform platzieren

Ebenso wichtig wie das Symbol/Icon selbst ist auch dessen Platzierung innerhalb des Akkordeons. Positionieren Sie die Pfeile untereinander am rechten Rand, und zwar rechtsbündig. Eine Studie der Nielsen Norman Group hat gezeigt, dass Nutzende einigermaßen gleichverteilt auf das Text-Label oder das Pfeil-Icon getippt haben. Die Erwartung war dieselbe, also das Öffnen des Bereichs beziehungsweise des Untermenüpunkts unterhalb.

Idealerweise ist die gesamte Leiste klickbar bzw. per Tipp bedienbar, so dass Nutzende das Akkordeonelement auch öffnen, falls sie dorthin tippen oder nicht ganz genau die Überschrift oder das Icon treffen.

## 44.6 Barrierefreiheit von Akkordeons

Bedenken Sie bei der Entwicklung von Akkordeons, diese Elemente barrierefrei umzusetzen. Unter anderem sollten die einzelnen Akkordeons auch mithilfe der Tastatur (Enter- oder Leertaste) geöffnet und geschlossen werden. Das Einzelteile des Akkordeonelements sollten auch so ausgezeichnet sein, dass Sie von *Screenreadern* in ihren Funktionen erkannt werden (z. B. Headerleiste als Button). Auch wenn dies primär Aufgabe des umsetzenden Entwicklungsteams ist, sollten Sie darauf achten. Vorgaben hierzu finden Sie in der Komponentenbibliothek der Web Accessibility Initiative W3C unter *uux.jetzt/134*.

**So setzen Sie Akkordeons nutzerfreundlich um**

1. Realisieren Sie das Akkordeon so, dass sich die einzelnen Elemente erst mit der Interaktion der Nutzenden öffnen oder auch schließen. Lassen Sie die Nutzenden mehrere Bereiche gleichzeitig öffnen.
2. Setzen Sie Animationen ein, um den Nutzenden den Bedienmechanismus des Akkordeons nahezubringen.
3. Verwenden Sie die Pfeile als Icons für das Öffnen und Schließen des Akkordeons. Der nach unten gerichtete Pfeil signalisiert Öffnen, der nach oben gerichtete das Schließen der Akkordeonelemente.
4. Platzieren Sie die Icons bündig am rechten Rand auf der Höhe der Labels.

# Kapitel 45
# Diagramme auswählen und gestalten

*Diagramme helfen, Informationen schnell auf einen Blick zu erfassen – wenn sie gut umgesetzt sind. Auch sollten Sie ein paar Regeln beachten, um fachlich korrekt zu bleiben und Fehlinterpretationen zu vermeiden.*

*Diagramme* sind Visualisierungen von Informationen – meist von Daten – typischerweise als Linie bzw. Kurve, Balken oder Torte. Auch *Karten, Grundrisse, Ablaufschemata* und *Organigramme* zählen zu den Diagrammen. Eine *technische Zeichnung* ist ein Diagramm, das einen Ort, einen Raum oder ein Gerät maßstäblich wiedergibt. Von *Illustration* spricht man, wenn ein Diagramm künstlerisch und/oder abstrahiert ist. Ein *Piktogramm* ist ein Bildsymbol, das einen Ort, eine Tätigkeit oder ein Objekt vereinfacht darstellt. Ein *Icon* (deutsch *Symbol*) ist ein Piktogramm oder ein kleines Bild, das für eine Datei, einen Ordner oder ein Programm steht – oder für eine Funktion in einem Programm. Mehr dazu in Kapitel 38, »Icons aussagekräftig auswählen«.

Eine *Infografik* schließlich ist eine Kombination aus Bild und Text. Genau genommen von Diagrammen und Textelementen. Ob die Infografik damit zu den Diagrammen zählt oder doch umgekehrt, darüber kann man sich streiten. Generell ist die Abgrenzung zwischen allen genannten Begriffen nicht immer ganz klar – aber in der Praxis auch nicht so wichtig. Im Folgenden geht es vor allem darum, wie Sie die typischen Diagramme richtig einsetzen, die aus Torten, Linien, Balken oder Säulen bestehen.

**Abbildung 45.1** Piktogramme sind an öffentlichen Plätzen allgegenwärtig – sie informieren textlos über Möglichkeiten, Angebote und Verbote. Manche sind weitgehend universell verständlich.

## 45.1 Wann Diagramm, wann Tabelle?

Prinzipiell sind Tabellen eine sehr gut lesbare, übersichtliche Darstellungsform. Dies wird oft unterschätzt – man neigt dazu, für alles ein Diagramm zu erstellen, auch wenn eine Tabelle die sinnvollere Alternative wäre. Sobald die Daten aber komplexer werden oder die Zielgruppe wenig zahlenaffin ist, spielen Diagramme ihre Stärken aus. Der große Vorteil bei interaktiven Anwendungen: Sie müssen sich nicht zwingend zwischen Tabelle und Diagramm entscheiden, sondern können ein Diagramm und zusätzlich eine auf Klick angezeigte Tabelle mit den Rohdaten anbieten. Mehr zur nutzerfreundlichen Darstellung von Tabellen siehe Kapitel 43, »Listen und Tabellen formatieren«.

Tabellen und Diagramme sollten immer beschriftet sein. Nur so wissen Nutzende, was sie hier sehen, und können die Inhalte sinnvoll einordnen. Es ist üblich, die Beschriftung bei Grafiken darunterzusetzen, bei Tabellen darüber. Halten Sie sich möglichst an diese Regel – vor allem, wenn Sie sich an Profis richten, da diese das erwarten.

## 45.2 Das richtige Diagramm für meine Daten

Viele Diagramme, die wir täglich sehen, sind nicht nur ästhetisch mangelhaft, sondern auch unnötig schwer verständlich und häufig sogar wissenschaftlich inkorrekt.

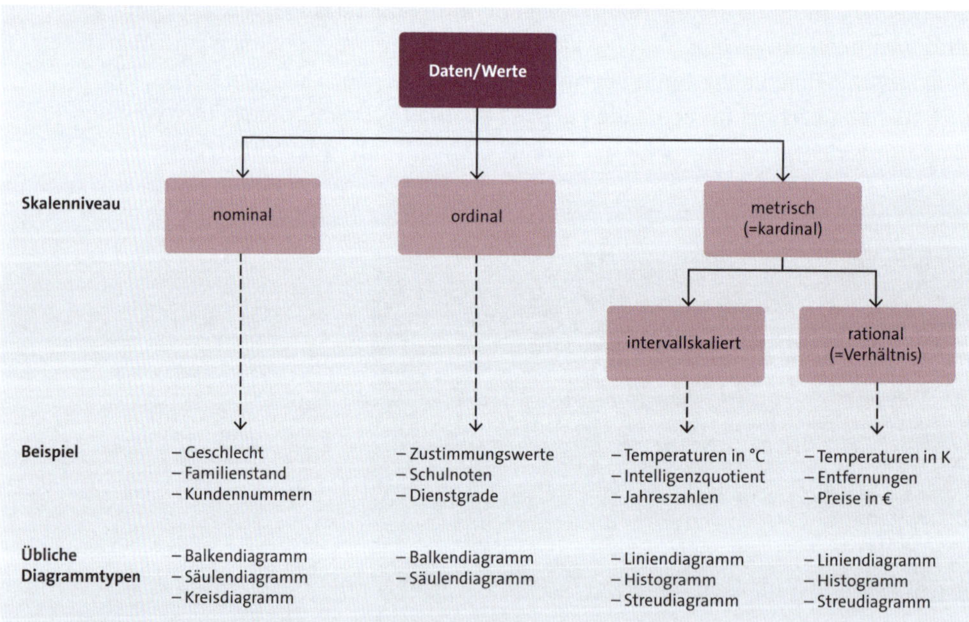


**Abbildung 45.2** Einteilung von Daten in Skalenniveaus und Beispiele sowie jeweils übliche Diagrammtypen

Einige Diagrammtypen oder Darstellungsarten sind nämlich für bestimmte Daten nicht geeignet. Damit Sie sich nicht blamieren und beurteilen können, welcher Diagrammtyp der richtige ist, müssen Sie wissen, welche Art an Daten Sie überhaupt haben. Eine entscheidende Grundlage zur Beurteilung ist das so genannte *Skalenniveau*. Klingt wissenschaftlich und vielleicht langweilig, ist aber nicht kompliziert und sehr hilfreich.

### 45.2.1 Skalenniveau bestimmen

Die möglichen Skalenniveaus von Daten sind:

*Nominal*: Werte, die willkürlich benannt oder nummeriert sind. Die Benennung oder Nummerierung könnte auch anders sein, und es würde genauso funktionieren. Zum Beispiel Postleitzahlen, die Haarfarbe oder das Geschlecht – solche Werte lassen sich in keine natürliche Reihenfolge bringen. Die qualitativen Daten, mit denen wir es im Bereich der User Research zu tun haben, fallen oft in diesen Bereich.

*Ordinal*: Werte, die geordnet sind. Also z. B. die Reihenfolge der meistverkauften Produkte oder der am besten bewerteten Unternehmen. Der Abstand zwischen den einzelnen Werten ist nicht gleich, sondern kann recht unterschiedlich sein. Beim Beispiel der Produktbewertung liegen zwischen dem erst- und dem zweitplatzierten Produkt vielleicht nur ein paar Prozentpunkte, das vorletzte Produkt verkauft sich aber dreihundertmal besser als das letzte. Genauso können die Kundinnen und Kunden mit dem am besten bewerteten Unternehmen tausendmal so zufrieden sein wie mit dem zweitplatzierten – bei ordinalen Werten ist alles möglich, nur die Reihenfolge ist festgelegt. Schulnoten gehören übrigens auch zu den ordinalen Daten. Eine 3 ist nicht doppelt so gut wie eine 6.

*Intervall*: Sind die Abstände zwischen den Werten immer gleich, dann haben wir es mit einer Intervallskala zu tun. Das sind z. B. Temperaturwerte oder Preise. Der Unterschied zwischen 20 und 22 Grad ist genauso groß wie der zwischen 35 und 37 Grad.

*Ratio(nal)*: Man spricht auch von Verhältnisskala. Das ist die Kategorie mit der höchsten Ordnung: Die Werte sind nicht nur gleich weit voneinander entfernt, sie haben auch einen Nullpunkt, bei dem das entsprechende Merkmal 0 ist. Ein Beispiel ist die Temperaturskala Kelvin (K): Sie beginnt am absoluten Nullpunkt, also wenn sich die Moleküle überhaupt nicht mehr bewegen, somit die Wärmeenergie 0 ist. (Die Celsius-Skala beginnt bei 0, wenn Wasser gefriert – eine willkürliche Festlegung, denn Eis hat immer noch Wärme und kann bis zum absoluten Nullpunkt von –273 Grad Celsius abgekühlt werden.) Die Anzahl der Besuchenden einer Website z. B. folgt der Ratioskala: Hat keiner die Site besucht, ist der Wert 0.

Intervall- und Ratioskala werden manchmal zusammengefasst zur *metrischen Skala*, auch als *Kardinalskala* bezeichnet.

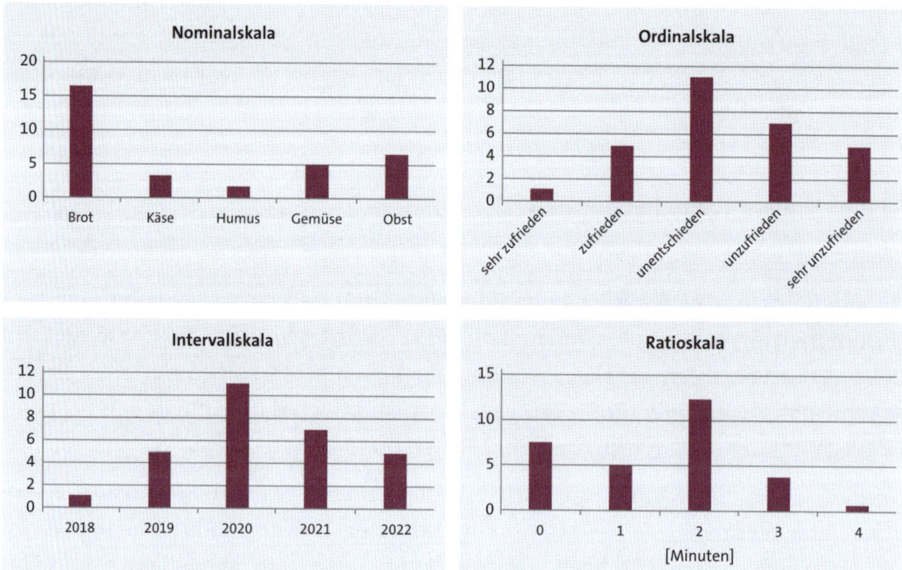


**Abbildung 45.3** Säulendiagramme sind für praktisch alle Skalenniveaus geeignet. Hier sehen Sie vier Beispiele für die jeweiligen Skalenniveaus.

### 45.2.2 Kreis-, Torten- und Donut-Diagramm: Anteile darstellen

Für einfache Fragen/Werte mit nur zwei möglichen Ergebnissen bieten sich *Kreisdiagramme* (*Tortendiagramme*) an – z. B. also ja/nein, männlich/weiblich etc. Besonders geeignet sind Kreisdiagramme für Daten, die zusammen 100 Prozent ergeben. Also z. B. der Anteil von Betriebssystemen, mit denen die Nutzenden eine Site besucht haben. Oder die Verteilung der Testteilnehmenden auf vier bis fünf Alters- oder Einkommensklassen.

Ihren großen Vorteil spielen Kreisdiagramme aus, wenn es darum geht, Mehrheiten auf einen Blick zu erkennen. Also z. B. bei Wahlergebnissen oder der Zusammensetzung eines Parlaments. Schwer tun wir uns damit allerdings, die Größe der einzelnen Tortenstücke zu vergleichen – das geht bei Flächen von Rechtecken z. B. bedeutend leichter. Ungünstig sind Kreisdiagramme auch, wenn die Summe nicht auf 100 Prozent kommt. Etwa wenn man den Anteil der Eingeladenen darstellen will, die erschienen sind. Denn der Kreis suggeriert etwas Vollständiges. In solchen Fällen wäre ein Säulendiagramm besser. Auch nicht geeignet sind Kreisdiagramme für sehr viele Antwortmöglichkeiten/Reihen. Am besten funktionieren sie mit zwei bis vier Segmenten, ab sechs wird es unübersichtlich. Je mehr Datenreihen Sie darstellen, desto größer muss das Diagramm werden, damit man es noch entziffern kann.

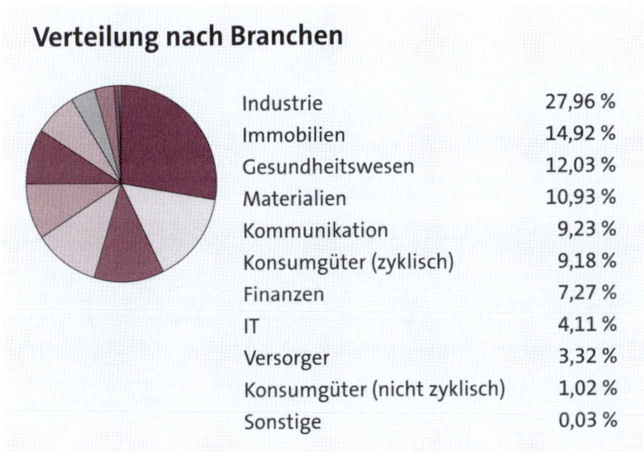


**Abbildung 45.4** Typisches Problem von Kreisdiagrammen: Bei zu vielen Werten sind sie kaum noch lesbar. Nutzbar ist eigentlich nur die Legende – das Diagramm bringt keinen Mehrwert.

*Donut-Diagramme* sind Kreisdiagramme, in denen die Mitte frei bleibt. Bei ihnen sind die Anteile noch schwerer korrekt abzuschätzen, wenn sie mehr als zwei Segmente haben. Daher sind Kreisdiagramme normalerweise die bessere Wahl.

### 45.2.3 Säulen- und Balkendiagramme: Zustimmung, Nutzungshäufigkeit etc. darstellen

Generell eignen sich *Balken-* und *Säulendiagramme* gut für so genannte *diskrete Daten*. Das ist z. B. die Häufigkeit, mit der sich Befragte bestimmte Funktionen wünschen oder auf welchen Websites sie online Kleidung einkaufen. Generell sind diese zwei Diagrammformen universell und eignen sich fast immer. Nutzen Sie sie also, wenn Sie sich nicht ganz sicher sind.

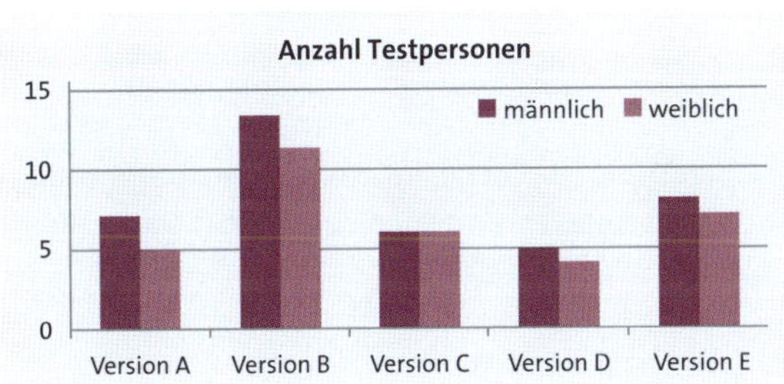


**Abbildung 45.5** Säulendiagramm mit zwei Säulen. Mehr als vier sollten Sie besser nicht darstellen, sonst wird es wieder unübersichtlich.

Von *Säulendiagramm* spricht man, wenn die rechteckigen Kästen aufrecht stehen wie eine Säule – von *Balkendiagramm*, wenn sie waagrecht liegen. Eine spezielle Form von Säulendiagramm ist das *Histogramm*, das die Häufigkeitsverteilung bestimmter Merkmale zeigt.

Ein Vorteil von Säulendiagrammen gegenüber Kreisdiagrammen ist auch, dass man in Balken- und Säulendiagrammen *Fehlerbalken* verwenden kann. Wichtig ist dabei die Angabe, ob der Standardfehler oder die Standardabweichung dargestellt ist. (Die Standardabweichung ist fast immer die bessere Wahl, da sie leichter verständlich und meist aussagekräftiger ist.) Für Balkendiagramme spricht, dass man bei ihnen lange Texte bei der Beschriftung der Datenreihen besser unterbringt als bei Säulendiagrammen (also etwa Vor- und Nachnamen). Für die Darstellung von Entwicklungen im Zeitverlauf sind Balkendiagramme aber weniger geeignet – die Zeitachse sollte bei jedem Diagramm die horizontale Achse sein.

*Gestapelte Säulen oder Balken* sollte man nur in Ausnahmefällen verwenden. Sie sind zwar platzsparend, aber schwerer zu interpretieren. Insbesondere wenn man z. B. mehrere Säulen nebeneinander hat, sind deren Segmente nicht einfach zu vergleichen. Gut geht das eigentlich nur beim untersten. Verwenden Sie dennoch gestapelte Balken, beschriften Sie die Segmente.

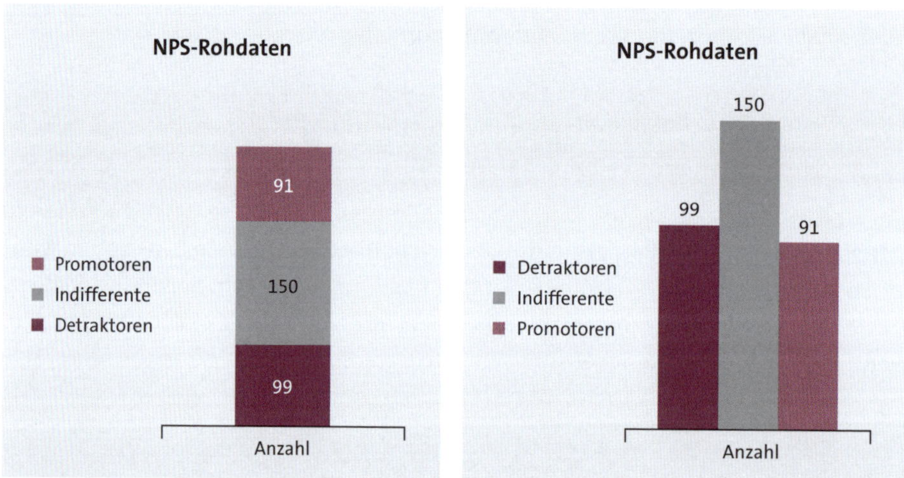


**Abbildung 45.6** Der NPS (Net Promoter Score) einmal mit gestapelten Säulen dargestellt, einmal in einzelnen Säulen. Die Größenverhältnisse lassen sich in der rechten Darstellung wesentlich leichter erfassen.

In der Wissenschaft üblich sind *Boxplots* (*Kastengrafiken*). Die wenigsten Menschen haben aber Übung darin, diese zu interpretieren, daher setzen Sie diese nur mit Vorsicht ein. Grundsätzlich ist diese Darstellungsform jedoch sehr gut, und wenn Sie z. B. ein Dashboard planen, mit dem Nutzende immer wieder arbeiten sollen, sollten Sie überlegen, ob Sie diesen Boxplots nicht näherbringen können.

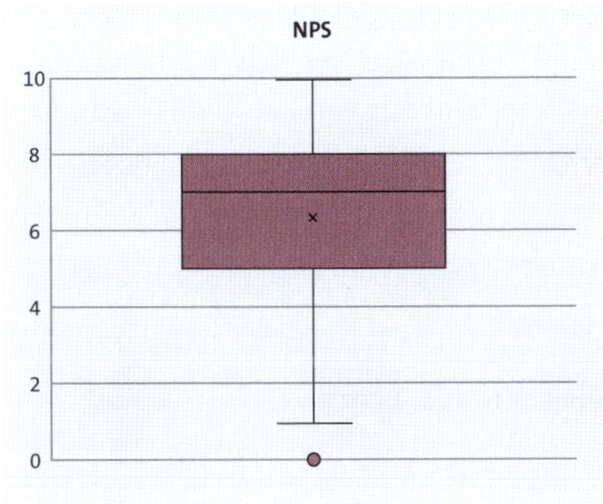


**Abbildung 45.7** NPS als Boxplot dargestellt. Der Mittelwert ist das Kreuz, die oberen und unteren Balken geben den Normalbereich an. Der Punkt unten bei 0 zeigt einen Ausreißer. Der Kasten umschließt die Hälfte der Werte.

### 45.2.4 Liniendiagramme: Veränderung über die Zeit darstellen

Ein *Liniendiagramm* (*Kurvendiagramm*) eignet sich gut, um die Änderung im Zeitverlauf zu zeigen. Das ist nur bei so genannten *stetigen Daten* korrekt. Solche Werte können theoretisch an beliebigen Punkten im Diagramm liegen, nicht nur bei festen Werten wie ganzen Zahlen. Beispiele für solche Daten sind Einkommen oder Körpergröße – generell Zeit, Länge, Gewicht usw.

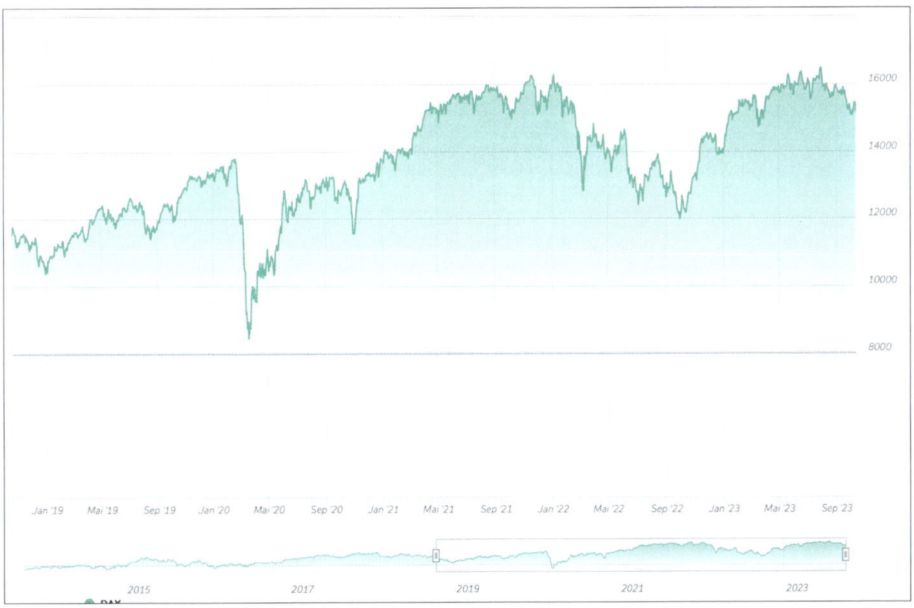


**Abbildung 45.8** Kursverläufe werden sinnvoll als Liniendiagramm dargestellt, hier auf deutsche-bank.de.

Wollen Sie sich nicht durch das Einzeichnen einer Linie festlegen, eignet sich ein *Streudiagramm* (*Scatterplot*). Dabei zeichnen Sie die Datenpunkte als Punkte ein, ohne diese mit Linien zu verbinden. Die Nutzenden können bzw. müssen so selbst interpretieren, wie der Zusammenhang ist. Meist ist diese Darstellung der Wissenschaft vorbehalten – eben weil Sie damit die Last der Interpretation auf die Nutzenden übertragen.

## 45.3 Werte unterschiedlicher Skalen vergleichen

Soll man Werte vergleichen, die nicht auf der gleichen Skala unterzubringen sind, wird es kniffelig. Das kommt vor, wenn z. B. die Werte von zwei Messreihen so unterschiedlich sind, dass sie nicht sinnvoll in einem Diagramm Platz haben. Eine Website hat z. B. im Monat um die 10.000 Besuchende und eine zweite um die 100.000. Stelle ich das einfach auf einer Achse dar, erkennt man bei der unteren Linie kaum noch Schwankungen. Dazu gibt es drei Lösungsansätze:

1. Zwei Achsen verwenden. Links geht sie von 0 bis 10.000, rechts von 0 bis 100.000.
2. Die Skala in der Mitte durchbrechen. Das heißt, ich zeige z. B. unten die Werte zwischen 0 und 10.000, breche dann die Skala ab und beginne kurz darauf bei 90.000 und lasse das bis 100.000 gehen.
3. Eine logarithmische Skala. Das heißt, die Abstände zwischen den Werten auf der Achse werden nach oben hin immer größer – 0, 1, 10, 100, 1.000, 10.000 statt 0, 1, 2, 3, 4 ...

Die letztere Methode ist wissenschaftlich korrekt, aber für Laien schwer zu erfassen. Die beiden anderen Methoden sollte man eigentlich gar nicht verwenden, weil sie es nicht erlauben, die Daten sinnvoll zu vergleichen, und es viele Möglichkeiten für Fehlinterpretationen gibt. Die beste Methode kostet leider am meisten Platz: Setzen Sie mehrere Diagramme untereinander. Jedes kann dann die jeweils passende Skalierung der vertikalen Achse haben, und die horizontalen Achsen sind identisch. Alternativ können Sie auch zwei Diagrammtypen kombinieren, z. B. ein Säulendiagramm mit einem Liniendiagramm. Am besten nutzen Sie dann die vertikale Achse für eine Datenreihe und verzichten auf eine zweite Achse. Stattdessen beschriften Sie die Datenpunkte der zweiten Datenreihe.

## 45.4 Formatierung nach Usability, nicht nach Ästhetik

Generell gilt für die Formatierung von Diagrammen: so zurückhaltend wie möglich. Tabu sind dreidimensionale Darstellungen, Verläufe und farbige Hintergründe. Sie alle erschweren das Lesen der Diagramme meist und wirken immer unprofessionell. Unterschiedliche Farben sollte man nur für unterschiedliche Dinge einsetzen. Alle

Säulen einer Datenreihe sollten also die gleiche Farbe haben, verschiedene Datenreihen auch verschiedene Farben. Generell sind unterschiedliche Abstufungen einer Farbe oft die bessere Wahl, weil die Farben dann nicht so stark ablenken. Abgestufte Farben können auch Farbenblinde gut unterscheiden. Damit haben Sie auch gleich allen einen Gefallen getan, die die Diagramme schwarzweiß ausdrucken oder auf einem E-Book-Reader lesen.

Wenn Sie schließlich gestrichelte Linien einsetzen, achten Sie darauf, dass diese dennoch eindeutig zu verfolgen sind. Meist sind Farbabstufungen, verschiedene Farben oder unterschiedliche Breiten der Linien besser zur Unterscheidung geeignet.

# Kapitel 46
# (Mikro-)Animation sinnvoll einsetzen

*Es sind oft die vermeintlich kleinen, unwichtigen Dinge, die Nutzende begeistern. Kleine bewegte Buttons, Ladeanimationen und ähnliche Details können die User Experience deutlich verbessern.*

## 46.1 Animation belebt

Animation heißt wörtlich, etwas zum Leben zu erwecken (vom lateinischen Wort *animare*). Im Umfeld von Websites und Apps bedeutet Animation, dass wir nicht nur ein statisches Bild sehen, sondern Bewegung. Im Folgenden betrachten wir keine Videos – weder Realbilder noch Animationsfilme. Animationsfilme sind Videos, die nicht durch Filmaufnahmen entstehen, sondern indem (oft computergenerierte) Einzelbilder aneinandergereiht werden. Im Folgenden geht es nur um Animation als Teil der Nutzeroberfläche.

## 46.2 Was ist eigentlich Animation?

*Animation* bedeutet, eine Anwendung erzeugt durch die schnelle Wiedergabe von Einzelbildern beim Betrachten den Eindruck von Bewegung. In vielen Fällen wird nur ein einzelnes kleines Element animiert, z. B. ein Button.

Bei einfachen Informations-Websites spielen Animationen keine große Rolle. Gerade bei komplexen Diensten und Apps sind Animationen heute aber sehr wichtig. Animationen machen den Unterschied aus zwischen einer App, die lediglich funktioniert, und einer, die wir gern benutzen. Das ist besonders relevant, wenn es viel Konkurrenz gibt. Warum benutzen wir eine bestimmte Wetter-App? Oder eine für To-dos? Wir benutzen diejenige, die die benötigten Funktionen bietet. Noch lieber benutzen wir aber die, die beim Benutzen am meisten Spaß macht. Und diesen Spaß, den bringen vor allem gute *Mikro-Interaktionen*.

Mikro-Interaktionen nennen sich Interaktionen, die sich nicht mehr in weitere Schritte unterteilen lassen. Ein Beispiel ist, in einer Mail-App neue E-Mails abzurufen. Oder eine Mail zu löschen.

Fast immer nutzt man in Apps und vermehrt auch auf Websites Animationen, um Mikro-Interaktionen besser zu gestalten. Man spricht dann von *Mikro-Animationen*.

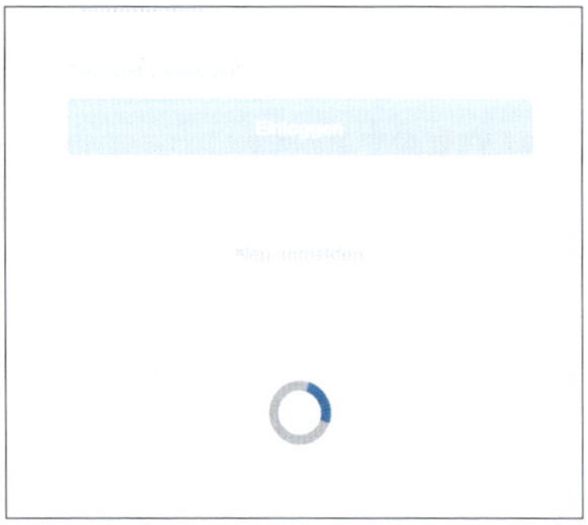

**Abbildung 46.1** Bei der Anmeldung auf PayPal sieht man diese Animation eines Kreises. Sie verdeutlicht den Nutzenden, dass etwas passiert. Sie verrät aber nicht, was, und auch nicht, wie lange das ungefähr dauern wird.

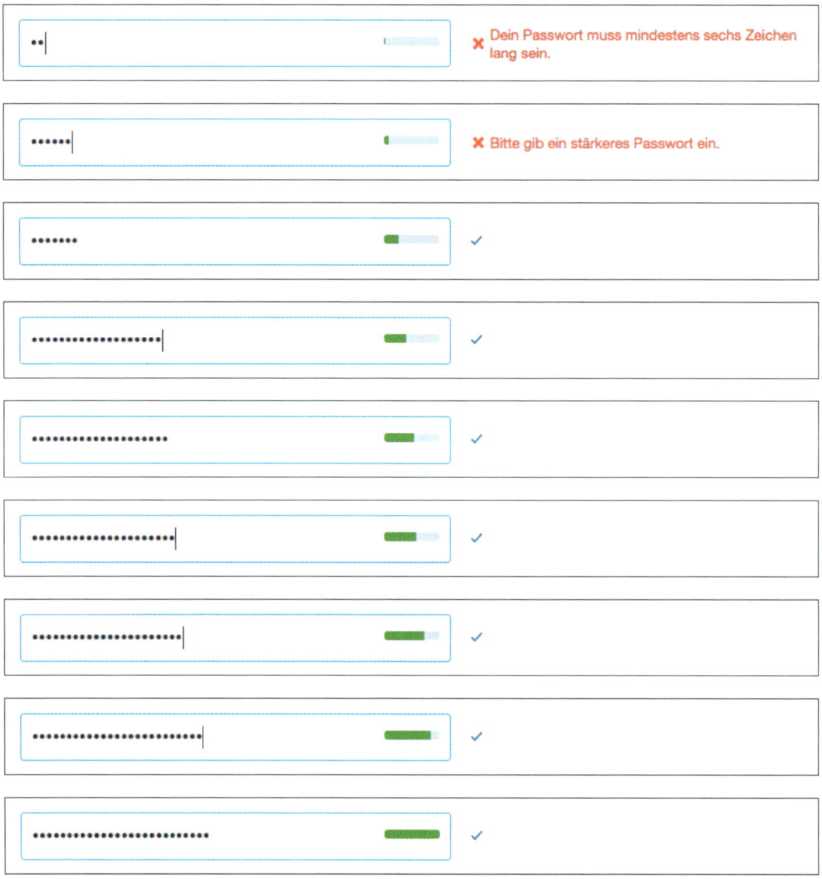


**Abbildung 46.2** Auf Twitter bekam ich sofort Rückmeldung, wie gut mein Passwort ist. Der Fortschritt des Balkens war dabei animiert. Inzwischen ist diese nachahmenswerte Lösung bei X durch eine ohne vernünftige Rückmeldung ersetzt worden.

## 46.3 Anwendung von Animationen

Eine gute Animation hat folgende Eigenschaften:

- verdeutlicht den Status bzw. gibt Feedback
- gibt Nutzenden das Gefühl, die Kontrolle zu haben
- zeigt das Ergebnis der Interaktion bzw. was ich tun kann
- macht die Interaktion angenehmer, leichter reproduzierbar und die Anwendung als Ganzes leichter erlernbar
- ist schön anzusehen und unterstützt den Stil der Anwendung/Site

Eine Animation sollte nie nur deshalb eingebaut werden, weil sie jemand aus dem Entwicklerteam schön findet. Schönheit ist subjektiv – die Animation muss den Nutzenden gefallen. Außerdem: Die Einschätzung, was schön ist, ändert sich im Lauf der Zeit. Sehen wir eine Animation zum hundertsten Mal, beurteilen wir sie anders, als wenn wir sie zum ersten Mal sehen.

Eine Animation sollte immer etwas ausdrücken. Sie sollte Nutzenden im weitesten Sinne ein Gefühl dafür geben, was passiert bzw. passiert ist.

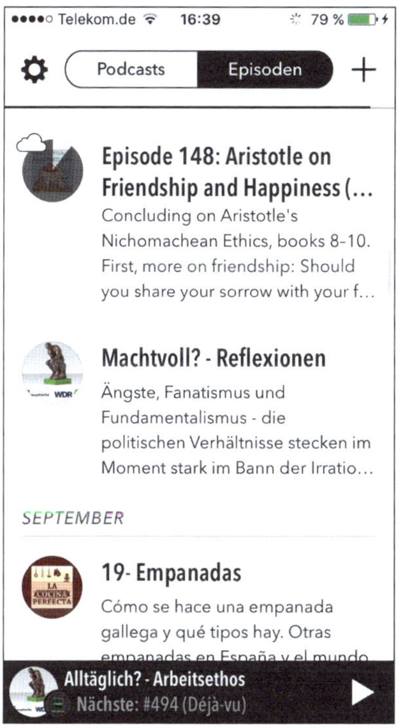


**Abbildung 46.3** Die Podcast-App Castro zeigt hier zwei Animationen: Der dezente schwarze horizontale Balken oben unter der Kopfleiste läuft von links nach rechts (Aktualisierung der Liste unten), und das Tortendiagramm bei Episode 148 füllt sich (Download der Folge).

Eine Animation lenkt z. B. den Blick an eine Stelle, die für mich wichtig ist. Klicke ich auf einen Button, um eine Liste zu verändern, ist es hervorragend, wenn die Liste sich nicht einfach plötzlich ändert, sondern wenn der neue Zustand z. B. eingeblendet wird. Oder sich die Farbe der Elemente ändert. So sehe ich sofort, *wo* etwas passiert. Das gibt mir das Gefühl von Kontrolle, und ich werde die Anwendung deutlich besser beurteilen.

Außerdem können wir Nutzende mit einer Animation auch ablenken, wenn das nötig ist. Sie kann z. B. längere Ladezeiten überbrücken. Zeige ich in solch einer Situation eine Animation, sind Nutzende einen Moment damit beschäftigt, überhaupt zu erfassen, was sie sehen. Dann bekommen sie durch die Animation die Information, dass etwas passiert. Im Idealfall erfahren sie auch durch die Animation, wie lange sie warten müssen.

### 46.3.1 Wann sind Animationen sinnvoll?

Bei fast jeder Interaktion kann man eine winzige Animation vorsehen, um zu zeigen, dass die Eingabe registriert wurde, z. B.:

- Zustände ein- und ausschalten
- Buttons anklicken/antippen
- Checkboxen, Radiobuttons etc. anklicken
- Einstellungen ändern
- Nachricht zeigen
- Elemente kopieren, löschen oder hinzufügen
- Elemente markieren, weiterleiten oder kommentieren
- Elemente nachladen oder aktualisieren
- Ansichten ändern
- Dateien hoch- oder herunterladen
- Elemente zuordnen
- Produkte dem Warenkorb hinzufügen

Am wirkungsvollsten sind Animationen bei Tutorials, also kurzen Einführungen in die Bedienung einer App oder einer komplexeren Website. Dabei kann man Nutzenden dann wortwörtlich vor Augen führen, wie es aussieht, wenn sie mit der Anwendung arbeiten.

**Abbildung 46.4** Auf medium.com gibt es diese dezente Mikro-Animation, wenn man einem Beitrag applaudiert.

## 46.4 Wie sieht eine gute Animation aus?

Eine gute Animation ist vor allem eines: so einfach wie möglich. Das hat den großen Vorteil, dass sie Nutzenden auch dann nicht auf die Nerven geht, wenn sie diese zum tausendsten Mal sehen. Ein schönes Beispiel dafür sind die drei Punkte, die anzeigen, wenn das Gegenüber in einem Chat oder Ähnliches gerade tippt (siehe Abbildung 46.5).

Eine solche Animation verbraucht auch nicht viele Ressourcen und führt damit weder zu längeren Ladezeiten noch zu Verzögerungen bei der Darstellung auf älteren Geräten.

Je weniger Elemente man hinzufügen muss, umso besser. Schafft man es, nur mit schon vorhandenen Elementen auszukommen, ist das am allerbesten.

**Abbildung 46.5** Bei Nachrichten unter iOS sieht man wie bei vielen Chatanwendungen drei animierte Punkte, die zeigen, dass das Gegenüber gerade tippt.

### 46.4.1 Vorsicht mit Humor

Beim Konzipieren findet man es vielleicht lustig, wenn eine Fehlermeldung aufwendig animiert ist. Sind Nutzende aber frustriert und sehen immer wieder die vermeintlich witzige Animation, kann das schnell in Ärger umschlagen.

Auch kulturelle Unterschiede gibt es: Amerikanische Sites und Apps sind oft sehr kumpelhaft in ihrer Ansprache. Auch viele Business-Anwendungen setzen auf witzige Animationen. In anderen Kulturen kann das aber die Glaubwürdigkeit der Anwendung beschädigen. Bleiben Sie im Zweifel lieber sachlich, wenn Sie Ihre Zielgruppe nicht hundertprozentig kennen.

### 46.4.2 Sound oder nicht?

Gerade im Arbeitsumfeld kann Sound bei Animationen die Nutzenden verärgern. Wer im Büro mit mehreren anderen sitzt, dem ist es meist peinlich, wenn sein Computer plötzlich Geräusche von sich gibt. Wenn das dann auch noch eine verspielte Fanfare ist, kann das die UX sehr negativ beeinflussen.

Bei Websites verzichten Sie generell am besten auf Töne. Bei Apps dagegen können Sie diese nutzen. Gerade wenn es Apps sind, die Nutzende im Freien verwenden, wenn sie Kopfhörer tragen oder zuhause auf dem Sofa sitzen. Spielen Sie aber alle denkbaren Nutzungsszenarien durch, und überlegen Sie, ob es nicht welche gibt, bei denen der Sound stören könnte.

Generell gilt im Kontext mit Mikro-Animationen: Auch die Geräusche sollten so kurz wie möglich sein – maximal so lang wie die visuelle Animation. Dezente, vorsichtige Sounds sind fast immer die beste Wahl. Verspielte oder vermeintlich witzige Geräusche gehen Nutzenden noch schneller auf die Nerven, wenn sie diese regelmäßig hören, als witzige Animationen.

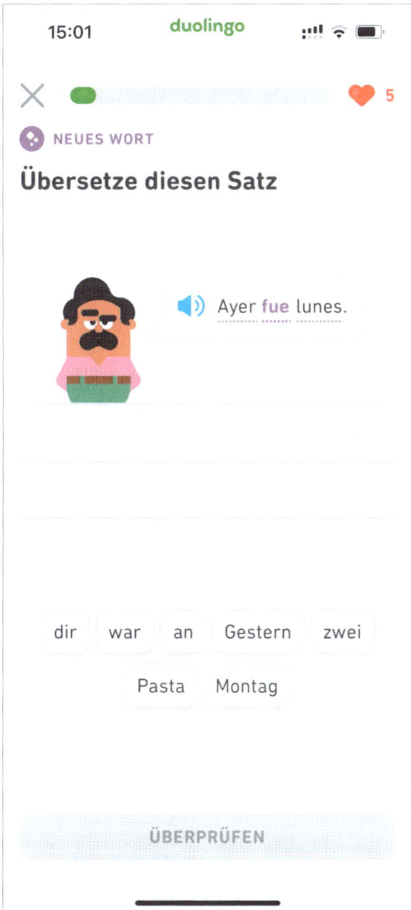


**Abbildung 46.6** Die Sprachlern-App Duolingo nutzt Audio, um das Hörverständnis der Lernenden zu schulen. Daher sind sie in einer Umgebung, in der Sound erwartet wird und in Ordnung ist. So arbeitet die App auch mit Sounds, die Mikro-Animationen unterstützen, etwa beim Abschluss einer Lektion.

### 46.4.3 Das richtige Timing

Entscheidend ist, dass die Animation sofort nach der Interaktion startet – also innerhalb von 0,1 Sekunden (100 Millisekunden). Alles, was länger dauert, empfinden wir Menschen nicht mehr als sofort, sondern nehmen wir als Verzögerung wahr. Können

Sie das aus technischen Gründen nicht sicherstellen, verzichten Sie besser auf die Animation. Denn sonst wirkt Ihre App träge oder gar defekt.

Eine gute Mikro-Animation ist kurz, aber nicht zu kurz. Üblicherweise dauern solche Animationen ab 150 Millisekunden bis zu einer halben Sekunde (500 Millisekunden). Länger sollten sie nur in Ausnahmefällen sein.

Die Dauer der Animation kann sich von Gerät zu Gerät unterscheiden. Auf einem kleinen Smartphone-Display kann die Bewegung eines Elements quer über den Bildschirm z. B. nur 150 Millisekunden dauern, auf dem viermal so großen Tablet im Querformat sollte sie dann etwa 300 Millisekunden dauern, damit sich die Bewegung natürlich anfühlt. Ein drehendes Element dagegen wird sich auf jedem Screen gleich schnell bewegen.

Eine Animation darf Nutzende nie am Weiterarbeiten hindern. Wenn sie das Gefühl haben, sie müssen auf die Animation warten, ist sie zu lang. Daher ist gerade bei solchen Details ein Usability-Test sehr wichtig.

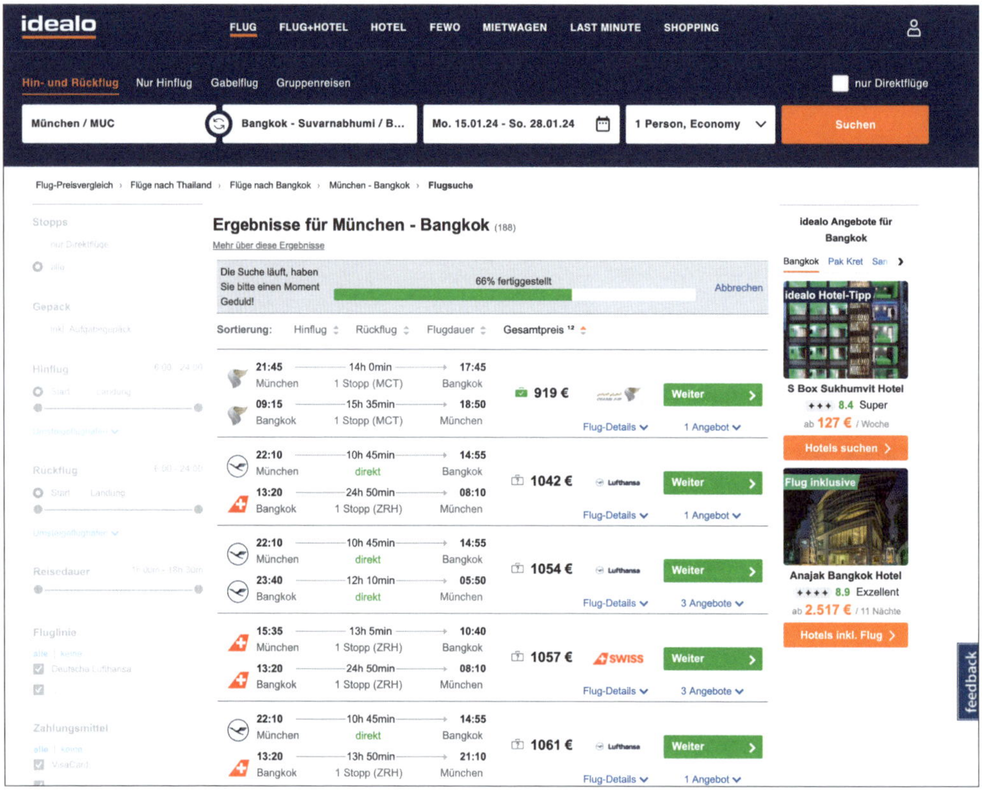


**Abbildung 46.7** Animation der Suche auf Idealo. Gut: Die Filterfunktionen sind schon sichtbar, aber noch ausgegraut, solange man sie noch nicht nutzen kann.

Manchmal ist schnell aber auch zu schnell. Nutzende müssen die Animation wahrnehmen und verstehen, was passiert. Schließlich kommt hinzu, dass jeder eine bestimmte Erwartungshaltung hat, was wie lange dauert. Daher arbeiten manche Anwendungen sogar mit künstlichen Verzögerungen. Man hört häufig, dass z. B. bei der Suche nach günstigen Flügen mit solch einer technisch nicht nötigen Ladeanimation gearbeitet wird, weil Nutzende dann das Gefühl haben, es werden wirklich alle Möglichkeiten für sie persönlich geprüft. Ob das beim Beispiel in Abbildung 46.7 der Fall ist, kann man nicht sagen, ohne die Hintergründe zu kennen.

Was man in Abbildung 46.7 auch schön sieht, ist ein Tipp für befriedigende Ladeanzeigen: Lassen Sie die Fortschrittsanzeige nicht linear zunehmen, sondern machen Sie sie gegen Ende immer schneller. Denn gegen Ende der Wartezeit erscheint uns das Warten subjektiv länger – sehen wir also am Ende einen schnellen Fortschritt, sind wir positiv überrascht.

Generell sind Animationen in linearer Geschwindigkeit fast immer ungünstig. Denn in unserer Umgebung kommt das praktisch nicht vor. Fast alle Gegenstände bewegen sich so, dass sie zunächst langsam beschleunigen, eine Grundgeschwindigkeit erreichen und dann am Ende abbremsen und nicht plötzlich zum Stillstand kommen. Genauso sollten Sie auch Ihre Mikro-Animationen anlegen. Wenn Sie es hier zur Perfektion bringen wollen, empfiehlt sich ein Blick in die Richtlinien zum *Material Design* von Google, die generell für alle Animationen nützlich sind (siehe *uux.jetzt/091*).

**So realisieren Sie Mikro-Animationen mit guter UX**

1. Die Animation muss sofort nach der Interaktion starten.
2. Sie darf nicht zu lang sein, bewährt haben sich 150 bis 300 Millisekunden.
3. Sie darf nicht zu kurz sein. Je komplexer, desto länger muss sie dauern, damit Nutzende sie verstehen.
4. Haben Menschen die Erwartung, dass etwas länger dauert, sollte die Animation dem Rechnung tragen.
5. Eine optimale Animation fügt keine Elemente hinzu, sondern arbeitet mit den vorhandenen Elementen.
6. Die Animation muss auch dann noch positiv wahrgenommen werden, wenn Nutzende sie zum hundertsten oder tausendsten Mal sehen.
7. Vorsicht mit Humor. Dieser ist gerade im geschäftlichen Umfeld oft nicht angebracht.
8. Vorsicht bei Animationen, die erscheinen, wenn es ein Problem gibt. Diese können Nutzende dann verärgern, wenn sie sich nicht ernst genommen fühlen.

# Kapitel 47
# Suchfunktionen zielführend gestalten

*Websites bieten Nutzenden meist eine Suche, um in umfangreichen Inhalten schnell das Gesuchte zu finden. Sind die Suchfunktion und insbesondere die Ergebnisse nicht nutzerfreundlich umgesetzt, wird die Suche schnell frustrierend.*

Die *Suchfunktion*, auch einfach *Suche* oder *Volltextsuche* genannt, ist die Suche über sämtliche Inhalte einer Website, App oder sonstigen digitalen Anwendung. Ist eine Website sehr umfangreich (z. B. Medienportale) oder suchen Nutzende etwas Spezifisches (z. B. in einem Onlineshop), bietet die Suche die Möglichkeit, den Inhalt schnell einzugrenzen und den gewünschten Inhalt auszuwählen. Nutzende haben dabei über ein Eingabefeld die Möglichkeit, mit einem oder mehreren Suchbegriffen den für sie relevanten Inhalt zu finden – alternativ zur Hauptnavigation oder zu sonstigen Navigationswegen wie einer interaktiven Karte, einem Bild-Teaser auf der Startseite etc.

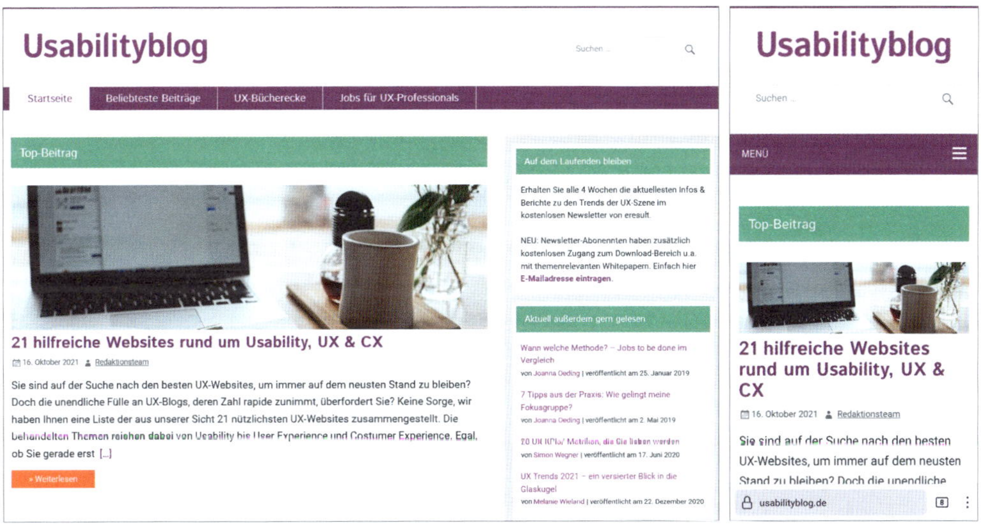


**Abbildung 47.1** Der Suchschlitz inklusive Lupen-Icon ist beim Usability-Blog in der Desktop-Variante rechts oben und mobil oben zentral platziert.

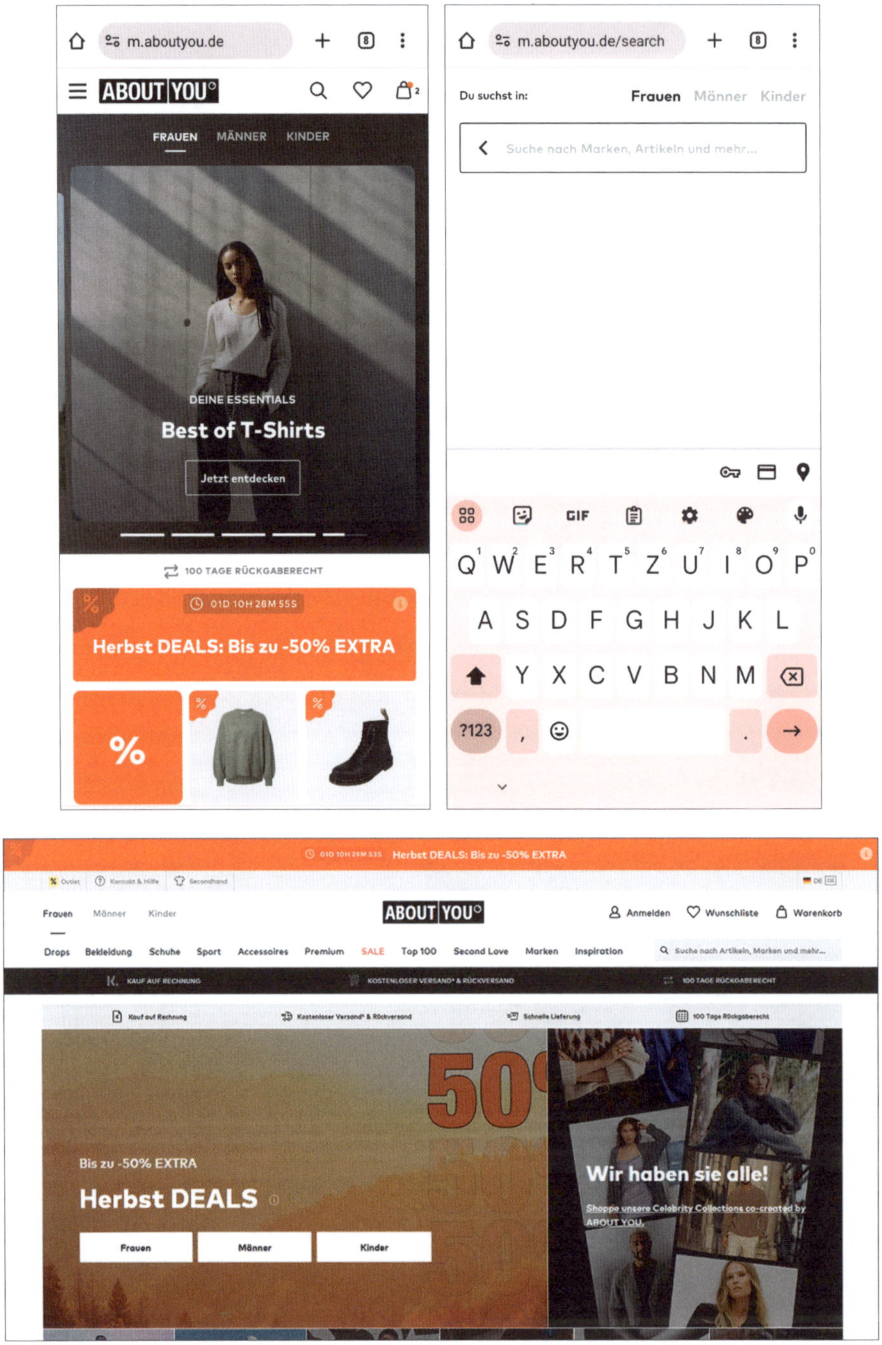


**Abbildung 47.2** Bei der mobilen Website von About You ist im Header das Lupen-Icon mit Label »Suche« zu sehen. Tippt man es an, öffnet sich flächendeckend der Suchschlitz für die Eingabe der Suchbegriffe. Auf dem Desktop findet sich rechts oben der geöffnete Suchschlitz mit Lupensymbol. (Quelle: www.aboutyou.de)

Bei mobilen Anwendungen befindet sich diese Suche häufig hinter einem Icon und öffnet sich bei Auswahl dieses Icons; durchgesetzt hat sich hier eine Lupe als Symbol. Auf Desktop-Anwendungen befindet sich das Eingabefeld in der Regel ganz oben – mittig oder rechts – und ist damit Teil des *Headers*.

## 47.1 Wofür werden Suchfunktionen eingesetzt?

Die Suchfunktion in digitalen Anwendungen ist einer von häufig mehreren Navigationswegen. Gerade bei umfangreichen Inhalten, wie etwa bei großen Onlineshops, redaktionellen Seiten oder Magazinen, bietet diese Funktion eine gute Alternative zur vorgegebenen Menüstruktur und unterstützt Nutzende dabei, schnell zum gewünschten Inhalt zu gelangen.

### Sonderfall kontextuelle Suche

In der Regel wird eine Suche dafür eingesetzt, den gesamten Inhalt einer Anwendung durchsuchbar zu gestalten. Gerade bei einem umfangreichen Inhaltsangebot kann es sinnvoll sein, die Suche so umzusetzen, dass sie auf bestimmte Inhalte eingeschränkt ist. Sie durchsucht z. B. nur einen Unterbereich der Website (siehe Abbildung 47.3 und Abbildung 47.4) oder bei einer spezifischen, thematischen Suche eine bestimmte Kategorie (z. B. Wanderwege-Suche bei Tourismusportalen, siehe Abbildung 47.4). Dadurch können die Nutzenden dann bereits bei der Sucheingabe den Suchumfang und damit die Treffermenge einschränken.

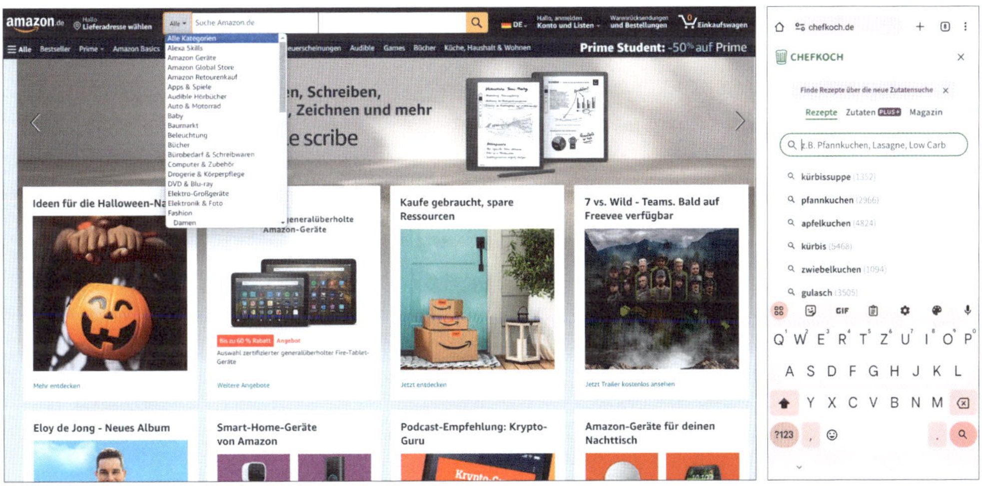


**Abbildung 47.3** Bei einer Suche auf amazon.de kann man die Warengruppe auswählen, in der der gewünschte Artikel gesucht werden soll – zumindest auf der Desktop-Ausgabe. Das Portal chefkoch.de können Nutzende gezielt in einer konkreten Unterrubrik durchsuchen.

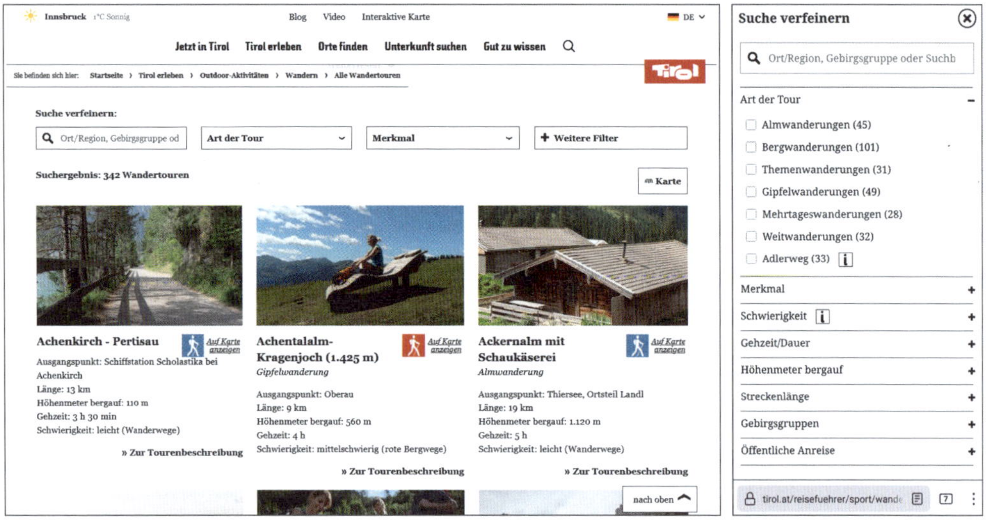


**Abbildung 47.4** Zusätzlich zur portalweiten Volltextsuche (hier: oben rechts, siehe Lupensymbol) können Nutzende auf der Wandertouren-Suche mit Schlagworten einen konkreten Wanderweg suchen. Mobil ist die Volltextsuche im Filter integriert, der sich als Overlay öffnet. (Quelle: tirol.at)

## 47.2 Tipps für die Gestaltung von Suchfunktionen

Finden Nutzende Ihre Suche nicht, können sie sie auch nicht benutzen. Daher ist die Auffindbarkeit der Suchfunktion das A und O bei der Gestaltung. Haben Nutzende die Suchfunktion gefunden, müssen sie sie auch schnell und zielführend bedienen können. Beachten Sie daher die nachfolgenden Anregungen zur Gestaltung.

### 47.2.1 Erwartungskonforme Platzierung

Platzieren Sie die Suchfunktion direkt im sichtbaren oberen Bereich – ob rechts oben mit dem Lupen-Icon im Header oder direkt geöffnet und dann mittig unterhalb des Headers. Gerade bei Onlineshops sieht man aufgrund der hohen Relevanz häufig eine bereits geöffnete Suche mit Eingabefeld.

Das gilt für Desktop wie Mobile gleichermaßen, bei mobilen Anwendungen können Sie den Zugang zur Suche aufgrund des eingeschränkten Platzes auf ein Icon reduzieren; das haben mittlerweile praktisch alle Nutzenden gelernt.

Bei Websites, die keinen Onlineshop betreiben, ist immer häufiger zu beobachten, dass die Volltextsuche bei der mobilen Ansicht in das Hauptmenü integriert ist. Möchten Nutzende etwas suchen, müssen sie in diesem Fall zunächst auf das *Burger-*

*Icon* tippen. Dieses Gestaltungsmuster dürfte zwei Entwicklungen geschuldet sein: Die Anzahl der besuchten Seiten in einer Anwendung sinkt in der Tendenz. Nutzende sind also kürzer auf den Websites und verbringen dort weniger Zeit. Gleichzeitig landen sie wegen der besseren Informationsangebote und der treffenderen Suchmaschinenergebnisse auch immer häufiger auf den passenden Unterseiten der Websites. Der Bedarf an einer Volltextsuche sinkt damit stetig.

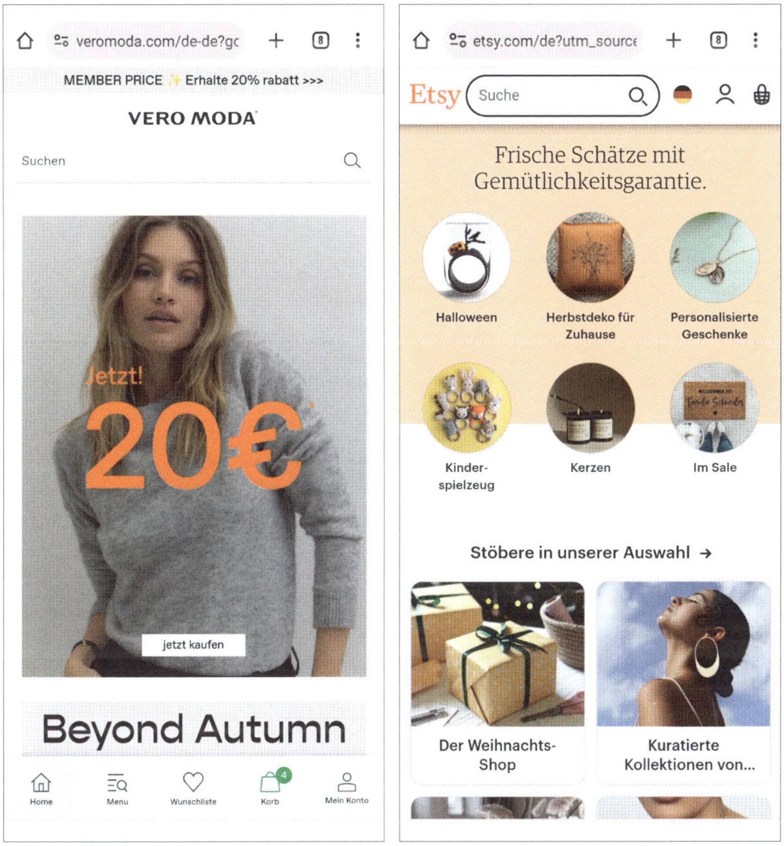


**Abbildung 47.5** Bei Onlineshops ist mobil die Suche häufig prominent platziert – oben mittig direkt unterhalb des Headers.

Ein weiterer Gedanke dürfte der Platzierung im Hauptmenü zugrunde liegen: Sind Nutzende auf einer Website eingestiegen und werden nicht direkt über ergänzende Inhalte am Ende des Artikels oder der Seite weitergeführt, verlassen sie die Website meist. Möchten Nutzende aber auf der Site noch weitere Informationen ansehen, öffnen sie mit hoher Wahrscheinlichkeit das Hauptmenü, um sich einen Überblick zu verschaffen. In diesem Fall hätten sie bei der entsprechenden Positionierung die Suche als Alternative zum Menü im Zugriff.

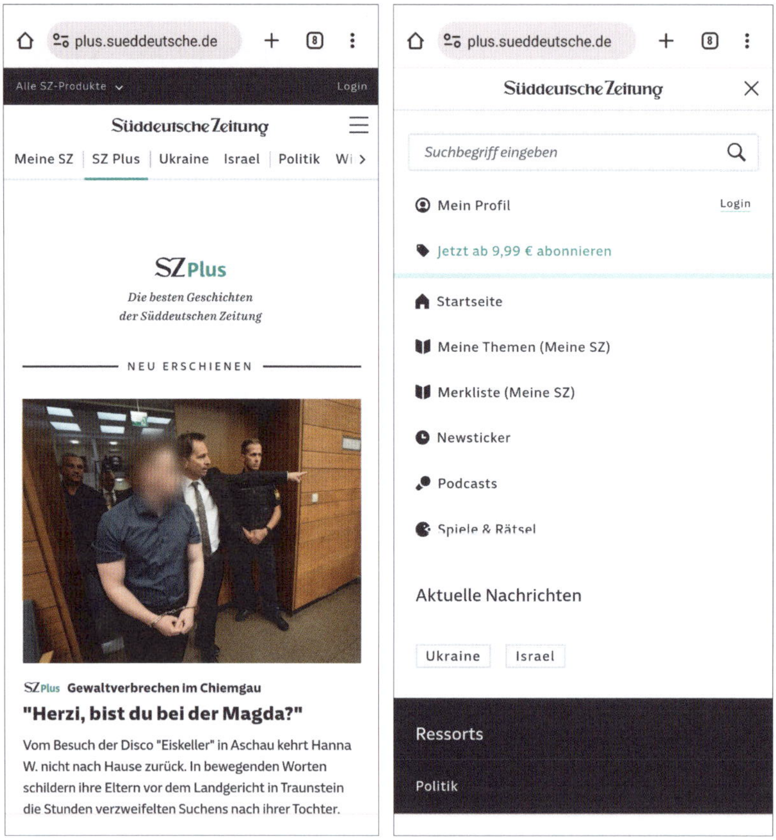


**Abbildung 47.6** Auf der mobilen Website der Süddeutschen ist die Volltextsuche in das Hauptmenü integriert und nur über das Burger-Icon erreichbar.

Bevor Sie die Suche allerdings in das Hauptmenü verfrachten, sollten Sie zuvor analysieren, wie das Nutzungsverhalten auf Ihren Seiten ist. Hinterfragen Sie, warum möglicherweise die Volltextsuche nicht regelmäßig genutzt wird. Schauen Sie sich die Anzahl der besuchten Seiten und die Verweildauer an, und entscheiden Sie dann auf dieser Basis.

### 47.2.2 Mindestens ein Suchen-Button

Bieten Sie Nutzenden direkt das Eingabefeld an, und ergänzen Sie es durch einen Suchen-Button rechts vom Eingabefeld. Anstelle eines Buttons mit dem Wort »Suchen« können Sie das Lupensymbol verwenden; das hat sich mittlerweile durchgesetzt. Mehr dazu weiter unten. In dieser Ausführung benötigen Sie auch keine weitere Beschriftung »Suchen« vor dem Eingabefeld; Nutzende erkennen dies als Suchfunktion.

Wenn möglich, integrieren Sie auch bei geringem Platz in einer Desktop- oder Tablet-Anwendung eine kleine Suchbox, die sich bei Aktivierung (Cursor innerhalb des Suchfelds) vergrößert. Damit wird die Suche schneller als solche erkannt. Zur Not, etwa auf dem Smartphone, kann das Lupensymbol auch alleine stehen, wenn es der Platz bzw. die Auflösung bedingt. Dann muss ein Klick oder Tipp auf dieses Symbol die Suchbox direkt öffnen – nach links oder unterhalb.

### 47.2.3 Gestaltung des Lupensymbols

Wenn Sie die Lupe als eindeutiges Symbol für die Suche verwenden, wählen Sie eine schematische Darstellung. Je weniger grafische Details es hat, umso besser die Erkennbarkeit. Achten Sie auf einen hohen Kontrast zum Hintergrund, insbesondere dann, wenn Sie das Icon in die Suchbox integrieren und keinen eigenen, abgesetzten Button verwenden. So kann sich die Lupe genügend vom Hintergrund abheben.

Bedenken Sie, das Symbol touchfähig umzusetzen und in ausreichender Größe anzubieten. Eine größere Fläche erleichtert Nutzenden die Auffindbarkeit und die Nutzung. Im Desktop-Kontext erwarten viele Nutzende trotz Button, dass sie nach Eingabe des Suchbegriffs die Suche mit der Eingabetaste starten können. Ermöglichen Sie das bei der technischen Umsetzung.

## 47.3 Tipps zur Unterstützung der Nutzenden bei der Sucheingabe

Je schneller Nutzende Ergebnisse zu ihren Suchbegriffen bekommen, desto lieber und häufiger werden sie die Suchfunktion wieder nutzen – und auch Ihre Website wieder besuchen. Bedenken Sie daher die folgenden Aspekte bei der Umsetzung.

### 47.3.1 Den gesamten Inhalt berücksichtigen

Achten Sie darauf, dass bei der technischen Umsetzung der Suchfunktion im Normalfall der vollständige Inhalt indexiert und Nutzenden ausgegeben wird – das erwarten sie auch. Optional können Sie ihnen auch anbieten, ihre Suche auf bestimmte Teilbereiche einzugrenzen. Dies kann durch ein entsprechendes Dropdown-Menü innerhalb der Suchbox, in dem sich Unterrubrik oder Teilbereiche auswählen lassen, umgesetzt werden (Beispiele siehe Abbildung 47.3). Für eine bessere Wahrnehmung als solches sollten Sie dieses Dropdown farblich von der Suchbox abheben.

Alternativ können Sie die Suchfunktion in Ihrer Anwendung in einen bestimmten Kontext betten und dadurch den Teilbereich festlegen, der durchsucht werden kann.

### 47.3.2 Vorbelegung des Suchfelds

Vermeiden Sie Überforderung bei Nutzenden. Ein möglicher Weg ist es, im Suchfeld einige mögliche Suchbegriffe vorzubelegen und damit Nutzende bei der Wahl ihrer Suchphrase zu unterstützen, beispielsweise durch Angabe der Art des Suchbegriffs. Damit geben Sie Nutzenden einen Hinweis darauf, welche Begriffe auch Treffer ergeben. Gerade bei Seiten, auf denen unterschiedliche Objektarten zum Inhalt gehören, ist dies eine wertvolle Hilfestellung.

### 47.3.3 Autosuggest/Autocomplete anbieten

Bieten Sie Nutzenden eine Vorschlagsfunktion zur Unterstützung beim Suchen an. Hier gibt es zwei verschiedene Ansätze, die Sie einsetzen können:

- *Autosuggest*, das Anzeigen von Suchvorschlägen unterhalb des Eingabefelds (auch *Predictive Search* genannt)
- *Autocomplete*, das Selbstvervollständigen der Eingabe direkt im Eingabefeld (auch *Type-ahead* genannt)

Beide Vorschlagsfunktionen greifen schon während des Eintippens durch Nutzende. Sie unterscheiden sich allerdings in der Art und Weise, wie sie funktionieren.

Das *Autosuggest* ist eine Funktion, die während des Tippens eines Suchworts beliebte oder mögliche Suchvorschläge listet. Diese Vorschläge werden über ein Dropdown unterhalb des Eingabefelds angezeigt und reagieren, solange Nutzende ihre Eingabe weiter verändern.

Bei generischen Begriffen werden die angezeigten Vorschläge manchmal ergänzt durch eine Trefferanzahl, die Nutzende erwarten können, sobald sie den Vorschlag auswählen. Einen Autosuggest-Vorschlag wählen Nutzende durch Anklicken mit der Maus oder per Tipp mit dem Finger aus und starten damit direkt die Suche. Diese Autosuggest-Funktion unterstützt vor allem Nutzende, die noch nicht genau wissen, was sie suchen, oder sich durch die Vorschläge inspirieren lassen wollen.

Betreiben Sie einen Onlineshop, zeigen Sie im *Autosuggest* konkrete, zum Suchbegriff passende Produkte an oder schlagen passende Rubriken vor (siehe Abbildung 47.7).

Eine einfache Form des *Autosuggest* ist eine rein textliche Vorschlagsliste. Wenn Sie diese Variante einsetzen, fetten oder heben Sie den Teil des jeweiligen Vorschlags hervor, den die Nutzenden bereits eingegeben haben. Damit geben Sie Hilfestellung, wonach sie eigentlich gesucht haben und wie weit sich die Vorschläge davon abheben.

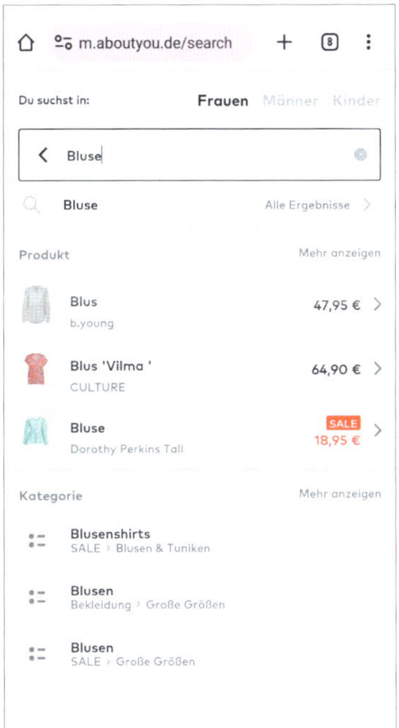


Abbildung 47.7 Der Autosuggest-Bereich bei About You unterteilt sich in vorgeschlagene Kategorien (inklusive erwarteter Trefferanzahl) und konkrete Produktvorschläge – hier ausgewählte Produkte im Angebot. (Quelle: www.aboutyou.de)

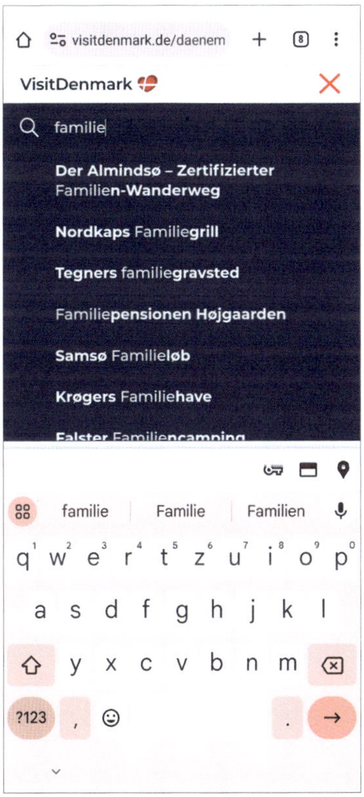


Abbildung 47.8 Was Nutzende in der Suche eingetippt haben, ist ihnen bewusst. Die ergänzten Begriffe hervorzuheben, hilft dabei, dass Nutzende die Vorschläge im Autosuggest schnell mit dem Gesuchten abgleichen und relevante Treffer identifizieren können. (Quelle: www.visitdenmark.de)

Das *Autocomplete* (auch bekannt als *Type-ahead*) wird gerne mit dem Autosuggest gleichgesetzt, funktioniert allerdings anders. Das *Autocomplete* ist eine automatische Vervollständigung des eingegebenen Textes im Eingabefeld selbst. Diese Funktion dient dazu, die Eingabe zu beschleunigen und zu erleichtern. Solange Nutzende weitertippen, aktualisiert und verfeinert sich auch der vervollständigte Teil. Die vermutlich bekannteste Variante des Autocomplete dürfte – neben Google – die Funktion der Adressverifizierung sein (vergleiche Abbildung 47.9).

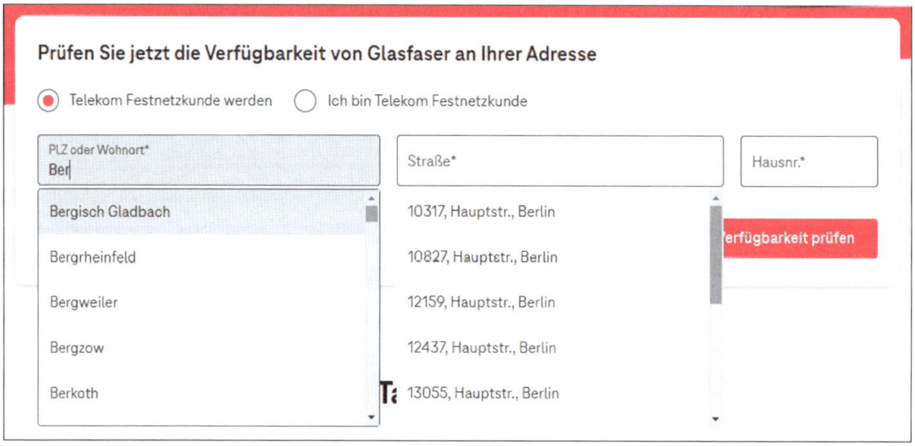


**Abbildung 47.9** Die Adressverifizierung basiert auf dem Prinzip des Autocomplete – hier am Beispiel der Verfügbarkeitsprüfung für einen Glasfaseranschluss bei der Telekom. (Quelle: www.telekom.de)

## 47.4 Tipps für eine eindeutige, gut strukturierte Trefferdarstellung

Die Suche an sich ist noch kein Garant für das Auffinden der gesuchten Inhalte. Vielmehr tragen eine sinnvoll strukturierte Trefferdarstellung sowie mögliche Sortier- und Filteroptionen dazu bei, schnell zum gewünschten Inhalt zu gelangen. Beachten Sie daher die nachfolgenden Hinweise.

### 47.4.1 Listenform mit zentralen Angaben

Die optimale Darstellung der Suchergebnisse ist maßgeblich von der Intention Ihrer Anwendung abhängig. Betreiben Sie einen Onlineshop, sollten Sie die zum Suchbegriff gefundenen Suchergebnisse darstellen. Mit konkreter Preisangabe und Verfügbarkeit sowie einer Möglichkeit, die Artikel direkt in den Warenkorb zu legen. Ist Ihre Anwendung ein Magazin, eine Zeitung oder ein sonstiges Medienformat, dann sind für die Treffer sicherlich die Aktualität sowie der zu erwartende Inhalt relevant. Geben Sie also das Veröffentlichungsdatum mit an. Haben Sie sehr umfangreiche

Inhalte mit unterschiedlichsten Objektarten, kann die Angabe der jeweiligen Unterrubrik hilfreich sein. Überlegen Sie vorab, was für Nutzende bei der Suche wichtig ist.

Alle Anwendungen haben eines aber gemeinsam: Die Suchtreffer sollten mit einem eindeutigen Titel, einer aussagekräftigen Beschreibung sowie einem Bild dargestellt werden. Bilder erhöhen die Klickwahrscheinlichkeit. Je klarer Titel und Beschreibung, umso besser werden Nutzende wissen, was sie erwartet, und sie brauchen weniger Klicks zum gewünschten Inhalt, weil sie nicht unnötig zu den Suchergebnissen zurückkehren müssen, was sowieso die wenigsten Nutzenden machen.

### 47.4.2 Sortieren der Ergebnisse

Sortieren Sie die Suchergebnisse zunächst immer nach absteigender Relevanz. Die Übereinstimmung mit der Suchphrase ist ausschlaggebend. Zusätzlich sollten Sie Nutzenden die Möglichkeit bieten, die Suchergebnisse nach anderen Kriterien zu sortieren. Bei Medienportalen macht die Sortierung nach Aktualität Sinn (siehe Abbildung 47.10), bei Shops nach Preis (siehe Abbildung 47.11). Haben Sie beispielsweise Kundenbewertungen auf der Seite integriert, bieten Sie eine Sortierung danach an.

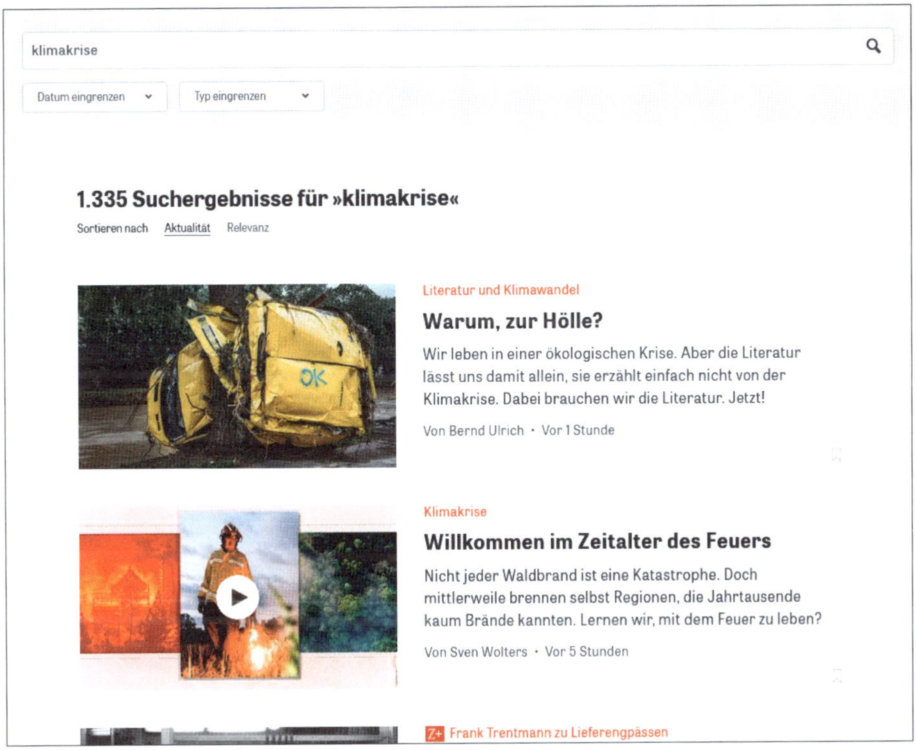


**Abbildung 47.10** zeit.de gibt bei den Suchergebnissen Titel, Beschreibung sowie Veröffentlichungszeitraum mit an. Oberhalb des Titels wird zusätzlich die Rubrik angezeigt.

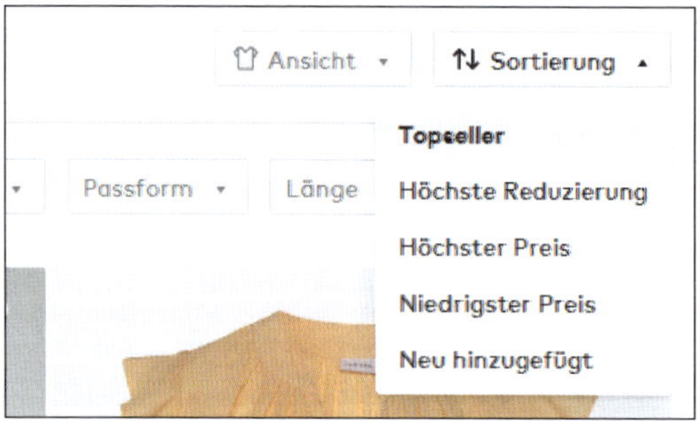


**Abbildung 47.11** Neben den Filtern bietet der Shop About You auch die Sortierung der Suchergebnisse nach persönlicher Empfehlung (Dein Style), nach Preis, nach Neuheiten und Angeboten. (Quelle: www.aboutyou.de)

### 47.4.3 Trefferdarstellung inklusive Anzeige der Suchwörter mit Ergebnissen

Platzieren Sie oberhalb der Trefferliste eine gut sichtbare Angabe dazu, wie viele Treffer das Suchergebnis geliefert hat. Damit können Nutzende einschätzen, ob es sinnvoll ist, mit konkreteren Begriffen eine neue Suche zu starten oder die Ergebnisse nachzufiltern.

**Abbildung 47.12** Oberhalb der Suchergebnisse zeigt amazon.de die Treffergesamtmenge zum jeweiligen Suchbegriff sowie die Anzahl der auf der aktuellen Seite angezeigten Suchergebnisse an.

### 47.4.4 Nachfiltern der Suchergebnisse

Nutzende überfliegen die Suchergebnisse nur und in der Regel auch nur die erste Seite. Finden sie keinen für sie interessanten Treffer, ist die Abbruchrate sehr hoch. Es sei denn, Sie bieten eine gute Filterfunktion, um die Suchergebnisse nach den Wünschen der Nutzenden weiter einzugrenzen. Über die Filteroptionen lernen Nutzende auch die vorhandenen Inhalte und mögliche Attribute kennen.

Gerade bei Shops hat sich dies längst etabliert. Bieten Sie aber auch bei anderen Anwendungen Nutzenden an, die Suchergebnisse nach bestimmten Merkmalen zu filtern, z. B. nach Art des Inhalts. So sind sie es auch von Google gewohnt.

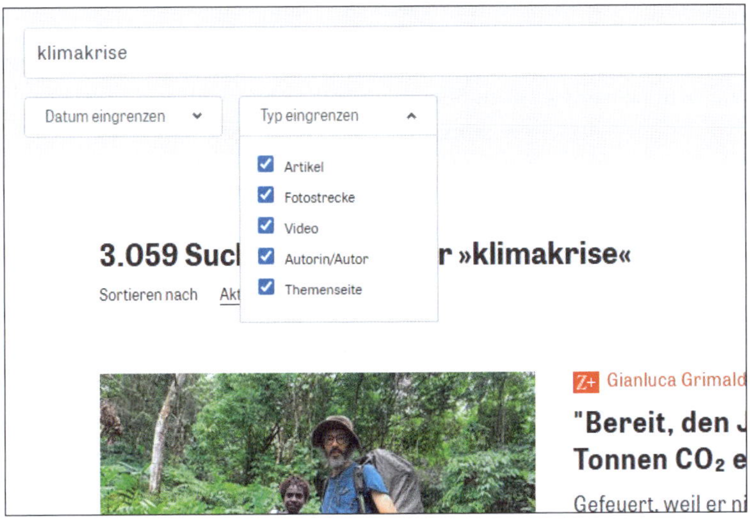


**Abbildung 47.13** zeit.de bietet Nutzenden die Möglichkeit, die Suchergebnisse durch Auswahl des Inhaltstyps, hier nach Artikel, Fotostrecke und Video, einzugrenzen.

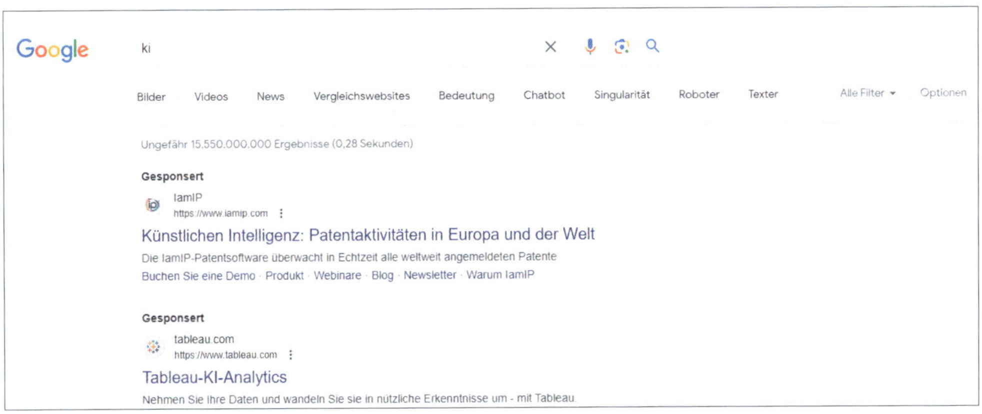


**Abbildung 47.14** Prominentestes Beispiel für das Nachfiltern von Suchergebnissen ist sicherlich Google. Während sich die direkt sichtbaren Filter unterhalb des Suchschlitzes lange Zeit auf Contentformen bezogen, bietet Google mittlerweile auch kontextuell relevante ergänzende Suchwörter zur Auswahl an.

Dieses Nachfiltern von Suchergebnissen wird auch Facettensuche oder facettierte Suche genannt, das heißt eine erweiterte Suche nach bestimmten Kriterien oder Eigenschaften eines Produkts, und ist insbesondere bei Onlineshops unumgänglich. Best Practices und weitergehende Informationen dazu finden Sie in Kapitel 48, »Filter und Facetten integrieren und positionieren«.

### 47.4.5 Umgang mit null Treffern

Ein sehr frustrierendes Erlebnis für Nutzende ist es, keinerlei Ergebnisse zu ihrer Suche zu bekommen. Idealerweise ist Ihr Suchalgorithmus so intelligent, dass er solche Fälle auf ein Minimum reduzieren kann. Zieht eine sehr spezielle oder kryptische Sucheingabe oder ein Tippfehler dennoch ein Nullergebnis nach sich, ist die Abbruchrate sehr hoch.

Daher sollten Sie Nullergebnisseiten gut aufbereiten, um Nutzende auf Ihrer Site zu halten:

- Machen Sie Nutzenden klar, dass die Sucheingabe keine Treffer ergab. Ähnlich der Anzeige der Treffermenge bei erfolgreichen Suchen sollte dies oben im Inhaltsbereich platziert und deutlich erkennbar gestaltet sein.
- Nehmen Sie die Suchanfrage von Nutzenden ernst. Es ist nicht die Schuld von Nutzenden, dass keine Inhalte zu ihrer Suche vorhanden sind. Sie bieten einfach keine Ergebnisse dazu. Das sollten Sie auch entsprechend formulieren: »Leider konnten wir zu Ihrem Suchbegriff keine Ergebnisse finden ...«
- Bieten Sie Nutzenden direkt unterhalb dieses Feedbacks konkrete Optionen, um die Suche anzupassen oder anderweitig auf Ihrer Website fündig zu werden.
- Wiederholen Sie den ursprünglichen Suchbegriff, idealerweise direkt in einer im Inhaltsbereich integrierten Suchbox, so dass Nutzende ihren Suchbegriff schnell anpassen können.
- Bieten Sie Hilfestellung dabei, wie Nutzende ihren Suchbegriff sinnvoll anpassen können, um zu Ergebnissen zu kommen (z. B. weniger Suchbegriffe).
- Bieten Sie Nutzenden ähnliche Suchbegriffe zur Auswahl, die Treffer ergeben. Bei Suchphrasen, das heißt mehr als einem Suchbegriff, bieten Sie die einzelnen Begriffe zur Auswahl an – aber nur, wenn diese auch Treffer ergeben.
- Bei Tippfehlern bieten Sie idealerweise passende korrekte Begriffe zur Auswahl an.
- Bieten Sie unterhalb auch direkte Einstiegsmöglichkeiten ins Portal an. Das können zum Suchbegriff verwandte Rubriken sein, die Sie als Bild-Teaser unterhalb platzieren; alternativ die Hauptrubriken aus dem Hauptmenü als Links oder Bild-Teaser.

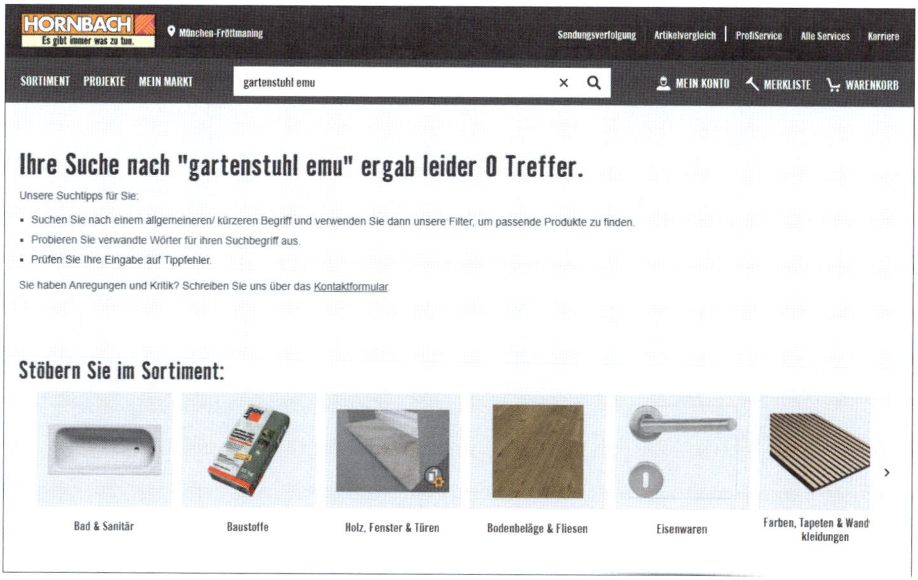


**Abbildung 47.15** Eine Nullergebnisseite bei Hornbach gibt klare Rückmeldung zum Ergebnis und bietet neben einem Einstieg in Hauptrubriken über die Teaser unten auch den direkten Link zum Kontaktformular. (Quelle: www.hornbach.de)

**So realisieren Sie eine nutzerfreundliche Suchfunktion**

1. Platzieren Sie die Suchfunktion rechts oben oder mittig im Headerbereich.
2. Setzen Sie die Suchfunktion auf alle Seiten und immer an dieselbe Stelle.
3. Bieten Sie Nutzenden direkt das Eingabefeld an, und ergänzen Sie dieses durch einen Suchen-Button rechts vom Eingabefeld.
4. Wenn Sie aus Platzgründen (also vor allem mobil) anstelle des Suchen-Buttons die Lupe als eindeutiges Symbol für die Suche verwenden, wählen Sie eine schematische Darstellung.
5. Achten Sie darauf, dass immer der vollständige Inhalt der Webseite indexiert und Nutzenden bei den Treffern ausgegeben wird – außer Sie betten die Suchfunktion bewusst in einem bestimmten Kontext auf der Seite ein und begrenzen sie dadurch.
6. Unterstützen Sie Nutzende bei der Wahl eines sinnvollen Suchbegriffs, und geben Sie Hinweise durch Vorbelegung des Suchfelds.
7. Bieten Sie Nutzenden eine Vorschlagsfunktion an (in Form eines *Autosuggest* oder auch eines *Autocomplete*).
8. Ergänzen Sie die Suchtreffer zusätzlich zu einem eindeutigen Titel, einer aussagekräftigen Beschreibung sowie einem Bild durch sinnvolle Angaben (z. B. Preis bei einem Webshop mit Produkten).

9. Geben Sie Nutzenden die Möglichkeit, ihre Suchtreffer nach relevanten Kriterien (z. B. Preis aufsteigend, Art des Inhalts) zu sortieren.
10. Platzieren Sie oberhalb der Trefferliste eine gut sichtbare Angabe dazu, wie viele Treffer das Suchergebnis geliefert hat.
11. Bieten Sie eine gute Filterfunktion, um umfangreiche Suchergebnisse nach den Wünschen der Nutzenden weiter einzugrenzen.
12. Bereiten Sie im Falle eines Nullergebnisses die Ergebnisseite gut auf, um Nutzende auf Ihrer Site zu halten.

## 47.5 Alternativen

Zu einer Suchfunktion gibt es keine echten Alternativen. Sie wird von den meisten Nutzenden schlichtweg erwartet, wenn es sich nicht gerade um eine Anwendung mit wenigen Unterseiten handelt, die schnell über ein Menü erfasst werden kann. Bevor Sie allerdings eine schlecht umgesetzte Volltextsuche in Ihre Anwendung integrieren, verzichten Sie lieber ganz darauf. Oder greifen Sie auf bestehende Widgets von etablierten Suchmaschinen zurück. Damit können Sie eine Suchbox auf deren Technologiebasis in Ihre Anwendung integrieren.

Sollten Sie ganz auf eine Suchfunktion verzichten wollen, stecken Sie umso mehr Energie in Ihre Hauptnavigation als zentrales Navigationselement auf Ihrer Site. Testen Sie die Begrifflichkeiten mit Nutzenden, so dass diese auch ihrem mentalen Modell, also ihren Erwartungen zum Verhalten des Systems, entsprechen. Dadurch können Sie Sackgassen oder Abbrüche durch Nutzende vermeiden.

# Kapitel 48
# Filter und Facetten integrieren und positionieren

*Große Datenmengen und anspruchsvolle Nutzende erfordern Lösungen für ein schnelles Auffinden gewünschter Inhalte. Filter/Facetten erlauben es, Suchergebnisse schnell zu überblicken und die Treffer auf die individuellen Bedürfnisse einzugrenzen.*

In zahlreichen Anwendungen, insbesondere im Onlinehandel sowie bei jeglichen Suchtrefferlisten, sind inzwischen *Filter* und *Facetten* (auch *Facettensuche* oder *Facettennavigation* genannt) integriert. Mit diesen können Nutzende die Suchergebnisse nach verschiedenen Kriterien eingrenzen und/oder sortieren. Bei umfangreichen Daten, Produktpaletten oder einer umfassenden Artikelvielfalt ist es sinnvoll, Nutzenden so die Möglichkeit zu geben, schnell zu den Inhalten zu gelangen, die ihren Interessen und Anforderungen entsprechen. Sind Filter/Facetten allerdings schlecht umgesetzt und wenig nutzerfreundlich gestaltet, helfen sie Nutzenden nicht und können sie sogar frustrieren. Lesen Sie daher, wie Sie Filter/Facetten gut strukturieren, sie optimal positionieren und gestalten.

## 48.1 Filter grenzen schnell ein, Facetten unterstützen bei der Suche

Filter grenzen Inhalte einer Website (z. B. Produkte in einem Shop oder Suchtreffer einer Volltextsuche) ein und selektieren diese nach bestimmten Kriterien. Dabei gibt es verschiedene Vorgehensweisen, dies zu tun – eine davon ist die *Facettensuche*.

Während bei einer *(hierarchischen) Filterung* Suchtreffer schrittweise eingeschränkt werden (auch *Drill-down* genannt) und dann auf die Unterkategorien anderer Filterkriterien nicht mehr zugegriffen werden kann, bleibt dies Nutzenden bei einer *Facettensuche* offen. Bei dieser können mehrere Filtereinschränkungen aus verschiedenen Kriterienkatalogen parallel getroffen und einzeln wieder aufgehoben werden. Das heißt, die Filterkategorien sind unabhängig voneinander, und bei jeglicher Filterung wird wieder der gesamte Datenbestand durchsucht statt – wie bei der *(hierarchischen) Filterung* – nur noch der jeweils verbleibende Datenbestand.

Das klingt komplizierter, als es ist. Ein Beispiel: Ein digitaler Produktkatalog eines Onlineshops für Sportbekleidung enthält Datensätze zu verschiedenen Outdoorjacken mit Angaben zu Art der Jacke, Geschlecht der kaufenden Person, Größe, Marke, Preis, Farbe und einzelnen weiteren Kriterien (siehe Abbildung 48.1).

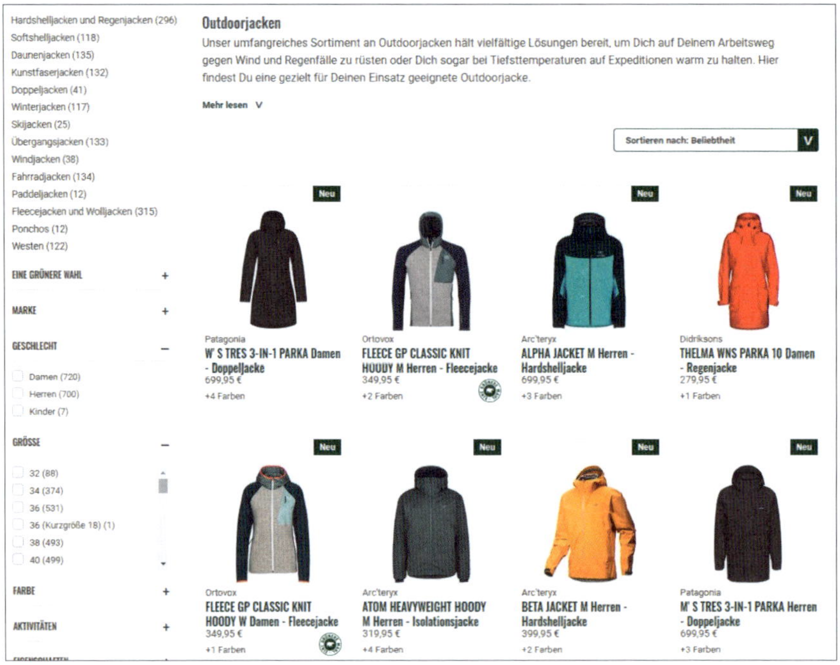


**Abbildung 48.1** Eine umfangreiche Auswahl an Kriterien findet sich im linken Seitenbereich; rechts werden die Produkte angezeigt. Im Beispiel sind noch keine Filter gesetzt. (Quelle: www.globetrotter.de)

Während das Kriterium »Art der Jacke« in Form eines hierarchischen Filters ausgewählt werden kann (also entweder Fleecejacken oder Softshelljacken oder Freizeitjacken etc.), sind die weiteren Kriterien als Facetten realisiert. Wählt man also eine Jackenart (z. B. Fleecejacken), wird die Menge der Datensätze auf diese beschränkt. Die ausgewählten Facetten werden dann nur noch auf die Produkte dieser Jackenart angewandt (siehe Abbildung 48.2).

Nutzende können somit alle Fleecejacken und Wolljacken nach einer bestimmten Jacke durchsuchen, die ihren individuellen Kriterien entspricht. Sie setzen also die Filter entsprechend und suchen beispielsweise nach einer Jacke in der Größe 38, in den Farben Grün oder Türkis-Petrol, die nicht mehr als 160 Euro kostet (siehe Abbildung 48.3 und Abbildung 48.4).

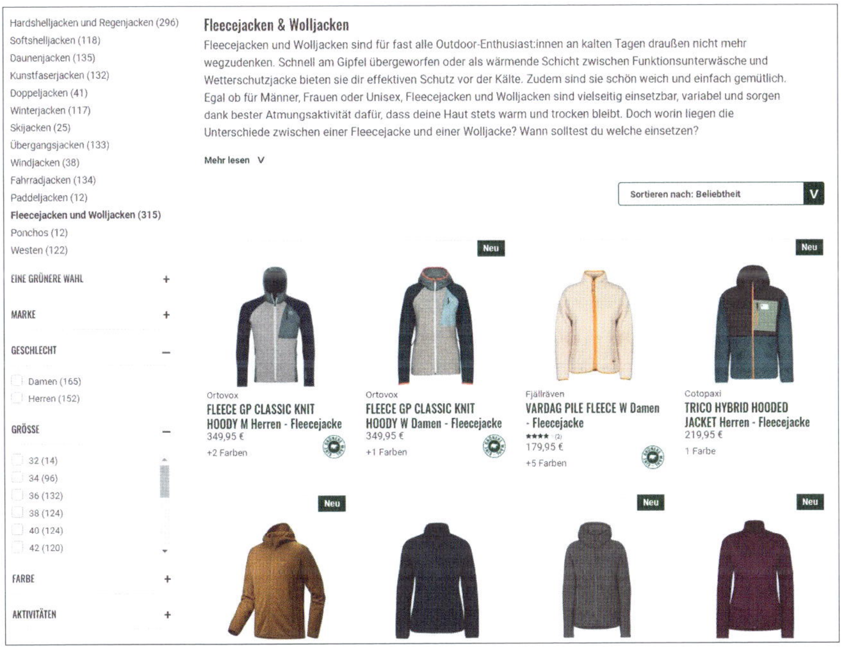


**Abbildung 48.2** Die Produktpalette wurde auf eine Unterkategorie (hier: Fleecejacken und Wolljacken im Bereich aller Outdoorjacken) eingegrenzt. Bei Auswahl einer anderen Unterkategorie würde die Kategorie Fleecejacken und Wolljacken wieder verworfen.

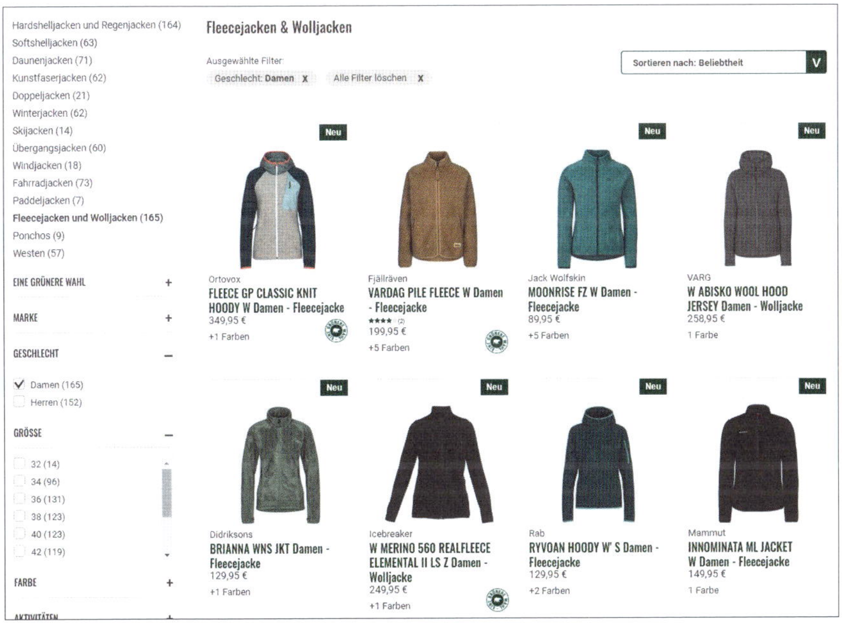


**Abbildung 48.3** Eine erste Eingrenzung (hier: auf Frauenjacken) grenzt das Suchergebnis innerhalb der Fleecejacken ein.

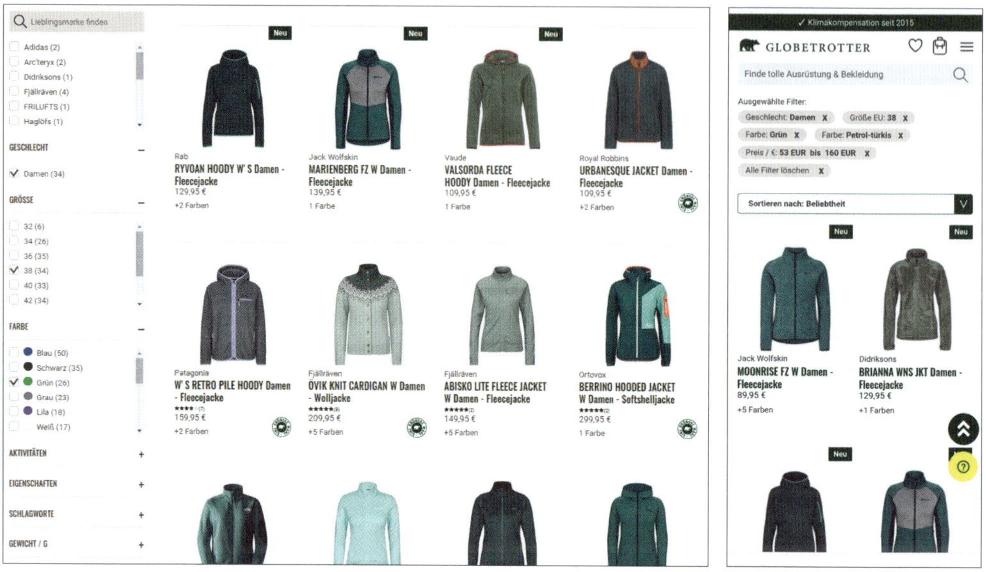


**Abbildung 48.4** Weitere Kriterien grenzen das Suchergebnis weiter ein. In diesem Fall können mehrere Kriterien in den Kategorien ausgewählt werden – eine Facettensuche nach mehreren Größen und Farben innerhalb der vorherigen Auswahl.

Typischerweise bietet eine *Facettensuche* deutlich umfangreichere Kriterienkataloge, um den gewünschten Inhalt einzugrenzen, als eine *(hierarchische) Suche*. Das ist durch die Vorgehensweise bedingt: Bei einer *(hierarchischen) Filterung* werden die Suchergebnisse sehr schnell heruntergebrochen und auf eine überschaubare Anzahl an Treffern eingegrenzt. Um Nullergebnisse zu vermeiden, können Sie demnach nicht allzu viele Filterkriterien anbieten. Ganz anders läuft es bei einer *Facettensuche*. Hierbei können Nutzende die Treffermenge durch Auswahl weiterer Kriterien sogar wieder erhöhen, da alle Treffer dieses neuen Kriteriums zusätzlich angezeigt werden. Sie können so lange fortfahren, bis sie alle für sich relevanten Kriterien ausgewählt haben.

Eine *Filternavigation* oder *Facettensuche* sollten Sie erst ab einer bestimmten Datenmenge (Sortimentsgröße, Produktmenge, Artikelanzahl etc.) integrieren. Solange Nutzende Ihre Produkte ohne mehrfaches Nachladen oder Durchblättern von Seiten sichten und sich einen Überblick verschaffen können, benötigen Sie in der Regel keine Filterung. In diesem Fall würden Sie Nutzende sogar unnötig verwirren oder gar frustrieren, da sie bei Auswahl der Filter schnell auf Nullergebnisse stoßen würden. Für größere Sortimente, die sinnvoll nach verschiedenen Dimensionen wie z. B. Größe, Farbe, Material und Preis unterschieden werden können, ohne dass Nullergebnisse beim Filtern entstehen, ist die *Filternavigation* oder *Facettensuche* sinnvoll.

## 48.2 Tipps für die Auswahl und Benennung von Filtern/Facetten

Der sicherlich häufigste Anwendungsbereich für Filter/Facetten ist im Onlinehandel das Durchsuchen und Eingrenzen eines Warenangebots. In diesem Kontext liegen einige Filter und auch Facetten auf der Hand. Wie oben beschrieben, erfolgt die erste Filterung ohnehin durch die Sucheingabe bei Google. Wähle ich dort einen Suchtreffer aus, lande ich direkt auf der entsprechenden Unterseite des Shops. Alternativ oder ergänzend können Nutzende über die Auswahl einer Kategorie im Menü ihre Auswahl bereits einschränken. Zu gängigen Facetten bei Bekleidungsshops gehören dann Kriterien wie Geschlecht, Größe, Farbe, Preis und Marke. Darüber hinaus ist es dann nicht ganz so leicht. Das gilt generell auch für andere Sites als Onlineshops.

Von zentraler Bedeutung bei der erfolgreichen Umsetzung von Filtern/Facetten sind deren Auswahl, Strukturierung sowie die Benennung der Kategorien, Attribute und angrenzenden Labels (z. B. zum Anwenden oder Zurücksetzen der Filter). Nutzende sollten an keiner Stelle über die Begrifflichkeiten stolpern oder nachdenken müssen, sonst droht der Abbruch oder Wechsel auf eine Mitbewerber-Site. Insofern sollten Sie sich vor der Gestaltung, Positionierung und technischen Umsetzung stets mit der dahinter liegenden Informationsarchitektur beschäftigen.

### 48.2.1 Filterkriterien sinnvoll auswählen und strukturieren

Bei der Überlegung, welche (Filter-)Attribute als Filterkriterien sinnvoll sind, können Sie mehrere Wege einschlagen. Mit Methoden wie einer klassischen (Online-)Kundenbefragung oder einem *Card Sorting* (siehe Kapitel 13, »Card Sorting – Entwicklung der Informationsarchitektur«) mit ausgewählten Nutzenden finden Sie deren *mentale Modelle* heraus. Das heißt, Sie erfahren, welche Denk- und Ordnungsstrukturen die Nutzenden im Kopf haben und welche Sortierung sie erwarten. Bereits fünf oder sechs Interviews können ausreichen und stärken Sie in Ihrem Wissen über die Herangehensweise Ihrer Nutzenden.

Oder spielen Sie relevante Anwendungsfälle/*Nutzungsszenarien* auf Basis zuvor definierter *Personas* durch (siehe Kapitel 11, »Personas – aus Erkenntnissen prototypische Nutzende entwickeln«). Alternativ und zusätzlich kann Ihnen auch ein Blick in Ihr Web-Analytics-Tool oder ein Abgleich mit Wettbewerb-Sites Aufschluss geben. Sie sollten auf jeden Fall eine Analyse der Suchanfragen Ihrer Nutzenden durchführen und die häufigsten Suchbegriffe heranziehen. Diese geben Ihnen Aufschluss darüber, wie Ihre Nutzenden suchen, welche Wörter sie benutzen und welche Wörter als Kategorie demnach naheliegend sind. Im Übrigen auch eine hervorragende Vorgehensweise im Hinblick auf die Suchmaschinenoptimierung Ihrer Anwendung.

Auf dieser Grundlage lassen sich die passenden *Keywords*/Begrifflichkeiten gemäß den Bedürfnissen der Nutzenden auswählen, strukturieren und gruppieren. Achten Sie bei dieser inhaltlichen Ausarbeitung unbedingt auf folgende Aspekte:

- **Gruppierung**: Fassen Sie die ausgewählten Attribute bzw. Produkteigenschaften sinnvoll zusammen, und weisen Sie diesen Kategorien eindeutige Begriffe zu. Filterkategorien wie beispielsweise »Eigenschaften« und »Technologie« liegen sehr nah beieinander; Nutzenden könnte der Unterschied nicht sofort klar sein. Auch die Kriterien, die sich hinter »Nachhaltigkeit« verbergen, dürften nicht allen Nutzenden sofort in den Sinn kommen (siehe Abbildung 48.5).

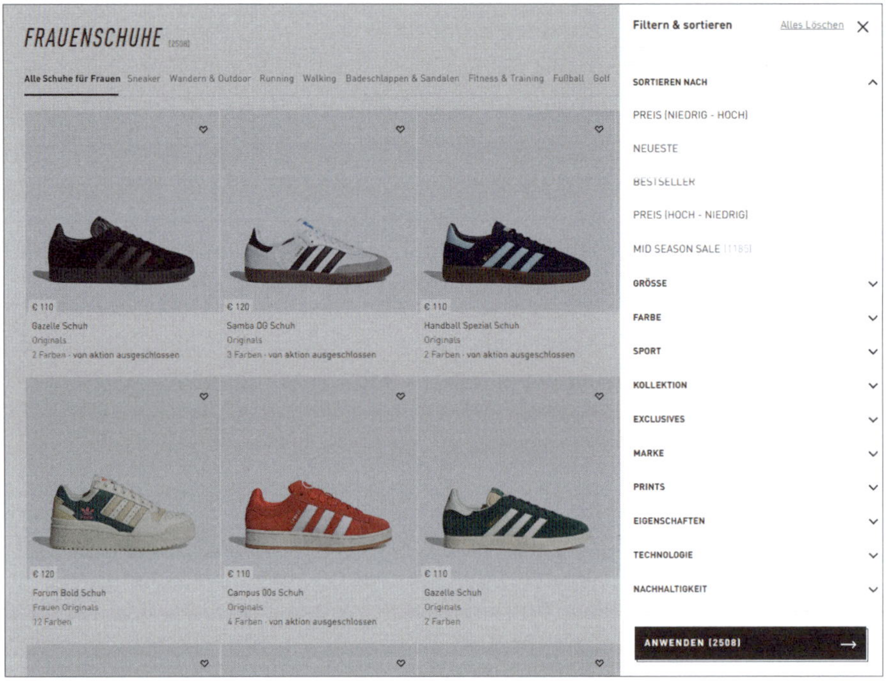


**Abbildung 48.5** Die Filter oberhalb der Trefferliste bedienen gängige Kriterien wie Größe, Farbe, Marke und Preis. Nicht alle Filterkategorien sind allerdings trennscharf und ohne Interpretationsspielraum. (Quelle: www.adidas.de)

- **Redundanzen**: Vermeiden Sie Wiederholungen bei den Filterkriterien, und achten Sie darauf, dass sich Gruppierungen nicht überschneiden.
- **Anzahl/Umfang**: Bilden Sie Gruppierungen, die eine ähnlich große Anzahl an Attributen aufweisen. Zu viele Kriterien in einer Kategorie sind schwer zu überblicken; zu wenige wirken schnell überflüssig. Kategorien sollten nicht mehr als 15 Filterattribute umfassen. Um Nutzende nicht zu erschlagen, machen Sie pro Kategorie maximal fünf bis sechs Attribute direkt sichtbar und bieten die Möglichkeit, sich alle Attribute anzeigen zu lassen, z. B. über einen Textlink »alle Merk-

male anzeigen«. Sollte sich der Umfang in einer Filterkategorie nicht vermeiden lassen (wie beispielsweise bei der Auswahl von Marken), bieten Sie eine Suchfunktion an.

- **Reihenfolge**: Ordnen Sie die definierten Kategorien in einer Reihenfolge an, die der Relevanz und der Ordnungsstruktur der Nutzenden entspricht. Bedenken Sie dabei, dass – je nach Umfang der Filter – beim initialen Aufruf der Seite (Desktop) bzw. nach Öffnen der Filter (mobil) nicht alle im sichtbaren Bereich sind. Weniger wichtige Filterkategorien können Sie anfangs auch eingeklappt darstellen, um für mehr Übersichtlichkeit in den Filtern zu sorgen.

### 48.2.2 Filterkriterien selbsterklärend benennen

Je verständlicher und eindeutiger die Begriffe der Filterkategorien und -werte sind, desto erfolgreicher die Facettensuche/Filternavigation und damit Ihre Website. Und je umfangreicher die zu filternden Inhalte (Produkte, Artikel etc.) sind, umso selbsterklärender sollten die Kategorien und Attribute benannt sein.

Wählen Sie kurze Begriffe in der Grundform (z. B. Farbe) anstelle von zusammengesetzten Wörtern (z. B. Farbauswahl). Vermeiden Sie Handlungsaufforderungen, die unnötige Verben beinhalten (z. B. »Farben *auswählen*«). Gehen Sie nicht davon aus, dass alle Begriffe, die für Sie mit entsprechendem Hintergrund- und Produktdetailwissen klar sind, auch Nutzenden vertraut sind. Bei spezialisierten technischen Geräten, bei denen Sie voraussetzen können, dass Nutzende bestimmte Aspekte der Hardware kennen und diese als Filter auswählen, mag das noch in Ordnung sein. Wenn es sich aber um Alltagsprodukte wie z. B. Schuhe handelt, sollten Sie tatsächlich Nutzungsforschung oder Tests durchführen. Damit finden Sie heraus, ob Begriffe wie z. B. »Sandaletten« und »Pantoletten« verständlich und auch trennscharf genug sind für Ihre Zielgruppe.

Auch Beschriftungen auf Buttons innerhalb der Filterung sollten nicht missverständlich gewählt sein, so dass Nutzende stutzig werden könnten. So sind beispielsweise »Filter zurücksetzen« oder »Filter aufheben« besser als »Filter löschen«. Weitere Hinweise zur optimalen Formulierung von Beschriftungen finden Sie in Kapitel 41, »Labels und Auszeichnungen formulieren und positionieren«.

## 48.3 Tipps für die Gestaltung von Filtern/Facetten

Bei der Gestaltung einer Filternavigation oder Facettensuche sind verschiedene Aspekte zu berücksichtigen. Neben der Positionierung auf der Seite und der Gestaltung der Filter-/Facettenelemente selbst ist es enorm wichtig, Nutzenden durch die Gestaltung den Mechanismus der Filter/Facetten deutlich zu machen. Dazu gehört auch, dass diese verstehen, welche Filter bereits ausgewählt sind und wie sie sie wieder aufheben können.

### 48.3.1 Erwartungskonform positionieren

Bei **Desktop-Anwendungen** können Sie die Filternavigation bzw. Facettensuche an zwei verschiedenen Positionen anordnen: links oder horizontal oberhalb der Trefferliste. Letztere Position hat den Vorteil, dass die Elemente hier eine hohe Aufmerksamkeit erhalten und Nutzende stets am Anfang der Trefferliste sind, wenn Filter angewendet werden.

Bei der Platzierung oberhalb der Trefferliste werden je nach Umfang der Filterfunktionalitäten die Ergebnisse weiter nach unten und damit weiter aus dem sichtbaren Bereich geschoben. Prüfen Sie bei dieser Anordnung daher, ob Sie die wichtigsten Filterkategorien in einer Zeile unterbringen und weitere Filterkategorien über einen Button »weitere Filter« oder »mehr Filter« zugänglich machen (siehe Abbildung 48.6).

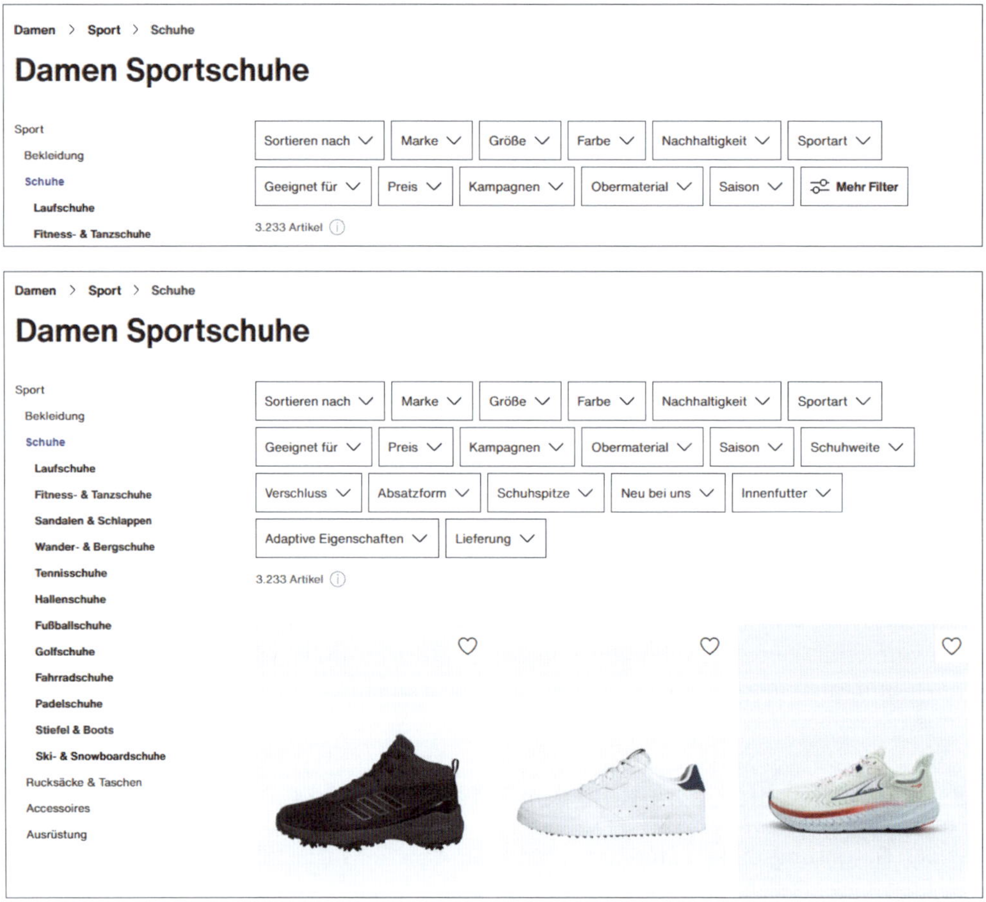


**Abbildung 48.6** Zalando hat links die Kategorien und die Unternavigation und oberhalb der Treffermenge weitere Filter wie Größe, Farbe, Preis und je nach Kontext auch Kategorien wie hier Sportart positioniert.

Die optimale **Umsetzung für mobile Endgeräte** sieht aufgrund der geringen Auflösung etwas anders aus als bei größeren Bildschirmformaten:

- Die Ergebnislisten nehmen auf mobilen Endgeräten die gesamte Screenfläche ein, so dass die Filter dort keinen Platz mehr finden. Zeigen Sie die Filter daher nicht von Anfang an, sondern machen Sie sie über ein entsprechendes Menüelement aufrufbar. Dieses sollte gut sichtbar sein und befindet sich am besten oberhalb der Trefferliste (siehe Button FILTER rechts oben auf der Amazon-Website in Abbildung 48.7).
- Realisieren Sie die Filter/Facetten als Off-Canvas-Element, das sich von unten oder rechts auf die Ergebnisliste schiebt. Die Ergebnisse sollten im Hintergrund immer noch sichtbar sein. Dunkeln Sie diese ab, um eine bessere Wahrnehmung der Filter zu gewährleisten. So machen Sie die Anpassung der Ergebnisse nach Auswahl eines oder mehrerer Filter für Nutzende sichtbar (siehe Abbildung 48.7).

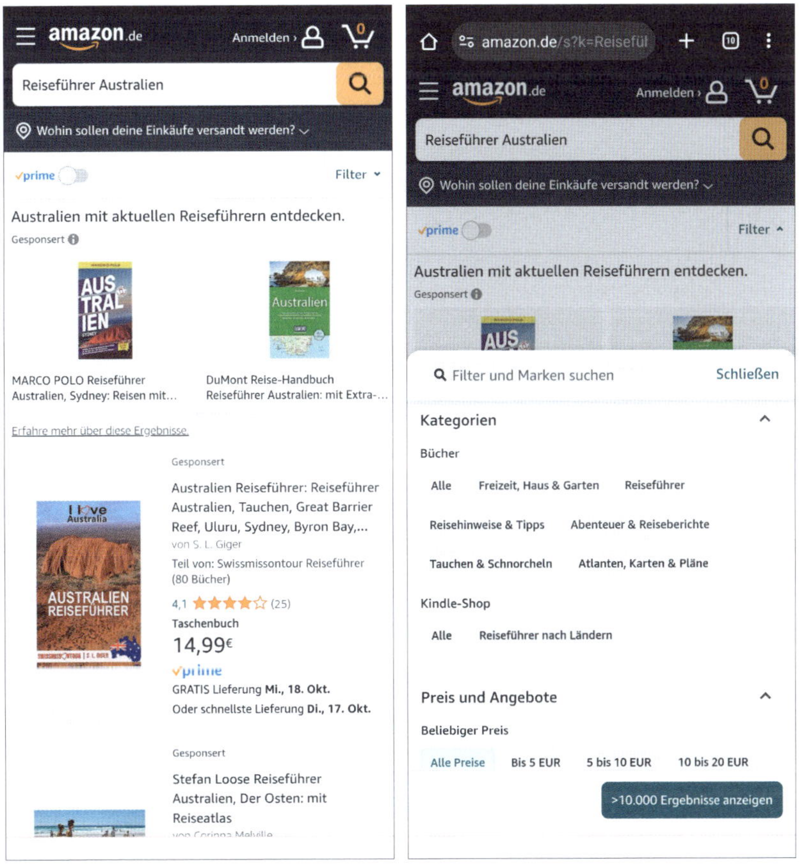


**Abbildung 48.7** Amazon realisiert die Filternavigation im mobilen Umfeld als Overlay, das sich von unten über die Ergebnisliste legt – aufrufbar über den Button »Filter« rechts oberhalb der Ergebnisliste.

### 48.3.2 Filtermechanismus kenntlich machen

Das Verständnis dafür, wie Filter gesetzt werden, wird maßgeblich durch die Gestaltung beeinflusst. Essenziell ist, dass Nutzende auch verstehen, ob es sich um einen *hierarchischen Filtermechanismus* (*Drill-down-Mechanismus*, siehe Abschnitt 48.1, »Filter grenzen schnell ein, Facetten unterstützen bei der Suche«) handelt oder ob es eine *Facettensuche* ist, bei der zahlreiche Attribute ausgewählt und parallel gesetzt werden können. Einfache Textlinks kennzeichnen in der Regel, dass es sich um hierarchische Filter (z. B. Unterkategorien wie Fleecejacken) handelt. Nutzende können jeweils nur einen der Textlinks anklicken.

Checkboxen signalisieren, dass eine Mehrfachauswahl möglich ist, und sind daher die beste Wahl, um Facetten auszuweisen. Dies ist ein gelerntes Verhalten und hat sich so etabliert. Diese Facetten sind wiederum über Akkordeonelemente organisiert, so dass sich Nutzende einen schnellen Überblick über die Filterkategorien verschaffen können.

Weitere typische Filterelemente haben sich darüber hinaus durchgesetzt:

- Schieberegler bzw. *Slider* sind beispielsweise für die Eingrenzung von Minimal- und Maximalpreisen bei Onlineshops oder beispielsweise für die Angabe von gewünschten Zimmern bei einer Immobiliensuche nützlich. Bieten Sie Nutzenden ergänzend zwei Eingabefelder an, über die sie den Minimal- und Maximalwert eintippen können. Dies erleichtert gerade auch auf mobilen Endgeräten die Eingabe. (siehe Abbildung 48.8)

**Abbildung 48.8** Beispiele für Slider zur Eingrenzung des Preises – auf zalando.de und home24.de

- Die Auswahl einer gewünschten Farbe ist weit verbreitet in Onlineshops (z. B. für Mode, Schuhe, Gebrauchsgegenstände). Erleichtern Sie den Nutzenden die Auswahl, indem Sie statt reiner Textlabels zusätzlich Felder in der jeweiligen Farbe anbieten, vor allem wenn Sie eine sehr differenzierte Farbpalette haben. (siehe Abbildung 48.9)

**Abbildung 48.9** Die Filterung nach Farbe mit der Farbpalette, wie sie auf schuhe.de zu finden ist. Die Farbfelder dienen gleichzeitig als Checkboxen.

- Nutzen Sie so viele gelernte Elemente wie möglich. Falls Sie eine Eingrenzung nach Bewertungen anbieten, greifen Sie auf die Darstellung mit der Sternskala zurück. Diese ist nicht nur gelernt, sondern auch aufmerksamkeitsstärker und schneller erfassbar. (siehe Abbildung 48.10)

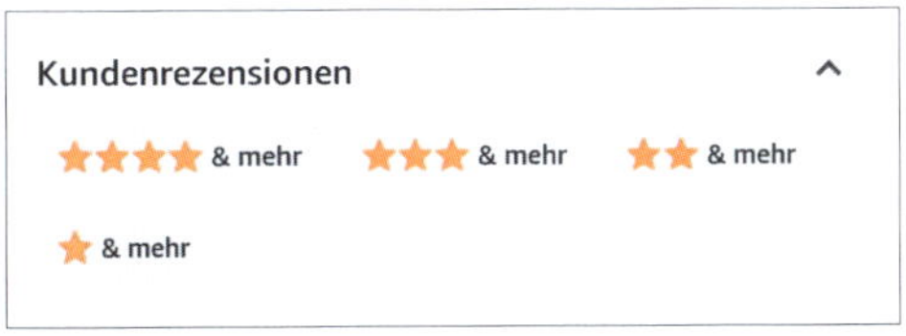


**Abbildung 48.10** Die Auswahl von Treffern anhand von Kundenbewertungen, wie sie Amazon anbietet. Hier gibt es keine Checkboxen, da die Auswahl immer nur einer Option Sinn macht.

### 48.3.3 Filter/Facetten nutzerfreundlich gestalten

Neben den zuvor erwähnten Aspekten zur Gestaltung sollten Sie folgende Hinweise berücksichtigen, um der Erwartung und dem gelernten Verhalten Ihrer Nutzenden gerecht zu werden:

- Zeigen Sie die jeweilige Treffermenge auf dem Button an, über den Nutzende die Filter anwenden und damit auch schließen (z. B. »135 Treffer anzeigen«). So bekommen Nutzende ein Gefühl dafür, was sie bei den Ergebnissen erwartet.
- Stellen Sie mindestens die erste Filter-/Facettenkategorie ausgeklappt bzw. geöffnet dar. Das erhöht die Interaktionswahrscheinlichkeit.
- Zeigen Sie bei umfangreichen Attributen die ersten sieben bis zehn Filterkriterien an, und machen Sie alle weiteren über einen Textlink zugänglich. Stellen Sie bei sehr umfangreichen Filtern eine Suche mit Autocomplete zum schnellen Auffinden von Filtern bereit, und listen Sie alle Attribute alphabetisch.

- Bei einer hierarchischen Filterung kann es vorkommen, dass Filterkriterien in der verbleibenden Ergebnismenge nicht mehr relevant sind, weil keiner der übrigen Treffer dieses Attribut hat. Bei Auswahl dieser Filterkriterien wäre ein Nullergebnis die Folge. Stellen Sie diese Filter als inaktiv dar, oder blenden Sie sie komplett aus.
- Trennen Sie die einzelnen Filtergruppen/Kategorien optisch voneinander, damit Nutzende diese leichter und schneller erfassen können. Dies kann – abhängig vom gesamten Design der Website – durch Hervorheben der Titel der Filterkategorien erfolgen (z. B. durch Fettsetzen oder farbliches Hinterlegen) oder aber durch feine Trennstriche.

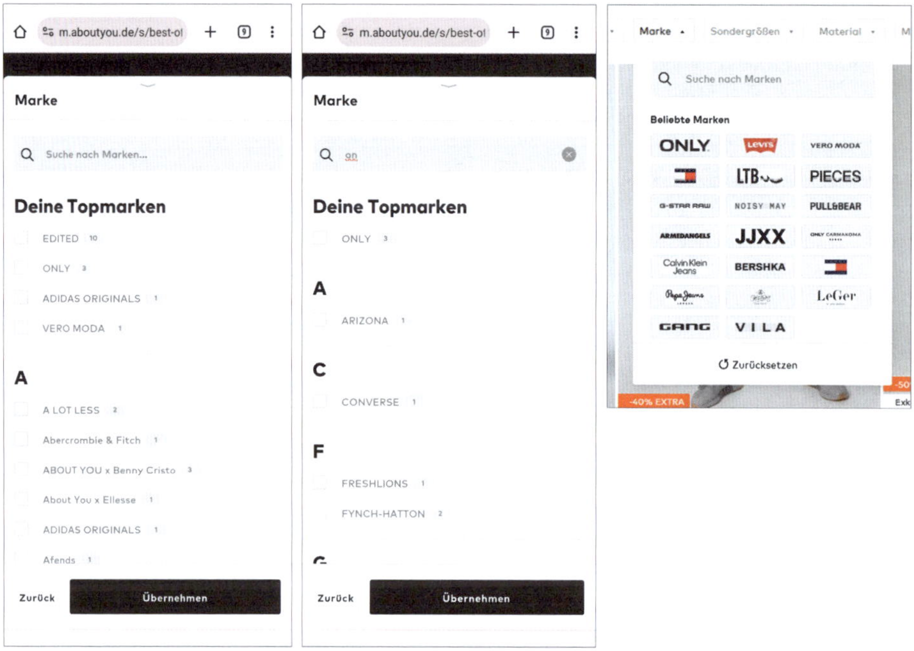


**Abbildung 48.11** Ein Markenfilter wie hier von About You ist in den allermeisten Onlineshops zu finden. Am Desktop werden die beliebtesten Marken sogar mit Logo abgebildet. Nutzende sollten schnell ihre bevorzugte(n) Marke(n) finden können.

### 48.3.4 Filter auswählen und zurücksetzen

Das Auswählen und Zurücksetzen von Filterkriterien/Facetten ist sicherlich die zentrale Funktionalität, und entsprechend wichtig ist es, Nutzenden diese Interaktionen eindeutig und klar zu signalisieren:

- Heben Sie nach Auswahl eines Filterkriteriums dieses noch im geöffneten Filter optisch hervor. Bei einem hierarchischen Filterelement, das als Textlink umgesetzt ist, setzen Sie diesen Textlink fett, oder hinterlegen Sie ihn farblich. Im Falle einer Facette machen Sie den ausgewählten Zustand farblich und durch das Häkchen in der Checkbox ersichtlich.

- Zusätzlich sollten Sie die ausgewählten Kriterien oberhalb der Treffermenge in Form eines Buttons mit einem X zum Zurücksetzen des Filterwerts anzeigen. Nutzende sehen damit immer ihre Auswahl, ohne die gesamte Filternavigation durchgehen zu müssen, und können per Klick ihre Auswahl anpassen. Ergänzend zu dieser Auflistung der Filterauswahl sollten Sie Nutzenden die Möglichkeit anbieten, alle Filter auf einmal zurückzusetzen (siehe Abbildung 48.12).

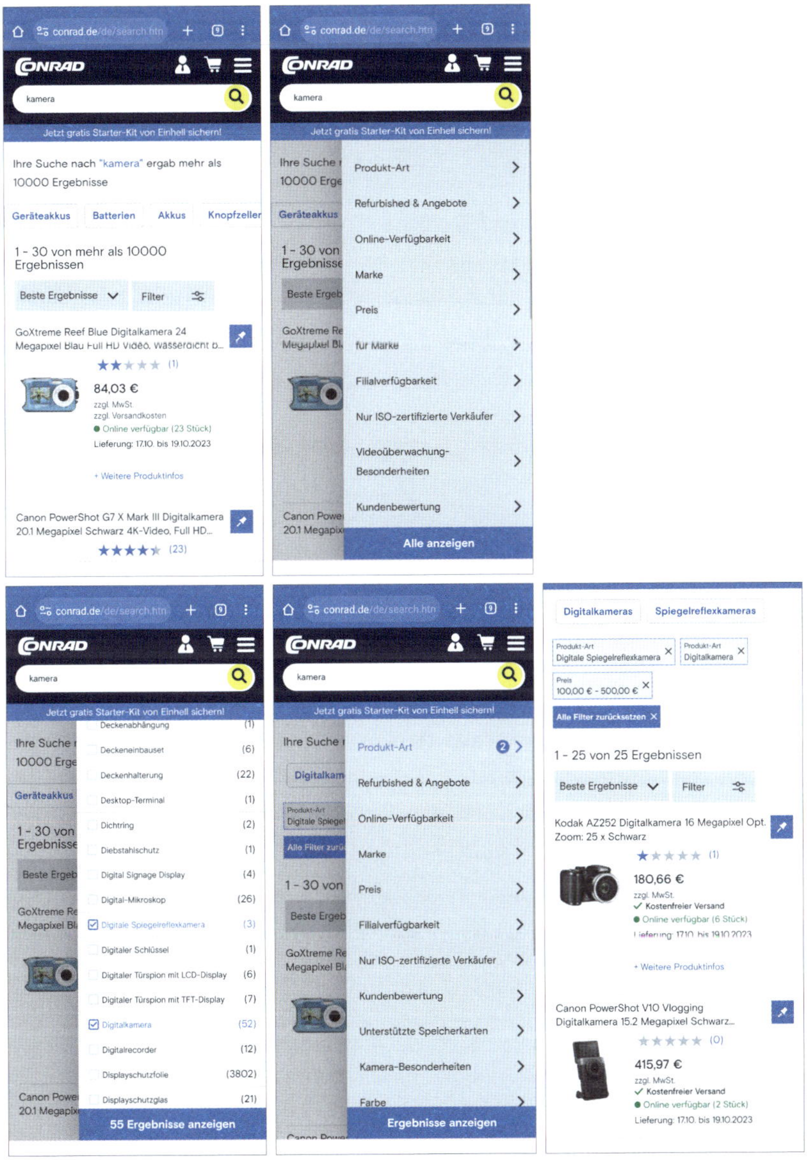


**Abbildung 48.12** Filterauswahl auf der mobilen Website von Conrad: Ausgewählte Filter werden im geöffneten Filtermenü direkt bei der Kategorie und bei geschlossener Filternavigation oberhalb der Trefferliste angezeigt.

**So setzen Sie Filter/Facetten nutzerfreundlich um**

1. Fassen Sie die ausgewählten Attribute bzw. Produkteigenschaften sinnvoll zusammen, und geben Sie diesen Kategorien eindeutige Begriffe.
2. Vermeiden Sie Wiederholungen bei den Filterkriterien, und achten Sie darauf, dass sich Gruppierungen nicht überschneiden.
3. Ordnen Sie die definierten Kategorien in einer Reihenfolge an, die der Relevanz und der Ordnungsstruktur der Nutzenden entspricht.
4. Wählen Sie für die Filterbenennung kurze Begriffe in der Grundform (z. B. Farbe) anstelle von zusammengesetzten Wörtern (z. B. Farbauswahl), und vermeiden Sie Handlungsaufforderungen, die unnötige Verben beinhalten (z. B. Farben auswählen).
5. Machen Sie die Filter auf mobilen Geräten über ein eigenes Menüelement aufrufbar. Realisieren Sie die Filter/Facetten als Off-Canvas-Element, das sich von unten oder rechts über die Ergebnisliste schiebt. Die Ergebnisse sollten im Hintergrund immer noch sichtbar sein.
6. Bei größeren Bildschirmen positionieren Sie die Filternavigation/ Facettensuche oberhalb der Trefferliste.
7. Einfache Textlinks kennzeichnen in der Regel, dass es sich um hierarchische Filter (z. B. Unterkategorien wie Fleecejacken) handelt. Nutzende können jeweils nur einen der Textlinks anklicken. Checkboxen signalisieren, dass eine Mehrfachauswahl möglich ist, und sind daher die häufigste Wahl, um Facetten auszuweisen. Slider oder Switches sollten nur gewählt werden, wenn sie wirklich sinnvoll und für alle verständlich sind.
8. Stellen Sie mindestens die erste Filter-/Facettenkategorie ausgeklappt bzw. geöffnet dar.
9. Zeigen Sie bei umfangreichen Attributen die ersten sieben bis zehn Filterkriterien an, und machen Sie alle weiteren über einen Textlink zugänglich.
10. Zeigen Sie die jeweilige Treffermenge auf dem Button an, über den Nutzende die Filter anwenden und damit auch schließen (z. B. »135 Treffer anzeigen«).
11. Zeigen Sie die ausgewählten Kriterien oberhalb der Treffermenge in Form eines Buttons mit einem X zum Zurücksetzen des Filterwerts an.

# Kapitel 49
# Modals, Pop-ups und Overlays – Dialoge nutzenstiftend einsetzen

*Modals, Pop-ups und Overlays sind Elemente, die dazu eingesetzt werden, Nutzende zu einer Interaktion zu führen oder dessen Aufmerksamkeit auf bestimmte Inhalte zu lenken. Sie alle sollten mit Bedacht eingesetzt werden.*

Wir kennen sie alle, seit es das Internet gibt: Fenster, die sich über den sichtbaren Bereich der Webseite legen und uns auffordern, etwas zu tun. Die so genannten *Pop-ups*, *Overlays* und *Modals* sind Website-Elemente, die in diesem Kontext auch *Dialoge* genannt werden. Sie unterscheiden sich darin, wie sie gestaltet sind und wie Nutzende mit ihnen interagieren können. Leider stören sie meistens – und zwar immer dann, wenn Nutzende dadurch von ihrer eigentlichen Zielsetzung abgehalten werden. Sie können aber auch Nutzen stiften, wenn sie Nutzende unterstützen, ihr Ziel zu erreichen. Ob sie das tun, darüber sollten Sie sich Gedanken machen – auch, weil Google mittlerweile Websites abstraft, die diese Elemente schlecht umsetzen.

## 49.1 Overlays wollen auffallen und Modals erzwingen eine Nutzerinteraktion

Pop-ups, Overlays und auch Modals sind alles Dialoge, die dazu dienen, dass zwischen Nutzenden und System eine Kommunikation oder ein Austausch stattfinden kann. Dialoge informieren Nutzende über etwas (z. B. Neuigkeiten, unwiderrufliche Handlungen, Serviceangebote) oder fordern von ihnen Informationen ein (z. B. Zustimmungen zu bestimmten Services, Kontaktdaten, Feedback). Pop-ups, Overlays und Modals unterscheiden sich aber nach ihrem Einsatzzweck und der Art und Weise, wie sie auf der Website oder in der App eingebunden und dargestellt werden.

### 49.1.1 Modals

*Dialoge* treten in unterschiedlichen Ausprägungen auf. So können sie beispielsweise als so genannte *modale Dialoge*, kurz *Modals*, umgesetzt sein. Ob ein Dialog modal ist oder nicht, hängt davon ab, ob Nutzende mit der restlichen Anwendung noch interagieren können oder nicht. Ist ein Dialog modal, dann ist die Website bzw. App, auf der das Modal liegt, erst wieder aktiv nutzbar, wenn mit dem Dialog interagiert wurde. Im Umkehrschluss können Nutzende bei nichtmodalen Dialogen weiterhin mit den im Hintergrund liegenden Elementen interagieren, also beispielsweise Links auswählen oder Buttons antippen.

Modale Dialoge treten häufig als so genannte *Lightbox* auf. So nennt es sich, wenn der Rest der Seite abgedunkelt wird. Hier gibt es aber keinen zwingenden Zusammenhang. *Lightboxen* können auch nichtmodal sein.

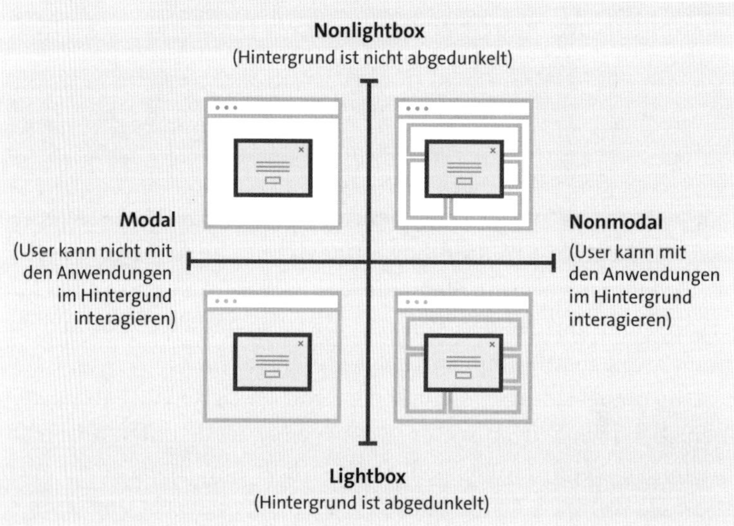


**Abbildung 49.1** Dialoge können danach eingeteilt werden, ob sie modal sind, also ob Nutzende mit dem Hintergrund noch interagieren können, und ob sie als Lightbox, also mit abgedunkeltem Hintergrund, dargestellt werden.

### 49.1.2 Pop-ups/Overlays

Ein *Pop-up* kennen manche noch aus Zeiten, in denen sie als neues Browserfenster von einer Website geöffnet wurden. Durch die Verbreitung von Pop-up-Blockern haben sich Pop-ups mittlerweile gewandelt und werden in der Regel als *Overlay* umgesetzt, das sich über den sonstigen Seiteninhalt legt. Ein Overlay kann zu verschiedenen Zwecken eingesetzt werden, beispielsweise:

- als Aufforderung, die zur Website gehörige App herunterzuladen oder sich für den Newsletter anzumelden
- als Werbung für bestimmte Vergünstigungen oder Angebotsaktionen
- als Bitte, Feedback abzugeben oder zu spenden
- als Serviceangebot, bei Fragen zu chatten
- als Anfrage, Benachrichtigungen freizuschalten oder den Standort freizugeben

Derartige Pop-ups können während des Website-Besuchs auch mehrfach auftreten, in unterschiedlichen Formen und in verschiedenen Kontexten.

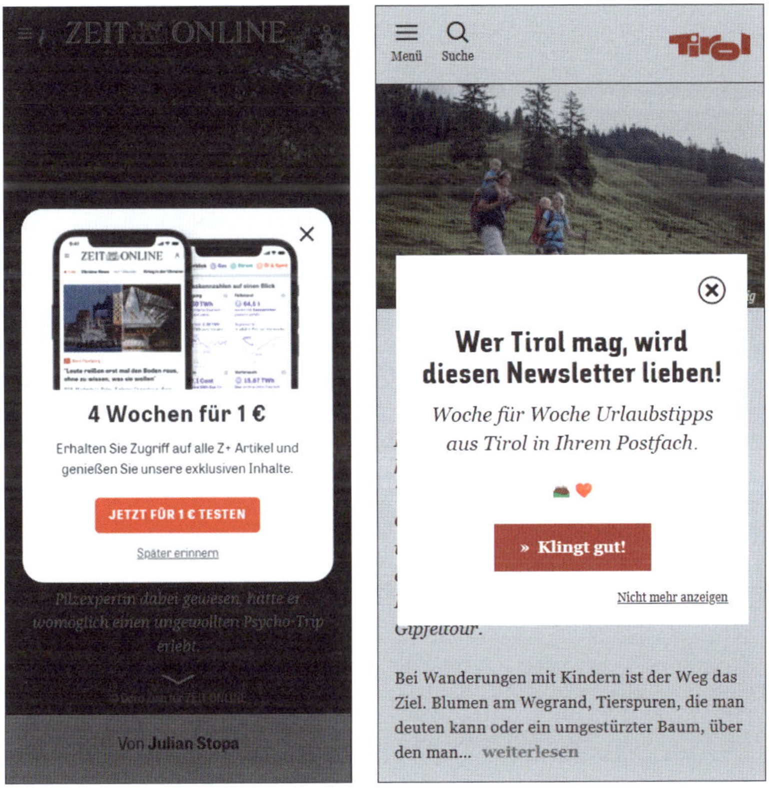


**Abbildung 49.2** Zwei Beispiele für Modals: links mit einem Angebot für das Zeitungsabo (www.zeit.de), rechts mit der Aufforderung zur Newsletter-Anmeldung, das nach kurzer Inaktivität auf der Website erscheint (www.tirol.at)

Kein Pop-up ist bei Nutzenden beliebt. Modale Pop-ups allerdings sind mit Abstand diejenigen, die am meisten Ärger und Verwirrung stiften, weil sie Nutzende von ihrem eigentlichen Ziel abhalten und die eigentliche Aktion unterbrechen. Häufig werden Pop-ups daher von Nutzenden auch direkt weggeklickt – das heißt, geschlossen, ohne dass die Nutzenden überhaupt ansehen, was genau dort von ihnen verlangt wird.

### 49.1.3 Cookie-Consent-Dialog

Der Dialog, der inzwischen in Europa wohl am bekanntesten ist, ist das *Cookie Consent Pop-up* oder *Cookie Consent Overlay*. Er hat den Zweck, die Nutzenden über alle von der Website gesetzten Cookies zu informieren und dazu aufzufordern, dem zuzustimmen oder es abzulehnen.

**Abbildung 49.3** Ein Beispiel für ein Cookie Consent Pop-up, das als modales Pop-up und in Form einer Lightbox direkt nach Aufruf der Website erscheint

## 49.1.4 Bottom Sheets

Ein so genanntes *Bottom Sheet* ist ein Overlay, das auf mobilen Endgeräten am unteren Rand des Bildschirms fixiert ist und zusätzliche Details oder Aktionen im Kontext anzeigt.

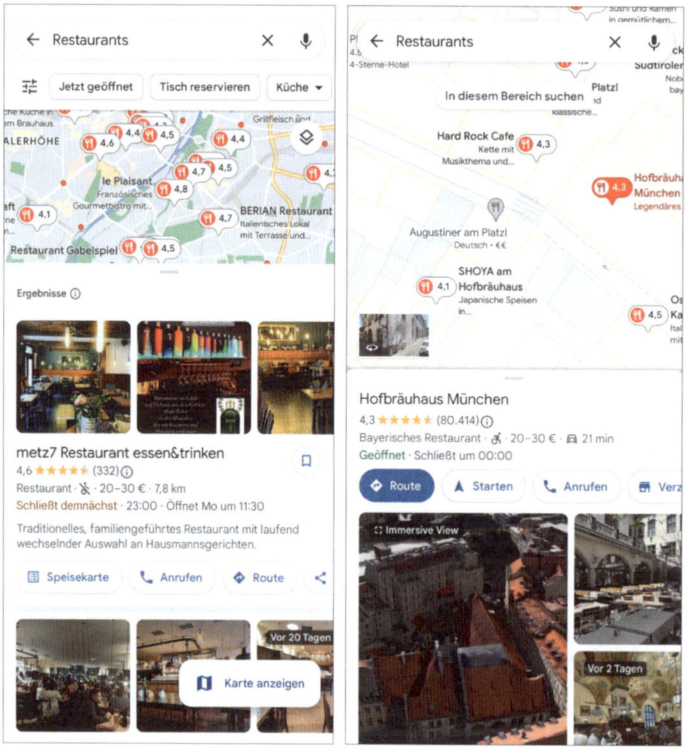


**Abbildung 49.4** Eins der vielleicht bekanntesten Beispiele für ein Bottom Sheet ist die Listen- und Detailansicht zu ausgewählten Orten auf Google Maps. Diese legen sich von unten über die Kartenansicht.

Sie unterscheiden sich von den meisten anderen Overlays darin, dass Nutzende zuvor bewusst eine Interaktion getätigt haben, die das Öffnen des Bottom Sheets auslöst. Im Beispiel von Google Maps (siehe Abbildung 49.4) ist es die Auswahl eines bestimmten Orts auf der Karte oder die Eingabe eines Suchbegriffs im Suchschlitz. Bottom Sheets kommen daher für Nutzende in der Regel nicht überraschend. Zudem verdecken Sie die dahinter liegenden Informationen weitestgehend nicht, sondern ergänzen diese oder lassen zumindest einen Abgleich zu. Sie sind damit eine Sonderform, die Nutzende unterstützt und nicht verärgert, und können daher als sinnvolles Website-Element in entsprechenden Anwendungsfällen eingesetzt werden.

## 49.2 Tipps für die Gestaltung

Mit Ausnahme der Bottom Sheets machen Overlays, vor allem modale, den Umgang mit der Website oder App unangenehm und anstrengend. Möglicherweise vergessen Nutzende dadurch, was sie eigentlich wollten. Und verlassen am Ende sogar die Website. Sie sollten daher gut überlegen, ob Sie Overlays einsetzen. Gibt es gute Grunde (wie z. B. Cookie Consent Banner aus Gründen des Datenschutzes oder als Hinweis auf unwiderrufliche Aktionen), beachten Sie einige Hinweise, um Nutzende nicht zu verärgern. Vor allem folgende drei Aspekte sollten Sie bei der Ausgestaltung eines Overlays bedenken.

### 49.2.1 Zeitpunkt des Erscheinens – lassen Sie Nutzende erstmal etwas tun

Zeigen Sie ein Overlay niemals an, bevor Nutzende den eigentlichen Seiteninhalt wahrnehmen können. Sie halten damit Nutzende davon ab, das zu tun, weshalb sie eigentlich auf die Website gekommen sind. Einzige Ausnahme sind die Cookie Consent Banner. Wenn überhaupt, setzen Sie Overlays erst dann ein, wenn es in einem Kontext Sinn macht. Die Anmeldung zum Newsletter sollten Sie beispielsweise erst dann anzeigen, wenn Nutzende eine Chance hatten, sich einen Eindruck von Ihrer Seite zu verschaffen, und so entscheiden können, ob sie regelmäßig Informationen erhalten möchten. Und selbst dann sollten Sie prüfen, ob das Overlay als Element das passendste ist. Möglicherweise können Sie die Information auch anders darstellen.

Feedback beispielsweise sollten Sie nicht global und nicht über ein Pop-up abfragen. Betten Sie die Feedbackabfrage in den Inhalt der Seite ein, und fragen Sie es erst dann ab, wenn Nutzende ihr eigentliches Ziel (z. B. Lesen eines Blogbeitrags) erledigen konnten. Alternativ könnten Sie einen Link zum Feedback-Formular auch im Footer platzieren oder als Button am Browserrand einbinden.

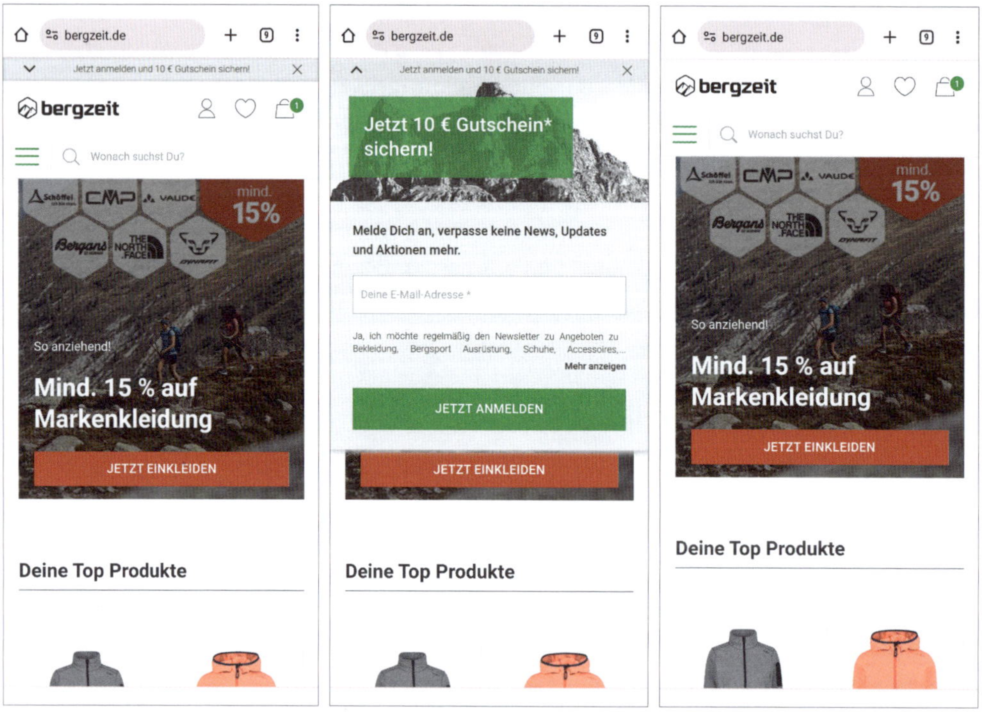


**Abbildung 49.5** Nicht immer muss es ein Pop-up sein: Der Onlineshop Bergzeit bietet den Nutzenden einen Gutschein an, wenn sie sich zum Newsletter anmelden – Mehrwert ist klar definiert. Positioniert ist der Hinweis am oberen Browserrand, das Nutzende bei Interesse über die Akkordeonfunktion öffnen oder über das X komplett entfernen können. (Quelle: www.bergzeit.de)

### 49.2.2 Kontext der Anzeige – überzeugen Sie Nutzende im richtigen Moment

Sind Nutzende gerade dabei, eine Aufgabe auszuführen, beispielsweise etwas auf Ihrer Website zu kaufen oder ein Formular auszufüllen, sollten Sie sie nicht durch Einblenden eines Pop-ups davon ablenken oder abhalten. Klammern Sie solche Bereiche der Website grundsätzlich aus.

Lassen Sie auch übergreifende Seiten wie Informationen zum Unternehmen, rechtliche Seiten wie das Impressum oder auch Seiten zur Newsletter-Anmeldung oder das Kontaktformular aus, wenn Sie Pop-ups oder Banner einbinden. Kommen Nutzende gezielt auf eine solche Seite, erwarten sie dies nicht. Sie suchen vielleicht nur einen Kontakt und sind daher auf Ihre Seite gekommen.

### 49.2.3 Relevanz des Inhalts – erklären Sie den Mehrwert

Auch wenn Sie wichtige Informationen im Overlay (beispielsweise datenschutzrechtliche Informationen zur Verwendung von Cookies) kommunizieren, sollten Sie dies nicht mithilfe eines modalen Pop-ups realisieren. Sie können Nutzende nicht dazu zwingen, diese Informationen wahrzunehmen – maximal dazu, das Element zu schließen. Vielmehr sehen wir in Nutzertests, dass viele derartige Overlays sofort wegklicken oder den schnellsten Weg suchen, dies zu tun.

Wenn Sie Overlays einsetzen, kommunizieren Sie immer den Mehrwert für die Nutzenden, wenn sie mit Ihrem Pop-up interagieren und möglicherweise etwas zustimmen. Denken Sie an die Ankündigung der App, verbunden mit der Aufforderung, diese herunterzuladen. Bieten Sie Nutzenden einen Anreiz (z. B. mit einer Vergünstigung beim ersten Einkauf über die App), oder zeigen Sie Mehrwerte (z. B. besondere Funktionalitäten in der App) auf. Wenn Nutzende verstehen, was sie davon haben, steigt die Wahrscheinlichkeit, dass sie darauf reagieren.

### 49.2.4 Möglichkeit, den Dialog schließen bzw. verlassen zu können

Bieten Sie immer eine eindeutige Möglichkeit, das Overlay zu schließen. Binden Sie ein Schließen-X rechts oben auf dem Dialog oder einen sichtbaren Schließen-Button oder -Textlink ein.

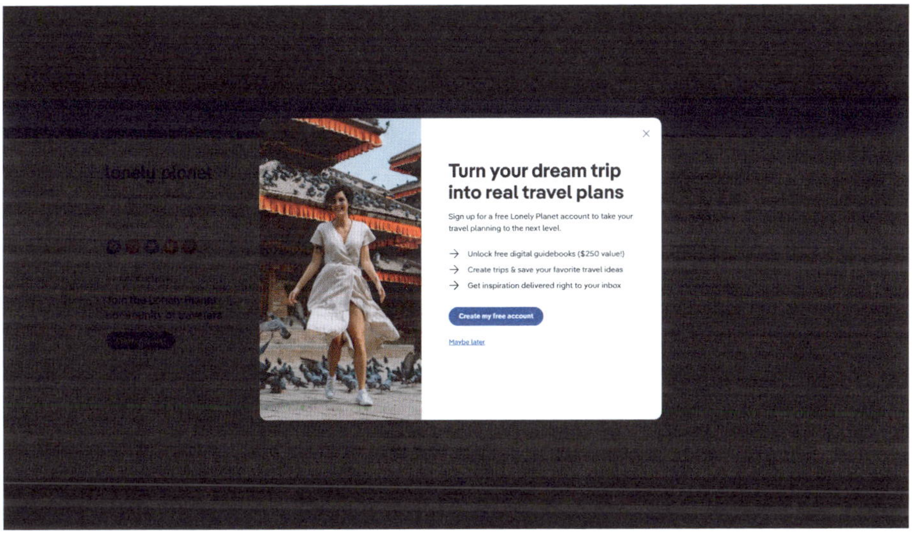


**Abbildung 49.6** Wie hier am Beispiel von Lonely Planet zu sehen ist, sollten Sie unbedingt ein Schließen-X und zusätzlich einen Link oder Button zum Schließen des Overlays integrieren. Oder besser noch: das Modal komplett weglassen.

## 49.3 Cookie Consent Banner oder Pop-up – wie Sie sie optimieren

Um *Cookie Consent Banner* oder *Cookie Consent Pop-ups* kommen Sie in Europa nicht herum. Mit Einführung der DSGVO (siehe Kapitel 4, »ISO 9241 & Co. – Normen und Gesetze rund um Usability«) benötigen Website-Betreibende eine Rechtsgrundlage für die Verwendung von Technologien wie Cookies, Pixeln oder Ähnliches oder auch für das Tracking von Nutzungsdaten. Dies kann die Einwilligung (engl. *Consent*) durch Nutzende sein. Betreiben Sie nun eine Website, auf der Sie Web Analytics einsetzen und auf der möglicherweise auch Werbung enthalten ist, werden Sie sich damit auseinandersetzen müssen, wie Sie das so genannte *Cookie Consent Banner* einbinden – also das Banner, über das die Einwilligung zum Setzen von Cookies abgefragt wird. Verschiedene Anbieter solcher Lösungen sprechen hier auch von *Opt-in-Optimierung*, also von der Optimierung des Banners in der Weise, dass möglichst viele Nutzende dem Einsatz von Cookies und weiteren Technologien zustimmen.

In einer Studie zu diesem Thema analysierte Usercentrics, ein Anbieter einer solchen Consent Management Platform, die Einwilligungsdaten von Nutzenden über ihre Lösung. Sie fanden heraus, dass die meisten Nutzenden (fast 98 Prozent) direkt bei der Anzeige des Banners oder Pop-ups zustimmten und nicht oder kaum detaillierte Einstellungen und Anpassungen vornahmen. Mehr als die Hälfte stimmte zu, nur ein geringer Anteil lehnte komplett ab. Und etwa ein gutes Drittel der Nutzenden interagierte überhaupt nicht mit dem Banner – in diesem Fall können Website-Betreibende weder Tracking aktivieren noch Cookies setzen.

Weiterhin untersuchte Usercentrics, welche Auswirkung die Positionierung des Pop-ups oder Banners sowie die Art der Umsetzung (modal oder nichtmodal) auf die Einwilligung hat. Das nichtmodale Pop-up erhielt dabei die höchsten Zustimmungsraten. Bei der Einbindung als Banner bewegte die Variante rechts unten die meisten Nutzenden zur Einwilligung.

Interessant für die Optimierung der Einwilligungsrate ist auch die so genannte *kontextuelle Zustimmung*, also die Zustimmung im Kontext einer konkreten Interaktion auf der Seite. Haben Nutzende nicht oder nur eingeschränkt dem Einsatz von Cookies zugestimmt, werden sie bei der kontextuellen Zustimmung an einer bestimmten Stelle auf der Website erneut um ihre Einwilligung gebeten. Möchten sie beispielsweise ein Video ansehen, hatten aber sämtlichen Cookies (und damit der Einbindung von Videos von externen Seiten) widersprochen, können Sie ihn an dieser Stelle erneut um die Zustimmung bitten.

Auch den Zugriff auf die Kamera können Sie an der Stelle anfragen, an der die Nutzenden die Funktion auch wirklich brauchen, also z. B. wenn sie Dokumente einreichen und diese abfotografieren möchten. Oder weil sie in einem Onlineshop etwas virtuell anprobieren möchten. Auf diese Weise verstehen Nutzende besser, warum sie für etwas einwilligen müssen, und stimmen eher zu.

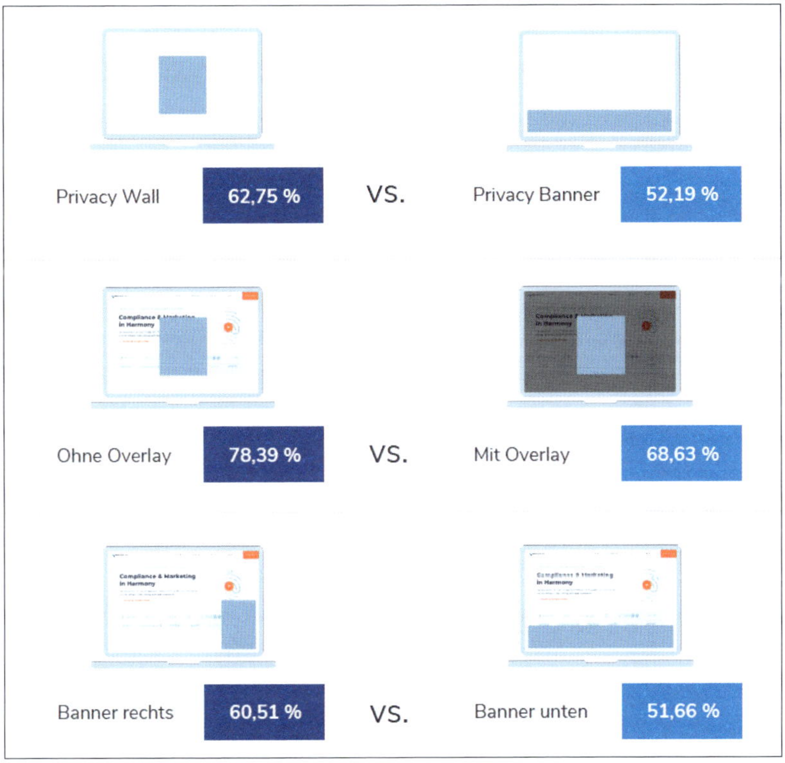


**Abbildung 49.7** Usercentrics fand in einer Studie heraus, dass die meisten Einwilligungen von Nutzenden bei der Umsetzung als nichtmodales Pop-up erzielt werden können. (Quelle: www.usercentrics.com)

Was Sie bei aller Optimierung der Einwilligungsrate beachten müssen: Bleiben Sie rechtskonform. Nutzende müssen stets eine bewusste Entscheidung über ihre Einwilligung treffen können und wissen, was genau sie erlauben. Das bedeutet aus Sicht des Gesetzgebers auch, dass die Zustimmung und die Ablehnung in Positionierung und Gestaltung gleichwertig sein sollten. Manipulativ ist es, wenn Sie lediglich einen Button für die Zustimmung prominent platzieren und eine Ablehnung beispielsweise nur im Fließtext als Textlink zu finden ist.

# Index

## C



## D

## E



## F

## G

## H



## I

## J



## K



## L

## M



## N

## R



## S

## T

## U

## Z